Schriften
des Vereins für Geschichte
des Bodensees
und seiner Umgebung

133. Heft 2015

SCHRIFTEN DES VEREINS FÜR GESCHICHTE DES BODENSEES UND SEINER UMGEBUNG

133. Heft 2015

Jan Thorbecke Verlag

Schriftleitung:
Prof. Dr. Jürgen Klöckler, Konstanz

Internationale Abkürzung: Schrr VG Bodensee

Für den Inhalt der Beiträge und die Abgeltung der Bildrechte tragen alleine die Autorinnen und Autoren die Verantwortung

FSC www.fsc.org MIX Papier aus verantwortungsvollen Quellen FSC® C089473

Für die Schwabenverlag AG ist Nachhaltigkeit ein wichtiger Maßstab ihres Handelns. Wir achten daher auf den Einsatz umweltschonender Ressourcen und Materialien. Dieses Buch wurde auf FSC®-zertifiziertem Papier gedruckt. FSC (Forest Stewardship Council)® ist eine nicht staatliche, gemeinnützige Organisation, die sich für eine ökologische und sozial verantwortliche Nutzung der Wälder unserer Erde einsetzt.

Bibliografische Information der Deutschen Nationalbibliothek
Die Deutsche Nationalbibliothek verzeichnet diese Publikation in der Deutschen Nationalbibliografie; detaillierte bibliografische Daten sind im Internet über http://dnb.d-nb.de abrufbar.

www.thorbecke.de

Druck: Beltz Bad Langensalza GmbH, Bad Langensalza
Hergestellt in Deutschland
ISBN 978-3-7995-1721-8

INHALT

Jahresbericht des Präsidenten über das Vereinsjahr 2013/2014 VII

Bericht über die 127. Hauptversammlung am 21. September 2014 in Lindau XI

Nachruf Markus Huber (1943–2014) XIII

Nachruf Günther Rau (1951–2014) XVII

Nachruf Karl Heinz Burmeister (1936–2014) XIX

CSABA NIKOLAUS NEMES
Hunnen, Awaren und Magyaren am Bodensee in der Spätantike und im Mittelalter 3

HARALD DERSCHKA
Die Großeltern des Konzilschronisten Ulrich Richental
Ein Quellenfund aus den Lehenbüchern der Abtei Reichenau und seine Folgen 39

GABRIELA SIGNORI
Das Konstanzer Konzil als Privilegienbörse 55

HELMUT FIDLER
König Sigismund, das Konstanzer Konzil und die Juden 85

STEFAN KING
Südkapellen und Südportal des Konstanzer Münsters
Anmerkungen zur Bautechnik, zum Entwurfsprozess und zu den Baumeistern 125

DANIELA LEYKAM
Das Hus-Museum in Konstanz.
Zwischen historischem Museum und Erinnerungsort 203

HERMANN STROHMAIER / JOCHEN GOLDT
Korbinian Brodmann (1868–1918) aus Liggersdorf im Hegau
Ein Pionier der Hirnforschung 235

DAVID BRUDER
Preußen fing in Konstanz an ...
»Verborgene« Geschichte 241

OSKAR KELLER
Die Rheindeltas im Bodensee seit der Römerzeit 267

WOLFGANG OSTENDORP
Ökologische Auswirkungen von Ufervorschüttungen am
Bodensee-Untersee 287

Buchbesprechungen 311

Buchanzeigen 327

Verein intern 329

JAHRESBERICHT DES PRÄSIDENTEN ÜBER DAS VEREINSJAHR 2013/2014

Gemäß den Satzungen erstreckt sich der Bericht auf das abgelaufene Vereinsjahr von der Hauptversammlung in Frauenfeld am 29. September 2013 bis zu der in Lindau am 21. September 2014.

MITGLIEDER

Verstorben sind:
Christian Gruber, Engelburg
Linus Gemperli, Steckborn
Max Ruh, Schaffhausen
Anton Hopp, Arbon
Anton Brugger, Langenargen
Gisela Katz-Schmid, Immenstaad
Astrid Eilers, Überlingen
Luise Kobel, Langenargen
Dr. Eberhard Dobler, Freiburg i. Br.
Dr. Gerhard Becker, Bodolz
Dr. Friedrich Stephan, Villingen-Schwenningen
Gerhard Veller, Überlingen
Freifrau Margerita von Stotzingen, Bodman
Günter Rau, Konstanz
Hubert Freyas, Markdorf
Hans-Jörg Dach, Friedrichshafen

Die Mitgliederstatistik des abgelaufenen Vereinsjahrs weist schon aufgrund der überdurchschnittlich großen Zahl von Todesfällen eine negative Bilanz auf. Es sind 15 Eintritte zu verzeichnen (zehn in Deutschland, fünf in der Schweiz). Ihnen stehen 26 Austritte gegenüber.

VORSTANDSSITZUNGEN

Im Berichtszeitraum hielt der Vorstand, weil die für November 2013 in Wolfegg vorgesehene Zusammenkunft aus terminlichen Gründen abgesagt werden musste, ausnahmsweise nur zwei Sitzungen ab. Am 11. März 2014 kamen die Vorstandsmitglieder im Stadtarchiv Lindau zusammen. Die zweite Vorstandssitzung fand am 8. Juli 2014 in der Bibliothek des Kulturamts Bodenseekreis im Schloss Salem statt.

INFORMATIONSVERANSTALTUNGEN

Am 16. November veranstaltete der Bodenseegeschichtsverein im Archäologischen Landesmuseum in Konstanz eine Tagung unter dem Titel »Ritterturniere zwischen Ritual und Hochleistungssport«, bei der den Zuhörerinnen und Zuhörern im bis auf den letzten Platz gefüllten Refektorium fünf Vorträge zu dieser Thematik aus historischer, kunsthistorischer und germanistischer Sicht geboten wurden. Vorbereitet hatte die Tagung Peter Niederhäuser aus Winterthur, ein hervorragender Kenner der spätmittelalterlichen Geschichte der Bodenseeregion, Kooperationspartner war das Institut für sozialwissenschaftliche Regionalforschung in Bregenz.

Am 20. Mai 2014, gleichfalls im Refektorium des Archäologischen Landesmuseums Konstanz, fand die Verleihung des Wissenschaftspreises 2014 des Bodenseegeschichtsvereins statt. Aus den Bewerbungen hatte die Jury zwei Preisträgerinnen erkoren. Frau Dr. Dorothee Guggenheimer richtete in ihrer Dissertation »Kredite, Krisen und Konkurse – Wirtschaftliches Scheitern in der Stadt St. Gallen im 17. und 18. Jahrhundert« ihren historischen Blick auf Konkurse, konkursgefährdete Berufe, die dahinter stehenden Personen und stellte die Frage, wie es sich in einer kleinstädtischen, protestantischen Gesellschaft mit dem Makel des Konkurses lebte. Frau Dr. Pia Eckhard forschte über »Geschichtsschreibung und Geschichtsbild in Konstanz um 1500 – Die Chronik des bischöflichen Notars Beatus Widmer«. Das Werk ist ein wenig bekanntes historiografisches Zeugnis eines Chronisten der frühen Konstanzer Reformationszeit. Die Preisträgerin konnte in ihrer Doktorarbeit zeigen, dass die Chronik eine für den Buchmarkt geschriebene Zeitgeschichte war, deren Inhalte trotz enger lokaler und thematischer Anbindung an Konstanz auf ein überregionales Lesepublikum zugeschnitten wurden. Die Preisträgerinnen stellten ihre Arbeiten in Kurzvorträgen vor.

Wenig später, am 31. Mai, folgte ein stattlicher Kreis von Vereinsmitgliedern der Einladung von Vorstandsmitglied Dr. Hans-Ulrich Wepfer zu einer Exkursion ins Gebiet des westlichen Seerückens in den Kantonen Thurgau, Zürich und Schaffhausen. Start war in Kreuzlingen, die erste Station bildete Stein am Rhein. Danach ging es »in die Berge« mit Halten an verschiedenen Interessens- und Aussichtspunkten sowie einem gemeinsamen Mittagessen auf der Burg Hohenklingen. Am Nachmittag gelangten die Teilnehmerinnen und Teilnehmer auf Um- und Nebenwegen zum Schlösschen Gündelhart, wo der Besitzer sie zu einer Führung und einem abschließenden Apéro willkommen hieß.

Dass der diesjährige Auftakt zum Konzilsjubiläum in Konstanz am Veranstaltungsprogramm des Bodenseegeschichtsvereins nicht vorübergehen durfte, war selbstverständlich. Am 5. Juli 2014 referierten im Archäologischen Landesmuseum Konstanz zwei Vorstandsmitglieder, die Privatdozenten Dr. Harald Derschka und Dr. Jürgen Klöckler, über Konstanz im späteren Mittelalter bzw. über *den* Zeitzeugen des Konzils, Ulrich Richental, und seine Chronik. Im Anschluss wurden Führungen durch die Landesausstellung im Konzilgebäude angeboten.

Am 6. September lud Vorstandsmitglied Prof. Dr. Andreas Schwab zu einer naturwissenschaftlichen Exkursion ins Naturschutzzentrum Wurzacher Ried mit Besichtigung der neuen Ausstellung »Moor Extrem« ein. Auf dem Programm standen eine Führung über den Torflehrpfad sowie eine Fahrt mit der Torfbahn samt anschließendem Besuch des Torfmuseums. Außerdem wurde ein Stadtrundgang angeboten. Auch diese Veranstaltung war sehr gut besucht und stieß auf beste Resonanz.

BODENSEEBIBILIOTHEK

Wegen Sanierungsarbeiten im Max-Grünbeck-Haus musste auch die Bodenseebibliothek im Sommer 2014 für mehrere Wochen geschlossen bleiben, sie ist nun aber wieder uneingeschränkt zugänglich. Frau Ulrike Siegmund leistet als Bibliothekarin vorzügliche Arbeit, ihr und Vorstandsmitglied Jürgen Oellers sei für ihren steten Einsatz ganz herzlich gedankt. Der Verein gewährte der Bibliothek wiederum einen namhaften Zuschuss.

VEREINSSCHRIFTEN

Auch in diesem Jahr sind die Vereinsschriften termingerecht, ja überpünktlich erschienen, der stattliche Band weist – wie üblich von Schriftleiter PD Dr. Jürgen Klöckler mustergültig redigiert – ein breites Spektrum an Themen auf.

DANK

Zu danken, meinen Damen und Herren, habe ich zunächst Ihnen, die sie dem Verein nicht selten schon durch viele Jahrzehnte die Treue halten und durch den Besuch der Veranstaltungen wesentlich zu ihrem Gelingen beitragen. Dass das Vereinsjahr 2013/14 einen aus der Sicht des Vorstands erfreulichen Verlauf nehmen konnte, ist freilich auch den Organisatoren der Veranstaltungen, den Vorstandsmitgliedern und den Mitarbeiterinnen in den Geschäftsstellen zu verdanken, außerdem allen jenen Institutionen, die den Verein und seine Tätigkeit finanziell unterstützen: den Regierungspräsidien des Landes Baden-Württemberg in Freiburg und in Tübingen, dem Bodenseekreis, dem Kreis Lindau, dem Land Vorarlberg, den Kantonen Appenzell-Innerrhoden, St. Gallen, Thurgau und Schaffhausen sowie den Städten Friedrichshafen, Konstanz, Ravensburg, Tettnang, Überlingen, Weingarten, Romanshorn und Kreuzlingen.

Univ.-Prof. Dr. Alois Niederstätter, Präsident

BERICHT ÜBER DIE 127. HAUPTVERSAMMLUNG

am 21. September 2014 in Lindau

Zur 127. Hauptversammlung waren die Mitglieder des Bodenseegeschichtsvereins in das im Herzen der Stadt gelegene Evangelische Heilig-Geist-Spital nach Lindau geladen, wo sie mit Kaffee und Gebäck willkommen geheißen wurden. Der im Nordflügel des Komplexes gelegene spätmittelalterliche Gewölbesaal bildete den stimmungsvollen Rahmen für die anschließende Versammlung.

Präsident Prof. Dr. Alois Niederstätter dankte bei seiner Begrüßung Heiner Stauder, dem Stadtarchivar von Lindau, für die Einladung und erinnerte daran, dass der BGV 1975, also vor 39 Jahren, zuletzt seine Hauptversammlung in der Inselstadt abgehalten hat.

In seinem Rechenschaftsbericht, den Sie in diesem Band abgedruckt finden, ließ der Präsident das vergangene Geschäftsjahr Revue passieren. Anschließend referierte die Schatzmeisterin Susanne Hölzer ihren powerpointgestützten Kassenbericht. Das Gros der Einnahmen speist sich aus den Mitgliedsbeiträgen und den Zuschüssen und Spenden der staatlichen und städtischen Organe aus den Ländern und Kommunen rund um den Bodensee. Der größte Posten auf der Ausgabenseite sind alljährlich die Kosten für das Jahrbuch. Die Schatzmeisterin wusste außerdem zu berichten, dass das Finanzamt Friedrichshafen dem BGV weiterhin seine Gemeinnützigkeit bestätigt hat. Anschließend an den Bericht von Frau Hölzer trug der Präsident den Prüfungsbericht der entschuldigten Kassenprüfer Hubertus Bürgel und Alfons Brenner vor. Nachdem diese nichts zu beanstanden hatten, bat Ehrenmitglied Ernst Ziegler um Entlastung des Vorstands, die die Mitglieder einstimmig erteilten.

Peter Borell, Mitglied und Senior des Lindauer Stadtrates, überbrachte zum Auftakt des öffentlichen Teils der Mitgliederversammlung die Grüße des Lindauer Oberbürgermeisters und erläuterte die Geschichte des Heilig-Geist-Spitals. Aus Anlass der hundertsten Wiederkehr des Kriegsbeginns 1914 wurde bei der Mitgliederversammlung ausnahmsweise auf den sonst obligatorischen naturwissenschaftlichen Vortrag verzichtet. Dr. Peter Eitel, Vorstandsmitglied des BGV und ehemaliger Stadtarchivar von Ravensburg, beleuchtete unter dem Titel »Oberschwaben im Ersten Weltkrieg« eindrücklich verschiedene Aspekte dieser größten Katastrophe am Beginn des 20. Jahrhunderts.

Am Nachmittag erhielten die Mitglieder die Gelegenheit, bei mehreren Führungen die Geschichte der Stadt und einiger ihrer Gebäude näher kennen zu lernen. Um 16 Uhr fand bei einem Umtrunk im Innenhof des Stadtmuseums der erlebnisreiche Tag seinen würdigen Abschluss.

DR. BERND MAYER, WOLFEGG

MARKUS HUBER (1943–2014)

Wer wie Markus Huber seine wissenschaftliche Laufbahn mit einer Arbeit über »Die Verkrautung des Hochrheins unter besonderer Berücksichtigung des Ranunculus Fluitans«, des Wasserhahnenfusses also, begonnen hat, ist sich zeitlebens sicher gewesen, dass Schaffhausen zur Bodenseeregion gehört und dass dem Rhein, der die hier lebenden Menschen verbindet und in früheren Zeiten bestens ernährt hat, genauso Sorge zu tragen ist wie den Menschen selbst.

Mit Markus Huber ist am 28. September 2014 weniger ein bekannter Wissenschaftler als vielmehr ein begnadeter Vermittler in seinem 71. Lebensjahr verstorben, ein engagierter Umweltschützer, der mit Verve die Anliegen der Natur und der Menschen gleichermassen in sein Handeln und Denken einbezog. Er war aber auch ein Brückenbauer zwischen seinem geliebten Schaffhausen und dessen Umland, in dem sich, wie er wusste, weitaus gewichtigere wirtschaftliche und politische Zentren als die Munotstadt selbst befinden; ein Brückenbauer war er zudem zwischen den Naturwissenschaften und den Historischen Wissenschaften. Deshalb fühlte sich der langjährige Lehrer im Schaffhauser Museum zu Allerheiligen, einem renommierten Vielspartenhaus, besonders wohl – von 1993 bis 2000 leitete er hier als Kurator die Naturkundliche Abteilung und danach, als er mit seinen Kräften etwas haushälterischer umgehen musste, noch bis 2008 das zoologische Museum Stemmler, welches dem Museum zu Allerheiligen angegliedert ist. Für seine Verdienste ist er vom Museumsverein Schaffhausen zum Ehrenmitglied ernannt worden. Unter den ausgesprochen zahlreichen Vereinen und Berufsverbänden, denen Markus Huber seine ehrenamtliche Schaffens- und Vernetzungskraft zur Verfügung stellte, war ihm die Arbeitsgemeinschaft Kulturlandschaft Randen (KURA) während seiner 14jährigen Präsidentschaft wohl am wichtigsten, doch zählten auch der Hegau-Geschichtsverein und insbesondere der Bodensee-Geschichtsverein wegen ihrer Menschen, Landschaften und Wissenschaften verbindenden Funktion zu seinen Herzensangelegenheiten.

Im September 1993 wurde Markus Huber in Feldkirch anstelle von Rudolf Schlatter, seines aus beruflichen Gründen weggezogenen Vorgängers am Museum zu Allerheiligen, in den Vorstand des Bodensee-Geschichtsvereins gewählt. Bereits zwei Jahre später stellte sich Markus Huber an der Hauptversammlung in Kreuzlingen als Nachfolger des im Amte verstorbenen Präsidenten Eberhard Tiefenthaler zur Verfügung. Als Notlösung betrachtete er sich nicht, allerdings in seiner bescheidenen und pragmatischen Art und aufgrund seiner doppelten – geografischen und wissenschaftlichen – Randständigkeit doch vor allem als Übergangspräsident. Nachdem er die folgenden Jahre mit den Hauptversammlungen in Langenargen, Tettnang und Dornbirn souverän gemeistert hatte, trat Markus Huber 1999 in Wil gerne wieder ins zweite Glied zurück, da der Vorstand Jörg Heiligmann für das Präsidium hatte gewinnen können. Dass er zum Abschluss Helmut Maurer für seine Verdienste zum Ehrenpräsidenten ernennen durfte, war für ihn eine Genugtuung.

Während der gut 20jährigen Vorstandszeit von Markus Huber war die Region Schaffhausen mehrfach Ziel interessanter und gut besuchter Informationsveranstaltungen, wobei er auf die Unterstützung von Vorstandskollegen wie Hans-Ulrich Wepfer und Reinhild Kappes, der Singener Stadtarchivarin, sowie verschiedener Schaffhauser Historiker zählen durfte. Stein am Rhein, Rheinfall, Munot. Die Region Schaffhausen hat seinen Gästen vieles zu bieten. Besonders hingewiesen sei auf die Hauptversammlung 2006 in Hallau, die erstmals als eintägige Veranstaltung durchgeführt wurde, trotzdem aber kulinarische und archäologische Abstecher nach Bad Osterfingen beziehungsweise Schleitheim-Juliomagus beinhaltete. In Erinnerung geblieben ist auch die Informationsveranstaltung im Sommer 1995 anlässlich des grossen Schaffhauser Stadtjubiläums. Unvergessen die damalige launige Ansprache von Vizepräsident Ernst Ziegler, der den umtriebigen Organisatoren mit seiner Ehrenbezeichnung »Enten-Huber« ansprach. Bleibende Spuren hinterliess auch die Informationstagung von 1998 in Büsingen, der deutschen Enklave im Kanton Schaffhausen; Büsingen, im 18. Jahrhundert als »ewiges Ärgernis« bei Vorderösterreich verblieben, weiss heute mit seiner Situation als ewiges Kuriosum ganz gut umzugehen.

Im Jahr 2000 hat Markus Huber auch seine letzte Aufgabe gegenüber dem Verein und seiner Heimatregion erfüllt, indem er (endlich) zwei bemerkenswerte Schaffhauser Aufsätze für die »Schriften« vermitteln konnte, über das Sondersiechenhaus auf der Schaffhauser Steig und über die Zeitung »Grenzbote«, die sich in den Dreissigerjahren in den Dienst der den Nationalsozialisten nahe stehenden Frontisten gestellt hatte.

Inwiefern es Markus Huber gelungen ist, die Region Schaffhausen und ihre landschaftlichen und kulturellen Reize den Nachbarn vom Bodensee nachhaltig näher zu bringen und damit den grenzüberschreitenden Kulturaustausch zu fördern, ist aus einer wasseraufwärts gerichteten Optik schwierig zu beurteilen. Wenn wir von unvergesslichen Informationsveranstaltungen gesprochen haben, so mag dies vor allem für die organisierenden und teilnehmenden Schaffhauserinnen und Schaffhauser gelten. Doch allein schon darum hat sich der Einsatz des unermüdlichen, in manchen Situationen auch sehr unkonventionellen, mitunter sogar aneckenden Freidenkers gelohnt. Markus Huber hat den Blick manch eines Weggefährten nach Norden und Osten gerichtet, ohne dass diese deswegen die Zürcher Zentren hätten aus den Augen verlieren müssen.

Man kann jedem noch so schwierigen Moment etwas Positives abgewinnen, lautete die Maxime von Markus Huber. So schliessen wir denn diesen Nachruf mit der zuversichtlichen Feststellung, dass der Verein für Geschichte des Bodensees und seiner Umgebung auch in Zukunft seinen Blick immer wieder und gerne rheinabwärts nach Schaffhausen richten wird. Und dass man sich immer wieder und gerne an den »Enten-Huber«, einen der bedeutendsten Naturschützer Schaffhausens, erinnert.

ANDREAS SCHIENDORFER

GÜNTHER RAU (1951–2014)

Für mich war er die personifizierte Bodensee-Bibliographie. Am 7. Juli 2014, nur wenige Tage nachdem im Juni der 100 000ste bibliographische Eintrag in der Euregio-Bodensee-Datenbank gefeiert werden konnte, ist Günther Rau überraschend verstorben.[1]

Am 20. März 2014 konnte das Zeitschriftendigitalisierungsprojekt »Kulturelles Erbe der Regio Bodensee Online«, an dem Günther Rau maßgeblich und mit viel Einsatz mitwirkte, der Öffentlichkeit vorgestellt werden. Seitdem stehen auch die »Schriften des Vereins für Geschichte des Bodensees und seiner Umgebung« seit Erscheinungsbeginn 1869 digital zur Verfügung. Wie wertvoll das langjährige Engagement von Günther Rau für die historische Forschung in der Region ist, zeigt nichts besser als der Praxistest. So erfahren wir mit einer Suche in den Schriften des Vereins, dass »unser See zu allen Zeiten sowohl in dichterischen als in prosaischen Werken viel genannt und selbst gefeiert wird, und namentlich die zahlreichen Chroniken der verschiedenen Städte und Klöster am Bodensee und in dessen Umgebung enthalten eine grosse Menge von Nachrichten, die in einer wirklichen *Bodensee-Bibliographie* nicht unerwähnt bleiben dürften.«[2] Damit haben wir die erste Erwähnung des Begriffs »Bodensee-Bibliographie« in den Schriften gefunden. Dass sich die Angaben zu Zeppelins Aufsatz so leicht in den Text integrieren lassen, das verdanken wir der Tatsache, dass Günther Rau die Digitalisierung zum Anlass genommen hat, den Berichtszeitraum der heutigen Euregio-Bodensee-Datenbank auf den Zeitraum vor 1900 auszudehnen.

Waldemar Sensburg verweist im Jahr 1907 in seinem Vorwort zu einer Bibliographie der Stadt Lindau auf einen anonym gebliebenen Fachmann, der die »Bibliographie geradezu das Vorzimmer zur Wissenschaft«[3] genannt haben soll. Und weiter betont Sensburg, »da aber deren Bearbeitung meist die Kraft eines einzelnen übersteigt, so fällt den zahlreichen Geschichtsvereinen in erster Linie die dankbare Aufgabe zu, dies große Feld abzuteilen und in kleineren Parzellen einzeln oder als Verein gemeinsam zu bebauen«.[4]

In der Tat ist dann auch die lange ersehnte Bodensee-Bibliographie, die so stark mit dem Namen Günther Rau verbunden ist, Mitte der 1970er Jahre als Gemeinschaftsprojekt des Vereins für Geschichte des Bodensees und seiner Umgebung und der Bibliothek der Universität Konstanz ins Leben gerufen worden. Und zwar von Beginn an mit Hilfe der EDV. Günther Rau, der die Bibliographie ab dem Jahrgang 1978 engagiert betreute und vorantrieb, war ein bibliothekarischer IT-Pionier. Die Bibliographie erstellte er in den 1980er Jahren mit der Software BRAIN und konvertierte sie Anfang der 1990er Jahre, inzwischen auf über 20 000 Titel angewachsen, in eine Datenbank. Im Anschluss daran sorgte er für die rückwirkende Erfassung der Erscheinungsjahre 1950 bis 1975, wodurch sich der Datenbestand auf ca. 40 000 Veröffentlichungen erhöhte. Der Pioniergeist wie auch die Serviceorientierung Günther Raus wird an dem Beispiel eines Wissenschaftlers einer renommierten Forschungseinrichtung plastisch, der sich im Jahr 1994 für eine Sendung mit umfangreichen Literaturrecherchen zur Geschichte der Euregio Bodensee herzlich bedankt: »Ihre Informationen sind bereits nach einer kurzen Durchsicht als höchst nützlich einzustufen; viele Titel wären hier nicht bibliographiert gewesen.« Und weiter: »Leider können wir Ihre Hinweise zum direkten Zugriff auf die Euregio-Bodensee-Datenbank nicht umsetzen«, da die Einrichtung noch nicht über einen Internet-Anschluss verfügt. Letzteres dürfte heute kein Problem mehr bereiten, denn alle Forschungsstellen sind inzwischen für die Recherche in der Bodenseedatenbank gerüstet. 2000 wurde die Euregio-Bodensee-Datenbank netzfähig und bietet seither rund um die Uhr Zugang zu den Daten.

In den Folgejahren trieb Günther Rau die Euregio-Bodensee-Datenbank beständig weiter voran. Der Berichtszeitraum wurde auf das Jahr 1900 ausgedehnt und die Titelanzahl übersprang die 50 000er und die 75 000er Marke. Seit 2010 begleitete Günther Rau kompetent und engagiert die Digitalisierung der historischen Bodenseezeitschriften. In intensiver Arbeit nutzte er die Gelegenheit, die Euregio-Bodensee-Datenbank um Zeitschriftenpublikationen des 19. Jahrhunderts zu ergänzen. Jahreshöhepunkt 2014 der Bodensee-Bibliographie war das Überschreiten der 100 000er Marke bei der Titelzahl, die im Juni gemeinsam im Kollegenkreis an der Bibliothek der Universität Konstanz noch gebührend gefeiert werden konnte. Nur kurz darauf wurde er aus dem Leben gerissen. Wir vermissen einen geschätzten Kollegen und Motor der regionalhistorischen Forschung.

Oliver Trevisiol

ANMERKUNGEN

1 Ich bedanke mich bei Werner Allweiss für die Gespräche und Hinweise zur Frühgeschichte der Bodensee-Bibliographie.

2 Zeppelin, Eberhard von: Ältere und neuere Bodensee-Forschungen und -Karten. Mit Einschluss der Arbeiten der für die Herstellung der neuen Karte und die wissenschaftliche Erforschung des Sees von den fünf Uferstaaten eingesetzten Kommissionen (Bodensee-Forschungen aus Anlass der Herstellung der neuen Bodenseekarte durch die hohen Regierungen der fünf Uferstaaten 2) Lindau i. B. 1893, hier: S.27, Hervorhebung von mir. http://www.bodensee bibliotheken.de/page?vgeb-j1893-t-A027:0

3 Sensburg, Waldemar: Bibliographie zur Geschichte der Stadt Lindau i. B, in: Schrr VG Bodensee 36 (1907) S. 102–153, hier: S.102. http://www.bodensee bibliotheken.de/page?vgeb-j1907-t-A102

4 Ebd.

KARL HEINZ BURMEISTER (1936–2014)

Am 12. Dezember 2014 verstarb – 78-jährig – Prof. Dr. Dr. Karl Heinz Burmeister nach kurzer schwerer Krankheit. Mit ihm verliert die Bodenseeregion einen bedeutenden, außergewöhnlich schaffenskräftigen Geschichtsforscher, dessen wissenschaftliches Werk mehr als 800 Titel zählt.

Am 21. November 1936 in Krefeld geboren, mütterlicherseits aber aus Vorarlberg stammend, trat Karl Heinz Burmeister nach dem an der Johannes-Gutenberg-Universität Mainz mit der Dissertation »Sebastian Münster. Versuch eines biographischen Gesamtbildes« abgeschlossenen Studium der Geschichte 1967 in den Dienst des Vorarlberger Landesarchivs, dessen Leitung er 1970 übernahm. Den Historiker komplettierte bald der Jurist, der nach Studien in Köln, Genf, Wien und Innsbruck 1969 in Tübingen das Doktorat erwarb. Thema der rechtsgeschichtlichen Dissertation waren »Die Vorarlberger Landsbräuche und ihr Standort in der Weistumsforschung«.

Zunächst galt Karl Heinz Burmeisters wissenschaftliches Interesse vorrangig dem Zeitalter des Humanismus und der Renaissance, es blieb dem homo trilinguius, der neben dem Lateinischen und dem Griechischen das Hebräische beherrschte, aber auch später ein wesentliches Segment seines Forschens. Mit der beruflichen Tätigkeit in Bregenz kam ein weiteres Feld hinzu: die Geschichte des Bodenseeraums, die rasch zur Leidenschaft wurde. Es gibt kaum ein Gebiet, auf dem er nicht Pionierarbeit leistete – ob Verwaltung oder Schifffahrt, Rechtsaltertümer oder Wappen, Stadtgeschichte oder Buchdruck, Reformation oder Notariatswesen, Alpinismus oder Frauengeschichte: Karl Heinz Burmeister bestellte das Feld, wobei ihn der Blickwinkel des Universalisten befähigte, örtliche Befunde im Spiegel des Großen zu sehen. Mit zahlreichen Forschungen und Publikationen zur Geschichte der Juden in der Bodenseeregion legte er die wissenschaftliche Basis für die Einrichtung des jüdischen Museums in Hohenems. Dass Karl Heinz Burmeister mit neuen Forschungsansätzen, verändertem Blickwinkel, moderner Methodik manche lieb gewordene Tradition als historische Fiktion entlarvte, musste zwangsläufig auf Widerspruch stoßen. Wenn es notwendig war, scheute er die Konfrontation nicht, nannte die Dinge beim Namen – und die Geschichte gab ihm Recht.

Einen Quell wissenschaftlicher Inspiration und sowie einen Hort ebenso gelehrter wie fröhlicher Geselligkeit an den Ufern des Sees hatte Karl Heinz Burmeister im Verein für Geschichte des Bodensees und seiner Umgebung gefunden. 1970 in den Vorstand gewählt, gehörte er ihm für annähernd ein Vierteljahrhundert an; als Vizepräsident (1975 bis 1979) bestimmte er die Geschicke des Vereins wesentlich mit. Vom akademischen Miteinander, das Karl Heinz Burmeister so gerne pflegte, zeugen zahlreiche grenzüberschreitende Projekte, gemeinsame Ausstellungen, Tagungen und Konferenzen – gefolgt von manch unvergesslicher Nachsitzung.

1974 habilitierte er sich an der Universität Zürich für »Schweizerische und Deutsche Rechtsgeschichte«. Von 1975 an nahm er Lehraufträge am damaligen Historischen Institut der Universität Innsbruck wahr, 1984 ernannte ihn die Universität Zürich zum Titularprofessor, 1995 erfolgte die Wahl zum außerordentlichen Professor für »Allgemeine Europäische und Schweizerische Rechtsgeschichte« an der Universität St. Gallen. Sowohl als Archivdirektor wie als akademischem Lehrer war ihm die Förderung junger Fachkolleginnen und -kollegen stets ein großes Anliegen.

Zahlreiche Auszeichnungen und Preise würdigten Karl Heinz Burmeisters Wirken, darunter die Ehrengabe des Landes Vorarlberg für Wissenschaft und Kunst, der Ehrenpreis des Vorarlberger Buchhandels, der Anerkennungspreis der St. Gallischen Kulturstiftung, die Kopernikus-Medaille sowie das Österreichische Ehrenkreuz für Wissenschaft und Kunst I. Klasse.

Der Übertritt in den Ruhestand am 31. Dezember 2001 ließ weder sein Publikationsvolumen schrumpfen noch veränderte er seine Forschungsinteressen. Die Fertigstellung seines jüngsten Buches, einer groß angelegten Arbeit über das personelle Umfeld des Humanisten und Naturforschers Georg Joachim Rheticus, zu erleben, war ihm leider nicht mehr vergönnt.

In den Jahrzehnten des Miteinanders durfte der Verfasser dieser Zeilen Karl Heinz Burmeister als einen weitherzigen, großzügigen, stets hilfsbereiten und fördernden Vorgesetzten, als einen phantasievollen, liebenswerten Menschen, den keine Dünkel plagten, ein Stück des Wegs begleiten und von seinem aus vielfältigen Interessen gespeisten Wissensschatz zehren. Seine Angehörigen – insbesondere seine Frau Ingeborg und seine beiden Söhne – mag trösten, dass sein eindrucksvolles Lebenswerk auf lange Zeit hinaus Bestand haben wird.

ALOIS NIEDERSTÄTTER

BEITRÄGE

Csaba Nikolaus Nemes

HUNNEN, AWAREN UND MAGYAREN AM BODENSEE IN DER SPÄTANTIKE UND IM MITTELALTER

Dorothee und Thomas Kuczkay zum Gedächtnis

»...Seit Jahrzehnten ist die Hinterlassenschaft unserer Vorfahren Gegenstand allseitiger Forschung; ein Schwarm fröhlicher Maulwürfe hat den Boden des Mittelalters nach allen Richtungen durchwühlt und in fleißiger Bergmannsarbeit eine solche Masse alten Stoffes zu Tage gefördert, daß sich die Sammelnden oft selbst davor erstaunten; eine ganz schöne, in sich abgeschlossene Literatur, eine Fülle von Denkmalen bildender Kunst, ein organisch in sich aufgebautes politisches und soziales Leben liegt ausgebreitet vor unsern Augen.«
(Viktor von Scheffel: Vorwort zu Ekkehard, 1855)

»De sagittis Hungarorum libera nos Domine!«
(Modena, 924 n. Chr.)

Das Jahr der 600. Wiederkehr des Konstanzer Konzils mit wiederholtem Aufenthalt des Königs Sigismund mit seiner Hofhaltung magyarischer Aristokraten und Hohepriester ist ein willkommener Anlass, die historischen Ereignisse der *Hunnen*, Awaren und der Magyaren am Bodensee nachzuzeichnen. Weit in die Urzeiten reichen die Erinnerungen an den großen Hunnenkönig Attila des Hildebrandliedes (in der *Nibelungen Not*: Etzel) in Süddeutschland zurück, dessen Reich zeitweilig auch die alemannischen Gebiete südlich der Donau einschloss[1] (Abb. 1). In den Chroniken des 14. Jahrhunderts ist die Existenz einer »Etzelburg« für das Römerkastell *Schirenhof* bei Schwäbisch Hall nachweisbar. Auch heute noch wird ein Teil des Tunibergs an der oberrheinischen Tiefebene bei Merdingen (im Landkreis Hochschwarzwald) als Attilafelsen bezeichnet. Und der Sage nach soll sich das Grab des Hunnenkönigs im Überlinger Wald Sigmundshau in der Nähe des Hofguts Höllwangen befinden, in einem kegelförmigen, mit einem Erdwall umgebenen, hohl klingenden Berg (Abb. 2), wo Attila in siebenfachem, diamantenem, goldenem, silbernem, kupfernem, zinnernem, eisernem und eichenem Sarg bestattet

Abb. 1: Ungefähre Ausdehnung des Hunnenreichs unter Attila und abhängiger Stämme. In: Attila – Wikipedia – die freie Enzyklopädie, abgerufen am 8. 6. 14, lizenzfreies Bild von Creative Commons (Quelle: Extent of Attila's Empire. Based on Map 10 Empires and Barbarians. The Fall of Rome and the Birth of Europe. Peter Heather. Oxford University Press, 2010. Map template adapted from user Andrei Nicu)

worden sein soll. Hier soll früher eine Turmburg gestanden haben.[2] Doch konnte die Königsleiche bei wiederholten Grabungen bisher nicht gefunden werden.[3] (vgl. *Anlage* 1).

Neben den Volkssagen und Nationalepen wie die *Nibelungennot*, das *Hildebrandlied* und das *Waltharilied* blieben spärliche Hinweise auf die Hunnenstürme und -schlachten im alemannischen Siedlungsgebiet erhalten. Immerhin ist es bemerkenswert, dass die Handschriften des Nibelungenliedes im Bodenseeraum, in einer der Hauptstätte der deutschen Romantik gefunden wurden. Ihre »Gralshüter« dürften die Grafen von Montfort gewesen sein, die das Rheintal und die Schlösser von Hohenems und Werdenberg besaßen.[4] Von den drei bekannten Abschriften des Nibelungenliedes wurde die Abschrift A in Hohenems, die Zweitschriften B und C in der Stiftsbibliothek St. Gallen bzw. vom Freiherrn Joseph von Laßberg in Hohenems gefunden und für die Donaueschinger Hofbibliothek erworben. Die lateinische Version der Heldensage Waltharilied ist in St. Gallen entstanden.[5] Nach Ritters Hypothese (1920) [4–5] stellt das Nibelungenlied eine Brücke

Abb. 2: Die abgegangene, durch einen aufgeschütteten Ringwall umgegebene Burg an der Winterhalde ist im Überlinger Wald Sigmundshau am Westrand des Gewanns Winterhalde, der Sage nach der Grabhügel des Hunnenkönigs Attila (Aufnahme des Verfassers)[2]. Nach der Vermutung des Burgenforschers Hans-Wilhelm Heine soll hier eine frühmittelalterliche Turmburg gestanden habe[2].

zwischen dem Donauland als Heimat und dem Bodenseeraum als Bergestätte des Epos dar. Mutatis mutantis gilt dies auch für das Waltharilied.

Hunnisch deformierte Schädel (*Turmschädel*) aus dem 5. Jahrhundert (der Attilazeit) fand man in Thüringen, Bayern, Burgund und in Alemannien entlang der Donau und kaum südlich der Donaulinie in Südwestdeutschland.[7] Doch die beweisen nicht zwangsläufig den hunnischen Ursprung, denn künstlich deformierte Schädel fand man auch in Irak, Afrika und im Inkareich. Hingegen dürften die im Volksmund schon immer als »Hunnen- und Ungarnköpfe« bezeichneten, in der Mauer des »Schwarzen« Römerturms zu Brugg auf Bauquader sitzenden, aus Mägenwiler Muschelkalk gehauenen Vollfiguren-Steinreliefs an die Hunneneinfälle erinnern. Sie stammen aus der Römerzeit und sind nach der Zerstörung durch die Alemannen unter Diocletian wiederhergestellt worden. Physiognomisch sind diese asiatischen Köpfe mit Kopfbedeckung eines Kalpak (Mongolenmütze), mit vorspringenden Backenknochen, breitem Schädelbau, breitschultrigem Körper, struppigem Haar, Vollbart, flachem Gesicht, niedriger Stirn und schiefen, mandelförmigen Augen sicher nicht römisch; sie gleichen vielmehr den Trachten skythischer, altaischer oder kaukasischer Reiterkrieger.[8]

Ob die Urschweizer, vor allem die Urner Stämme direkte Nachfahren der Römer, Schweden und Hunnen der Völkerwanderungszeit sind, wie in einer um 1500 in Luzern entstandenen »Kronika von der loblichen Eydtgnoschaft« des Peterman Etterlin erwähnt wird [9], darf lediglich als ein Hinweis auf die mündlich überlieferte uralte Alpensage verstanden werden. Als gesichert darf hingegen gelten, dass die an der Donau zurückgebliebenen Hunnen ihre ethnische Identität verloren und in einer »hunnisch-gotischen Symbiose« in den römischen Militärdienst aufgenommen wurden oder in germanischen Völkern aufgingen.[10]

GESCHICHTE DER UNGARNEINFÄLLE IM SPIEGEL HISTORISCHER ÜBERLIEFERUNGEN

Indes waren die 375 n. Chr. in Europa erstmals erwähnten, aus heterogenen Völkern bestehenden Hunnen der Attilazeit keineswegs ein primitives Nomadenvolk. Sie kannten zwar weder Ackerbau, noch hatten sie feste Wohnsitze. Ihr ganzes Leben verbrachten sie vorwiegend auf Pferden und waren an die widrigsten Lebensbedingungen in der Steppe bestens angepasst. Diese Eigenschaften aber verliehen ihnen extreme Ausdauer, rasante Mobilität und eine äußerst effektive, der westlichen Kriegsführung deutlich überlegene Kampftaktik.[11]

Mit dem Einbruch der Hunnen in Europa um 375 n. Chr. beginnt die Völkerwanderung auf unserem Kontinent.[12] Zunächst hielten die Hunnen Teile der römischen Provinz Rätiens nördlich der Donau besetzt, ehe die Alamannen Anfang des 6. Jahrhunderts – nach den Bajuwaren um 508 – im Mittelteil Rätiens sesshaft geworden sind. Unter der Herrschaft Attilas (435–453) erstreckte sich das Hunnenreich vom Kaspischen Meer bis zum Rhein und vom unteren Lauf der Donau bis zum Baltikum (Abb. 1). Viel später, nach Beginn der ungarischen Reiterzüge hatte der Liudolfinger *Heinrich der Finkler* (876–936) im Ostfrankenreich mit dem Bau fester Plätze begonnen. Im zehnten Jahrhundert errichtete man bald überall städtische Ringmauern und Einzelburgen und unterhielt stets marschbereite Ritterscharen, um die magyarischen Eroberungszüge wirksamer abwehren zu können.[13] Doch fehlten diese systematisch ausgebauten Wehranlagen zu Beginn der ersten ungarischen Raubzüge, als in der ersten Hälfte des zehnten Jahrhunderts die Magyaren etappenweise die christlich-germanische Welt bedrohten.[14]

Die ersten Spuren der mit dem altertümlichen Sammelbegriff genannten *Alamannen* (oder für die Mediävisten: *Alemannen*), ein Zweig der Elbgermanen und der Sueben (Schwaben), sind um 250 im nördlichen Bodenseegebiet nachweisbar. Erst 430, dann 451 zogen die Hunnen (mit den unterjochten Völkern der Gepiden, Ostgoten, Sueben und Sarmaten) auf dem Weg nach Gallien[15] durch den süddeutschen Raum zwischen der Donau und dem nördlichen Bodensee und am Oberrhein im Bereich der Nordschweiz.[16] Europa war bis dahin mit der Nordgrenze des Römischen Reiches am Rhein und durch andere Flüsse (Donau und Iller) und den Bodensee territorial noch schärfer aufgeteilt. Diese klare Gliederung der Grenzen ging aber nach den Hunneneinfällen und -kriegen verloren.

Gegen die Awaren (Avaren), einen den Ungarn verwandten Volksstamm, wurde von Pippin bis Karl dem Großen an gekämpft. Ihre Spuren sind im Bodenseegebiet archäologisch nicht nachgewiesen. Lediglich das Grab des Markgrafen Gerolt, des Schwagers Karl des Großen am Marienaltar der Basilika Mittelzell-Reichenau erinnert an den Feldzug der Franken gegen die Awaren 799. Dort fand Gerolt den Tod.[17]

Die wilden Reiterscharen verschonten zunächst Alemannien; hier erschienen sie erst nach dem Tod des Herzogs Burchard (Purchard oder Purchart) II, »weil es ihnen niemand wehrte«.[18] So lesen wir im *Codex* 915, in den *Annales Sangallenses maiores* (709–1056), auf den Seiten 9 bis 13: »XXV. Purchardus dux in italia dolo ociditur. Agareni monasterium sancti Galli invaserunt. Uuiberat martyrizata est«, was in der Übersetzung bedeutet, dass 925 Herzog Burkhart in Italien durch List getötet worden sei und die Ungarn in das Kloster des heiligen Gallus eingebrochen seien. Wiborada sei gemartert worden. [19] Hier vertauschte der Chronist das Jahr 926 der Ungarnnot irrtümlich mit dem Jahr 925.

Hernach überfluteten die Magyaren auch das Bodenseegebiet in wiederholten Angriffswellen, wobei sie Städte und Dörfer ausplünderten und in Brand steckten, wie dies noch 1547 in der Chronik von Johannes Stumpf unter Verwendung eines älteren Holzschnitts dargestellt wird. Im Jahr 910 wurde der Graf und Abt Gozbert (Cozbert 888–910) des Rheinauklosters in Augsburg Opfer der heidnischen Horden. In Süddeutschland und der Schweiz fielen die ungarischen Reiterheere erneut 913 ein, nachdem die argengauischen Grafen Erchanger und Berchtold ihnen bereits am Innstrom entgegengetreten waren. Im Jahr 915 und 917 standen die Magyaren wieder im Bodenseegebiet und auf der Schweizer Rheinseite. Auf diesen Feldzügen haben sie Basel zweimal (915 und 917) angegriffen und geplündert, wie Hermannus Contractus in seinen Annalen berichtet und eine althochdeutsche Kaiserchronik zu berichten weiss: »ain burch haizet basila, / di zerstorten di unger da«.[20] Bei der Erstürmung der Stadt Basel kam vermutlich auch der Burggraf Rudolf II. um.

Kaum zehn Jahre später, 926, überfielen die Reiterheere Rheinau und Säckingen; Konstanz belagerten sie aber erfolglos.[21] Die ungarischen Reitertruppen bemächtigten sich diesmal des Vorbaus der Burg Wildenstein im Donautal, des Klosters St.Gallen und der Stadt Basel. Die magyarischen Reiter überfielen, über Bregenz kommend, auch am Hochrhein die Siedlungen Brugg, Laufenburg, Rheinfelden und die Grenzfestungen von Vindonissa und Pfyn, und weihten sie dem Untergang, bis sie beim dritten Einfall 926 einige Häuser um das Kloster, aber nicht das Kloster selbst angezündet hatten.[22] In dieser Zeit war die Burgenordnung Heinrich I. (von 926) noch nicht wirksam, so dass Gegenwehr und Schutz der Bevölkerung von lokalen Herrschern arrangiert werden musste.[23] Zwar erließ der König auf dem Wormser Reichstag eine Verordnung zum Burgenbau[24], doch entstanden die ersten Dorf- und Klosterbefestigungen erst circa 25 Jahre nach dem ersten Einfall der Magyaren um 953/954.[25] Die Ummauerung des Klosters St. Gallen beendete schließlich Abt Notker (971–975) zwischen den Jahren 971 und 975.[26]

Diese westwärts gerichteten, fast jährlich durchgeführten Raubzüge der Magyaren ließen in der Heftigkeit bereits nach der Niederlage der ungarischen Reiterarmee 933 bei Riade (im Raum Merseburg?) gegen Heinrich I. nach; sie kamen fast vollständig zum Erliegen nach der von Otto I. und Bischof Ulrich von Augsburg geführten Schlacht auf dem Lechfeld im Jahr 955.[27]

Über all diese Streif- und Raubzüge berichten die Chronisten von den Magyaren als Hunnen, als wilde Heiden, als Strafe Gottes, die nur Verheerungen hinterlassen hätten. So berichtet Regino, Abt von Prüm 907 in seiner Weltgeschichte mit dem Titel *Chronicon*, dass die Ungarn »das Blut des Gegners trinken und sein zerstückeltes Herz auffrässen«.[28] Eine Ausnahme bildet die Erzählung des einfältigen Mönches Heribald in Ekkeharts IV. *Casus sancti Galli (s. u.)*. Demnach verhielten sich die Magyaren nicht anders als Krieger anderer Länder im Krieg in der damaligen Zeit. Sie hätten sich diszipliniert verhalten, hätten im Keller getrunken und nicht einmal die Weinfässer zerschlagen.[29] Interessant auch, dass sich archäologisch kaum konkrete Spuren dieser Verwüstungen finden lassen.[30] Dies lässt sich teils durch den seltsamen Totenkult für die in fremden Ländern gefallener Krieger erklären, deren Leichname nicht nach Hause überführt werden konnten und daher verbrannt wurden. Ähnliche Brandbestattungen sind auch aus der Hunnen- und Frühawarenzeit des 7. Jahrhunderts bekannt.[31] Eine andere Erklärung ist, dass die Ungarn entsprechend ihrem schamanistischen Glauben das Haupt der Gefallenen als dem Sitz der »Schattenseele« mitnahmen und den Kopf in einem symbolischen Grab bestatteten.[32] Dies ist letztlich der Grund, warum keine ungarischen Gräberfelder, nur vereinzelte Streufunde und eine einzige Grabstätte entlang der Feldzüge in Mittel- und Westeuropa gefunden wurden.[33] Zu beachten ist allerdings, dass solche Feldzüge, die auch im Winter stattfanden, öfters auf ausländische Bestellungen initiiert wurden, wobei die Ungarn sich als verlässliche und tapfere Verbündete erwiesen.[34] Keineswegs waren ihre Krieger undisziplinierte Horden, sondern ein Heer, eingeteilt in Eskadronen und Korporalschaften, also in kleinere Kampftruppen, die in gründlich vorbereiteten, zentral gelenkten Feldzügen in fester Schlachtordnung auftraten. Nur so konnten sie eine Gefahr für die westlichen Länder bedeuten.[35] In den *Casus sancti Galli* wird von Heribald auch ein orientalischer Schwerttanz der betrunkenen Ungarn berichtet, wie dies auch auf einem Silbergeschirr aus dem Ural-Altai-Gebiet dargestellt wird.[36]

Es ist eine Ironie des Schicksals, dass die Magyaren auf dem Lechfeld von einem ehemaligen Sankt-Galler Mönch Ulrich (Udalricus), dem späteren Augsburger Bischof (923–973) geschlagen, und dann auf Bitte des Großfürsten Geyza (um 972–997) gerade ebenfalls von einem ehemaligen Sankt-Galler Mönch, dem Missionsbischof Brun (eigentlich Prunwart), bekehrt worden seien.[37]

SEMANTISCHE PROBLEME

Alle mittelalterlichen Chroniken und Berichte haben die Magyaren des zehnten Jahrhunderts mit ihren mystischen Vorfahren, den Hunnen gleichgesetzt und in ihren Schriften die ins Land einfallenden Ungarn *Hun* genannt (Abb. 3). Der Sammelbegriff »Hunnen« leitet sich wiederum aus den chinesischen Annalen ab, in denen sie als *Chiunju* oder *Chiungnu* bezeichnet werden. Ein Zweig diese *Chiunju* / Hunnen waren die *Uiguri* oder *Ungri*, die im ganzen Orient ohne Nasallaut als *Ugri* ausgesprochen werden [38].

Außer im Waltharilied waren die Awaren in den frühen Jahrbüchern, Chroniken, und auch noch in Sebastian Münsters »Cosmographia universalis« 1544 namentlich nicht bekannt oder nicht erwähnt; sie wurden lediglich als »wiederkehrende Hunnen« bezeichnet, die durch Karl den Großen vom 791 bis 800 besiegt worden seien. So sprechen die beiden sanktgallischen Annalen vorerst von der *gens Hunorum*; erst das Jahr 791 bezieht sich auf die Awaren (Avaren) und das Jahr 863 erstmals auf die Ungarn.[39] In der ersten Wiborada-Vita des Sankt-Galler Hagiographen und Mönchs Hartmann findet sich um 973 der Ausdruck *saeva gens Hungarorum*, also »das wilde Volk der Ungarn«, Bezeichnungen, die damals gewöhnlich mit den Worten *pagani* (Heiden) und *barbari* (Barbaren) synonym gebraucht wurden.[40] Um 1075 werden in der Handschrift Nr.560 die Magyaren in der zweiten, von Hepixan (Herimannus) ergänzten Wiborada-Vita einfach Ungri genannt, doch viel später bei Joachim Vadian (1484–1551) und Josua Wetter (1642), heißen die Unger, Ungarn im gleichen Atemzug »blutgewohnte Hunnen«.[41] Eine irrige Gleichsetzung der Hunnen und Magyaren, die selbst noch im 19. Jahrhundert vom Sankt-Galler Mönch und Historiker Ildefons von Arx (1755–1833) in seiner Kantonschronik und bei Franz Weidmann, dem Geschichtsschreiber der Stiftsbibliothek, auftaucht. Kein Wunder, dass hernach Victor von Scheffel in seinem *Ekkehard* ebenfalls wie im Volksmund über *Hunnenschlachten* spricht.[42] Ungeklärt bleibt letztlich nur noch der Volksname *agareni*, wie dies in den Annales Sangallenses Maiores in der Handschrift Nr. 915 (Seite 202) erwähnt wird: »Im Jahr 943, 945, 1045, 1051 und 1042: »Agareni monasterium sancti Galli invaserunt. Viberat martyrizata est«.[43] Schon Ekkehart IV. hielt die Volksbezeichnung *agareni* für unzutreffend. Nach heutiger Auffassung waren wohl mit diesem Terminus eher die Sarazeni oder die Ismaeliten gemeint, wie sie bei Strabon, Plinius d. Ä. und zuletzt von Bartholomeus Edessenus erwähnt sind [44]. Es waren also des Öfteren immer noch die »Hunnen«, die auf ihren Beutezügen auf dem Weg nach Kärnten (901) Mähren (902), Bayern (903, 907) und Sachsen (936) Dänemark, Frankreich und die Provence heimsuchten.

DIE LITERARISCHEN SPUREN DER UNGARNEINFÄLLE IN SAGEN UND KLOSTERCHRONIKEN (Abb. 4–8)

Der aus der *Nibelungen Not* bekannte Dietrich von Bern wird auf einem Steinbild des Münsterchores zu Basel dargestellt und eine Urkunde aus Säckingen aus dem Jahr 1373

Vngaria Vngarn/ ein gewaltig künigreych / sunst das Vnder Pannonia genen̄t/
darin̄ habend vor zeyten gewonet die Pannones vn̄ Peones/ darnach habend darinn
genistet die Gothi/ nach den Gothis die Huni/ dēnach die Longobardi/ habēds besäs
sen 42. jar. Als aber die selbigē jren sitz in Italiam verrucktend / sind die Huni wider
dareyn gesässen/ habend Atilam zum künig erwelt / vn̄ mit jm schier gantz Europam
beleidiget/ wie wir hernach im andern vn̄ im 4. bůch findend. Carolus Magnus hat
die Hunos 8. gantze jar bekriegt/ biß er sy bestreyten mocht. Jr hauptstatt ist Buda/
Ofen/ hat jren nam̄en empfangē von Buda dem brůder Atile. Als aber die Huni mer-
teils durch Carolū/ als obstadt/ erschlagen vn̄ vertilckt warēd/ do habēd sich die Vn
gari (ein Scytisch volck) bey K. Arnolphi zeyten/ vm̄ das jar Christi 900. in Vngarn
gesetzt zů den überblibnē Hunis. Die habend auch / gleych wie vormals die Huni/ jre
nachpauren/ sonderlich Germaniam offtermals überfallen/ daruon wirt im anderen
bůch vil gsagt. Anno domini 1006. sind die Vngar zů Christen glauben bekeert/ durch
Geyselā/ Keiser Heinrichs des 2. schwester/ welche dem künig von Vngarn vermäch
et was/ deßhalb der selbig künig getaufft / vn̄ Stephanus genennt ward. Von di-
sem Stephano find ich dreyssig künig in Vngarn biß auff Ferdinandum den brůder
Caroli 5. nēlich / Stephan der erst/ Petrus/ Andreas/ Salomon/ Bela/ Ladislaus/
Geysa/ Colomanus/ Steffan 2. Bela 2. Geysa 2. Stephan 3. Bela 3. Emericius d
starb anno domini 1200. Ladislaus 2. Andreas 2. S. Elßbeten vatter/ Bela 4. Ste

Abb. 3: Ein Blatt aus Sebastian Münsters Cosmographia universalis mit der Beschreibung der (von der akademischen Historiographie nicht akzeptierten) dreifachen Landnahme der Hunnen, Awaren und Magyaren (Basel, 1544, aus der Sammlung des Verfassers; Text s. Tab.1, S. 31)

weist den Abzug eines *Dietrich von Bern von Rinfelden* ins Hunnenreich nach, wie es noch lange im Lied »wie Dieterich von Berne schiet« am Hochrhein gesungen wurde. Wie in manchen anderen Orten auf Ringmauern und Brückenköpfen hatte man auch im Basel ein bleckendes Hunnenhaupt auf dem Brückenturm aufgestellt, als Schreckbild aus jener Zeit der Hunnenschlachten.[45]

Die Spuren der Ungarneinfälle in St. Gallen sind uns mehrfach überliefert: in den *Grösseren Sanktgaller Annalen* mit Eintragungen zu den Jahren 709 bis 1056 (Handschrift Nr.

915, S. 209, Abb. 4), in den *Annales Alemannici (Turicenses)*, in den zwischen 1040 und 1060 zusammengestellten *Casus sancti Galli* Ekkeharts IV. (Handschrift Nr. 615 in der ältesten erhaltenen Abschrift um 1200, s. u. und Abb. 5) [46], der Überfall der Ungarn und das Leben der hl. Wiborada in der von Herimannus nach 1072 verfassten Handschrift Nr. 560 (S. 374–544) und 602 (S. 344–345); letzterer aus der Mitte des 15. Jahrhunderts, Abb. 7), sowie die Ermordung der Reklusin Wiborada im Professbuch des Klosters (Abb. 8). In der Zusammenstellung von Johannes Duft aus dem Jahr 1957[47] erwähnen die Alemannischen Annalen (AA) die Ungarn neunmal und die Größeren Sanktgaller Annalen (GSA) sogar fünfzehnmal, s. Tab. 2 (S. 32).

Da der Ungarneinfall am 1. und 2. Mai 926 in der Chronik *Casus sancti Galli* (in der von G. Meyer von Knonau 1880 besorgten Neuausgabe), in der Beschreibung der Stadt Sankt Gallen durch Josua Wetter (1622–1656) sowie in mehreren Monographien des vorigen Jahrhunderts[48], in drei Ausstellungen (1990 und 1995 in Sankt Gallen, 1999 in Budapest) und schließlich im Kongressband »Die Ungarn und die Abtei Sankt Gallen« (St. Gallen – Budapest 1999) ausführlich beschrieben wurde[164], dürfen wir uns hier auf eine kurze Zusammenfassung der wichtigsten Ereignisse beschränken: *Annales Alamannici* (Annales Turicenses, 708–926): Im Jahr 791, 869, 899 und 1. und 2. Mai 926: »VI. NON. MAI FERIA II. Ungarii monasterium sancti Galli omni humano solatio destituto invadunt… . haud grandi et non intolerabili laesione loci rerumque recessere« [49], s. a. Abb. 4–5.

Diese von sieben Hagiographen geschriebenen Alemannischen Annalen mit ihren Einträgen über die wiederholten Ungarneinfälle, die noch 791, also noch in der Awarenzeit einsetzten, sich im Jahr 899 nach der ungarischen Landnahme (896) im Karpatenbecken fortsetzten, weisen eine Lücke im Jahr 926 der bedeutendsten ungarischen Heereszüge in Bayern, Alemannien und im St. Galler Kloster auf.[50] Im St. Galler Professbuch (S. 14, Abb. 8) findet sich, durch Majuskelschrift hervorgehoben der Eintrag über den Tod der Reklusin Wiborada: »KL. MAI. WIBERAT reclusa a paganis interempta« (»am 1. Mai wurde die Reklusin Wiborada von den Heiden umgebracht« (Abb. 7–8) [51]. Erschöpfende Studien über das Leben der hl. Wiborada mit ihrer Herkunft, Jugend, ihren Wundertaten und ihrem Märtyrertod im Spiegel der zwei Wiborada-Vitae sind von Eva Irblich und Walter Berschin vorgelegt worden.[52] In all diesen mittelalterlichen Quellen der Annalen und Chroniken können wir »den Puls der Zeit« fühlen und »den Atem der Geschichte« spüren [53], nicht nur in den beiden Annalen, sondern vor allem in den beiden *Vitae Wiboradae* und den *Casus sancti Galli* des Ekkehart IV. Eine reichhaltige paläographische Dokumentensammlung verdanken wir Johannes Duft: Die Ungarn in Sankt Gallen (1957)[19], die auszugsweise wiedergegeben wird; s. Tab. 2 (S. 32).

Des Weiteren wird in der Handschrift Nr. 602 über die Vision der Wiborada an ihrem Seelenführer, dem Mönch Waltram über den bevorstehenden Einfall der Ungarn, über den Einbruch der Ungarn in das Kloster, das Fliehen des Priesters Wito und das Martyrium und über den Tod Wiboradas durch tödliche Hauptwunden mit der Streit-

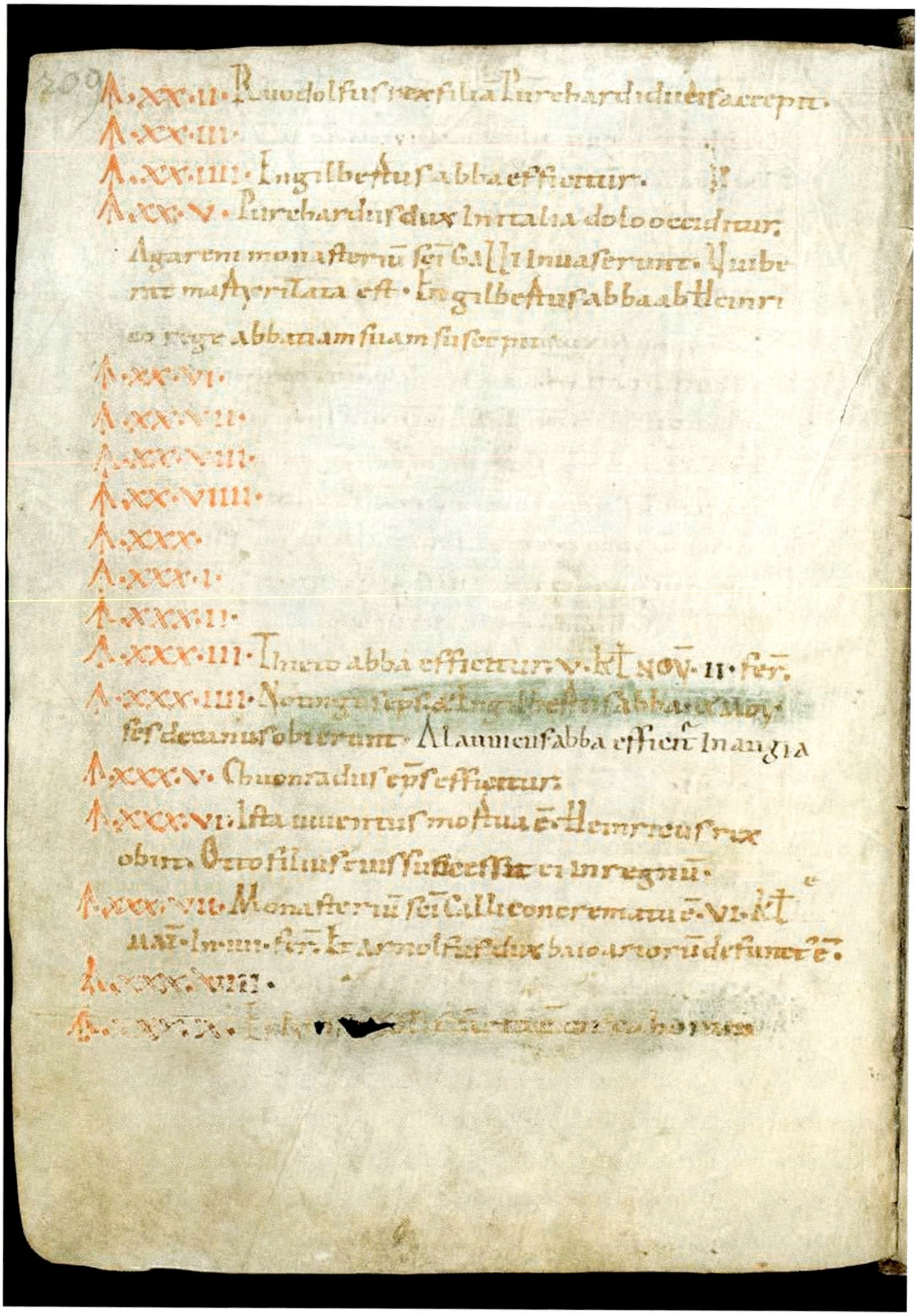
A.XX.II. Ruodolfus rex filia Purchardi ducis uxorem accepit.
A.XX.III.
A.XX.IIII. Engilbertus abba efficitur.
A.XX.V. Purchardus dux in Italia dolo occiditur. Agareni monasterium sancti Galli invaserunt. [illegible] martyrizata est. Engilbertus abba ab Heinrico rege abbatiam suam suscepit.
A.XX.VI.
A.XX.VII.
A.XX.VIII.
A.XX.VIIII.
A.XXX.
A.XXX.I.
A.XXX.II.
A.XXX.III. Thieto abba efficitur. V. Kl. Nov. II. fer.
A.XXX.IIII. Notger [illegible] decanus obierunt. Alawicus abba efficitur in Augia
A.XXX.V. Chuonradus eps efficitur.
A.XXX.VI. Ista uuerra mota est. Heinricus rex obiit. Otto filius eius successit ei in regnum.
A.XXX.VII. Monasterium sancti Galli concrematum est. VI. Kl. mai. in III. fer. Et Arnolfus dux Baioariorum defunctus est.
A.XXX.VIII.
A.XXX.VIIII. [illegible]

Abb. 4: Eintrag über den Einfall der Ungarn im Kloster St. Gallen im Jahr 926 (hier fälschlicherweise im Jahr 925). Stiftsbibliothek St. Gallen, Handschrift Nr. 915, S. 209. Nach Codices Electronici Sangallenses – CESG (Mit freundlicher Genehmigung von Dr. Karl Schmuki)

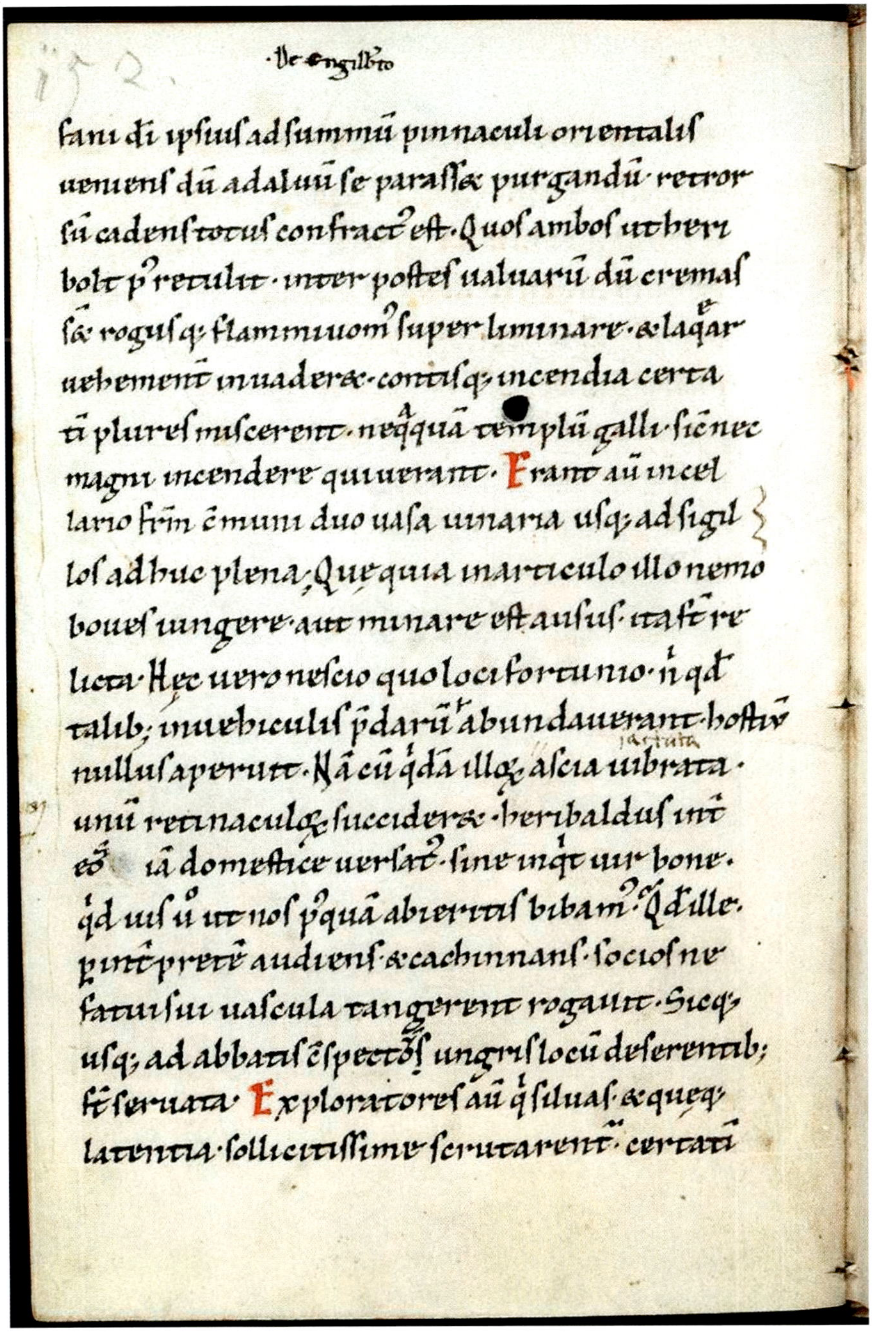

Abb. 5: Bericht über den Ungarneinfall im Kloster St. Gallen am 1. und 2. Mai 926
(Aus der ältesten erhaltenen Abschrift der Casus sancti Galli von Ekkehart IV. um 1200;
Handschrift Nr. 615, Doppelseite 152–153. Mit freundlicher Genehmigung von Dr. Karl Schmuki)

Abb. 6: Einfall der Ungarn in Sankt Gallen. Die Ungarn sind auf dem Bild wie Landsknechte dargestellt und bewaffnet (Stiftsbibliothek St. Gallen, Handschrift Nr. 602, S. 344 aus dem Jahr 1451 (Nach Duft, Johannes und Missura-Sipos, Tibor: Die Ungarn in St. Gallen. Mittelalterliche Quellen zur Geschichte des ungarischen Volkes in der Stiftsbibliothek St. Gallen. St. Gallen 1992, S. 68)

axt[54], s.a. Abb. 7) berichtet. Den steinernen Altar hätten die Magyaren nicht angerührt, da sie aus früheren Überfällen wussten, da sich darin »nichts als Knochen und Asche« befinden[55]. Als zwei Krieger aber versuchten, den vergoldeten Gockel (lateinisch *gallus*) vom Kirchturm runterzuholen, stürzten beide ab und erlitten tödliche Verletzungen. Glücklicherweise blieb die Kirche bei der Verbrennung der Leichname an der Pforte unversehrt. Es dürfte sich aber eher um Slawen gehandelt haben.[56] Hier kann angemerkt werden, dass das Galluskloster in einem verheerenden Brand am 26. April 937 schwerer als durch die Ungarneinfälle beschädigt und später auch von den Sarazenen (»Agareni«?) bedroht wurde.[57]

Die im Kloster St. Gallen vom jungen Ekkehart I. (um 910–973) um 930 aufgezeichnete *Vita Waltharii manu fortis* hatte auf Veranlassung des Erzbischofs Aribo von Mainz (1021–1031) Ekkehart IV. in seinen *Casus sancti Galli* (cap. 80) in Mainz stilistisch umgearbeitet (Abb. 5)[58]. Diese, dem thematisch dem Nibelungenlied verwandte Handschriftensammlung, von denen beide Versionen im St. Galler Kloster aufgezeichnet wurden, schildert eine »Hunnenschlacht« in den Vogesen, wobei von den Chronisten die Zeit Attilas (Etzel) von 434 bis 453 mit der Awarenherrschaft in Pannonien (558–803) vermischt oder verwechselt wird. In der Sammelhandschrift *Waltharilied* (Waltharius, 10. Jh.), in der *Vita Waltharii manu fortis* (um 930) lesen wir: »Namque Avares firma cum Francis pace peracta / Suspendunt a fine quidem regionis eorum, /Attila sed celeres mox huc deflectit habenas,/ Nec tardant reliqui satrapae vestigia adire.« (»Die Awaren, die mit den Franken festen Frieden geschlossen, / Machten deshalb halt vor ihres Gebietes Grenzen;/ Etzel riß nach Burgund sofort die verhängten Zügel,/ Die anderen zögerten nicht, den Spuren des Fürsten zu folgen…«. (Waltharii poesis, Zeilen 40–44)[59].

Der von Ekkehart I. und Ekkehart IV. in ein lateinisches Gedicht umgegossene alte Sagenstoff des Walthariliedes gab in seiner ursprünglichen Form eines alt-alamannischen Heldenepos die Ereignisse von vor mehr als 500 Jahre wieder. Es führt uns in die Zeit der »Zerstörung des Burgunderreiches von Worms im Jahre 436 durch die Hunnen im Auftrag des Römers Aetius« und des ersten Hunnenzuges 384 gegen die in »Rätien eingefallenen Juthungen und Sueben im Auftrag des Kaisers Valentinians«, lange vor Attilas Herrschaft (435–453)[60]. Auch einige Fragmente des Walthariliedes: Die Verschleppung von Walther, Hildegunde und Hagen in den Hof des Hunnenkönigs, die Flucht Walthers mit dem Hunnenschatz und das recht positive Bild von Attila lassen vermuten, dass beiden Heldenepen, dem Nibelungen- und dem Waltharilied gemeinsame mündliche Überlieferungen zugrunde lagen, weiterhin, dass das Waltharilied mit seiner antifränkischen Tendenz an der Wende vom 4. zum 5. Jahrhundert im Innern Alemanniens entstanden ist. »Attila und sein Reich leben fort«, so heißt es sowohl im Nibelungen- als auch im Waltharilied.[61] Warum griffen aber die zwei Ekkeharts auf diese alte schwäbische Herkunftssage zurück, wobei sich der Titel *Walthari* aus *Wilheri*, einem noch älteren germanischen Stammesnamen ableitet und »Keltenkrieger« bedeutet?[62] Hierfür könnten die Awarenfeldzüge aus dem Osten in jüngerer Zeit ein Grund gewesen sein. Deshalb sprechen die beiden

345 163

Entwichen sich kum die him
elzen da wo Die altar wurd=
ent erzündt Und der hailig
hailtum ward gegeben dem
gewalt des fires Die höhe hüs
wurdent gedemütiget ung zu d'
erde Und die nidre hüser die
wurden nider geworffen od'
wurdent v'brent Mit semlich
verwüstung giengent sy zu Sant
Magne kilche Un woltet die
och mit ainem huffen holzes
darin gelait v'brenen Und als

In d' götlich gewalt wurd stünd
Do manglote ir böser will des
v'wirkens Do wolten sy ir git
ikait ersätt Un giengen an all
winkel ze ersüche wo goldes od'
pfenig wege Dem kindigoste
kame si zü dem betthus d' magt
Als sy dz funde ze ring um
v'sorget Do wonden si dz d'
schatz mit anand' an die statt
geflöchnet wer Un machtet
in ain ingang mit d' abwerffung
d' ziegel Un als si hin in kame

Abb. 7: Die Einsiedlerin Wiborada wird beim ungarischen Überfall auf St. Gallen ermordet (Stiftsbibliothek Sankt Gallen, Handschrift Nr. 602, S. 345, aus dem Jahr 1451; mit freundlicher Genehmigung von Dr. Karl Schmuki)

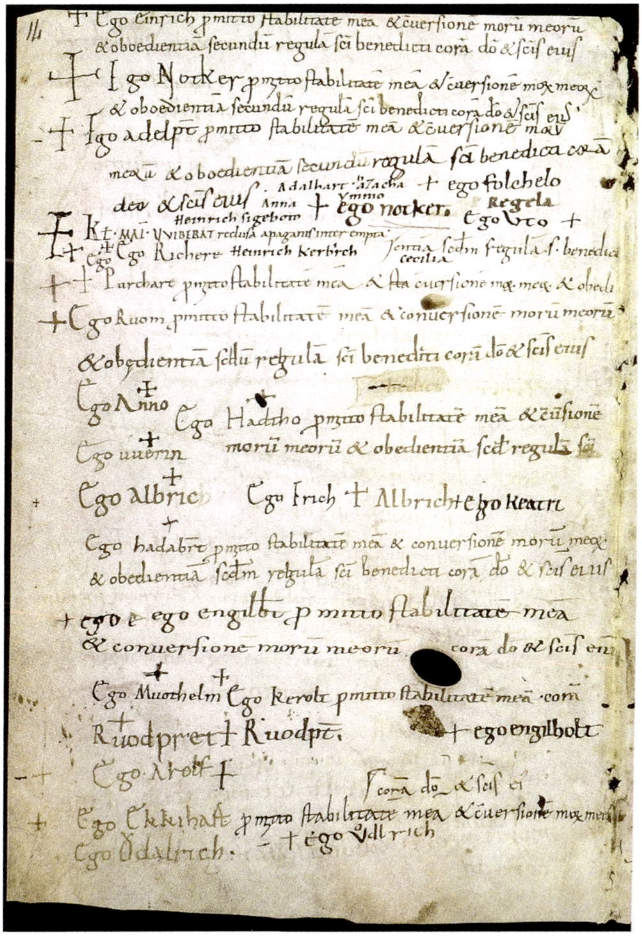

Abb. 8: Eine Seite mit Eintrag zum Tod der Reklusin Wiborada. Stiftsarchiv. St. Gallen, Professbuch, S. 14 (Stiftsarchiv St.Gallen, C3 B65, S. 14. Mit freundlicher Genehmigung von Dr. phil. MAS Jakob Kuratli Hüeblin)

auch statt von Hunnen über die Awaren von 555. In diesem Zusammenhang ist es erwähnenswert, dass der Name »Hun« auch im altfranzösischen Rolandslied zwischen 1070 und 1110 erscheint, und man mit dem Wort »Hunne«, »Heune«, »Hüne« (Riese) ursprünglich lediglich »Nichtgermanen« bezeichnete, dessen Form erst später auf das Steppenvolk Hunnen übertragen wurde.[63]

Hundert Jahre nach den Ungarneinfällen verfasste Ekkehart IV. (980–nach 1057/1060?), ein Notkerschüler im Kloster Sankt Gallen, eine zwischen 1040 und 1060 aufgezeichnete, in bester hagiographischer Manier geschriebene zweite Hauschronik *Casus sancti Galli*, in der der Ungarneinfall am 1. und 2. Mai 926 ausführlich erzählt wird. Die uns zur Verfügung stehende Chronik ist allerdings eine um 1200 angefertigte Abschrift; die originale Handschrift gilt als verschollen[64].

Ekkehart IV. erwähnt den St. Galler Klosterschüler und späteren Augsburger Bischof Ulrich in dieser vom Mönch, Chronisten und Dichter Ratpert (um 855–um 911) um 883 verfassten[65] und von ihm um 1040 ergänzten Klosterchronik *Casus sancti Galli* dreimal und ausführlich.[66] Auffallend dabei ist, dass in diesen von etwa 890 bis 972 fortgeführten Aufzeichnungen nur die erste Belagerung der Stadt Augsburg im Jahr 926, nicht aber die Schlacht auf dem Lechfeld im Jahr 955 erwähnt wird[67]: »Die Ungarn, die von den unruhigen Verhältnissen im Reich gehört haben, brechen rasend in die norischen (d. h. bayrischen) Gebiete ein und verwüsten sie, und nachdem sie lange Augsburg belagert haben, jedoch durch die Gebete des Bischofs Uodalrich, des heiligsten unter allen damals lebenden Menschen, vertrieben worden sind, durchstreifen sie scharenweise Alemannien.«

Da im gleichen Jahr 926 die ungarischen Reiterheere auch St. Gallen überfielen, dürfte die zeitliche Koinzidenz der Grund dieser Erwähnung sein. Ekkehart IV. beschreibt in seiner Chronik die Ereignisse. Auf Anraten von Wiborada und Befehl des Abtes Engilbert (925–933) flohen die älteren Brüder mit den Klosterschülern nach Wasserburg, während Abt Engilbert und andere Mönche mit dem Klosterschatz der Sakristei auf dem schmalsten Berghals, im Refugium Waldburg an der Sitter, der befestigten Halbinsel in der Gegend von Bernhardzell (heute bei Häggenschwil) sicheren Schutz fanden. Dort existierte schon eine durch Wall und Graben geschützte natürliche Fluchtburg.[68] Die Klosterbibliothek samt Kirchenbüchern wurde auf die Reichenau gebracht[69], wobei die Bücher nicht sorgfältig gelagert waren und bei der Rückführung einige Codizes fehlten.[70] Auch in der Wiborada-Vita findet sich ein kurzer Hinweis auf diese Bücherflucht.

Ekkeharts Chronik berichtet auch über eine Fehde des Burggrafen *Hirminger (Irminger)* aus dem Frickgau, der die Ungarn bei Säckingen und auf dem gegenüber liegenden Rheinufer bei Möhlin überfiel und geschlagen hat.[71] Zum Gedenken an diesen Magyarenbesieger wurde in Konstanz bis ins 16. Jahrhundert alljährlich am St. Andreasabend der sog. »Hunno-Fischzug« mit bewaffneter Flotte abgehalten. Darüber berichtet Ludwig Uhland 1859 in einer Abhandlung *Bodman* in der Stuttgarter Vierteljahresschrift *Germania*.[72] Uhland benutzte für seine Erzählung als Quellen drei ältere Aufzeichnungen: Die Zimmersche Chronik (1566), die Berichte des Konstanzer Bürgers Gregor Mangold (1542) und die Niederschrift des Hans Georg von Bodman (1592)[73], s. *Anlage* 2.

Hier liegt allerdings ein etymologischer Irrtum vor. Das Wort *Hunno-Zug* hat nicht direkt mit den »Hunnen« zu tun, wenngleich dieses jährlich begangene Seefest mit Kriegsschiffen den Sieg über die ungarischen Raubzüge in Erinnerung rufen sollte[74].

Auffallend beiläufig und kurz geht Ekkeharts Bericht auf den Märtyrertod Wiboradas ein: »über die heilige Wiborada aber werden wir nicht reden, weil von ihr ein eigenes Buch vorliegt.«[75] In der Tat lagen aber aus dem 10. Jahrhundert bereits zwei Wiborada-Vitae vor: die *Vita I Sanctae Wiboradae Virginis et Martyris* von *Ekkehart I.* (910–973), die um 960–970 aufgezeichnet wurde; sie blieb nur in der um 1047 überarbeiteten Version durch Ekkehart IV. erhalten. Diese ältere Wiborada-Vita ist in der Stiftsbibliothek St. Gallen nicht mehr vorhanden; zwei Abschriften befinden sich heute in Stuttgart und Augsburg.[76] Die im hagiographischen Stil verfasste zweite Wiborada-Vita des Mönches und Hagiographen Hartmann (Herimannus) von St. Gallen entstand aber nur einige Jahre später, nach 972, also auch noch vor der Geburt Ekkeharts IV. [77] Auch die Hartmannsche Wiborada-Chronik blieb in einer Abschrift im sog. Stuttgarter Passionale des 12. Jahrhunderts erhalten[78]. Beide Martyrologien berichten über den Ungarneinfall am 1. und 2. Mai 926[79].

Auf die von Walter Berschin 1983 edierten lateinischen und deutschen Lebensgeschichten der 1047 durch Papst Klemens II. heiliggesprochenen Wiborada aus dem 15. Jahrhundert (Handschrift Nr. 586 und 602) gehen wir hier nicht näher ein.[80] Allerdings stammen die ältesten Abbildungen des Ungarneinfalls in St. Gallen aus diesen spätmittelalterlichen Abschriften, weshalb die barbarischen Magyaren in eidgenössischem Kostüm oder in Ritterrüstung gezeigt werden (Abb. 6, 7)[81]. Der Abzug der Ungarn aus St. Gallen wird nicht in diesen Wiborada-Schriften, sondern in der von Johannes Stumpf (1500–1577/1578) bei Christoph Froschauer 1547–1548 in Zürich gedruckten Chronik dargestellt.

Eva Irblich hatte 1970 die Volltexte der beiden Wiborada-Vitae in deutscher Übersetzung in einem großen, sehr lesenswerten Essay mit kritischen Kommentaren veröffentlicht, in dem jene Ereignisse nachzulesen sind, die bei Ekkeharts IV. *Casus sancti Galli* fehlen: Wiboradas Weigerung vor den Ungarn zu fliehen (Kap. XXXVII), die Erwartung ihres Martyriums (Kap. III/26 der Vita I), ihre Sorge um Menschen und Klosterschatz (Kap. XXXVIII), die Errettung der Bücher und ihr gewaltsamer Tod (Kap. XLII), wie sie im Stuttgarter Passionale, in den Handschriften von Dillingen und Wiblingen sowie im einem Augsburger Codex aus St. Ulrich und Afra erhalten geblieben sind[82].

Wenn wir der *Vita I. sanctae Wiboradae* des Mönches Ekkehard I. und den »Casus sancti Galli« des Ekkehart IV. Glauben schenken wollen, so verdankt das Galluskloster der Vision der Klausnerin Wiborada, dass der Überfall und die Belagerung St. Gallens verhältnismäßig wenig Schaden angerichtet hatten. Von Spähern rechtzeitig vor den aus Bregenz in Schwärmen mehrmals herziehenden ungarischen Reiterkriegern vorgewarnt, konnte der Kirchenschatz, die etwa 500 Codizes und das Leben der Mönche gerettet werden. Hingegen haben marodierende Krieger am 2. Mai 926 Wiborada gemartert und ermordet (Abb. 8), wie ihre Grabinschrift *Epitaphium sanctae Wiboradae* im Hartmanns Wiborada-Vita berichtet.[83]

Ein anderer Bericht des ungarischen Einfalls in Ekkeharts Erzählung bezieht sich auf die Schwester Ulrichs, die als Nonne in Buchau gelebt haben soll.[84] Ekkehart IV. erwähnt aber auch eine Niederlage der ungarischen Reiterhorden, als sie im Frickgau und beim Kloster Säckingen vom Edlen Hirminger und seinen sechs Söhnen vernichtet wurden.[85]

Nach dem Überfall und der Plünderung des St. Galler Klosters zogen die ungarischen Reiterheere weiter, setzten sich über den Rhein, suchten die umliegenden Dörfer mit Brandschatzungen heim, während die Wasserburger Klosterbrüder auf Schiffen und die Mönche aus St. Gallen noch eine Weile in ihrer Fluchtburg ausharrten. Allein Konstanz und die Reichenau blieben verschont.[86]

Im Kapitel 64 der Chronik *Casus sancti Galli* (s. a. u.) wird von Ekkehart IV. der Ungarneinfall im Schwarzwald und in Elsass ebenfalls angeführt[87]:»die Ungarn, nachdem sie aus dem Schwarzwald viele Schiffe bereit gemacht, selbst ihre vorzüglicheren Scharen nach dem Elsass hinüber [geführt hatten], und von einem gewissen Liutfrid, dem mächtigsten jenes Landes, kriegerisch empfangen [wurden], haben sie endlich, zwar mit sehr grossem Schaden für sich, einen blutigen Sieg erlangt«.

So gravierend und folgenreich auch die Streifzüge und die Plünderung der heidnischen Ungarn für das klösterliche Leben gewesen sein mochten, bedeutete dieser Einfall in St. Gallen für die Ungarn, die sich selbst Magyaren nannten, nur eine flüchtige Episode. Hingegen blieben die Raubzüge in den Chroniken und Annalen in der Rezeptionsgeschichte und in der Sekundärliteratur ein nachhaltig wirkendes Ereignis. Für den Fortbestand des St. Galler Klosters bedeutete das Schicksalsjahr der Ungarneinfälle eine Zäsur, brachte die »pragmatische Schriftlichkeit« vorübergehend zum Erliegen, riss in den Urkunden der Klosterchronik eine Lücke.[88] Sie beendeten die goldene Periode des Ausbaus und der karolingischen Renaissance, wie dies ursprünglich im um 820 entworfenen karolingischen Klosterplan vorgesehen war. Er konnte in dem ursprünglich vorgesehenen Umfang nie mehr verwirklicht werden. Allerdings unterbrach diese Verwüstung die mönchische Gelehrsamkeit keineswegs. Literarische Schöpfungen vom europäischen Rang sollten auch noch später entstehen. Doch im folgenden Silbernen Zeitalter musste sich das Kloster erstmals von den Verwüstungen und Verlusten erholen.[89]

Ekkeharts II. ungewöhnliche Laufbahn und nicht zuletzt seine (wohl von Ekkehart IV. frei erfundene) privilegierte Beziehung zu der Herzogin von Schwaben stießen schon damals bei den Mitbrüdern in St. Gallen auf reges Interesse. Zwei Generationen nach Ekkeharts Tod nahm Ekkehart IV. sie in seine Klostergeschichten von St. Gallen (*Casus sancti Galli*) auf.

KRITISCHE ANALYSE DER CASUS SANCTI GALLI DES EKKEHART IV.

So ergreifend und ausführlich auch die Galluschronik Ekkeharts IV., »dieses wohl reizvollste Memoirenwerk des frühen Mittelalters«[90] und das »köstlichste Geschichtsbuch des Mittelalters«[91] uns auch erscheint, hinsichtlich ihrer Authentizität sind Zweifel angebracht, inwiefern das um fast 100 Jahre nach dem Sturm und der Invasion des Klosters durch die ungarischen Reitertruppen niedergeschriebene Memoirenwerk wahre historische Begebenheiten wiederspiegelt, oder ob es nur eine literarisch vollkommenere Fortsetzung der Klostertradition darstellt. Dennoch kann man, gleichsam mit den beiden Einträgen in den Annalen und im Professbuch (Tab. 2, S. 32), auch in Ekkeharts Chronik »das Ereignis fast handgreiflich fassen [...], ein seltener Fall, der nicht hoch genug zu schätzen ist«.[92] Daher ist es erforderlich, die schriftlichen Quellen der *Annalen* und des *Professbuches* mit den *Casus sancti Galli* zusammen zu untersuchen. Die Annales Sangallenses Maiores der Stiftsbibliothek St. Gallen überliefern Ereignisse aus den Jahren 943, 945, 1041 und 1042, vor allem aber die Schlacht auf dem Lechfeld am 10. August 955. Hingegen lesen wir in den *Annales Alemannici* über das Jahr des St. Galler Überfalls 926, dass die Magyaren »haud grandi et non intolerabili laesione« hinterließen, also »ohne größere Schäden und Verwüstungen« das Kloster wieder verliessen.[93] Ob dies eine nachträgliche Beschönigung darstellt, bleibt dahingestellt, zumal in den *Annales Sangallenses Maiores* (cod. Sang. 915, S. 209) und im Rechtsdokument *Professbuch* (S. 14) der Tod der Inklusin Wiborada durch ungarische Krieger mit kleinen Buchstaben kurz nach ihrem

Ableben auf der Seite 14 mit Großbuchstaben angemerkt ist: »KL. MAI WIBERAT reclusa a paganis interempta« (»am 1. Mai wurde die Reklusin Wiborada von den Heiden umgebracht«, wie ihr Märtyrertod 1451 in der Sankt-Galler Handschrift 602, S. 345 festgehalten wurde.[94]

Noch wichtiger ist jedoch, die Übernahmen und Übereinstimmungen zwischen von Notker Balbulus (Notker der Stammler, um 840–912) 883 verfassten *Gesta Caroli Magni* und den *Casus sancti Galli* Ekkeharts IV. herauszuarbeiten. Zum Vergleich und zur kritischen Auswertung dieser beiden Chroniken werden hier aus der älteren Literatur die Publikationen von Wilhelm Wattenbach (1877), G. Meyer von Knonau (1877), Robert Baldauf (1903) und Gotthold Bötticher (1912) berücksichtigt, wobei besonders die gründlichen Kommentare von Meyer v. Knonau und von R. Baldauf aufschlussreich sind.[95] An dieser Stelle wird daher lediglich auf die ausführliche und sehr gründliche stilistische und inhaltliche Analyse des Robert Baldauf eingegangen, zumal sie m.W. in der neueren Bibliographie nicht mehr berücksichtigt wurde.

Die Analyse des gemeinsamen, sich an griechischen und lateinischen Autoren, an Homer, Vergil, Terenz und Cicero orientierenden Stils streifen wir nur kurz. »Charakteristisch für Notkers Geschwätzigkeit und Nichtverschwinden hinter seinem Werk sind ...auch bei Ekkeharts *Casus* zu finden«.[96] Man gewinnt den Eindruck, dass Ekkeharts stark romanisierende Prosa die Phrasen Notkers imitiert[97], obwohl zwischen den zwei Chroniken (*Gesta* und *Casus*) mehr als anderthalb Jahrhundert liegen (883 und nach 1040). Hingegen scheint, wie Wattenbach hervorhebt, Ekkehart IV. sich gründlich (nach Meyer von Knonau: »lüstern«) mit den Urkunden und karolingischen Reichsannalen beschäftigt zu haben. Vor allem sticht jedoch ihr gemeinsames Interesse an erotisch-lüstern anmutenden Bad- und Bettgeschichten sowie an abstoßenden medizinischen Anekdoten hervor, wie wenn sie, obwohl beide Alemannen, ein sonderbar südländisches Temperament besäßen.[98] Und nun zum Inhalt der Gesta und der Casus. Während Notker seine Chronik nach Wattenbach [99] »mit allerlei Fabeln und Märchen verziert«, so sind auch die *Casus s. Galli* Ekkeharts IV. »nicht Geschichte des Klosters, sondern Geschichten der berühmtesten Klosterbrüder, u. a. von Ekkehart I., II. und III.[100] Die *Casus* haben einen ausgesprochen einseitig biographisch-anekdotischen Charakter[101], die zudem wie Ekkehart am Ende seines Werkes selbst zugibt, in gewisser Eile zustande gekommen sind. Daher ist das Buch ohne ersichtlichen Plan angelegt, voll von Unterbrechungen, anekdotischen Einschiebungen und chronologischen Irrtümern.[102] Greifen wir davon einige fiktive Geschichten heraus. So eine ist das Trinkgelage des Mönches Heribald (Heribert) mit den Ungarn und den von ihnen zurückgelassenen und versteckten zwei Weinfässern,[103] oder die romantische, frei erfundene und in epischer Breite ausgemalte Geschichte der Schwabenherzogin Hadwig (Hadewig, Hadwiga) auf dem Hohentwiel, die mit dem jungen Lateinlehrer Ekkehart II. nächtlich im Schlafgemach Vergil liest. Sie erinnert die an die alttestamentarische Judith und Holofernes-Erzählung, womöglich wurde sie von dieser entlehnt.[104] Meyer von Knonau weist nach, dass die Geschichte der

Herzogin Hadwig in keiner anderen der St. Galler Quellen, Annalen, Totenbüchern oder Verbrüderungsbüchern zu finden ist.[105] Auch der Historiker Hermann von Reichenau, ein Zeitgenosse Ekkeharts, weiß nichts von einer Hadwig zu berichten.[106] Eine andere Fabel ist die wundersame Rettung des »ungeborenen« Purchart durch Kaiserschnitt an der toten Mutter, der in eine warme Speckhaut eines gerade geschlachteten Schweins gepackt gerettet wurde. Das Vorbild dieser Fiktion finden wir ebenfalls in der Bibel, in der Erzählung von Rahel und Hiob.[107] Auch die Kriegstat des mit dem Matthias verglichenen Burggrafen Hirminger (Irminger, s. o.) aus der Zeit der Ungarnnot ist wohl aus der Bibel entnommen worden; sie weist auffällige Ähnlichkeit mit der Geschichte Gideons auf.[108] Ob die Geschichte des aus der ungarischen Kriegsgefangenschaft heimkehrenden Grafen Udalrich (Ulrich) von Buchhorn und seiner Frau Wendilgart einfach aus der Odyssee entnommen wurde,[109] bleibt indessen fraglich; Schicksale wie das des heimkehrenden Odysseus dürften sich in allen Kriegen unzählige Male abgespielt haben. Ihre Sage wird mehrfach nacherzählt.[110] Die Erzählung vom Ungarntribut hatte Ekkehart in der Widukinds Sachsengeschichte (I.38) gefunden.[111]

Ekkehart IV. bearbeitete auch das von Ekkehart I. verfasste Waltharilied, in dem er die Hunnen in ähnlich anachronistischer Weise erwähnt wie Notker die »schrecklichen und grausamen« Awaren Pannoniens,[112] die von Karl dem Großen völlig vernichtet wurden. So lesen wir in der Gesta, dass »die Awaren, [...] die die westliche Welt fast ganz ausgeleert haben,« von Karl d. Gr. fast völlig vernichtet wurden (Abb. 11), und »den Namen der eisernen...Hunnen zu Boden schmettert«, und »der Krieger Eishere [113] mäht die Wilzen [114] und Awaren nieder wie das Gras auf der Wiese und spießt sie wie Vögelchen auf die Lanze, diese »Würmchen...« (» ...quos tamen invictissimus Carolus... perdomuit, ut de eis ne minimas quidem reliquias remanere permiserit«).[115] Woraus man den Schluss ziehen könnte, dass die Franken auf ihren Feldzügen keineswegs ritterlicher waren als die Ungarn. Die Brutalität der damaligen Kriegsführung wird in Notkers Bericht ersichtlich. Aus den Gesta Notkers wurden auch in das *Waltharilied* der Feldzug Etzels (Attila) an Saône und Rhône und das Bankett des Hunnenkönigs aus der Ilias Kampfszenen übernommen.[116]

Nach der Bewertung und dem Urteil von Wattenbach und Baldauf könnte man daher schlussfolgern, dass die oft humorvoll-lebendigen, genussvoll lesenswerten Anekdoten Notkers und Ekkeharts IV. nur mit großer Vorsicht bewertet werden sollten. Die meisten dürfte man also nicht ohne Weiteres als wahre historische Tatsachen bewerten. Dies gilt nach diesen Kritikern vielmehr für Ekkehart IV., der lange als zuverlässiger Quellenschriftsteller galt.[117] Wie Wattenbach in der 6. Auflage seines Werkes 1893 feststellt: Die Ekkehartsche *Casus* sind »in allen Einzelheiten unzuverlässig, gibt aber doch ein culturhistorisch unschätzbares, im Gesamteindruck sicher zutreffendes Bild«. Meyer von Knonau und Baldauf sind schon deutlich skeptischer. Allein Meyer von Knonau weist in seiner kritischen Analyse 1877 nicht weniger als 44 faktische oder chronologische Irrtümer Ekkeharts IV. nach. Die meisten Erzählungen sollen in den *Casus* aus schriftlichen

Notizen und Erinnerungen der St. Galler Fratres, aus der Bibel, aus klassischen Autoren und germanischen Volkssagen entlehnt worden sein,[118] Erfindungen, »die ganz und gar auf die Stirne geschrieben« stehen. (Meyer von Knonau), fiktive Ereignisse, Kompilationen eines gerne fabulierenden Chronisten. Baldauf empfiehlt sogar, statt Notkers *Gesta* und Ekkehart IV. *Casus* »gleich die Bibel in die Hand zu nehmen«, zumal »beide Autoren biblische Berichte in solchem Grade ausgebeutet haben, dass die freie Erfindung ihrer Anekdoten nicht zweifelhaft bleiben kann«.[119]

Man sollte nicht vorbehaltlos diesen älteren, einseitig textkritischen und pedantischen Analysen von Wattenbach, Meyer von Knonau und Baldauf allzu große Bedeutung beimessen, denn sie übersehen den hohen dokumentarischen Wert und die literarische Qualität der Ekkeharts Klosterchronik. Ohnehin sind in den monastischen Quellengeschichten solche Übernahmen nicht ungewöhnlich; wie in der *Gesta* und dem *Waltharilied*, finden sich auch im *Nibelungenlied* wörtliche Entsprechungen mit der Ilias und der Bibel.[120]

Ganz anders beurteilen moderne Historiker Ekkeharts IV. hagiographisches Werk, indem sie zu einer Neubewertung kommen.[121] Sie heben nicht mehr diese Irrtümer, Übernahmen und fiktiven Geschichten hervor, sondern vielmehr seine faszinierende Erzählkunst, die anschauliche Darstellung der Ereignisse aus dem Leben des Klosters in direkter Rede und die wohl wahrheitstreue Wiedergabe der Kunde seiner Klosterbrüder. Ganz wie sein Lehrer Notker Balbulus war auch Ekkehart IV. als Leiter der Klosterschule »ein kritischer Gelehrter und profunder Kenner« der Handschriften der Klosterbibliothek und der Urkunden des Stiftsarchivs.[122] Es kann kaum Zweifel darüber bestehen, dass Ekkehart IV. die mündlichen Überlieferungen und Gesprächsszenen seiner Fratres wortgetreu, wenn auch literarisch ausgeschmückt, niederschrieb. Daher gilt diese köstliche Klosterchronik bis heute als ein Meisterwerk der süddeutschen Hagiographie als »eine der persönlichsten und anschaulichsten Quellen für die Kultur-, Kloster- und Kirchengeschichte des 9. und 10. Jahrhunderts«.[123]

Die Ungarnschlachten und -feldzüge werden allerdings in den Annalen und Wiborada-Vitae so genau und häufig festgehalten, dass die Authentizität der Überlieferung wohl nicht angezweifelt werden kann. Für unsere Aufgabe, die Spuren der Hunnen, Awaren und Magyaren im Bodenseegebiet nachzuzeichnen,[124] bleibt somit entscheidend, dass die Berichte früherer Chroniken von Ekkehart IV. übernommen, nur eben ungewöhnlich farbig, lebendig, mit vielen Anekdoten, Parabeln und Humoresken gewürzt, wiedergegeben wurden, wenn auch nicht in strenger chronologischer Ordnung von Fakten und Episoden. Daher merkt Johannes Duft 1957 zu Recht an: »Die Fortschritte der Quellenforschung vermochten [...] in neuer und neuester Zeit immer klarer nachzuweisen, dass Ekkehart nicht nur unterhaltsam zu fabulieren und auszuschwatzen, sondern auch wirkliche Geschichte weiterzugeben verstanden hat.« [125].

Mit noch mehr künstlerischer Freiheit, Phantasie und Gestaltungswillen hat Viktor von Scheffel (1826–1886, Abb. 9) im Jahr 1855 in seinem Roman *Ekkehard* (Abb. 10)[126] die »Fabulierungskunst« Ekkeharts IV. fortgesetzt, und nach ihm W. Lakowitz[127] um 1900, Gustav Nieritz 1880 den Feldzug bei Merseburg 932 und Wilhelm Jensen 1892 die »Hunnenschlachten«[128] nacherzählt. Allein Lackowitz beschreibt sie richtigerweise im Kapitel *Der Kampf mit den Ungarn.* Allerdings versetzt Jensen den Ungarnsturm näher der Nibelungstraße auf den Chiemsee, auf das Kloster Herren- und Nonnenwörth der Benediktiner und Benediktinerinnen.

Abb. 9: Josef Victor von Scheffel (1826–1866). Zeichnung von A. von Werner 1867. Lizenzfreies Bild aus Wikipedia

Im Scheffels klassischen Geschichtsroman *Ekkehard* vernehmen die Klöster auf der Reichenau die erste Drohbotschaft von den herannahenden »hunnischen« Reitertruppen bei Augsburg. Daher reitet Ekkehard von Twiel nach Goldbach-Überlingen, um Rat von dem Alten in der Heidenhöhle einzuholen. Dann zogen bereits die Hunnen heran; auf dem Turm des hohen Twiel wehte die Kriegsfahne; das Heereshorn versammelte die Bauern aus den versteckten Meierhöfen und die Zöglinge des hl. Pirmin laden die Klosterreliquien auf Lädinen. Scheffel verlegt den Überfall »der Hunnen König Etzels« von St. Gallen auf die Insel Reichenau, allein den im Kloster zurückgebliebenen »blödsinnigen« Cellarius Heribald übernimmt er aus der Chronik des Ekkehart IV., während die im Kloster zurückgebliebene Klausnerin Wiborada des Kampfes Verlauf Psalmen singend begleitet. Im übernächsten Kapitel verköstigt Heribald seine hunnischen Gäste, die an den Augsburgs Wällen zerstoben waren. Diese Stelle übernimmt Scheffel aus dem dritten Kapitel Ekkeharts Chronik *Casus sancti Galli*: »Augustaque diu obsessa, precibus Uodalrici episcopi, sanctissimi quidem inter omnes tunc temporis vir, repulsi«, wie auch den Sturz vom vergoldeten »Wetterhahn« des Klosters, bei dem beide Angreifer umkamen und anschließend auf dem Scheiterhaufen verbrannt wurden. Nachdem die »Hunnen« das Reichenauer Kloster geräumt hatten, kam es zum Schluß zur »Hunnenschlacht« im Tannwald am Hohentwiel unter Teilnahme der bewaffneten St. Galler Mönche mit Sieg der christlichen Heerscharen und Gefangennahme eines hunnischen Kriegers in der Burg Twiel, der letztlich bekehrt wurde. Das Ganze nahm ein gutes Ende mit Heirat und Tanz des Hunnen, den man nachher wie »einen Heerführer bei der Königswahl auf den Schild

Abb. 10: Titelblatt von Scheffels Ekkehard (Stuttgart, Verlag Adolf Bonz & Comp. 1904 (Aus der Bibliothek des Verfassers)

gehoben hatte.« Burckhard, des Alamannenherzogs gleichnamiger Sohn, »dessen Witwe Hadwig auf dem Hohentwiel mit dem St. Galler Mönch Ekkehard II. den Vergil las«[129], kämpfte 955 gegen die Ungarn auf dem Lechfeld. An dieser Stelle hält sich Scheffel genauer an die Hadwig-Erzählung Ekkeharts IV. Mit einem Unterschied: Die Schwabenherzogin erscheint uns in Ekkeharts *Casus* als eine selbstbewusste Herrscherin, bei Scheffels *Ekkehard* hingegen als eine verwöhnte, gelangweilte Dame aus dem 19. Jahrhundert.[130] Die Erzählung Scheffels endet mit der Befreiung Ekkehards aus dem Kerker. Er findet in einer Felsenklause der Säntis Zuflucht, wo er das Walthariuslied niederschreibt und es beim Wildkirchli auf der Alm seinen ersten Zuhörern vorliest.[131]

Die Beliebtheit des Romans *Ekkehard*, der das Leben Ekkeharts II.[132] schildert, dauert ungebrochen fort; allein zu Lebzeiten Scheffels wurde das Werk 90mal nachgedruckt. Und für Theodor Fontane war es eines der besten Bücher, die er je gelesen haben soll. Auch der Verleger Faude schwärmt im Jahr 2000 von dem »fortdauernden Vergnügen, Scheffels Ekkehard zu lesen«[133]. Allerdings erscheinen die dem historischen Roman 285 kapitelweise hinzugefügten Sachanmerkungen und Quellenhinweise ein wenig irritierend; nach Hans F. Haefele[134] sind sie für den Leser überflüssig, andererseits geeignet, die romanhafte Illusion zu zerstören. Dennoch setzt sich die Beliebtheit des Romans bis in unsere Zeit unvermindert fort. Eine gleichnamige Oper *Ekkehard* des Komponisten Johann Joseph Abert (1832–1915) wurde am 11. Oktober 1878 in der Berliner Hofoper und kurz darauf 1880 in Stuttgart und 1882 in München uraufgeführt. Diese Oper diente Wagners *Lohengrin* als Vorbild. Sie ist heute vergessen, so wie die 1902 komponierte Ouvertüre Ekkehard des Wiener Komponisten Franz Schreker (1878–1934)[135]. Als dann in den 1980er und 1990er Jahren das Interesse am Mittelalter erneut gewachsen war, verfilmte Diethard Klante 1989/90 zum tausendjährigen Todestag Ekkeharts II. (23. April 990) Scheffels *Ekkehard*-Roman zu einer sechsteiligen Fernsehserie in deutsch-ungarischer Produktion, die im April/Mai 1989 im Schweizer, dann ein Jahr später im deutschen und österreichischen Fernsehen ausgestrahlt wurde.[136] Und im Jahr 1982 nahm das St. Galler Puppentheater unter Leitung von Hans Hiller am Internationalen Puppenspieltheater in Ungarn teil.

Abb. 11: Der Sieg Karls des Großen über die Awaren bei Regensburg (Tafelgemälde von Albrecht Altdorfer, 1518). Germanisches Nationalmuseum, Inv. Nr. Gm 1682, mit freundlicher Genehmigung von B. Slowik). Auf der linken Seite: ein Täfelchen mit der Jahreszahl »1518«, gegenüber der einköpfige Königsadler, unten die französische Lilie. In der rechten unteren Ecke Schild mit dem Christusmonogramm: IHS.

Ekkeharts IV. *Casus sancti Galli* werden in Gustav Freytags (1816–1895) vierbändigen »Bildern aus der deutschen Vergangenheit« (1859–1867), nur einige Jahre nach dem Erscheinen von Scheffels *Ekkehard* (1855) erneut nacherzählt: Die Ungarneinfälle, die Flucht der Mönche des heiligen Gallus, der Überfall der magyarischen Reiterhorden auf das Kloster St. Gallen, die Anekdote des »einfältigen« Mönches Heribald, die »Odyssee am Bodensee« in der Sage des von Ungarn gefangen genommenen Grafen Udalrich und seiner Gattin Wendilgard von Buchhorn, und die romantische Geschichte der Herzogin Hadwig auf Duellium (Hohentwiel) und des Ekkehard II. . Für Freytag war diese Chronik Ekkehards IV. mit der Schilderung der Ungarneinfälle im zehnten Jahrhundert so wichtig, dass er sein großes Geschichtswerk gleich nachdem er die Entstehung frühmittelalterlicher Klöster beschrieben hat, mit diesem Ereignis beginnt.

Der Zeitgenosse Ekkeharts IV., Hermann der Lahme (Hermannus Contractus, 1013–1054), der »gichtbrüchige« gelehrte Mönch im Kloster Reichenau, verfasste mit seinem Schüler Berchtold von Reichenau (um 1030–1088) eine *Weltchronik*. Hier wird für das Jahr 902 vermeldet: »In diesem Jahr wurden Beringer, Reginolf und Gerhard, leibliche Brüder edler Abkunft, Söhne des Grafen Ato und der Adelinde, nicht weit von dem Nonnenkloster Buchau in dem alemannischen Eritgau erschlagen, als sie ihre Schwester, eine Nonne, in der Absicht sie zu vermählen, aus dem Kloster entführten [...] und von ihrer Mutter bei dem Kloster begraben. Dort wurden auch sie selbst beigesetzt.« Einer anderen Version zufolge fielen jedoch die drei Brüder und ihr Vater im Kampf gegen die »Hunnen«. Dieses Ereignis hält die Kapelle im Plankental bei Buchau fest, deren Name sich von dem lateinischen planctus, der Klage, ableitet[137].

MAGYAREN AM BODENSEE NACH BEGINN DER CHRISTIANISIERUNG

Bereits Mitte des Sommers 909 kamen die Ungarn nach Bayern und Alemannien, als der erste regelrechte Hoftag in der Bodmaner Pfalz in Anwesenheit des letzten karolingischen Königs Ludwig ›das Kind‹ gerade abgehalten wurde[138]. Im Sommer 913, nur vier Jahre nach ihrem vernichtenden Sieg gegen die drei deutschen Heere bei Preßburg, fielen die Ungarn erneut in Alemannien ein.[139] Nach der Schlacht auf dem Lechfeld 955 und der Ankunft der Missionare kamen endlich friedliche Zeiten und gegenseitige kulturelle Beziehungen zwischen dem Königreich Ungarn und den deutschen Ländern. Kaum 20 Jahre später, 972 kam Bruno (Brun/Brunwald oder Prunwart) von St. Gallen nach Esztergom, und begann als erster Missionar Ungarns, auf Bitte des ungarischen Großfürsten Geyza, Vaters des heiligen Königs Stefan, die heidnischen Magyaren zu bekehren.

Im Jahr 1122 gründete der mit den Welfen verwandte Arnold von Hiltensweiler an der Stelle der heutigen Pfarrkirche Hiltensweiler eine Mönchszelle, die dem Schaffhauser Benediktinerkloster gehörte und bald in das Argental verlegt wurde. Die Klosterbauten wurden 1405 vom Grafen Heinrich von Montfort-Tettnang den Paulinereremiten übergeben, einem Orden, der im 13. Jahrhundert in Ungarn gegründet und von dort neben Kroatien und Polen sich rasch in Südwestdeutschland ausbreitete. Hier besaß der Orden bis zu 20 Konvente mit Sitz des deutschen und schwäbischen Provinzialpriors in Langnau, wo ab 1718 auch eine Hochschule der Provinz vorhanden war, bis Kaiser Joseph II. 1787 die Klöster des Paulinerordens auflösen ließ.

Gegen Ende des zehnten Jahrhunderts und nach Ende der Eroberungszüge nach der frühen und erfolgreichen Christianisierung der Magyaren ab 973 haben die einstigen Schreckensbilder der früheren Ungarneinfälle ihre Wirkung weitgehend verloren. Das Frauenkloster in Münsterlingen erhielt eine Schenkung der Königswitwe Agnes von Ungarn (um 1281–1364), die im fernen Königsfelden nach Ermordung ihres Vaters bei

Windisch ab 1317 im Königsfelder Doppelkonvent lebte[140]. Sie war Zeitgenossin und Briefpartnerin des Mystikers Heinrich Seuse (1295–1366).

UNGARN AUF DEM KONSTANZER KONZIL

Während der Zeit des Konstanzer Konzils (1414–1418) kamen die Magyaren wieder, aber diesmal in friedlicher Mission. Ihr ungarischer König Sigismund von Luxemburg (1368–1437), seit 1411 auch römisch-deutscher König, leitete das Konzil als Protagonist und überwand das große abendländische Schisma der drei Päpste. Sigismund war freilich nur zeitweilig in Konstanz: vom 24. Dezember 1414 bis 18. Juli 1415 und dann ab Januar 1417 bis Dezember 1418. Sein in Konstanz ausgestellter Wappenbrief wird heute im Ungarischen Staatsarchiv aufbewahrt.[141] Der König wurde von einer Delegation der ungarischen Kirche und von Aristokraten nach Konstanz begleitet und vertreten [142], unter anderen vom Graner Erzbischof Johannes Strigonensis (Erzkanzler des Königreichs Ungarn), dem Reichskanzler Johann von Kanizsa, dem Palatin Nikolaus von Gara, dem Bischof von Kalocsa und dem Grafen Friedrich von Cilli in Begleitung von je 300 Reitern sowie dem ungarischen Vizekanzler, päpstlichem Referendarius, und vom Graner Propst Johann (Újvárosi). Letzterer beteiligte sich an der Vorbereitung des Konzils und vertrat daher schon 1413 den König in Norditalien. Nikolaus von Gara war nicht nur Schwager Sigismunds, sondern auch der höchste ungarische Würdenträger, der prominenteste Diplomat und Berater der Königs. Auch Philippo Scolari (in Ungarn Pipo Spano de Ozora genannt) war mit 60 Begleitern und 150 Pferden dabei, der 1425 Masolino nach Ungarn einladen sollte. Pipo kehrte bald wegen der damals erneut akuten Türkengefahr nach Ungarn zurück[143] Der Graf von Cilli zeichnete sich in den Konstanzer Ritterturnieren aus, z.B. an der Fastnacht 1418, in Anwesenheit des Königs und des Stallmeisters Laurenz von Hédervár.[144]

Die Liste der Teilnehmer der ungarischen Gesandten ist nicht vollzählig; sie werden einerseits in Ulrich Richentals volkssprachlicher Chronik, andererseits im Archiv der Grafen Zichy nachgewiesen.[145] Allerdings erwähnen beide nicht die 23 Ritter und einige Knechte, die nach der Richentalschen Chronik »aus unger land« kamen[146]. Ungarn wurde im Konzilsbericht zur germanischen Nation gerechnet. Die von Monika Küble und Henry Gerlach 2014 in flüssiges heutiges Deutsch übersetzte Richentalsche Konzilschronik geht auf die Tätigkeit der ungarischen Gesandten näher ein. So zogen Sigismund und Königin Barbara von Cilli (ungarisch Cillei Barbara) mit ihren Knechten in das Kloster Petershausen ein, »weil er seine ungarischen Knechte nicht gut in der Stadt lassen konnte wegen des großen Unfriedens, den sie stifteten«. [147] Auch der Graner Erzbischof und früherer Botschafter Johannes nahm im Kloster Petershausen sein Quartier.[148] Hier, an der Brücke vor Petershausen, empfing König Sigismund am 27. Januar 1417 die Huldigung der hohen Würdenträger, die ihn in einer Prozession zum Konstanzer Münster begleiteten.[149] Erzbischof Johannes traf aus Ungarn wenig später, am 3. Februar 1417 mit acht gedeckten Wagen und 400 Pferden in Konstanz ein, wo er von König und Kardinälen erwartet wurde.[150] Bei der immerwährenden Türkengefahr mit jährlichen Raubzügen vergaß Richental jedoch nicht auf die früheren Ungarneinfälle hinzuweisen.[151] Unter den während des Konzils verstorbenen Kardinalpriestern war auch der ungarische Reichskanzler Sigmund dabei, der am 30. Dezember 1418 in Konstanz verschied. Bei der Totenmesse im Münster »feierte man ihn so, wie es für ungarische Fürsten üblich ist«.[152]

Liest man die Turniergeschichten in Richentals Chronik, so spiegeln sie immer noch das Misstrauen und die Aversion gegenüber Fremden, insbesondere gegen »die wilden und unzähmbaren Ungarn« wider. Besser kommen aber auch die »hochmütigen und weibischen Franzosen und die groben und unmoralischen Deutschen« nicht weg.[153] Ähnlich äußert sich der Konzilsteilnehmer Stephan von Rozgony in einem Brief 1416 in Paris über die Franzosen.

Dennoch kamen im Spätmittelalter am Bodensee, in habsburgischem Vorderösterreich und der Ostschweiz ungarische Bräuche und Trachten in Mode. So ließ sich der Freiherr von Schwarzenhorn aus Stein am Rhein, kaiserlicher Botschafter am Hof des Sultans Mehmet IV. in einem ungarischen Prunkgewand abbilden [154]. Gleichzeitig setzte eine Auswanderungswelle aus dem Bodenseegebiet nach Ungarn ein.

In der von Franz Baier 1932 edierten Liste von Studenten aus dem Bodenseeraum in Bologna[155] findet sich ein Christophorus Joachimus Reichlinus von Meldegg im Jahr 1539, der zweite Sohn des Christoph Reichlin v. Meldegg und der Benigna Rößlerin, der später, 1542 als Hauptmann des militärischen Kontingents der vier Städte Überlingen, Ravensburg, Pfullendorf und Buchhorn in Ungarn gedient hatte. Er wurde nachher kaiserlicher Rat und starb 1544 verheiratet, aber kinderlos in Ofen/Buda.[156] Noch im 18. Jahrhundert sind einige Auswanderer aus den Ämtern Reichenau und Mainau nach Österreich und Ungarn nachgewiesen, so fand 1759 und 1768 allein aus Allensbach eine größere Auswanderungswelle nach Ungarn statt. Und 1791 lässt sich Damian Eggert aus Allensbach in Hatvan (Nordost-Ungarn) als Chirurg nieder.[157]

LITERARISCHES ECHO DER UNGARNEINFÄLLE AM BODENSEE IN DER UNGARISCHEN LITERATUR UND GESCHICHTSFORSCHUNG

Wie waren die Magyaren, wie können wir im Lichte der Chroniken und der Geschichte ihre europäischen Feldzüge beurteilen? Die bis heute lebendigen Spuren der Hunnen- und Ungarnnöte können auch in den Sagen und Märchen vom Bodensee verfolgt werden.[158] Die Ungarn verloren die Schlacht bei Augsburg 955, weil ihre Reflexbögen beim Dauerregen unbrauchbar wurden und weil ihre Verbündeten sie im Stich ließen und ihnen in den Rücken fielen. Die Anzahl der getöteten Krieger auf dem Lechfeld wurde allerdings in späteren Berichten deutlich überhöht. Auch waren die westlichen Herzogs- und Königsreiche nicht besser: Nur zwischen 1030 und 1064 haben sie zehn Kriege gegen Ungarn geführt mit dem Ziel, den ungarischen Staat zu vernichten: *Hun-*

gariam esse delendam, Ugri eliminandos esse. Die Magyaren behandelten ihre Kriegsgefangenen milde und gewährten ihnen eingeschränkte Freiheit, um eine Familie zu gründen. Das »barbarische« Ungarn wurde in einer beispiellos kurzen Zeit zwischen 973 und 1001 christianisiert. Auch kennt das Land der Magyaren keine Religionskriege. In ihrer Dynastie der Árpáden gab es so viele Heilige wie in keinem anderen europäischen Herrscherhaus. Zwar hatten sie vor der Landnahme eine Runenschrift, doch behielten die Ungarn als einziges europäisches Land die lateinische Amtssprache bis 1846.[159]

Die Tradition der Erinnerung an die Hunnengefahr ist nicht nur im Fest des *Hunnozuges*, in der *Nibelungen Not*[160] und im *Waltharilied*, sondern auch in der Belletristik des 19. Jahrhunderts gewahrt geblieben. Der ungarische Universalgelehrte, Altertumsforscher, Internist und Medizinhistoriker Zsigmond Purjesz (1845–1896) hatte bereits 1881/1882 als einer der ersten Mediävisten in einem großen Essay über 34 Seiten die medizinischen Handschriften der St. Galler Stiftsbibliothek bekannt gemacht.[161] Die Ballade »Ungarischer Sänger in Sankt Gallen« des Dichters Aladár Bodor, 1908 im literarischen Blatt *Nyugat* (*Der Westen*) veröffentlicht, ist noch ein wehmütiger Nachklang von Mutwille und Zerstörungswut der heidnischen Magyaren aus der Zeit der Streifzüge des 10. Jahrhunderts. Im Sándor Reményiks Gedicht »Ungarischer Prediger in Sankt Gallen« hingegen ist 1934 diese barbarische Angriffslust der Ehrfurcht eines aus Ungarn stammenden Mönchs gewichen, der seine Klosterkirche vor den Pfeilen der Magyaren zu schützen hofft: »de sagittis Hungarorum libera nos, Domine!« Die aus Ungarn gebürtige Schriftstellerin Zsuzsanna Gahse blendet in ihren Müllheim-Thurgauischen Lebensbildern die Heimsuchung der ungarischen Heerscharen in der nahen Römersiedlung Pfyn noch einmal ein, gewürzt mit einigen altungarischen Sprachfragmenten aus einer Totenklage, die allerdings erst zwischen 1192 und 1195 aufgezeichnet worden war.[162]

Im Jahr 1999 fand ein internationales Symposium »Die Ungarn und die Abtei Sankt Gallen« mit zahlreichen Historikern und Mediävisten aus St. Gallen (Werner Vogler, Karl Schmuki), der Heidelberger Universität (Walter Berschin), dem Ungarischen Historischen Verein in Zürich (György J. Csihák) und aus Budapest (István Erdélyi, István Fodor) statt, anlässlich der Ausstellung »Die Kultur der Abtei Sankt Gallen« im Ungarischen Nationalmuseum, die vom 21. März bis 30. April 1998 zu sehen war.[163] Und im Jahr 2007 zeichnete eine zweite Ausstellung im Ungarischen Nationalmuseum die europäischen Lebenswege der Deutschen in Ungarn nach. Die Erinnerung an die »Hunnen« blieb bis heute auch in Sankt Gallen erhalten; sie waren als Gäste in der Klosterstadt herzlich willkommen, als im Juli 2013 Verdis Oper »Attila« bei den St. Galler Festspielen aufgeführt wurde. Noch in den 70er Jahren des vorigen Jahrhunderts weigerte sich ein kleines ungarisches Mädchen in Basel in die Schule zu gehen, als es dort erfuhr, dass »seine« Vorfahren St. Gallen und Basel verwüstet hatten. Dieser Aufsatz sei ihm gewidmet.

Anschrift des Verfassers:
Dr. Csaba Nikolaus Nemes, Mühlbachstraße 41, D–88662 Überlingen am Bodensee,
csaba@nemes.de, www.medicine-history.de

Tab. 1: Text der Abb. 3 über die »dreifachen Landnahme« von Hunnen, Awaren und Magyaren aus Sebastian Münsters Cosmographia universalis (Basel, 1544)

»Ungaria Ungarn/ein gewaltig künigreych/sunst das und der Pannonia genennt/. Darin habend vor zeyten gewonet die Pannones und Peones/darnach habend darinn. Genistet die Gothi/nach den Gothis die Huni/denach die Longobardie/habeds besessen 42 jar. Als aber die selbige iren sitz in Italiam verruchtend/sind die Huni wider.. Dareyn gesässen/habend Atilam zum künig erwelt/und mit jm schier ganz Europam beleidiget/ wie wir hernach im andern und im 4. Buch findend. Carolus Magnus hat. die Hunos 8. ganze jar bekriegt*/biß er sy bestreyten mocht. Ir hauptstatt ist Buda/Ofen/hat jren namen empfange von Buda dem bruder Atile. Als aber die Huni merteils durch Carolu/als obstadt/erschlagen* und vertilckt wared/do habed sich die Ungari (ein Scythisch volck) bey K. Arnolphi zeyten/um das jar Christi 900. in Ungarn gesetzt zu den überblibne Hunis*. Die habend auch/gleych sie vormals die Huni/jre nachpauren (=Nachbaren)/sonderlich Germaniam oftermals überfallen/darvon wirt im anderen bich vil gesagt. Anno domini 1006. sind die Ungar zu Christen Glauben bekeert/durch Geysela/keiser Heinrichs des 2. Schwester/welche dem künig von Ungarn vermächlet was/deshalb derselbig künig getaufft/und Stephanus genennt ward. Von diesem Stephano find ich bis auff Ferdinandum der bruder Caroli 5. nälich (=nämlich) Stephan 2. Bela 2. Geysa 2. Stephan 3. Bela 3. Emericius 4 starb anno domini 1200. Ladislaus 2. Andreas 2. S.Elßbeten vatter/ Bela4/Ste...«.

(* Hinweis auf das damals namentlich nicht mehr bekannte Volk der Awaren auf der Pannonischen Tiefebene. Dieses Land haben die Magyaren immer schon *Hungaria* genannt. Eine Person namens *Ungari* (*Ungarus*) wird zwar bereits im Jahr 731–736 der Awarenzeit in einer sanktgaller Schenkungsurkunde erwähnt, doch hat dieser zufällige Gleichklang nichts mit dem Volk der Ungarn gemein.) [39]

Tab. 2: Geschichtsberichte der awarischen und ungarischen Feldzüge und Gefechte in ostfränkisch-bayerischen und alemannischen Ländern zwischen 868 und 1042 in den Annales Alemannici (AA) und den Größeren Sanktgaller Annalen (GSA); nach Duft, Johannes: Die Ungarn in Sankt Gallen. Lindau und Konstanz 1957, S. 9–15, modifiziert und gekürzt (s. a. Anm. 19)

863: »Das Volk der Ungarn greift den guten Namen der Christenheit an« (AA, GSA)

888: »Arnulf wird zur Königsherrschaft erhoben. Zu seinen Zeiten sind die Ungarn erstmals in diese Gegenden vorgestoßen«. (GSA in Codex 915 und 453)

892: »König Arnulf zog gegen die Mähren und entließ die Ungarn (Agarenos), wo sie eingeschlossen waren«. (GSA in Codex 915 und 553)

900: Die Noriker, die Bewohner der Ostmark, haben mit den Ungarn gekämpft und einen Teil derselben getötet«. (AA, GSA)

902: »Die Ungarn sind von den Bayern zu einem Gastmahl eingeladen worden; dabei wurde ihr König Chussol (oder Cusala, ungarisch Kurszán aus dem Haus der Árpáden) samt vielen anderen niedergemetzelt«. (AA und GSA)

908: Das ganze Heer von Bayern wird von den Ungarn aufgerieben (AA, GSA)*

909: »Die Ungarn fallen in Alemannien ein«. (AA und GSA)

910: »Die Ungarn haben mit den Alemannen und den Franken gekämpft und sie besiegt; doch die Noriker haben einen Teil derselben getötet«. (AA und GSA)

913: Die Ungarn sind in Alemannien eingedrungen; doch als sie durch Bayern zurückkehrten, haben Herzog Arnulf, der Sohn des Luitpold, sowie Erchanger zusammen mit Berchtold und (Graf) Ulrich gegen sie gekämpft und sie überwunden«. (AA). Nach den GSA wurde das ungarische Heer am Inn vollständig aufgerieben; nur 30 Krieger blieben am Leben.

926: »Der Alemannen-Herzog Burkhart stirbt in Italien. Am vierten Tag darnach, ...überfallen die Ungarn das Kloster des heiligen Gallus, und sind ohne große und übermäßige Schädigung des Ortes und der Dinge wieder abgezogen«. (AA)

926: »Die Ungarn sind in das Kloster des heiligen Gallus eingebrochen. Wiborada hat den Martertod erlitten.« (GSA)

943: »Das ganze Heer der Ungarn ist durch die Bayern und ihren Herzog Berthold an der Traun geschlagen worden«. (GSA)

955: »König Otto kämpfte auf dem Lechfeld am Tag des heiligen Laurentius, am 10. August, gegen die Ungarn und besiegte sie mit Gottes Hilfe vollständig; ihre Zahl war hunderttausend, und viele von ihnen sind samt König, namens Bulcsú, ergriffen und gehängt worden. Anderer Krieg wurde von den Böhmen gegen sie geführt, wobei ihr König, namens Lele (ungarisch: Lehel) aufgegriffen und sein Heer ausgerottet wurde«. (GSA)

1041: »In diesem Jahr ist der Ungarnkönig Peter, der von einem seiner Grafen schimpflich aus dem eigenen Reich vertrieben worden, hilfeheischend zu König Heinrich III. geflohen. Dieser hat ihm durch Werk und Wort väterlichen Trost gewährt«. (GSA)

1042: »König Heinrich ist mit einem großen Heer in Ungarn eingedrungen und hat es größtenteils verwüstet«. (GSA)

(* Dies ist vermutlich ein Hinweis auf die Schlacht von Pozsony vom 4. bis 7. Juli 907, bei der die vereinigten ostfränkischen und bayerischen Heere von den Ungarn vernichtend geschlagen worden sind. Ihr Ziel: »UGROS... ELIMINANDOS ESSE..« (»Die Ungarn sind zu vernichten«) haben sie somit nicht erreicht. Vielmehr haben die ungarischen Heeresverbände nach diesem Sieg weitere Gebiete bis zum Enns erobert und behielten sie bis 955. Mit der siegreichen Schlachtreihe endete die Landnahme der Magyaren.)

Anlage 1: Das Grab des Hunnenkönigs (erzählt von Theodor Lachmann, 1909, 1976, S. 25); s. Anm. 3

»In der Nähe des alten Hofguts Höllwangen erhebt sich auf dem Gewann Sigmundshau ein kegelförmiger Berg, der mit einem Erdwall umgeben ist und im Volksmund die ›Burg‹ genannt wird. Möglicherweise stand hier im Mittelalter eine sogenannte Turmburg. Läuft man auf dem Gipfel des Berges, so tönt es hohl unter den Füßen. In seiner Tiefe soll der Hunnenkönig begraben sein. Der Leichnam liegt in einem Sarg aus Diamanten, der von einem goldenen Sarg umschlossen wird; der goldene Sarg ruht in einem silbernen, der silberne in einem kupfernen, der kupferne in einem zinnernen, der zinnerne in einem eisernen, und ein eichener Sarg schließt sie alle in sich ein. So ist in sieben Särgen die Leiche des Königs verwahrt. Niemand aber kann den Ort finden, obwohl schon da und dort darnach gegraben wurde. Denn die, die das Grab geschaufelt haben, mussten mit verbundenen Augen arbeiten, damit die Stätte nicht verraten würde.«

Anlage 2: Aus der Chronik des Grafen Froben Christoph von *Zimmern und Johannes* Müller, 1564/1566, Bd. 1, Kap. 10, zit. von Ludwig Uhland: Vom geschlecht der herren von Bodman, in Germania. Beitrag zur schwäbischen Sagenkunde. Regensburg 1859, S. 54; in: Wikisource, abgerufen am 8. 9. 2014):

»Bemelte herren von Bodman haben ain grosse eer am Bodensee erlangt dergleichen im land zu Schwaben, dem sie in ungerischen kriegen, als dieselbigen sampt andern ungleubigen völkern gar nahe ganz deutsche nation überzogen und durchstraift, die stadt Constanz und ain grossen tail des Bodensees vor überfall und verderpnuss verhüet haben. Welchergestalt aber sollichs beschehen, das ist von unsern unfleissigen, liederlichen vorfahrn nit verzaichnet worden, aber wol zu gedenken, sie haben die feind zu wasser und zu land angriffen, inen allen abbruch geton und damit ain solche herrliche victoriam erlangt. Daher dann von selbiger zeit an der gebrauch und ain sonderliche freihait bei denen von Bodmen, dass sie järlich zu ainer besondern zeit im jar, so der gangfischfach am besten, in ainem jagdschiff von Bodmen aubents ausfaren, den see bis gen Constanz nach irem durchstraifen, mit grossem jubel und geschrai: huno! huno! zu ewiger gedechtnuss des sigs.«

ANMERKUNGEN

1 Riehl, Hans: Die Völkerwanderung. Der längste Marsch der Weltgeschichte. München 1988, S. 149 ff; vgl. hierzu Karte 1–2 bei Gerhard Wirth: Attila. Das Hunnenreich und Europa. Stuttgart 1999.

2 Die abgegangene, ursprünglich durch einen aufgeschütteten Ringwall umgegebene Sporn- oder Turmburg, auch Burg an der Winterhalde oder Burgstall Hohenlinden genannt, liegt auf einem runden Berghügel im Überlinger Wald Sigmundshau am Westrand des Gewanns Winterhalde in der Nähe des Biohofs Demeter zwischen Höllwangen und Hohenlinden. Weitere Einzelheiten s. Wikipedia, Wikimedia Commons (Category: Burgstall Hohenlinden). Ausführlicher siehe: Heine, Hans-Wilhelm: Studien zu Wehranlagen zwischen junger Donau und westlichem Bodensee. Schriftenreihe Forschungen und Berichte der Archäologie des Mittelalters in Baden-Württemberg, Bd. 5, Stuttgart 1978 und Losse, Michael (Hg.): Burgen, Schlösser, Adelssitze und Befestigungen am nördlichen Bodensee, Band 1.1: Westlicher Teil rund um Sipplingen, Überlingen, Heiligenberg und Salem. Petersberg 2012, S. 79–81.

3 Vgl. Lachmann, Theodor: Überlinger Sagen, Bräuche und Sitten mit geschichtlichen Erläuterungen. Ein Beitrag zur Volkskunde der badischen Seegegend. Konstanz 1909, S. 25; Möking, Bernhard: Sagen und Schwänke am Bodensee. Konstanz 1972, S. 76 und Petzoldt, Leander: Sagen rund um den

Bodensee. Karlsruhe 1991, S. 70: Das Grab des Hunnenkönigs.

4 RITTER, Albert: Das Nibelungenlied am Bodensee. In: Das Bodenseebuch 1920. Konstanz 1920, S. 69 f.

5 Ebd., S. 67 f.

7 WOLFRAM, Herwig: Das Reich und die Germanen zwischen Antike und Mittelalter. München 1990, Kap. 5: Die hunnisch-gotische Symbiose, S. 206.

8 Siehe ROCHHOLZ, Ernst Ludwig: Die drei Hunnenköpfe. In: Argovia. Jahrschrift der Historischen Gesellschaft des Kantons Aargau 1 (1860) S. 113–136 und GAHSE, Zuzsanna: durch und durch. Wien 2004 (Kap: Vom Osten her), S. 99 f.

9 BERNOULLI, August: Etterlins Chronik der Eidgenossenschaft nach ihren Quellen untersucht. In: Jahrbuch für schweizerische Geschichte 1 (1876) S. 47 ff.

10 Ausführlicher siehe WOLFRAM (wie Anm. 7) Kap. 5: Die hunnisch-gotische Symbiose

11 In: Attila und die Hunnen: Begleitband zur Ausstellung im Historischen Museum der Pfalz, Speyer, vom 17. Juni 2007 bis 6. Januar 2008. Stuttgart 2007.

12 RIEHL (wie Anm. 1) S. 129 ff.

13 HERDI, Ernst: Geschichte des Thurgaus. Frauenfeld 1943, S. 49.

14 THÜRER, Georg: St. Galler Geschichte. St. Gallen 1953, S. 135.

15 FEGER, Otto: Geschichte des Bodenseeraumes. Sigmaringen 1975, Bd. 1, S. 242 ff. und WOLFRAM (wie Anm. 7) S. 199.

16 RIEHL (wie Anm. 1) S. 165 ff.

17 SCHROTH, Ingeborg: Die Schatzkammer des Reichenauer Münsters. Konstanz 1962, S. 9.

18 THÜRER (wie Anm. 14) S. 135.

19 Siehe DUFT, Johannes: Die Ungarn in Sankt Gallen. Lindau und Konstanz 1957, S. 61 und 77; SCHMUKI, Karl: Der Einfall der Ungarn in St. Gallen im Jahre 926 in den Handschriften der Stiftsbibliothek. In: Die Ungarn und die Abtei von St. Gallen, hrsg. György J. Csihák, Werner Vogler, St. Gallen 1999, S. 29 sowie in den St. Galler Annalen (Handschrift Nr. 915, S. 209).

20 ROCHHOLZ (wie Anm. 8), S. 131). Siehe auch DIEMER, Joseph: Kaiserchronik nach der aeltesten Handschrift des Stiftes Vorau. Wien 1849, Teil I (Urtext), S. 482.

21 TREMP, Ernst: Heribald von St. Gallen und die Ungarn. In: Scripturus vitam, hrsg. von D. Walz 2002, S. 13–29.

22 ROCHHOLZ (wie Anm. 8), S. 131.

23 TREMP (wie Anm. 21), S. 13 ff.

24 DUFT (wie Anm. 19), S. 49.

25 THÜRER (wie Anm. 14), S. 136 und Duft (wie Anm. 19), S. 49.

26 DUFT (wie Anm. 19), S. 50.

27 BERSCHIN, Walter: Die Vita Ulrichs von Augsburg und die Ungarn. In: Die Ungarn und die Abtei Sankt Gallen, hrsg. von György J. Csihák und Werner Vogler, 1999, S. 58–62.

28 CSIHÁK, György J: Ein heidnischer Beitrag zum Thema »Die Ungarn in Sankt Gallen«. In: Die Ungarn und die Abtei Sankt Gallen, hrsg. von György J. Csihák und Werner Vogler, 1999, S. 64.

29 CSIHÁK (wie Anm. 28), S. 64 f.

30 FODOR, István: St. Gallen und die Streifzüge der Ungarn. In: Csihák, György, Vogler, Werner (Hg.): Die Ungarn in St. Gallen, St. Gallen 1999, S. 39.

31 ERDÉLYI, István: Ein Wort zum Thema »Die Ungarn in St. Gallen. In: Csihák, György, Vogler, Werner (Hg.): Die Ungarn in St. Gallen, St. Gallen 1999, S. 50.

32 DIENES, István: Archäologische Beweise des Seelenglaubens der Ungarn zur Zeit der Landnahme. In: Alba Regia 17 (1979) S. 81–90 und FODOR (wie Anm. 30) S. 42 und 46.

33 Schulze, M.: Das ungarische Kriegergrab von Asprés-les-Corps. In: Jahrbuch des Römisch-Germanischen Zentralmuseums Mainz 31 (1984) S. 473–483.

34 CSIHÁK (wie Anm. 28). S. 64 f.

35 FODOR (wie Anm. 30), S. 40 f.

36 FODOR (wie Anm. 30), S. 46.

37 TREMP (wie Anm. 21), S. 13–29.

38 ROCHHOLZ (wie Anm. 8), S. 130.

39 DUFT (wie Anm. 19), S. 57. (Merkwürdigerweise taucht der Name Ungarus (»sig. Ungari test.«) bereits 731 oder 736 in einer St. Galler Schenkungsurkunde auf! Doch handelt es sich in diesem Fall um einen Familiennamen, so dass dies kaum als früher Hinweis auf die Anwesenheit der Magyaren im Bodenseegebiet gedeutet werden darf; s. Urkundenbuch der Abtei Sanct Gallen, hrsg. von Wartmann, Hermann, Zürich 1863, Teil 1 (Jahr 700–840), S. 6–7.

40 DUFT (wie Anm. 19), S. 58.

41 Ebd.

42 Ebd.

43 SCHMUKI (wie Anm. 19), S. 28–38.

44 TODT, K.-P: Bartholomaios von Edessa. Confutatio Agareni. In: Corpus Islamo-Christianum, Series Graeca 2. Würzburg 1988, S. 105–109.

45 ROCHHOLZ (wie Anm. 8), S. 135 f.

46 SCHMUKI, Karl: Das köstlichste Geschichtsbuch des Mittelalters. Die St. Galler Klostergeschichten Ekkeharts IV. St. Gallen 1995, S. 47–55.

47 DUFT (wie Anm. 19), S. 10–13.

48 Siehe THÜRER (wie Anm. 14), DUFT (wie Anm. 19); DUFT, Johannes, Missura-Sipos, Tibor: Die Ungarn in Sankt Gallen. Mittelalterliche Quellen zur Geschichte des ungarischen Volkes in der Stiftsbibliothek St. Gallen. St. Gallen 1992 und SCHMUKI (wie Anm. 46), S. 47–55.

49 VOGLER, Werner: Spuren der Ungarn im Sankt Galler Stiftsarchiv. In: Die Ungarn und die Abtei Sankt Gallen. Akten des wissenschaftlichen Kolloquiums an der Universität Eötvös Loránd, hrsg. von Csihák, György J. und Vogler, Werner 1999, S. 17.

50 Ebd., S. 16.

51 Ebd., S. 17.

52 IRBLICH, Eva: Die Vitae Sanctae Wiboradae. Ein Heiligen-Leben des 10. Jahrhunderts im Zeitbild. In: Schrr VG Bodensee 88 (1970) S. 1–208 und BERSCHIN (wie Anm. 27) S. 58–62.

53 VOGLER (wie Anm. 49) S. 18.

54 DUFT (wie Anm. 19), S. 60–67 und in der Wiborada-Vita II des Herimannus (Handschrift Nr. 560, cap. 34–36).

55 THÜRER (wie Anm. 14) S. 135.

56 CSIHÁK (wie Anm. 28) S. 65.

57 VOGLER (wie Anm. 49) S. 14.

58 Ekkehart IV. zog nach dem Tod seines Lehrers Notker des Deutschen (28. Juni 1022) nach Mainz, wo er Leiter der Domschule wurde und kehrte vermutlich erst 1031, nach dem Tod des Bischofs Aribo nach St. Gallen zurück; SCHMUKI (wie Anm. 46) S. 14.

59 MIIS, Oskar: Hildebrandlied, Personen des Hildebrandliedes. In: Schrr VG Bodensee 72 (1941) S. 31.

60 Siehe LEHMANN, Hans-Dieter: Zum historischen Hintergrund des Walthari-Liedes. Ein Beitrag zur Bevölkerungsgeschichte Alamanniens im 4. Jahrhundert. In: Zschr. f. Hohenzollerische Geschichte 24/25 (1988/89) S. 9–18 und BÖTTICHER, Gotthold: Hildebrandlied und Waltharilied nebst den »Zaubersprüchen« und »Muspilli«. Halle a. d. S. 1912.

61 LEHMANN (wie Anm. 60) S. 10–11.

62 Ebd., S. 14.

63 LEHMANN (wie Anm. 60) S. 12

64 ERDÉLYI (wie Anm. 31) S. 50 und SCHMUKI (wie Anm. 46) S. 60.

65 Diese ersten Casus sancti Galli I des Chronisten Ratpert schildern die Ereignisse des St. Galler Klosters von der Gründung durch Gallus bis zum Besuch des Kaisers Karl III. im Jahr 883 (Handschrift Nr. 614, S. 78–134). Ausführlicher siehe die kommentierte Neuausgabe: STEINER, Hannes (Hg.): Ratpert St. Galler Klostergeschichten (Casus sancti Galli). In: Monumenta Germaniae Historica. Scriptores Rerum Germanicarum in usum scholarum separatim editi; LXXV), Hannover 2002.

66 Nachzulesen in der von G. MEYER VON KNONAU edierten Neuauflage: Ekkeharts IV. Casus sancti Galli nach Proben aus den übrigen lateinisch geschriebenen Abtheilungen der St. Galler Klosterchronik. Leipzig 1877, S. 99–100 und bei Duft (wie Anm. 19) S. 14–24.

67 DUFT (wie Anm. 19) S. 39–40.

68 THÜRER (wie Anm. 14) S. 135 und SCHMUKI (wie Anm. 46) S. 47 f.

69 TREMP (wie Anm. 21) S. 13 ff.

70 DUFT (wie Anm. 19) S. 43 ff.

71 ROCHHOLZ (wie Anm. 8) S. 132.

72 In: Germania. Vierteljahrsschrift für Deutsche Alterthumskunde, Bd. IV, Wien 1859, S. 42 ff.

73 ROCHHOLZ (wie Anm. 8) S. 132.

74 Ebd., S. 133 f.

75 SCHMUKI (wie Anm. 46) S. 49.

76 Ebd.

77 Handschrift Nr. 560, S. 374–544, s.a. BRUNHÖLZL, Franz: »Hartmann von Sankt Gallen«, in: Neue Deutsche Biographie 7, 1966, S. 732 und SCHMUKI (wie Anm. 46), S. 50.

78 DUFT (wie Anm. 19) S. 26.

79 Handschrift Nr. 560, S. 374–544, s. SCHMUKI (wie Anm. 46) S. 50.

80 BERSCHIN, Walter: Vitae sanctae Wiboradae. Die ältesten Lebensbeschreibungen der heiligen Wiborada. In: Mitteilungen zur vaterländischen Geschichte, hrsg. vom Historischen Verein des Kantons St. Gallen, Bd. 51, St. Gallen 1983.

81 SCHMUKI (wie Anm. 19) S. 31.

82 IRBLICH (wie Anm. 52) S. 1–208.

83 In der Lebensgeschichte der hl. Wiborada des Herimannus (Handschrift 560, cap. 34–36), zit. DUFT (wie Anm. 19) S. 55–56 und SCHMUKI (wie Anm. 46) S. 50.

84 DUFT (wie Anm. 19) S. 40–47.

85 Ebd., S. 24

86 DUFT, Missura-Sipos (wie Anm. 48) S. 19.

87 BALDAUF, Robert: Der Mönch von St. Gallen. Historie und Kritik: Einige kritische Bemerkungen. Leipzig 1903, Bd. 1, S. 84.

88 VOGLER (wie Anm. 49) S. 14.

89 Ebd. S. 14 f.

90 FREYTAG, Gustav: Bilder aus der deutschen Vergangenheit. Hoch- und Spätmittelalter. München 1978, Bd. 1, S. 59 (s.a. Ungarneinfall in St. Gallen S. 35–42, Ekkehart IV.: S. 36–59, Graf Udalrich von Buchhorn und Wendilgard, S. 42–46).

91 SCHMUKI (wie Anm. 46), Titelblatt und BRUNHÖLZL, Franz: Geschichte der lateinischen Literatur des Mittelalters, Bd. 2: Die Zwischenzeit vom Ausgang des karolingischen Zeitalters bis zur Mitte des 11. Jahrhunderts. München 1975, S. 443.

92 VOGLER (wie Anm. 49) S. 18.

93 Ebd., S. 17.

94 Ebd.

95 Ausführlicher s. WATTENBACH, Wilhelm: Ekkehart, Chronist. In: Allgemeine Deutsche Biographie (ADB). Band 5, Leipzig 1877, MEYER, G. VON KNONAU: Ekkeharts IV. Casus sancti Galli nach Proben aus den übrigen lateinisch geschriebenen Abtheilungen der St. Galler Klosterchronik. Leipzig 1877, S. 99–100, BALDAUF (wie Anm. 87) Bd. 1, S. 12–63, 64–167 und BÖTTICHER (wie Anm. 60).

96 BALDAUF (wie Anm. 87) S. 17.

97 Ebd., S. 63.

98 Ebd., S. 44.

99 WATTENBACH (wie in Anm. 95) S. 793 f.

100 DÜMMLER, Ernst Ludwig: Ekkehart IV. von St. Gallen. In: Zschr. deutsch. Altertum N.F. 2 (1869) S. 1–32.

101 MEYER VON KNONAU (wie Anm. 95), zit. BALDAUF (Anm. 87), S. 64

102 BALDAUF (wie Anm. 87) S. 66.

103 Ebd., S. 80, 139 und PETZOLDT (wie Anm. 3) S. 149.

104 Im Buch Judith 13:9, zit. BALDAUF (wie Anm. 87) S. 134–138, 141.

105 Nach Meyer von Knonau, zit. BALDAUF (wie Anm. 87) S. 134.

106 BALDAUF (wie Anm. 87) S. 134.

107 In den Büchern 1Mo 29:28, Mat 2:18, Hiob 3:10–13.

108 BALDAUF (wie Anm. 87) S. 121.

109 Ebd., S. 115.

110 HUBRICH-MESSOW, Gundula: Sagen und Märchen vom Bodensee. Husum 2010, S. 60–62 und PETZOLDT (wie Anm. 3) S. 99–100.

111 BALDAUF (wie Anm. 87) S. 127.

112 Ebd., S. 147.

113 Ein Riese aus dem Thurgau; s.a. bei MÖKING (wie Anm. 3) S. 180, PETZOLDT (wie Anm. 3) S. 168 und HUBRICH-MESSOW (wie Anm. 110) S. 35.

114 Wilzen: ein westslawischer Stammesverband im 8. und 9. Jh. in der Gegend von Mecklenburg.

115 BALDAUF (wie Anm. 87) S. 147.

116 Ebd., S. 87, 116, 130.

117 Ebd., S. 94.

118 Ebd., S. 97.

119 Ebd., S. 148.

120 Ebd., S. 107 und BÖTTICHER (wie Anm. 60) S. 35.

121 U.a. Johannes DUFT (Anm. 19), Peter Ochsenbein und Karl SCHMUKI (wie Anm. 46), S. 10, 12–18, 38, 49, 58–61.

122 SCHMUKI (wie Anm. 46) S. 30 ff.

123 Ebd., S. 12.

124 Für weitere Informationen vgl.: SCHMAUDER, Michael: Die Hunnen. Ein Reitervolk in Europa. Darmstadt 2009; Attila und die Hunnen: Begleitband zur Ausstellung im Historischen Museum der Pfalz, Speyer, vom 17. Juni 2007 bis 6. Januar 2008, Stuttgart 2007 und Attila. In: Wikipedia – die freie Enzyklopädie (abgerufen am 8.6.2014).

125 DUFT (wie Anm. 19) S. 14.

126 SCHEFFEL, Joseph Victor von: Ekkehard. Eine Geschichte aus dem zehnten Jahrhundert. Stuttgart 1904: Die »Hunnenschlacht« (S. 159 ff.)

127 LACKOWITZ, Wilhelm.: Ekkehard und die Klosterknaben von St. Gallen. Historische Erzählung aus dem 10. Jahrhundert für die deutsche Jugend. Leipzig 1900.

128 NIERTIZ, Gustav: Die Hunnenschlacht. Eine geschichtliche Erzählung aus dem 10. Jahrhundert. Konstanz (o. J.) und JENSEN, Wilhelm: Hunnenblut. Leipzig 1892.

129 In: HERDI, Ernst: Geschichte des Hegaus. Rauenfeld Frauenfeld 1943.

130 HAEFELE, Franz: Beiträge zur Geschichte Vorarlbergs, 2004 zitiert aus der Zeitschrift GILBHART/FEIERABEND: Die Ungarn in St. Gallen 6, 1924; 38, Folge 13.

131 Nach FAUDE, Ekkehard: Vom fortdauernden Vergnügen, Scheffels »Ekkehard« zu lesen. In Allmende, 2000, Nr. 68/69 (2000). Im Internet: http://www.libelle.ch/reden/0008_singen.html (abgerufen am 28. 7. 2014).

132 Ekkehart II. († 990) war Neffe des Ekkehart I. (Ekkehardus Decanus) aus der Reihe dieser Mönchsdynastie. Er soll als Knabe ins Kloster St. Gallen gekommen sein und wurde um 973 von Hadwig,

der Witwe des Schwabenherzogs Purchart III. auf den Hohentwiel berufen, um Hadwig in Latein zu unterrichten. So der Dichters Ekkehart IV. Erzählung. Später setzte sich die Herzogin angeblich für Ekkehart bei ihrem Schwager, dem Kaiser Otto I. ein, um ihm die Stelle eines Kaplans zu erhalten. Zum Leben und Wirken Ekkeharts II. vgl. MARTIN, Theodor: Ekkehard II. in der Geschichte. In: Schrr VG Bodensee 24 (1895) S. 7–12.

133 FAUDE (wie Anm. 131) S. 178–192.

134 HAEFELE (wie Anm. 130).

135 Nach Peter Ochsenbein, in: SCHMUKI (wie Anm. 46) S. 9.

136 SCHMUKI (wie Anm. 46) S. 9 f.

137 OTT, Stefan: Oberschwäbische Köpfe. In: Oberschwaben. Gesicht einer Landschaft. Ravensburg 1971 (Hermann der Lahme: S. 281–282).

138 BORST, Arno: Ritte über den Bodensee. Bottighofen 1992, S. 139, 147, 165 und S. 208.

139 Ebd., S. 147.

140 HERDI (wie Anm. 129) S. 89.

141 In: Das Konstanzer Konzil. Katalog und Essays. Hrsg. von BRAUN, K.-H., HERWEG, M., HUBERT, H. W., SCHNEIDER, J. und ZOTZ, Th., Bd. 2: Essays, Darmstadt 2014, S. 41 f.

142 DVOŘAKOVÁ, Daniela: Die Delegation der ungarischen Kirche und des ungarischen Adels in Konstanz. In: Der Konstanzer Konzil, Bd. 2: Essays. Darmstadt 2013, S. 70–74.

143 RÜSCH, Ernst Gerhard: Die türkische Bedrohung des Abendlandes zur Zeit Vadians im Spiegel der st. gallischen Quellen. In: Schrr VG Bodensee 110 (1992) S. 169–184. Die Länder von Pipo Spano de Ozora lagen an der Eisernen Pforte, an der Grenze, wo die Türken immer wieder einfielen, wie dies von Ulrich Richental vermerkt wird (s. Anm. 147, S. 49).

144 DVOŘAKOVÁ (wie Anm. 142) S. 71–73.

146 http://digi.ub.uni-heidelberg.de/diglit/ir00196000/0449 (Universitätsbibliothek Heidelberg). In dieser digitalisierten Version sind auch die Wappen der ungarischen Könige und einiger ungarischer Erzbischöfe abgebildet.

147 In: Augenzeuge des Konstanzer Konzils. Die Chronik des Ulrich Richental. Die Konstanzer Chronik ins Neuhochdeutsche übersetzt von Monika KÜBLE und Henry GERLACH. Mit einem Nachwort von Jürgen KLÖCKLER. Darmstadt 2014, S. 47. Abweichende Angaben über die Teilnehmer des Konzils können schon deshalb entstanden sein, da Küble und Gerlach sich nicht an die persönliche, in Ich-Form gehaltene Aulendorfer Handschrift, sondern an die offiziellere Konstanzer Handschrift hielten, die seit 1964 in einer von dem Konstanzer Archivar Otto Feger faksimilierten Ausgabe vorliegt. Ein weiteres Faksimile der Konstanzer Abschrift ist im Jahr 2013 erschienen. Allerdings können die Teilnehmerlisten, immerhin Tausende von Namen, nicht korrekt erfasst werden, obwohl die handschriftlich überlieferten Chroniken zum beträchtlichen Teil aus mehreren Registern bestehen; vgl. dazu: Chronik des Konstanzer Konzils 1414–1418 von Ulrich Richental, eingeleitet und herausgegeben von Thomas Martin BUCK (Konstanzer Geschichts- und Rechtsquellen, Bd. 41) Ostfildern 2014, S. VII–IX.

148 BUCK (wie Anm. 147) S. 62.

149 Ebd., S. 126.

150 Ebd., S. 127 f.

151 Ebd., S. 64.

152 Ebd., S. 177.

153 LE GOFF, Jacques: La civilisation de l'Occident Médiéval. Paris 1964, S. 269.

154 URNER-ASTHOLZ, H., STIEFEL, O., RIPPMANN, E., RIPPMANN, Fr.: Geschichte der Stadt Stein am Rhein. Bern 1957, Tafel 20.

155 BAIER, Franz: Studenten aus der Bodenseegegend auf der Universität zu Bologna. In: Bodensee-Chronik 21 (1932) S. 42 f.

156 REICHLIN-MELDEGG, Hermann von: Geschichte der Familie Reichlin-Meldegg. Regensburg 1881, Stammtafel II, S. 52.

157 BAIER, Hermann: Auswanderung aus den Aemtern Reichenau und Mainau nach Österreich und Ungarn. In: Bodensee-Chronik 22 (1933) S. 18 f.

158 Sagen und Legenden über die Ungarneinfälle bei FRÜH, Siegfried, STUDER-FRANGI, Silvia: Verzauberter Bodensee. Märchen und Sagen. Tübingen 2003 und KAPFF, RUDOLF: Schwäbische Sagen. Jena 1926, S. 132–133 sowie bei LACHMANN, MÖKING und PETZOLDT (wie Anm. 3) und HUBRICH-MESSOW (wie Anm. 110) S. 60–62.

159 CSIHÁK (wie Anm. 28) S. 65–67.

160 RIEHL (wie Anm. 1) S. 165.

161 PURJESZ, Zsigmond: A Szt.-galleni kolostori könyvtárban őrzött orvosi kéziratok (Medizinische Handschriften in der Sankt Galler Stiftsbibliothek), in: Orvosi Hetilap 1881: S. 1071–74, 1123, 1169–70, 1193–96; 1882: S. 222–25, 246–47, 246–73, 293–96, 421–22 und S. 627–28.

162 GAHSE (wie Anm. 8) S. 99 f.

163 Die digitalisierten Vorträge dieses Symposiums sind im Kongressband: Die Ungarn und die Abtei Sankt Gallen. Akten des wissenschaftlichen Kolloquiums an der Universität Eötvös Loránd, hrsg. von György J. CSIHÁK und Werner VOGLER. Sankt Gallen – Budapest, Ungarisch Historischer Verein Zürich und Stiftsarchiv Sankt Gallen 1999 zu finden.

Harald Derschka

DIE GROSSELTERN DES KONZILS-CHRONISTEN ULRICH RICHENTAL

Ein Quellenfund aus den Lehenbüchern der Abtei Reichenau und seine Folgen

Das badische Generallandesarchiv in Karlsruhe verwahrt neun spätmittelalterliche Papierhandschriften aus der Abtei Reichenau.[1] Sie verzeichnen auf insgesamt über 5000 Seiten tausende Verleihungen von Reichenauer Gütern zu Lehen und verwandte Geschäfte aus der Zeit von etwa 1330 bis 1519. Diese neun Reichenauer Lehenbücher bilden das größte zusammenhängende Quellenkorpus der Abtei Reichenau. Sie sind schon mehrfach zur Erforschung der spätmittelalterlichen Reichenau herangezogen worden, aber aufgrund der Masse der darin niedergeschriebenen Angaben nicht einmal ansatzweise systematisch ausgeschöpft. Darum lassen sich aus ihnen noch überraschende Erkenntnisse gewinnen, mitunter auch solche, die über die engere Besitz- und Herrschaftsgeschichte der Abtei Reichenau hinausweisen, wie das folgende kleine Beispiel aus der Zeit des Abtes Eberhard von Brandis (1342–1379) beweist:[2]

Der Allensbacher Bürger Ulrich Mayer und seine Ehefrau Adelheid verkauften ein Ewiggeld. Dabei handelte es sich um ein Darlehensgeschäft, das durch Grundbesitz abgesichert wurde:[3] Die Eheleute Mayer nahmen einen Kredit auf und versprachen als Gegenleistung die jährliche Zahlung eines Getreidezinses aus drei Weingärten; dazu wären sie verpflichtet, solange sie die Kreditsumme nicht zurückbezahlt haben würden. Als Gläubiger sind Adelheid, die Witwe Heinrichs von Richental, und ihre Söhne Johann, Gregor und Hug genannt (*Uolrich der Myer, buerger ze Alaspach, und Adelhait sin elich wirttin ... git ouch ze koffend mit disem brieff Adelhaiten von Richental, Hainrichs saeligen von Richental elichen wirttin, Johannsen, Gregorien und Hugen, iren súnen, burgern ze Costenntz, und iren erben dry mútt kernen jaerlichs und ewigs gelts*). Adelheid von Richental und ihre Söhne gaben den Eheleuten Mayer einen Kredit von 12 Pfund; gemeint sind wohl 12 Pfund Konstanzer Pfennige, das Pfund zu 240 Pfennig, also 2880 Pfennig. Ein Konstanzer Pfennig dieser Zeit enthielt etwa 0,4 g Silber; die Zahlung entsprach also insgesamt etwa 1,152 kg Silber.[4] Als Gegenleistung sollten Ulrich und Adelheid Mayer ihren Gläubigern – oder deren Erben – jährlich drei Mütt Kernen nach Konstanzer Maß abliefern. Kernen ist entspelzter

Dinkel, das Konstanzer Mütt ein Hohlmaß von 89,22 Liter.[5] Je nach Güte wiegt ein Liter Kernen zwischen 685 und 715 g;[6] die drei Mütt entsprechen demnach ungefähr 187 kg Dinkel. Die dafür belasteten Weinberge lagen in beziehungsweise bei Allensbach, nämlich am Kapplerberg nordwestlich des Ortes (heute im Bereich Kapplerbergstraße und Sonnenhöhe) und am Mangbrunnen (wohl ebenfalls westlich des Ortskerns); der dritte Weingarten (*den man nempt den núwen wingarten*) ist nicht lokalisierbar. Weshalb sich die Vertragspartner auf einen Getreidezins verständigten und nicht auf einen Weinzins, erfahren wir nicht.

Das Getreide sollte jährlich am Tag des heiligen Martin, also am 11. November, in Konstanz auf der unteren Marktstätte vor dem Heiliggeistspital übergeben werden. Sollten die Schuldner dieser Pflicht nicht nachkommen und die Zahlung länger als eine Woche versäumen, würden die drei Weingärten an die Gläubiger fallen. Da es sich bei den Weingärten um Lehen der Abtei Reichenau handelte, war die Zustimmung des Abtes als Lehenherr erforderlich. Abt Eberhard von Brandis erteilte sein Einverständnis am Mittwoch nach Mariae Lichtmess des Jahres 1357, das war ein 8. Februar. Dabei stellte er ausdrücklich klar, dass durch dieses Geschäft die Rechte der Abtei an den Weingärten, nämlich die ihr zustehenden Steuern und Dienste, nicht beeinträchtigt werden dürften. Wie lange die Adelheid von Richental und ihre Söhne die jährlichen Getreidelieferungen bezogen und wer die drei Weingärten in späterer Zeit besaß, wissen wir nicht. Die Familie Richental erwarb offenbar keine Reichenauer Lehen in Allensbach.

Der in dieser Quelle festgehaltene Vorgang ist belanglos, aber die Namen der Gläubiger verdienen Aufmerksamkeit: Johann von Richental war wohl der Vater des bekannten Chronisten Ulrich von Richental; mit Heinrich und Adelheid von Richental sind hier erstmals die Großeltern des Ulrich belegt. Diese Angabe steht im Widerspruch zum Stammbaum Richentals, den Konrad Beyerle im Jahre 1899 erstellte und der bis in die jüngsten Publikationen hinein vertreten wird.[7] Damals hatte man vom Leben des prominenten und nicht unvermögenden Konstanzers Richental bereits eine deutliche Vorstellung gewonnen.[8] Seither sind nur wenige weitere Quellenevidenzen hinzugekommen. An erster Stelle wäre die Anwartschaft des Konstanzer Klerikers Ulrich Richental auf eine Chorherrenstelle im Stift St. Johann in Konstanz zu nennen, die in den Supplikenregistern des Papstes Clemens VII. zu 1379/80 überliefert ist; sie zeigt, dass er zunächst eine geistliche Laufbahn angestrebt hatte.[9] Die familiäre Herkunft Richentals war weitgehend im Dunklen geblieben – eine Lücke, die Beyerle zu schließen versuchte. Vor Beyerles Überlegungen kannte man aus den älteren Quellen nur zwei männliche Träger des Namens (von) Richental: Ulrich von Richental und Johann von Richental.

Ulrich von Richental war Kleriker in Konstanz: Von 1282 bis 1292 ist er als Chorherr des Stiftes St. Stephan in Konstanz belegt, von 1289 bis zu seinem Tode 1314 als Domherr am Konstanzer Münster. Weitere Pfründen hatte er im Südwesten des Bistums

Konstanz inne, nämlich in Zürich, Beromünster und Zofingen. Zofingen liegt ganz in der Nähe des Dorfes Richenthal (heute ein Teilort der Gemeinde Reiden im Kanton Luzern), auf das sich der Beiname dieses Ulrich bezieht. Dort war er Pfarrer gewesen; in seinem Testament begünstigte er die Richenthaler Kirche mit Mitteln für den Bau eines Glockenturms.[10]

Johann von Richental ist zwischen 1356 und 1389 als Konstanzer Stadtschreiber belegt.[11] In dieser Funktion scheint er schon einige Jahre zuvor tätig gewesen zu sein; Konrad Beyerle erkennt seine Schrift bereits auf einer Konstanzer Grundbesitzurkunde von 1348.[12] In einem städtischen Kontext begegnet er uns zuletzt im Jahre 1390; damals fertigte er in seinem Haus Zum Goldenen Bracken (auf der Parzelle der heutigen Wessenbergstr. 29, das Hinterhaus St. Stephansplatz 14) ein Testament aus.[13] Offenbar war Johann von Richental 1394 noch am Leben: Das in diesem Jahr zusammengestellte Urbar der Deutschordenskommende Mainau verzeichnet ihn als abgabenpflichtig von einem Weingarten am Hard (Harder Gasse auf der ehemaligen Allmannsdorfer Gemarkung).[14] Er starb an einem 8. Mai.[15]

Johann von Richental gilt als Vater des Chronisten Ulrich von Richental. Soweit ich sehe, ist diese verwandtschaftliche Beziehung nirgends ausdrücklich erwähnt. Sie darf als sicher gelten, weil Ulrich von Richental der Besitznachfolger Johanns war: Als Ulrich seine Chronik schrieb, bewohnte er das Haus Zum Goldenen Bracken;[16] 1444 gehörte das Hinterhaus zum Nachlass seiner Witwe.[17] Richentals Weingut am Hard war 1415 das Ziel eines Sommerausflugs König Sigismunds;[18] 1434 verkauften Ulrich, seine Frau Anna und ein weiterer Mitbesitzer das Anwesen.[19] Zudem verwendete Ulrich bis 1416 das gleiche Siegelbild wie Johann.[20]

Als Konrad Beyerle am Ende des 19. Jahrhunderts seine Edition der frühen Konstanzer Grundbesitzurkunden (erschienen 1902) und das Konstanzer Häuserbuch (erschienen 1906 und 1908) vorbereitete, fand er im Karlsruher Generallandesarchiv eine Quelle, die ihn dazu veranlasste, Richentals Stammbaum über den Vater hinaus bis in das 13. Jahrhundert zurück auszudehnen. Es handelt sich um eine Urkunde des bischöflichen Offizials von 1361. Sie verzeichnet den Verzicht zweier Frauen, Katharina und Margarethe, auf Ansprüche gegenüber der Dommesnerei; als Gegenleistung erhielten sie zum unentgeltlichen lebenslangen Nießbrauch das Haus Zum Rappen in der Münstergasse (heute Wessenbergstr. 43), für das sie regulär einen Erblehenzins von einem Pfund Pfennig hätten entrichten müssen.[21]

Dabei werden die Familienverhältnisse dieser beiden Frauen ausgeführt: Katharina war die Tochter des Konstanzer Bürgers Hugo Schneewis und Witwe des bischöflichen Notars Johann von Sünchingen; Margarethe war ihre Tochter sowie die Witwe des Konstanzer Schmiedes Georg genannt Richental (*relicta quondam Georgii dicti Richental fabri Constantiensis*). Für Beyerle war es angesichts der Seltenheit des Namens Richental »keine Frage«, dass der verstorbene Schmied Georg, genannt Richental, der Vater des Stadtschreibers Johann von Richental gewesen sein musste. Durch seine Frau Margarethe wäre beider Sohn Johann von Richental somit ein Nachfahre der bischöflichen Beamtenfamilie von Sünchingen und der Konstanzer Patrizierfamilie Schneewis gewesen. Mit diesen Informationen ließ sich zugleich Johanns Biographie anreichern: Demnach habe der gelehrte Großvater Johann von Sünchingen die Ausbildung seines Enkels Johann von Richental zum Schreiber veranlasst. Die Nähe zum Konstanzer Patriziat habe nach dem dritten Bürgerkampf vom 18. Juni 1389 das Ausscheiden Johanns von Richental aus dem städtischen Dienst erzwungen und darüber hinaus eine städtische Ämterkarriere seines Sohnes Ulrich von Richental verunmöglicht.

Nun waren die Auswirkungen dieses eintägigen Zunftaufstandes – der sich noch nicht einmal primär gegen die Patrizier richtete – sehr begrenzt.[22] Als ersten Hinweis auf das bevorstehende Ausscheiden Johanns von Richental aus seinem Amt kann man vielleicht einen Vorgang aus dem Januar 1388 werten: Damals, anderthalb Jahre vor dem dritten Bürgerkampf, wies der Rat den »alten Stadtschreiber« an, er solle einigen genannten Ratsherren Urkunden und Bücher übergeben, die der Stadt gehörten.[23] Bis zur endgültigen Bestellung eines Nachfolgers für Johann von Richental ließ sich der Rat womöglich noch bis zum Januar 1391 Zeit.[24] Johanns von Richental Rückzug nach über vierzig Dienstjahren dürfte einfacher auf sein hohes Alter zurückzuführen sein als auf seine vermeintliche patrizische Abkunft. Die eingangs vorgestellte Quelle erweist die ganze Konstruktion vollends als unplausibel. Dort ist für das Jahr 1357 als einer der Käufer des Ewiggeldes aus Allensbach ein Johann von Richental, Bürger von Konstanz, genannt. Wenn man nicht annehmen möchte, dass damals zwei Konstanzer Bürger dieses Namens lebten, war dieser der Konstanzer Stadtschreiber Johann von Richental. Seine Eltern hießen demnach Adelheid und Heinrich von Richental, seine Brüder Gregor und Hug.

Möglicherweise wohnte Johanns Mutter, die Witwe Adelheid von Richental, in der Witengasse (heute Münzgasse) in Konstanz. Dort ist eine *Richentalin* für 1359 als Hausbesitzerin belegt; vermutlich auf einer der Parzellen Münzgasse 18 oder Hohenhausgasse 1.[25] Besäßen wir heute noch den Optimismus früherer Historikergenerationen, könnten wir dort nach dem Eltern-, ja dem Geburtshaus des Johann von Richental suchen. Dazu besteht indes kein Anlass, wissen wir doch weder, seit wann die *Richentalin* die Besitzerin des Hauses war, noch, ob sie es selber bewohnte. Zudem zeigt der Vorgang von 1357, dass es in Konstanz zu dieser Zeit mehrere Personen namens (von) Richental gab, als die städtische Überlieferung ausweist; Adelheid kann somit diese *Richentalin* gewesen sein, muss es aber nicht.

In welchem Verhältnis der 1361 bereits verstorbene Schmied Georg genannt Richental und seine Ehefrau Margarethe von Sünchingen zum Stadtschreiber und seinem Sohn standen, muss mangels weiterer Informationen einstweilen offen bleiben. Da der Vorgang von 1357 nur kopial in einem jüngeren Urkundenauszug überliefert ist, könnte man an ein Schreiberversehen denken und Johanns Bruder Gregor mit dem Schmied Georg identifizieren, was mir jedoch als zu willkürlich erschiene.

Weiter ist 1357 noch ein dritter Bruder Johanns mit Namen Hug oder Hugo genannt. Er stand damals am Anfang einer erfolgreichen kirchlichen Laufbahn. Noch im Frühjahr 1357 überwies er der päpstlichen Kammer in Avignon die Annaten für eine Chorherrenpfründe im angesehenen Stift St. Felix und Regula am Zürcher Großmünster. Das war die Hälfte des – auf 90 Gulden geschätzten – jährlichen Pfründeinkommens, die beim Antritt eines neuen Pfründinhabers fällig wurde; noch vor Weihnachten bezahlte Hugo von Richental eine letzte Rate.[26] Im Jahre 1363 beauftragte Papst Urban V. die Pröpste von Beromünster und Zofingen sowie einen Konstanzer Domherrn, diesem Hugo von Richental, Bakkalar des kanonischen Rechts, die Pfarrei von Saulgau (Bad Saulgau, Landkreis Sigmaringen) zu übertragen; denn der bisherige Inhaber Ernst von Stöffeln hatte es versäumt, sich zum Priester weihen zu lassen.[27] In der Folgezeit wirkte Hugo von Richental allerdings nicht in Saulgau, sondern in Avignon, wo er in mehreren Angelegenheiten als Prokurator für Kleriker aus dem Bistum Konstanz auftrat.[28] Erst im Juli 1364 verpflichtete er sich, die Annaten für die Pfarrkirche in Saulgau zu bezahlen.[29] Offenbar geschah daraufhin wenig. Ernst von Stöffeln behielt die Saulgauer Kirche bis wenigstens zu Beginn des Jahres 1375, während sich Hugo von Richental im Sommer 1375 wieder als Prokurator in Avignon aufhielt.[30] Erst zwischen 1379 und 1388 ist *maister* Hugo Richental als Kirchherr von Saulgau belegt.[31] In dieser Position erklärte er sich im Schisma für das römische und gegen das avignonesische Papsttum, worauf der avignonesische Papst Clemens VII. ihn im Jahre 1382 seiner Pfarrei für enthoben erklärte und einen Nachfolger bestimmte.[32] Dies blieb folgenlos, weil das Papsttum von Avignon im Nordosten des Bistums Konstanz kaum Einfluss besaß; Patronatsherrin von Saulgau war die Frauenabtei Buchau, die fest zum römischen Papst hielt, ebenso wie Hugos Heimatstift St. Felix und Regula in Zürich.[33] Der Nekrolog der Zürcher Großmünsterpropstei verzeichnet den Todestag des *magister* Hugo von Richental an einem 14. Juni. Derselbe Nekrolog gedenkt unter dem 8. Mai des Johann von Richental, *notarius civitatis Constantienis*; Chorherr Hugo mag die Verbindung Johanns nach Zürich gestiftet haben.[34]

Unklar ist dagegen der Bezug zum 1314 verstorbenen Domherrn Ulrich von Richental. Da braucht überhaupt keine Verwandtschaft zu bestehen. Der Name »(von) Richental« gilt übereinstimmend nicht als Adelsname, sondern als Herkunftsname; und als solcher konnte er jederzeit neu gebildet werden, wenn Menschen aus Richenthal – das im Konstanzer Bistum lag – nach Konstanz kamen, oder wohin auch immer. Solches mag für den um 1400 belegten Basler Kleriker *Ottomannus Herimanni dictus Richendal* gelten.[35] Für einen Zusammenhang zwischen dem Domherrn Ulrich von Richental mit der Familie des Konstanzer Stadtschreibers Johann von Richental mag allenfalls sprechen, dass Domherr Ulrich – wie später Hugo von Richental – eine Chorherrenpfünde im Stift St. Felix und Regula am Zürcher Großmünster innehatte, und dass in diesem Stift sowohl des Domherrn Ulrich als auch des Chorherrn Hugo und des Stadtschreibers Johann gedacht wurde.[36] Diesen Befund möchte ich nicht überstrapazieren; denn zwischen dem

Tod des Domherrn Ulrich und der ersten Erwähnung des Hugo als Zürcher Chorherr liegt ein halbes Jahrhundert.

Von den Familienverhältnissen des Chronisten Ulrich von Richental ist weiter noch bekannt, dass er mit einer Anna Egli verheiratet war. Sie erscheint erstmals 1410, als die Eheleute Richental Äcker im Tägermoos (im Thurgau westlich von Konstanz) als Erbzinslehen vom Stift St. Stephan erwarben.[37] Anna überlebte ihren spätestens 1438 verstorbenen Ehemann um einige Jahre. Im Frühjahr 1444 war sie nicht mehr am Leben, wie aus der damals vorgenommenen Regelung ihres Nachlasses hervorgeht.[38]

Bisher nicht beachtet wurde eine Älli Richental.[39] Ihren Namen entnehmen wir den Konstanzer Steuerbüchern. Die Steuerbücher verzeichnen das steuerpflichtige Vermögen Ulrichs von Richental bis einschließlich 1437 im Steuerbezirk Rad; somit verstarb er im Steuerjahr 1437, das sich allerdings noch bis weit in das Kalenderjahr 1438 erstreckt haben kann.[40] Zwischen 1438 und 1443 führen die Steuerbücher an jeweils der gleichen Stelle die *Richentalin* an; das war seine Witwe Anna Egli, die ein im Betrag ungefähr übereinstimmendes Vermögen versteuerte.[41] 1444 und 1445 ist an dieser Stelle *Aelli Richentalin* genannt. Sie versteuerte im Jahre 1444 nur einen Bruchteil des bisher veranschlagten Vermögens.[42] Im Jahre 1445 gab Älli Richental überhaupt kein steuerbares Vermögen an;[43] im Steuerbuch des Jahres 1446 kommt ihr Name nicht mehr vor.

Älli Richental bewohnte demnach das Haus des Ulrich von Richental und der Anna Egli und wurde nach beider Tod von der Steuerbehörde als Haushaltsvorstand verstanden. Trotzdem war sie schwerlich eine Tochter der beiden. Denn Anna Egli vererbte alle ihre Vermögenswerte – eine Mühle mit Zubehör im Tägerwiler Oberdorf (südwestlich von Konstanz) und das Hinterhaus Zum Bracken – ihrer Nachbarin Elisabeth vom Hof. Am 27. April 1444 wurde vor dem Stadtammann beurkundet, dass Elisabeth vom Hof dieses Erbe dem Konstanzer Dominikanerkloster übergab, damit dort für das Seelenheil der Anna Egli, ihrer Vorfahren und Nachkommen Messen gelesen würden. Von überlebenden Nachkommen ist nicht die Rede, dafür von einer Adelheid Röberin, der als langjähriger Dienerin der Anna Egli ein Wohnrecht im Haus und ein Leibgedinge eingeräumt wurden.[44]

Diese Adelheid Röber aus der Urkunde des Stadtammanns dürfte identisch sein mit der Älli Richental aus den Steuerbüchern. »Älli« ist im Alemannischen als Kurzform von »Adelheid« belegt.[45] Dass Bedienstete mit dem Namen ihrer Dienstherren bezeichnet werden, ist nicht ganz ungewöhnlich.

Demnach stellt sich unser genealogisches Wissen über den Konzilschronisten Ulrich von Richental (mit den Belegdaten) einstweilen wie folgt dar:

Heinrich von Richental † vor 1357	∞	Adelheid von Richental 1357
Johann von Richental 1348–1394 Stadtschreiber von Konstanz	Gregor von Richental 1357	Hugo von Richental, magister 1357–1388 Chorherr in Zürich, Pfarrer von Saulgau
Ulrich von Richental 1380–1438 †	∞	Anna Egli 1410–1444 †

Welchen Erkenntnisgewinn vermitteln uns diese Angaben? Es entsteht ein neues Bild der Familie Richental. Die bürgerliche Konstanzer Historiographie betonte stets ihren stadtbürgerlichen Charakter. Dazu passte die unterstellte Abstammungslinie vom Schmied über den Stadtschreiber zu dem Chronisten, dessen Werk den Ruhm von Konstanz als Konzilstadt betonierte. Nun entfällt der Schmied als Großvater des Chronisten; an seine Stelle tritt ein Onkel, der Chorherr und Pfarrer war. Zusammen mit der frühen, nicht verwirklichten Ambition Ulrichs auf eine Chorherrenpfründe zeichnet sich somit das Bild einer nicht nur städtisch, sondern ganz besonders auch kirchlich orientierten Familie ab.

Nun wird die von Konrad Beyerle konstruierte bürgerliche Familiengeschichte gerne als Begründung dafür herangezogen, dass Ulrichs von Richental Berufsbiographie so schwer zu fassen sei: Während sich Ulrichs Vater Johann von Richental als Stadtschreiber noch der Unterstützung seiner patrizischen Verwandtschaft erfreuen mochte, habe Ulrich dieser Rückhalt gefehlt, weshalb er in kein städtisches Amt gewählt worden sei.[46] Dieser Zusammenhang fällt nun weg: Der Schmied Georg Richental, auf den die gesamte Argumentation abgestützt ist, war nicht der Großvater Ulrichs. Selbst wenn Georg zum verwandtschaftlichen Umfeld Ulrichs gehört haben sollte, so rücken die patrizischen Vorfahren von Georgs Ehefrau doch zu weit von Ulrich weg, als dass sie seinen Lebensweg hätten maßgeblich beeinflussen können. Die Konturen der Biographie Ulrichs von Richental sind somit noch unklarer geworden, als sie es ohnehin schon waren.

Denn die Sicherheit, mit der Ulrich von Richental und sein Werk noch im Umfeld des 550. Jahrestages des Konzils beurteilt werden konnten, unterliegt seit Längerem begründeten Zweifeln. Der damalige Konstanzer Stadtarchivar Otto Feger (1905–1968) setzte die seinerzeit verfügbaren Informationen in mehreren Publikationen zu einer kohärenten und lebendigen Biographie zusammen.[47] Fegers dezidierte Wertungen formen das populäre Bild vom Konzilschronisten Richental erkennbar bis heute, obwohl sie in jeder relevanten Hinsicht fragwürdig sind. So schreibt er unbefangen von Richental als einem »lebhaften, beweglichen, nur auf das Vordergründige bedachten, von reger Phantasie beschwingten, eher extravertiertem Mann«[48], der sein Familienvermögen »im Laufe eines behaglichen Lebens verzehrt«[49] habe – dabei sind die auf uns gekommenen biographischen Informationen viel zu bruchstückhaft, um seriöse Rückschlüsse auf Richentals Charakter und Befindlichkeiten zuzulassen. Könnte sein – ohnehin nur vermuteter – Umgang mit dem väterlichen Erbe nicht auch vom Umstand beeinflusst sein, dass ihm selbst die Erben versagt blieben? Im Jahre 1410 empfingen Richental und seine Frau Anna Egli ein Zinslehen für sich, ihre Kinder beiderlei Geschlechts und ihre Erben.[50] Bei der Regelung des Nachlasses der Anna Egli im Jahre 1444 brauchten keine lebenden Erben mehr berücksichtigt zu werden; es ist nur mehr von denjenigen Nachkommen die Rede, für deren Seelenheil gebetet werden sollte.[51] Da sind der Behaglichkeit die Grenzen gezogen.

Zudem ist unklar, welche Bedeutung dem väterlichen Erbe für Richentals Vermögensverhältnisse überhaupt zukommt. Sein Wohnhaus Zum Goldenen Bracken in Konstanz und sein Weingarten bei Allmannsdorf kamen aus diesem Erbe. Indes erwarb Richental darüber hinaus Äcker im Tägermoos und eine Wiese bei Wollmatingen; zeitweise gehörte ihm auch ein weiteres Haus in Konstanz, gelegen am Ziegelgraben (am Nordwestrand der Altstadt, jetzt Untere Laube)[52]. Vielleicht waren dies eher kurzfristig angelegte Geschäfte. Denn von alledem kommt im Nachlass seiner Witwe nur das Hinterhaus Zum Goldenen Bracken vor, mithin ein Bruchteil. Darüber hinaus besaß die Witwe indes eine Mühle in Tägerwilen, von der vorher nicht die Rede war. Die Wiese *an der Sengi* bei Wollmatingen (an der Straße nach Petershausen), ein Lehen der Abtei Reichenau, hatte Richental am Ende des Jahres 1412 für 31 Pfund Heller erworben; im Frühjahr 1425 stieß er sie für 88 Pfund Heller wieder ab.[53] Der satte Gewinn legt die Vermutung nahe, es habe sich um ein erfolgreiches Spekulationsgeschäft gehandelt. Sicher können wir das nicht wissen, weil wir die etwaigen Auslagen für den Unterhalt der Wiese nicht kennen; auch mochten uns unbekannte Nebenabreden bestanden haben.

Otto Feger unterstellt Richental Spekulationsgeschäfte im Vorfeld des Konzils: Als Richental seit Weihnachten 1413 als einziger Konstanzer davon wusste, dass das Konzil stattfinden würde, habe er Lebensmittel und Tierfutter gekauft in der Erwartung, sie bei steigender Nachfrage teuer an die Konzilsbesucher verkaufen zu können.[54] Doch gibt die dafür in Anspruch genommene Stelle der Konzilschronik überhaupt nichts Derartiges her. Dort berichtet Richental lediglich davon, im Auftrag des Grafen Eberhard von Nellenburg Maßnahmen getroffen zu haben, damit ausreichend Tierfutter und Stallungen bereitstünden.[55] Der Hintergrund dessen ist leicht einzusehen: Kurz zuvor waren Papst Johannes XXIII. und König Sigismund in Lodi zu Vorverhandlungen über das künftige Konzil zusammengekommen. Dort setzte Graf Eberhard Konstanz als Konzilsort durch, indem er mit der dort bereits vorhandenen Infrastruktur argumentierte. Würde sich Konstanz nun als ungeeignet erwiesen haben, wäre der Graf blamiert und seine Stellung als königlicher Rat erschüttert gewesen. Deshalb schickte Graf Eberhard den Ulrich von Richental vor, um erste Vorkehrungen zu treffen. Welche konkreten Maßnahmen das waren, erfahren wir nicht, geschweige denn mit wessen Geld und welchen Gewinnabsichten Richental hier auftrat.

Als Quelle für Richentals Vermögensverhältnisse werden regelmäßig die Konstanzer Steuerbücher herangezogen, die seit 1418 vorliegen und die eine beständige Abnahme seines Vermögens belegen sollen, von insgesamt 3550 Pfund Heller (liegende und fahrende Habe zusammengezählt) im Jahre 1418 auf 2100 Pfund Heller im Jahre 1437.[56] Die Aussagekraft dieser Zahlen ist begrenzt: In den Jahren 1433 bis 1435 versteuerte Richental jeweils 1200 Pfund Heller liegendes Vermögen; sein fahrendes Vermögen nahm von 1100 Pfund Heller auf 950 Pfund Heller ab.[57] Nun fiel in genau diesen Zeitraum das umfangreichste von Richentals überlieferten Geschäften, nämlich der Verkauf seines Weingutes bei Allmannsdorf für 490 Pfund Heller im Jahre 1434. Der Preis entspricht mehr als einem Fünftel von Richentals versteuertem Vermögen. Daher möchte man meinen, dass sich ein Handel dieses Volumens in einer Abnahme des liegenden und einer Zunahme des fahrenden Vermögens hätte niederschlagen müssen; doch dies ist nicht der Fall: Der Umfang der versteuerten Liegenschaften blieb gleich; die Fahrhabe nahm sogar leicht ab. Wilhelm Matthiessen weist darauf hin, dass die Vermögensentwicklung Richentals im Konstanzer Durchschnitt dieser Zeit liege; für die Abnahme der Vermögen nimmt er eine bis 1428 anhaltende Rezession an.[58]

Das grundlegende methodische Problem besteht darin, dass die Geldgeschichte viel zu komplex ist, als dass auf der Basis so weniger Zahlen sinnvoll argumentiert werden könnte. Rechnet man etwa das zur Steuer veranlagte liegende und fahrende Vermögen Richentals in die wichtigste zeitgenössische Goldwährung um, den Gulden der rheinischen Kurfürsten, so wirkt der Einbruch zwischen 1418 und 1422 nicht mehr ganz so drastisch: Dem Rückgang von 3550 auf 3050 Pfund Heller (um etwa 14 %) entspricht dann ein Rückgang von rund 2598 auf 2346 Gulden (nur um knapp 10 %).[59] Zum eigentlichen Wert des Vermögens, zur Kaufkraft, über die Richental verfügte, ist damit noch überhaupt nichts ausgesagt. Hier wären übergreifende Konjunkturen zu berücksichtigen: So fällt Richentals Vermögensschätzung von 1418 in eine Zeit guter Verfügbarkeit von Silber und damit einer reichlichen Versorgung mit Silbergeld. Seit 1420 nahm die europäische Silbermenge wieder ab, mündend in eine Silberknappheit ab 1435.[60] Es liegt auf der Hand, dass diese Vorgänge Folgen für den Geldbesitz und die Vermögensstruktur der Konstanzer Bürger zeitigten, ganz unabhängig von deren individueller geschäftlicher Tüchtigkeit oder Unfähigkeit. Somit erscheinen die Aussagen über Richentals Vermögen einstweilen als eine Gleichung mit (zu) vielen Unbekannten. Vielleicht kann eine sehr sorgfältige Abwägung aller Einzeldaten und Rahmenbedingungen doch noch zu belastbaren Ergebnissen gelangen. Zumal wir über bedeutendere Einkünfte Richentals nichts wissen, sollte die Abnahme seines Vermögens eigentlich weniger erstaunen als der Umstand, dass sie so moderat ausfiel.

Eine prominente Quelle zu Richentals Biographie ist der Text der Richentalchronik, der – abhängig von der Überlieferungsklasse – etwa 80 Selbstaussagen Richentals enthält.[61] Darin teilt Richental manches über seine organisatorischen Aufgaben auf dem Konzil und die Entstehung der Chronik mit. Darüber hinaus werden die Disposition und der Inhalt der Chronik dazu herangezogen, ihren Autor zu charakterisieren. Schon vor über einem Jahrhundert attestierte ihm Theodor Vogel eine gewisse Oberflächlichkeit: Für die Inhalte des Konzils habe Richental demnach kein Verständnis besessen, »sondern in der Welt des Volkes lebend und fühlend ließ er das farbenprächtige Schauspiel des Konziliums vor seinen Augen vorüberziehen und hat es so, wie er es mit Augen und Ohren aufnahm, ohne Reflexionen zu Papier gebracht.«[62] Besonders pointiert sind wiederum die Wertungen Otto Fegers, der Richental die Rolle des »Lokalberichterstatters«[63] – eine inzwischen unvermeidlich gewordene Phrase – zuwies, der ohne Sinn für die großen Zusammenhänge auf einem »ziemlich beschränkten geistigen Niveau«[64] den »Gassentratsch«[65] zusammengeschrieben habe: »Seine Wertung der berichteten Ereignisse ist höchst subjektiv; die Heiligsprechung von St. Brigitte oder die Überreichung der Goldenen Rose werden weit ausführlicher dargestellt, als die langen und lebhaften und schließlich auch weitaus wichtigeren Diskussionen um die Kirchenreform; vom Konziliarismus und dem Dekret Hec Sancta weiß er nichts [...].«[66]

Diese Anwürfe sind haltlos. Thomas Martin Buck weist richtig darauf hin, dass hier unangemessene Ansprüche an die Chronik erhoben werden; Gegenstand ihrer Darstellung ist weniger das Konzil selbst als vielmehr die Stadt Konstanz als sein Austragungsort.[67] Damit liegt ihr Quellenwert auf einer anderen Ebene: Das Dekret Haec sancta kann man auch anderenorts nachlesen; will man sich über die konkreten Vorgänge, die Rituale informieren, über die Einholung des Papstes und des Königs oder die Prozessionen, dann ist die Konzilschronik die Hauptquelle.[68] Der Chroniktext über die Belehnung des Burggrafen von Nürnberg mit der Mark Brandenburg ist zusammen mit den Illustrationen heute das Standardbeispiel für eine spätmittelalterliche Fürstenbelehnung.[69] Doch hat man sich erst einmal darauf festgelegt, die Chronik zu unterschätzen, ist der Weg für weitere Missverständnisse geebnet. Angesichts der in die Chronik aufgenommenen Phantasiewappen unterstellt Otto Feger, Richental sei »im Wappenbuch ... treuherzig auf allerlei Schwindel seiner Gewährsleute hereingefallen.«[70] Das passt zwar zum Bild des naiven Lokalreporters; richtig ist jedoch, dass die Chronik hier in einer heraldischen Tradition steht, welche sie um eine eigenständige und reflektierte Zuordnung der Phantasiewappen zu den drei Erdteilen und ihren Beherrschern bereichert.[71]

Und noch etwas kommt hinzu: Der Rückschluss vom Chroniktext auf seinen Urheber Richental ist nur unter Vorbehalt möglich. Die Richentalchronik ist nicht Richentals Chronik, jedenfalls nicht in den vorliegenden Formen.[72] Die von Richental in den 1420er Jahren zusammengestellte Urfassung ist verloren; wir wissen nicht einmal, ob es sich dabei schon um eine konsistente Chronik handelte oder nur um eine vorbereitende Materialsammlung. Die Überlieferung beginnt mit Handschriften aus den 1460er Jahren; für ihre Vervielfältigung und Verbreitung setzte sich insbesondere der Konstanzer Bürger und Chronist Gebhard Dacher († 1471) ein.[73] Das ist kein Zufall: Zu eben dieser Zeit zeichnete sich der politische und wirtschaftliche Bedeutungsverlust von Konstanz ab, das in eine unkomfortable Überschneidungszone habsburgischer und eidgenössischer Machtinteressen geriet. Daher liegt die Vermutung nahe, die Beschäftigung mit der ruhmreichen Vergangenheit habe die Zumutungen der Gegenwart kompensieren sollen – zumal die Zeitzeugen ausstarben.[74] Dazu passte ein zweiter Befund: Am Südportal des städtischen Kaufhauses am Hafen sind zwei Inschriftentafeln angebracht, die in lateinischer und deutscher Sprache daran erinnern, dass mit der Papstwahl des Jahres 1417 in diesem Hause das große Schisma beendet wurde.[75] Als städtischer Hausherr leitete Gebhard Dacher seit 1461 den Betrieb des Kaufhauses. Die Inschriftentafeln könnten also auf seine Initiative entstanden sein.

Für die Konzilschronik bedeutet das, dass sie kein ungebrochener Spiegel des Konzilsgeschehens von 1414 bis 1418 ist, sondern zumindest teilweise ein Produkt der Rezeptionsgeschichte des Konzils durch die folgende Generation. Das Lob der Stadt Konstanz als perfekte Gastgeberin des Konzils ist sicher schon bei Richental angelegt; die Intensität, mit der dieser Aspekt in den Vordergrund rückt, könnte aber auf die Redaktion durch Dacher zurückzuführen sein. Vielleicht wird es die künftige, von Thomas Martin Buck vorbereitete wissenschaftliche Edition der Richentalchronik mit ihrer Synopse der drei Überlieferungsklassen erlauben, verschiedene Bearbeitungsstufen voneinander abzugrenzen.[76] Dann mag es möglich sein, den Anteil Richentals daran und seinen geistigen Horizont neu zu bestimmen.

Zusammenfassend ist festzuhalten, dass Ulrich von Richental durchaus verdiente, Gegenstand einer zeitgemäßen biographischen Untersuchung zu werden. Was wir im Augenblick gesichert über sein Leben wissen, ist eher trostlos: Seine frühe Berufung zum Geistlichen konnte er nicht verwirklichen. Als Familienvater scheiterte er. Den publizistischen Erfolg seines Werks hat er nicht mehr erlebt.

Anschrift des Verfassers:
Priv.-Doz. Dr. Harald Derschka, Friedrichstraße 34, D–78464 Konstanz,
Harald.Derschka@uni-konstanz.de

ANMERKUNGEN

1 GLAK 67/1099–1106, 1690. Die Edition von 67/1099 (Lehenbuch Abt Friedrichs von Wartenberg, 1428–1453) ist in Vorbereitung.

2 GLAK 67/1104, S. 251 f.

3 KÜNSSBERG, Eberhard Frh. v. (Bearb.): Deutsches Rechtswörterbuch (Wörterbuch der älteren deutschen Rechtssprache) Bd. 3, Weimar 1935–1938, s. v. Ewiggeld. – OGRIS, Werner, s. v. Rente, in: Handwörterbuch zur deutschen Rechtsgeschichte 4. Hg. ERLER, Adalbert u. a. Berlin 1990, Sp. 895–897. TRUSEN, Winfried, s. v. Rentenkauf, ebd. Sp. 897–901.

4 CAHN, Julius: Münz- und Geldgeschichte von Konstanz und des Bodenseegebietes im Mittelalter bis zum Reichsmünzgesetz von 1559 (Münz- und Geldgeschichte der im Großherzogtum Baden vereinigten Gebiete 1) Heidelberg 1911, S. 174, S. 181.

5 GÖTTMANN, Frank: Altes Maß und Gewicht im Bodenseeraum – Systeme und Kontinuitäten, in: Zeitschrift für Württembergische Landesgeschichte 48 (1989) S. 25–68, hier S. 31.

6 SIEGLERSCHMIDT, Jörn: Maße, Gewichte und Währungen am westlichen und nördlichen Bodensee um

1800, in: Schrr VG Bodensee 105 (1987) S. 75–97, hier Tab. 2, S. 82.

7 BEYERLE, Konrad: Ulrich von Richental, in: Zeitschrift für die Geschichte des Oberrheins 53 (1899) S. 13–27. – Wiederabdruck des Stammbaums in: MATTHIESSEN, Wilhelm: Ulrich Richentals Chronik des Konstanzer Konzils. Studien zur Behandlung eines universalen Großereignisses durch die bürgerliche Chronistik, in: Annuarium historiae conciliorum 17 (1985) S. 71–191, S. 323–455, hier S. 77; ebd. S. 76–98 umfassend zu Richentals Leben. – KLÖCKLER, Jürgen: Die Konstanzer Handschrift der Konzilschronik des Ulrich Richental. Eine kommentierte Überlieferungsgeschichte, Darmstadt 2013, S. 4 (Beilage zur Faksimileausgabe der Chronik). – Auf die Angaben Beyerles beziehen sich ferner z. B.: MERTENS, Dieter, s. v. Richental, Ulrich, in: Die deutsche Literatur des Mittelalters. Verfasserlexikon, Bd. 8, Berlin 1992, Sp. 55–60. – WACKER, Gisela: Ulrich Richentals Chronik des Konstanzer Konzils und ihre Funktionalisierung im 15. und 16. Jahrhundert. Aspekte zur Rekonstruktion der Urschrift und zu den Wirkungsabsichten der überlieferten Handschriften und Drucke (Diss. Tübingen 2002) (http://nbn-resolving.de/urn:nbn:de:bsz:21-opus-5203) S. 11–16. – Zuletzt: BUCK, Thomas Martin: Der Konzilschronist Ulrich Richental. Zur sozialen Logik eines spätmittelalterlichen Textes, in: Braun, Karl-Heinz u. a. (Hg.): Das Konstanzer Konzil 1414–1418. Weltereignis des Mittelalters. Essays, Darmstadt 2013, S. 16–21.

8 Die Selbstaussagen Richentals sammelte: BUCK, Michael Richard (Hg.): Ulrichs von Richental Chronik des Constanzer Conzils (Bibliothek des Litterarischen Vereins in Stuttgart 158) Tübingen 1882, S. 5–12. – Weitere Quellenbelege bei: MARMOR, Johann: Nachrichten über Ulrich von Richental, Verfasser der Conzils-Chronik, in: Correspondenzblatt des Gesammtvereines der deutschen Geschichts- und Alterthumsvereine 13 (1865) S. 52 f. – GMELIN, Moritz: Eine urkundliche Notiz über Ulrich Reichental, in: Anzeiger für Kunde der deutschen Vorzeit N. F. 25 (1878) Sp. 320 f. – HEYCK, Eduard: Ulrich von Richental, in: Forschungen zur Deutschen Geschichte 25 (1885) S. 553–555. – RUPPERT, Philipp: Konstanzer Beiträge zur badischen Geschichte. Altes und Neues, Bd. 1, Konstanz 1888, S. 151–156.

9 Rom, Archivum Secretum Vaticanum, Reg. Suppl. 57, fol. 53r. Regest in: GÖLLER, Emil (Bearb.): Repertorium Germanicum I. Verzeichnis der in den Registern und Kameralakten Clemens' VII. von Avignon vorkommenden Personen, Kirchen und Orte des Deutschen Reiches, seiner Diözesen und Territorien, Berlin 1916, S. 141.

10 Die Karrierestationen: MAURER, Helmut: Das Stift St. Stephan in Konstanz (Germania Sacra N. F. 15, Bd. 1) Berlin, New-York 1981, S. 307 f. – REINHARDT, Rudolf: Die Archidiakone, in: DEGLER-SPENGLER, Brigitte (Red.): Das Bistum Konstanz. Das Erzbistum Mainz. Das Bistum St. Gallen. Zweiter Teil (Helvetia Sacra I/2: Erzbistümer und Bistümer II, zweiter Teil) Basel, Frankfurt a. M. 1993, S. 851–881, hier S. 860 f. – Das Testament: BEYERLE, Ulrich von Richental (oben Anm. 7) Beilage II, S. 24–27, hier S. 26.

11 BEYERLE, Konrad: Die Konstanzer Ratslisten des Mittelalters, Heidelberg 1898, S. 85 (1356), S. 113 (1389).

12 BEYERLE, Konrad: Die Konstanzer Grundeigentumsurkunden der Jahre 1152–1371 (Grundeigentumsverhältnisse und Bürgerrecht im mittelalterlichen Konstanz. Eine Rechts- und verfassungsgeschichtliche Studie mit einem Urkundenbuche und einer topographischen Karte, Bd. 2) Heidelberg 1902, Nr. 229, S. 298–300.

13 RUPPERT, Beiträge (oben Anm. 8) S. 152.

14 DIEFENBACHER, Michael (Bearb.): Das Urbar der Deutschordenskommende Mainau von 1394 (Veröffentlichungen der Kommission für geschichtliche Landeskunde in Baden-Württemberg, Reihe A/Quellen 38) Stuttgart 1989, S. 40: *Item Hans Richental der alt statschriber ze Kostencz git 2 viertail kernen von ainem wingarten, lit an dem Hard, stosset an des spitals an Merkstat garten und obnan an die Hardgassun.* – Der Weingarten gehörte Johann bereits 1373; damals erweiterte er seinen Besitz am Hard um eine Wiese: GMELIN, Reichental (oben Anm. 8) Sp. 320.

15 Notae necrologicae et liber anniversariorum prepositurae Turicensis, in: MGH Necr. I, S. 570 (unten Anm. 34).

16 BUCK, Thomas Martin: Chronik des Konstanzer Konzils 1414–1418 von Ulrich Richental (Konstanzer Geschichts- und Rechtsquellen 41) Ostfildern 2010, S. 3.

17 Regest: Stadtarchiv Konstanz (Hg.): Konstanzer Urkunden, Teil II: 1402–1459, Konstanz 2009, Nr. 624, S. 126 (1444 April 27). MATTHIESSEN, Ulrich Richentals Chronik (oben Anm. 7) Anm. 129, S. 92 f.

18 BUCK, Chronik des Konstanzer Konzils (oben Anm. 16) S. 58.

19 GMELIN, Reichental (oben Anm. 8) Sp. 321. – Die Identität der Weingüter am Hard ist sehr wahr-

scheinlich; sowohl das Gut Johanns (1394, oben Anm. 14) als auch das Gut Ulrichs (1434) stießen an ein Grundstück des Heiliggeistspitals.

20 Abbildung des Siegels Johanns: RUPPERT, Philipp: Das alte Konstanz in Schrift und Stift. Die Chroniken der Stadt Konstanz, Konstanz 1891, Taf. E, Nr. 12 (1369, Umschrift: [ ]*hannis de Richvndal*). – 1416 Jan. 28 erklärte Richental den Verlust seines Siegels und die Absicht, ein neues Siegel mit geändertem Bild anfertigen zu lassen: Ratsbuch 1414–1419, StAKN B I 2, S. 67 (... *und wil och sin insigel endern dem alten nit glich*). Zum Vorgang: RUPPERT, Beiträge (oben Anm. 8) S. 153. Abbildung dieses neuen Siegels: RUPPERT, Chroniken der Stadt Konstanz, wie vor, Taf. E, Nr. 2 (1434); ENGELSING, Tobias: »Das alles ich erfaren und zesammen bracht hab«, in: Momente. Beiträge zur Landeskunde von Baden-Württemberg, Heft 1 (2014) S. 6 f., hier S. 7 (1424).

21 BEYERLE, Ulrich von Richental (oben Anm. 7) Beilage I, S. 23. Wiederabdruck in: DERS., Grundeigentumsurkunden (oben Anm. 12) Nr. 289a, S. 381 f. – Zum Haus: HIRSCH, Fritz: Konstanzer Häuserbuch, Bd. 1: Bauwesen und Häuserbau, Heidelberg 1906, S. 492–494.

22 MAURER, Helmut: Konstanz im Mittelalter I. Von den Anfängen bis zum Konzil (Geschichte der Stadt Konstanz 1) Konstanz 1989, S. 227 f. – JOOS, Edi: Die Unruhen der Stadt Konstanz 1300–1450, in: Zeitschrift für die Geschichte des Oberrheins 116, N. F. 77 (1968) S. 31–58, hier S. 44–46.

23 Ratsbuch I, 1376–1391, StAKN B I 1, fol. 159^{r} (1388 Jan. 24).

24 RUPPERT, Chroniken der Stadt Konstanz (oben Anm. 20) S. 153: Bestellung des Konrad Sachs 1391 Jan. 11, *als er och bisher geton hat*. Letztere Bemerkung bezieht sich auf Schreibarbeiten, die Sachs wenigstens seit 1388 erledigt hatte; so zumindest der paläographische Befund K. Beyerles, nach: BURGER, Gerhart: Die südwestdeutschen Stadtschreiber im Mittelalter (Beiträge zur schwäbischen Geschichte 1–5) Böblingen 1960, S. 291 f.

25 BEYERLE, Grundeigentumsurkunden (oben Anm. 12) Nr. 278, S. 366 f.: Verkauf von Haus und Hofstatt des verstorbenen Stadtschreibers Spät, gelegen zwischen der Richentalin und Oswald des Schneiders Häusern. BEYERLE, ebd. S. 520, sieht im Anstößer den Georg Richental, aber der Wortlaut bezeichnet eindeutig eine Frau. Gemäß der Häuserkartei im Stadtarchiv Konstanz lag das Haus des Stadtschreibers, später Zum Rüden genannt, auf einer der Parzellen Münzgasse 18/20. Auf der anderen Seite schlossen sich noch wenigstens drei weitere Häuser an, wie aus einer Urkunde von 1358 hervorgeht; BEYERLE, ebd. Nr. 272, S. 355–375: Oswald der Schneider, Frauenkloster Paradies, Faber der Schneider. Diese lassen sich nur in westlicher Richtung an die Münzgasse 18/20 anschließen; demnach lag das Haus der Richentalin östlich davon.

26 RIEDER, Karl (Bearb.): Römische Quellen zur Konstanzer Bistumsgeschichte zur Zeit der Päpste in Avignon 1305–1378, Innsbruck 1908, Nr. 1997, S. 637. – Zur Großmünsterpropstei: HELFENSTEIN, Ulrich/SOMMER-RAMER, Cécile: SS. Felix und Regula (Grossmünster) in Zürich, in: MARCHAL, Guy P. (Red.): Die weltlichen Kollegiatstifte der deutsch- und französischsprachigen Schweiz (Helvetia Sacra II/2) Bern 1977, S. 565–596.

27 RIEDER, Römische Quellen (wie Anm. 26) Nr. 353, S. 78; Nr. 1481, S. 462. – Zum Vorgang: BENZ, Josef: Geschichte der Stadtpfarrei Saulgau sowie der früheren Pfarreien Jesumskirch und Schwarzach, Ms. masch. 1939 im Kreisarchiv Sigmaringen, S. 8.

28 RIEDER, Römische Quellen (wie Anm. 26) Nr. 1489, S. 466; Nr. 2063, S. 649; Nr. 2074, S. 651; Nr. 2089, S. 653.

29 RIEDER, Römische Quellen (wie Anm. 26) Nr. 2091, S. 654.

30 BENZ, Stadtpfarrei Saulgau (wie Anm. 27) S. 8. – RIEDER, Römische Quellen (wie Anm. 26) Nr. 2135, S. 659 f.

31 KLAUS, Franz Josef: Heimatbuch der Stadt Saulgau, Saulgau ^{2}1996, S. 268 f., zu 1379 Mai 13 und 1381 Feb. 23; dazu BENZ, Stadtpfarrei Saulgau (wie Anm. 27) S. 8 (1388 Sept. 28).

32 Rom, Archivum Secretum Vaticanum, Reg. Suppl. 64, fol. 53^{r}. Irreführend ist das Regest in: GÖLLER, Repertorium Germanicum I (oben Anm. 9) S. 62.

33 SCHÖNENBERGER, Karl: Das Bistum Konstanz während des großen Schismas 1378–1415, in: Zeitschrift für schweizerische Kirchengeschichte 20 (1926) S. 1–31, 81–110, 185–222, 241–280; hier bes. S. 242, 273 f. – KALLEN, Gerhard: Die oberschwäbischen Pfründen des Bistums Konstanz und ihre Besetzung (1275–1508). Ein Beitrag zur Pfründengeschichte vor der Reformation (Kirchenrechtliche Abhandlungen 45/46) Stuttgart 1907, S. 236.

34 MGH Necr. I: BAUMANN, Franz Ludwig (Hg.): Necrologiae Germaniae, tom. I. Dioeceses Augustensis, Constantiensis, Curiensis, Berlin 1888, S. 566 (Johann von Richental, Mai 8), S. 567 (Domherr Ulrich

von Richental, Mai 16), S. 570 (Hugo von Richental, Juni 14).

35 TELLENBACH, Gerd (Bearb.): Repertorium Germanicum II. Verzeichnis der in den Registern und Kameralakten Urbans VI., Bonifaz' IX., Innocenz' VII. und Gregors XII. vorkommenden Personen, Kirchen und Orte des Deutschen Reiches, seiner Diözesen und Territorien 1378–1415, Berlin 1961, Sp. 947 f.

36 Oben Anm. 34.

37 HEYCK, Richental (oben Anm. 8) S. 554. – Anna von Richental erwarb ein Leibgedinge von den Grafen von Tengen: HALBEKANN, Joachim J.: Gräflich von Bodmansches Archiv. Urkundenregesten 1277–1902 (Inventare der nichtstaatlichen Archive Baden-Württemberg 30) Stuttgart 2001, Nr. 221, S. 152 f. (1442).

38 Regest: Stadtarchiv Konstanz, Konstanzer Urkunden II (oben Anm. 17) Nr. 624, S. 126.

39 RUPPERT, Beiträge (oben Anm. 8) S. 154, 156, nimmt sie zur Kenntnis, identifiziert sie aber mit Anna Egli.

40 Zuletzt im Steuerbuch 1437, StAKN L 15, fol. 24^{v}: 1200 lb h liegend, 950 lb h fahrend. – Leider gibt keines der Steuerbücher der Jahre 1437 und 1438 den Beginn der Besteuerung an, der eine nähere Eingrenzung des Todesdatums erlaubte. Für das Steuerjahr 1418 wurden die Steuerherren erst in der ersten Dezemberhälfte 1418 bestimmt: Stadtarchiv Konstanz (Bearb.): Die Steuerbücher der Stadt Konstanz, Teil I: 1418–1460 (Konstanzer Geschichts- und Rechtsquellen 9) Konstanz 1958, S. 1. Diese Praxis vorausgesetzt, würde Richentals Tod im Steuerjahr 1437 wahrscheinlich erst in das Kalenderjahr 1438 fallen.

41 Zuerst im Steuerbuch 1438, StAKN L 16, fol. 24^{r}: 600 lb h liegend, 1440 lb h fahrend; zuletzt im Steuerbuch 1443, StAKN L 21, fol. 23^{v}: 700 lb h liegend, 1440 lb h fahrend (hier ist neben den Eintrag ein kleines Lindenblatt gezeichnet).

42 Steuerbuch 1444, StAKN L 22, fol. 25^{r}: 200 lb h (liegend oder fahrend?).

43 Steuerbuch 1445, StAKN L 23, fol. 31^{v}.

44 StAKN, Urk. 9528. Regest: Stadtarchiv Konstanz, Konstanzer Urkunden II (oben Anm. 17) Nr. 624, S. 126. – Eine weitere Begünstigte war Ursula Völlin, Klosterfrau in Magdenau. Der Magdenauer Nekrolog gedenkt zum 11. November eines Domherrn von Richental, der dem Kloster 2 lb geschenkt hatte; gemeint ist der – allerdings 1314 Mai 16 verstorbene – Konstanzer Domherr Ulrich von Richental: MGH Necr. I, S. 453 (oben Anm. 34); BEYERLE, Ulrich von Richental (oben Anm. 7) S. 25 (testamentarische Verfügung der 2 lb d). – Sollte dies ein Beleg für eine Verbindung zwischen den beiden Ulrichen von Richental sein?

45 STAUB, Friedrich (Hg.): Schweizerisches Idiotikon. Wörterbuch der schweizerdeutschen Sprache, Bd. 1, Frauenfeld 1881, Sp. 175, s. v. Älli, Elli.

46 So beschreibt MATTHIESSEN, Ulrich Richentals Chronik (oben Anm. 7) S. 88, Richental in psychologisierendem Jargon als passives Opfer der Verhältnisse; er habe »die ihm zugewiesenen Position akzeptiert und internalisiert.«

47 FEGER, Otto: Die Konzilschronik des Ulrich Richental, in: Ulrich Richental: Das Konzil zu Konstanz, Bd. 2. Kommentar und Text. Bearbeitet von Otto Feger, Starnberg, Konstanz 1964, S. 21–36. – DERS. Das Konstanzer Konzil und die Stadt Konstanz, in: Franzen, August/Müller, Wolfgang (Hg.): Das Konzil von Konstanz. Beiträge zu seiner Geschichte und Theologie. Festschrift Hermann Schäufele, Freiburg i. Br. u. a. 1964, S. 310–333. – DERS. Geschichte des Bodenseeraumes, Bd. 3. Zwischen alten und neuen Ordnungen, Sigmaringen 1963, S. 192 f.

48 FEGER, Konzilschronik (oben Anm. 47) S. 24.

49 FEGER, Geschichte des Bodenseeraumes 3 (oben Anm. 47) S. 192.

50 HEYCK, Richental (oben Anm. 8) S. 554.

51 Oben Anm. 44.

52 Zum Ziegelgraben: HIRSCH, Häuserbuch I (oben Anm. 21) S. 518–524.

53 Stadtarchiv Konstanz, Konstanzer Urkunden II (oben Anm. 17) Nr. 113, S. 25 (1412 Nov. 16, Lehenbrief Abt Friedrichs von Reichenau, StAKN 10246 SpitalA). – Ebd. Nr. 273, S. 59 (1425 März 30, Lehenbrief Abt Friedrichs, StAKN 10260).

54 FEGER, Konzilschronik (oben Anm. 47) S. 24.

55 BUCK, Chronik des Konstanzer Konzils (oben Anm. 16) S. 8: *Uff das enbott mir Uolrichen Richental min herr grauff Eberhart von Nellenburg, wie daz zuo Loden ergangen wär [und das daz concilium für sich muoste gon] und das ich mich nach fuoter und höw, stallung und ander sachen richti, dann daz also wär, daz söllichs nit hindersich gan möchte, das aber ich nicht mocht geloben. Die bottschaft kam mir vor wyhenachten anno dni. MCCCCXIII und torst es nieman sagen.*

56 FEGER, Konzilschronik (oben Anm. 47) S. 23.

57 Vgl. die Tabelle bei MATTHIESSEN, Ulrich Richentals Chronik (oben Anm. 7) S. 90, wo die Zahlen allerdings nicht ganz zuverlässig wiedergegeben sind.

58 MATTHIESSEN, Ulrich Richentals Chronik (oben Anm. 7) S. 93 f.

59 Nach: CAHN, Münz- und Geldgeschichte (oben Anm. 4) S. 384.

60 SPUFFORD, Peter: Money and its use in medieval Europe, Cambridge u. a. [2]1989, S. 339, S. 350 ff.

61 BUCK, Chronik des Konstanzer Konzils (oben Anm. 16) S. XXIV f.

62 VOGEL, Theodor: Studien zu Richental's Konzilschronik, Freiburg i. Br. 1911, S. 98.

63 FEGER, Geschichte des Bodenseeraumes 3 (oben Anm. 47) S. 192.

64 FEGER, Das Konstanzer Konzil und die Stadt Konstanz (oben Anm. 47) S. 320.

65 FEGER, Konzilschronik (oben Anm. 47) S. 21.

66 Ebd., S. 27.

67 BUCK, Thomas Martin: Zu den historiographischen Prinzipien Ulrich Richentals, in: Schrr VG Bodensee 117 (1999) S. 11–32.

68 Dazu zuletzt: SCHENK, Gerrit Jasper: Zeremonielle und Rituale auf dem Konstanzer Konzil, in: Braun, Karl-Heinz u. a. (Hg.). Das Konstanzer Konzil 1414–1418. Weltereignis des Mittelalters. Essays, Darmstadt 2013, S. 22–27.

69 Stellvertretend für viele: SPIESS, Karl-Heinz: Das Lehnswesen in Deutschland im hohen und späten Mittelalter, Stuttgart [3]2011, S. 45. – DERS. Kommunikationsformen im Hochadel und am Königshof im Spätmittelalter; in: Althoff, Gerd (Hg.): Formen und Funktionen öffentlicher Kommunikation im Mittelalter (Vorträge und Forschungen 51) Stuttgart 2001, S. 261–290, hier S. 280–283. – PARAVICINI, Werner: Das Schwert in der Krone, in: Felten, Franz J. u. a. (Hg.): Institution und Charisma. Festschrift für Gert Melville zum 65. Geburtstag, Köln u. a. 2009, S. 279–304.

70 FEGER, Konzilschronik (oben Anm. 47) S. 21.

71 Dazu künftig: ROLKER, Christof: Hinter 1000 Wappen eine Welt. Vortrag auf der Tagung der Kommission für geschichtliche Landeskunde in Baden-Württemberg über Rahmenbedingungen und Rezeption des Konstanzer Konzils (Konstanz 2014), Tagungsakten im Druck.

72 Dazu zuletzt: BUCK, Der Konzilschronist Ulrich Richental (oben Anm. 7) S. 18–21.

73 Zu Dacher: WOLFF, Sandra (Hg.): Die »Konstanzer Chronik« Gebhart Dachers (Konstanzer Geschichts- und Rechtsquellen 40) Ostfildern 2008, S. 52–77.

74 BUCK, Chronik des Konstanzer Konzils (oben Anm. 16) S. XXXIII–XXXV.

75 Abgebildet in: KRAUS, Franz Xaver: Die Kunstdenkmäler des Kreises Konstanz. Beschreibende Statistik (Die Kunstdenkmäler des Großherzogtums Baden I) Freiburg i. Br. 1887, S. 268.

76 Ulrich Richental, Konstanzer Konzilschronik (Online-Edition für die MGH Scriptores, in Vorbereitung).

Gabriela Signori

DAS KONSTANZER KONZIL ALS PRIVILEGIENBÖRSE

Das Konstanzer Konzil ist ein Glied in der Kette spätmittelalterlicher Reformkonzilien, die von der Idee beseelt waren, dass kirchenpolitische Probleme, die die Christenheit im Allgemeinen betreffen, auch nur durch die Allgemeinheit gelöst werden können.[1] Die Praxis fand man in Spätantike und Frühmittelalter vorgemacht;[2] die entsprechende Theorie hatten Papstkritiker wie Marsilius von Padua (gest. 1342/43) und Wilhelm von Ockham (gest. 1347) in der ersten Hälfte des 14. Jahrhunderts entworfen.[3] Zwar wurden die beiden Gelehrten wegen ihrer Streitschriften von Papst Johannes XXII. (1316–1334) als Ketzer verurteilt, trotzdem stießen ihre Ideen auf eine breite Resonanz.[4] In die Tat umgesetzt wurden die Konzilspläne aber erst Jahrzehnte später, zunächst im norditalienischen Pisa, wenig später in Konstanz.[5]

Schaubild 1: Spätmittelalterliche Reformkonzilien im Überblick

Pisa	1409
Rom	1412/1413
Konstanz	1414–1418
Pavia-Siena	1423/24
Basel	1431–1449
Florenz-Ferrara	1438/39

Oberstes Ziel der Konzile von Pisa und Konstanz war es, die Kirchenspaltung (Schisma) (1378–1417) zu beseitigen, die die Christenheit seit fast 40 Jahren in zwei Obödienzen, eine römische und eine avignonesische, gespalten hatte. Während des Schismas hatte sich Europa suksessive in einen bunten Flickenteppich unterschiedlicher Obödienzen aufgelöst, die bald dem einen, bald dem anderen Kirchenoberhaupt Gehorsam leisteten oder Gehorsam entzogen.[6] Wie andernorts waren auch in der Diözese Konstanz die Verhältnisse im ausgehenden 14. Jahrhundert ausgesprochen unübersichtlich:[7] Das Augustiner Chorherrenstift Kreuzlingen zum Beispiel hielt zunächst gemeinsam mit der Stadt und dem Bischof von Konstanz zu Avignon, wechselte 1389 dann aber zur römischen Obödienz über, so auch die Augustinerinnen in Münsterlingen. Die Benediktinerabtei St. Blasien im Schwarzwald hatte sich zunächst auf die Seite Avignons geschlagen,[8] während sein Priorat in Ochsenhausen bei Biberach Rom benutzte, um sich von St. Blasien loszusagen.[9] Die Beispiele ließen sich mühelos mehren; diesem »bösen« Spiel wollte man in Pisa endlich Einhalt gebieten.

Über 600 Geistliche strömten 1409 in das norditalienische Pisa, um an eben diesem Vorhaben (das Schisma zu beenden) mitzuwirken.[10] Sie arbeiteten konzentriert an einer Sache, so dass schon drei Monate später, am 26. Juni 1409, die in Pisa versammelten Reformkardinäle den aus Kreta gebürtigen Pietro Philargi zum neuen Papst wählten, der sich den Namen Alexander V. gab.[11] Alexander starb allerdings schon wenige Monate nach seiner Wahl am 3. Mai 1410. Als seinen Nachfolger wählten dieselben Kardinäle den Neapolitaner Baltassare Cossa, Papst Johannes XXIII. (1410–1415).[12] Ein dritter Papst war aber keine Lösung mit Zukunft. Schon Alexander V. hatte zwecks Reformen dekretiert, in Bälde ein neues Konzil einzuberufen, ein Wunsch, der wenig später auch in die Tat umgesetzt werden sollte. Nach einem gescheiterten Versuch, in Rom zusammenzufinden, einigte man sich auf Konstanz als Tagungsort, wie dem Einladungsschreibung zu entnehmen ist, das Johannes XXIII. an sämtliche geistliche und weltliche Würdenträger Europas versandte. Was in Konstanz genau geklärt werden soll, präzisierte das Schreiben aber nicht: Allein von Frieden, Ruhe und dem Wohlergehen der Kirche war mehrfach die Rede.[13]

Anders als in Pisa gelang es den Kirchenoberhäuptern in Konstanz aber nicht, eine schnelle Lösung zu finden. Am 20. März verließ Johannes XXIII. heimlich den Konzilsort.[14] Einen Monat später, am 29. Mai 1415, wurde er abgesetzt,[15] der neue Papst Oddo Colonna beziehungsweise Martin V. (1417–1431) aber erst am 21. November 1417 gewählt.[16] Auflösen sollte dieser die Kirchenversammlung schließlich am 22. April 1418.[17] Die Stadt verließ er aber erst am 16. Mai, nicht, weil es nichts mehr zu tun gegeben hätte, sondern primär, weil in Konstanz die Pest ausgebrochen war.[18] Zwischen diesen vier Eckdaten gab es sehr viel Zeit für allerlei Anderes: Sigismund bestellte die Reichsstädte[19] nach Konstanz und hielt in Konstanz Hofgericht,[20] während unter den Geistlichen hitzige Diskussionen unter anderem über die Redefreiheit geführt[21] und nach ebenso hitzigen Diskussionen die künftigen konziliaren Abstimmungsmodalitäten nach Nationen festgelegt wurden.[22] Dekrete wurden erlassen, wie das Verhältnis zwischen dem Papst und dem Konzil zu begreifen sei und wann beziehungsweise wie oft in Zukunft weitere Konzilien stattfinden sollten.[23] Aber auch nach Handschriften wurde gejagt in St. Gallen und anderen geschichtsmächtigen Orten der Region, wo reiche Beute vermutet wurde.[24]

Als erstes gingen die Konzilsteilnehmer die unverfängliche Glaubensfrage an, die ›Causa fidei‹. In diesem Punkt war es leicht, eine Einigung zu erzielen: Zunächst wurde die Lehre des englischen Reformers Johannes Wyclif als häretisch verurteilt,[25] dann die Lehre der beiden böhmischen Reformatoren Jan Hus[26] und Hieronymus von Prag.[27] Kurz vor Ausgang des Konzils ereilte dasselbe Verdikt schließlich noch die Lehre des Franziskaners Matthäus Grabow aus Groningen (eine unglücklich unzeitgemäße Figur).[28] Vielfach beklagt wurden im Vorfeld und während des Konzils auch die Mißstände innerhalb der katholischen Kirche; auf praktikable Lösungsvorschläge konnten sich die Konzilsväter aber nicht einigen, zu heterogen war das Personal, das in Konstanz über die ›Causa reformationis‹ debattierte.[29] Am 27. November 1416 rief das Konzil das Reformkapitel in Petershausen zusammen und spielte, was die Ordensreform anbelangt, so den Ball an die Mönche über, die am 28. Februar 1417 zusammentrafen.[30]

Während der fast zweijährigen Sedisvakanz war in Konstanz das päpstliche Gericht, die Rota, aktiv.[31] Seine Tätigkeit dokumentierte die Rota jedoch nicht systematisch (anders als während des Basler Konzils).[32] Die Auditoren tagten jeweils am Montag, Mittwoch und Freitag in der Stefanskirche.[33] Es seien insgesamt 15 gewesen, allesamt Doktoren beiderlei Rechts, des geistlichen sowie des kaiserlichen, zählt der Konzilschronist Richental (gest. 1437).[34] Aktiv wurde auch die päpstliche Pönitentiarie;[35] ihre Aktivitäten sind aber genauso schwer zu fassen wie diejenigen der Rota.[36]

Und ein letzter Punkt: Während der gesamten Konzilszeit bestätigten die beiden Päpste, zunächst Johannes XXIII., dann Martin V. genauso fleißig wie König Sigismund alte Privilegien oder gewährten neue. Das brachte Geld und stärkte alte und neue politische Zusammengehörigkeiten.[37] Diesen regen ›Privilegienhandel‹ während des Konstanzer Konzils hat die Forschung bislang kaum gewürdigt, wohl weil er nicht unmittelbar mit den Zielen der Kirchenversammlung in Zusammenhang steht und praktisch schwer zu greifen ist, da die entsprechenden Urkunden verstreut und teilweise noch unbearbeitet in den Stadt-, Staats- und Landesarchiven aufbewahrt werden.[38] Mit diesem Aspekt möchte ich mich im Folgenden etwas eingehender befassen und dies in drei Schritten. Im ersten Schritt werde ich mich dem Privilegienhandel von Papst und Konzil zuwenden, im zweiten auf die diesbezüglichen Aktivitäten von König Sigismund überleiten und im dritten und letzten Teil die Privilegienfrage schließlich noch aus lokalgeschichtlicher Perspektive der Stadt Konstanz beleuchten.

I

In und durch die Privilegienvergabe und andere königliche und päpstliche Begünstigungen tritt uns das Konstanzer Konzil als eine ›Dienstleistungsbehörde‹ entgegen, die teilweise einzig zum Zweck aufgesucht wurde, sich alte Rechtstitel zu bestätigen oder neue zu erwerben, Rechtstitel, die auf anderen Wegen nur sehr umständlich beziehungsweise ungleich kostenintensiver zu erlangen gewesen wären. In vielen Fällen nutzten die Gemeinschaften, Städte gleichermaßen wie Klöster, die Gunst der Stunde und wandten sich, eine weitere Möglichkeit Kosten zu sparen, gleichzeitig an König und Papst.[39] Zum Teil griffen sie auf geistliche oder weltliche Mittelsmänner zurück, die am Konzil teilnahmen, um ihre »Sache« vorzubringen beziehungsweise zu vertreten. Andere machten sich persönlich auf den Weg, um in den Genuss der begehrten Vergünstigungen zu gelangen. Dazu zählte die dreiköpfige Gesandtschaft aus dem Wallis, die am 11. Dezember 1417, also wenige Tage nach der Wahl Martins V., von Visp aufgebrochen war und zwei Wochen später in Konstanz eintraf (Karte 1). Die drei Männer führten über sämtliche Ausgaben akribisch Buch: Kost und Logis, Pferde und der Besuch von Badeanstalten..., alles wurde detailliert aufgeschrieben. Die Auslagen waren hoch, sie beliefen sich insgesamt auf 30 Goldkronen. Am meisten Geld aber verschlang die Supplik, das begehrte Schriftstück, um dessentwillen die Gesandtschaft nach Konstanz aufgebrochen war.[40] Dafür verlangte der Magister Michael Bolosonis, Erzdiakon von Narbonne und Schreiber der französischen Nation, stattliche neun Taler.[41] Kleinere Beträge gingen an seinen Schreiber und an die päpstlichen Läufer, deren Aufgabe es war, die Schreiben (es waren zwei) dem Papst zu überbringen.[42]

Johannes XXIII. entfaltete, was die Privilegien anbelangt, keine nennenswerte Aktivitäten. Dafür war die Zeit seines Wirkens in Konstanz viel zu kurz und sein Status zu prekär. Manch ein Konzilsbesucher mag sich gefragt haben, ob es sich bei diesem Papst

Abb. 1: Zu den wenigen Gemeinschaften, die sich an Johannes XXIII. wandten, zählten die Bewohner des Glarner Tals im Urner Land, den Loskauf vom Kloster Säckingen betreffend (Landesarchiv Glarus, Urkunde vom 1. Januar 1415).

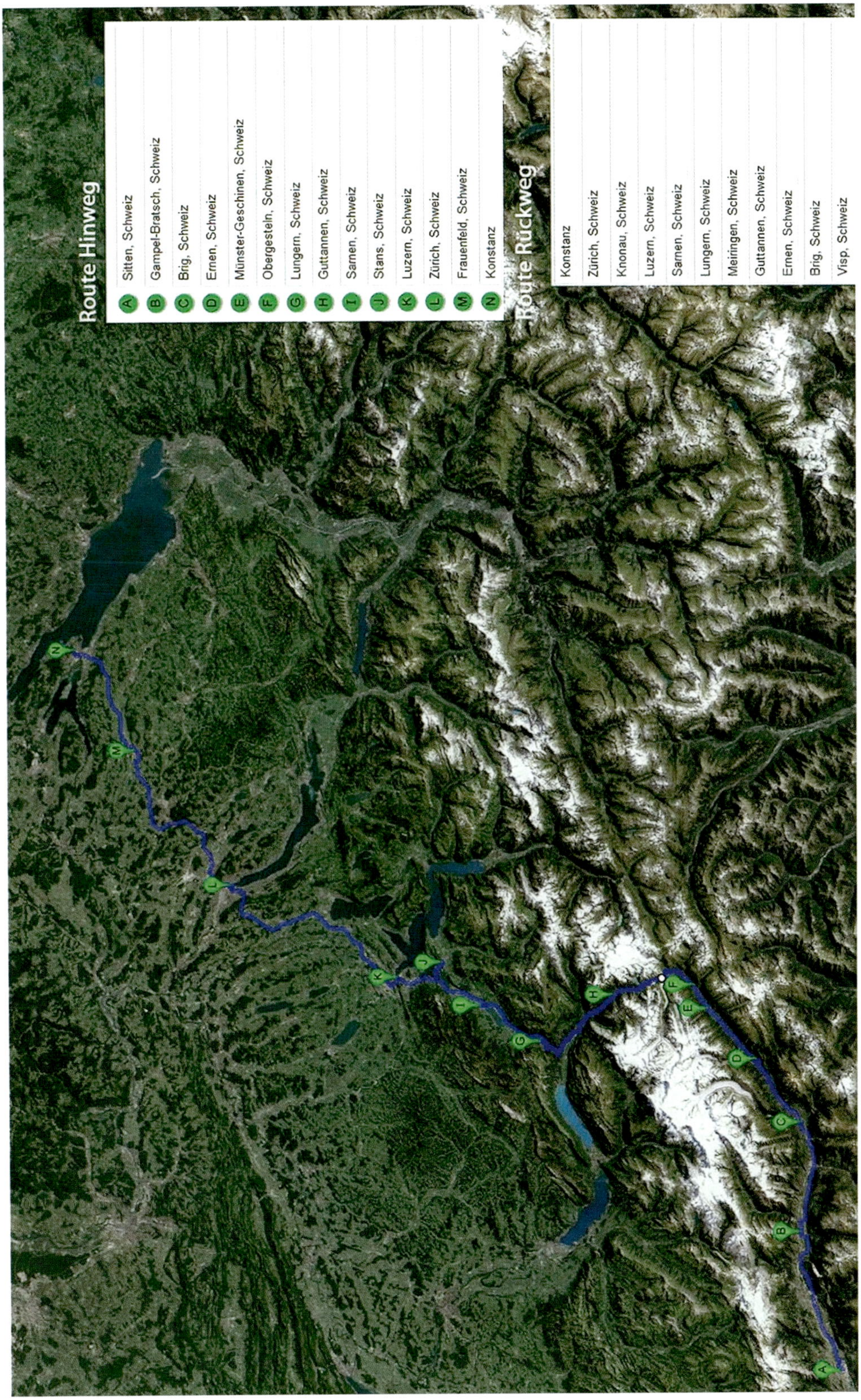
Route Hinweg
A Sitten, Schweiz
B Gampel-Bratsch, Schweiz
C Brig, Schweiz
D Ernen, Schweiz
E Münster-Geschinen, Schweiz
F Obergesteln, Schweiz
G Lungern, Schweiz
H Guttannen, Schweiz
I Sarnen, Schweiz
J Stans, Schweiz
K Luzern, Schweiz
L Zürich, Schweiz
M Frauenfeld, Schweiz
N Konstanz
Route Rückweg
Konstanz
Zürich, Schweiz
Knonau, Schweiz
Luzern, Schweiz
Sarnen, Schweiz
Lungern, Schweiz
Meiringen, Schweiz
Guttannen, Schweiz
Ernen, Schweiz
Brig, Schweiz
Visp, Schweiz

Karte 1

wirklich lohnte, für Privilegien und dergleichen tief in die Tasche zu greifen. Die meisten meinten offenbar, es lohne sich nicht, nur wenige wandten sich an Johannes XXIII. (Abb. 1).[43] Ganz anders verhält es sich mit Johannes' Nachfolger Martin V. Im Dezember 1417, also rund einen Monat nach seiner Wahl, häufen sich die an ihn herangetragenen Begehren, dieses oder jenes Privileg zu bestätigen oder zu gewähren. Unter den Bittstellern befand sich im Übrigen selbst König Sigismund, wie dem ›Konzilstagebuch‹ des Kardinals Guillaume Fillastre (gest. 1428) zu entnehmen ist:

> »Der König der Römer nämlich bat, er [der Papst] möge ihm zwei Kardinäle machen, die er für sich wollte, was eine schwierige Sache war, weil es schon 23 waren und das Konzil eigentlich ihre Zahl verringern wollte. Er wollte auch zwei Legate de latere, den einen für Deutschland, den andern für Ungarn, was wegen Vielem, das zu schreiben nicht erlaubt ist, besonders schwierig war. Zum Dritten wollte er für sich und seine Nachfolger das Rechte der ersten Bitte (das heißt, dass, wer auch immer zum Römischen König gewählt wurde, in jeder Kirche des Reichs eine Präbende verleihen dürfe) und zu jeder Kollation einen Benefizierten, den die apostolische Autorität bevorzugen müsse. Letzteres aber wurde als besonders problematisch erachtet, und nichts von all dem wurde ihm bewilligt.«[44]

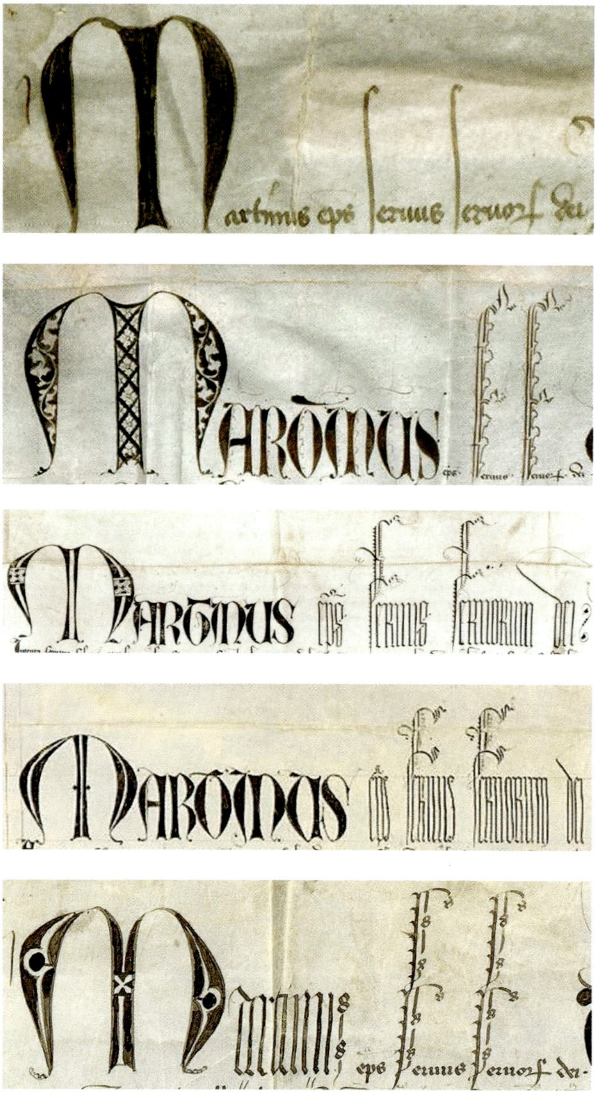

Abb. 2: Je nach Schreiber variiert die Ausgestaltung der Titulatur.

Als besonders problematisch erachtet wurde Sigismunds dritte Forderung insofern, als sie die Pläne des Konzils, das Benefizialwesen zu reformieren, konterkarierte.[45]

Martin V. war ein äußerst fleißiger Privilegienaussteller. Zur Hand ging ihm ein beachtlicher

Abb. 3: Kardinalablass für das Kloster Engelberg vom 1. März 1418 (Stiftsarchiv Engelberg A 22 XV).

Stab von über zwanzig verschiedenen Schreibern, die zum Teil schon für Johannes XXIII. gearbeitet hatten (Abb. 2).[46] Nach der Wahl Martins V. begannen im Übrigen auch die Kardinäle vermehrt gewinnträchtige Sammelablässe auszustellen, vor allem die italienischen, die sich auf diese Weise wohl die Rückreise zu finanzieren gedachten.[47] Darunter sticht der gut erhaltene Kirchenablass hervor, den sechs Kardinäle am 1. März 1418 für den Besuch der Kirche des Klosters Engelberg ausstellten (Abb. 3):

> Universis et singulis christifidelibus presentes litteras visuris et audituris. Nos Johannes, tituli sancti Sixti Ragusinus, Anthonius, tituli sancte Susanne Aquilegensis, Angelus, titulus sanctorum Petri et Ma[r]cellini Veronensis, Petrus, tituli sancti Grisogoni Cameracensis, Thomas, tituli sanctorum Johannis et Pauli Tricaricensis, Petrus, tituli Celimonte, omnia providencia presbiteri, cardinales er miseratione omnia sacrosancte Romane ecclesie cardinales...[48]

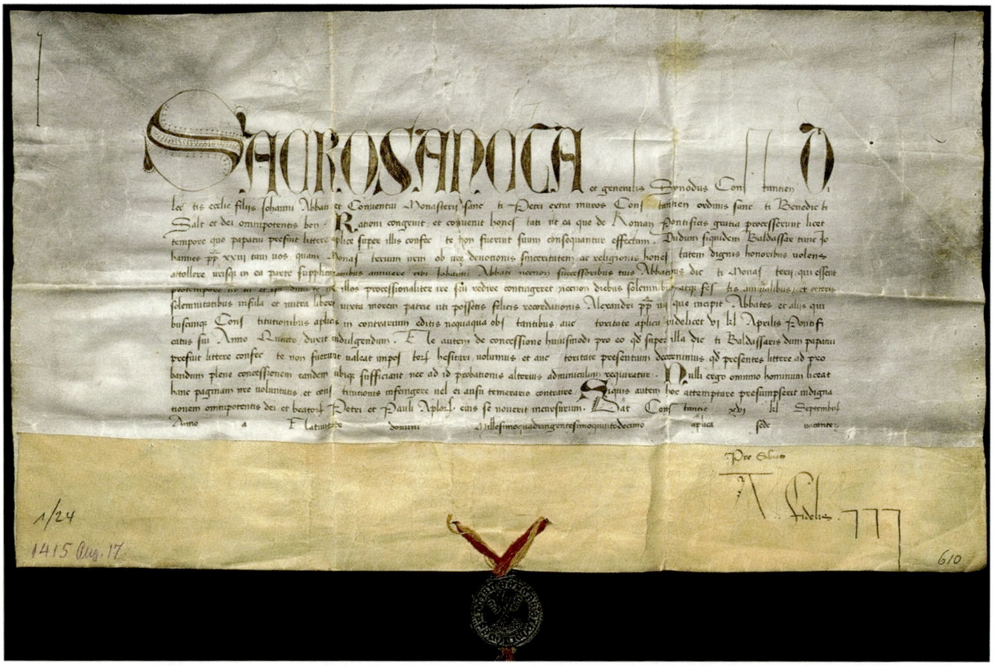

Abb. 4: Bestätigung des ehedem von Johannes XXIII. gewährten Privilegs für das Kloster Petershausen, bei Prozessionen Inful und Mitra zu tragen, durch das Konstanzer Konzil (Generallandesarchiv Karlsruhe 1/24: 17. August 1415): *Sacrosancta et generalis synodus Constantiensis …*

Auch das Konzil selbst blieb während der Sedisvakanz nicht untätig. Für ihre Geschäfte hatten sich die Konzilsväter beizeiten ein eigenes Siegel zugelegt: *An ainem tail*, beobachtet Richental, der sich das Siegel offenbar hatte zeigen lassen, *Sant Peter und Sant Pauls höpter, an dem andern tail tzwen schlüssel über ain ander geschrenket, und was die geschrift also: Sigillum sacrosancti concilii Constanciensis civitatis.*[49] Das Papstsiegel trägt gewöhnlich das Konterfei der Apostel Petrus und Paulus auf der Kopfseite, auf der Rückseite figuriert der Name des jeweiligen Papstes.[50] Die Konzilsväter hatten sich darauf geeinigt, statt des Namens das Bild eines Schlüssels zu führen.[51] Mit der eigenen Siegelführung war klar, dass sich das Konzil als juristische Person begriff, die anstelle des Papstes agierte. In dieser Form bestätigte es am 17. August 1415 auch das ehedem von Papst Johannes XXIII. für das Kloster Petershausen ausgestellte Privileg, bei Prozessionen Inful und Mitra tragen zu dürfen (Abb. 4).[52]

Sich für die Zeit des Konstanzer Konzils einen Überblick über die Praxis der konziliaren oder päpstlichen Privilegienausstellung zu verschaffen fällt ausgesprochen schwer, weil keine Register vorliegen und die begehrten Rechtsdokumente nicht zentral, sondern zumeist an dem Ort aufbewahrt werden, für den sie ausgestellt wurden.[53] Sie alle vor Ort aufzustöbern ist für diesen Beitrag nicht zu leisten. Besser informiert sind wir hingegen über die Aktivitäten des Königs dank des Regestenwerks von Wilhelm Altmann (1862–1951), Oberbibliothekar an der königlichen Bibliothek zu Berlin und erster Herausgeber von Eberhard Windeckes (gest. 1440/1441) *Kaiser Sigismunds Buch*.[54]

II

Sigismund war nicht die ganzen vier Jahre in Konstanz zugegen, sondern aus diplomatischen Gründen längere Zeit in England und Frankreich unterwegs.[55] Bei seinem ersten Aufenthalt traf er an Weihnachten 1414 in Konstanz ein, ein überaus symbolisches Datum, das seine Ankunft messianisch überhöhte.[56] Zunächst blieb er bis zum 19. Juli 1415 in Konstanz. Dann brach er über Basel ins südfranzösische Narbonne auf.[57] In Konstanz zurück finden wir ihn erst wieder am 27. Januar 1417,[58] wo er schließlich bis zum 19. Mai 1418 blieb (17 Monate). Besonders viele Privilegien bestätigte er vor allem während seines ersten Aufenthaltes in Konstanz, also in der Zeit von Weihnachten 1414 bis zum Juli 1415.[59] In diesen sieben Monaten stellte er insgesamt 113 Privilegien aus, während es bei seinem zweiten, ungleich längeren Aufenthalt am Bodensee nur 121 waren.[60] Dabei ging es meist um das begehrte Privileg der Reichsunmittelbarkeit, das seinen Besitzer vor landesherrlichen Zugriffen schützte.[61]

Karte 2: Kirchen und Klöster

Abb. 5: Martin V. unterstellt das Kloster Ochsenhausen unter den Schutz des heiligen Petrus (Hauptstaatsarchiv Stuttgart B 481, Urkunde 105: 31. Januar 1418).

Unter den Empfängern erscheinen diverse deutsche Hochstifte;[62] dazu zählten damals noch Besançon, Cambrai, Lüttich, Toul (Lothringen) und Vienne (bis 1448).[63] Fern blieben – aus unterschiedlichen Gründen – hingegen die norddeutschen und westfälischen Hochstifte (darunter Aachen, Bremen, Hamburg, Köln, Mainz, Münster und Trier).[64] Auch viele altehrwürdige Frauenklöster beziehungsweise Damenstifte ließen sich während des Konzils ihre Reichsunmittelbarkeit bestätigen (Karte 2).[65] Bei den meisten Bittstellern handelte es sich jedoch um Benediktinerklöster der Region,[66] wobei es auch diesen mehrheitlich um den Status der Reichsunmittelbarkeit ging.[67] Darunter finden wir auch das eingangs erwähnte ehemalige Priorat Ochsenhausen.[68] Mit dem königlichen und päpstlichen Schreiben war die Loslösung von St. Blasien endgültig besiegelt, ein Faktum, das sich die Abtei Ochsenhausen am 31. Januar 1418 schließlich durch Papst Martin V. bestätigen ließ (Abb. 5). Deutlich zeichnet sich bei der königlichen Privilegienvergabe eine zeitliche Verdichtung in den ersten Monaten des Konzils und eine räumliche Ballung im Südwesten des Reichsgebiets ab.[69] Das gilt auch für die fünf Prämonstratenserabteien, die sich von Sigismund ihre Privilegien bestätigen ließen.[70] Ungleich breiter ist die geographische Streuung bei den zwanzig Zisterzen (davon fünf Frauenklöster). Zwar kam auch bei ihnen rund die Hälfte der Bittsteller aus den süddeutschen Diözesen Augsburg, Basel, Konstanz, Mainz, Speyer und Straßburg; die andere

Karte 3: Städte

Hälfte aber stammte aus den weiter entlegenen Bistümern Meißen, Metz, Naumburg, Regensburg, Salzburg und Würzburg.[71]

Mendikanten befanden sich verständlicherweise nur wenige unter den Bittstellern, da Reichsunmittelbarkeit eigentlich ihren Ordensstrukturen widerspricht. Bei den wenigen Ausnahmen handelt es sich bemerkenswerterweise fast ausschließlich um Frauenklöster der Region: die Klarissen zu Königsfelden, Nürnberg, Söflingen und Wittichen,[72] die Augustinerinnen zu Münsterlingen vor den Toren der Stadt Konstanz[73] sowie die Dominikanerinnen zu Diessenhofen, Löwenthal bei Buchhorn (das heutige Friedrichshafen)[74] und Maria Mödingen bei Ulm.[75]

Nicht nur in Sachen Klöster und Stifte war Sigismund ein begehrter Schutzherr und ein fleißiger Privilegienaussteller. Von seiner Anwesenheit profitierten vor allem die umliegenden Städte (Karte 3).[76] Darunter sticht die Vielzahl der eidgenössischen Orte hervor, die Sigismund beim Reichskrieg gegen Friedrich von Österreich (gest. 1438) militärisch unterstützt hatten.[77] Wie bei den Klöstern verdichtet sich im Übrigen auch bei den Städten die Privilegienausstellung in den ersten Monaten des Jahres 1415. Zum Teil ist das Ausstellungsdatum der Privilegien identisch, was vermuten lässt, dass die städtischen Gesandten häufig in landsmannschaftlichen Gruppen unterwegs waren oder ein- und denselben Stellvertreter gewählt hatten:

Schaubild 2: Landsmannschaftliche Gruppen von Bittstellern

2. / 3. Februar 1415	Braunschweig und Lüneburg
18. / 19. März	Erfurt, Mühlhausen und Nordhausen
23. Mai	Freiburg und Kenzingen
13. Juni	Sammelprivileg für die Städte Baden, Mellingen und Sursee
2. Mai 1417	Hagenau und Oberehnheim
12. September	Halle und Magdeburg.[78]

Andere beauftragten Mittelsmänner, um die gewünschten Vergünstigungen einzuholen: Auf Bitten des Bischofs Otto von Konstanz stellte Sigismund am 22. Juni Sammelprivilegien für die Städte Kaiserstuhl, Klingnau, Bischofszell, Markdorf und Thiengen aus. Den Bischof von Konstanz selbst belehnte Sigismund mit dem Blutbann und befreite überdies alle Angehörigen des Hochstifts Konstanz von fremden Gerichten, auch vom benachbarten Rottweiler Hofgericht.[79]

Die meisten Städte beziehungsweise Orte ließen sich ihre von Sigismunds Vorgängern gewährten Privilegien bestätigen; andere erwirkten zusätzlich das *ius de non evocando* (Braunschweig, Eger, Halle, Osnabrück und Rottweil sowie Unterwalden und Zug).[80] Pauschal von allen auswärtigen Gerichten befreien ließen sich Baden, Köln, Metz, Mülhausen, Lindau, Landau und Regensburg, während sich Luzern mittels Privileg (wie schon das Hochstift Konstanz) speziell vom Zugriff des Hof- beziehungsweise Landgerichts Rottweil entziehen wollte.[81] Nicht genannt werden in diesem Zusammenhang die westfälischen Freigerichte,[82] wohl weil sie damals noch nicht als Problem wahrgenommen wurden.[83] Anderen Orten gewährte Sigismund den Blutbann (Aarau, Baden, Luzern, Unterwalden, Zug)[84] oder das Messeprivileg (Dambach, Munderkingen, Neuenburg und La Sarraz in der Diözese Lausanne);[85] im Falle von Antwerpen erneuerte er hingegen das bereits bestehende Messeprivileg.[86] Viel Aufmerksamkeit auf sich zogen dieser Tage schließlich noch die Freiheiten, die Sigismund in Konstanz den Friesen gewährte.[87]

Sigismund nutzte das Konzil schließlich auch, um in hoher Zahl Belehnungen vorzunehmen.[88] Daneben verlieh beziehungsweise besserte er Wappen (21)[89] und legitimierte uneheliche Kinder.[90] Etwas zurückhaltender war er mit den Nobilitierungen: Ausnahmen machte er lediglich bei Lorenz von Overvest, dem Sekretär des Herzogs Wilhelm von Bayern (gest. 1435), dessen uneheliche Söhne Thomas und Johannes er zugleich legitimierte,[91] sowie bei den Gebrüdern Balthasar, Kaspar, Melchior, Wenzel und Markus Tannendorf, die er zugleich mit einem eigenen Wappen versah.[92] In den Grafenstand erhob er während des Konzils die beiden mit seiner Frau, Barbara von Cilli (gest. 1451), verwandten Töchter des Johann Truchsess von Waldburg (gest. 1424), Agnes und Veronika. Agnes Mutter war Barbaras Tante, Katharina von Cilli, die Mutter von Veronika Ursula Freiin von Abensberg.[93] Schließlich erhob er noch den Burggrafen Friedrich VI. von Nürnberg (gest. 1440) zum Markgrafen von Brandenburg und wenig später Graf Adolf von Kleve zum Herzog.[94]

III

Und wie verhielt es sich schließlich mit der Gastgeberin des Konzils, der Reichsstadt Konstanz? Aus naheliegenden Gründen profitierte sie mehr als alle anderen Gemeinschaften von der Anwesenheit von König, Papst und Konzil. Mehr noch, Konstanz erhielt gegen Ende des Konzils so viele päpstliche und königliche Vergünstigungen wie sonst niemand. Nicht alle entsprachen allerdings dem, was sich die Stadt auch wirklich gewünscht hatte, wie sich der Liste entnehmen läßt, die der Rat kurz vor der Wahl Martins V. in das Ratsbuch (1415 bis 1419) hatte eintragen lassen. Darin aufgeführt sind insgesamt 14 »Begehren«, acht an den König und sechs an den Papst adressiert, dessen Wahl, wie gesagt, kurz bevorstand. Ich beginne mit den an König Sigismund herangetragenen Anliegen, die allesamt darauf abzielten, Konstanz als Reichsstadt rechtlich und symbolisch aufzuwerten (Abb. 6):

Diser <vier> stuck sol man an ûsern gnadigen herren, den roͤmschen kûng begaͤren:

[1.] Item umb ain etter [Stadtmauer] umb ûnser statt

[2.] Item umb ain kuppel

[3.] Item umb schaͤdlich verlûmder lût, das wir zů den griffen mûgen und wider dehain lantgericht mißtän haben

[4.] Item umb ain mess [Jahrmarkt]

[5.] Item umb trumeter ze fůren

[6.] Item mit roͣtem wachs zů besigellen

[7.] Item umb ainen roten zagel [Wimpel] ûber die paner

[8.] Item das wir in der haͤnse in Flandern syen mit andern Oͤsterlingen, moͤcht das nit sin, das wir denn die rechten hetten als Koͤlner und die von Nuͤrnberg.[95]

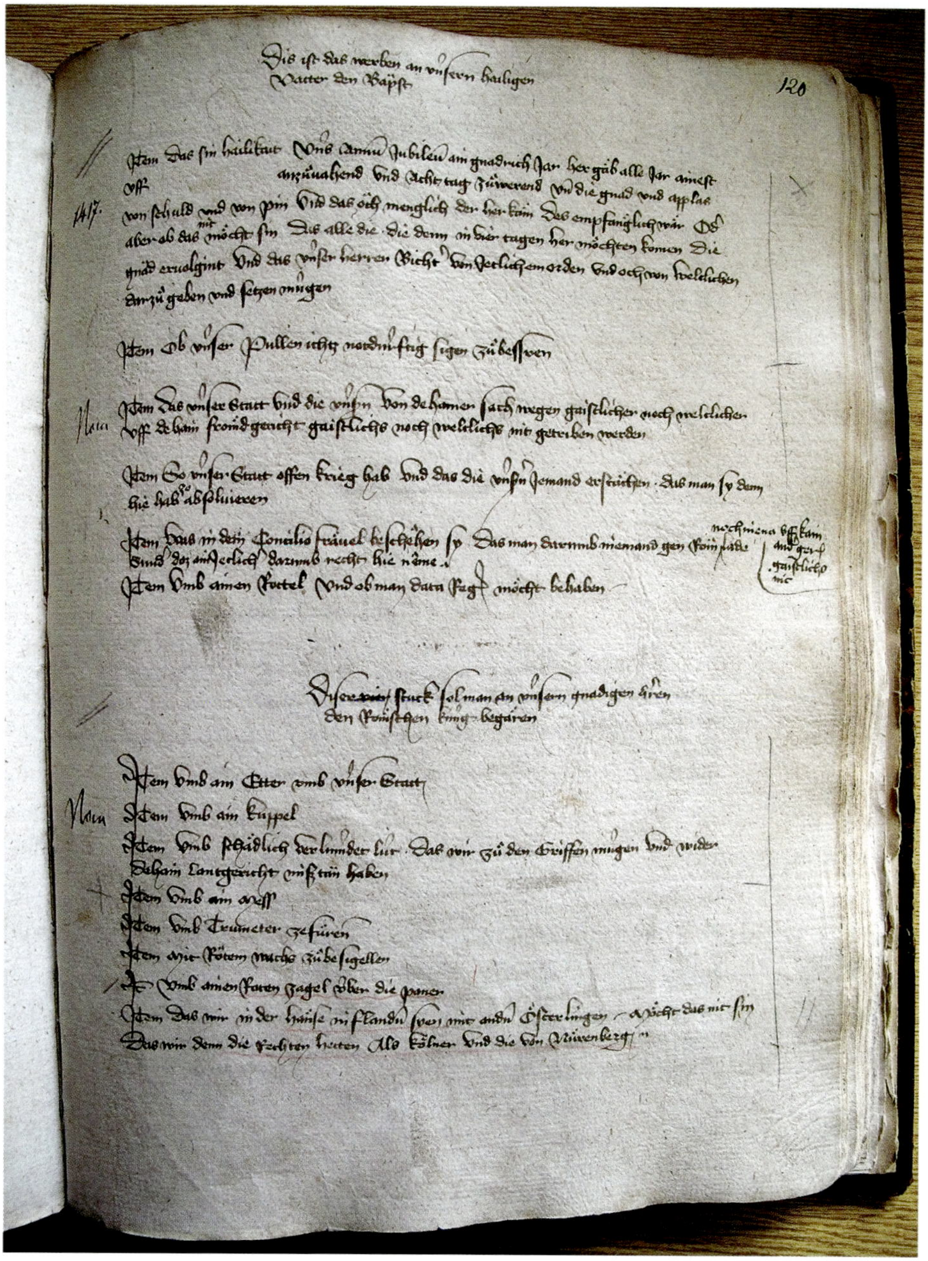

Abb. 6: Die an König und Papst adressierten Wünsche der Stadt Konstanz kurz vor der Papstwahl (Stadtarchiv Konstanz, Ratsprotokolle B I 2 (1414–1419), S. 120).

Am Mittwoch, den 20. Oktober 1417, kam Sigismund der Stadt großzügig entgegen, weil sie ihm, so seine Begründung, stets *untertenìclich und williclichen* gedient habe. Er ging aber nur auf vier der acht Punkte ein und gewährte der Stadt das Recht (Abb. 7):[96]

1. einen vierzehntätigen Jahrmarkt (Messe) abzuhalten,

2. ein rotes Wachssiegel zu führen,

3. einen eigenen Stadttrompeter zu haben,[96b]
4. das Stadtwappen mit einem roten Schwanz zu zieren
5. sowie über ein eigenes Vogteigericht in Petershausen zu verfügen.

Bemerkenswerterweise geht die Richentalchronik mit keinem Wort auf die Privilegienfrage ein, anders das *Chronicon Helveticum* des Ägidius Tschudi (1502–1572) und andere Schweizer Quellen, die den Wortlaut des königlichen Schreibens, weil sie es politisch für so wichtig erachteten, in vollem Umfang wiedergeben.[97]

Dem achten beziehungsweise letzten im Ratsbuch aufgeführten »Begehren« kam Sigismund nicht nach. Gemeint ist der Wunsch, dieselben Rechte zu erlangen wie die Hanse in Flandern oder, sollte dies nicht möglich sein, dieselben Rechte wie Köln und

Abb. 7: König Sigismund erteilt der Stadt das Recht einen vierzehntägigen Jahrmarkt (Messe) abzuhalten, ein rotes Wachssiegel zu führen, einen eigenen Stadttrompeter zu haben, das Stadtwappen mit einem roten Schwanz zu zieren sowie über ein eigenes Vogteigericht in Petershausen zu verfügen (Karlsruhe, Generallandesarchiv D 599).

Abb. 8: Martin V. bestätigt der Stadt Konstanz alle Freiheiten (Generallandesarchiv Karlsruhe 5/8734: 22. April 1418): *Martinus episcopus servus servorum dei. Dilectis filijs magistro civium necnon proconsulibus consulibus et communitati civitatis Constancien. salutem et apostolicam benedictionem.*

Nürnberg, damals die beiden wichtigsten Reichsstädte. Damit hatte die Stadt weit über das Ziel hinausgeschossen.

Vom künftigen Papst wiederum begehrte Konstanz, wie dem Ratsbuch zu entnehmen ist, sechs Privilegien (Abb. 6):

Dis ist das werben an ûnsern hailigen vatter den bͧpst:

[1.] Item das sin hailikait ûns annum jubileum, ain gnadenrich jar her gͤb, alle jar ainest, uff [leere Stelle] anzůvahend und acht tag zůwerend, und die gnad und applas von schuld und von pin, und das ŏͧch menglich, der herkåm, des empfͤnglich wår, oder aber, ob das /nit/ mͤcht sin, das alle die, die denn in vier tagen her mͤchten komen, die gnͧd ervolgint und das ûnser herren bichter von jeclichem orden und och von weltlichen darzů geben und setzen mûgen.[98]

[2.] Item ob ûnser pullen ichtz notdûrftig sigen zů bessren.

[3.] Item das ûnser statt und die ûnßern von dehainen sach wegen gaistlicher noch weltlicher uff dehain frͤmd gaistlichs noch weltlichs [Gericht] nit getriben werden.

[4.] Item so ûnser statt offen krieg hab und das die ûnßern jemand erstͤchen, das man sy denn hie hab /zo/ absolvieren.

Abb. 9: Martin V. gewährt allen Christgläubigen, die an festgelegten Tagen das Konstanzer Münster besuchen, einen Ablass von sieben Jahren und sieben Quadragenen, als Dank für ihren Mitwirkung bei der Beseitigung des Schismas (Generallandesarchiv Karlsruhe 5/8736: 22. April 1418): *Martinus episcopus servus servorum dei. Universis christifidelibus presentes litteras inspecturis salutem et apostolicam benedictionem. Constancia immarcessibili annorum collecta propagine per qua diutine scissure supposite militanti providetur ecclesie et pestiferorum precipiorumque conclusis flatibus fidei subvenitur …*

[5.] Item was in dem concilio fråvel bescheͣhen sy, das man darumb niemand gen Rom[a], /noch niema uff kain ander gericht, gaistlichs, nit/ lade, sunder daz ain jeclicher darumb recht hie neͣme.

[6.] Item umb ainen rottel, und ob man data regis moͤcht behaben.

Papst Martin V. bedankte sich mit insgesamt neun Urkunden, also drei mehr als erwartet, bei der Gastgeberin des Konzils. Von diesen neun Privilegien datieren allein sieben auf den 22. April 1418. Sie wurden also an demselben Tag ausgestellt, an dem der neue Papst das Konzil für beendet erklärte.[99] Die städtischen »Freiheiten, Immunitäten, Indulgenzen, Privilegien und Exemtionen« hatte der Papst der Stadt schon einen Monat zuvor bestätigt (Abb. 8).[100] Wie die vom König ausgestellten Urkunden befinden sich auch die päpstlichen Privilegien heute allesamt im Generallandesarchiv Karlsruhe und nicht im Stadtarchiv Konstanz.

Die Zahl der am 22. April ausgestellten Urkunden ist zwar ohne jeden Zweifel beachtlich; die päpstlichen Privilegien entsprechen aber abermals nur partiell den im Ratsbuch fixierten »Begehren«: Zunächst gewährte Martin V. der Stadt »wegen ihrer Verdienste um die Beilegung des Schismas« die gewünschte Gerichtsautonomie (also

Abb. 10: Martin V. gewährt Bischof, Klerus und allen Einwohnern der Stadt Konstanz einen Plenarablass (Generallandesarchiv Karlsruhe 11/559: 23. Juni 1418): *Martinus episcopus servus servorum dei. Venerabili fratri Ottoni episcopo Constancien. et dilectis filijs clero necnon civibus habitatoribus et jncolis civitatis et suburbiorum Constancien. provincie Maguntin. inibi quoque suos fovencium* [sic] *lares servitoribus et ministris sexus et etatis quorumlibet impresenciarum existentibus salutem et apostolicam benedictionem.*

Punkt 3).[101] Auf Punkt 4 (den Wunsch, diejenigen zu absolvieren, die »im Krieg jemanden erstochen hätten«), ging der Papst nicht ein. Sozusagen als Ersatz dafür gewährte er der Stadt die Vergünstigung, im Kriegsfall vor Tagesanbruch eine Messe lesen zu lassen, an interdizierten Orten bei verschlossenen Türen die Messe zu feiern und im Kriegsfall einen Tragaltar mitführen zu dürfen.[102]

Mit dem Wunsch, dass in den Mauern der Stadt in Erinnerung an das Konzil fortan jährlich ein Jubeljahr stattfinden sollte, griff Konstanz hingegen ganz offenkundig abermals nach den Sternen. Der Eindruck entsteht, man habe sich dieser Tage als zweites Rom gefühlt und wollte sich so auch behandelt wissen. Geschickt wandelte der Papst das ungebührliche Begehren in einen gewöhnlichen Kirchenablass von sieben Jahren und sieben Quadragenen (Vierzig-Tage-Ablass) um für alle diejenigen, die am Tag der Geburt Mariens oder am Fest des heiligen Martin das Konstanzer Münster aufsuchten und die dortige Kirchenfabrik mit Almosen bedachten (Abb. 9).[103] Einen Monat später, am 22. Mai 1418, also sechs Tage, nachdem der Papst Konstanz verlassen hatte, sollte (lesen wir bei Richental) einer seiner Pönitentiare in der Augustinerkirche die »große Freiheit, Gnade und Ablass« verkünden, die der Papst der Stadt gewährt habe: *Das beschach och*, meldet der Chronist, *aber es was ettwas regenlich, daz er die predig und das verkünden in das münster zoch, daselbs die verkündigung und die predig geschach.*[104] Auf den Inhalt der päpstlichen Vergünstigungen geht Richental zwar nicht ein, aber es dürfte sich um den besagten Kirchenablass handeln. Von Genf aus, wo Martin V. Ende Juni eingetroffen war, gewährte er Bischof und Stadt am 23. Juni 1418 schließlich noch einen einmaligen Plenarablass (Abb. 10).[105]

Offenkundig waren die vielen Privilegien ein symbolisches Dankeschön von König und Papst dafür, dass die Stadt Konstanz das Konzil in ihren Mauern beherbergt, Sigismund im Kampf gegen seine politischen Widersacher unterstützt und bei der Beseitigung des Schismas mitgeholfen hatte. Finanzieller Profit ließ sich aus den gewährten Vergünstigungen aber nicht schlagen, allenfalls symbolischer. Mit einem Jubeljahr hätte sich die Sachlage etwas anders dargestellt, dieser Wunsch war aber genauso vermessen wie der Wunsch, auf dieselbe Ebene erhoben zu werden wie die Reichsstädte Köln und Nürnberg.

Für die durch das Konzil verursachten Unkosten (die wir mangels Rechnungsbücher nicht abschätzen können) musste die Stadtbevölkerung am Schluss ganz alleine aufkommen. Daran lassen die Konstanzer Steuerbücher, die im Winter 1418, also einem halben Jahr nach Konzilsende, einsetzen, nicht zweifeln.[106] Das Konzil hatte die Stadt in enorme finanzielle Schwierigkeiten gebracht und diese Finanzprobleme versuchte man zunächst eben mit Hilfe einer alljährlich wiederkehrenden Besteuerung der Stadtbevölkerung zu beheben. Die Steuereinnahmen reichten jedoch nicht aus, das Finanzloch zu stopfen, so dass die Stadt gezwungen war, sich anderweitig Geld zu leihen. Unter den finanzstarken Institutionen, die der Stadt kurz nach Ende des Konzils unter die Arme griffen, befand sich das Frauenkloster Münsterlingen vor den Toren der Stadt (im heutigen Kanton Thurgau), das 1384 ins Konstanzer Burgrecht eingetreten war, also Konstanzer Bürgerin war.[107] Der entsprechende Beleg befindet sich im Kopialbuch von Münsterlingen, das heute im Klosterarchiv Einsiedeln aufbewahrt wird (eine Folge der Säkularisation). Der Vertrag, der auf den 28. Januar 1419 datiert, füllt beachtliche fünf Seiten des Kopialbuchs, der Höhe des Darlehens entsprechend, das sich aufgerundet auf 2400 Gulden erstreckt.[108] Im Konstanzer Stadtarchiv suchen wir das vertragliche Gegenstück allerdings vergeblich — was bei einer Summe von 2400 Gulden doch etwas irritiert.[109]

Mit einer Dauer von vier Jahren war das Konstanzer Konzil bei weitem nicht das längste in der Serie der spätmittelalterlichen Reformkonzilien. Dennoch waren vier Jahre lang, und sie boten viel Zeit für allerlei andere, konzilsfremde Geschäfte. Einen wichtigen Platz in diesen konzilsfremden Angelegenheiten, mit denen man die Zeit überbrückte, nahmen ohne jeden Zweifel die Privilegien ein, um derentwillen schließlich nicht nur die Gesandtschaft aus Visp an den Bodensee aufgebrochen war.

Anschrift der Verfasserin:
Prof. Dr. Gabriela Signori, Universität Konstanz, Fachbereich Geschichte und Soziologie, Fach 2, 78457 Konstanz,
Gabriela.Signori@uni-konstanz.de

ANMERKUNGEN

1 HELMRATH, Johannes: Das Konzil von Konstanz und die Epoche der Konzilien (1409–1449). Konziliare Erinnerungsorte im Vergleich, in: Signori, Gabriela/Studt, Birgit (Hg.), Das Konstanzer Konzil als europäisches Ereignis. Begegnungen, Medien und Rituale (Vorträge und Forschungen 79), Ostfildern 2014, S. 19–56.

2 PERRONE, Lorenzo: Von Nicaea (325) nach Chalcedon (451), in: Geschichte der Konzilien. Vom Nicaenum bis zum Vaticanum II, hrsg. von Guiseppe Alberigo, Düsseldorf 1993, S. 22–134.

3 Marsilius von Padua, Defensor pacis, hrsg. von Richard SCHOLZ (MGH. Fontes iuris germanici antiqui in usum scholarum. Leges 7) Hannover 1932; Wilhelm von Ockham, Dialogus. Auszüge zur politischen Theorie, ausgewählt, übersetzt und mit einem Nachwort versehen von Jürgen MIETHKE, Darmstadt 1994. Vgl. SIEBEN, Hermann Josef: Die Konzilsidee des lateinischen Mittelalters (847–1378) (Konziliengeschichte 2) Paderborn-München-Wien-Zürich 1984, S. 366–409; LÖFFELBERGER, Michael: Marsilius von Padua. Das Verhältnis zwischen Kirche und Staat im »defensor pacis« (Schriften zur Rechtsgeschichte 57) Berlin 1992, S. 206–26; WALTHER, Helmut G.: Konziliarismus als politische Theorie? Konzilsvorstellungen im 15. Jahrhundert zwischen Notlösung und Kirchenmodellen, in: Müller, Heribert/Helmrath, Johannes (Hg.): Die Konzilien von Pisa (1409), Konstanz (1414–1418) und Basel (1431–1449). Institutionen und Personen (Vorträge und Forschungen 67) Sigmaringen 2007, S. 31–60.

4 Marsilio da Padua, Defensor pacis nella traduzione in volgare fiorentino del 1363, hrsg. von Carlo PINCIN, Turin 1966. Von dem französischen König Karl V. (1364–1380) zum Beispiel wissen wir, dass er sich intensiv mit Marsilius papstkritischen Positionen auseinandersetzte: Le songe du vergier, édité d'après le manuscrit royal 19 C IV de la British Library, hrsg. von Marion SCHNERB-LIÈVRE (Sources d'histoire médiévale 13 und 14), 2 Bde., Paris 1982. Vgl. SCHNERB, Bernard: Charles V au miroir du›Songe du Verger', in: Le Moyen Âge 116 (2010) S. 545–59. Zu Karls Haltung gegenüber der Kirchenspaltung vgl. SWANSON, R. N.: Universities, Academics and the Great Schism (Cambridge Studies in medieval life and thought 12), Cambridge 1979, S. 15, 35 f., 38–42, 45, 54, 60, 67, 121, 142, 212.

5 GIRGENSOHN, Dieter: Von der konziliaren Theorie des späteren Mittelalters zur Praxis: Pisa 1409, in: Müller/Helmrath (Hg.): Die Konzilien von Pisa (1409), Konstanz (1414–1418) und Basel (1431–1449) (Anm. 3), S. 61–94.

6 VALOIS, Noël: La France et le grand schisme d'Occident, 4 Bde., Paris 1896–1902 [Nachdruck: Hildesheim 1967]; PERROY, Éduard: L'Angleterre et le grand schisme d'Occident: étude sur la politique religieuse de l'Angleterre sous Richard II. (1378–1399), Paris 1933; CABLE, Martin John: Real and Personal Obedience. Pluralism, Sovereignty and ›Communis Error‹ in the Great Western Schism (1378–1417), Morrisville 2006; ROLLO-KOSTER, Joëlle (Hg.), A Companion to the Great Western Schism (Brill's companions to the Christian tradition) Leiden u. a.2009; MÜLLER, Heribert: Die kirchliche Krise des Spätmittelalters (Enzyklopädie deutscher Geschichte 90) München 2012, S. 5–21.

7 SCHÖNBERGER, Karl: Das Bistum Konstanz während des großen Schismas 1378–1415, in: Zeitschrift für Schweizerische Kirchengeschichte 20 (1926) S. 1–31, 81–110, 185–222, 241–280. Vgl. auch JANK, Dagmar: Das Erzbistum Trier während des Großen Abendländischen Schismas (1378–1417/1418) (Quellen und Abhandlungen zur mittelrheinischen Kirchengeschichte 47) Mainz 1983.

8 Vgl. OTT, Hugo: Studien zur Geschichte des Klosters St. Blasien im hohen und späten Mittelalter (Veröffentlichungen der Kommission für Geschichtliche Landeskunde in Baden-Württemberg B 27) Stuttgart 1963, S. 79–81.

9 OTT, Hugo: Ochsenhausen, in: Quartal, Franz (Hg.): Die Benediktinerklöster in Baden-Württem-

berg (Germania Benedictina 5) Augsburg 1975, S. 454–464; REIFF, Hans-Jörg: Ochsenhausen als Priorat von St. Blasien, in: Ders./Spahr, Gebhard/Hauffe, Dieter (Hg.): Kloster Ochsenhausen. Geschichte, Kunst, Gegenwart, Biberach 1985, S. 17–19.

10 MILLET, Hélène: Le concile de Pise. Qui travaillait à l'union de l'Église d'Occident en 1409, Turnhout 2010 (Teilnehmerliste).

11 TULLIER, André: L'élection d'Alexandre V, pape grec, sujet vénitien et docteur de l'Université de Paris, in: Rivista di studi bizantini e slavi 3 (1983) S. 319–42.

12 BRANDMÜLLER, Walter: Johannes XXIII. im Urteil der Geschichte – oder die Macht des Klischees, in: Annuarium Historiae Conciliorum 32 (2000), S. 106–145; Frenken, Ansgar: Johannes XXIII., in: Braun, Karl-Heinz u. a.(Hg.): Das Konstanzer Konzil 1414–1418. Weltereignis des Mittelalters: Essays, Darmstadt 2014, S. 45–51. Zur Wahl vgl. BRANDMÜLLER, Walter: Infeliciter electus fuit in Papam. Zur Wahl Johannes XXIII., in: Berg, Dieter/Goetz, Hans-Werner (Hg.): Ecclesia et Regnum. Beiträge zur Geschichte von Kirche, Recht und Staat im Mittelalter. Festsschrift Franz-Josef Schmale zu seinem 65. Geburtstag, Bochum 1989, S. 309–322.

13 Johannis XXIII. papae bulla qua Constantiense concilium indixit & et omnes ad illud convocavit, in: Magnum oecumenicum Constantiense concilium de universali ecclesiae reformatione, hrsg. von Hermann von der Hardt, Bd. 6, Frankfurt am Main 1700, S. 9f. SIGNORI, Gabriela: Einleitung, in: Dies./Studt, Birgit (Hg.): Das Konstanzer Konzil als europäisches Ereignis (Vorträge und Forschungen 79) Sigmaringen 2014, S. 9–18.

14 Chronik des Konstanzer Konzils 1414–1418 von Ulrich Richental, eingeleitet und hrsg. von Thomas Martin BUCK (Konstanzer Geschichts- und Rechtsquellen 41) Ostfildern 2010, S. 46f.

15 Sessio 12: Absetzungsurteil, in: Dekrete der ökumenischen Konzilien, Bd. 2: Konzilien des Mittelalters vom ersten Laterankonzil (1123) bis zum fünften Laterankonzil (1512–1517), hrsg. von Josef WOHLMUTH, Paderborn-München-Wien-Zürich 2000, S. 417f. Vgl. MIERAU, Heike Johanna: Zur Bedeutung von publica vox und fama bei der Absetzung Papst Johannes' XXXIII, in: SANFILIPPO, Isa Lori/RIGON, Antonio (Hg.): Fama e publica vox nel Medioevo, Rom 2011, S. 47–70.

16 STUDT, Birgit: Papst Martin V.: Überwindung des Schismas und Kirchenreform, in: BRAUN (Hg.): Das Konstanzer Konzil 1414–1418. Weltereignis des Mittelalters (Anm. 12), S. 126–31.

17 Sessio 45: 22. April 1418, in: Dekrete der ökumenischen Konzilien (Anm. 15), S. 450.

18 Chronik des Konstanzer Konzils 1414–1418 (Anm. 14), S. 136f.

19 Vgl. ASCHBACH, Joseph von: Geschichte Kaiser Sigmunds, Bd. 2: Die Zeit des Konstanzer Konzils bis zum Anfang der Hussitenkriege, Hamburg 1839, S. 226–56; BOOCKMANN, Hartmut: Reichstag und Konzil im 15. Jahrhundert, in: Meuthen, Erich (Hg.): Reichstage und Kirche (Schriftenreihe der Historischen Kommission bei der Bayerischen Akademie der Wissenschaften 42) Göttingen 1991, S. 15–24; HELMRATH, Johannes: »Geistlich und werntlich«. Zur Beziehung von Konzilien und Reichsversammlungen im 15. Jahrhundert, in: Moraw, Peter (Hg.): Deutscher Königshof, Hoftag und Reichstag im späteren Mittelalter (Vorträge und Forschungen 48) Stuttgart 2002, S. 477–517, hier 497f.

20 Das Achtbuch der Könige Sigmund und Friedrich III., hrsg. von Friedrich BATTENBERG (Quellen und Forschungen zur höchsten Gerichtsbarkeit im Alten Reich 19) Köln-Wien 1986, S. 29–47.

21 KATTERBACH, Joseph: Der zweite literarische Kampf auf dem Konstanzer Konzil im Januar und Februar 1415, Diss., Freiburg im Breisgau, Fulda 1919, S. 6f. Vgl. PASCOE, Louis B.: Church and Reform. Bishops, Theologians, and Canon Lawyers in the Thought of Pierre d'Ailly (1351–1420) (Studies in medieval and reformation traditions 105) Leiden u. a.2005.

22 Vgl. STUHR, Friedrich: Die Organisation und Geschäftsordnung des Pisaner und Konstanzer Konzils, Diss. Berlin, Schwerin 1891; HOLLNSTEINER, Johannes: Studien zur Geschäftsordnung am Konstanzer Konzil, in: Abhandlungen aus dem Gebiete der mittleren und neueren Geschichte und ihrer Hilfswissenschaften. Eine Festgabe zum siebzigsten Geburtstag Heinrich Finkes gewidmet, Münster 1925, S. 240–56; SIEBEN, Hermann Josef: Von Konstanz bis Vatikan II. Konzilsgeschäftsordnungen und ihre Vorläuferinnen, in: Annuarium Historiae Conciliorum 32 (2000) S. 338–70; DERS.: Studien zum Ökumenischen Konzil. Definition und Begriffe, Tagebücher und Augustinus-Rezeption (Konziliengeschichte B: Untersuchungen) Paderborn u. a.2010.

23 Sessio 4: ›Haec sancta‹ und Sessio 39: ›Frequens‹, in: Dekrete der ökumenischen Konzilien (Anm. 15), S. 408f. und 438f. Vgl. BRAUN, Karl-Heinz: Konstan-

zer Dekrete »Haec sancta« und »Frequens«, in: Braun (Hg.): Das Konstanzer Konzil 1414–1418. Weltereignis des Mittelalters (Anm. 12), S. 82–86.

24 LEHMANN, Paul: Konstanz und Basel als Büchermärkte während der großen Kirchenversammlungen, in: Ders.: Erforschung des Mittelalters. Ausgewählte Abhandlungen und Aufsätze, Bd. 1, Stuttgart 1941, S. 253–280; PATSCHOVSKY, Alexander: Der italienische Humanismus auf dem Konstanzer Konzil (1414–1418), Konstanz 1999; BIANCA, Concetta: Il concilio di Constanza come centro di produzione manoscritta degli umanisti, in: Signori/ Studt (Hg.), Das Konstanzer Konzil als europäisches Ereignis (Anm. 1), S. 379–89.

25 Sessio 8: 4. Mai 1415, in: Dekrete der ökumenischen Konzilien (Anm. 15), S. 411–16. Zu Wyclifs Lehre vgl. GHOSH, Kantik: The Wycliffite Heresy: Authority and Interpretation of Texts (Cambridge studies in medieval literature 45), Cambridge [u. a.] 2002.

26 Sessio 15: 6. Juli 1415, in: Dekrete der ökumenischen Konzilien (Anm. 15), S. 426–31. Vgl. SMAHEL, František: Die hussitische Revolution (MGH. Schriften der Monumenta Germaniae Historica 43) 3 Bde., Hannover 2002, Bd. 2, S. 717–1006; FUDGE Thomas A.: The Trial of Jan Hus. Medieval Heresy and Criminal Procedure, Oxford 2013.

27 Sessio 19: 23. September 1415, in: Dekrete der ökumenischen Konzilien (Anm. 15), S. 433–34. Vgl. SMAHEL, František: Johannes Hus und Hieronymus von Prag vor dem Gericht des Konzils und vor dem Gericht der Geschichte, in: Ders.: Konstanzer und Prager Begegnungen: zwei Vorträge Alexander Patschovsky gewidmet, Konstanz 2007, S. 13–43

28 Causa septima (3. April 1418), in: Concilia Germaniae, hrsg. von Johann Friedrich SCHANNAT/Joseph HARTZHEIM, Köln 1763, S. 118–25. Vgl. ENGEN, John H. van: Illicit religion: the case of friar Matthew Grabow, O.P., in: Karras, Ruth Mazo (Hg.): Law and the Illicit in Medieval Europe, Philadelphia 2008, S. 103–16.

29 Sessio 39: 9. Oktober 1417, in: Dekrete der ökumenischen Konzilien (Anm. 15), S. 443, Sessio 40: 30. Oktober 1417, S. 444, Sessio 43: 21. März 1418, S. 447–50. Vgl. STUMP, Phillip H.: The Reforms of the Council of Constance (1414–1418) (Studies in the History of Christian Thought 53) Leiden-New York-Köln 1994.

30 Weiterhin grundlegend ZELLER, Joseph: Das Provinzialkapitel im Stifte Petershausen im Jahre 1417, in: Studien und Mitteilungen zur Geschichte des Benediktinerordens und seiner Zweige 41. NF 10 (1921/22) S. 1–73, sowie STUDT, Birgit: Papst Martin V. (1417–1431) und die Kirchenreform in Deutschland (Forschungen zur Kaiser- und Papstgeschichte des Mittelalters 23) Köln-Weimar-Wien 2004, S. 73–318.

31 Hautpstaatsarchiv Stuttgart: FAS DS 39 T 1–3 U 458 (11. September 1416): *Johannes, miseratione divina patriarcha Constantinopolitan., judex et commissarius auctoritate sacrosancte generalis concilii et sancte sinodi Constantiensis ...* ; FAS DS 39 T 1–3 U 460 (15. Oktober 1416) : *Johannes Schurpher, vicarius reverendi in Christo patris et domini Ottonis dei et apostolice sedis gratia electi confirmati Constantien., ac judicis et commisarij per sacrosanctam generalis concilij Constanciensis sinodam...*

32 Vgl. CROWDER, C. M. D.: Four English Cases determined in the Roman curia during the Council of Constance, 1414–1418, in: Annuarium Historiae Conciliorum 12 (1980), S. 315–411; CABLE, Martin John: Cuius Regio, eius ... Papa? The decree on ›real obedience' at the council of Constance (1414–18). Konrad von Soest and the contest for a parish church in the diocese of Regensburg brought before the rota auditor Gimignano Inghirami, in: Zeitschrift der Savigny-Stiftung für Rechtsgeschichte. Kan. Abt. 125 (2008), S. 66–102. Zu Basel vgl. Die Rotamanualien des Basler Konzils. Verzeichnis der in den Handschriften der Basler Universitätsbibliothek behandelten Rechtsfälle, hrsg. vom Deutschen Historischen Institut in Rom, bearbeitet von Hans-Jörg GILOMEN, Tübingen 1998.

33 Chronik des Konstanzer Konzils 1414–1418 (Anm. 14), S. 46. Vgl. CERCHIARI, Emmanuele: Capellani papae et apostolicae sedis auditores causarum sacri palatii apostolici seu sacra Romana rota ab origine ad diem usque 20 septembris 1870. Relatio historica – iuridica. Bd. 2: Syntaxis capellanorum auditorum, Rom 1920, S. 42–48.

34 Chronik des Konstanzer Konzils 1414–1418 (Anm. 14), S. 166.

35 Ebd., S. 46: *Och hatt man gemacht zwölff bichtstülen zů dem thům ze Costentz. Darinn saßen des baupstes penitentzier in den absiten und vier by dem touffstain und vier by Sant Peters altar, die stäteklich bicht hortend. Und was an jeglichem stůl geschriben, was sprachen der kond, der in dem stůl ze bicht sass, umb söllichs, daz jegliche sprach irn bichter fund.*

36 Mehrfach belegt ist einzig der Pönitentiar, Kardinal Jordanus de Ursinis, Bischof von Alba.

37 Zu den königlichen beziehungsweise kaiserlichen Privilegien vgl. STERCKEN, Martina: Herrschaftsinstrument, Statussymbol und Legitimation. Gebrauchsformen habsburgischer Privilegien im 13. und 14. Jahrhundert, in: Stadtgründung und Stadtplanung – Freiburg während des Mittelalters (Geschichte. Forschung und Wissenschaft 33) Münster 2010, S. 245–67. Die päpstlichen Privilegien sind vor allem für die Frühzeit breit erschlossen vgl. jüngst SCHIEFFER, Rudolf: »Geschmückt mit Privilegien des Apostolischen Stuhls«. Die Rombeziehungen der Klöster und Stifte des Mainzer Erzbistums bis gegen 1200, in: Archiv für mittelrheinische Geschichte 64 (2012) S. 9–27. Zur finanziellen Seite vgl. FINK, Karl August: Zum Finanzwesen des Konstanzer Konzils, in: Festschrift für Hermann Heimpel zum 70. Geburtstag (Veröffentlichungen des Max-Planck-Instituts für Geschichte 36/2) Göttingen 1972, S. 626–651, hier 631.

38 FINKE, Heinrich: Das badische Land und das Konstanzer Konzil, in: Festgabe der Badischen Historischen Kommission zum 9. Juli 1917, Karlsruhe 1917, S. 19–70, hier 41 f. (beobachtet besondere Begünstigung des badische Landes). Umfassend erschlossen sind einzig Nürnberg und die Diözese Salzburg: FRENKEN, Ansgar: Nürnberger Angelegenheiten in Konstanz. Präsenz und Interessenvertretung der Reichsstadt auf dem Konzil und den Reichstagen von 1414–1418, in: Annuarium Historiae Conciliorum 27–28 (1995–1996), S. 383–433; vgl. WEISS, Sabine: Salzburg und das Konstanzer Konzil (1414–1418). Ein epochales Ereignis aus lokaler Perspektive – Die Teilnehmer aus der Erzdiözese Salzburg einschließlich der Eigenbistümer Gurk, Chiemsee, Seckau und Lavant, in: Mitteilungen der Gesellschaft für Salzburger Landeskunde 132 (1992) S. 143–307 und ebd. 194 (1994) S. 173–89 (Register).

39 So unter anderen das Damenstift Buchau, die Klöster Allerheiligen in Schaffhausen, Muri, Wettingen, das ehemalige Priorat Ochsenhausen und die Klarissen zu Wittichen.

40 Auch die Quellensichtung von WALDMÜLLER, Lothar: Materialien zur Geschichte Johannes XXIII. (1410–1415), in: Annuarium Historiae Conciliorum 7 (1975) S. 229–37, reicht nur bis 1414.

41 Giovanni Domenico MANSI, Sacrorum conciliorum nova et amplissima collectio, Bd. 28 (1414–1431), Paris 1903, Sp. 744.

42 IMESCH, D.: Die Reise einer Walliser Gesandtschaft auf das Konzil von Konstanz (1417–1418), in: Blätter aus der Walliser Geschichte 8 (1935) S. 57–72.

43 Zu den wenigen, die es trotzdem wagten, zählten das Benediktinerkloster St. Gallen (5.12.1414), das Zisterzienserinnenkloster Lilienfeld, das Konstanzer Schwesternhaus Zoffingen (18.1.1415), das Bistum beziehungsweise der Bischof von Passau, die Bewohner des Glarner Tals und die Stadt Freiburg (11.3.1415). Vgl. Regesten der Bischöfe zu Konstanz. Regesta episcoporum Constantiensium, Bd. 3: 1384–1436, bearbeitet von Karl RIEDER, Innsbruck 1926, Nr. 8439, 8452, 8453, 8461; Stiftsarchiv Lilienfeld, Urkunden 1414 XII 19; Landesarchiv Glarus, Urkunde 15. Januar 1415, vgl. Urkundensammlung zur Geschichte des Kantons Glarus, hrsg. von J. J. BLUMER, Glarus 1865, S. 477 f.; Bayerisches Hauptstaatsarchiv München HU Passau 1255 (19.1.1415). Georg von Hohenlohe, der Bischof von Passau (1417 von Sigismund zum obersten Kanzler ernannt), erscheint unter den Personen, die der Konzilskammer größere Geldsumme liehen, vgl. Fink, Zum Finanzwesen des Konstanzer Konzils (Anm. 37), S. 629.

44 Fillastres Gesta concilii Constantiensis, in: Acta concilii Constanciensis, Bd. 2: Konzilstagebücher, Sermones, Reform- und Verfassungsakten, hrsg. in Verbindung mit Johannes Hollnsteiner von Heinrich FINKE, Münster in Westfalen 1913, S. 160 f.: *Petivit enim rex Romanorum sibi fieri duos cardinales, quos vellet, quod erat grave, quia erant XXIII, et in concilio agebatur de numero minuendo. Item duos legatos de latere, unum in Almania, alterum in Hungaria, quod eciam propter multa, que scribere non licet, grave nimis existeret. Tercio, quod autoritate apostolica confirmarentur sibi et successoribus primarie preces, hoc est, quod in qualibet ecclesia imperii et quilibet factus rex Romanorum daret unam prebendam et ad quamlibet collacionem unum beneficiatum eciam preferendo illum auctoritate apostolice. Quod eciam nimis grave fuit reputatum et nichil de hiis concessum.* Vgl. BAUER, Hanns: Das Recht der ersten Bitte bei den deutschen Königen bis auf Karl IV. (Kirchenrechtliche Abhandlungen 94) Stuttgart 1905, S. 22 f., 31–33, 142 f.; FEINE, Heinrich Erich: Papst, Erste Bitten und Regierungsantritt des Kaisers seit dem Ausgang des Mittelalters, in: Zeitschrift der Savigny-Stiftung für Rechtsgeschichte. Kan. Abt. 20 (1931) S. 1–101, hier 7 f., sowie STRNAD, Alfred A.: Konstanz und der Plan eines deutschen›Nationalkardinals‹. Neue Dokumente zur Kirchenpolitik König Sigmunds von Luxemburg, in: Franzen, August/Müller, Wolfgang

(Hg.): Das Konzil von Konstanz. Beiträge zu seiner Geschichte und Theologie, Freiburg u. a. 1964, S. 397–428.

45 STUMP, PHILIP H.: The reform of papal taxation at the Council of Constance (1414–1418), in: Speculum 64 (1989) S. 69–105.

46 Es zeichneten u. a. Adolphus, Ambrosius, T. Batensoen, Cassianus, Clemens, Jo. de Crivellis, Diethelmus, Erasmus, N. Grimondi, T. de Hous, Jo. de Ilsung, Jo. Langhe, Jo. Legrandi, Jo. de Leonis, P. de Magio, A. de Mediolano, B. de Monte, Jo. de Montemonacho, Jo. de Nursia, Jo. de Ratingen, Jo. Symonis, Jo. Stalberg, P. de Vivaris, B. de Urbino. Nicht alle lassen sich im ›Repertorium officiorum Romanae curie‹ nachweisen. Vgl. SCHWARZ, Brigide: Die Organisation kurialer Schreiberkollegien von ihrer Entstehung bis zur Mitte des 15. Jahrhunderts, Tübingen 1972, S. 40 f., 51 f.

47 SEIBOLD, Alexander: Sammelindulgenzen. Ablassurkunden des Spätmittelalters und der Frühneuzeit (Archiv für Diplomatik. Beiheft 8) Köln-Weimar-Wien 2001, S. 239–42.

48 Stiftsarchiv Engelberg A 22 XV, vgl. Seibold, Sammelindulgenzen (Anm. 47), S. 242, sowie BÜCHLER-MATTMANN, Helene/HEER, Gahl: Engelberg. in: Frühe Klöster, die Benediktiner und Benediktinerinnen in der Schweiz, red. von Elsanne Gilomen-Schenkel (Helvetia sacra. Abt. II: Die Orden mit Benediktinerregel 1/1) Bern 1986, S. 595–657, hier 621 f. (der Ablass wird nicht erwähnt, aber die 1415 und 1418 erneuerten Privilegien). Etwa zu derselben Zeit wurden Kardinalablässe für die Pfarrkirche St. Jakob auf dem Heiligenberg bei Winterthur (Staatsarchiv Zürich C II 16 Nr. 275) sowie für den Peter, Paul- und Andreasaltar in der St. Laurentiuspfarrkirche in Winterthur (Stadtarchiv Winterthur) ausgestellt (Regesten der Bischöfe zu Konstanz. Regesta episcoporum Constantiensium, Bd. 3: 1384–1436, Nr. 8593 und 8594).

49 Chronik des Konstanzer Konzils 1414–1418 (Anm. 14), S. 51.

50 HACK, Achim Thomas: Die zwei Körper des Papstes ... und die beiden Seiten seines Siegels, in: Signori, Gabriela (Hg.): Das Siegel. Gebrauch und Bedeutung, Darmstadt 2007, S. 53–63.

51 SCHNEIDER, Hans: Die Siegel des Konstanzer Konzils. Ein Beitrag zur Geschichte der spätmittelalterlichen Reformkonzile, in: Annuarium Historiae Conciliorum 10 (1978) S. 310–345; BRAUN, Karl-Heinz: Die großen Themen des Konzils. Einheit der Kirche, Reform und rechter Glaube, in: Braun, Karl-Heinz u. a. (Hg.): Das Konstanzer Konzil 1414–1418. Weltereignis des Mittelalters: Katalog, Darmstadt 2014, S. 226.

52 Generallandesarchiv Karlsruhe 1/24 = Regesten der Bischöfe zu Konstanz. Regesta episcoporum Constantiensium, Bd. 3: 1384–1436, Nr. 8486, vgl. KREBS, Manfred: Petershausen, in: Frühe Klöster, die Benediktiner und Benediktinerinnen in der Schweiz, red. von Elsanne Gilomen-Schenkel (Helvetia sacra. Abt. II: Die Orden mit Benediktinerregel 1/1) Bern 1986, S. 966–79, hier 974 (Abt Johannes Fry, 1392–1425).

53 In diesem Sinne stützen sich meine Ausführungen auf die Zusammenstellung von Karl Rieger in den Regesten der Bischöfe zu Konstanz. Regesta episcoporum Constantiensium, Bd. 3: 1384–1436, Innsbruck 1926.

54 Regesta imperii XI: Die Urkunden Kaiser Sigmunds (1410–1437), verzeichnet von Wilhelm Altmann, 2 Bde., Innsbruck 1897–1900.

55 ASCHBACH, Geschichte Kaiser Sigmunds (Anm. 19), S. 151–78; HOENSCH, Jörg K.: Itinerar König und Kaiser Sigismunds von Luxemburg 1368–1437 (Studien zu den Luxemburgern und ihrer Zeit 6) Warendorf 1995, S. 94–98; DERS.: Kaiser Sigismund. Herrscher an der Schwelle zur Neuzeit, München 1996, S. 222–43; KINTZINGER, Martin: Westbindungen im spätmittelalterlichen Europa. Auswärtige Politik zwischen dem Reich, Frankreich, Burgund und England in der Regierungszeit Kaiser Sigmunds (Mittelalter-Forschungen 2) Stuttgart 2000, S. 85–95; DERS.: Das Konzil konstruieren. König Sigismund und die internationale Kommunikation, in: Signori/Studt (Hg), Das Konstanzer Konzil als europäisches Ereignis (Anm. 1), S. 219–54.

56 Chronik des Konstanzer Konzils 1414–1418 (Anm. 14), S. 22. Vgl. SCHENK, Gerrit Jasper: Sehen und gesehen werden. Der Einzug König Sigismunds zum Konstanzer Konzil im Wandel von Wahrnehmung und Überlieferung (am Beispiel von Handschriften und frühen Augsburger Drucken der Richental-Chronik), in: Mauelshagen, Franz/Mauer, Benedikt (Hg.): Medien und Weltbilder im Wandel der Frühen Neuzeit (Documenta Augustana 5) Augsburg 2000, S. 71–106.

57 JASPERT, Nikolaus: Das aragonesische Dilemma. Die Heimat Benedikts XIII. zwischen Obödienzstreit, herrschaftlichem Umbruch und internationaler Ver-

flechtung, in: Signori/Studt (Hg), Das Konstanzer Konzil als europäisches Ereignis (Anm. 1), S. 107–141; FRENKEN, Ansgar: Kastilien und das Konstanzer Konzil, in: ebd., S. 143–72.

58 Chronik des Konstanzer Konzils 1414–1418 (Anm. 14), S. 83 f.

59 Regesta imperii XI: Die Urkunden Kaiser Sigmunds (1410–1437), S. 84–122.

60 Ebd., S. 140–228. Ausgewählte Kopien finden sich teilweise vollumfänglich im Formelbuch Kaiser Sigismunds (Haus-, Hof- und Staatsarchiv Wien) eingetragen, das in Auszügen herausgegeben worden ist von CARO, J.: Aus der Kanzlei Kaiser Sigismunds. Urkundliche Beiträge zur Geschichte des Constanzer Concils, in: Archiv für Österreichische Geschichte 59 (1880) S. 3–175.

61 SCHULER, P.-J.: Art. Reichsunmittelbarkeit, in: Lexikon des Mittelalters, Bd. 7, Sp. 645.

62 Regesta imperii XI: Die Urkunden Kaiser Sigmunds (1410–1437): Bamberg (Nr. 1463, 2572), Brixen (Nr. 1444), Chur (Nr. 3108, 3109), Hildesheim (Nr. 2453), Magdeburg (Nr. 2448), Meißen (Nr. 1654), Merseburg (Nr. 1457, 1458), Naumburg (Nr. 2398, 2399; Caro, Aus der Kanzlei [Anm. 60)], S. 5), Passau (Nr. 2198), Regensburg (Nr. 1381, 1385), Speyer (Nr. 1657), Salzburg (Nr. 1477), Worms (Nr. 1464).

63 Ebd.: Toul (Nr. 1481), Besançon (Nr. 1436, 1437; Caro, Aus der Kanzlei [Anm. 60], S. 6), Lüttich (Nr. 2144), Vienne (Nr. 2796), Cambrai (Caro, Aus der Kanzlei, S. 7). Zu Lüttich und Toul vgl. GATZ, Erwin (Hg): Die Bischöfe des Heiligen Römischen Reiches: ein biographisches Lexikon. Bd. 1: 1198 bis 1448, Berlin 2001, S. 378 f. und 771, zu den Erzbistümern Besançon und Cambrai vgl. die Beiträge von R. Fossier, Art. Cambrai und R. Kaiser, Art. Besançon im Lexikon des Mittelalters.

64 Zum Teil aus dem einfachen Grund, weil sie sich ihre Privilegien schon anlässlich der Krönung Sigismunds in Aachen hatten bestätigen lassen oder vor Ort von Sigismunds Durchreise profitierten.

65 Regesta imperii XI: Die Urkunden Kaiser Sigmunds (1410–1437): Andlau (Nr. 1753), Buchau (Nr. 1452), Engelthal in der Wetterau (Nr. 2596), Essen (Nr. 2762; Caro, Aus der Kanzlei [Anm. 60], S. 7), Gernrode (Nr. 2379), Gertrudenstift in Nivelles (Nr. 2883; Caro, Aus der Kanzlei, S. 8), Kaufungen bei Kassel (Nr. 2302), Kitzingen (Nr. 2102), St. Ottilien (Nr. 2202), Quedlinburg (Nr. 2894), Säckingen (Nr. 2737), Schännis (Nr. 2853), St. Stefan in Augsburg (Nr. 1817), das Zürcher Fraumünster (Nr. 1471), sowie eventuell das Kloster Rupertsberg bei Bingen (Nr. 2185).

66 Regesta imperii XI: Die Urkunden Kaiser Sigmunds (1410–1437): Allerheiligen in Schaffhausen (Nr. 1723), Auhausen in der Diözese Eichstätt (Nr. 2168)), St. Ulrich und Afra in Augsburg (Nr. 1688, Nr. 2172), Bergkloster in Chemnitz (Nr. 1600), Boscaudon in der Diözese Embrun (Nr. 1693), Ellwangen (Nr. 1651), St. Emmeram in Regensburg (Nr. 1390), St. Mang in Füssen (Nr. 1384, 1643c), Ettenheimmünster (Nr. 2395), Fulda (Nr. 2396), St. Georgen in Stein am Rhein (Nr. 1810), Hirsau (Nr. 1445), Heilig Kreuz in Donauwörth (Nr. 1510), Kornelimünster bei Aachen (Nr. 2378), Langenau (Nr. 3081), Lorch (Nr. 1537), Luders in den Vogesen (Nr. 2075), St. Michael in Siegburg (Nr. 1834), Muri (Nr. 1749), Obernburg in Unter-Steiermark (Nr. 1755), Ochsenhausen (Nr. 1716), Ottobeuren (Nr. 1383, 1643b, 2123), Pegau in der Diözese Merseburg (Nr. 2658), Petershausen (Nr. 1769, 2734, 2917), Rheinau (Nr. 1824), das Kluniazenserpriorat Rüeggisberg in der Diözese Lausanne (Nr. 1492), Saint Oyen de Joux in der Diözese Lyon (Nr. 1717), San Giovanni in Parma (Nr. 2769); Schuttern in der Diözese Straßburg (Nr. 3047), Schwarzach (Nr. 2541), St. Valentin zu Rufach (Nr. 3128), St. Walburg im Heiligenforst (Nr. 2176), St. Peter und Paul zu Wülzburg in der Diözese Eichstätt (Nr. 1375 f, 3140) und schließlich noch die westfälische Reichsabtei Werden (Nr. 2143). Unter den Klöstern ist einzig das für Pegau ausgestellte Privileg in Sigismunds Kanzleibuch aufgenommen worden: Caro, Aus der Kanzlei [Anm. 60], S. 7). Konrad von Pegau zählte zusammen mit Ortwin aus dem Bergkloster zu Chemnitz und Hermann von Sankt Pantaleon zu Köln zu den Exekutoren der Reformbulle, vgl. ZELLER, Das Provinzialkapitel im Stifte Petershausen (Anm. 40), S. 16. Pegau sollte in der Geschichte der Klosterreform auch später noch eine zentrale Rolle spielen, vgl. VOGTHERR, Thomas: Kloster Pegau und die Bursfelder Kongregation, in: Studien und Mitteilungen zur Geschichte des Benediktinerordens und seiner Zweige 109 (1998) S. 211–28.

67 Die Praxis ist bislang für das hohe Mittelalter systematisch erschlossen, nicht aber für das späte Mittelalter, vgl. VOGTHERR, Thomas: Die Reichsabteien der Benediktiner und das Königtum im hohen Mittelalter (900–1125) (Mittelalter-Forschungen 5)

Stuttgart 2000, S. 301–05. Vogtherr zählt für seinen Untersuchungszeitraum 60 reichsunmittelbare Klöster. Zu den einzelnen Klöstern vgl. DÖBERL, Michael: Reichsunmittelbarkeit und Schutzverhältnisse der ehemaligen Cisterzienserabtei Waldsassen in den drei ersten Jahrhunderten ihres Bestehens, Passau 1885/1886, S. 41–44; HUBER, Karl: Die Zisterzienserabtei Kaisheim im Kampfe um Immunität, Reichsunmittelbarkeit und Souveränität, Erlangen 1928, S. 31–50; Pflüger, Helmut: Schutzverhältnisse und Landesherrschaft der Reichsabtei Herrenalb von ihrer Gründung im Jahre 1149 bis zum Verlust ihrer Reichsunmittelbarkeit im Jahre 1497 (beziehungsweise 1535) (Veröffentlichungen der Kommission für geschichtliche Landeskunde in Baden-Württemberg. Reihe: B Forschungen 4), Stuttgart 1958, S. 44–66; STEGMAIER, Günter: Die Zisterzienserabtei Bebenhausen zwischen Reichsunmittelbarkeit und Landsässigkeit bis zu ihrer Reformation 1535 (1560), s. l. 1983, S. 196–216; LIEBHART, Wilhelm: Die Benediktinerabteien St. Ulrich und Afra (Augsburg) und Irsee im Ringen um Landeshoheit und Reichsunmittelbarkeit, in: Suevia Sacra 2001, S. 133–42; Faust, Ulrich: Zur Reichsunmittelbarkeit Ottobeurens und Buxheims, in: Suevia Sacra 2002, S. 142–53.

68 Regesta imperii XI: Die Urkunden Kaiser Sigmunds (1410–1437), Nr. 1716 (28. Mai 1415). Vgl. REIFF, Hans-Jörg/SPAHR, Gebhard/HAUFFE, Dieter: Kloster Ochsenhausen: Geschichte, Kunst, Gegenwart, Biberach 1985, S. 20–23.

69 Der Befund korreliert mit den Ergebnissen von Brigide SCHWARZ, Die Originale von Papsturkunden in Niedersachsen 1199–1417 (Index actorum Romanorum pontificum IV) Città del vaticano 1988, die in den niedersächsischen Klöstern keine Papsturkunden aus der Zeit des Konstanzer Konzils nachweisen kann. Außer dem Hochstift Hildesheim und den Städten Braunschweig, Lüneburg und Osnabrück bemühten sich auch die Städte der Region wenig um königliche Schutzbriefe oder Privilegien (Regesta imperii XI: Die Urkunden Kaiser Sigmunds [1410–1437], Nr.1417, 1421, 1423, 1446b, 2117, 2385, 2453).

70 Regesta imperii XI: Die Urkunden Kaiser Sigmunds (1410–1437): Bellelay (Nr. 2250), Marchtal (Nr. 2730), Propstei Rüti (Nr. 1770), Propstei Schussenried (Nr. 1415), Speinshart (Nr. 2292) und Weissenau (Nr. 1388). Vgl. REBETEZ, Jean-Claude/Gigandet, Cyrille: Bellelay, in: Die Prämonstatenser und Prämonstratenserinnen in der Schweiz, redigiert von Bernard Andermatten und Brigitte Degler-Spengler (Helvetia sacra. Abt. 5: Die Orden mit Augustinerregel 3) Basel 2002, S. 73; AMACHER, Urs: Rüti, ebd., S. 528; WIESNER, Anja: Michelfeld, Speinshart und Waldsassen: die Beziehungen dreier oberpfälzischer Klöster zu weltlichen und geistlichen Gewalten im Mittelalter, Diss. Passau 2001, S. 222.

71 Regesta imperii XI: Die Urkunden Kaiser Sigmunds (1410–1437): Rottenmünster (Nr. 1395, 3046), Bebenhausen (Nr. 1402), Schöntal im Bistum Würzburg (Nr. 1440, 2895), Neuburg bei Hagenau im Bistum Straßburg (Nr. 1480, 3025), Otterberg im Bistum Mainz (Nr. 1487), Bronnbach im Bistum Würzburg (Nr. 1509), Maulbronn im Bistum Speyer (Nr. 1521), Kaisheim im Bistum Augsburg (Nr. 1740, 2919), Herrenalb im Bistum Speyer (Nr. 1768), Grünhain im Bistum Naumburg (Nr. 2079), Lützel/Lucelle im Bistum Basel (Nr. 2142, 2197), Oberschönfeld im Bistum Augsburg (Nr. 2203), Mühlberg im Bistum Meißen (Nr. 2229), Wettingen (Nr. 2256), Waldsassen im Bistum Regensburg (Nr. 2293), Stürzelbronn im Bistum Metz (Nr. 2309, 3026), Altenzell im Bistum Meißen (Nr. 2384), Blotzheim im Bistum Basel (Nr. 2515), Bildhausen im Bistum Würzburg (Nr. 2589), Rein im Bistum Salzburg (Nr. 2884).

72 Regesta imperii XI: Die Urkunden Kaiser Sigmunds (1410–1437), Nr. 1746, vgl. ZOEPFL, Friedrich: Maria Medingen. Die Geschichte einer Kulturstätte im schwäbischen Donautal, in: Jahrbuch des historischen Vereins Dillingen an der Donau 59/60 (1957/58) S. 7–77, hier 17–19.

73 Regesta imperii XI: Die Urkunden Kaiser Sigmunds (1410–1437), Nr. 1505, 1515, 1516. Vgl. MEYER-MARTHALER, Elisabeth: Zur älteren Geschichte des Klosters Münsterlingen, in: Zeitschrift für schweizerische Kirchengeschichte 64 (1979) S. 153–72, hier 167 f.

74 Regesta imperii XI: Die Urkunden Kaiser Sigmunds (1410–1437), Nr. 2069 (Königsfelden), Nr. 1413, 1472a (Nürnberg), Nr. 2437 (Söflingen), Nr. 1793, 1829, 2573, 2731, 2731a, 2738 (Wittichen).

75 Regesta imperii XI: Die Urkunden Kaiser Sigmunds (1410–1437), Nr. 2731 (FUB 68,7 und 7a), vgl. Heizmann, Ludwig: Das Frauenklösterlein Wittichen (Amt Wolfach im Kinzigtal) zum sechshundertjährigen Gründungsjubiläum, Bühl 1925, S. 23; o. A.: Art. Wittichen /Schwarzwald, in: Alemania Franciscana Antiqua 18 (1973) S. 127–243, hier 147 (Ablass).

76 Regesta imperii XI: Die Urkunden Kaiser Sigmunds (1410–1437), Nr. 1393.

77 Basel, Bern, Glarus, Luzern, Obwalden, Rapperswil, Schwyz, Solothurn, Unterwalden, Uri, Zürich und Zug, vgl. SCHULER-ALDER, Heidi: Reichsprivilegien und Reichsdienste der eidgenössischen Orte unter König Sigmund, 1410–1437 (Geist und Werk der Zeiten 69) Bern [u. a.] 1985; BAUM, Wilhelm: Reichs- und Territorialgewalt (1273–1437). Königtum, Haus Österreich und Schweizer Eidgenossen im späten Mittelalter, Wien 1994, S. 274–329.

78 Wie bei den Klöstern und Stiften ist auch bei den Städten der Norden und Osten Deutschlands sowie Westfalen von wenigen Ausnahmen abgesehen (Antwerpen, Braunschweig, Deventer, Dordrecht, Eger, Erfurt, Köln, Halle, Lübeck, Lüneburg, Magdeburg, Metz, Mühlhausen, Neumarkt, Nordhausen, Osnabrück, Quedlinburg, Trier, Eger, Halle und Zerbst) ausgeblendet.

79 Regesta imperii XI: Die Urkunden Kaiser Sigmunds (1410–1437), Nr. 1773–1782, 1785, 1785a. Zu Otto von Hachberg vgl. ZIMMERMANN, Wolfgang: Im Schatten des Konzils. Das Bistum Konstanz im frühen 15. Jahrhundert, in: Das Konstanzer Konzil 1414–1418. Weltereignis des Mittelalters (Anm. 51), S. 116–18; zum Hofgericht vgl. GRUBE, Georg: Die Verfassung des Rottweiler Hofgerichts (Veröffentlichungen der Kommission für Geschichtliche Landeskunde in Baden-Württemberg B/55) Stuttgart 1969.

80 Regesta imperii XI: Die Urkunden Kaiser Sigmunds (1410–1437), Nr. 1446b, 1648, 1649, 1809, 2385, 2421, 2552; CARO, Aus der Kanzlei (Anm. 60), S. 5, 7.

81 Regesta imperii XI: Die Urkunden Kaiser Sigmunds (1410–1437), Nr. 1439, 1569, 1618, 1733, 1733a, 1742, 1831, 2682.

82 Vielmehr bestätigte er deren Charakter als Königsgerichte, indem er während des Konzils drei westfälische Freigrafen bestellte: Regesta imperii XI: Die Urkunden Kaiser Sigmunds (1410–1437), Nr. 1375g: Konrad von Lindenhorst, Freigraf von Dortmund; Nr. 1376: Heinrich von Wimelhus, Freigraf von Dortmund; Nr. 2728: Dietrich Dueker, Freigraf in Recklinghausen, vgl. LINDNER, Theodor: Die Feme: Geschichte der »heimlichen Gerichte« Westfalens, unverändeter Nachdruck der 2. Aufl. von 1896, mit einer neuen Einleitung von Wilhelm Janssen, Paderborn-München-Wien-Zürich 1989, S. 58, 68 f.

83 SIGNORI, Gabriela: Schrift und Recht. Das Westfälische Femegericht im Spannungsfeld von Kommunikation und Interaktion, in: Sawilla, Marco/Schlögl, Rudolf (Hg.): Medien der Macht und des Entscheidens. Schrift und Druck im politischen Raum der europäischen Vormoderne (14. – 17. Jahrhundert) (The Formation of Europe 5), Hannover 2014, S. 103–122.

84 Regesta imperii XI: Die Urkunden Kaiser Sigmunds (1410–1437), Nr. 1618, 1648, 2147, 1649, 2683, 2860.

85 Regesta imperii XI: Die Urkunden Kaiser Sigmunds (1410–1437), Nr. 1398, 2687, 2722, 2798.

86 Regesta imperii XI: Die Urkunden Kaiser Sigmunds (1410–1437), Nr. 1393.

87 Regesta imperii XI: Die Urkunden Kaiser Sigmunds (1410–1437), Nr. Nr. 2584–2587, 2595, 2601a. Alle die Friesen betreffenden Urkunden sind in Sigismunds Kanzleibuch aufgenommen: CARO, Aus der Kanzlei (Anm. 60), S. 13–16. Vgl. Lengen, Hajo van: Bauernfreiheit und Häuptlingsherrlichkeit, in: Behre, Karl-Ernst/Lengen, Hajo van (Hg.): Ostfriesland. Geschichte und Gestalt einer Kulturlandschaft, Aurich 1995, S. 113–34.

88 Chronik des Konstanzer Konzils 1414–1418 (Anm. 14), S. 89–93. Vgl. Aschbach, Geschichte Kaiser Sigmunds (Anm. 20), S. 151–78.

89 Regesta imperii XI: Die Urkunden Kaiser Sigmunds (1410–1437), Nr. 1410, 1485, 1580, 1859, 2080, 2267, 2420, 2610, 2693, 2797, 2865, 3023, 3034, 3063, 3064, 3065, 3066, 3067, 3099, 3123, 3135). Vgl. PFEIFER, Gustav: Art. ›Wappenbriefe‹, in: Paravicini, Werner (Hg.): Höfe und Residenzen im spätmittelalterlichen Reich. Hof und Schrift, bearb. von Jan Hirschbiegel/Jörg Wettlaufer (Residenzenforschung 15) Bd. 3, Ostfildern 2007, S. 645–73; ZAJIC, Andreas/ELBEL, Peter: Wappenmarkt und Marktwappen. Diplomatische und personengeschichtliche Überlegungen zum Wappenbrief König Sigismunds für Mohelno aus der Zeit des Konstanzer Konzils, in: Hruza, Karel/Kaar, Alexandra (Hg.): Kaiser Sigismund (1368–1437). Zur Herrschaftspraxis eines europäischen Monarchen, Wien-Köln-Weimar 2012, S. 301–64; ZAJIC, ANDREAS: Heraldische Souvenirs aus Konstanz? Wappenbriefe aus der Zeit des Konzils, in: Das Konstanzer Konzil 1414–1418. Weltereignis des Mittelalters (Anm. 51), S. 284–85.

90 Regesta imperii XI: Die Urkunden Kaiser Sigmunds (1410–1437), Nr. 1532, 2374, 2429, 2692, 2787, 2788, 2822, 2841, 3028; CARO, Aus der Kanzlei (Anm. 60), S. 5. SCHMUGGE, Ludwig/WIGGENHAUSER, Béatrice (Hg.): Illegitimität im Spätmittelalter (Schriften des Historischen Kollegs. Kolloquien 29) München 1994. Die Beiträge fokussieren auf die päpstlichen, nicht die kaiserlichen Dispensen.

91 Regesta imperii XI: Die Urkunden Kaiser Sigmunds (1410–1437), Nr. 1530 und 1532, vgl. SCHWERTL, G.: Wilhelm III. von Bayern, in: Lexikon des Mittelalters, Bd. 9, Sp. 143, verheiratet mit Margarethe, der Tochter von Herzog Adolf I. von Kleve (gest. 1433). 1432 bestellte ihn Sigismund dann zum Statthalter des Basler Konzils.

92 Regesta imperii XI: Die Urkunden Kaiser Sigmunds (1410–1437), Nr. 3123.

93 Regesta imperii XI: Die Urkunden Kaiser Sigmunds (1410–1437), Nr. 2723 und 2826. Johann war in erster Ehe mit Elisabeth von Habsburg-Laufenburg vermählt, in zweiter Ehe mit Katharina von Cilli, in dritter Ehe mit Elisabeth von Montfort (1399) und in vierter Ehe schließlich mit Ursula von Abensberg. Zu Barbara von Cilli, Sigismunds Frau, vgl. FÖSSEL, Amalie: Barbara von Cilli. Ihre frühen Jahre als Gemahlin Sigismunds und ungarische Königin, in: Pauly, Michel/Reinert, François (Hg.): Sigismund von Luxemburg. Ein Kaiser in Europa, Mainz 2006, S. 95–112.

94 Chronik des Konstanzer Konzils 1414–1418 (Anm. 14), S. 88 f. und 91, vgl. WIRD, Guido de (Hg.): Land im Mittelpunkt der Mächte: Die Herzogtümer Jülich, Kleve, Berg, Kleve 1985, S. 363–65; MEYER, Christian: Geschichte der Burggrafschaft Nürnberg und der späteren Marktgrafschaften Ansbach und Bayreuth (Tübinger Studien für schwäbische und deutsche Rechtsgeschichte 2/5) Tübingen 1908, S. 51; JATZLAUK, Manfred: Die Belehnung des Nürnberger Burggrafen Friedrich VI. mit der Markgrafschaft Brandenburg durch König Sigmund, in: Das Zeitalter König Sigmunds in Ungarn und im Deutschen Reich 2000, S. 161–72.

95 Stadtarchiv Konstanz, Stadtbuch B I 2 (1414–1419), S. 120. Vgl. KLÖCKLER, Jürgen: Standortvorteile und Privilegien. Konstanz als Konzilsort, in: Das Konstanzer Konzil 1414–1418. Weltereignis des Mittelalters (Anm. 51), S. 130–32.

96 Karlsruhe, Generallandesarchiv D 599 = Regesta imperii XI: Die Urkunden Kaiser Sigmunds (1410–1437), Nr. 2639: *wann uns die ersamen burgermeister, rate und burgere gemeinlich der stat zu Costentz, unsere und des richs liebe getruen, allczyt und besunder, als lang wir yczund unsern kunglichen hove by in zu Costentz durch des heiligen conciliums das daselbs zuhand drew iare gewert hat und erwelung eyns kunftigen babstz willen gehalden und als huslich by in gewezt sin mit solichen gehorsamen, willigen und getruen diensten, behu^e^tungen und bewarungen allczyt geeret haben und in allen sachen undertenig und beheglich gewezt und teglich eren und beheglich sind und so untertenic lich und williclichen dienen und das on underlaß zutund bereite sind, und nemlich wann sy in dem nechstvergangen Appentzeller kriege durch des richs und gemeines nutzes willen diser lande dem adel, so getrulich bystendig beraten und mit so grossen ko^e^sten und erbeiten beholfen gewezt sind und ouch dorumb nit allein an irem gu^e^t, sunder an manichen iren erbern mitburgern und dienern so große und unverwintlich scheden empfangen haben, das wir sy dorumb mit sunderlichen unsern kunglichen gnaden und fryheiten ouch billich eren und gnediclich bedenken…*

96b BRUGGISSER-LANKER, Therese: Music goes public. Das Konstanzer Konzil und die Europäisierung der Musikkultur, in: Das Konstanzer Konzil als europäisches Ereignis (Anm. 1), S. 349–78, hier 360.

97 Aegidius Tschudi, Chronicon Helveticum, bearb. von Peter STADLER/Bernhard STETTLER (Quellen zur Schweizer Geschichte I, 7) Bd. 8, Bern 1990. S. 261–63.

98 Zu den Jubeljahren vgl. PAULUS, Nikolaus: Geschichte des Ablasses am Ausgang des Mittelalters, Darmstadt 2000 (1923) S. 158–60 (bezüglich dem Jubeljahr 1423).

99 Regesta episcoporum Constantiensium. Regesten der Bischöfe von Konstanz, Bd. 3: 1384–1436, Nr. 8622, 8635, 8731.

100 Generallandesarchiv Karlsruhe: Konstanz 5/8734 = Regesta episcoporum Constantiensium. Regesten der Bischöfe von Konstanz, Bd. 3: 1384–1436, Nr. 7192.

101 Karlsruhe, Generallandesarchiv: Konstanz 5/8736 = Regesta episcoporum Constantiensium. Regesten der Bischöfe von Konstanz, Bd. 3: 1384–1436, Nr. 8635.

102 Regesta episcoporum Constantiensium. Regesten der Bischöfe von Konstanz, Bd. 3: 1384–1436, Nr. 8635.

103 Karlsruhe, Generallandesarchiv: Konstanz 5/8736 = Regesta episcoporum Constantiensium. Regesten der Bischöfe von Konstanz, Bd. 3: 1384–1436, Nr. 8635. Vgl. PAULUS, Geschichte des Ablasses (Anm. 98), S. 243–47.

104 Chronik des Konstanzer Konzils 1414–1418 (Anm. 14), S. 135.

105 Karlsruhe, Generallandesarchiv: Konstanz 11/559 = Regesta episcoporum Constantiensium. Regesten der Bischöfe von Konstanz, Bd. 3: 1384–1436, Nr. 8731, vgl. PAULUS, Geschichte des Ablasses (Anm. 98), S. 256–76.

106 Stadtarchiv Konstanz, L 1 (1418); Die Steuerbücher der Stadt Konstanz. Teil I: 1418–1460, bearb. vom Stadtarchiv Konstanz 1958, S. 1: *Anno domini 1418 uff ingenden winter monad, do warent stúrer...*

107 STAIGER, Franz X.: Beiträge zur Klostergeschichte von Kreuzlingen und Münsterlingen, s. l. 1870, S. 267–334, hier 313.

108 Einsiedeln, Klosterarchiv ASR.9 = Kopialbuch Münsterlingen I › S. 23–28.

109 Konstanzer Urkunden: Bd. 2: 1402–1459, bearbeitet von Michael KUTHE, Stadtarchiv Konstanz 2009.

Helmut Fidler

KÖNIG SIGISMUND, DAS KONSTANZER KONZIL UND DIE JUDEN

Vor 600 Jahren, am 6. Juni 1415, stellte König Sigismund den Juden in seinem Reich einen Schirmbrief aus und garantierte ihnen umfassende Freiheitsrechte.[1] Es war der letzte Freiheitsbrief, der den Juden von einem römisch-deutschen König bzw. Kaiser ausgestellt wurde.[2] Gesiegelt wurde die Urkunde in Konstanz, denn dort hielt sich Sigismund damals seit Monaten auf, bemüht, das Konstanzer Konzil vor dem Scheitern zu bewahren. Vor einem Ausschuss des Konzils begann in jenen Tagen das Verhör des Jan Hus, dem Sigismund freies Geleit zugesichert hatte und dem trotz königlichen Schutzes vom Konzil der Prozess gemacht wurde. Nicht einmal eine Woche war vergangen, dass Papst Johannes XXIII., der auf Druck Sigismunds das Konzil einberufen hatte, von selbigem für abgesetzt erklärt und in Haft genommen worden war. Zwei Päpste galt es noch zu einem Rücktritt zu bewegen, gab es nicht genügend wichtigeres und drängenderes zu tun für König Sigismund, als den Juden in seinem Reich einen Freiheitsbrief auszustellen?

In Konstanz ist vergangenen Sommer die Große Landesausstellung des Badischen Landesmuseums zu Ende gegangen, die in einer großartigen Schau die Facetten des Konzilsgeschehens in Konstanz ausgeleuchtet hat. Der Freiheitsbrief vom 6. Juni 1415 wurde dort nicht erwähnt, jüdisches Leben blieb in der Ausstellung weitgehend ausgespart, nur mit einem Dokument aus dem Jahr 1372 wurde auf die Anwesenheit von Juden als Bankiers in Konstanz hingewiesen. Dabei hatte bereits Karel Hruza in seinem Aufsatz über *König Sigismund und seine jüdischen Kammerknechte* auf die Bedeutung der Juden für die Finanzierung des Konzils hingewiesen. Hruza erwähnt den Freiheitsbrief von 1415 nur am Rande, sein Aufsatz beschäftigt sich schwerpunktmäßig mit *signifikanten Konfliktsituationen*, insbesondere mit den blutigen Judenverfolgungen 1429/30 im Bodenseeraum.[3] Mit der Besteuerung der Juden unter König Sigismund hatten sich zuvor Dieter Kerler und Karl Schumm befasst.[4] Der zur Ausstellung publizierte Essay-Band widmete zwar den Juden in der Bodenseeregion einen Artikel, der Freiheitsbrief war aber auch dort kein Thema, ebenso wenig wie in dem Aufsatz von Peter Niederhäuser über jüdische Geldhändler zur Konzilszeit im vom Kanton Thurgau herausgegeben ersten Band einer Publikationsreihe, die sich mit der Bedeutung des Konstanzer Konzils für den Thurgau

Abb. 1: König Sigismund, zeitgenöss. Darstellung um 1417 in der Konstanzer Dreifaltigkeitskirche

beschäftigt.[5] Beide Aufsätze nehmen Bezug auf das von Ulrich Richental überlieferte Zusammentreffen einer jüdischen Delegation mit dem neugewählten Papst Martin V. am 21. November 1417 auf dem Obermarkt in Konstanz, stellen aber keine Verbindung zum Schirmbrief von 1415 her. Glaubt man dem Chronisten des Konstanzer Konzils, Ulrich Richental, so muss am Morgen des 21. November 1417 ganz unvermittelt eine Gruppe von Juden den Umzug des neu gewählten Papstes Martin V. durch die Konzilsstadt Konstanz zum Anhalten gezwungen haben. Ein unerhörtes Ereignis – oder geschah es etwa doch nicht so unvermittelt? Woher kamen diese Juden, wer waren sie und was hatte ihr ungewöhnliches Auftreten zu bedeuten? Schließlich sei die Gruppe der Juden in ein besonderes Gewand gekleidet gewesen, wie der Chronist zu berichten weiß. Es sind Fragen, die den Leser dieser berühmten Chronik interessieren könnten, auf die aber weder Ulrich Richental noch die bisher zum Konzilsgeschehen publizierte Literatur eine Antwort geben.

Richental weiß in seiner Chronik des Konstanzer Konzils viele Geschichten und Anekdoten über das Konzilsgeschehen und die Konzilsteilnehmer zu erzählen, über fahrende Bäcker, Handwerker, sogar über Huren berichtet er, nur Juden kommen in seiner Berichterstattung mit Ausnahme des bereits genannten Treffens 1418 sowie eines weiteren, nur am Rande erwähnten Treffens 1415 im Haus eines Juden nicht vor. Dabei waren mindestens seit 1372 – wie das in der Ausstellung gezeigte Dokument belegt – Juden wieder in Konstanz ansässig geworden. Joseph Riegel konnte in seiner Dissertation über die Teilnehmerlisten des Konstanzer Konzils immerhin zehn jüdische Konzilsteilneh-

Abb. 2: Papst Martin V. und die Delegation der Juden, Konstanzer Handschrift der Richental-Chronik (Rosgartenmuseum)

mer namentlich benennen, die damals nach Konstanz gekommen sein sollen. Warum Ulrich Richental trotz seiner umfangreichen Berichte über die Konzilsbesucher diese Teilnehmer verschweigt, kann man nur vermuten: Die Chronik bzw. ihre Abschriften sind erst Jahre nach Konzilsende verfasst worden, zu einer Zeit, als der Rat die in Konstanz ansässigen Juden aus der Stadt zu vertreiben begann. Dem Chronisten bzw. den Abschreibern schien es nicht opportun, die Rolle der Juden während der Konzilsjahre zu beschreiben, möglicherweise wäre die Beschreibung zu positiv ausgefallen. Dass ihm das Treiben der Juden in der Stadt unbekannt geblieben sein könnte, können wir ausschließen, im Gegenteil, Richental kannte sich sehr gut in den Gebräuchen der Juden aus, besser als mancher Leser und Abschreiber seiner Chronik, wie der Hinweis auf die Kleidung der Juden beim Zusammentreffen mit Papst Martin V. zeigt. Umso auffallender ist das Fehlen von weiteren Beschreibungen jüdischen Lebens. Nur einmal findet sich in der Chronik ein weiterer Hinweis auf einen Konstanzer Juden: Friedrich von Habsburg, der Papst Johannes XXIII. Unterstützung bei seiner Flucht zugesagt hatte, habe kurz vor seiner Abreise noch einen Vertrauten zu einem heimlichen Gespräch in das Haus eines Konstanzer Juden bestellt.[6]

Was Richental bzw. die Abschreiber seiner Chronik ihren Lesern nicht vorenthalten wollten, war die 1418 von einer jüdischen Delegation an den in Konstanz neu gewählten Papst Martin V. gerichtete Bitte um Privilegienbestätigung. Diese Szene ließ Richental auch illustrieren und hob damit ihre Bedeutung hervor. Möglicherweise wusste er, dass diese Bitte in Rom zu den Ritualen nach der Neuwahl eines Papstes zählte. Sehr detailliert bis in die Beschreibung der Kleidung der einzelnen Teilnehmer ist sein Bericht. Aber er verschweigt uns Informationen über die Mitglieder dieser jüdischen Delegation und ihre Herkunft. Das Geschehen am Morgen des 21. November 1417 sei hier kurz erzählt, wie es der Chronist überliefert hat[7]:

Am Morgen des 21. November des Jahres 1417 wurde der zehn Tage zuvor gewählte Papst Martin V. mit einem feierlichen Hochamt in sein neues Amt eingeführt. Anschließend zog er, begleitet von König Sigismund, auf einem Pferd sitzend durch Konstanz. Es war ein gut inszeniertes Schauspiel fürs Volk, König und Papst voraus gingen Pfennig werfende Priester, Martin V. selbst ritt unter einem golddurchwirkten Baldachin. Dieser mit goldenen Fäden durchwirkte Trag-Himmel kennzeichnete die unter ihm schreitende Person als geheiligt. Der Baldachin war ein bekanntes und verbreitetes Herrschaftszeichen und eingebunden in Rituale religiöser Verehrung (z.B. bei der Fronleichnamsprozession).

In der Nähe des Obermarktes wartete die jüdische Delegation auf den Papst. Ebenso wie dieser schritten auch sie unter einem golddurchwirkten Baldachin dahin, auf einem samtenen, mit Glöcklein verzierten Kissen trugen sie ein Symbol ihrer Religion mit sich. Der Chronist bezeichnete dieses als Abschrift der zehn Gebote, wie sie sie von Moses empfangen hatten. Gemeint ist wohl eine Thora-Rolle mit dem Text der fünf Bücher Mose. Eines unterschied die beiden Delegationen, und das war die Kleidung. Papst Martin V., König Sigismund und ihre Begleiter waren in prächtige Gewänder gekleidet. Die jüdischen Delegierten aber, so berichtet uns der Chronist, hatten ein besonderes Gewand angelegt, welches sie sonst an ihrem *langen tag* in der Synagoge trugen. Mit dem *langen tag* wird das jüdische Versöhnungsfest Yom Kipur bezeichnet, an dem Juden heute ein schlichtes, Kittel genanntes Gewand tragen. Aus Richentals Bericht geht nicht hervor, wie damals dieses Gewand ausgesehen hat. Die Bemerkung Richentals zur Kleidung der jüdischen Delegation lässt jedoch einige Rückschlüsse auf das jüdische Leben in Konstanz zu:

1. Juden legten zu Beginn des 15. Jahrhunderts am Yom Kippur Fest ein besonderes Gewand an, welches nur zu diesem Fest getragen wurde. Die in der Konstanzer und der Prager Handschrift wiedergegebenen bildlichen Darstellungen dieses Zusammentreffens geben keine zuverlässige Auskunft über die Art der Kleidung, da die Bilder später angefertigt wurden. Immerhin zeigen beide Bilder einige Juden in einem bodenlangen, kittelartigen Gewand, während andere eher in kostbarer Robe gekleidet auftreten.
2. Die Kleidung der Gruppe unterschied sich deutlich von der Alltagskleidung der Juden.
3. Für mit dem jüdischen Ritus vertraute Personen war der Zusammenhang des Gewandes mit dem Versöhnungsfest Yom Kippur erkennbar. Zu diesen Personen gehörte nicht nur Richental, er setzte dieses Wissen auch bei seinen Lesern voraus, er hielt eine ausführliche Beschreibung des Gewandes nicht für erforderlich. Das

bedeutet, bürgerlichen Kreisen waren jüdische Sitten und Gebräuche bekannt. Im Umkehrschluss bedeutet dies auch, dass die jüdischen Delegationsteilnehmer davon ausgehen konnten, dass den christlichen Zuschauern die rituelle Bedeutung ihres Gewandes nicht unbekannt war.

4. Sehr wahrscheinlich haben Juden ihr Yom-Kippur-Gewand bereits auf dem Weg zur Synagoge angelegt gehabt, denn es ist unwahrscheinlich, dass Christen Kenntnis von der Art des Gewandes durch den Besuch einer Synagoge erhalten haben. Richentals Bemerkung macht nur dann Sinn, wenn dieses Gewand über Jahre hinweg regelmäßig in der Öffentlichkeit getragen wurde, dies also im November 1418 nicht zum ersten Mal geschah.

5. Aus dem öffentlichen Auftritt der Juden in ihrem rituellen Gewand und der von Richental vorausgesetzten Kenntnis der jüdischen Kleidungsart darf geschlossen werden, dass Juden und Christen in Konstanz offen miteinander umgegangen sind. Das Fehlen judenkritischer Bemerkungen in der Konzilschronik spricht für ein friedliches Miteinander.

6. Ob zu dem Yom-Kippur-Gewand ein Judenhut getragen wurde (wie in den Bildern der Konzilschronik zu sehen ist) und ob in Konstanz Juden zum Tragen einer besonderen Kennzeichnung verpflichtet waren, muss offen bleiben, ebenso die Frage, ob es für die Kar-Tage eine Juden diskriminierende Regelung gab.

Der Auftritt beeindruckte wohl nicht nur den Chronisten, der uns die ausführliche Beschreibung dieser Begegnung überliefert hat. Seiner Erzählung nach habe Papst Martin V. gezögert, auf die Bitte der Juden einzugehen, und *wolt er dero gebott nit.* König Sigismund dagegen habe die Delegation angesprochen und sie zurechtgewiesen: *Moyses gebott sin gut und recht, aber sy wöltind die nit halten noch recht verston.* Der Papst segnete nun doch die vor ihm niederknienden Juden und bat Gott, den *Umhang* von den Augen der Juden zu nehmen, damit sie *daz liecht des ewigen lebens* erkennen könnten. Danach zogen Papst und König weiter.

Dieser kurze Bericht zeigt, wie beeindruckend und bemerkenswert der Vorgang auf dem Konstanzer Obermarkt gewesen sein muss: Eine jüdische Delegation, die die gleichen Herrschaftszeichen benutzte wie der Papst und die zugleich durch ihr einheitliches Gewand einen Gegenpol bildete zum prunkvollen Auftritt des kirchlichen Würdenträgers. Wie mag das Volk als Zuschauer dieses öffentlichen Auftritts reagiert haben? Die Chronik des Ulrich Richental gibt ebenso wie die für die verschiedenen Abschriften angefertigten Illustrationen dieser Szene darauf keinen Hinweis, ebenso gibt sie keine Auskunft zur Herkunft der Teilnehmer. Riegel hat in seiner Dissertation über die Teilnehmer des Konzils versucht, einige der jüdischen Konzilsteilnehmer an Hand der Urkundenregesten König Sigismunds zu identifizieren.[8] Die dort gesammelten Urkunden Juden betreffend eröffnen einen ganz eigenen Blick auf die Geschichte der Juden im zweiten Jahrzehnt des 15. Jahrhunderts und machen deutlich, welche Bedeutung Juden für das

Konzilsgeschehen in Konstanz gehabt haben und wer als Delegierter der Juden im Reich dem Papst gegenübergetreten sein wird.

SIGISMUNDS URKUNDEN JUDEN BETREFFEND

Als Sigismund 1411 zum römisch-deutschen König gewählt wurde, fehlten ihm, auch bedingt durch die Reichspolitik seines Vaters Karl IV., die nötige Hausmacht und die finanziellen Mittel, um erfolgreich Reichspolitik betreiben zu können. Nach seiner Wahl zog Sigismund zunächst nach Oberitalien, um dort seine Machtansprüche durchzusetzen. Zur Finanzierung seiner Vorhaben verpfändete er die Mark Brandenburg an den Burggrafen Friedrich von Nürnberg, dem er 1411 auch den Einzug der Judensteuern übertrug. [9] Den Juden in seinem Reich widmete Sigismund in den ersten beiden Jahren seiner Regierung nur wenig Aufmerksamkeit. Bis 1413 waren sie selten Gegenstand königlicher Urkunden: 1412 ließ er den Burggrafen Friedrich von Nürnberg wissen, das er 200 Gulden aus der halben Judensteuer von Nürnberg dem Albrecht von Colditz zukommen lassen wolle.[10] Die Judensteuern dienten der Finanzierung der Reichsgeschäfte, zum Teil waren sie verpfändet. Ein Blick in die folgende Tabelle macht deutlich, wie ab 1413 Juden immer stärker in den Focus der königlichen Politik gerieten. Die Tabelle beruht auf einer Auswertung der in Band XI der Regesta Imperii gesammelten Urkunden Sigismunds. Karel Hruza hatte bereits eine solche Tabelle veröffentlicht, von der sich diese im Detail (so im Jahr 1418) unterscheidet. Im Ergebnis ist Hruza zuzustimmen: Von den zwischen 1411 und 1437 ausgestellten »über 12 000 Regesten betreffen rund 400 oder ca. 3 % jüdische Angelegenheiten«.[11]

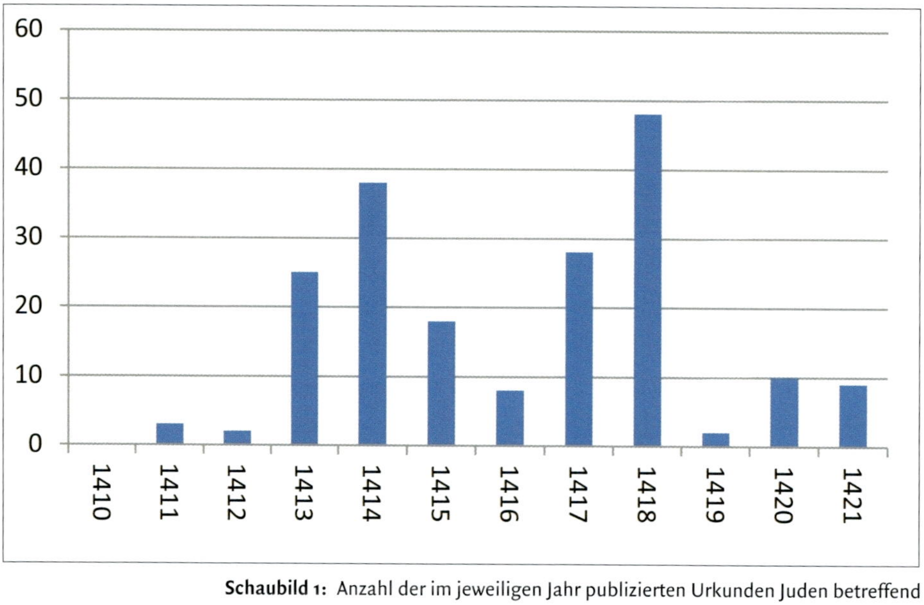

Schaubild 1: Anzahl der im jeweiligen Jahr publizierten Urkunden Juden betreffend

Jahre mit besonders hohem Ausstoß von Juden betreffenden Urkunden waren die Jahre 1413, 1414, 1417 und 1418. Verursacht wurde die hohe Zahl von Urkunden jeweils durch den Einzug von Juden betreffenden Steuern, was im Folgenden untersucht werden soll. 1413 entschied sich Sigismund, noch während er in Italien weilte, den Einzug der Judensteuer neu zu regeln. Nun sollte sein Protonotar Johann Kirchen (auch Kircheim, Kirchheim genannt) die Steuern einziehen. 23 Urkunden (davon 20 an die jeweils betroffenen Städte gerichtet) waren auszustellen, was die Zahl der Regesten für das Jahr 1413 in die Höhe getrieben hat. Die Umstellung brachte Verwirrung mit sich: Eine Urkunde aus dem folgenden Jahr 1414 informiert uns, dass der Jude Michel aus Koblenz für die Jahre 1413 und 1414 die halbe Judensteuer und den Goldenen Opferpfennig erhoben hatte, ohne dazu berechtigt gewesen zu sein.[12]

DIE PRIVILEGIENBESTÄTIGUNG FÜR JUDEN DES BODENSEERAUMES VON 1413

Zwei Urkunden aus dem Jahr 1413 sind von besonderem Interesse: Sigismund bedankte sich in den beiden Urkunden bei namentlich genannten Juden für ihren Einsatz für das Reich. Die erste der beiden Urkunden ist auf den 7. September 1413 datiert und ausgestellt in Chur. Sigismund verlieh dem Juden Samuel zu Lindau, dessen Weibe Gutta, ihren Kindern, den Juden Moses, Islin u. Leo zu Lindau, Salman zu Ravensburg sowie Liebermann u. Anselm zu Überlingen besondere Freiheiten und Privilegien, weil sie sich, *als wir iz in der stat ze Kure u. in dem lande zu Curwalhen unser u. des richs sachen u. notdurft gen Lamparten mit merklichem gelte u. cösten zu bestellen gewest sin, underteniklich u. williklich erboten u. mit den werken bewiset haben.*[13] Es fehlt ein Hinweis, worin diese Dienste für den König und das Reich bestanden haben könnten. Anzumerken ist, dass der Lindauer Jude Samuel gegen Ende des Konstanzer Konzils in Konstanz ansässig geworden war.

Die genannten sechs Juden erhielten die gleichen Rechte wie die acht Tage später von Sigismund in den Reichsschutz aufgenommenen Konstanzer Juden. Er habe dies *der St(adt) Konstanz zu Liebe* getan, *welche im Appenzeller Kriege grossen Schaden erlitten*, heißt es zur Begründung. Der Krieg war allerdings seit fünf Jahren vorbei, von den damals erlittenen Schäden hatte die Stadt sich immerhin soweit erholt, dass ihr sechs Wochen später die Aufgabe der Durchführung eines Konzils übertragen werden konnte. Der König verzichtete wie zuvor bei den sechs anderen im Bodenseeraum ansässigen Juden für zwölf Jahre auf eine Besteuerung der genannten jüdischen Familien, ließ aber im Falle der Konstanzer Juden ausdrücklich eine Besteuerung durch die Stadt zu.[14]

Zwölf Juden wurden namentlich genannt: Isaak, Hyel, Gottlieb, Salman, Lazarus, Gutlen, Löwe, Abraham, Samuel, Kirsman, Aaron, die Jüdin Rösel u. deren Familien. Sigismund erließ ihnen auf 12 Jahre den goldenen Opferpfennig u. die halbe Judensteuer, *doch unschädlich der Rechte der St(adt) Konstanz*; auch sollten sie von anderen Steuern frei sein, von den Judenmeistern nicht gebannt werden und nur vor dem Gericht zu Konstanz zu Recht stehen dürfen; ihren Schutz übertrug er wie bei den zuvor genannten sechs Juden dem Landvogt in Schwaben.[15]

Erst auf den zweiten Blick wird deutlich, wie ungewöhnlich diese Urkunden sind. Zwölf Jahre zuvor noch hatte man auch in Konstanz zumindest darüber nachgedacht, ob die Juden der Stadt an dem Ritualmord in Diessenhofen beteiligt gewesen sein könnten. In einer Zeit, in der viele Städte ihre Juden entweder als Plage bezeichneten oder aber die Aufnahme von Juden als ein ihnen zustehendes Recht ansahen, soll die Stadt Konstanz den König gebeten haben, ihre jüdischen Bürger in seinen Schutz aufzunehmen, als wenn die Stadt ihre Juden zu schützen nicht in der Lage gewesen sei? Andere Städte ließen sich vom König nur ihre Privilegien einschließlich der Judenaufnahme bestätigen, nicht aber Konstanz. Es scheint wenig glaubwürdig, dass die Stadt Auftraggeber dieser Privilegienbestätigung war. Beide Urkunden haben den Charakter einer Verordnung, den beteiligten Städten wird mitgeteilt, dass die genannten Juden nun unter königlichem Schutz stehen. Um Konstanz nicht vor den Kopf zu stoßen, erhielt die Stadt das Recht, ihre Juden zu besteuern. Die genannten Juden werden über den Vorgang informiert worden sein, aber sie waren nicht Auftraggeber für die Privilegienbestätigungen, wie aus der Konstanz betreffenden Urkunde deutlich hervorgeht.

In den folgenden Jahren stellte Sigismund noch weitere Privilegienbestätigungen aus. Namentlich genannt wurden in diesen nur Juden, die in Zusammenhang mit der Einziehung von Judensteuern standen. Die oben genannten 18 Juden sind die einzigen, die er namentlich und ausdrücklich dem Schutz einer Stadt als auch dem Schutz des Reiches unterstellt hat. Aus den Urkunden geht nicht eindeutig hervor, ob die genannten achtzehn jüdischen Familien bereits in der Bodenseeregion ansässig waren[16] oder ob es sich um Neuaufnahmen handelte, wobei zumindest in Einzelfällen eine vorherige Anwesenheit nachgewiesen werden kann (z.B. bei dem Juden Sanwel (oder Samuel, der *Reiche*) in Lindau: er ist dort seit 1405 ansässig[17], Kirsmann war 1409 in Lindau ansässig, wird aber 1413 in Konstanz genannt[18], was für eine Neuaufnahme sprechen könnte). Für eine Neuaufnahme spricht auch, dass für Ravensburg nur ein Jude genannt wird, die dortige jüdische Gemeinde aber größer war. Auffallend ist die zeitliche Nähe dieser beiden Urkunden zu einer weiteren, am 30. Oktober 1413 ausgestellten Urkunde: Sigismund teilte erstmals öffentlich mit, dass er im folgenden Jahr in Konstanz zu einem Konzil einladen werde, auf welchem die Einheit der Kirche wiederhergestellt werden solle.[19] Den Veranstaltungsort Konstanz hatten Sigismunds Berater aus dem Hegauer Adel vorgeschlagen. Sigismund selbst war an einer gründlichen Vorbereitung und einem reibungslosen Ablauf gelegen, so Ansgar Frenken in seinem Aufsatz über die logistische Vorbereitung des Konzils.[20] Der Konzilsteilnehmer Benedicto de Pileo war dann auch voll des Lobes: »alles (sei) im Überfluss vorhanden, was man sich zur Lebensweise, zur Pflege, zur Ausstattung und zum täglichen Gebrauch für Menschen und Pferde als notwendig und vorteilhaft nur immer ausdenken kann.«[21] Anders gesagt: das Konzil war gründlich vorbereitet und genügend Waren vorproduziert worden.

EINE REGION WIRD KONZILSTAUGLICH

Ulrich Richental berichtet uns in seiner Chronik, dass der Entscheidung für Konstanz eine Überprüfung der Region auf Konzilstauglichkeit vorausging. Er habe Abgesandte von Papst und König durch den Thurgau führen müssen und erste Order für Heu und Viehfutter erteilt. Um die Bodenseeregion konzilsfähig zu machen, war es notwendig gewesen, die landwirtschaftliche Produktion in der Region zu steigern, um die zu erwartenden Besucher versorgen zu können. Dass die Region auf einen solchen Ansturm vorbereitet war, belegt auch ein Hinweis des Chronisten Richental. Mit Beginn des Konzils im November 1414 stiegen in der Stadt die Preise, um jedoch kurz darauf wieder deutlich zu sinken, da alles in genügender Zahl vorhanden war.[22] Dabei wird geschätzt, dass allein Konstanz das Dreifache der Einwohnerzahl an Gästen aufzunehmen hatte. Adel und Klerus luden zu repräsentativen Essen ein, für die teure (Import-)Gewürze, Fleisch und weitere Zutaten wie Eier und Käse bevorratet werden mussten. Ohne die Möglichkeit der Vorfinanzierung wäre eine solch umfassende Vorbereitung nicht möglich gewesen. Investitionen mussten im Vorfeld getätigt werden, um Vorräte anzulegen und einzukaufen, benötigte Waren des Alltags wie Betten und Bettwäsche, aber auch Töpfe und Geschirr mussten vorproduziert werden. Handel und Handwerk werden die dafür nötigen finanziellen Mittel kaum aus der eigenen Tasche finanziert, sondern auch auf Darlehen zurückgegriffen haben.

Eine wahrscheinliche Erklärung für die Ausstellung der beiden genannten Privilegienurkunden könnte daher folgende Überlegung sein: Sigismund stellte mit der Aufnahme der Juden in den königlichen Schutz sicher, dass genügend Bankiers in der Bodenseeregion vertreten waren.[23] Belegen lässt sich allerdings nur, dass sich zumindest Sigismund der von ihm geschirmten jüdischen Bankiers bediente.[24] Bereits erwähnt wurde der Kontakt Friedrich von Habsburg zu einem Konstanzer Juden. Falls die Annahme zutrifft, würde dies zugleich bedeuten, dass die gesamte Bodenseeregion in die Vorbereitungen einbezogen war, denn nicht nur die Juden aus Konstanz, sondern auch die aus Lindau, Ravensburg und Überlingen waren in den Schutz des Reiches aufgenommen worden und damit in die Pflicht für die Vorbereitung eingebunden. Der für die Vorbereitung des Konzils notwendige Wareneinsatz konnte so mit Hilfe jüdischer Bankiers vorfinanziert werden. Noch galt das mittelalterliche Zinsverbot: Du sollst Deinem Bruder keinen Zins auferlegen, heißt es im Alten Testament (Dtn 23,20–21), was dahingehend interpretiert wurde, dass Christen untereinander die Zinsnahme untersagt war. Juden betraf das Zinsverbot nicht bzw. die Kirche hatte keine direkte Handhabe, gegen einen zinsnehmenden Juden vorzugehen. Christliche Geldverleiher, die es damals auch gab, wurden von der Kirche in der Regel mit Exkommunikation bestraft. Da Wirtschaft und Handel auf Vorfinanzierungen angewiesen waren, hatten christliche Bankiers Umgehungsformen des Zinsverbotes entwickelt, die jedoch an Sicherheiten wie Grundstücke und Immobilien gebunden waren. Die Vergabe von mit Pfändern abgesicherten Barkrediten blieb jüdischen Geldverleihern vorbehalten.

Auf die Unentbehrlichkeit von Juden und Lombarden für die mittelalterliche Wirtschaft hat schon Aloys Schulte in seiner Geschichte des mittelalterlichen Handels und Verkehrs zwischen Westdeutschland und Italien hingewiesen: sie verfügten über »gründliche Kenntnis des Geldwesens, die Erfahrung in der Handhabung des Geldwechsels, die Gewöhnung an eine Buchführung, die Kunst, mit dem Kapital arbeiten zu können, mit einem Wort die technische Überlegenheit des Italieners und des Juden über den deutschen Kaufmann auf dem Gebiete des Geldhandels.«[25] Franz Irsigler kommt in seiner Untersuchung über Juden und Lombarden am Niederrhein im 14. Jahrhundert zu dem Ergebnis, »daß in breiten Bevölkerungsschichten ein allgemein starkes Bedürfnis nach Kredit und Kreditgebern bestand. Die Kreditaufnahme bei Juden bedeutete keineswegs immer, daß sich die Kreditnehmer in einer wirtschaftlichen Krisensituation befanden, sondern oft bedeutete ein Kredit zur rechten Zeit die Chance für ein Handelsgeschäft oder einen Rohstoffkauf, bei dem die Gewinnerwartung die Zinslast weit überwog. Es muss etwas ganz normales gewesen sein, beim Juden zu leihen.«[26]

DIE JÜDISCHE GEMEINDE IN KONSTANZ

Eine jüdische Gemeinde hatte es in Konstanz schon im 13. Jahrhundert gegeben, doch war diese in den Pestpogromen von 1348/49 ausgelöscht worden. Erst etwa 25 Jahre später lässt sich erneut ein Jude in Konstanz nachweisen.[27] 1390 zählte die Konstanzer Gemeinde 30 Haushaltungen, 1418 soll laut Germania Judaica II (so auch bei Burmeister) die Zahl auf 20 Haushaltungen abgesunken sein.[28] Ob, wie in der Literatur behauptet, 1413 nur die von Sigismund genannten zwölf Familien in Konstanz ansässig waren oder doch noch weitere, lässt sich bisher nicht eindeutig feststellen, ebensowenig, wieviel 1413 zugezogen waren. Auch fehlt in der Literatur eine Begründung für den doch sehr massiven Rückgang der jüdischen Bevölkerungszahlen zwischen 1390 und 1413 von 30 auf unter zehn Haushaltungen (da von den genannten 12 steuerzahlenden Juden noch die eindeutig belegbaren Zuzüger abzuziehen wären). Andererseits fehlen Hinweise auf weitere in Konstanz um 1413 ansässige Juden. Eine Auflistung der 1418 bis 1424 in Konstanz nachweisbaren Juden ergibt zwar eine höhere Zahl steuerbarer Juden als die genannten 20 Haushaltungen, aber kaum Hinweise auf vor 1413 in Konstanz wohnende Juden. Während des Konzils zugezogen sind Mosse / Moses der Schweizer (1415), Lew Colner (1415/16), Rabbi Joseph von Schlettstadt (1417) sowie Salomon von Rheinfelden und sein Sohn Löw (1418). Mit Ausnahme der letzten beiden sind alle als Bankiers und Steuereinzieher für Sigismund tätig gewesen. In Konstanz tätig geworden sind vier Söhne (Mathis und Isaak sind Söhne des Lazarus, Abraham Sohn der Gutlen und Israel Sohn des Aaron) 1413 genannter Juden, so dass sich daraus die Zahl von 21 jüdischen Bürgern ergibt. Darüber hinaus werden 1418 Moses und Judas genannt, letzterer als Steuereintreiber Königs Sigismund, sowie 1420 die getauften Juden Salomon und Hanns (Arzt in Konstanz). Möglicherweise war auch der 1418 genannte Steuereinzieher und Beirat des Judenmeisters Haim von Landshut in Konstanz ansässig geworden.[29] Der Zuzug von Juden begann bereits 1413 und nicht, wie zum Teil behauptet, erst mit dem Ende des Konzils 1418. Die Verdopplung bis Verdreifachung der Anzahl jüdischer Haushalte gegenüber der Zeit vor 1413 lässt erahnen, welche (vor allem wirtschaftliche, aber auch politische) Bedeutung der Anwesenheit von Juden während der Dauer des Konstanzer Konzils zukam. Insbesondere wird der Bezug der jüdischen Bankiers zum König bzw. Reich deutlich. Nach Ende des Konzils zog ein Teil dieser Bankiers wieder fort. Mattis und Isaak wurden in Oberitalien tätig, ihr Vater Lazarus gründete 1421 eine Bank in Treviso. Salomon von Rheinfelden zog 1424 mit seinem Sohn nach Zürich, ist aber auch in Schaffhausen nachweisbar. Rabbi Josef von Schlettstadt ist in Konstanz nicht mehr nachweisbar, Heyman Chone vermutet ihn in Oberitalien oder in Ungarn, da sich sein Sohn Gabriel Jud von Offen nannte. 1437 wird Gabriel im Konstanzer Steuerbuch erstmals genannt. Ein Bruder Gabriels ist Maennli von Diessenhofen.[30] Lew Colner ist ebenfalls in Konstanz nicht mehr nachweisbar, er blieb als *›unverrechneter‹ Amtmann* weiterhin für König Sigismund tätig und war im Reich unterwegs. Als solcher war er nicht bei allen Juden beliebt, er fürchtete, von den Nürnberger Juden ermordet zu werden.[31]

DIE LAGE DER JÜDISCHEN WOHNHÄUSER

Archäologische Untersuchungen haben ergeben, dass im ersten Viertel des 15. Jahrhunderts im Bereich des Fischmarktes neuer Wohnraum für die Ansiedlung jüdischer Familien geschaffen wurde. Nach Pfrommer waren »finanzielle Erwägungen« des Königs in Zusammenhang mit dem Konstanzer Konzil ausschlaggebend. »Die bauliche Erschließung der Parzelle Münzgasse 4 als jüdische Liegenschaft könnte dabei vor dem Hintergrund zu sehen sein, innerhalb kurzer Zeit für jüdische Erfordernisse geeigneten Wohnraum zu schaffen.«[32] Diese archäologischen Befunde können als Indiz angesehen werden, dass es in der Zeit des Konstanzer Konzils zu Neuaufnahmen von Juden in der Stadt kam. Auch der in der Urkunde von 1413 genannte Kirsman, welcher 1409 noch in Lindau genannt wurde, hatte sein Haus in diesem von Pfrommer untersuchten Teil der Stadt. Kirsman besaß zwei Häuser, eines wird ausdrücklich als neu bezeichnet. Sie lagen beide im Ramungshof, dessen Lage nicht geklärt ist (eventuell Münzgasse 15 und 17, die Hausnamen Oberer und Hinterer Schulhof erinnern an den Standort der Synagoge, welche sich in Kirsmans Haus befunden haben soll). Die Mikwe wurde damals neu angelegt. Allerdings dürften die von Juden bewohnten Häuser Münzgasse 10, 12, 14 und 19 nicht neu erbaut worden sein.[33] Außerhalb dieses Wohnbereichs gab es weitere Häuser in jüdischem Besitz. In der ersten Hälfte des 14. Jahrhundert hatten die Häuser der Juden im Bereich der heutigen Rosgartenstraße gelegen, wo sich auch eine Synagoge befunden hatte. Nach den Pogromen von 1348/49 siedelten Juden in Konstanz erneut in diesem Gebiet. 1375 erwarb der Konstanzer Bürger Mayer, Jude von Winterthur, in der damals Mordergasse genannten Rosgartenstraße ein Haus, welches vor 1350 dem Juden Finelin gehört hatte.[34] 1377 ist in der Gasse der Jude Gutman nachweisbar.[35] Noch 1415 ist in diesem Bereich mindestens ein Jude ansässig, wie der Besuch Friedrichs von Habsburg am 20. März 1415 in dem von einem Juden bewohnten Haus zur Wannen belegt. Auch in der von der Rosgartenstraße abzweigenden Neugasse ist 1418 ein Jude namens Moises nachweisbar, ebenso in der Stadelhofer Vorstadt, sowie im Haus Tümpfel in der Brückengasse.[36] Damit ist die in der Germania Judaica und bei Burmeister zu findende Feststellung über den Wohnort der Konstanzer Juden zu korrigieren, zumal auch Pfrommers archäologische Befunde eine Bebauung in der Münzgasse erst ab 1414 belegen.[37] Im Bereich Fischmarkt/Münzgasse ist jüdischer Hausbesitz erst nach Konzilsende urkundlich belegbar, ebenso die Synagoge. Da der Ausgang der Münzgasse beim Obermarkt Ort des Treffens zwischen der jüdischen Delegation und Papst Martin V. war, lässt dies die Vermutung zu, dass bereits während (oder vor Beginn) des Konzils das Zentrum der jüdischen Gemeinde mit Mikwe und Synagoge in diese Gasse verlegt wurde. Auffallend ist zugleich die weite Streuung jüdischen Besitzes in der Stadt. Mit der Verlagerung des Zentrums der jüdischen Gemeinde war eine Aufwertung verbunden: Die Münzgasse war eine wichtige Verbindungsstraße, von hier aus waren Fischmarkt mit Gredhaus, Markt-

Abb. 3: Der Hausname ›Oberer Schulhof‹ in der heutigen Münzgasse erinnert an den Standort der Synagoge zur Konzilszeit.

stätte, Obermarkt und Markt an der Stephanskirche rasch erreichbar. Nun lag das jüdische Gemeindezentrum in unmittelbarer Nähe der Trinkstube der führenden Patrizier-Gesellschaft zur Katz. [38] Diese prominente Lage von Synagoge und Mikwe führt zu der Frage nach dem Zusammenleben von Juden und Christen in Konstanz. Gab es etwa für die Karwoche spezielle Regelungen, oder zeugt Richentals Kenntnis vom Yom Kippur-Fest davon, dass sich Juden während des Konzils in der Stadt frei bewegen konnten? Gab es Konflikte zwischen Juden und Christen? Es sind Fragen, deren Antworten zum Stil der Richentalschen Chronik passen würden, dort aber keine Aufnahme fanden.

DIE AUFNAHME DES JUDEN SALOMON VON RHEINFELDEN

Unter den Juden, die während des Konzils nach Konstanz gezogen waren, befand sich auch die Familie des jüdischen Bankiers Salomon von Rheinfelden. Im Stadtarchiv Konstanz ist ein Entwurf für seine Aufnahmebedingungen überliefert. Demnach konnte Salomon Bedingungen für seinen Umzug nach Konstanz stellen, was als Beleg dafür angesehen werden kann, dass die Stadt großes Interesse an der Ansiedlung von Juden hatte. Bürgermeister und Rat der Stadt gewährten ihm, seiner Familie sowie einem weiteren Juden mit Frau, Kind und Gesinde Schutz, Frieden und Bürgerrecht. Sie versprachen, den genannten Juden sowie deren Gesinde während des gewährten Schutzes von fünf Jahren bei allen Freiheiten und Gnaden zu belassen, welche insbesondere vom *Hailligen Vatter dem Babst* und *vom Herre dem Kaysser*[39] den Juden gewährt wurden. Darüber hinaus verlangte Salomon vom Rat die Zusage, im Falle eines Strafverfahrens weder einzeln noch

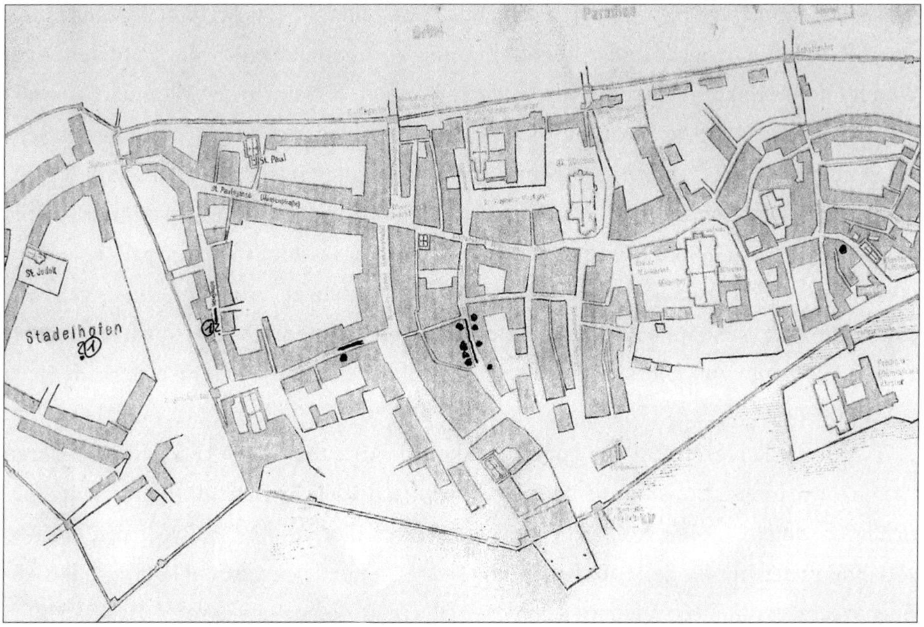

Abb. 4: Lageplan der jüdischen Wohnhäuser in Konstanz während der Jahre 1413–1418 auf Grundlage des dem im Konstanzer Häuserbuch beigelegten Stadtplanes. Von Juden bewohnte Häuser sind gepunktet bzw. der belegbare Bereich markiert.

gemeinsam zur Erlangung eines Geständnisses gefoltert zu werden, und er ließ sich zusichern, dass alle Juden die gleiche *Rechtung* wie die anderen Bürger bekommen.[40]

JÜDISCHE BANKIERS UND IHRE BEDEUTUNG FÜR DAS KONZIL

Ashkira Darman hat in ihrer Dissertation nachgewiesen, dass der Vorteil, den eine Stadt aus der Aufnahme von Juden zog, weniger in der Höhe der Abgaben als in ihrer wirtschaftlichen Tätigkeit lag. Auch wenn benachbarte Städte wie Diessenhofen und Schaffhausen die Einnahmen aus den Judensteuern durchaus zu schätzen wussten, blieb doch der Anteil der so erzielten Einnahmen am Gesamthaushalt eher gering.[41] Michael Toch kommt in seiner Arbeit über »Wirtschaft und Geldwesen der Juden Frankfurts im Spätmittelalter« zu dem Ergebnis, die wirtschaftliche Entwicklung der Städte habe durch die Vergabe von Krediten erheblich profitiert: »Im Gegensatz zur älteren Forschung neigen wir heute dazu, allgemein anstelle der sozialen Not mehr den wirtschaftlichen Nutzeffekt der Kreditaufnahme zu betonen, Produktionskredit in einer zunehmend am Markt orientierten Wirtschaft anstelle von Hungerleidenden zu sehen, die in letzter Not ›zum Juden gehen‘.«[42] Auch in Konstanz dürfte der Gang zum Juden weniger für angesichts der langen Dauer des Konzils in finanzielle Not geratene Konzilsteilnehmer in Frage gekommen sein. Sie galten als wenig solvent, für sie legte der Rat ein Arbeitsbeschaffungsprogramm im Rahmen der Ausbesserung der Verteidigungsanlagen auf.[43] Für den Gang zum Juden kamen die zahlreichen Handwerker in der Stadt und aus der Region in Frage, da Konstanz für die Dauer des Konzils den Zunftzwang aufgehoben hatte. Für die Zeit des Konzils fehlen Belege für die Geschäftstätigkeit der Juden, erst das nach Konzilsende einsetzende Konstanzer Ammanngerichtsbuch informiert über die regionale Kundschaft der jüdischen Bankiers.[44] In der Region bestand Vorfinanzierungsbedarf, um benötigte Waren und Produkte rechtzeitig vorhalten zu können. So kamen etwa hundert auswärtige Hufschmiede in die Stadt, die sich um den Beschlag der Pferde zu kümmern hatten.[45] Zu den Handelsgütern, mit denen auch Juden Handel trieben, zählte u. a. das für den Hufbeschlag benötigte Eisen. Ebenso das Wachs, das für die während des Konzils in Unmengen verschenkten Kerzen benötigt wurde.[46] Dass auch der regionale Adel Kontakte (wohl auch Geschäftsbeziehungen) zu den Konstanzer Juden unterhielt, geht aus einem Hinweis Richentals hervor: so trafen sich Herzog Friedrich von Habsburg und der Truchsäß Johann von Diessenhofen nach der Flucht des Papstes konspirativ im Haus eines Konstanzer Juden.[47]

Für die Finanzierung der Aufenthaltskosten der zahlreichen Delegationen waren national wie international tätige Bankiers von entscheidender Bedeutung. Richental berichtet in seiner Chronik stolz über die Anwesenheit Florentiner Geldwechsler, etwa 70 von ihnen seien nur für den Papst und seine Delegation tätig gewesen. Weitere 60 Florentiner Wechsler mit ihren Dienern seien ebenfalls in Konstanz gewesen.[48] Das Ratsbuch der Stadt nennt dazu einige Namen.[49]

Wie aber erledigten der König und die anderen Delegationen ihre Geldgeschäfte und welche Rolle übernahmen Juden dabei? Zum einen waren ›welsche‹ Wechsler in der Stadt anwesend. Die Ratsbücher enthalten Hinweise auf die Steuerabgaben fremder Geldwechsler. Der Grund für ihre Erwähnung ist in ihrer Herkunft zu suchen: sie waren Fremde, die zur Kasse gebeten wurden, während die Abgaben der in Konstanz ansässigen Juden ja bereits mit ihrer Aufnahme geregelt waren (auch wenn uns Details nicht bekannt sind).[50] Über die Bedeutung der Florentiner Bankiers hat Kurt Weissen auf der Arbeitstagung für geschichtliche Landeskunde am Oberrhein 2008 berichtet. Die florentinischen Banken seien es gewohnt gewesen, »dem Papst an jeden Ort zu folgen«, sie hatten »die Abwicklung ihrer Geschäfte auf dieses Herumziehen eingerichtet«. Weissen nennt fünf italienische Banken, die Filialen in Konstanz während der Dauer des Konzils unterhielten. Während Johannes XXIII. eng mit den Medicis zusammenarbeitete, wickelte Martin V. seine Geschäfte über die Spini-Bank ab, dessen Vertreter im Haus zum Thiergarten residierte. Weissen nimmt an, dass die florentinischen Kaufleute im Gefolge Sigismunds weniger mit internationalen Finanztransaktionen zu tun hatten, sondern

Abb. 5: Haintz Ursellar, Cünrat Kupplar und Hans Betz Bürger zu Stockach als Hauptgülten und Johannes von Winterthur der zyt miner Herren von Costentz Schriber leihen am 18.12.1418 von dem Bürger und Juden Salman 20 fl, das in festgesetzten Raten rückzahlbar ist. Mit Rückzahlungsvermerk in Hebräisch. Stadtarchiv Konstanz Urkunde Nr. 8719

vorwiegend mit dem »Handel mit Luxusgütern« beschäftigt waren.[51] Wie aber wickelte Sigismund seine Finanztransaktionen ab?

An erster Stelle ist hier sein Kämmerer Konrad von Weinsberg zu nennen, über dessen Tätigkeit Schumm und Fuhrmann berichtet haben.[52] Eine wichtige Rolle bei der Abwicklung finanzieller Transaktionen übernahmen Sigismunds Berater, die als Bürgen einspringen[53] oder selbst Geld vorstrecken mussten, das dann zur Bezahlung offener Rechnungen genutzt wurde.[54] Sigismund wiederum bezahlte seine Berater mit Verpfändungen, manchmal aber auch mit der Verleihung von Rechten (so erhielt Graf Frischhans von Bodman ein Marktrecht) und Privilegienbestätigungen. Der Konstanzer Bürgermeister Heinrich von Ulm jedoch, der Sigismund Bargeld geliehen und Wein geliefert hatte, sah seine Schulden mit der öffentlichen Erhebung in den Ritterstand nicht bezahlt. Auf sein Drängen hin erhielt er schließlich die Steuer der Reichsstadt Wangen verpfändet, welche die Familie noch hundert Jahre später in ihrem Besitz hatte.[55]

Zum Einziehen der Judensteuer hatte Sigismund auf jüdische Bankiers zurückgegriffen (wie den bereits erwähnten Michel von Coblenz)[56], bevor er diese Steuer an den Burggrafen von Nürnberg verpfändet hatte. Auch dieser musste aus den Einnahmen Gelder an einen Schuldner Sigismunds weiterleiten.[57] Verschiedene Urkunden zeigen, dass Sigismund die Hilfe jüdischer Bankiers in Anspruch nahm. Dank weitreichender Handels- und Geschäftsbeziehungen dürften auch jüdische Bankiers in der Lage gewesen sein, Wechsel und Zahlungsvorgänge über weite Strecken abzuwickeln, und damit auch Ansprechpartner für Adel und Bürger gewesen sein. Zu den Orten, zu denen Kontakte bestanden, gehörten Ulm, Nürnberg, Köln, Oberitalien, aber auch Südfrankreich: in die Provence schickte Sigismund 1417 den Konstanzer Bankier Mosse/Moses in königlichen Geschäften.[58] Nach den Judenschuldentilgungen Ende des 14. Jahrhunderts waren schwäbische jüdische Bankiers u. a. nach Treviso in Oberitalien ausgewandert, wohin auch die Konstanzer Juden Beziehungen unterhielten.[59] Im Juni 1415 nahm Sigismund ein Darlehen bei dem Konstanzer Juden Mosse (auch Moses Schweizer genannt, später in Winterthur ansässig[60]) auf. Er verpfändete ihm dafür die halbe Judensteuer in den Bistümern Bamberg und Würzburg sowie den Goldenen Opferpfennig für die Jahre 1413 bis 1415.[61] Da Mosse nicht in der Privilegienbestätigung für die Konstanzer Juden vom September 1413 genannt ist, ist er der Gruppe der während des Konzils zugezogenen Juden zuzurechnen. Urkunden aus dem Jahr 1416 belegen die Inanspruchnahme eines weiteren jüdischen Bankiers durch Sigismund: Lew Colner, der auch mit der Einziehung der Judensteuer befasst war, wurde von Sigismund wiederholt mit der Rückzahlung fälliger Schulden beauftragt.[62] Er wird von der Germania Judaica zu den während des Konzils in Konstanz ansässig gewordenen Juden gezählt.

Unter den in der Privilegienbestätigung von 1413 genannten Namen sind auch die Konstanzer Bankiers Lazarus und Löw zu finden. Beide wurden 1418 von Sigismund mit der Einziehung der Bullensteuer beauftragt. Löw galt als einer der wohlhabendsten Juden und unterhielt weitreichende Beziehungen. Lazarus war der Schwiegervater des nach 1430 in Ulm ansässigen Rabbi Seligmann. Seligmann wiederum besaß Beziehungen nach Treviso in Oberitalien, wohin nach der Judenschuldtilgung unter König Wenzel zahlreiche Juden ausgewandert waren. Für seinen Untertanen Seligmann, der 1429 nach der Ravensburger Ritualmordbeschuldigung verhaftet wurde, setzte sich sogar der Doge von Venedig ein, wenn auch ohne Erfolg.[63] Mathis, Schwager des Seligman, war wie sein Bruder Isaak in den 1420er Jahren in Konstanz nachweisbar, »bei Mathis ist darüber hinaus bekannt, dass er von den 1420er bis Mitte der 1430er Jahre Geldgeschäfte in Oberitalien machte.«[64] Diese Hinweise zeigen, dass die in Konstanz tätigen jüdischen Bankiers über weitreichende Geschäftsbeziehungen verfügten.

Da ab dem 30. Oktober 1413 Konstanz als Konzilsort öffentlich bekannt gemacht worden war, hatten die Kaufleute und Handwerker der Region genügend Zeit, sich auf den Besucheransturm vorzubereiten. Über die Tätigkeit der Juden in Konstanz während des Konzils ist fast nichts bekannt. 1419 ist ein Prozess gegen den Vogel von Altnau wegen Meineid zu Lasten des Bankier Lazarus anhängig gewesen, bei dem Vogel schuldig gesprochen wurde, *daz man im die rechten hand abhöwen sol oder aber, daz er die löse mit 300 guldin.* Ebenso wurde sein Helfer Hans Hofmann von Weinfelden wegen Beihilfe verurteilt, *das man im die dry finger abhowen sol oder aber daz er die löse mit 10 pfunt pf(ennig)*[65]. Welcher Art das dem Fall zugrunde liegende Geschäft war, ist nicht bekannt, dem Urteil nach muss es sich um ein größeres Geschäft gehandelt haben. Einträge in dem Ammann-Gerichtsbuch der Stadt Konstanz aus den Jahren 1423 bis 1434 lassen vermuten, dass Juden überwiegend im Kleinkreditgeschäft tätig waren, daneben aber auch z. B. im Gewürz- und im Metallhandel.[66] Als Beispiel sei der bereits in der Privilegienurkunde von 1413 genannte Kirsmann angeführt. Er besaß im Bereich Ramungshof/Blaicherstaad ein hölzernes und »sein neues« Haus. 1424 handelte er mit Wachs, Ingwer und Eisen, Waren, die auch während des Konzils gebraucht wurden.[67]

Abb. 6: Betender Jude in der Synagoge, um 1420, Kirche St. Johann in Stein am Rhein

Zu den Kunden der Juden zählten Adelige, Konstanzer Patrizier,

Handwerker und Kleinbürger sowie Bauern, Handwerker und Krämer aus der Umgebung.[68] Ashkira Darman kommt in ihrer Arbeit über Juden in den südwestdeutschen Reichsstädten zu dem Ergebnis, dass es trotz der gegenüber christlichen Geldverleihern höheren Zinsen für die jüdischen Darlehensgeber einen Bedarf gegeben haben muss, denn anders wären die Zinsen – und damit auch die hohen Abgaben der Juden – nicht zu erwirtschaften gewesen. Chone zeigt in seiner Untersuchung über die Juden in Konstanz, dass auch mit Zinssätzen bis zu 44 ¹/₃ Prozent durchaus Handelsgewinne erwirtschaftet werden konnten.[69] Nübling kommt in seiner Untersuchung über die Judengemeinden des Mittelalters zur Erkenntnis, dass der durchschnittliche Zinssatz bei jüdischen Geldleihern nur bei etwa 15 % lag.[70]

EINE SONDERSTEUER ZUR KONZILSFINANZIERUNG

Es war nicht nur für die Stadt eine gewaltige logistische Aufgabe, das Konzil vorzubereiten. Mit der Durchführung des Konzils waren erhebliche finanzielle Aufwendungen verbunden, wofür Sigismund das Geld fehlte. In der Literatur ist diskutiert worden, ob sein Kämmerer Konrad von Weinsberg den entscheidenden Anstoss gegeben hat, für die Finanzierung dieser Kosten die jüdische Bevölkerung im Reich heranzuziehen.[71] Ein Dreivierteljahr lang, bis August 1414, hatte König Sigismund keine weiteren Juden betreffendc Urkunden ausgestellt. Anfang August 1414 bestätigte Sigismund noch den Städten Regensburg, Worms, Mainz und Frankfurt ihre Privilegien, auch die Aufnahme von Juden betreffend. Am 13. August 1414 informierte er den Rat der Stadt Frankfurt, *dass er von den Juden, die dem Reiche, obgleich sie dessen Kammerknechte seien, seit langer Zeit keine Dienste geleistet hätten, eine Steuer erheben wolle, und befiehlt behufs dieser Erhebung Vorsorge zu treffen.*[72] Zwei Wochen später wandte sich Sigismund direkt an die Juden in seinem Reich: *wann wir von der heiligen kirchen des reichs und gemeines nutzes wegen ietz und zwei ganze jare mit unser selbs person und großer maht in Welischen landen große kost u. erbeit gehebt.* Die Judischait habe seit langem keine Steuern mehr an das Reich bezahlt, daher sei es nur recht und billig, von derselben nun *ein redlich steuere und hilfe* einzufordern.[73]

Gemeint war nicht die jährlich fällige Kopfsteuer (genannt Goldener Opferpfennig) und auch nicht andere jährlich fällige Steuern – die regulären Judensteuern hatte Sigismund gleich nach seinem Amtsantritt verpfändet oder mehr oder weniger erfolgreich einziehen lassen –, sondern eine seit langem nicht erhobene Sondersteuer. Den dritten Teil ihres fahrenden Vermögens sollten Juden dem König überlassen, damit dieser das Konzil finanzieren konnte, mit welchem er die Einheit der katholischen Kirche wiederherstellen wollte.

Sigismunds Vater Kaiser Karl IV. (König 1346–1378, Kaiser ab 1355) hatte nach den Pestpogromen 1348/49 den Schutz der Juden weitgehend den Fürsten und Reichsstädten überlassen, in denen bald wieder Juden aufgenommen worden waren. Für das Reich hatte Karl IV. weiterhin den von Ludwig dem Bayern 1342 eingeführten Goldenen Opferpfennig beansprucht. Karls IV. Sohn Wenzel (1361–1419, römisch-deutscher König

1376–1400) hatte als König die Zuständigkeit über die Juden als Kammerknechte des Reiches erneut beansprucht und seine Machtstellung zur Ausplünderung der Juden genutzt. Er hatte Ende des 14. Jahrhunderts in zahlreichen Städten die Außenstände jüdischer Bankiers beschlagnahmen lassen und den Gewinn mit Stadtobrigkeiten und Fürsten geteilt.[74] Der Versuch seines Nachfolgers König Rupprecht (1400–1410), eine Sondersteuer einzufordern, scheiterte an fehlender Durchsetzungsmöglichkeit.[75] Stattdessen hatte er sich alle drei bis vier Jahre das Versprechen, keinen Schuldenerlass wie sein Vorgänger König Wenzel zu verfügen, mit einer Sonderabgabe von den Juden bezahlen lassen.

Die Vorgehensweise Sigismunds macht deutlich, dass es ihm nicht nur um die Erhebung einer Sondersteuer zur Finanzierung der Konzilskosten ging, sondern auch um die Festigung seiner Position gegenüber den Reichsstädten und Landesherren. Mit der Erhebung der Sondersteuer bekräftigte Sigismund seinen Anspruch, direkter Schutzherr der Juden zu sein.[76] Geschickt betonte er gegenüber den Fürsten und Reichsstädten seinen Herrscheranspruch, indem er diese mit dem Einzug der Steuer beauftragte. Seine Beamten forderten die Steuerzahlung von den Städten, welche sich das ausgelegte Geld von ihren Juden zurückholen sollten.

Die Städte Augsburg, Eichstätt, Ulm und die mit Ulm verbündeten Städte in Schwaben forderte Sigismund auf, den Steuereinziehern Hirt von Saulheim und Haupt von Pappenheim *ein redlich steure und hilfe* zu entrichten. Nach Frankfurt schickte er den königlichen Bevollmächtigten Wigleis Schenk von Geiern[77], nach Rothenburg seinen Rat Erkinger von Seinsheim[78]. Sigismund hatte es eilig mit der neuen Steuer. Am 1. Oktober erschien er in Nürnberg und quittierte einen Abschlag in Höhe von 6000 Gulden auf die 12 000 Gulden betragende Steuer. Am 4. Oktober befahl er den Rothenburger Juden 2000 Gulden zu zahlen, die er persönlich vier Tage später abholte.

In der auf S. 104 abgedruckten Übersicht fehlen wichtige Reichsstädte wie Frankfurt und ganze Gebiete im Osten, wo die Durchsetzung seiner Ansprüche auf den Widerstand der Landesfürsten stieß. Andere zahlten erst mit erheblicher Verzögerung. So sammelte der königliche Kämmerer Konrad von Weinsberg noch 1418 von den Zürcher Juden den 3. Pfennig ein.[81] Sigismund liess den 3. Opferpfennig nicht gleichzeitig im Reich einziehen, sondern zunächst nur in den schwäbischen Städten. Den Frankfurter Juden schickte er am 9. Dezember 1414 nochmals seinen Hofrichter Graf Günther von Schwarzburg und den Ritter Rumlian von Kobern, um über die fällige Abgabe zu verhandeln.[82] Im Januar 1415 schickte er Erkinger von Seinsheim nach Regensburg, Straubing, Denkendorf, Vilshofen, Schaerding, Landau und Dingolfing, um dort von den Juden den 3. Opferpfennig einziehen zu lassen.[83] Im April 1415 schickte er seine Sendboten in den Nordosten des Reiches mit dem Hinweis, *die Judenschaft in Franken Baiern Schwaben Elsass und am Rheine habe ihm bereits den dritten Pfennig bezahlt.*[84] Mit Regensburg verhandelte Sigismund noch 1417 wegen des 3. Pfennigs.[85] In Thüringen und Meißen begann erst zu Beginn des Jahres 1418 die Einziehung des Dritten Opferpfennigs.[86]

Tab. 1: Der von Sigismund geforderte Dritte Pfennig betrug:

Ort	Datum	Regest Nr.	Betrag	Weitere Nachweise
Nürnberg	1.10.1414	1228	6 000	
Augsburg	1.10.1414	1229	2 800	
Kempten	1.10.1414	1230	280	
Ulm	1.10.1414	1231	933	
Esslingen	1.10.1414	1232	300	
Heilbronn	1.10.1414	1233	1 000	Nach Nübling 1 200[79]
Memmingen	1.10.1414	1234	300	
Nördlingen	1.10.1414	1235	866	Quittiert am 25.11.1414 einen Betrag von 466 fl u. 2 Terzien
Weissenburg	1.10.1414	1236	822	
Schweinfurt	1.10.1414	1237	500	
Nürnberg	2.10.1414	1242	6 000	(2. Rate)
Rothenburg	4.10.1414	1249	2 000	
Windsheim	4.10.1414	1249	1 500	Nach Nübling 2 400
Friedberg	9.12.1414	1234	1 000	
Mühlhausen	1.10.1414	1229	2 800	
Eichstädt Bistum	25.11.1414	1336	870	
Reutlingen	6.2.1414	1435	1 400	
Erfurt	19.9.1416	1986	6 000	
Bayern	10.3.1417	2101	2 030	
Köln			12 000	RTA 7 Nr. 160[80]
Hall			2 000	Nübling S. 448
Worms			1 000	Nübling S. 449
Oppenheim			1 000	Nübling S. 448
Mainz			2 000 ?	Nübling S. 449
Regensburg	8.1.1417	2026	Mind. 1000 franz. Kronen	
Überlingen			4 000	Nübling S. 459
Frankfurt			5 000	siehe Anmerkung 87

In den ersten beiden Oktoberwochen 1414 nahm Sigismund mindestens 24.800 Gulden aus dieser Vermögensabgabe ein. Insgesamt dürften deutlich über 70 000 Gulden an Einnahmen aus dem 3. Opferpfennig erzielt worden sein.[87] Vermutlich lag der Gesamtbetrag deutlich höher: 1418 ermächtigte Sigismund den Burggrafen Johann von Nürnberg, »alle Abgaben der Judenschaft im Reiche« mit Ausnahme bereits verpfändeter Judensteuern »einzunehmen und davon 20 000 ungarische Gulden, die er ihm schuldete, zu behalten«.[88] Zum Vergleich: Die Abrechnung des Juden Lewen Colner[89] für die Einziehung des zehnten Pfennigs und aller Strafgelder in den zurückliegenden zwei Jahren ergab am 29. Mai 1417 eine Summe von 9 612 ½ Gulden, von denen 2500 Gulden an Auslagenersatz und Lohn abzuziehen waren.[90] In den ersten Jahren seiner Regierung hatte Sigismund geklagt, »ihm würden jährlich nur um die 13 000 fl« an Einnahmen zufließen.[91] Die Einnahmen waren wohl auch deshalb so niedrig gewesen, weil viele Steuern verpfändet waren. Auch die Einnahmen aus dem 3. Opferpfennig standen Sigismund nicht vollumfänglich zur Verfügung, einiges war schon vorab für Schuldentilgung und Verpfändung vorgesehen, so u. a. auch für die Bezahlung seines Gewandschneiders in Speyer.[92] Dennoch dürfte für die königliche Kasse reichlich Geld übriggeblieben sein, auch wenn das Eintreiben des 3. Opferpfennigs wohl schwieriger war als gedacht. Die Stadt Rothenburg musste Sigismund in Schutz nehmen, da sie von »Reichsständen« wegen des Einzugs der Judensteuer angefeindet wurde.[93] Dort »hatten die Juden der Stadt 1414 bereits eine außerordentliche Kriegssteuer entrichtet, als Sigismunds Forderung nach seiner außerordentlichen Steuer eintraf. Der Rat ließ daraufhin alle Juden im städtischen Gebiet verhaften, bis sie mit der Steuerzahlung von 2 000 fl. einverstanden waren.«[94]

DAS JUDENPRIVILEG VON 1415

Im Juni 1415 hatte sich Sigismund bereits seit gut fünf Monaten in Konstanz aufgehalten, wo sich das Konzil in die Länge zu ziehen begann. Papst Johannes XXIII., der das Konzil am 5. November 1414 feierlich eröffnet hatte, war geflohen und wieder gefasst worden. Das Konzil drohte auseinanderzubrechen, doch Sigismund setzte sich durch und spätestens mit der erneuten Einberufung des Konzils durch Gregor XII. am 4. Juli 1415 und seinem am selben Tag erklärten Rücktritt war das Ziel einer Wiedervereinigung der Kirche in greifbare Nähe gerückt. Nun musste der Gegenpapst Benedikt XIII. noch zum Rücktritt bewegt werden. War die unvorhergesehene Verlängerung des Konzils der Grund, dass Sigismund Mitte 1415 ein Darlehen bei dem Konstanzer Bankier Mosse aufnehmen musste? Er verpfändete ihm dafür die halbe Judensteuer in den Bistümern Bamberg und Würzburg sowie den Goldenen Opferpfennig für die Jahre 1413 bis 1415.[95]

In dieser für ihn schwierigen Situation gab Sigismund am 6. Juni 1415 den im römisch-deutschen Reich wohnenden Juden einen Freiheitsbrief.[96] In einem Schreiben vom 16. Juni 1415 an seinen Kämmerer Konrad von Weinsberg hat Sigismund seine Vorgehensweise mit der schwierigen Lage der Juden begründet. Durch die Übertragung der Judenbesteuerung an die Städte im Jahr 1385 wären diese *geleidigt, beswaret, beschätzt, flüchtig gemacht und vertrieben befunden.* »Die Juden wieder als des Reiches Kammerknechte einzusetzen und zu schützen«, bezeichnete er als Aufgabe des Königs und versprach, dies nach Ablieferung der Steuer auch zu tun.[97] Es ist kaum anzunehmen, dass Sigismund allein aus solch hehren Motiven gehandelt hat. Der Druck der jüdischen Gemeinden auf ihn dürfte enorm gewesen sein. Dem Schirmbrief vorausgegangen war wohl ein Judentag in Konstanz.[98] Zumindest beschwerte sich Sigismund darüber, dass die Juden zu Köln, Mainz und Nürnberg ihm keine Gesandten geschickt hätten und schickte ihnen daher aus Konstanz[99] den Juden Colner, um mit ihnen zu unterhandeln.[100] Da die Nürnberger Juden bereits den 3. Opferpfennig bezahlt hatten, kann diese Abgabe nicht Gegenstand der Verhandlungen gewesen sein. Auch hatte Sigismund im Falle des 3. Opferpfennigs nicht unmittelbar mit den Juden, sondern mit der jeweiligen Stadt, in der sie ansässig waren, verhandelt.[101] Möglicherweise hatten die jüdischen Gemeinden im Reich auf Verhandlungen gedrängt, um weitere Sonderabgaben neben dem jährlich zu entrichtenden Goldenen Opferpfennig zu verhindern. Sigismund hatte die Juden an der Einziehung der Steuer aktiv beteiligen wollen und Lew Colner damit beauftragt. Ihm hatte er auch »das Recht übertragen, den jüdischen Bann auszusprechen und Judenmeister zu ernennen.«[102] Colner dürfte damit Nachfolger des 1415 verstorbenen Judenmeisters Israel geworden sein.

Die erste Bestimmung des Juden-Privilegs von 1415 zeigt, dass dieser Schirmbrief in unmittelbarem Zusammenhang mit der 1414 erhobenen Sondersteuer zu sehen ist[103]: *das wir noch iemand ander, wer der si, kein bede noch steure ußgenommen die gewonliche jerliche judenstewer von in nehmen oder heischen sollen wider iren guten willen.* Der zweite Paragraph erinnert an die Judenschuldtilgungen unter Sigismunds Bruder Wenzel: *Item wer den Juden oder Judinnen schuldig ist oder schuldig wirt, diesselben schuld sollen noch wir noch niemantz anders abtün ledig sagen oder satzung dorinne machen.* Die weiteren Freiheiten betreffen Zollfreiheit, Beibehaltung ihrer bisherigen Abgaben und Vertreibungsschutz. Falls Juden vertrieben worden waren, sollten *diesselben fursten und stete Juden und Judinnen wider ufnemen haben und halden [...] und mogen, als von alter herkomen ist.* Die Kinder der Juden sollten künftig nicht gewaltsam geraubt und zur Taufe gezwungen werden. *Niemant sol der Judenscheit kein Satzung machen, wie si ir geld sollen ußlihen anders, danne von alters herkommen ist.* Diese Bestimmung bestätigt Sigismunds Interesse an der Geldleihe der Juden. Sigismund behielt sich das Recht vor, den Juden einen Richter zu geben, der ihre Freiheiten schützen und nach *des richs hofgericht recht* urteilen sollte, *an und in welhen steten und merkten dorfern oder enden si des begert und des notdurftig ist.*

Das Judenprivileg vom 6. Juni 1415 gibt zugleich einen Eindruck von den Problemen, mit denen die jüdische Bevölkerung im Alltag konfrontiert war. Sigismunds Zusage, die Juden besser zu schützen und in ihren Rechten zu stärken, musste jedoch an den politischen Realitäten scheitern. Sigismunds Vater Karl IV. hatte den Schutz der Juden den Fürsten und Städten übertragen, die nun nicht bereit waren, diese Machtposition freiwillig zu räumen. Sigismund fehlte die politische Macht, in die Befugnisse der Fürsten und Städte hineinregieren zu können. So bedankte er sich 1417 ausdrücklich beim bayrischen Herzog Ludwig für die Erlaubnis, von den in seinen Landen wohnenden Juden den 3. Opferpfennig erheben zu dürfen.[104]

Das Judenprivileg kann als Versuch angesehen werden, das Bestimmungsrecht über die ›Kammerknechte‹ wieder der Krone zuzuweisen. Diesem Zweck diente auch die Ernennung von Judenmeistern, auch wenn diese von den jüdischen Gemeinden oftmals nicht anerkannt wurden. Als 1415 der noch von König Ruprecht eingesetzte Judenmeister Israel verstarb, beauftragte Sigismund noch von Konstanz aus seinen Kämmerer Konrad von Weinsberg, neue Judenmeister bzw. Rabbi einzusetzen,[105] ein Recht, das er auch Lew Colner zugestanden hatte.[106] (Erst am 6. November 1418 ist mit der Ernennung des Würzburgers Haim Isaak ein weiterer Judenmeister belegt.[107])

Das Judenprivileg von 1415 muss auch in Zusammenhang mit der am 11. Mai 1415 erlassenen Bulle »Etsi Doctoris Gentium« des Gegenpapstes Benedikt XIII. gesehen werden, die sich u. a. vehement gegen den Wucher der Juden wandte und eine Missionierung der Juden forderte. Nicht zu übersehen ist die zeitliche Nähe dieser Bulle »zu den nicht zuletzt um seine Absetzung kreisenden Konzilsverhandlungen in Konstanz.«[108] Pedro de Luna war vor Erlangung der Papstwürde als Professor des kanonischen Rechts an der Universität Montpellier tätig gewesen und hatte sich bereits vor seiner Papstwahl mit der Frage der Beziehungen zwischen Christen und Juden eingehend beschäftigt. 1413 hatte er Vertreter der Juden zu Religionsgesprächen nach Tortosa eingeladen, die mit einer Verurteilung der jüdischen Religion endeten. »Vermutlich sollten die scharf reglementierten Vorgaben Benedikts XIII. aus dem Jahre 1415, die unter anderem die Kennzeichnung der Juden und die Separierung der jüdischen Wohnbereiche innerhalb der Städte sowie Zwangspredigten und intensive Bekehrungsbemühungen vorschrieben, dem schismatischen Papst zunächst mit Blick auf seine auf der Iberischen Halbinsel angesiedelte und zu jener Zeit noch nicht auf dem Konzil vertretene Obödienz Unterstützung sichern, doch dürfte auch ein über dieses hinausgehendes Echo seiner päpstlichen Bestimmungen intendiert gewesen sein.«[109] Im Dezember 1415 verlor jedoch Pedro de Luna seine letzten Unterstützer, die spanische Nation schickte eine Delegation zum Konstanzer Konzil und beteiligte sich an der Neuwahl des Papstes im November 1417. Die Absetzung Benedikts XIII. durch das Konstanzer Konzil am 26. Juni 1417 war dann nur noch eine Formsache.

DAS KONSTANZER KONZIL UND DIE JUDENFRAGE

Das Konzil in Konstanz ignorierte die Bulle des schismatischen Papstes und hielt sich auch gegenüber den Juden auffällig zurück. Das Konzil erlaubte getauften Juden, die Hälfte ihres durch Wucher erworbenen Vermögens zu behalten und begnügte sich mit dieser »rein wirtschaftlichen Maßnahme, die nur den Kreis der schon halb dem Christentum zugehörigen Juden« betraf: »nichts von einem positiven Versuch, die Juden für die Kirche zu gewinnen; nichts von einem Kampfe gegen den jüdischen Geldhandel, wie ihn« der französische Kardinal »d'Ailly gewünscht hatte.«[110] D'Aillys Forderung, den Juden den Wucher zu verbieten und ihnen stattdessen handwerkliche Tätigkeiten zu erlauben, hätte einen radikalen Wandel in der Judenpolitik der Kirche bedeutet. Max Simonsohn sieht den Grund für die Ablehnung solcher Vorschläge in der Position des Königs: »König Sigismund war der allerletzte, der die Bekämpfung des jüdischen Geldhandels gefördert hätte; verstand er es doch, wie nur wenige seiner Vorgänger und Nachfolger, das Vermögen der Juden für seine und des Reiches Zwecke zu nutzen.«[111] Simonsohn geht davon aus, dass Sigismund gezielt die Ausplünderung der Juden betrieben habe und der 3. Opferpfennig nur der Beginn einer Strategie zur weiteren Ausplünderung gewesen sei. Damit unterstellt er zugleich, Sigismunds Judenprivileg sei nur eine Farce gewesen. Diese Sichtweise muss als zu einseitig zurückgewiesen werden, auch wenn in der Forschung immer wieder betont wurde: *Am besten scheint es Sigmund verstanden zu haben, aus jeder möglichen und unmöglichen Gelegenheit Geld [von seinen Juden] herauszuschlagen.*[112] Hruza vertritt die These, dass Sigismunds *Bemühungen, die Juden besser zu organisieren und dadurch für den Herrscher ansprechbarer und greifbarer zu machen*, im Zusammenhang mit seinen fiskalischen Maßnahmen stehen.[113] Bezogen auf Sigismunds gesamte Herrschaftszeit mag diese These richtig sein. Das Judenprivileg von 1415 kann jedoch unter einem anderen Aspekt gesehen werden: Sigismund verlieh, wie schon beschrieben wurde, für in Anspruch genommene Leistungen, gern Privilegien. Immerhin sah er sich 1415 in der Pflicht (oder unter Druck), den Juden für die geleistete Zahlung etwas zurückzugeben. Noch zweimal sollte er später von den Juden den drittel Teil ihrer fahrenden Habe verlangen, ohne ihnen erneut einen solch umfassenden Schirmbrief bzw. eine Privilegienbestätigung auszustellen.

Eine Bekämpfung des jüdischen Geldhandels kam für das Konzil schon aus anderen Gründen nicht in Frage, war doch in die Frage des Wuchers durch die Diskussion über den Rentkauf Bewegung gekommen.[114] Ein striktes Zinsverbot hätte auch angesichts italienischer Banken (Medici, Fini) im Dienst der päpstlichen Kurie kaum Chancen auf Durchsetzung gehabt. Sieben Jahre später lockerte Papst Martin V. das den Christen auferlegte Zinsverbot. Und ab 1463 verbreiteten sich die auf Betreiben der Franziskaner gegründeten Montes pietates (oder Monte di Pietà), kirchliche Kreditinstitute, welche zur Steuerung »der durch das kirchliche Zinsverbot verursachten Kreditnot« Geld gegen Zins auszuleihen begannen.[115]

Dass Sigismund bereits nach vier Jahren sein Versprechen, keine weiteren Sondersteuern von den Juden zu erheben, brechen würde, war 1417 noch nicht absehbar. Die von Sigismund ab 1415 betriebene Ansiedlungspolitik von Juden gerade in den neu erhobenen Reichsstädten mag mit den damit verbundenen Steuerabgaben finanzielle Ziele verfolgt haben, sie kann aber auch unter dem Aspekt der Förderung jüdischer Aktivitäten betrachtet werden. So übte Sigismund Druck aus auf die nach der Achterklärung Friedrichs von Habsburg an das Reich gefallenen und nun reichfreien Städte Diessenhofen, Freiburg, Radolfzell, Schaffhausen u. a., Juden in ihren Städten aufzunehmen.

Die Haltung des Konzils zur Judenfrage war auch beeinflusst durch den Humanismus, welcher zu einer veränderten Wahrnehmung des Judentums führte. Das Interesse, auch biblische Texte in der Originalsprache zu lesen, führte dazu, dass sich Humanisten (wie Poggio Bracciolini in Konstanz) von Juden in die hebräische Sprache einführen ließen.[116] Wie sehr sich die Wahrnehmung der jüdischen Religion mit dem Beginn der Renaissance wandelte, zeigt ein Blick in die Kirche St. Johann in Stein am Rhein. Wenige Wochen oder Monate nach Konzilsende ausgemalt, steht dort mit Zacharias ein jüdischer Priester an zentraler Stelle des Bilderzyklus, der mit seinem Tallit im Tempel am Altar stehend gezeigt wird. Natürlich wird Zacharias Sprachlosigkeit überwunden durch den christlichen Priester am Kirchenaltar, doch ein Blick in die nur zehn Kilometer entfernte Gallus-Kirche in Oberstammheim zeigt, wie Juden bis dahin in der Kirchenmalerei wahrgenommen worden waren: ausschließlich als Mördervolk Jesu.

DIE PÄPSTLICHE PRIVILEGIENBESTÄTIGUNG

Die jüdische Delegation, die im November 1417 dem neu gewählten Papst gegenübertrat, mag dies durchaus in der Hoffnung getan haben, dass sich die Situation der Juden unter dem neuen Papst verbessern möge. Zu den Mitgliedern dieser Delegation zählten der Lindauer Jude Sanwel[117] – er wurde bereits eingangs vorgestellt – sowie Rabbi Joseph aus Schlettstadt. In den Stadtrechten von Schlettstadt findet sich ein Hinweis vom 12. Juli 1417, dass Joseph die Stadt in Richtung Konstanz verlassen wollte. 1418 ist er in Konstanz nachweisbar, ihm wurde zusammen mit den Konstanzer Juden Lazarus[118], Isaak und Judas der Einzug der Bullensteuer übertragen.[119] Außerdem war in Konstanz anwesend Abraham von Leipzig, Hofjude des Markgrafen Friedrich von Meißen, der am 13. April 1417 prunkvoll in Konstanz eingezogen war. Da Abraham in Meißen die Einziehung des Dritten Pfennigs organisiert und er den Markgrafen auch finanziell unterstützt hatte, ist anzunehmen, dass Abraham in Begleitung des Markgrafen nach Konstanz kam. König Sigismund dankte ihm seine treuen Dienste am 8. Mai 1418 mit der Ausstellung eines Schutzbriefes für ihn, seine Familie und seine Habe.[120] Abraham galt als reicher Jude, der im Geldgeschäft tätig war; nach 1418 ließ er sich in Leipzig nieder.[121] Riegel hat in seinem Verzeichnis der Konzilsteilnehmer zehn Juden aufgeführt, die zum Konzil nach Konstanz gekommen waren, wobei er die Namen aus den Urkundenregesten zusammengestellt hat.[122] Auffallend ist die Zahl der jüdischen Bankiers in dieser Liste, die zugleich für den König als Steuereintreiber tätig waren (Lew Colner, Lazarus, Abraham von Leipzig) bzw. es noch wurden (Merkel, Isaak, Judas, Levi, Salomon, alle aus Konstanz sowie Isaak (ohne Herkunftsort)). Möglicherweise war auch Rabbi Josef von Schlettstadt im Finanzgeschäft tätig bzw. wechselte nach seinem Umzug nach Konstanz in dieses, da auch er als Steuereinzieher tätig wurde. Auffallend ist ebenfalls das Fehlen von Vertretern der bedeutendsten jüdischen Gemeinden im Reich. Köln, Frankfurt, Nürnberg, Erfurt, die Städte mit den nominell höchsten jüdischen Steuerabgaben, waren in Konstanz nicht vertreten, wie auch aus der schon angeführten Beschwerde von 1415 hervorgeht. Da die jüdischen Gemeinden in Oberitalien auf ihrer Tagung am 18. Mai 1418 in Forli eine eigene Deputation zu Martin V. nach Rom schickten, um Immunitäten und Privilegien bestätigen zu lassen (was 1419 auch geschah), ist davon auszugehen, dass nur Vertreter der Juden nördlich der Alpen Mitglied der Delegation waren, auch wenn die Juden in Savoien und Bresse in die Privilegienbestätigung einbezogen waren.[123]

EIN ANGEBOT ZUR VERSÖHNUNG?

Welche Legitimation diese Delegation von den Juden im Reich erhalten hatte, ist nicht bekannt, wohl aber, dass sie im Namen der Judenschaft im Reich den neugewählten Papst um die Bestätigung der bisher von den Päpsten gewährten Privilegien bat. Dass die Konstanzer Juden im Austausch mit anderen jüdischen Gemeinden standen, belegt ein in der Judaica Germanica III zitierter Brief der Konstanzer Juden an die Nürnberger Gemeinde, welcher dem Nürnberger Burggrafen zur Kenntnis gelangte. Die Bitte um Privilegienbestätigung, verbunden

Abb. 7: Bildliche Darstellung der jüdischen Delegation in der Konstanzer Handschrift der Richentalchronik (Rosgartenmuseum).

mit der Überreichung einer Prachtrolle der Thora, »gehörte in Rom zum traditionellen päpstlichen Krönungszeremoniell«.[124] Bemerkenswert aber ist die Art und Weise, wie die jüdische Delegation um die Bestätigung der Privilegien bat. Sie trat nicht in der Rolle eines demütigen Bittstellers und einer um Sicherheiten bettelnden Randgruppe auf, sondern ihr Auftritt zeugt von einem ausgeprägten Selbstbewusstsein und dem Wissen um die eigene Bedeutung. Fast möchte man meinen, sie trat Papst und König auf Augenhöhe gegenüber, wäre da nicht der Kniefall vor dem Papst gewesen. Eine besondere Bedeutung kommt bei diesem Auftritt der Kleidung zu. Der Chronist Ulrich Richental bemerkt ausdrücklich, dass die Juden mit einem Gewand bekleidet waren, das sie sonst nur am Versöhnungsfest in der Synagoge trugen.[125] Am Versöhnungsfest trägt ein Jude heute ein Gewand, welches ihn auch im Tod kleiden wird. Sein Sargenes (oder Kittel) erhält ein Jude zur Bar Mizwa, es begleitet ihn sein Leben lang und wird nach seinem Tod sein Leichenhemd sein. Am Versöhnungsfest symbolisiert das weiße Kleidungsstück die Reinheit, wenn der Betende von seiner Schuld freigesprochen wird. Es erinnert zugleich an den Tod und daran, dass vor Gott alle Menschen gleich sind. Aus Richentals Bemer-

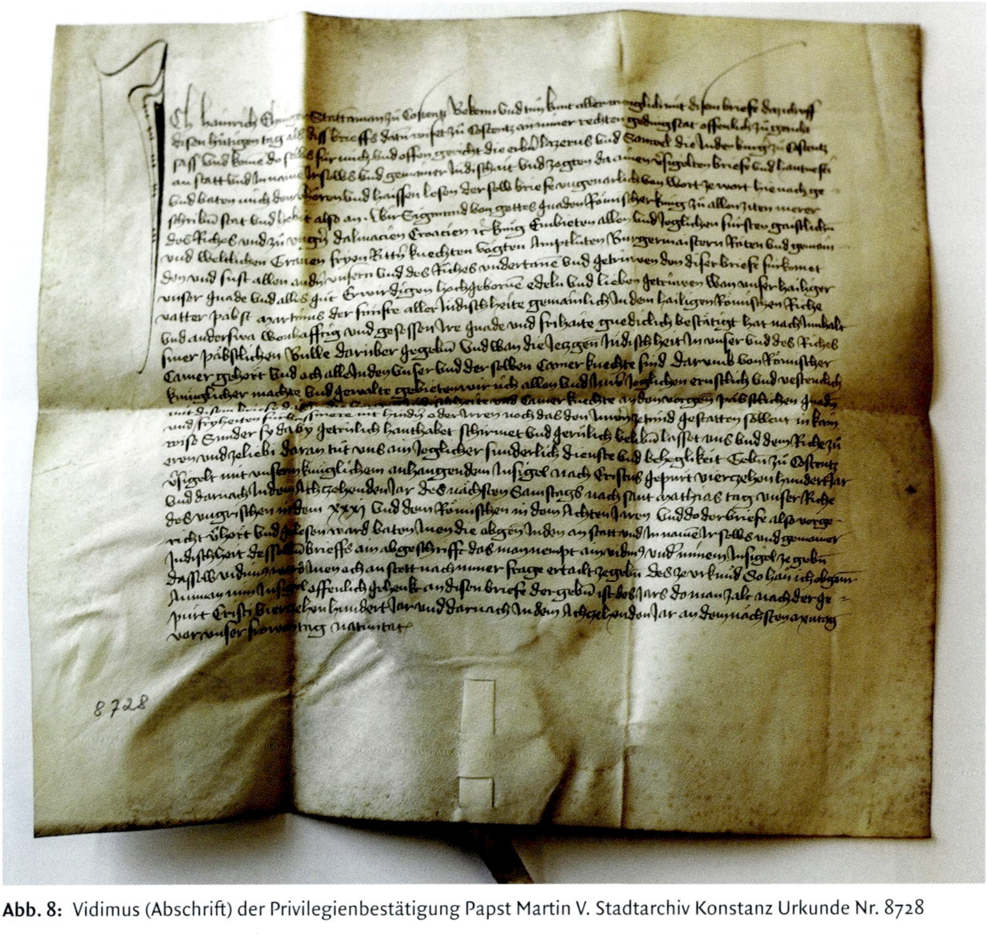

Abb. 8: Vidimus (Abschrift) der Privilegienbestätigung Papst Martin V. Stadtarchiv Konstanz Urkunde Nr. 8728

kung geht leider nicht hervor, wie dieses Gewand ausgesehen hat. Die Illustrationen der Konstanzer und der Prager Chronik zeigen die Juden jeweils in bodenlange Gewänder gekleidet, die zumindest im Falle der Konstanzer Chronik auch als kostbare Gewänder gedeutet werden können. Es bleibt aber die Frage, warum die jüdische Delegation ein Gewand anlegte, welches sie sonst nur zum Versöhnungsfest trug. Ganz sicher war es kein Versehen. Sollte es ein Angebot zur Versöhnung sein?

Richental war sich wohl der Tragweite und Folgen dieses Vorganges bewusst. Er erweckt den Eindruck, der Papst habe sich angesichts ihres Auftrittes von den Juden abgewandt.[126] König Sigismund habe vermittelnd eingreifen und die Juden zurechtweisen müssen. Wie hat das in der Gasse versammelte Volk auf den Auftritt der jüdischen Delegation reagiert? Der Auftritt war öffentlich gewesen und es war der einzige Vorfall dieser Art während des ganzen Umzugs, zumindest berichtet Richental von keiner weiteren Unterbrechung. Hatten die Menschen den Atem angehalten ob der Provokation oder war ihnen die Brisanz des Auftritts nicht aufgefallen? Eine Antwort darauf ist nicht überliefert. Richental immerhin war so beeindruckt, dass er eine Zeichnung von dieser Begegnung in seine Chronik aufnehmen ließ.

Es sollte noch drei Monate dauern, bis die jüdische Delegation die Bestätigung ihrer Privilegien am 26. Februar 1418 in den Händen halten konnte. Zuvor hatten die Vertreter der Juden Verhandlungen mit König Sigismund zu führen über eine an ihn zu entrichtende Vermittlungsgebühr. Sigismund verlangte für seine Bemühungen beim Papst den *Dritten Pfennig des Zehnten Pfennig* von *allen Juden im ganzen Reiche* zusätzlich zur jährlichen Judensteuer und dem Goldenen Opferpfennig, war aber im Unterschied zur Steuererhebung des 3. Pfennigs diesmal bereit, Juden an der Festsetzung und Einziehung der Steuer zu beteiligen.[127] Die päpstliche Bulle erhielten die Juden erst, nachdem sie die Zahlung der Bullensteuer zugesagt und die Konstanzer Gemeinde 600 Gulden an den Markgrafen Friedrich von Nürnberg zu zahlen versprochen hatte.[128] Auffallend ist, dass die Urkunden nur über Zahlungen an den König berichten, nicht aber an den Papst bzw. die Kurie. Ob an diese zusätzliche Zahlungen zu leisten waren, muss daher offen bleiben, ebenso ob Sigismund die Einnahmen mit dem Papst teilen musste. Denkbar ist auch eine Übertragung des Rechts zur Einziehung der Bullensteuer durch Papst Martin V. an Sigismund. Die oberitalienischen Juden zahlten für ihre Privilegienbestätigung direkt an den Papst.[129] Die Höhe der aus dieser ›Bullensteuer‹ erzielten Einnahmen lassen den Verdacht aufkommen, auch diese Steuer habe die finanzielle Lage Sigismunds bzw. des Reiches verbessern sollen. Dafür sprechen auch die Anweisungen Konrads von Weinsberg an seine Steuereintreiber, den Juden in Wien und Österreich 3 000 Gulden abzuverlangen, sich aber auch mit 2 000 Gulden zufrieden zu geben.[130]

In der Literatur wird gemeinhin darauf verwiesen, dass »auf Sigismunds Veranlassung hin« Papst Martin V. den Juden ihre Freiheiten und Privilegien bestätigt habe.[131] Da der neugewählte Papst in den folgenden Jahren weitere judenfreundliche Dekrete erlassen hat und er vehement gegen die den Juden vorgeworfenen Blutbeschuldigungen vorging[132], kann davon ausgegangen werden, dass er nicht groß überzeugt werden musste. Auch gebot er den Predigermönchen bei Androhung der Strafe des Bannes, sich jeglicher Aufreizung des Volkes zu enthalten.[133] Vergleicht man die von Martin V. gewährten Privilegien mit der Bulle des Gegenpapstes Benedikt XIII., wird der Unterschied überdeutlich: während Benedikt den Verkehr zwischen Juden und Christen unterbinden wollte, lockerte der neugewählte Papst die Bestimmungen: nicht nur schränkte Martin V. die Zuständigkeit geistlicher Gerichte ein, er erlaubte in Art. II die Vermietung von Häusern an Juden und bestimmte in Art. III, »Juden sollten gegen den Gebrauch ihres Wohnortes nicht zum Tragen von Abzeichen angehalten werden.« Art. IV schützte das »besonders von Benedikt XIII. der Vernichtung preisgegebene religiöse Schrifttum der Juden«. Er untersagte ausdrücklich die Störung jüdischer Feiern und Feste. Art. V schließlich verbot die Taufe minderjähriger Kinder gegen den Willen ihrer Eltern.[134] Erst der Nachfolger Martins V., Papst Eugen IV., kehrte zur judenfeindlichen Haltung des Gegenpapstes Benedikt XIII. zurück, dessen 1415 erlassene Bulle er zur Grundlage des Basler Konzilsdekrets ›De Iudeis et Neophitis‹ vom 7. September 1434 machte.

Abb. 9: Zacharias im Tempel, mit Tallit am Altar stehend. Kirche St. Johann, Stein am Rhein, um 1420

DAS KONZIL UND DIE FOLGEN – EINE KIRCHE WIRD AUSGEMALT

Für die jüdische Bevölkerung dürfte mit der Wahl dieses Papstes und den von ihm bestätigten Privilegien sowie dem königlichen Freiheitsbrief von 1415 die Hoffnung verbunden gewesen sein, dass ein respektvolles Zusammenleben von Juden und Christen möglich sein könnte. Ausschlaggebend dafür war die von Sigismund ab 1415 verfolgte Ansiedlungspolitik von Juden, trotz des Widerstands aus den Reichsstädten, welche auf ihren Rechten beharrten. So zögerte die 1415 erneut zur Reichsstadt erhobene Stadt Schaffhausen die Ansiedlung von Juden bis 1421 hinaus.[135] Dass die Hoffnung auf ein friedliches Zusammenleben nicht unbegründet war, zeigt ein Blick in die wenige Kilometer von Konstanz entfernte Kirche St. Johann in Stein am Rhein. Diese erhielt um 1420 einen Freskenzyklus, der ganz auf die judenfeindlichen Darstellungen verzichtete, welche noch zwanzig Jahre zuvor in Kurzdorf bei Frauenfeld üblich gewesen war. In Kurzdorf, eine ebenfalls Johannes dem Täufer geweihte Kirche, sind nur wenige Bilder eines um 1400 entstandenen Bilderzyklus erhalten geblieben. Die Bildsprache steht hier noch ganz in der judenfeindlichen Tradition der Kirchenmalerei, wie sie seit Beginn des 14. Jahrhunderts in der Bodenseeregion üblich geworden war. Ein Jude treibt mit dem Hammer einen Nagel durch Jesu Hand und wird so zum Mittäter bzw. Mörder. In einem anderen Bild stören drei Juden das Begräbnis Marias und versuchen, ihren Sarg umzustürzen. In der Kirche St. Johann in Stein am Rhein dagegen sehen wir den Priester Zacharias – er

Abb. 10: Eine Jude treibt den Nagel durch die Hand Jesu. Kirche St. Johann, Kurzdorf bei Frauenfeld, um 1400.

ist der Vater von Johannes dem Täufer – mit seinem Tallit das Haupt bedeckend am Altar stehen. Weitere Bilder zeigen Juden mit bedecktem Haupt (Judenhut) in der Synagoge, aber keinen Juden in diskriminierender Haltung geschweige denn als Mörder Jesu. Diese respektvolle Haltung den Juden gegenüber macht die Kirche St. Johann in der Bodenseeregion einzigartig. Gisela Wackers Bemerkung zur Darstellung der Juden in den Handschriften A und Pr der Richentalschen Konzilschronik kann mit Einschränkung auch auf die Darstellungen in der Kirche St. Johann bezogen werden: »Diese ungewöhnlich positive Darstellung der Juden ist selten in der mittelalterlichen Kunst. Juden im Tallith ohne diskriminierende Abzeichen sind meines Wissens nur dort zu finden, wo sie, wie in England, längst vertrieben worden waren und unter veränderten Bedingungen des 14. und 15. Jahrhunderts keine direkte Konfrontation mit der nichtjüdischen Bevölkerung mehr stattgefunden hatte. Die ursprüngliche Darstellungsform spiegelt daher eine ungewöhnlich sachliche bis positive Einstellung für eine Stadt mit großer Judengemeinde wieder und dokumentiert eine bemerkenswerte Toleranz gegenüber anderen Glaubensgemeinschaften. Die Juden werden zwar als eine besondere, in sich geschlossene Gemeinde betrachtet, die aber Teil der städtischen Gesellschaft ist.«[136] Wackers Interpretation beschreibt eine Haltung, wie sie für einige Intellektuelle der Renaissancezeit gegolten haben mag, die aber in Konstanz und der Bodenseeregion bestenfalls nur kurze Zeit Bestand hatte. Spätestens Mitte der 1420er Jahre sind in Kirchen der Region wieder Juden diskriminierende Darstellungen zu finden, in den Konflikten 1428/29 dominierte erneut eine judenfeindliche Haltung. Wackers Darstellung bedarf allerdings auch einer Korrektur, denn in Stein am Rhein waren zur Zeit der Ausmalung der Kirche St. Johann keine Juden ansässig. Und auch in Konstanz hatte die Judenfeindschaft bereits wieder eingesetzt, als die Illustrationen der Chronik angefertigt wurden.

Im Reich konnte sich eine judenfreundliche Stimmung ebenfalls nicht durchsetzen. Noch im Abschlussjahr des Konzils vertrieb der Konzilsteilnehmer Bischof Otto von Ziegenhain die jüdische Bevölkerung aus der Stadt Trier und dem Erzstift, wobei er an deren Enteignung 60 000 fl verdiente, ohne dass er von König oder Papst zur Rechenschaft gezogen wurde. In Basel, 1434 Konzilsort, waren bereits 1420 in der Peterskirche wieder diskriminierende Judendarstellungen zu sehen. 1423 wies Zürich seine Juden aus, und nahm sie dann doch ein Jahr später wieder auf. Als 1429 in Gerlikon bei Frauenfeld erneut eine Kirche in der Bodenseeregion ausgemalt wurde, wurden auch hier wieder Juden als Helfer bei der Hinrichtung Jesu dargestellt.

Spätestens mit dem Beginn der Hussitenkriege waren die Juden endgültig zum Ausbeutungsobjekt des Reichskämmerers Konrad von Weinsberg geworden. Sigismund bzw. sein Kämmerer verlangte 1421 erneut den Dritten Pfennig vom Vermögen der Juden als Kriegssteuer.[137] Und als 1429 Ravensburger Juden der Teilnahme an einem angeblichen Ritualmord beschuldigt wurden, interessierte sich König Sigismund nur für seine finanziellen Ansprüche an die Habe der Juden, ihre Ermordung verhinderte er nicht.[138] In Konstanz wurden die Vorgänge in Ravensburg zum Anlass genommen, gegen die jüdische Bevölkerung der Stadt vorzugehen. In den Konflikt in Konstanz schaltete sich König Sigismund ein und entschied, dass die gefangenen Juden freizulassen seien. Dafür hatten sie 10 000 fl als Beitrag zu der Summe zu leisten, welche die Stadt an König Sigismund zu zahlen auferlegt bekam. Zweitens hatten sie die Stadt mit 1 000 Gulden für die Kosten der Haft zu entschädigen und drittens verschiedenen Gläubigern Sigismunds weitere 9 000 fl zu zahlen.[139] Die Konstanzer Juden allein hätten diese Summe nicht aufbringen können. Die finanzielle Belastung für die Juden in der Region war so hoch, dass sich einige verschulden mussten, damit der Betrag aufgebracht werden konnte.[140] Zum dritten Mal leisteten Juden aus ihrem Vermögen einen Beitrag zu den Kosten des Konstanzer Konzils, das ihnen Hoffnungen auf eine Verbesserung des Zusammenlebens gemacht hatte und doch zu einer Enttäuschung wurde. 1433 verlangte Sigismund nochmals eine Sondersteuer von den Juden: anlässlich seiner Kaiserkrönung hatten sie erneut den dritten Teil ihres Vermögens abzuliefern. Karel Hruza schätzt, dass während der Regierungszeit Sigismunds von den Juden im Reich etwa 200 000 Gulden an Abgaben und Sondersteuern erhoben wurden.[141] Knapp die Hälfte dieser Abgaben stand in Zusammenhang mit dem Konstanzer Konzil. Für die Juden hatte dies eine Verarmung zu Folge, von der sich die jüdischen Gemeinden nicht mehr erholten. Als Darlehensgeber überflüssig geworden – diese Aufgaben übernahmen nach und nach christliche Geldverleiher –, wurden sie bis zur Mitte des 15. Jahrhunderts aus fast allen Reichsstädten vertrieben.

ZUSAMMENFASSUNG

Im Jahr 1413, sechs Wochen vor Bekanntgabe des Konzilsortes Konstanz, nahm der römisch-deutsche König 18 Juden aus der Bodenseeregion in den Schutz des Reiches auf, um sich ihrer Dienste als Bankiers während der Dauer des Konzils zu versichern. Weitere Juden zogen während des Konzils nach Konstanz, so dass gegenüber den Jahren vor 1413 von einer Verdopplung bis Verdreifachung der jüdischen Bevölkerung in Konstanz auszugehen ist. Trotz fehlender Berichte in der Chronik des Ulrich Richental lässt sich an Hand von Urkunden und anderen Quellen die Geschichte des Zusammenlebens von Juden und Christen in der Konzilsstadt rekonstruieren. Die Stadt schuf für die rasch wachsende Zahl von jüdischen Mitbürgern neuen Wohnraum an zentraler Stelle. Die Beziehung zwischen König Sigismund und den Juden in seinem Reich blieb zunächst ambivalent: einerseits hofierte Sigismund sie 1413 ihrer Kenntnisse des Finanzgeschäftes wegen, andererseits begann er knapp ein Jahr später, die Juden seines Reiches erstmals auszuplündern. Ein Drittel ihres fahrenden Vermögens fordert er von ihnen, womit er die Kosten des Konzils finanzieren wollte, das die Einheit der Kirche wiederherstellen sollte. Gewissermaßen als Dank stellte er den Juden in seinem Reich einen Schutzbrief aus und versprach, keine weiteren Sondersteuern von ihnen einzuziehen. Er setzte sich zudem für die Ansiedlung von Juden in den neu zu Freien Reichsstädten erhobenen ehemaligen habsburgischen Besitzungen ein. Doch die Städte zögerten, Juden bei sich aufzunehmen. Schaffhausen, das ab 1420 dem Druck nachgab, sollte den König um seinen Anteil bei den Abgaben der Juden prellen. Als im November 1417 ein allseits anerkannter Papst auf dem Konstanzer Konzil gewählt wurde, trat eine Delegation der Juden aus Sigismunds Reich ihm entgegen und bat um die Bestätigung ihrer Privilegien. Ungewöhnlich war der Auftritt der jüdischen Delegation: einheitlich gekleidet traten sie dem Papst gegenüber, die Bedeutung dieses Kleidungsstücks ist bisher von der Konzilsliteratur weitgehend ignoriert worden. Der Auftritt der jüdischen Delegation kann als Angebot zur Versöhnung gedeutet werden, doch falls es ein solches Angebot gegeben hat, wurde es enttäuscht: zwar zeugt die Ausmalung der Kirche St. Johann von einer gewandelten Haltung den Juden gegenüber, auch setzte sich der neue Einheitspapst Martin V. für die Rechte von Juden ein, doch hatte diese Entwicklung keine Chance: noch im letzten Jahr des Konzils kam es erneut zur Vertreibung von Juden, diesmal aus dem Erzbistum Trier, ohne dass König Sigismund eingriff. Im Gegenteil, für ihn wurden die Juden in seinem Herrschaftsbereich zunehmend zu einem Objekt finanzieller Willkür. Zum Hussitenkrieg mussten Juden einen Beitrag zu den Kriegskosten leisten, der deutlich über der Belastung der christlichen Bevölkerung lag. Erneut wurde der 3. Pfennig von ihnen verlangt, ebenso anlässlich der Kaiserkrönung Sigismunds. Und als nach der Ravensburger Blutbeschuldigung das Leben der Juden in der Bodenseeregion bedroht war, interessierten den König nur die finanziellen Folgen dieser Tat.

Anschrift:
Helmut Fidler, Berliner Straße 2, D-78467 Konstanz
hfidler@web.de

ANMERKUNGEN

1 Überarbeitete und erweiterte Fassung des Vortrages vom 3.6.2014 im Jüdischen Museum Hohenems. Ich danke Prof. Dr. Dorothea Welteke für ihre kritischen Anmerkungen.

2 Friedrich III. versuchte 1470, die Rechte der Juden neu zu ordnen, stellte jedoch keinen Schirmbrief aus. (RI XIII H. 4 n. 524, in: Regesta Imperii Online, URI: http://www.regesta-imperii.de/id/1470-08-31_1_0_13_4_0_10096_524 (Abgerufen am 11.11.2014). Erst Kaiser Karl V. und sein Nachfolger Maximilian II. regelten erneut die Rechtsstellung der Juden auf Reichsebene, diese Regelung erfolgte jedoch zum Schutz der Juden vor Vertreibungen, nicht um ihnen Freiheitsrechte zu garantieren.

3 HRUZA, Karel Jan: König Sigismund und sein jüdischen Kammerknechte, oder: wer bezahlte »des Königs neue Kleider«? In: HRUZA, Karel Jan / KAAR, Alexandra (Hg.): Kaiser Sigismund (1368–1437). Zur Herrschaftspraxis eines europäischen Monarchen (Forschungen zur Kaiser- und Papstgeschichte des Mittelalters, 31), Köln 2012, S. 75–135.

4 KERLER, Dietrich: Zur Geschichte der Besteuerung der Juden durch Kaiser Sigmund und König Albrecht II. Teil I. In: Zeitschrift für die Geschichte der Juden in Deutschland 1889 H.1, S. 1–13, und 1889 H.2 S. 107–130; SCHUMM, Karl Konrad von Weinsberg und die Judensteuer unter Kaiser Sigismund, in: Württembergisch Franken 54(1970), S. 20–58. S. 27.

5 WELTEKE, Dorothea: Juden im Bodenseeraum, in: BRAUN, Karl-Heinz (Hg.): Das Konstanzer Konzil. 1414 – 1418. Weltereignis des Mittelalters [Große Landesausstellung des Badischen Landesmuseums Karlsruhe, 27.02.2014 – 21.09.2014 im Konzilsgebäude Konstanz]. Darmstadt 2013, S. 157–163. NIEDERHÄUSER, Peter: Wechsler oder Wucherer? – Geldhändler zur Konzilszeit; In: Volkart-Baumann, Silvia (Hg.): Rom am Bodensee. Die Zeit des Konstanzer Konzils (Der Thurgau im späten Mittelalter Bd. 1) Zürich 2014, S. 145–148.

6 RICHENTAL, Ulrich: Chronik des Konstanzer Konzils 1414 – 1418. Eingeleitet und herausgegeben von Buck, Thomas Martin (Konstanzer Geschichts- und Rechtsquellen, 41), Ostfildern 2010, S. 47.

7 RICHENTAL (wie Anm. 6) S. 135.

8 RIEGEL, Joseph Karl Franz Johann: Die Teilnehmerlisten des Konstanzer Konzils. Ein Beitrag zur mittelalterlichen Statistik, Diss. Freiburg 1891. Online verfügbar unter http://archive.org/details/MN42064ucmf_8. Der Anhang mit der detaillierten Liste der Teilnehmer befindet sich nur in der theologischen Fachbereichs-Bibliothek der Universität Freiburg Jb 342 (Inv. Nr. 80/187).

9 Regesta Imperii XI: Die Urkunden Kaiser Sigmunds 1410/11–1437. XI,1: Regesten Sigmund 1410/11–1424 (1896). Unter Mitarbeit von hg. Altmann, Nr. 44, 80 u. 82 (im Folgenden zit. als RI XI Nr.).

10 Reg. Sigismund Nr. 256 u. 279.

11 Vgl. HRUZA (wie Anm. 3) S. 80 mit geringfügig abweichenden Werten.

12 Reg. Sigismund Nr. 1136 v. 12.8.1414. Sigismund gewährte ihm Verzeihung, da er [Sigismund] ein gut begnügen daran hatte.

13 Reg. Sigismund Nr. 721 v. 7.9.1413, ausgestellt in Chur. Anders als in der nachfolgenden Urkunde für die Konstanzer Juden fehlt hier ein Hinweis auf die Rolle der drei Städte bei der Ausstellung dieser Urkunde.

14 Auffällig ist, dass Hinweise auf eine Heranziehung der Konstanzer Juden zum 3. Opferpfennig von 1414 fehlen.

15 Reg. Sigismund Nr. 736 v. 15.9.1413, ausgestellt in Chur. Gut zwanzig Jahre später nahm Sigismund in der Urkunde Reg. Sigismund RI XI,2 Nr. 10064 v. 24.2.1434, ausgestellt in Basel, Bezug auf diese Urkunde und bestätigte dem Juden Salman von Rheinfelden (Zürich) und seinem Sohn Löw (Schaffhausen) sowie zwei Freunden, welche ihm ein Ehrengeschenk zur Kaiserkrönung gesandt hatten, dieselben Rechte, die er 1413 den Konstanzer Juden zu Chur und zu Konstanz (nimmt er damit Bezug auf den Schirmbrief von 1415?) verliehen hat. Den Konstanzer Juden gewährte er 1434 diese Rechte nicht, sondern versprach nur, sie während der nächsten 10 Jahre nicht mit außerordentlichen Steuern zu beschweren und auch ihren Schuldnern keinen Nachlass zu gewähren. Reg. Sigismund RI XI, 2 Nr. 10075 v. 24.2.1434.

16 Die Größe der Stadt damals war vergleichbar mit Ulm, Basel oder Straßburg, die ebenfalls über eine jüdische Gemeinde verfügten.

17 DOBRAS, Werner: Über 750 Jahre Geschichte der Juden in Lindau, in: Westallgäuer Heimatblätter 21 (2001), H. 6, S. 1–2.

18 BURMEISTER, Karl Heinz: medinat bodase. Zur Geschichte der Juden am Bodensee 1350–1448, Bd. II., Konstanz 1996, S. 200.

19 Reg. Sigismund Nr. 773 v. 30.10.1413, ausgestellt in Viglud, Diözese Como.

20 FRENKEN, Ansgar: Wohnraumbewirtschaftung und Versorgungsdeckung beim Konstanzer Konzil (1414–1418). Zur logistischen Bewältigung eines Großereignisses im Spätmittelalter, in: Zeitschrift für die Geschichte des Oberrheins 156 (2008), S. 109–146.

21 Zit. n. VOIGT, Klaus: Italienische Berichte aus dem spätmittelalterlichen Deutschland. Von Francesco Petrarca zu Andrea de'Franceschi (1333–1492), Stuttgart 1973, S. 54.

22 RICHENTAL (wie Anm. 2) S. 39.

23 Vgl. Die Einschätzung von BURMEISTER (wie Anm. 18) S. 48: »in Wirklichkeit suchte König Sigismund wohl Kreditgeber für die Finanzierung des Konstanzer Konzils.«

24 Reg. Sigismund Nr. 1849 v. Jan-Jul 19 1415.

25 SCHULTE, Alois: Geschichte des mittelalterlichen Handels und Verkehrs zwischen Westdeutschland und Italien mit Ausschluss von Venedig, 2 Bände, Leipzig 1900, Bd. 1 S. 328.

26 IRSIGLER, Franz: Juden und Lombarden am Niederrhein im 14. Jahrhundert, in: Zur Geschichte der Juden im Deutschland des späten Mittelalters und der frühen Neuzeit, hrsg. v. HAVERKAMP, Alfred, Stuttgart 1981, S. 122–140, hier S. 130.

27 In der Literatur und in GERMANIA JUDAICA III, Bd. 1, S. 665 wird 1375 genannt. Nach Michael Toch war 1372 bereits ein Geldhändler ansässig. TOCH, Michael: Geld und Kredit in einer spätmittelalterlichen Landschaft. Zu einem unbeachteten hebräischen Schuldenreglement aus Niederbayern (1329–1332),

in: Deutsches Archiv für Erforschung des Mittelalters 38/1982, S. 332–340.

28 GERMANIA JUDAICA III, Teilband 1, herausgegeben von Maimon, Arye, Tübingen 2003, S. 665. BURMEISTER (wie Anm. 18).

29 Vgl. BURMEISTER (wie Anm. 18) S. 194; Germania Judaica (wie Anm. 28).

30 CHONE, Heymann: Rabbi Joseph von Schlettstadt. Zur Geschichte der Familie Treves, in: Zeitschrift für die Geschichte der Juden in Deutschland 1937 H. 1, S. 1–4.

31 Reg. Sigismund Nr. 4317 v. 4.11.1420

32 PFROMMER, Jochen: Auf den Spuren jüdischer Geschichte in Konstanz. Die Auswertung der Grabungen am Fischmarkt und die Entdeckung eines jüdischen rituellen Tauchbades des späten Mittelalters, in: Denkmalpflege in Baden-Württemberg 33/2004 (2), S. 73–80, hier S. 79.

33 Vgl. StA Konstanz, Amanngerichtsbuch S. 95, 111, 161.

34 StA Konstanz Nr. 342 v. 3.2.1350 und Nr. 550 v. 7.5.1375.

35 StA Konstanz Nr. 8542; vgl. BURMEISTER (wie Anm. 18) S. 85.

36 Die Steuerbücher der Stadt Konstanz (=Konstanzer Geschichts- und Rechtsquellen, hg. vom Stadtarchiv Konstanz), Bd. 1 1418–1460, Konstanz 1965, S. 5 Nr. 281. VEITHANS, Helmut: Die Judensiedlungen der schwäbischen Reichsstädte und der württembergischen Landstädte im Mittelalter (= Arbeiten zum Historischen Atlas von Südwestdeutschland Heft V), Stuttgart 1970, S. 32–34. Konstanzer Urkunden (Regestensammlung des Stadtarchiv Konstanz) Teil III 1402–1459, Konstanz 2009, Nr. 167 (5.2.1418) nennt ein »einem Juden gehörendes Haus an dem gässlin zwischent der Weber, das Flaren und des Juden Hüser«.

37 PFROMMER (wie Anm. 32) S. 76.

38 Zur Größe der Gemeinde und Lage der Häuser siehe BURMEISTER (wie Anm. 18) S. 82–86. Burmeisters These, dass Juden nach 1349 nicht mehr in der Rosgartenstraße, sondern in der Münzgasse gewohnt haben, ist so nicht haltbar, wie Pfrommers Untersuchung gezeigt hat.

39 Die Bezeichnung Kaiser könnte auch für ein Ausstellungsdatum erst nach Sigismunds Ernennung zum Kaiser sprechen. Die Datierung erfolgt hier nach den Angaben der Regestensammlung Konstanzer Urkunden II, Stadtarchiv Konstanz. Nachweisbar ist Salomon in Konstanz ab 1418.

40 StA Konstanz, U 8308. Erstmals als Geldverleiher tritt Salomon am 18.12.1418 in Konstanz auf: StA Konstanz U 8719. Etwa zeitgleich hatte Salomon auch Kontakt nach Zürich aufgenommen, wo er sich am 24. Juni 1424 auf Grund eines Sondervertrages mit seinem Sohn Löw niederließ. Da das Schutzrecht zunächst für ein Jahr und anschließend für weitere fünf Jahre gewährt wurde und unter der Annahme, dass Salomon diese Zeit in Konstanz verbracht hatte, dürfte Salomon Ende November des Jahres 1418 in Konstanz aufgenommen worden sein, als die Bestätigung der päpstlichen Privilegien gerade erfolgt war. StA Zürich B VI 205, fol. 327 sowie Stadtbuch 2, S. 192f. zu Salomon von Rheinfelden: BRUNSCHWIG, Annette / HEINRICHS, Ruth / HUSER, Karin (Hg.): Geschichte der Juden im Kanton Zürich. Von den Anfängen bis in die heutige Zeit. Zürich 2005, S. 80.

41 DARMAN, Ashkira: «stewren, raisen, wachen, schenken». Steuern und Rechte jüdischer Bürger im Vergleich mit christlichen rechtlichen Gruppen im Rahmen des städtischen Finanzhaushalts in Reichsstädten im Südwesten des Reiches (1350–1500). Zürich (Diss 2005): elektronische Publ. 2009, S. 257–259.

42 TOCH, Michael: Wirtschaft und Geldwesen der Juden Frankfurts im Spätmittelalter und in der frühen Neuzeit, in: Grözinger, Karl Erich (Hg.): Jüdische Kultur in Frankfurt am Main von den Anfängen bis zur Gegenwart. Ein internationales Symposium der Johann-Wolfgang-Goethe-Univ. Frankfurt am Main und des Franz Rosenzweig Research Center for German Jewish Literature and Cultural History Jerusalem (Jüdische Kultur 1), Wiesbaden1997, S. 25–46., hier S. 28.

Über die Aufnahme von Kleinkrediten bei Juden berichtet GILOMEN, Hans-Jörg: Die Substitution jüdischer Kredite im Spätmittelalter. Das Beispiel Zürichs. Online verfügbar unter http://www.academia.edu/3400693/Die_Substitution_judischer_Kredite_im_Spatmittelalter, zuletzt geprüft am 30.05.2014.

43 *Damit die armen priester, curtisan und die schüler, die gen Costentz von des concilio wegen komen waren, mochten auch lon empfahen.* RICHENTAL (wie Anm. 2) S. 181 f.

44 AMMANN, Hektor: Die Judengeschäfte im Konstanzer Ammann-Gerichtsbuch von 1423 bis 1434, in: Schrr VG Bodensee 71/1952, S. 37–84.

45 FRENKEN (wie Anm. 20) S. 134.

46 Vgl. AMMANN (wie Anm. 38).

47 *Graf Hans von Lupfen hätte auch kommen sollen, doch der markt die sach und wolt nit zu im kommen.* RICHEN-

TAL (wie Anm. 6) S. 47; dass Richental diese Bemerkung über einen Juden in Konstanz nicht gestrichen hat, mag der negativen Rolle des Juden im Haus zur Wannen bei der Flucht des Papstes und Friedrich von Habsburgs geschuldet sein.

48 RICHENTAL (wie Anm. 6) S. 168.

49 Ebd.; RUPPERT, Philipp: Das alte Konstanz in Schrift und Stift. Die Chroniken der Stadt Konstanz, Konstanz 1891, S. 389.

50 Richental zählte 133 den fremden Wechslern zuzurechnende Personen in Konstanz, worin auch die Begleitpersonen und Mitarbeiter enthalten sind, im Konstanzer Ratsbuch sind nur 16 fremde Wechsler verzeichnet, von denen einer aus der Schweiz, und acht aus Italien stammen.

51 WEISSEN, Kurt, Florentiner Kaufleute auf dem Konstanzer Konzil, Arbeitsgemeinschaft für geschichtliche Landeskunde am Oberrhein e. V., (478.) Protokoll über die Arbeitssitzung am 18. Juli 2008, http://www.ag-landeskunde-oberrhein.de/index.php?id=p478v (Aufruf vom 11.12.2014).

52 FUHRMANN, Bernd: Konrad von Weinsberg. Ein adliger Oikos zwischen Territorium und Reich. Stuttgart 2004. SCHUMM (wie Anm. 4).

53 Für den finanziell immer knappen König musste Frischhans von Bodman wie u. a. auch Eberhard von Nellenburg am 20. Juli 1417 für zwei bei Basler Bürgern aufgenommene Kredite in Höhe von 7.000 und nochmals 8.000 rheinische Gulden bürgen. (Reg. Sigismund XI,1 Nr. 2623 v. 20.7.1417) Der König versprach ihnen jedoch zugleich in einer weiteren Urkunde, dass ihnen aus dieser Bürgschaft kein Schaden entstehen solle. (Reg. Sigismund Nr. 2630).

54 Vgl. FIDLER, Helmut: Mitenand verwobe. Der westliche Bodensee und das Konstanzer Konzil, Konstanz 2013, http://www.konstanzer-konzil.de//images/konzil/dokumente/ortsverzeichnisaktuell.pdf, S. 7.

55 FIDLER, Helmut: Zur Geschichte des Adelsgeschlechtes von Ulm, in: Hegau. Jahrbuch des Hegau-Geschichtsvereins, 70/2013, S. 113–138.

56 wie Anm. 12.

57 Reg. Sigismund Nr. 256 u. 279.

58 Reg. Sigismund Nr. 2709 v, 27.11.1417.

59 MÖSCHTER, Angela: Juden im venezianischen Treviso (1389–1509). (Forschungen zur Geschichte der Juden. Abteilung A, Abhandlungen, Bd. 19), Hannover 2008, S. 119 f.

60 BURMEISTER (wie Anm. 18) S. 198.

61 Reg. Sigismund Nr. 1849 v. Jan-Jul 19 1415.

62 Reg. Sigismund Nr. 1737 v. 6.6.1415 bis Nr. 5078 v. 28.8.1422. In diesen sieben Jahren stellte Sigismund 15 Urkunden Lew Colner betreffend aus. 1420 (Nr. 4278 v. 29.9.1420) widerrief Sigismund seine dem Juden Colner erteilte Vollmacht und bestellte ihn wegen Treulosigkeit und Unehrlichkeit an seinen Hof.

63 Siehe CHONE, Hermann: Zur Geschichte der Juden in Zürich im 15. Jahrhundert, in: Zeitschrift für die Geschichte der Juden in Deutschland, 1936 Heft 4, S. 198–209, S. 201; zu Seligmanns weiteren Geschäften siehe: SCHOLL, Christian: Die Judengemeinde der Reichsstadt Ulm im späten Mittelalter. Innerjüdische Verhältnisse und christlich-jüdische Beziehungen in süddeutschen Zusammenhängen (Forschungen zur Geschichte der Juden: Abteilung A, Abhandlungen, 23), Hannover 2012, S. 229–240.

64 Ebd.

65 Ratsbuch 1419 p. 5, zit. nach RUPPERT (wie Anm. 49) S. 389.

66 AMANN, Hektor: Die Judengeschäfte im Konstanzer Ammann-Gerichtsbuch von 1423 bis 1434, in: Schrr VG Bodensee 71 (1952), S. 37–84. Vgl. CHONE, Heymann: Zur Geschichte der Juden in Konstanz, in: Zeitschrift für die Geschichte der Juden in Deutschland 1/1936, S. 3–16.

67 StA Konstanz, Ammanngerichtsbuch S. 95, 111, 161.

68 CHONE (wie Anm. 66), S. 5.

69 Ebd.

70 NÜBLING, Eugen: Die Judengemeinden des Mittelalters, insbesondere die Judengemeinde der Reichsstadt Ulm. Ein Beitrag zur deutschen Städte- und Wirtschaftsgeschichte, Ulm 1896, S. 449 Anm. 24. Der bereits genannte Salomon von Rheinfelden bot 1424 der Stadt Zürich an, Gelder zum halben Zinssatz auszuleihen, es wurde also nicht immer der höchste Zinssatz verlangt.

71 So zumindest SCHUMM (wie Anm. 4) S. 27.

72 Reg. Sigismund Nr. 1143 v. 13.8.1413.

73 Reg. Sigismund Nr. 1163 v. 27.8.1413.

74 SÜSSMANN, Arthur: Die Judenschuldtilgung unter König Wenzel (Schriften der Gesellschaft zur Förderung der Wissenschaft des Judentums), Berlin 1907. vgl. TOCH (wie Anm. 26).

75 Sein Versuch, eine Kleidersteuer für Juden einzuführen, da sie *anders gekleidet gent, denn sie tun sollten*, scheiterte an seiner fehlenden Macht, dies auch durchsetzen zu können. ROTHSCHILD, Leopold: Die Judengemeinden zu Mainz, Speyer und Worms von

1349 – 1438. Ein Beitrag zur Geschichte des Mittelalters, Berlin 1904, S. 73–74.

76 HRUZA (wie Anm. 3); SCHUMM (wie Anm. 4) und zuvor KERLER (wie Anm. 4) haben die Besteuerung der Juden durch Sigismund ausführlich untersucht.

77 Reg. Sigismund Nr. 1164 v. 27.8.1413.

78 Reg. Sigismund Nr. 1166 v. 27.8.1413.

79 NÜBLING (wie Anm. 70), S. 448–490, in der Tabelle als Nübling zitiert.

80 Siehe WENNINGER, Markus: Man bedarf keiner Juden mehr. Ursachen und Hintergründe ihrer Vertreibung aus den deutschen Reichsstädten im 15. Jahrhundert (= Beiheft zum Archiv für Kulturgeschichte 14) Wien – Köln – Graz 1981, S. 77; Sigismund hatte zunächst die gewaltige Summe von 84.000 Gulden gefordert. Die von Köln gezahlten 12.000 Gulden sind neben der Zahlung Nürnbergs in gleicher Höhe die höchste von einer Stadt gezahlte Summe.

81 Vgl. CHONE (wie Anm. 59). Im Hohenlohe-Zentralarchiv Neuenstein befinden sich aus dem Nachlass des Konrad von Weinsberg erhalten gebliebenen Abrechnungen der Judensteuer aus dem Jahr 1418, die Aufschluss über weitere Zahlungen geben können. Bestand GA 15: GHA Abteilung IV: Archiv der Herrschaft Weinsberg mit dem Nachlass des Reichserbkämmerers Konrad von Weinsberg 5 Schublade E: Judensteuer.

82 Reg. Sigismund Nr. 1347 v. 9.12.1414.

83 Reg. Sigismund Nr. 1379 v. 7.1.1415.

84 Reg. Sigismund Nr. 1579 v. 8.4.1415.

85 KERLER (wie Anm. 4) S. 4.

86 In einem Brief vom Februar 1418 forderte König Sigismund die dort lebenden Juden auf, den Dritten Pfennig an den Reichserbkämmerer Konrad von Weinsberg zu zahlen. LÄMMERHIERT, Maike: Juden in den wettinischen Herrschaftsgebieten. Recht, Verwaltung und Wirtschaft im Spätmittelalter (Veröffentlichungen der Historischen Kommission für Thüringen. Kleine Reihe, Bd. 21), Köln 2007, S. 262.

87 Reg. Sigismund Nr. 1228 – 1237, 1242, 1243, 1249 – 1251, 1262 (alle zwischen 1. und 15.10.1414 ausgestellt). Wie hoch der Gesamtertrag aus dieser Sondersteuer war, ist nur schwer zu schätzen. Die Frankfurter Juden zahlten 5.000 Gulden (KRACAUER, Isidor: Geschichte der Juden in Frankfurt am Main (1150–1824), Bd. I, Frankfurt 1925, S. 151), die Erfurter Juden hatten 6.000 Gulden zu zahlen. Bedeutend war sicher auch die Zahlung der Kölner Juden, die eine Zahlung 12.000 Gulden angeboten hatten. Vgl. KERLER (wie Anm. 4).

88 Reg. Sigismund Nr. 3607 v. 2.10.1418.

89 Lt. Germania Judaica III (wie Anm. 28) S. 668 soll Lew Colner in Konstanz ansässig gewesen sein.

90 Reg. Sigismund Nr. 2353 v. 29.5.1414.

91 HRUZA (wie Anm. 3) S. 81.

92 Reg. Sigismund Nr. 1257 v. 15.10.1414.

93 Reg. Sigismund Nr. 1261 v. 15.10.1414.

94 HRUZA (wie Anm. 3) S. 83.

95 Reg. Sigismund Nr. 1849 v. Jan-Jul 19. 1415.

96 Nach BURMEISTER (wie Anm. 18) S. 48 soll erst 1418, nach Verleihung der päpstlichen Privilegien, durch Sigismund ein Freiheitsbrief ausgestellt worden sein. Er nennt aber keinen Beleg.

97 HZA Öhringen Abt. Weinsb. Schubl. E 2/3. Zit. n. SCHUMM, (wie Anm. 4) S. 28.

98 Für den 17.5.1415 war ein Tag der Reichsstädte geplant, der aber verschoben wurde. ASCHBACH, Joseph von: Geschichte Kaiser Sigismunds. 4 Bände, Perthes 1839, hier Bd. 2, S. 252.

99 So zumindest GERMANIA JUDAICA III (wie Anm. 28) S. 668. BURMEISTER (wie Anm. 18) S. 193–197 führt Colner nicht unter den Konstanzer Juden.

100 Reg. Sigismund Nr. 1736 v. 6.6.1415; in Nr. 1784 v. 23.6.1415 ist der Hinweis zu finden, dass Sigismund früher den Juden Colner mit der Einziehung der Judensteuer im Reich beauftragt hatte. Am 17. Mai 1415 hatte Sigismund die Reichsstädte zu einem Tag nach Konstanz geladen, wo u. a. auch über die Juden beraten werden sollte. Der Tag wurde aber verschoben. ASCHBACH, (wie Anm. 96) Bd. 2, S. 252.

101 KERLER (wie Anm. 4) S. 4.

102 SCHUMM (wie Anm. 4) S. 28.

103 Abgedruckt in: ALTMANN, Wilhelm / BERNHEIM, Ernst (Hg.): Ausgewählte Urkunden zur Erläuterung der Verfassungsgeschichte Deutschlands im Mittelalter. Zum Handgebrauch für Juristen und Historiker. 4. Verbesserte Auflage, Berlin 1909, S. 183. Als Quelle angegeben ist das Reichsregistraturbuch Ef 175v und 176r des Wiener Haus-, Hof- und Staatsarchivs. Vgl. Regesta Imperii XI, 1 n. 1735.

104 Reg. Sigismund Nr. 2073 v. 20.2.1417 und Nr. 2101 v. 10.3.1417; KERLER (wie Anm. 4) S. 10 berichtet gleiches über die Einziehung der Steuer im Herrschaftsbereich des Markgrafen Wilhelm von Meißen.

105 Reg. Sigismund Nr. 1784 v. 23.6.1415.

106 KERLER (wie Anm. 4).

107 Reg. Sigismund Nr. 3685 v. 6.11.1418.

108 JÖRG, Christian / PARKER, Kenneth Scott / PLEUGER, Nina / ZWANZIG, Christofer: Soziale Konstruktion von Identität. Prozesse christlicher Selbstvergewisserung im Konflikt mit anderen Religionen, in: Borgolte, Michael (Hg.): Integration und Desintegration der Kulturen im europäischen Mittelalter (Europa im Mittelalter 18), Berlin 2011, S. 17–88. S. 77.
109 Ebd. S. 78–79.
110 SIMONSOHN, Max: Die kirchliche Judengesetzgebung im Zeitalter der Reformkonzilien von Konstanz und Basel. Diss. Univ. Freiburg 1912, S. 19–20.
111 Ebd.
112 So WENNINGER (wie Anm. 70) S. 210; vgl. HRUZA (wie Anm. 3) S. 82.
113 Hruza (wie Anm. 3) S. 83.
114 Dazu BAUER, Clemens: Diskussionen um die Zins- und Wucherfrage auf dem Konstanzer Konzil, in: August Franzen und Wolfgang Müller (Hg.): Das Konzil von Konstanz. Beiträge zu seiner Geschichte und Theologie. Freiburg 1964, S. 174–186.
115 MARPERGER, Paul Jacob, Montes pietatis oder Leih- Assistenzs- und Hilfshäuser, Leihbanken und Lombards, Leipzig und Ulm 1760; vgl. SOMMERLAD, Theo, Montes pietatis, in: Religion in Geschichte und Gegenwart (RGG) 1. Aufl. Bd. 4, 1913, Sp. 490 f.
116 Poggio Bracciolini, der sich in Konstanz von einem getauften Juden (vermutlich dem Arzt Hans) in Hebräisch unterrichten ließ, war allerdings unzufrieden mit der Qualität seines Lehrers. PATSCHOVSKY, Alexander, Der italienische Humanismus auf dem Konstanzer Konzil (1414–1418), www.uni-konstanz.de/fuf/philo/geschichte/patschovsky/aufsaetze/inhalt/xxxv/xxxv.html (Aufruf vom 11.12.2014). Vgl. WYRMA, Ulrich, Juden in der Toskana und in Preussen im Vergleich. Aufklärung und Emanzipation in Florenz, Livorno, Berlin und Königsberg i. Pr, Tübingen 2003 (=Schriftenreihe wissenschaftlicher Abhandlungen des Leo Baeck Instituts Bd. 67), S. 25–26.
117 DOBRAS (wie Anm. 17) S. 1–2.
118 Lazarus war 1418 Vorsteher der jüdischen Gemeinde (GERMANIA JUDAICA III (wie Anm. 28) S. 668). Nach Chone war Lazarus ein Konstanzer Bankier mit Verbindungen nach Venedig bzw. Treviso. Lazarus gründete 1421 in Treviso eine Bank. An der Jeschiwa in Treviso studierte auch Seligmann, der die Tochter Jentli des Lazarus heiratete und in Konstanz ansässig wurde, er wird mehrfach in den Amanngerichtsbüchern der 1420er Jahre erwähnt. CHONE, Heymann: Rabbi Joseph von Schlettstadt. Zur Geschichte der Familie Treves, in: Zeitschrift für die Geschichte der Juden in Deutschland 1937 H. 1, S. 1–4.
119 Reg. Sigismund Nr. 2882 v. 4.2.1418. Von den in Konstanz ansässigen Juden wird auch Gotlieb mit dem Einzug der Steuern beauftragt: Hohenlohe-Zentralarchiv Neuenstein GA 15 Schubl. E Nr. 11c.
120 Reg. Sigismund Nr. 3156 v. 8.5.1418.
121 Zu Abraham siehe AUFGEBAUER, Peter: Die ersten wettinischen Kurfürsten von Sachsen und ihr »Kammerknecht« Abraham von Leipzig (ca. 1390 – ca. 1450), in: Blätter für deutsche Landesgeschichte 116/1980, S. 121–138.
122 RIEGEL (wie Anm. 8) handschriftliche Anlage zur Diss. S. 125 (der Anhang wird in der theologischen Fakultätsbibliothek Freiburg aufbewahrt).
123 VOGELSTEIN, Hermann: Geschichte der Juden in Rom, London 2013 (=Reprint von 1896), S. 324; dort auch Hinweise auf deren Kosten bzw. innerjüdischen Steuern für diese Privilegienbestätigung. Vgl. die bei STERN (wie Anm. 109) abgedruckte Urkunde Nr. 11.
124 WACKER, Gisela: Ulrich Richentals Chronik des Konstanzer Konzils und ihre Funktionalisierung im 15. und 16. Jahrhundert. Aspekte zur Rekonstruktion der Urschrift und zu den Wirkungsabsichten der überlieferten Handschriften und Drucke, Diss., Tübingen 2002, S. 182; »Von einem ähnlichen Auftritt der Juden in Basel spricht Aeneas Sylv. Concil. Basil. P. 117«, ASCHBACH (wie Anm. 98), Bd. 2, S. 305.
125 Vgl. WACKER (wie Anm. 124). Wacker verwechselt beim Zusammentreffen der jüdischen Delegation mit Papst Martin V. den an Jom Kippur getragenen Sargenes mit dem Tallith, dem jüdischen Gebetsmantel, wobei sie sich allerdings nicht auf den Richentalschen Text, sondern auf die Illustrationen bezieht. Nach Wacker sind demnach in einigen Handschriften der Richental-Chronik Juden mit dem Tallith abgebildet, was fehlendem Wissen über jüdische Rituale geschuldet sein kann.
126 Einer anderen Überlieferung zufolge soll der Papst das Geschenk angenommen haben. ASCHBACH (wie Anm. 98), Bd. 2, S. 305; VOGELSTEIN (wie Anm. 123) S. 4 betont die Judenfreundlichkeit Martins V. und meint: »Man fühlt sich beinahe veranlasst, die ungnädige Aufnahme der jüdischen Abgesandten durch Martin in Costnitz ins Gebiet der Fabel zu verweisen.«
127 Reg. Sigismund Nr. 2886 v. 9.2.1418; vgl. KERLER (wie Anm. 4) S. 9, der an Hand der Akten im hohenlohischen Archiv beschreibt, wie systematisch Konrad von Weinsberg bei der Steuereintreibung

vorging: Konrad von Weinsberg ging mit Moses von Konstanz zu den schwäbischen Städten und nach Meißen, Thüringen und Sachsen; Pfarrer Meinwart von Baldersheim, Joseph Rabbi zu Schlettstadt und Lazarus von Konstanz besuchten die Schweiz, das Elsaß und die Rheinlande; Sifrid von Goßheim, Fyvellin von Giengen (oder Bingen zu lesen) und Abraham Jude von Konstanz, hatten Bayern und Österreich zu bereisen und auch in Ungarn ihr Heil zu versuchen. Dem Steffan von Leuzenbronn und Gottlieb von Konstanz war Franken, vor allem die Stifte Bamberg, Würzburg und Eichstätt zugeteilt; den Johann Stopel und Mans Jude von Herdisheim führte ihr Auftrag nach Nordwestdeutschland und in einige Teile von Mitteldeutschland. Der besseren Kontrolle wegen waren immer ein jüdischer und ein christlicher Steuereintreiber gesandt worden.

128 Reg. Sigismund Nr. 3006 v. 23.2.1418. Sigismund »verspricht, nachdem P. Martin den Juden ihre Privilegien bestätigt u. er mit der Einziehung der Steuer für diese Bestätigung den Konrad v. Weinsberg beauftragt, nachdem darauf hin die Konstanzer Juden 600 Gulden an Markgrafen Friedrich v. Brandenburg zu zahlen versprochen u(nd) Konrad v(on) Weinsberg an den Hofrichter Gr(afen) Günther v(on) Schwarzburg 2040 u(nd) an Ritter Heinrich Ulmer, Bürger zu Konstanz, 360 Gulden bezahlt hat, falls v(on) der Judensteuer diese 2400 Gulden nicht einkommen, diese Summe dem Weinsberg bis Martini zu bezahlen.« Sigismund rechnete also mit einem Ertrag von mindestens 3000 Gulden.

129 Vogelstein (wie Anm. 123) S. 324.

130 Kerler (wie Anm. 4) S. 10; gleiches gilt für Straubing und Niederbayern, wo statt 400 fl auch 200 fl genug seien.

131 Simonsohn (wie Anm. 110) S. 21.

132 So in der am 20. Februar 1422 von Papst Martin V. in Rom veröffentlichten Bulle Sicut judaeis. Auch wenn diese im folgenden Jahr wieder zurückgezogen wurde, bestätigt sie dennoch die judenfreundliche Haltung des Papstes. Stern (wie Anm. 133).

133 Stern, Moritz: Urkundliche Beiträge über die Stellung der Päpste zu den Juden, Kiel 1893, S. 30 Nr. 21.

134 Was darauf hindeutet, dass Fälle von Kindesentzug und Taufe vorgekommen waren. Vgl. Simonsohn (wie Anm. 110) S. 21–22.

135 Konrad von Weinsberg forderte von der Stadt die Wiederaufnahme von Juden. Darman (wie Anm. 41) S. 242 vgl. HZA Schubl. E 57: 1, fol. 10v.

136 Wacker (wie Anm. 124), S. 182. Wackers Bemerkung bezieht sich auf die Darstellung der Konstanzer Begegnung der jüdischen Delegation mit Papst Martin V. in der Konstanzer und Prager Abschrift der Konzilschronik. Ihre Interpretation einer positiven Haltung den Konstanzer Juden gegenüber gilt nur mit Einschränkungen: als die Zeichnungen entstanden, hatten die Konflikte mit den Konstanzer Juden und ihre Vertreibung bereits begonnen.

137 Kerler, Dietrich, Zur Geschichte der Besteuerung der Juden durch Kaiser Sigismund und König Albrecht II., in: Zeitschrift für die Geschichte der Juden in Deutschland, 1889 H. 2 S. 107–130, S. 108. Die Juden in Schwaben, um den Bodensee, unter den Eidgenossen und in den Rheinlanden hatten die Steuer an Markgraf Bernhard I. von Baden zu entrichten.

138 Hruza (wie Anm. 3) S. 83–134.

139 Germania Judaica III (wie Anm. 28) Bd. 1 S. 669.

140 So in Schaffhausen: Germania Judaica III Bd. 2, S. 1309; ebenso Darman (wie Anm. 41) S. 259.

141 Hruza (wie Anm. 3) S. 82.

Stefan King

SÜDKAPELLEN UND SÜDPORTAL DES KONSTANZER MÜNSTERS

Anmerkungen zur Bautechnik, zum Entwurfsprozess und zu den Baumeistern

Zwischen dem Konstanzer Konzil 1414 bis 1418 und der Reformation, als 1527 Bischof und Domkapitel die Stadt verließen, erfuhr das Münster eine schrittweise spätgotische Umgestaltung und erhielt eine neue Ausstattung. Dazu gehörte auch der Bau einer Kapellenreihe, die dem südlichen Seitenschiff auf seiner ganzen Länge außen angefügt wurde (Abb. 1 und 2). Die Kapellen boten Geistlichkeit und Patrizierfamilien aus Stadt und Umland die Möglichkeit, als Stifter für Ausstattung und Priesterstellen aufzutreten und gleichermaßen für ihr Seelenheil und ihr Andenken Sorge zu tragen. Auch Bestattungen waren in den Kapellen möglich.

Die Kapellenreihe setzt sich aus insgesamt neun Abschnitten zusammen, bestehend aus einer Vorhalle vor dem Südportal und acht gleichförmigen Kapellen, wovon fünf westlich und drei östlich des Portals liegen (Abb. 3). Jeder Kapellenraum besitzt ein großes Maßwerkfenster und wird von einem Rippengewölbe abgeschlossen. In der Scheidwand, die der früheren Außenwand des Langhauses entspricht, öffnet sich jeweils eine hohe Spitzbogenöffnung zum Südseitenschiff. Alle Wandflächen und die Gewölberippen sind aus Werkstein beschaffen, sodass lediglich die Rippenfelder als Putzflächen in Erscheinung treten.

Auf der Außenseite waren die drei östlichen Kapellen im höheren Bereich 1986 und die Abschlusswand am westlichen Ende samt Pfeilervorlagen 2002 Gegenstand einer Steinrestaurierung. Im Zeitraum von 2008 bis 2011 wurden die fünf westlichen Kapellen auf der Außenseite in ganzer Höhe und die östlichen Kapellen im Sockelbereich überarbeitet. Als vorbereitende Maßnahme wurden 2007 der Steinverband nach Baualter und Baubefunden kartiert und baugeschichtliche Zusammenhänge erörtert (Abb. 4)[1]. Partieller Steinaustausch erlaubte während der Sanierungsarbeiten Einblick in den inneren Aufbau des Mauergefüges. Ein Gerüst im Inneren des westlichen Kapellenraums zur Restaurierung von Innenfassung und Ausstattung bot 2011 die Möglichkeit, dort den Bestand aus der Nähe in Augenschein zu nehmen und vorhandenes Planmaterial zu er-

Abb. 1: Die Südkapellen des Konstanzer Münsters, die dem Langhaus in ganzer Länge vorgelagert sind und sich aus acht Kapellen und einem dazwischenliegenden Portal mit Vorhalle zusammensetzen.

Abb. 2: Hinter der südlichen Langhausarkade die Scheidwand – früher die Außenwand – mit hohen spitzbogigen Öffnungen zu den Kapellenräumen und der Portalöffnung dazwischen.

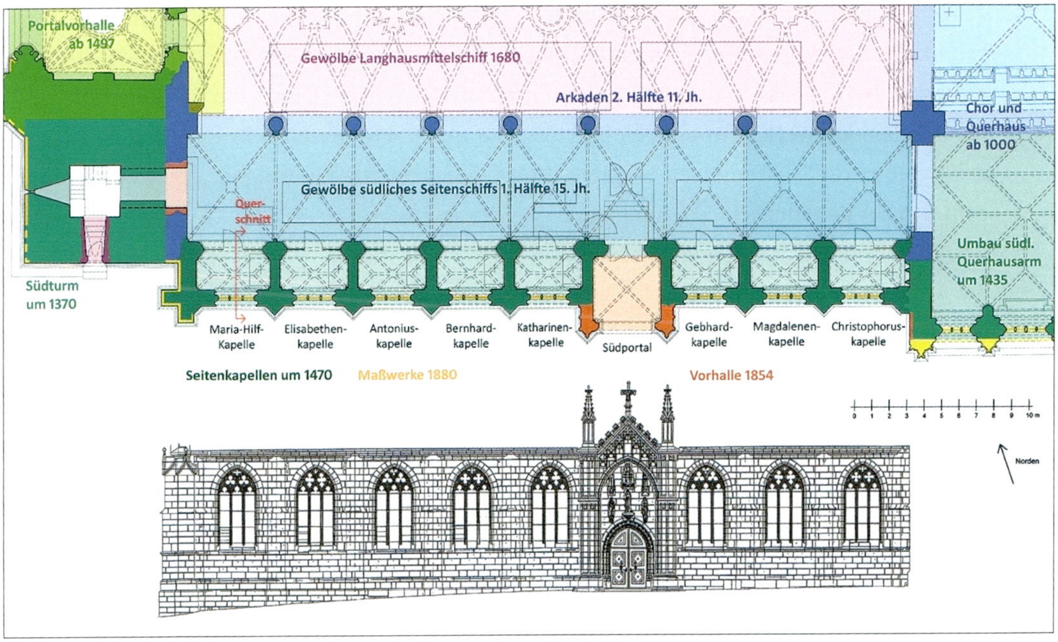

Abb. 3: Teilgrundriss des Konstanzer Münsters von südlichem Seitenschiff und Südkapellen als Bauraltersplan mit farblich dargestellten Bauphasen. Unten Außenansicht der gesamten Südkapellenreihe.

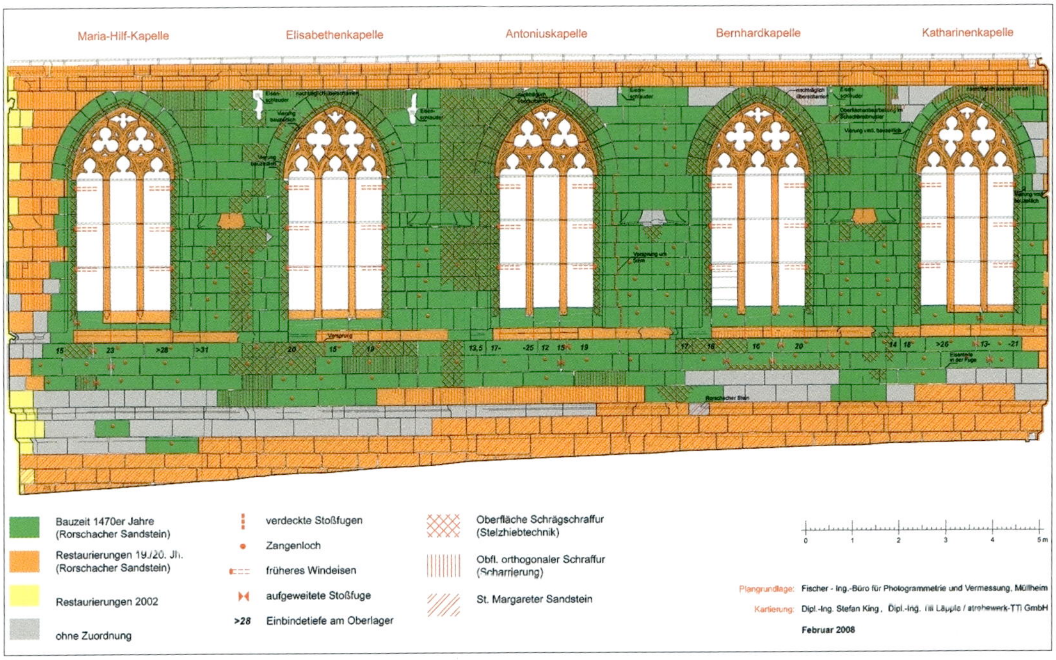

Abb. 4: Baualterskartierung mit Eintragung von Baubefunden an der Außenfassade der westlichen fünf Kapellen im Zustand vor den Wiederherstellungsarbeiten von 2008 bis 2011, durchgeführt von Till Läpple, Stuttgart, und dem Verfasser. Zeichnerische Grundlage: photogrammetrische Aufnahme des Ingenieurbüros für Bauvermessung Fischer, Müllheim, 2005.

gänzen. Mit Hilfe von 2012 durchgeführten dendrochronologischen Altersbestimmungen im Dachwerk über Kapellen und Seitenschiff konnten gesicherte Daten zur Errichtungszeit der Kapellen im 15. Jahrhundert gewonnen werden[2]. Durch die Kombination der aus dem Bauwerk gewonnenen Erkenntnisse und überlieferten Schriftquellen ist es gelungen, etwas Licht in einen Streitfall des 15. Jahrhunderts zu bringen, der wohl mit dem Bau der Kapellenreihe zu tun hatte[3].

Die Südkapellen prägen zwar das Äußere des Münsters in besonderer Weise, doch die Architektur erscheint wenig bemerkenswert. Bauplastik ist nur sparsam eingesetzt, von der ursprünglichen Ausmalung sind nur geringe Reste zu finden und die heutige Ausstattung und Raumfassung stammen aus späterer Zeit. Umso überraschender ist es, dass sie sich bei näherer Betrachtung als schier unerschöpfliche Quelle für das Studium konstruktiver Zusammenhänge erweisen. Viele raffinierte Einzelheiten sind zu entdecken, aus denen sich Erkenntnisse zu Bautechnik und Entwurfsfindung gewinnen lassen. Sie sind Gegenstand der nachfolgenden Analyse.

Auf die reiche Ausstattung aus Altären, Epitaphien und Eisengittern, auf Grablegen und Ausmalungen der Kapellen, sowie auf die Figurenaufstellung am südlichen Seitenportal, die im Wesentlichen im Zeitraum zwischen dem 16. und dem beginnenden 20. Jahrhundert entstanden sind, wird im Folgenden nicht oder nur am Rande eingegangen[4]. Die im Zeitraum zwischen 1880 bis 1901 geschaffenen Glasfenster haben jüngst eine besondere Würdigung erfahren[5].

DACHWERK UND DATIERUNG

Die Höhe der Außenwand der Südkapellen ist so bemessen, dass die Dachfläche des Seitenschiffs in gerader Linie fortgeführt werden konnte. Um dies zu bewerkstelligen, hätte es genügt, die Rofen des Seitenschiffdachs – jene Hölzer welche die Dachfläche bilden – zu verlängern oder sie durch längere zu ersetzen. Tatsächlich wurde aber nur in einem begrenzten Abschnitt, der sich über die fünfte Kapelle von Westen, die Portalvorhalle und die halbe sechste Kapelle erstreckt, so verfahren. Östlich und westlich davon wurden im Rahmen des Kapellenbaus neue Dachwerke aufgeschlagen, die in diesem Bereich das vormalige Dach des Seitenschiffs ersetzt haben (Abb. 5). Neue Dachbalken wurden in die vorhandenen Balkenlöcher in der Obergadenwand gesteckt und auf das Gebälk eine Stuhlachse aus Schwelle, Ständern und Rähm ganz nah an die Obergadenwand gestellt. Die darauf mit ihrem oberen Ende aufgelegten Sparren werden auf halber Strecke von einem kurzen, eingezapften Stiel gestützt. Weiter unten sind sie mit dem Dachbalken verblattet. Unten enden sie mit einem langen Schrägschnitt auf der Mauerkrone der Kapellenaußenwand und lagern auf einem untergelegten Schwellholz dreieckigen Querschnitts, das mit Hilfe von Stütznägeln in Position gehalten wird.

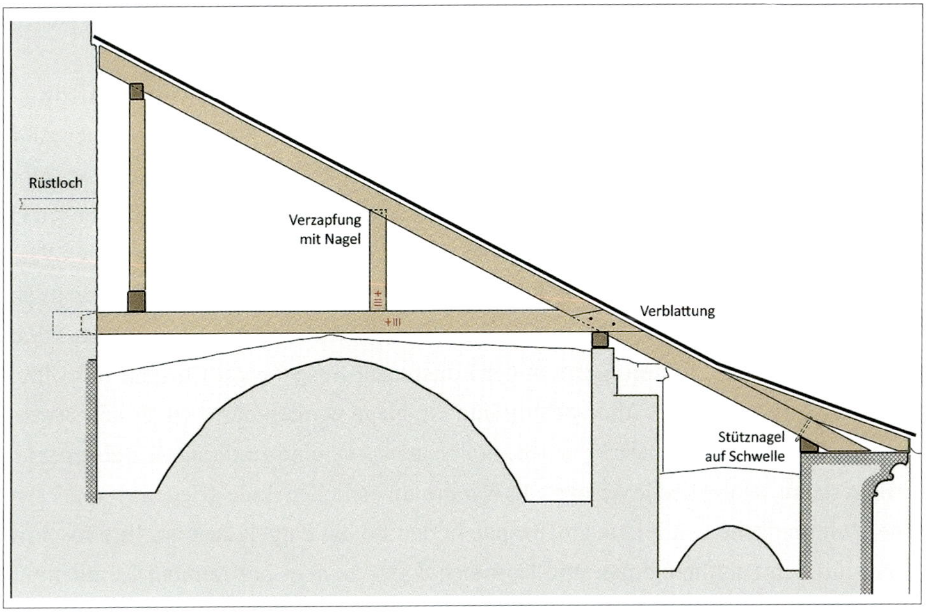

Abb. 5: Um 1477 über Seitenschiff und Kapellen neu abgezimmertes Dachwerk (Querschnitt fünftes Joch bzw. fünfte Kapelle von Westen).

Der größere westliche, sich einst über vier Joche erstreckende Abschnitt des neuen Dachwerks, lässt seinerseits zwei Einheiten von jeweils zwei Jochen Länge erkennen, die mit Hilfe von Stößen in Schwelle und Rähm verbunden sind, deren Abbundzeichen aber separaten Sequenzen folgen. Von der westlichen Einheit sind nur noch die beiden östlichsten Gespärre vorhanden, da der Rest einem Umbau des frühen 16. Jahrhunderts zum Opfer fiel. Damals wollte man den Obergaden mit größeren Fenstern versehen und sah anstelle der Dächer über Seitenschiff und Kapellen eine nur flach geneigte Steinplattendeckung vor[6]. Man hatte am westlichen Ende begonnen, doch wurden die Arbeiten in der Reformationszeit nach eineinhalb Jochen unterbrochen. In Verbindung mit dem Bau des Langhausgewölbes um 1680 führte man die Obergadenfenster und das Dach wieder zur alten Form zurück.

Zur Bestimmung der Bauzeit der Kapellen wurden dendrochronologische Altersbestimmungen an den einzelnen Abschnitten des Dachwerks vorgenommen[7]. Nach deren Ergebnissen waren die ältesten Teile des Seitenschiffdachs kurz nach 1237 aufgerichtet worden[8]. Für die zum Bau der Südkapellen neu gezimmerten Abschnitte hatte man frisch geschlagenes Holz verwendet. Davon wurden die Stämme des östlichen, sich über die Länge von zweieinhalb Kapellenräumen erstreckenden Abschnitts im Winter 1472/73 geschlagen, sodass vom Abbund des Holzwerks im Jahr 1473 ausgegangen werden kann. Die Stämme für die beiden westlichen Einheiten gehen einheitlich auf Fällungen im Winter 1476/77 zurück, was einen Abbund 1477 nahelegt. Üblicherweise geschah das Aufschlagen des Dachwerks nach der Fertigstellung des Rohbaus und vor dem Einbau des Gewölbes. Einige der Dachsparren, aus denen Proben genommen wurden, datieren in die Jahre 1570 und 1679 und waren offenbar im Rahmen von Reparaturen ausgetauscht worden[9].

Zu den Dendro-Daten des 15. Jahrhunderts lässt sich eine passende archivalische Nennung anführen, wonach Hans Muntprat zum Kemlin im Jahr 1474 einen Altar für sein Begräbnis neben seiner damals schon verstorbenen Ehefrau stiftete. Der Altar stand zuvor *»an der sul in mitten in dem munster«* [10], womit entweder eine der Arkadensäulen oder aber eine zentral aufgestellte Mariensäule gemeint war – denn fast derselbe Wortlaut findet sich 1481 wieder, als *»in mitte des munsters an der sul, daruff unser frow stund«* ein Altar geweiht worden war[11]. Vermutlich handelte es sich um jene Mariensäule, die in zwei Innenansichten des Münsters in der Konstanzer Ausgabe der Chronik von Ulrich Richental dargestellt ist[12]. Altarstiftung und Grablege wurden dann *»in die aller obersten capel in unser lieben frowen münster, so ietzo neulich gebuwen«*, eine zu dieser Zeit also gerade fertiggestellte Seitenkapelle verlegt[13]. Es war die am östlichen Ende gelegene Kapelle, wo eine Muntprat'sche Grabplatte aus Bronze in den Boden eingelassen ist. Ihre Inschrift nennt nur den Familiennamen und lässt sich daher keinem bestimmten Familienmitglied zuweisen. Die als 1450 zu lesende Jahreszahl ist nicht vollständig überliefert, da unmittelbar hinter den Ziffern ein Stück fehlt, wo erst 1881 eine Ergänzung angefügt wurde[14]. Heinrich Schreiber gab in seiner Beschreibung des Münsters von 1825 die Jahreszahl mit 1473 an[15]. Nach dem oben zitierten Wortlaut der Quelle von 1474 erfolgte die Verlegung der Altarstelle gewissermaßen spontan, als die damals gerade fertig gewordene Seitenkapelle Gelegenheit dazu bot, sodass Hans Muntprat nicht als Initiator und Erbauer der Kapelle gelten kann. Ein dort an der Ostwand befindliches, 1876 aufgedecktes Wandbild mit einer Darstellung des Hl. Christophorus kann stilistisch ins 15. Jahrhundert datiert werden[16] und dürfte daher Teil der Erstausstattung sein. Offenbar hat es einst die Funktion eines Altarbildes eingenommen, womit die Kapelle diesem Heiligen gewidmet, wenn auch nicht notwendigerweise in erster Linie ihm geweiht gewesen sein dürfte, denn für das 15. Jahrhundert ist ein Marienaltar nachgewiesen[17]. Da der Hl. Christophorus Patron der Reisenden war, liegt der Gedanke nahe, dass Hans Muntprat Kaufmann war und selbst Handelsreisen unternommen hat oder zumindest auf reisende Handelspartner angewiesen war.

In der dritten Kapelle von Osten, heute die Gebhardkapelle, war in früherer Zeit am Schlussstein die aufgemalte Jahreszahl 1483 zu lesen gewesen, die heute verloren oder überstrichen ist[18]. Sie dürfte wohl auf die Erstausstattung Bezug genommen haben, die somit erst mehrere Jahre nach der Errichtung geschaffen worden wäre, demzufolge auch hier der Stifter beim Bau noch nicht festgestanden haben dürfte. Fanden sich die Stifter für die Kapellen erst im Nachhinein, kann das einheitliche Erscheinungsbild der Kapellenreihe damit erklärt werden, dass sie unabhängig von Stiftern und ohne deren Vorfinanzierung in einem Zug errichtet worden war. Ein solches Vorgehen deutet sich auch in der Motivwahl für die Schlusssteine an (siehe unten: Innere Architekturgliederung).

Einige Jahre nach der Fertigstellung der Südkapellen verlangte 1497 der Bischof nach einer Blickverbindung vom bischöflichen Oratorium oberhalb der Margaretenkapelle *»da durch zu den altären derselben absiten«*, also zu den südlichen Seitenkapellen[19]. Man brach eine Öffnung durch die Ostwand des südlichen Querhausarms und setzte ein profiliertes Gewände für ein Doppelfenster ein. Es liegt hoch in der Wand neben dem Mariae-End-Altar.

DER WIESBADENER RISS

Eine Zeichnung des frühen 16. Jahrhunderts, der sogenannte Wiesbadener Riss, dessen Verbindung zum Konstanzer Münster erst 1966 erkannt wurde[20], zeigt eine Planung für die Westtürme des Konstanzer Münsters und ist nur wenige Jahrzehnte nach Errichtung der Kapellen entstanden. Sie kann als zeichnerische Erläuterung der Ergebnisse der 1512 zur Beratung nach Konstanz einberufenen Baumeister interpretiert werden, die nach einem Turmbrand nach Wegen suchten, wie mit den Westtürmen verfahren werden sollte[21].

Der Aufriss folgt einer für heutige Augen befremdlichen Darstellungsweise, indem Süd- und Westseite des Turmmassivs gemeinsam in einer Bildebene dargestellt sind, um alles Wesentliche auf einem einzigen Blatt vereinen zu können. Dabei sind die Süd- und Westseite des südlichen Turms identisch. Außerdem hat der Zeichner die heute als Welserkapelle benannte nördliche Seitenkapelle spiegelbildlich von der Nord- auf die Südseite übertragen (Abb. 6). Die Stellung gleich neben dem Strebepfeiler der Südkapellen macht deutlich, dass sie nicht als Fortsetzung der südlichen Kapellenreihe und damit auch nicht als ein zur Welserkapelle spiegelbildliches Bauprojekt gemeint war.

Abb. 6: Ausschnitt aus dem um 1512 entstandenen sogenannten Wiesbadener Riss mit einer Darstellung der Welserkapelle in spiegelverkehrter Lage auf der Südseite und dem westlichen Abschluss der Südkapellenreihe ganz rechts.

Am rechten Rand der Zeichnung zeigt ein schmaler Streifen unter dem Anschluss des Langhausobergadens den westlichen Abschluss der Südkapellenreihe. Er ist der heutigen Situation ähnlich, wo sich im Eckbereich der Kapelle ein Strebepfeiler mit kielbogenförmigem Aufsatz und ein halber Spornpfeiler im Anschluss an die Wandflucht befinden. Die Giebelwand trägt eine Werksteinverdachung, und auf der gemeinsamen Dachfläche von Seitenschiff und Seitenkapellen sind Biberschwanzziegel angedeutet, wogegen das Hauptdach eine Hohlziegeldeckung trägt.

ÄUSSERE ARCHITEKTURGLIEDERUNG

Die Außenfassade der Kapellen vollzieht einen regelmäßigen Rhythmus aus profilierten Spitzbogenfenstern gleicher Größe mit Maßwerkfüllung und Spornpfeilern in Fortsetzung der inneren Trennwände (Abb. 7). Unten tritt ein Sockel mit schmaler Profilierung vor, ein durchlaufendes Kaffgesims dient der unteren Begrenzung der steil ansteigenden und dabei leicht gekehlten Sohlbänke, und ein ausladendes Traufgesims bildet den oberen Wandabschluss. Das Traufgesims ist aus zwei tiefen, gestaffelten Kehlen und begleitenden dünnen Rundstäben zusammengesetzt. Es wurde in späterer Zeit auf ganzer Länge ersetzt, sodass sich am Bestand nicht mehr nachvollziehen lässt, ob

Abb. 7: Außenseite der Südkapellen mit Glossar zur Architekturgliederung.

sein Profil getreu kopiert worden ist, doch ist es in gleicher Form sowohl auf dem Wiesbadener Riss (vgl. Abb. 6) als auch auf einer um 1825 entstandenen Zeichnung (vgl. Abb. 30) in seinen Einzelheiten dokumentiert. Die Profilierung kann folglich als authentisch gelten.

Die Rampe, die heute den Höhenunterschied zwischen dem südlich gelegenen Oberen und dem westlich gelegenen Unteren Münsterhof überwindet, lässt den Sockelbereich nach Westen zunehmend an Höhe gewinnen, wo er eine zweifache Stufung ausbildet. Der Wiesbadener Riss zeigt ebene Niveaus, die mit einer Freitreppe westlich der Kapellen verbunden waren. Es ist daher zu vermuten, dass bei der Schaffung der Rampe Teile des Fundamentmauerwerks freigelegt wurden und die untere Sockelstufung bei dessen Verkleidung entstanden ist. Die damals bestehende Mauer mit Tor, die den Unteren und Oberen Münsterhof trennte, ist auf dem Riss nicht dargestellt[22].

Sockel und Kaffgesims sind um die Spornpfeiler herumgeführt. Auf halber Höhe tragen die Spornpfeiler einen Wasserschlag, der seitlich in die Wandflächen einläuft. Oben durchdringen sich die Spornpfeiler und das in gerader Linie geführte Traufgesims, wobei die Spornkanten wenige Zentimeter weiter vortreten und bündig mit der Oberseite des Gesimses stumpf enden, so als ob vorgesehen gewesen wäre, sie nach oben weiterlaufen zu lassen.

Dem Wiesbadener Riss lässt sich auch eine Aussage zum oberen Abschluss der Spornpfeiler entnehmen. Dort ist rechts neben dem Strebepfeiler der halbe Spornpfeiler mit Sockel, Kaffgesims und Wasserschlag, sowie das Traufgesims zu erkennen. Hätten die Spornpfeiler eine Fortsetzung als Fialen erfahren, wäre davon auch der halbe Spornpfeiler im Übergang zum Eckbereich betroffen gewesen und hätte die Fialenreihe eröffnen müssen. Doch es ist nichts dergleichen dargestellt, ebensowenig eine entlang der Traufe geführte Maßwerkbrüstung oder ähnliches. Dies kann jedoch lediglich als Hinweis auf den damaligen Zustand gewertet werden, nicht aber als Aussage über mögliche Intentionen des Baumeisters, die dann nicht ausgeführt worden wären. Auch eine Fortführung der Spornpfeiler als Teil eines Strebewerks für den Obergaden kann anhand von Baubefunden ausgeschlossen werden, denn die Trennwände zwischen den Kapellen, auf denen sie hätten gründen müssen, reichen nicht bis zur Mauerkrone, sondern nur so hoch, wie es für den Anschluss der Gewölbe erforderlich war. Erst um 1522 sollte in Verbindung mit dem Umbau des Obergadens und dem Einbau eines Gewölbes im Mittelschiff ein Strebewerk aus freistehenden Pfeilern und Strebebögen entstehen, doch das Projekt gedieh nicht über das westliche Joch hinaus (siehe oben: Dachwerk und Datierung). An die Stelle des Pultdaches trat damals eine Steinplattendeckung mit sehr flachem Gefälle, wodurch der untere Dachrand an den Seitenkapellen etwa einen Meter über dem heutigen Traufgesims zu liegen kam. Wie diese Situation gelöst war, lässt sich jedoch nicht mehr nachvollziehen. Als um 1680 das veränderte erste Joch wieder zur alten Form zurückgebaut wurde, verzichtete man auf ein Strebewerk und sah stattdessen ein Korsett aus eisernen Spannankern zur Aufnahme des Gewölbeschubs vor[23]. Davon sind im Bereich der Mauerkrone einige Schraubmuttern zu sehen.

Am westlichen Ende der Kapellenreihe war eine eigenständige Abschlusswand notwendig. Nach Süden und Westen gerichtete Strebepfeiler verstärken die freie Ecke. Ein halber Spornpfeiler bildet den Übergang zur Südfassade. Beide Strebepfeiler enden oben in einem konkav geschwungenen krabbenlosen Wimperg mit Knauf. Trotz vermutlich mehrfacher Erneuerung des gesamten Bereichs um die westliche Abschlusswand, blieb die ursprüngliche Form unverändert beibehalten, wie der Vergleich mit dem Wiesbadener Riss nachweist. Dort ist der nach Süden gerichtete Strebepfeiler in frontaler Ansicht wiedergegeben und zeigt bereits jenen kleinen konkav geschwungenen Wimperg mit Knauf. Der nach Westen gerichtete Strebepfeiler der Kapellenecke wird auf der Zeichnung von der links daneben liegenden Kapelle verdeckt. Oberhalb steigt die Werksteinverdachung der Abschlusswand bis zur Turmecke vertikal auf. In diesem Punkt ist die Zeichnung etwas vereinfacht, denn tatsächlich steht die Wand nach Osten vom Turm abgerückt. Beim letzten Steinaustausch 2002 wurden die Anschlussstelle stark überformt und Unregelmäßigkeiten bereinigt.

Abb. 8: Innerhalb der östlichen Kapelle sichtbare Blendgliederung von der früheren Außenseite des südlichen Querhausarms. Hinter der Kreuzigungsgruppe verbergen sich die Reste eines abgeschlagenen Kaffgesimses und ein Teil einer zugesetzten großen Fensteröffnung.

Im Osten stößt die Kapellenreihe gegen den um 1000 errichteten südlichen Querhausarm[24]. In den 1430er Jahren war dessen Südwand zusammen mit einem Teil der Westwand bis zum Ansatz der früheren Seitenschiffaußenwand in voller Höhe abgetragen und neu errichtet worden[25]. Am Außenbau kann der Umfang des Austauschs am Werksteinverband in Abgrenzung zu den Putzflächen des älteren Mauerwerks abgelesen werden. Am damals ebenfalls erneuerten Teilstück der Westwand wurde der Aufbau der Südwand aus hohem Spitzbogenfenster, fialenbekröntem Strebepfeiler an der Ecke und

Abb. 9: Im Dachraum einsehbare profilierte Laibung einer vermauerten großen Spitzbogenöffnung innerhalb der Westwand des südlichen Querhausarms.

erheblich vortretendem Brüstungsbereich mit Blendfeldern aus gereihten Lanzetten wiederholt. Die außen vorgelagerte Südkapellenreihe überschnitt nun den Brüstungsbereich sowie den unteren Teil der hohen Fensteröffnung und schob sich hinter den Eckstrebepfeiler[26]. Daraus dürfte sich der etwas ungelenke östliche Abschluss der Außenfassade erklären, wo auf einen halben Spornpfeiler noch ein ganz kurzes Stück gerader Wandfläche folgt, das aber kaum sichtbar hinter dem Strebepfeiler lag.

Heute stellt sich dieser Bereich völlig anders dar. Im Rahmen von Restaurierungsarbeiten in den 1850er Jahren wurde die schadenträchtige Situation durch Entfernen von Pfeilervorlage und Blendfeldern, Hochlegen der Fensterbank und eine über alle Unregelmäßigkeiten gelegte neue Werksteinfläche bereinigt[27]. Im Inneren der östlichen Kapelle sind jedoch noch zweieinhalb Lanzetten des Blendfelds erhalten geblieben[28], oberhalb derer das abgeschlagene Kaffgesims und das untere Ende der vermauerten Fensteröffnung unter Putz verborgen liegen (Abb. 8). Im Dachraum wird das zugesetzte Fenster dann sichtbar, wo es wegen des Rücksprungs aber teilweise hinter einer Vorsatzschale liegt (Abb. 9).

INNERE ARCHITEKTURGLIEDERUNG

Auf der Innenseite befindet sich unterhalb einer jeden Fensteröffnung eine Flachnische, die von einem Gesims entlang der Sohlbank durchmessen wird (Abb. 10). Beide Seiten der Nische werden durch die nach unten geführte Profilierung der Fensteröffnung eingefasst, die jedoch nur im vorderen Abschnitt kontinuierlich verläuft, während der durch das Gesims zerschnittene hintere Abschnitt der Profilierung unterschiedlich ausgeführt ist. Nach Osten weiten sich die Flachnischen in eine leichte Ausbuchtung, deren Aufgabe es sein dürfte, dem Kapellenraum eine architektonisch formulierte Richtung nach Osten zu verleihen und den Standort des Altars zu akzentuieren. Die Überleitung

Abb. 10: Südkapellenraum mit Glossar zur Architekturgliederung.

Abb. 11: Blendmaßwerkfries innerhalb einer Flachnische, zusammengesetzt aus fünf genasten Halbpässen mit Lilien. Der Fries findet sich nur in den drei Kapellen östlich des Portals, hier in der Gebhardkapelle.

Abb. 12: Querschnitt durch die erste Kapelle im Westen (Maria-Hilf-Kapelle) mit hellblau hervorgehobenem, älterem Gewölbe des Seitenschiffs. Zeichnerische Grundlage: Vermögen und Bau Baden-Württemberg, 1999; Ergänzung des Fugenbilds und des Seitenschiffsgewölbes mit Kapitell durch den Verfasser.

der Profilierung erfolgt in der Form eines Viertelkreises auf Höhe des Sohlbankgesimses. Bei den drei Kapellen östlich des Portals verläuft innerhalb der Flachnische ein Blendmaßwerkfries unmittelbar unterhalb des Gesimses (Abb. 11). Er setzt sich jeweils aus fünf offenen Halbpässen mit drei einbeschriebenen Nasen, angeordnet auf Basis eines Sechsecks, zusammen. Seine nach unten gerichteten Enden sind mit Lilien besetzt. Bei den fünf westlichen Kapellen hat man auf einen Fries verzichtet.

Schmale Runddienste in den Raumecken mit einfachen Kapitellen tragen Rippengewölbe von immer gleicher Form (Abb. 12). Den höchsten Punkt im Zentrum der rechteckigen Kapellenräume nimmt ein Schlussstein in Form eines Vierpasses ein. Von hier strahlen sechs Rippen radial aus, von denen diejenigen in der Längsrichtung sich V-förmig gabeln und in die Raumecken laufen. Die so gebildeten dreieckigen Rippenfelder sind als überhöhte Stichkappen ausgebildet. Die Schildbögen der Längsseiten beschreiben stark gedrückte, diejenigen der Schmalseiten stark überhöhte Spitzbögen.

An den Schlusssteinen würde man Wappen von Stiftern oder Darstellungen der jeweiligen Patrone erwarten, doch stattdessen sind es christliche Symbole ohne erkennbare Bezüge. Einzige Ausnahme bildet die Kapelle westlich des Portals, deren Schlussstein die Hl. Katharina zeigt. Es ist daher zu vermuten, dass beim Bau nur von dieser einen Kapelle Patrozinium und Stifter bekannt waren, sodass die Schaffung oder Verlegung eines Katharinenaltars möglicherweise die Initialzündung zum Bau der ganzen Reihe gab[29]. Für die Schlusssteine aller übrigen Kapellen, deren anfängliche Patrozinien nicht mehr gesichert nachvollziehbar sind, wählte man Sinnbilder, die mit der späteren Bestimmung nicht in Konflikt geraten konnten. Von Osten nach Westen sind dies folgende Motive: Haupt Christi, Lamm Gottes, Engel mit Spruchband, in der Vorhalle abermals das Haupt Christi, Hl. Katharina, Löwe mit Jungen (Symbol der Auferstehung, da man glaubte, der Löwe könne seine totgeborenen Jungen durch seinen Atem am dritten Tag zum Leben bringen), Adler im Nest (Symbol für Gottes Fürsorge), Pelikan (Symbol für Christi Opfertod), zum Himmel weisende Hand Gottes. Einige Motive lassen sich bereits auf zuvor entstandenen Schlusssteinen des Münsters wiederfinden, so Löwe und Pelikan in der nach 1432 entstandenen Oberen Margaretenkapelle[30], sowie diese beiden und das Lamm Gottes in der zweischiffigen Erweiterung des südlichen Kreuzgangflügels des ausgehenden 13. Jahrhunderts.

Die Leibungen der hohen Scheidwandöffnungen besitzen sowohl auf der Seite zum Seitenschiff, wie auch zum Kapellenraum lediglich breite Abschrägungen in einem Winkel von nicht ganz 45° ohne jede Profilierung. Man könnte sie auch als in der Rohform belassen interpretieren. Ihr Spitzbogen läuft konzentrisch zum Schildbogen des Gewölbes, an den die Abschrägung mit nur einem Zentimeter Abstand heranreicht.

Der zum Seitenschiff gerichteten Wandfläche der Scheidwand sind starke Runddienste vorgelegt, die Teil des Werksteinverbands der Seitenkapellen sind. Sie enden oben in Kapitellen, über denen die Rippen des älteren Seitenschiffgewölbes zusammenlaufen. Die Kapitelle sind mit filigran durchbrochenem Laubwerk besetzt, mit Ausnahme einer männlichen Figur in der Südostecke am Anschluss zum Querhaus.

VERÄNDERUNGEN AM SÜDLICHEN SEITENSCHIFF

Die Gewölbe beider Seitenschiffe sitzen auf der Seite zum Mittelschiff auf dreiteiligen Dienstbündeln mit teilweise glatten, teilweise mit Laub besetzten Kapitellen, die den Arkadensäulen angelehnt sind. Von den Gewölbeauflagern an den Außenwänden haben sich nur jene in der östlichen Hälfte des nördlichen Seitenschiffs im Original er-

Abb. 13: Dreiteiliges Dienstbündel an der früheren Außenwand des nördlichen Seitenschiffs zwischen dem zweiten und dritten Joch von Osten, von dessen Rosetten am unteren Ende die Blattspitzen leicht vorstehen.

halten. Sie haben ebenfalls die Form dreiteiliger Dienstbündel, die vom Kapitell ausgehend nur ein kurzes Stück nach unten reichen und in kleinen Rosetten stumpf enden (Abb. 13). Sie vermitteln damit den Eindruck, als hätten sie sich nach unten fortgesetzt und seien später abgearbeitet worden, doch bei einem der Dienstbündel, jenem zwischen dem zweiten und dritten Joch von Osten, stehen die Spitzen der Rosettenblätter leicht vor, was bei einer nachträglichen Ausarbeitung so nicht möglich gewesen wäre. Diese ungewöhnlichen, verkürzten Auflager sind sicherlich eine Reaktion auf die Schiefstellung der früheren Außenwand, die dazu gezwungen hätte, die Dienste entweder mit angepasster Neigung schief einzubauen – und sozusagen eine nie stattgefundene Baugeschichte zu simulieren – oder sie in vertikaler Stellung nach unten zu immer weiter in der Wandflucht versinken zu lassen.

Die beschriebenen Dreierbündel nehmen Bezug auf die Zahl der oberhalb zusammentreffenden Gewölberippen. Auf Schildbögen an den Längsseiten hat man verzichtet und zu diesem Zweck die Dreierbündel so proportioniert, dass der zeichnerisch zu ermittelnde Rippenschnittpunkt innerhalb der Mauerstärke zu liegen kam. Da sich Dienste, Kapitelle und Rippenprofile in beiden Seitenschiffen gleichen, darf davon ausgegangen werden, dass die Gewölbeauflager an der südlichen Außenwand gleiche Form hatten.

Entgegen dem üblichen Entwurfsschema für Kreuzrippengewölbe, das den Diagonalbögen die Form eines Halbkreises gab, wurden sie hier als gedrückte Spitzbögen ausgebildet. Es fällt auf, dass die Höhe vom Boden bis zu den ursprünglichen Gewölbekapitellen auf der Seite der Langhausarkade und die Höhe von dort bis zum Gewölbescheitel dasselbe Maß beträgt, doch ist nicht gesichert, ob dieses Maßverhältnis tatsächlich die Proportionen bestimmte.

Abb. 14: Spuren eines Strebepfeilers an der früheren Außenwand, sichtbar im Dachraum über den Südkapellen zwischen der zweiten und dritten Kapelle von Osten. Unten Abdruck zwischen seitlich anstoßendem Wandputz, darüber abgeschlagene Werksteine der Verdachung, ganz oben Reste des Traufgesimses aus dem 13. Jahrhundert.

Das östliche Joch des südlichen Seitenschiffs besitzt eine abweichende Form. Statt eines Dienstbündels trägt hier auf der Seite der Arkaden ein dicker Runddienst das Gewölbe, dessen Kapitell überdies 75 cm höher liegt. Um auf dem Einzelkapitell Platz zu finden, laufen die Rippen enger zusammen als über den Dreierdienstbündeln. Der Diagonalbogen besitzt die Form eines Halbkreises, während der Schlussstein auf Höhe der übrigen liegt, woraus sich die höhere Lage des Kapitells ergeben hatte. Die Profilierung der Gewölberippen weist einen Birnstab statt einer keilförmigen Spitze auf, doch findet der Wechsel in Form und Profil nicht an der Jochgrenze, sondern am Schlussstein des zweiten Jochs statt. Es darf angenommen werden, dass man in den Auflageblöcken der einen Seite das Profil vorbereitet hatte und es beim Weiterbau noch bis zum Schlussstein weiterführte, um keine Umarbeitung vornehmen zu müssen.

Die Stilformen machen es wahrscheinlich, dass es die westlichen Joche waren, die zuerst bestanden, und das östliche Joch als Ergänzung erst später hinzukam. Dies kann sowohl durch das engere Zusammenlaufen der Rippen über dem Kapitell (siehe unten), als auch durch Beobachtungen auf der Gewölbeoberseite bestätigt werden, wo die für das Wölbmauerwerk verwendeten Backsteine kleine Unterschiede in Format und Färbung zwischen dem zweiten und dem dritten Joch erkennen lassen, wonach die östlichen beiden Joche gemeinsam eingewölbt worden sind[31]. Möglicherweise steht die spätere Einwölbung mit der früheren Stellung des Lettners, der zwischen den östlichsten Arkadensäulen seinen Platz hatte, in Zusammenhang[32].

Um dem Gewölbeschub entgegen zu wirken, wurden an den Außenseiten der Seitenschiffe Strebepfeiler aus Werkstein mit steilen Verdachungen angefügt, deren Reste und Ausbruchstellen im Dachraum beider Seitenschiffe zu beobachten sind (Abb.

Abb. 15: Südliches Seitenschiff mit Glossar zum Aufbau des Gewölbes.

14). Die Wandflächen dazwischen erhielten einen flächigen Verputz und weißen Anstrich.

Die Datierung der Seitenschiffgewölbe ist nicht gesichert. Stilistisch könnten die Formen dem 14. Jahrhundert zugeschrieben werden, denn Ähnliches findet sich im Südflügel des Kreuzgangs[33]. Andererseits finden die Dreierdienstbündel ein Pendant in der Oberen Margaretenkapelle, welche erst in der Zeit um 1432 ihre heutige Form erhalten hatte[34]. Als einziger vager Hinweis aus einer Konstanzer Chronik zur Entstehung des südlichen Seitenschiffgewölbes kann eine Zuschreibung an Bischof Otto von Hachberg, dessen beide Amtszeiten im Zeitraum zwischen 1410 und 1433 lagen, benannt werden[35].

Im Zuge der Errichtung der Südkapellen wurde die Außenwand des Seitenschiffs größtenteils ersetzt und das Gewölbe des Seitenschiffs neu unterfangen. Anstatt der früheren Gewölbeauflager sah man nun jeweils einen einzelnen starken Runddienst mit Kapitell vor, der nun aber vom Boden heraufreichte (Abb. 15). Die Kapitelle wurden alle in gleicher Höhenlage und mit ihrem Oberlager bündig zu immer derselben Lagerfuge platziert. Um dies zu erreichen, mussten deren Auflageblöcke (Tas-de-charge) von vormals etwa einem Meter Höhe, die alle zusammenlaufenden Rippen in einem einzigen Werkstück vereinen, von unten her gekürzt werden. Seither setzt das Gewölbe an der Scheidbogenwand um etwa 25 cm höher an als an den Arkadensäulen. Weil die Rippen-

Abb. 16: Stark zur Seite verzogene Kapitelle an der südlichen Scheidwand unmittelbar westlich des Portals (links) und zwischen der zweiten und der dritten Kapelle von Westen (rechts) zum Ausgleich von Unstimmigkeiten zwischen der Lage von Diensten und Gewölbe.

bündel der Auflageblöcke in ihrer Proportionierung aber auf ein dreiteiliges Dienstbündel abgestimmt waren, laufen die Rippen nicht so eng zusammen, als wenn ein Einzeldienst schon zu Beginn vorgesehen gewesen wäre, und zusätzlich sind durch das Kürzen die Blöcke am Fuß auch noch etwas breiter geworden. Die neu eingesetzten Kapitelle der Einzeldienste mussten deshalb sehr breit ausgebildet werden und wirken nun etwas überdimensioniert. Dennoch waren sie zum Teil immer noch zu klein, sodass an einigen Stellen die Vorderkanten der Rippen zurückgearbeitet werden mussten, um nicht überzustehen.

Obendrein stimmte die Position der neuen Einzeldienste im Grundriss nicht immer genau mit der Lage der alten Gewölbeanfänger überein. Hierauf wurde an mehreren Stellen durch asymmetrisches Verziehen der Kapitellkelche reagiert, was bei jenen unmittelbar westlich des Portals und zwischen der zweiten und der dritten Kapelle von Westen besonders ausgeprägt ins Auge fällt (Abb. 16). Hier stellt sich die Frage, ob diese Unstimmigkeiten schon bei der Planung absehbar waren und man sich zugunsten einer maßlich streng gleichbleibenden Kapellenbreite mit diesem Schönheitsfehler abgefunden hatte, oder ob man erst im letzten Moment mit Hilfe der etwas flexibleren Bildhauerarbeiten auf die Unstimmigkeiten reagiert hat.

Abb. 17: Kapitell in der Südostecke des südlichen Seitenschiffs mit einer männlichen Figur als eine der wenigen Bildhauerarbeiten, die in Verbindung mit dem Bau der Südkapellen entstanden sind.

Zu kleinen Konflikten kam es auch beim Anschluss an die beiden Stirnseiten. Es sollte jeweils ein halbierter Dienst den Abschluss bilden, was mit den vorgefundenen Gegebenheiten aber nicht genau zusammenpasste. Die Westwand des Langhauses ist nach außen geneigt, wodurch die Wandfläche im Eckbereich zwischen Boden und Gewölbekapitell um etwa 5 cm vom Lot abweicht. Da der Eckdienst für einen vertikalen Verlauf vorbereitet war, entstanden zwangsläufig Stufungen zwischen der Wandfläche und den darin einbindenden Werkstücken. Darauf wurde mit schlichten Anböschungen im Wandputz reagiert. Am östlichen Ende steht die Querhausmauer zwar vertikal, doch ihre Flucht trat 2 cm weiter zurück, als für den halbierten Dienst vorgesehen war. Dem begegnete man hier durch Zurückarbeiten der überstehenden Werksteinflächen, was am Dienst einen schmalen Streifen weniger sorgfältig bearbeiteter Oberfläche zurückließ. Beim figürlich gestalteten Kapitell scheute man die Mühe und formte lediglich die Kanten zu einer Schräge bzw. einer Kehle um. Daher markiert die etwas befremdlich vortretende Fläche seitlich der Figur das ursprünglich vorgesehene Maß für den halben Eckdienst. Die Ausbildung einer flachen Kuhle um den Kapitellblock führte dazu, dass die Werksteinkanten mehr als die besagten 2 cm vortreten.

Auch im östlichen Joch mit höherliegendem Gewölbeansatz wurden die alten Gewölbeauflager ersetzt, doch um eine durchgehend gleichbleibende Höhe der neuen Auflager zu erreichen, mussten die Auflageblöcke hier nicht gekürzt, sondern durch zusätzliche Zwischenstücke von zusammen etwa 50 cm Höhe nach unten verlängert werden. Sie führen das Rippenprofil vertikal nach unten zum neuen Kapitell und geben dem Gewölbe somit eine gestelzte Form. Die wegen des hier schon ursprünglich vorgesehenen Einzeldienstes enger zusammenlaufenden Rippen finden auf den neuen Kapitellen genügend Platz.

Das Gewölbekapitell in der Südostecke trägt statt des sonst üblichen Laubwerks zwar eine männliche Figur, doch Einzelformen, Profile, Höhenlage und Lagerfugen stimmen mit den übrigen neu eingebrachten Kapitellen überein (Abb. 17). Ihre völlig vereinzelte Lage ohne erkennbaren Kontext lässt an ein Selbstbildnis von Bildhauer oder Baumeister denken, doch der Figur fehlen die üblichen Insignien in Form von Werkzeugen oder Meisterzeichen. Auch die ganze Erscheinung und Körperhaltung des jungen Mannes mit auffälliger Kleidung und den am Gürtel befestigten Geldkatzen wären hierfür eher befremdlich. Unter seiner linken Hand und den Füßen lassen sich Strukturen erkennen, die an Felsformationen erinnern, und er selbst nimmt eine tastende, absichernde Haltung ein.

Vielleicht können die Wandbilder, die die westlichen Stirnseiten beider Seitenschiffe fast vollständig einnehmen und den Hl. Christophorus gleich zweimal zur Darstellung bringen, den Schlüssel zum Verständnis liefern. Das südliche wird stilistisch um 1430 datiert – passend zur jüngeren Datierung des Gewölbes – und das nördliche trägt die Jahreszahl 1470[36]. Solche übergroßen Bilder des Patrons der Reisenden zieren zahlreiche Kirchen des Alpenraums im Inneren und weithin sichtbar am Äußeren. Die im Alpenvorland liegende Stadt Konstanz war seit dem ausgehenden 14. Jahrhundert nördlicher Stützpunkt eines von Mailand kommenden Alpenübergangs, dem das riesenhafte Kaufhaus am Hafen als Lagerbau diente. Dazu passend könnte besagte Figur einen Reisenden darstellen. Bei der Wahl des Motivs hätte für den Bildhauer wohl nichts näher gelegen, als die fremdartige Erscheinung eines jungen lombardischen Kaufmanns aufzugreifen und diesen in schicker Kleidung und mit Geld am Gürtel sinnbildlich ganz allein über die Felsen eines Alpenpasses herabsteigen zu lassen[37].

Wie bereits erwähnt wurde der Hl. Christophorus in der östlichen, dem figürlichen Kapitell am nächsten liegenden Kapelle verehrt (siehe oben: Dachwerk und Datierung). Falls das figürliche Kapitell in diesem Zusammenhang entstanden sein sollte, dann hätte Hans Muntprat seine Stiftung zwar zu spät vorgenommen, um das Motiv des Schlusssteins noch bestimmen zu können, aber noch rechtzeitig, um Einfluss auf die Gestaltung des Gewölbekapitells zu nehmen. Die Datierung des Dachwerks 1473 und der Stiftung 1474 liegen zeitlich dicht genug beisammen, um solcherlei Überlegungen zum Bauablauf nicht ganz von der Hand weisen zu müssen.

LÄNGERE ENDKAPELLEN

Kapellen und Portalvorhalle besitzen jeweils genau dieselbe Länge, mit Ausnahme der Kapellen an beiden Enden, die etwas länger sind (vgl. Abb. 3). Dies hat seinen Grund in den Proportionen des Langhauses, dessen Säulenarkaden an beiden Enden mit einem etwas weiter gespannten Bogen und einer Pfeilervorlage abschließen. Bei der ursprünglichen Flachdecke des Langhauses war die Jochteilung von untergeordneter Bedeutung. Erst im Zuge der Einwölbung der Seitenschiffe mit Kreuzrippengewölben waren regelrechte Joche entstanden, wovon die Endjoche um etwa 58 cm länger geworden sind.

Beim Bau der Südkapellen musste man auf diese Situation reagieren. Es ließ sich nicht vermeiden, dass die sorgfältig abgestimmte Geometrie und Symmetrie bei den beiden Endkapellen durcheinander gerieten. Hätte man ihnen die Länge der übrigen Kapellen gegeben, hätten sich deren Scheidwandöffnungen erheblich aus der Mittelachse der Endjoche verschoben. Bei einer den Endjochen angeglichenen Länge und axialen Ausrichtung wäre die Spannweite der Gewölbe um 58 cm größer geworden, und durch die proportionale Abhängigkeit hätte auch die Scheidwandöffnung eine Aufweitung um dasselbe Maß erfahren und deren Spitzbogen wäre entsprechend höher geworden. Entweder hätte deren Scheitel höher als bei den übrigen Kapellen gelegen, oder der Bogenansatz erheblich nach unten verschoben werden müssen. Die Konsequenz wäre ein unausgewogenes Erscheinungsbild gewesen und die größeren Öffnungen hätten den beiden Endkapellen eine hervorgehobene Bedeutung verliehen. Alternativ hätte man die proportionale Abhängigkeit der Scheidwandöffnung vom Gewölbe ablösen und entweder eine flachere Bogenführung vorsehen können, oder aber die Größe der übrigen Scheidwandöffnungen übernehmen können, wobei eine axiale Verschiebung nicht zu vermeiden gewesen wäre. Doch auf der Außenseite, wo bezüglich der Fensteröffnungen ein ähnliches Problem auftrat, ergaben sich weitere Zwänge. Man hätte sie proportional vergrößern können – sie damit aber hervorgehoben –, man hätte bei durchgehend gleicher Fenstergröße die Proportionen der Außenfassade strecken und dadurch den gleichmäßigen Rhythmus stören müssen, oder die Fensteröffnungen wären bei gleichbleibendem Rhythmus aus der Mittelachse der Kapellenräume gerutscht.

Die realisierte Lösung war ein Kompromiss aus hälftig verteilten Eingriffen in die Proportionen. Den 58 cm längeren Endjochen des Seitenschiffs stellte der Baumeister Kapellenräume von nur 29 cm zusätzlicher Länge zur Seite, deren Scheidwandöffnungen folglich eine größere Weite von ebenfalls 29 cm bekommrn haben. Ihre Bogenscheitel liegen folglich 14,5 cm neben den Mittelachsen der Endjoche. Durch Verschieben der Fensteröffnungen um nochmals 14,5 cm aus der Mittelachse der Kapellenräume wurde die zusätzliche Länge der Endkapellen kompensiert, sodass in der Außenfassade die Größe der Öffnungen und ihr Abstand zum nächsten Spornpfeiler nicht verändert werden mussten, während zur jeweils anderen Seite ohnehin nach einer Sonderlösung für die exponierte Ecke im Westen und den Anschluss an das Querhaus im Osten gesucht werden musste. Durch die hälftige Verteilung sind die Eingriffe in die Proportionen so moderat geblieben, dass sie nur bei genauem Hinschauen zu bemerken sind[38]. Auf den Blendfries im Inneren der östlichen Endkapelle hatte die größere Länge des Raums keine Auswirkungen, da sein Verlauf unmittelbar von der Fensterweite abhängig ist.

Die um 29 cm größere Weite der Scheidwandöffnungen führte zu einer größeren Höhe des Spitzbogens. Aus der Gewölbegeometrie ergaben sich 14 cm zusätzlicher Höhe (siehe unten: Die Gewölbe der Kapellen). Auch diesem Problem wurde wiederum mit einem Kompromiss begegnet, indem der gemeinsame Ansatz von Scheidwandbogen und Gewölbe in den Endkapellen um 11 cm nach unten verlagert wurde, sodass der Bogenscheitel nur 3 cm höher zu liegen kam.

Bei der westlichen Endkapelle hätten die 29 cm zusätzlicher Länge des Innenraums gut und gerne in der Eckausbildung mit Pfeilervorlagen verborgen werden können. Stattdessen wurde die westliche Abschlusswand aber stärker als die Außenwand und in fast der doppelten Stärke der Trennwände bemessen. Dafür wurde sogar dem Abstand zwischen der Fensteröffnung und dem überleitenden halben Spornpfeiler eine Breite von 68 cm statt der sonst üblichen 49 cm gegeben. Die Abschlusswand steht vom Südturm abgerückt, sodass ungeschickte Anschlüsse für Dachdeckung und Wasserführung entstanden sind. Doch ein naheliegendes direktes Anschließen – wie auf dem Wiesbadener Riss dargestellt – hätte einen noch sehr viel längeren Kapellenraum bzw. eine größere Stärke der Abschlusswand erforderlich gemacht, vor allem aber eine gravierende Verzerrung in den Proportionen der Außenfassade bedeutet.

Wo die Kapellenreihe im Osten gegen den südlichen Querhausarm stößt, kamen zusätzlich zum ohnehin schon längeren Kapellenraum noch weitere 30 cm hinzu. Anstatt vor die Querhausmauer eine eigene Abschlusswand zu legen, schloss man direkt an und überbrückte die 30 cm im Inneren durch Einfügen eines schmalen Bogens unabhängig vom eigentlichen Architekturschema. Auf der Außenseite ist der östliche halbierte Spornpfeiler im üblichen Abstand platziert und das verbleibende Stück in gerader Flucht weitergeführt, das sich ursprünglich hinter einen Strebepfeiler des Querhauses geschoben hatte (siehe oben: Äußere Architekturgliederung).

FENSTERMASSWERK

Die Fensteröffnungen von immer gleicher Breite besitzen gedrückte Spitzbögen, d. h. die zugehörigen Kreismittelpunkte liegen innerhalb der Fensterbreite. Die Fensterprofilierung umfasst, dem üblichen Schema folgend, außen und innen jeweils einen rahmenden Abschnitt und dazwischen einen zentralen Abschnitt, der mit Fensterpfosten und Maßwerk verbunden ist und den Anschlag für die Verglasung beinhaltet (Abb. 18). Eiserne Zuganker am Bogenansatz waren nicht vorhanden. Hinweise auf eine Farbverglasung der Südkapellenfenster sind aus den Schriftquellen nicht bekannt.

Die heutigen Maßwerke in den Bogenfeldern stammen alle aus späterer Zeit. Das ursprüngliche Maßwerk darf man sich mit einem andersartigen, komplexeren Aufbau mit Kielbögen und Schneusen vorstellen. Oben griffen sie mit vorstehendem Rücken in eine breite V-förmige Nut in die Unterseite der Bogensteine, um festen Halt zu haben (in Abb. 18 unten). Dieser Verband konnte nur im Zuge des Versetzens hergestellt werden. Die Öffnungen waren schon ursprünglich dreibahnig geteilt, was sich anhand der Lage der Stoßfugen innerhalb der Sohlbänke nachweisen lässt (siehe unten: Steinschnitt

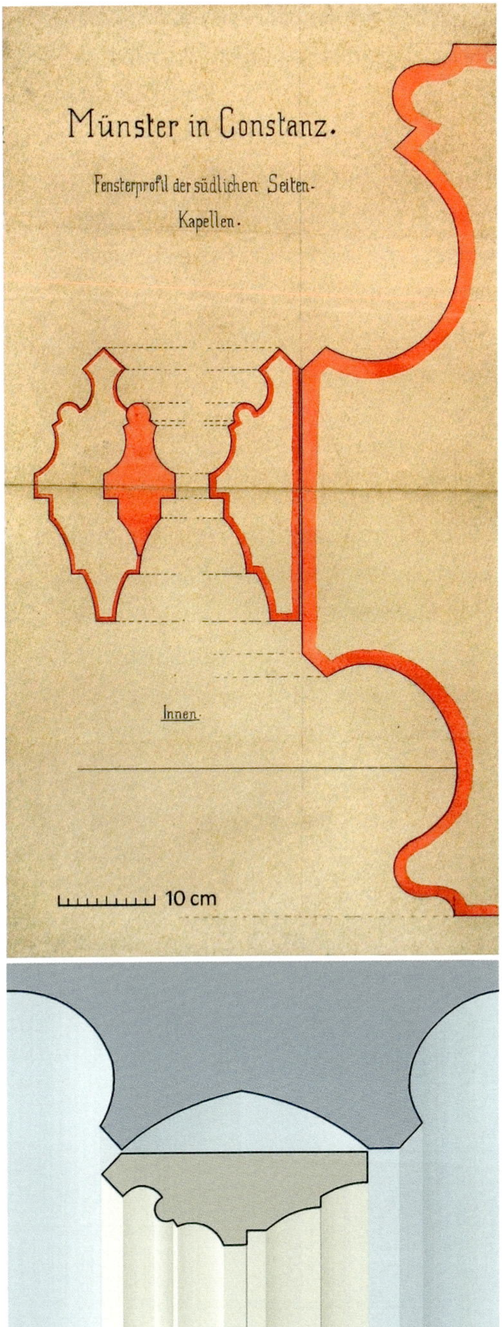

Abb. 18: Oben: Profilschnitt im Maßstab 1:1 zur Herstellung neuer Fenstermaßwerke um 1880 (Plansammlung der Vermögen und Bau Baden-Württemberg, Amt Konstanz, Fund- und Werkstückdatenbank Nr. P–7–5, ohne Datum und Signatur).
Unten: Querschnitt im Bogenbereich mit V-förmiger Nut zum Einfahren des ursprünglichen Maßwerks, die nach Einbau des neuen Maßwerks als Hohlraum verblieb.

und Mauertechnik). Für die Fensterpfosten standen ursprünglich Aufstände aus den Sohlbankschrägen vor.

Im Rahmen eines gründlichen Umbaus und einer Neuausstattung des Kircheninneren von 1679 bis 1683 wurden sämtliche Maßwerke und Fensterpfosten von Chor, Querhaus, Langhausobergaden und Seitenkapellen entfernt und stattdessen Klarverglasungen eingesetzt[39]. Dafür schlug man die freien Rippen des Maßwerks heraus, ließ nur das äußere Randprofil stehen und arbeitete die Stümpfe ab. Ebenso mussten die Fensterpfostenaufstände der Sohlbänke zurückgearbeitet werden. Der neuen Verglasung gaben Eisensprossen Halt, deren Lage sich anhand entsprechender Flickstellen in den seitlichen Wandungen noch nachvollziehen lässt (Abb. 19). Von drei horizontalen Sprossen kam die oberste ein Stück unterhalb des Bogenansatzes zu liegen. In diesem Zustand sind die Südkapellen auf zahlreichen Bildquellen wiedergegeben[40]. Sie ähnelten den bis heute in diesem Zustand belassenen hochliegenden Fenstern von Obergaden, nördlichem Querhausarm und oberer Margaretenkapelle.

1781 haben Handwerker eine kurze schriftliche Nachricht in der außenseitigen Kehle des Fensterbogens der östlichen Kapelle, östlich knapp unterhalb des Bogenscheitels, hinterlassen (Abb. 20). Die Currentschrift ist kaum größer als bei üblicher Schreibung auf Papier. Die schwarze bzw. dunkelgraue Schrift legt den Gebrauch eines Bleistifts nahe, wie er seit dem 18. Jahrhundert gebräuchlich war. Einsehbar war sie von einer Gerüsttreppe für die Reparatur des Vierungsturms aus einigen Metern Entfernung[41].

»1781 den 14ten Juni/ hab ich Johan Heinrich/ Bogenfest [?] von Kurtzern [?]/ [vom Schreiber ausgewischte Zeile]/ *in Reichenbach als Steinmetzen/ Gesellen bey Meister Kusteren/ von Konstantz diese Fensteren/ alle müsen von Ruße ... [?]«*

Der Schriftblock ist ober- und unterhalb mit Schlaufen verziert. Offenbar hatte man die Scheiben einer Reinigung unterzogen. Der Bericht kann mit einer erhaltenen Baurechnung in Verbindung gebracht werden, wonach 1781 die Fenster des Langhauses und aller Seitenkapellen neu verglast bzw. repariert und mit *»Eißem Thrat gestrickht«*, also mit Maschendraht, versehen worden waren[42]. Schutzgitter waren hier offenbar schon seit langem, vielleicht von Beginn an, angebracht, um das Glas von der Außenseite her zu schützen[43].

1845 hatte Baudirektor Heinrich Hübsch einen Maßnahmenkatalog zur Wiederherstellung des Äußeren der Münsterkirche vorgelegt[44]. Augenfälligster Teil der 1850 begonnenen Maßnahmen war das Aufsetzen der hohen Turmspitze. Nach Fertigstellung der Außeninstandsetzung sollten die Arbeiten im Inneren des Münsters ihre Fortsetzung finden, für die der Anfang mit der Einsetzung von Maßwerken und Glasmalereien in den drei Chorfenstern 1859–1863 gemacht worden war[45]. Danach entspann sich eine Diskussion um das weitere Vorgehen und den richtigen Weg dafür, sodass man 1878 bis 1882 Gutachten durch August v. Essenwein, Direktor des Germanischen Museums

Abb. 19: Südkapellenreihe mit Eisensprossen in den Fensteröffnungen und Seitenportal mit Giebel in renaissancezeitlichen Formen um 1825; Ausschnitt aus einer Gesamtansicht der Südseite des Münsters (SCHREIBER, Heinrich: Die Kirchen in Konstanz (Tafelband), Freiburg 1825, Tafel 2, der Zeichner ist unbekannt).

Abb. 20: Graffiti von Handwerkern in der Kehle des Fensterbogens der östlichen Kapelle knapp unterhalb des Bogenscheitels. Das obere berichtet von der Reinigung der Fenster 1781, das untere vom Einsetzen der Fenstermaßwerke 1880.

in Nürnberg, durch Franz Baer, erzbischöflicher Bauinspektor in Freiburg, sowie durch Friedrich von Schmidt, Dombaumeister in Wien, einholte. Sie waren sich alle darin einig, dass die Zutaten des 17. und 18. Jahrhunderts nach Möglichkeit entfernt werden sollten und das Münster wieder in einen mittelalterlichen Zustand versetzt werden müsse, verbunden mit zum Teil erheblichen Eingriffen in Erscheinungsbild und Baubestand. Die Vorschläge dafür waren allerdings recht unterschiedlich. Nur bezüglich des Umgangs mit den Seitenkapellen wurde zum Teil keine Meinung geäußert, zum Teil bestand Konsens darüber, auf eine einheitliche Gestaltung der Kapellenräume zu verzichten. Folgerichtig wurde mit deren Wiederherstellung begonnen, sodass im Zeitraum zwischen 1881 bis 1915 eine Seitenkapelle nach der anderen Gegenstand von Instandsetzungsarbeiten unter der Leitung von Bauinspektor F. Baer war[46].

Bereits 1877 war beschlossen worden, in die Fenster der Seitenkapellen neue Maßwerke einzusetzen[47]. 1880 legte Bauinspektor F. Baer Entwürfe für alle Seitenkapellen auf Süd- und Nordseite vor[48]. Im selben Jahr begannen die Handwerker bereits mit dem Einsetzen und hinterließen eine Nachricht in der Fensterkehle der östlichen Kapelle direkt unterhalb derjenigen von 1781 (Abb. 20):

> »*1880. im Juli haben/ Joh*^{s} *Kramer und M. Messmer./ Steinhauer, mit Hernn Werkmeister/ Merk dieses Maßwerk eingesezt.*«

Diese jüngere Notiz wurde fast ein Jahrhundert später nicht nur ganz unmittelbar unter der älteren platziert, sondern ihr auch bezüglich Wortlaut, Schriftgröße und Schreibmittel gefolgt, sowie ebenfalls mit einer Verzierung in Form eines mehrfach in sich verschlungenen Ornaments unter dem Schriftblock versehen. Darin erwähnt ist Werkmeister Merk, vermutlich Josef Merk, der beinahe alle Zeichnungen der 1850er Jahre signiert hat und demzufolge im Jahr 1880 immer noch tätig gewesen sein müsste.

Die Maßwerke der Seitenkapellen wurden offenbar alle gemeinsam hergestellt, aber nicht alle zugleich eingebaut. Zumindest ein Teil davon blieb bis zur Sanierung der zugehörigen Kapellenräume zwischengelagert, wie dies für das erst 1903 eingesetzte Maßwerk der Johann-Nepomuk-Kapelle auf der Nordseite nachzuweisen ist.[49] Die Profilierung für die neuen Maßwerke war durch den zentralen Abschnitt des Fensterprofils vorgegeben und die Dreibahnigkeit drängte sich aus der Breite der Fensteröffnungen auf. Die stehen gelassenen äußeren Ränder der früheren Maßwerke mussten zunächst herausgebrochen werden, um den neuen Maßwerken Platz zu machen. Diese konnten jedoch nicht mehr in die V-förmigen Nuten der Bogensteine eingefahren, sondern mussten frontal eingeschoben werden, weshalb sie nicht größer als die Öffnung sein durften. Ihre Oberseite wurde zwangsläufig flach gearbeitet und die V-förmige Nut verblieb als Hohlraum. In den Sohlbänken wurden Aussparungen zum Einsetzen der neuen Fensterpfosten eingetieft, wodurch abweichend vom ursprünglichen Zustand die Standfuge in Höhe der Sohlbankoberkante entfiel. Einzig bei der ersten Kapelle von Westen setzte man eine größere Vierung mit vorstehenden Aufständen zum Aufsetzen der Fensterpfosten ein. Windeisen zur Stabilisierung der Fensterpfosten und zur Halterung der Glasscheiben kamen fast zwingend wieder an den ursprünglichen Stellen zu liegen.

Innerhalb der neuen Maßwerke schließen die einzelnen Fensterbahnen mit Spitzbögen ab, über denen Dreipässe, Vierpässe, Bogendreiecke oder Kombinationsformen die übrige Bogenfläche füllen. Sie sind dem Formenschatz des frühen 14. Jahrhunderts entlehnt, passen aber nicht zur Entstehungszeit der Kapellen im fortgeschrittenen 15. Jahrhundert. Der Rückgriff auf eine frühere Formensprache dürfte in der damaligen Geringschätzung spätgotischer Architektur begründet sein oder war dem Versuch geschuldet, durch ältere Stilformen dem Münster ein einheitliches Erscheinungsbild zu geben[50].

GEWÖLBE DER KAPELLEN

In allen Kapellenräumen haben die Gewölbe die gleiche Form (Abb. 21). Von einem zentralen Schlussstein strahlen sechs Rippen radial aus, wovon die beiden Rippen in Längsrichtung sich V-förmig gabeln und eine Stichkappe umgreifen[51]. Mit Hilfe einer Tachymetermessung wurden in einem kürzeren Kapellenraum und in einer längeren Endkapelle die Lage von Ansatz-, Knoten- und Scheitelpunkten, sowie der Radius der Rippenkrümmung ermittelt, woraus alle notwendigen Maßangaben hergeleitet werden konnten[52]. Größere Abweichungen vom Originalzustand waren nicht zu erwarten, denn an den Kapellen sind nur geringe Deformationen zu beobachten, wo oberhalb einiger Fensteröffnungen leicht nach außen gedrücktes Mauerwerk später zurückgearbeitet worden war (siehe unten: Oberflächenbearbeitung). Gemessen wurden die Rippen an ihrer Unterseite, da nur sie direkt angepeilt werden konnte.

Die Formfindung spätgotischer figurierter Rippengewölbe, d.h. Gewölbe mit vielfältigen Rippenmustern, erforderte zwei Planungsschritte in gegenseitiger Abhän-

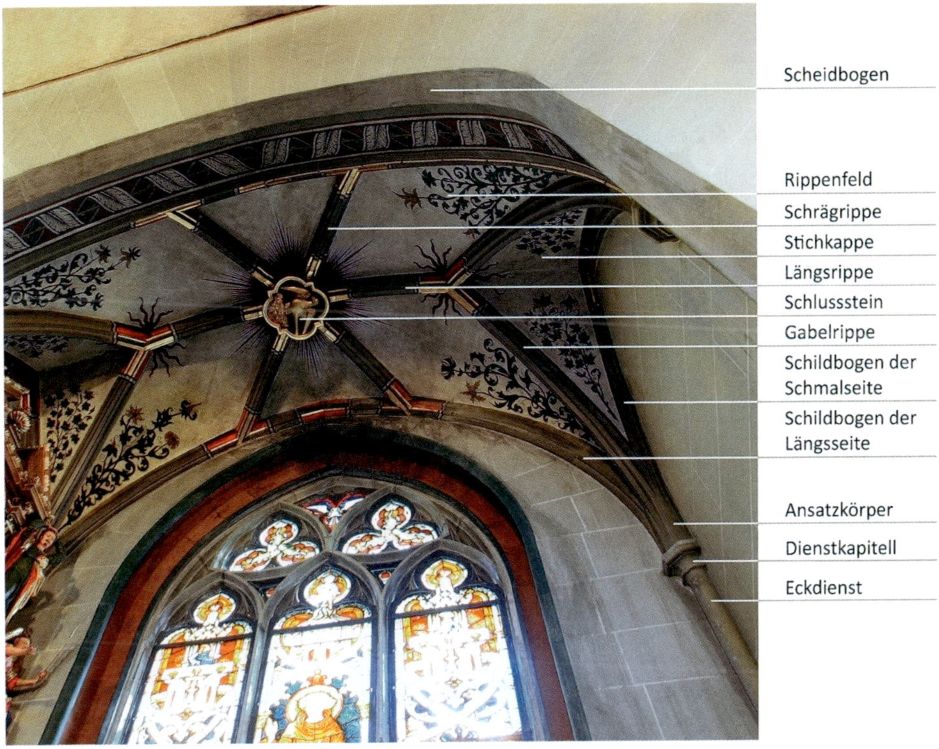

Abb. 21: Gewölbe des zweiten Kapellenraums von Westen (Elisabethenkapelle) mit Glossar seiner Bestandteile.

gigkeit: Im Grundriss wurde das Rippenmuster entworfen, die sogenannte Figuration, und dieses wurde dann zu einem dreidimensionalen Gebilde aus sich durchdringenden Kurven im Raum umgesetzt, die sogenannte Bogenaustragung. Beim Versuch, das den Kapellengewölben zugrundeliegende Entwurfsverfahren im Detail nachzuvollziehen, befindet man sich in der vorteilhaften Lage, dass es aufgrund der längeren Endkapellen zwei Varianten derselben Gewölbeform in unterschiedlicher Länge gibt. Da die Proportionen dafür jeweils eigenständig gefunden werden mussten, konnte nach einer Geometrie gesucht werden, die in beiden Fällen mit dem Gebauten übereinstimmt. Dies betrifft gleichermaßen die Figuration im Grundriss als auch die Bogenaustragung.

Im Grundriss scheint die Rippenfigur auf den ersten Blick einer simplen und zugleich für den Gewölbebau ausgesprochen schlüssigen Idealform mit gleichseitigen Rauten zu folgen. Dafür hätte man auf der längsgerichteten Mittelachse jenen Punkt gesucht – sei es durch Konstruktion einer Mittelsenkrechten oder durch wenige Näherungsversuche –, der gleichen Abstand zur Raumecke und zum zentralen Scheitelpunkt hätte. An dieser Stelle wäre die Gabelung zu liegen gekommen. Ein um den Scheitelpunkt durch den Gabelpunkt geschlagener Kreis hätte die vier Punkte bestimmt, an denen die Schrägrippen an die Längsseite angeschlossen hätten. Innerhalb einer solchen Rippenfigur aus gleichseitigen Rauten besäßen im Grundriss alle vier Rautenseiten die gleiche

Länge, Schrägrippen und Gabelrippen lägen parallel zueinander und alle Knotenpunkte – mit Ausnahme des Scheitelpunktes – befänden sich auf gleicher Höhe. Damit wäre diese Figuration in geradezu idealer Weise für die Konstruktion mit Hilfe eines Prinzipalbogens (siehe unten) geeignet gewesen, dessen Radius der Addition zweier Streckenabschnitte entsprochen hätte, ganz unabhängig vom Seitenverhältnis des Grundrissrechtecks. Längs- und Schrägrippen hätten gemeinsam einer gedachten Kugelfläche aufgelegen. Daher mag es nicht weiter verwundern, dass dieses Grundmuster bei gotischen Rippengewölben häufig anzutreffen ist. So auch innerhalb des Konstanzer Münsters im Chor in zwei nebeneinander liegenden Jochen mit Gurtrippe dazwischen, im südlichen Querhausarm durch rechtwinklige Überkreuzung zu einer Sternfigur erweitert, sowie in der Unteren Sakristei ohne Gurtrippen zu einem fortlaufenden Rippenmuster kombiniert – wobei hier allerdings die Gabelrippen in steilerem Winkel tiefer nach unten ziehen.

Als ob die Umsetzung dieser Idealform zu einfach gewesen wäre, wurde bei den Südkapellengewölben davon abgewichen, mit der Folge, dass die beschriebene simple Geometrie durchei-

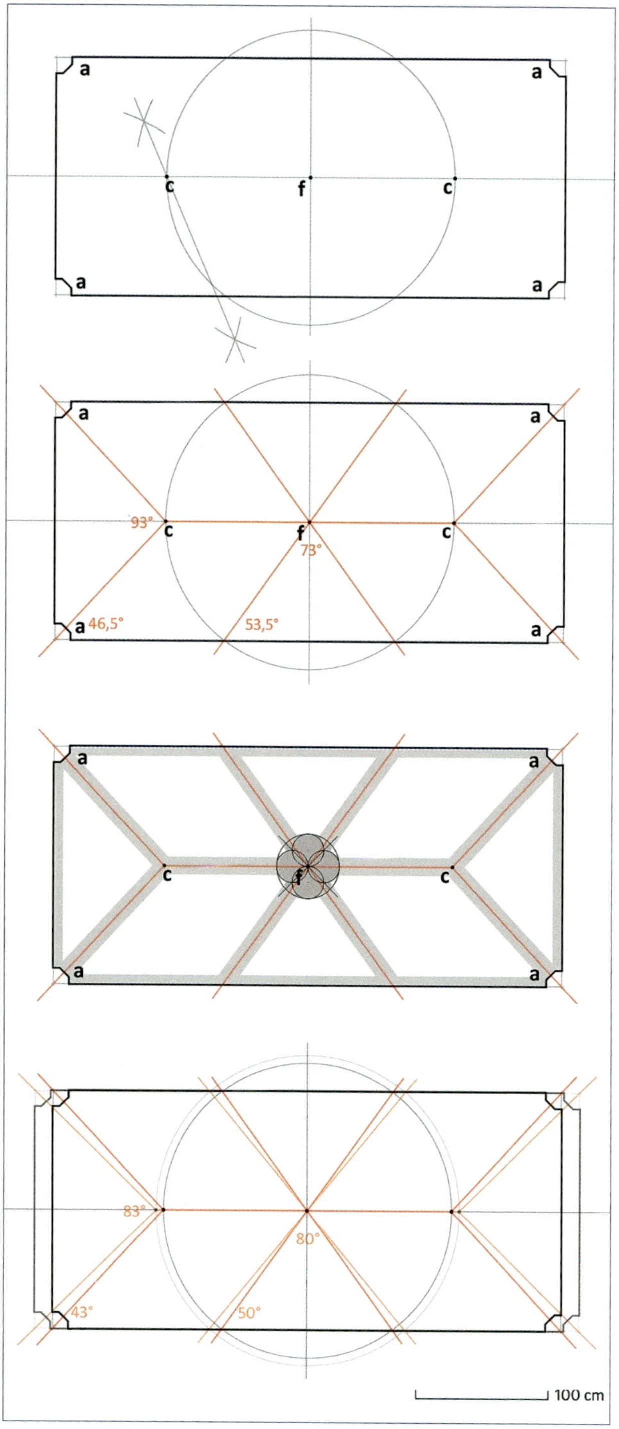

Abb. 22: Geometrischer Aufbau der Figuration im Grundriss für die kürzeren Kapellenräume (von oben nach unten): Findung des Punkts gleichen Abstands zwischen Auflager und Scheitel auf der Mittellängsachse (c), Eintragung der Figuration (orange), Überlagerung mit Rippen und Schlussstein (grau), und Projektion über die Geometrie der Endkapellen

nander geriet. Grund dafür sind polygonale Ansatzkörper oberhalb der Gewölbekapitelle, deren vertikale Flächen hinter den Rippen verschwinden und kaum in Erscheinung treten. Sie verhindern, dass die Rippen in den Ecken zu einem Punkt zusammenlaufen, wie es etwa in der Unteren Margaretenkapelle und im Vorraum der Konradikapelle des Konstanzer Münsters der Fall ist. Ihre Form ergab sich aus der Höhe des Rippenprofils und der Rippenbreite, die beide 12 cm betragen, und der Ausrichtung der Gabelrippen. Eine im Inneren der Rippen zu denkende Bezugsachse auf Höhe des äußeren Profilansatzes wäre nun wiederum in den Raumecken in einem Punkt zusammengelaufen, doch anstatt hieraus die Figuration herzuleiten und die Regelmäßigkeit der Idealform beizubehalten, diente die Unterseite als Bezugslinie.

Trotz der Ansatzkörper sind die Konstruktionsschritte der Figuration dieselben geblieben (Abb. 22). An der Stelle gleichen Abstands von Scheitelpunkt (**f**) und Ansatzkörper (**a**) liegt die Gabelung (**c**); ein Kreis durch diese Stelle bestimmt den Ansatz der Schrägrippen an den Schildbögen (**d**). Statt parallel zueinander zu liegen, verlaufen Gabelrippen und Schrägrippen nun in unterschiedlichen Winkeln. Bezogen auf die Längsseiten bilden bei den kürzeren Kapellenräumen die Gabelrippen einen Winkel von 46,5° und die Schrägrippen von 54°, bei den längeren Endkapellen von 43,5° und 50°, was sich gleichermaßen zeichnerisch herleiten als auch am Baubestand nachmessen lässt.

Bei figurierten Gewölben der Spätgotik wurden zur Umsetzung der Figuration zu einem räumlichen Gebilde mittels Bogenaustragung die einzelnen Rippenabschnitte als vertikale Ebene behandelt, sodass sie planerisch alle zusammen in eine Ebene gelegt werden konnten. Zudem war es üblich, ihnen eine gemeinsame Krümmung zu geben, sodass anhand eines einzigen Kreisbogens, des sogenannten Prinzipalbogens, die notwendigen Maße gewonnen werden konnten[53]. Er bemaß sich nach der weitesten Strecke zwischen Bogenansatz und Scheitel, dem Zickzack des Rippenverlaufs folgend. Die Strecken der einzelnen Rippenabschnitte aus dem Grundriss wurden hintereinander auf einer Grundlinie im Sinne einer Abwicklung aufgereiht. Wo die an den Enden der einzelnen Abschnitte gezogenen Senkrechten den Prinzipalbogen schneiden, geben sie die Höhenlage der Knotenpunkte an. Die dazwischenliegenden Kreisabschnitte entsprachen der Form und dem Neigungswinkel der einzelnen Rippenabschnitte.

Zeichnerisch wurde stets mit Bezugslinien gearbeitet. Bei der Figuration war es die Mittelachse und bei der Bogenaustragung die Unterseite der Rippen, die zugleich auch der Oberseite der Lehrbögen, denen Rippenstücke und Knoten beim Versatz aufgelegt wurden, gleich kam. Die Mittelachsen lagen ausnahmslos vertikal und das darauf bezugnehmende Rippenprofil wurde radial zum Kreismittelpunkt ausgerichtet. Infolgedessen trafen sich die Bezugslinien in aller Regel zwar genau in einem Punkt, doch die Profile begegneten sich verschwenkt zueinander, was zu komplizierten, mitunter bizarr anmutenden Verschneidungen und Durchdringungen führte.

An den Gewölben der Südkapellen ließen sich die für ein Entwurfsverfahren mit Prinzipalbogen zu erwartenden Maßverhältnisse zentimetergenau nachweisen (Abb.

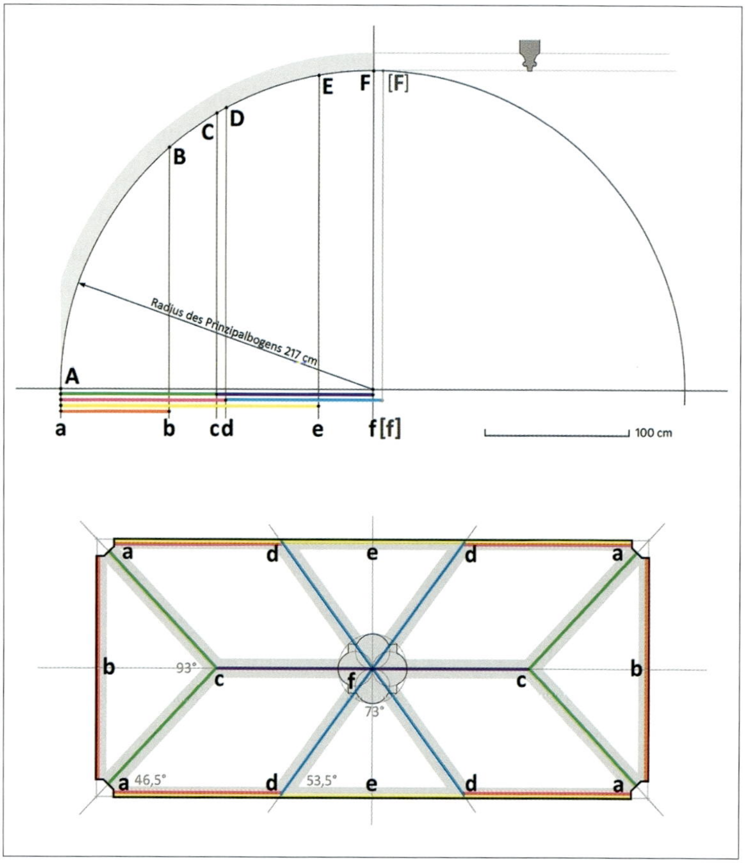

Abb. 23: Bogenaustragung mit Hilfe eines Prinzipalbogens für die kürzeren Kapellenräume; die Positionen innerhalb der Figuration sind mit Kleinbuchstaben, deren Höhenlage in der Bogenaustragung mit Großbuchstaben und die einzelnen Rippenabschnitte im Grundriss farblich markiert.

23 und 24). Der gemessene Radius der Rippenkrümmung, bei den kürzeren Kapellenräumen 217 cm und bei den längeren Endkapellen 229 cm, entspricht der Addition der Einzellängen von Gabelrippe (**a–c**) und Längsrippe (**c–f**) im Grundriss. Demzufolge beschreiben diese, in eine Ebene geklappt, zusammen einen Viertelkreis, und das Höhenmaß zwischen Ansatz- und Scheitelpunkt entspricht dem Kreisradius. Schon diese Zusammenhänge machen deutlich, dass der Gewölbeentwurf auf einem Prinzipalbogen beruht.

Beim zeichnerischen Durchspielen mit dem Prinzipalbogenverfahren, bei dem alle Rippen vom Bogenansatz her ausgetragen wurden, stimmen auch die konstruierten Höhenlagen der Knotenpunkte mit den Messungen überein. Doch dabei war eine Unstimmigkeit festzustellen. Während Längs- und Schrägrippen gleiche Länge besitzen, ist der untere Abschnitt des Schildbogens (**a–d**) im Grundriss um etwa 7 cm länger als die Gabelrippe (**a–c**). Innerhalb der Bogenaustragung erhält man folglich zwei Scheitelpunkte. Den Messungen zufolge lieferte der Weg über den Gabelpunkt das Maß für die Radiuslänge und somit für den geometrisch bestimmten Scheitelpunkt (**F**), sodass der längere Weg zu einem Überschlag führte (**[F]**). Zwischen den beiden Scheitelpunkten besteht zwar nur eine verschwindend geringe Höhendifferenz, die ohnehin vom großen

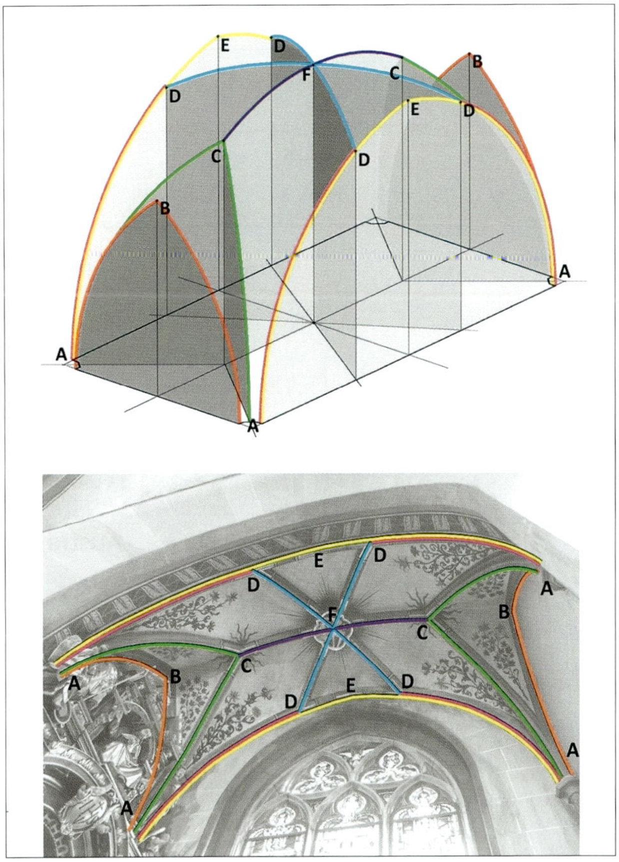

Abb. 24: Räumliche Umsetzung der Figuration zu vertikalen Ebenen, dem Lehrbogenmodell zur Auflage der Rippen vergleichbar (oben), und Überlagerung mit der Fotografie einer Untersicht; Buchstaben und Farben wie in Abb. 23.

Schlussstein geschluckt wird, doch für den Gabelpunkt (**C**) und den Rippenansatz am Schildbogen (**D**) konnte eine Höhendifferenz von etwa 4 cm zeichnerisch ermittelt werden, wie sie sich am Bestand auch tatsächlich nachvollziehen ließ. Damit war nicht nur ein Nachweis erbracht, wie mit der Maßabweichung umgegangen worden war, sondern auch dafür, dass die Rekonstruktion des zeichnerischen Verfahrens zutreffend ist.

Noch eine weitere maßliche Unstimmigkeit verlangte nach einer Lösung. Die Differenz der Radien für die Bogenaustragung von kürzeren und längeren Kapellen von 12 cm bedeutete für die Gewölbe der Endkapellen eine zusätzliche Höhe um dieses Maß. Die Höhe der Scheidwandbögen wuchs sogar um 14 cm, da sich lediglich die Geometrie proportional verschoben hatte, die Abschrägung in ihrer Breite aber den anderen Kapellen folgte. Die zusätzliche Höhe gegenüber den übrigen Kapellen wurde durch eine Verlagerung des Bogenansatzes nach unten kaschiert (sichc obcn: Längere Endkapellen).

Über dem Rippengefüge sind keine Einzelkappen, welche jeweils für sich eines der Rippenfelder geschlossen hätten, gemauert, sondern eine Gewölbeschale überspannt den Raum als Ganzes. Sie besitzt die Form einer Kuppel mit niedrigen Stichkappen an den Schmalseiten. Auf der Oberseite zeichnen sich keine Werksteine ab, wonach die Rippen und Rippenknoten nicht mit hohem Rücken in die Gewölbeschale einbinden,

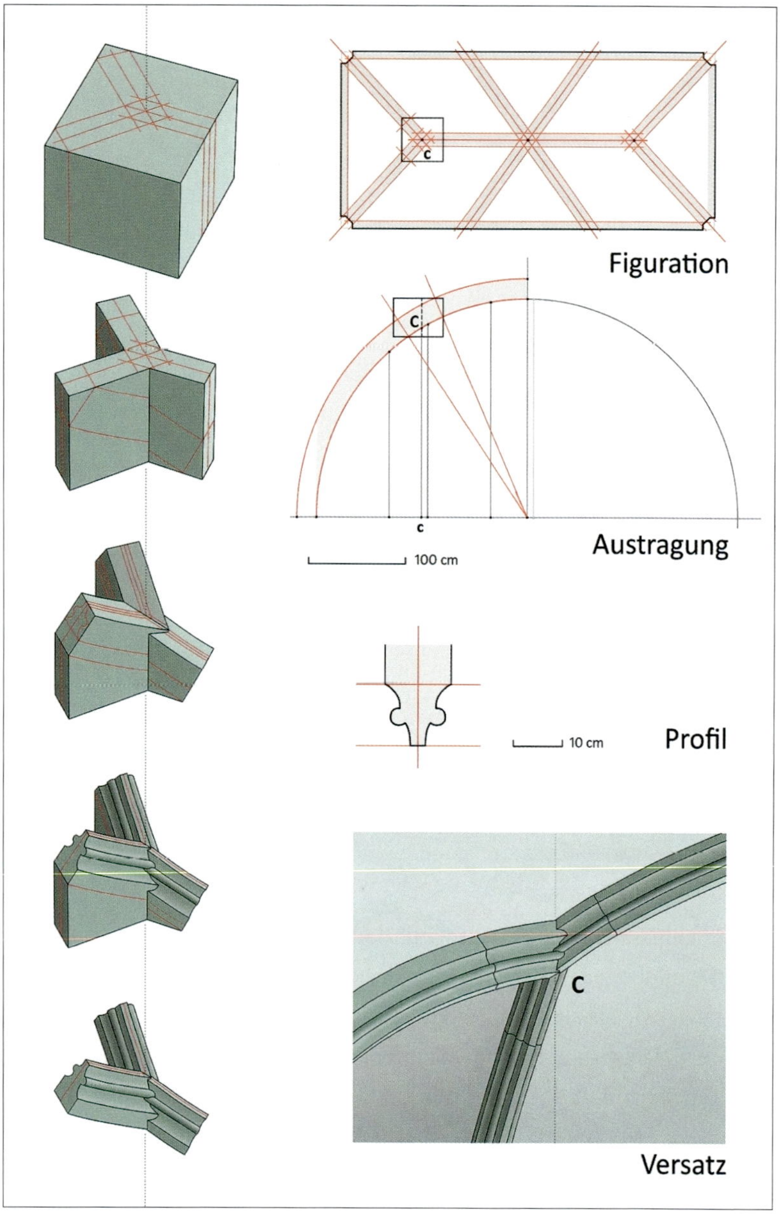

Abb. 25: Herstellung eines Rippenknotens für die Südkapellengewölbe in mehreren Schritten /von oben nach unten) durch Ausarbeiten der Rippenbreiten nach der Figuration, der Rippenkrümmung nach der Bogenaustragung, der Profilierung nach dem Profilquerschnitt und der Oberseite zur Anpassung an die Gewölbeschale; rechts Figuration, Bogenaustragung und Profil mit dem Umriss des Rohblocks und den Bezugskanten in Rot.

sondern mit flacher Oberseite der Kuppelschale nur anliegen, so wie es beim Gewölbe der Sylvesterkapelle an einer leicht abgesenkten Rippe beobachtet werden kann. Demzufolge bilden Rippengefüge und Gewölbeschale zwei eigenständig wirksame Tragstrukturen aus, die einander dicht anliegen und in gegenseitiger Wechselwirkung stehen. Entweder wollte der Baumeister das Rippengefüge nicht belasten bzw. er traute ihm die erforderliche Tragfähigkeit nicht zu, oder das Gewölbe war auf diese Weise einfacher zu errichten.

Bei der Herstellung der Werkstücke musste der Steinmetz der Abfolge des Entwurfsverfahrens folgen. Am Beispiel des Knotenpunkts, wo sich Gabel- und Längsrippen treffen, ist die schrittweise Ausarbeitung in einer Grafik dargestellt (Abb. 25). Darin sind links die Herstellungsschritte wiedergegeben, wobei die spätere Unterseite oben liegt. Rechts daneben befinden sich die zugehörigen zeichnerischen Grundlagen in Form der Figuration und der Bogenaustragung (vgl. Abb. 23), jeweils mit dem eingetragenen Umriss des Rohblocks, sowie das Rippenprofil.

Zunächst wurden in Figuration und Austragung die Lage und Neigung der Stoßfugen bestimmt, woraus sich die Abmessungen des Rohblocks ermitteln ließen. Darauf wurde der Rippenverlauf aus der Figuration angerissen. Die Abarbeitung des überschüssigen Materials ließ ein Gebilde mit Y-förmigem Grundriss entstehen. Von der Bogenaustragung konnten nun die Kreisbögen in entsprechenden Neigungswinkeln zusammen mit den radial geneigten Stoßfugen auf die Seitenflächen übertragen werden. Obwohl sich die gekrümmten Bezugslinien in einem zentralen Punkt trafen, führten die räumlich gegeneinander verschwenkten Krümmungsflächen zu Versprüngen und Verschneidungen. Nach Anzeichnen des Profils an den Stirnflächen erfolgte dessen Ausarbeitung, die seinerseits in mehreren Einzelschritten erfolgte, die in der Grafik nicht dargestellt sind. Das Aufeinandertreffen der profilierten Rippen hatte komplizierte räumliche Durchdringungen zum Ergebnis. Auf der späteren Oberseite wurde der Rippenknoten flach abgearbeitet, um der am Stück den Raum überspannenden Wölbschale nicht im Weg zu stehen. Um störende Versprünge zu vermeiden, gab man den Gabelrippen zusätzliche bzw. der Längsrippe geringere Höhe. Rechts oben zeigt die Grafik schließlich den Einbauzustand unter der Gewölbeschale.

Die Analyse der Maßverhältnisse und das Nachvollziehen des Entwurfsverfahrens erlauben den Nachweis, dass bei den Gewölben der Südkapellen eine Bogenaustragung mittels eines Prinzipalbogens zugrunde lag. Dieses Entwurfsverfahren diente allein der Formfindung und handwerklichen Umsetzung und ist nicht zu verwechseln mit der Bestimmung einer optimalen Tragfähigkeit. Hierfür gab der Einsatz eines Prinzipalbogens einzig die Gewährleistung, dass das Gewölbe im Diagonalschnitt mindestens die Höhe eines Halbkreises hatte und damit nicht zu flach werden konnte, und dass die Rippen eine fortlaufende Steigung bildeten, um statisch ungünstig wirkende starke Knicke in den Knotenpunkten zu vermeiden. Sicherlich war die Ausarbeitung eines Gewölbeentwurfs nicht allein auf die Anwendung des beschriebenen Verfahrens beschränkt, sondern weitere Vorgaben und Thesen zu Geometrie, Tragfähigkeit und Dimensionierung flossen darin ein[54]. Um Risiken bezüglich des Tragverhaltens von vornherein auszuschließen, wurde dem Rippengefüge der Kapellenräume eine eigenständig tragfähige Wölbschale übergestülpt.

SÜDPORTAL UND VORHALLE

Vermutlich hatte schon vor dem Bau der Südkapellen ein Portal mit Vorhalle an gleicher Stelle gelegen, das in den Schriftquellen aber nur einmal für das Jahr 1450 als *»vorzaichen uff dem obern hof«* Erwähnung fand[55]. Im Dachraum finden sich in diesem Bereich keine Wandanschlüsse, die sich mit einer früheren Vorhalle in Verbindung bringen lassen könnten, allerdings auch keine Abdrücke von Strebepfeilern, wie sie beim Einbau des Seitenschiffgewölbes angefügt worden waren (siehe oben: Veränderungen am südlichen Seitenschiff). Lediglich in der in diesem Bereich erhalten gebliebenen Schwelle des Seitenschiffdachwerks aus dem 13. Jahrhundert (siehe oben: Dachwerk und Datierung)

Abb. 26: Südliche Seitenportalöffnung mit Maßwerkvorhang und Laubranken in den Kehlen der Profilierung innerhalb des Spitzbogens.

häufen sich im Bereich des Portals Aussparungen für zusätzliche Rofen, die zu einem vorgelagerten Pultdach gehört haben dürften.

Ein solches Pultdach ist in einer stark vereinfachten Darstellung in der Konstanzer Ausgabe der Chronik zum Konstanzer Konzil von Ulrich Richental zu finden, wo eine Menschenmenge vor der Südseite des Münsters den päpstlichen Segen empfängt[56]. Sie wird um 1464/65 datiert[57]. Wie bei allen Zeichnungen der Chronik ist auch hier die Lokalität stark vereinfacht und auf das Wesentliche beschränkt zur Darstellung gebracht worden, doch ist der südliche Querhausgiebel mit seinen drei hohen Fenstern leicht zu identifizieren. Gleich links davon befindet sich eine von zwei Strebepfeilern mit aufgesetzten hohen Fialen gerahmte Portalvorhalle mit Pultdach. Die Abbildung gibt sicherlich nicht historisch korrekt den Zustand zur Zeit der dargestellten Begebenheit während des Konzils wieder, sondern hatte die Situation der Entstehungszeit um 1464/65 zum Vorbild. Sie müsste folglich eine frühere Vorhalle an dieser Stelle zeigen, kurz bevor sie im Zuge der Errichtung der Südkapellenreihe einem Ersatzbau weichen musste.

Die eigentliche spitzbogige Portalöffnung liegt innerhalb der Scheidwand, also im Verlauf der früheren Außenwand des Seitenschiffs. Sie besitzt eine breite Profilierung, zusammengesetzt aus zwei tiefen Kehlen, sowie schmalen Rund- und Birnstäben, welche unten auf kleinen Trommelsockeln sitzen (Abb. 26). Nur innerhalb des Bogens verläuft in der äußeren Kehle ein Maßwerkvorhang und in der inneren Kehle liegt ein Strang aus gedrehten Laubranken. Die Ranken wachsen am Bogenansatz auf der rechten Seite aus dem Blumenkranz eines Mädchenhaupts und auf der linken aus den Augenbrauen eines bärtigen Männerhaupts hervor (Abb. 27). Diese beiden Darstellungen können als

Abb. 27: Haupt eines Mädchens und Haupt eines Mannes zu beiden Seiten der Portalöffnung, aus denen Laubranken herauswachsen.

Abb. 28: Drei Figurenstandplätze aus Konsolen und hohen Baldachinen in der Wandfläche oberhalb der Portalöffnung, wo eine Figurengruppe zum Thema »Glaube, Liebe, Hoffnung« aus der Hand der Bildhauerin Katharina Felder (1816–1848) Aufstellung gefunden hat.

Sinnbilder für die Unbeschwertheit der Jugend und die Weisheit des Alters gedeutet werden, gewissermaßen Auftakt und Ausklang des irdischen Daseins verbunden durch den Laubstrang.

In der Wandfläche oberhalb der Portalöffnung liegen drei Figurenstandplätze aus Konsolen und hohen Baldachinen (Abb. 28). Beim erhöhten mittleren Standplatz bietet eine Konsole mit Laubbesatz und Blattmaske eine große rechteckige Standfläche (Abb. 29). Die Grundfigur des Baldachin ist über einer Grundfigur aus einem etwas verzogenen Sechseck mit an allen freien Seiten angeschlossenen Dreiecken zusammengesetzt, ähnlich einem Davidstern. Sein reich gegliederter turmartiger Aufbau zeigt verschliffene

Abb. 29: Mittlerer Figurenstandplatz über der Portalöffnung mit turmartigem Baldachin aus verschliffenen Formen und vielfach ineinander verschränkten Kiel- und Scherbogenmotiven (oben), sowie knorpeligem, aus einer Blattmaske herauswachsendem Laubwerk auf der Unterseite der rechteckigen Konsole (unten).

Formen und vielfach ineinander verschränkte Kiel- und Scherbogenmotive. Die beiden seitlichen Standplätze sind zur Aufnahme von Einzelfiguren sehr viel schmaler und einfacher in der Gestaltung gehalten, bestehend aus einer achteckigen Laubkonsole und einem Baldachin über drei Seiten eines Sechsecks. Die Spitzen aller drei Baldachine stoßen an das Gewölbe. Welche Figuren anfänglich hier Aufstellung fanden oder finden sollten, ist nicht bekannt. Naheliegend wäre das Trio der Münsterpatrone Maria, Konrad und Pelagius, wie es im Münster noch viele Male anzutreffen ist.

Konsolen und Baldachine folgen einer gänzlich anderen Formensprache als die Umrahmung der darunterliegenden Portalöffnung, und deren Einbindung in den

Werksteinverband der Wandfläche stimmt mit den Lagerfugen nicht überein, womit sie sich innerhalb des sonst so präzisen Fugenbildes als spätere Zutat zu erkennen geben. Ihrer Stilformen wegen können die Figurenstandplätze dem späten 15. Jahrhundert zugerechnet werden und dürften in geringem zeitlichen Abstand hinzugefügt worden sein. Die Figurenkonsolen und die Gewölbekapitelle sind mit geflochtenem Kranz am unteren Ende und daraus emporwachsenden, dicht gestellten und mit kleinen Blättchen besetzten Stengeln sehr ähnlich gestaltet, was einen Herstellungszusammenhang nahelegt.

Die dem Portal vorgelagerte Vorhalle schiebt sich vor die Flucht der Kapellenreihe. Sie hatte einst eine völlig andere Form als heute, trat sehr viel weiter aus der Fassadenflucht hervor und war nach drei Seiten offen. Der frühere Zustand ist anhand historischer Abbildungen zu erschließen[58]. Eine speziellere Darstellung in einem 1825 von Heinrich

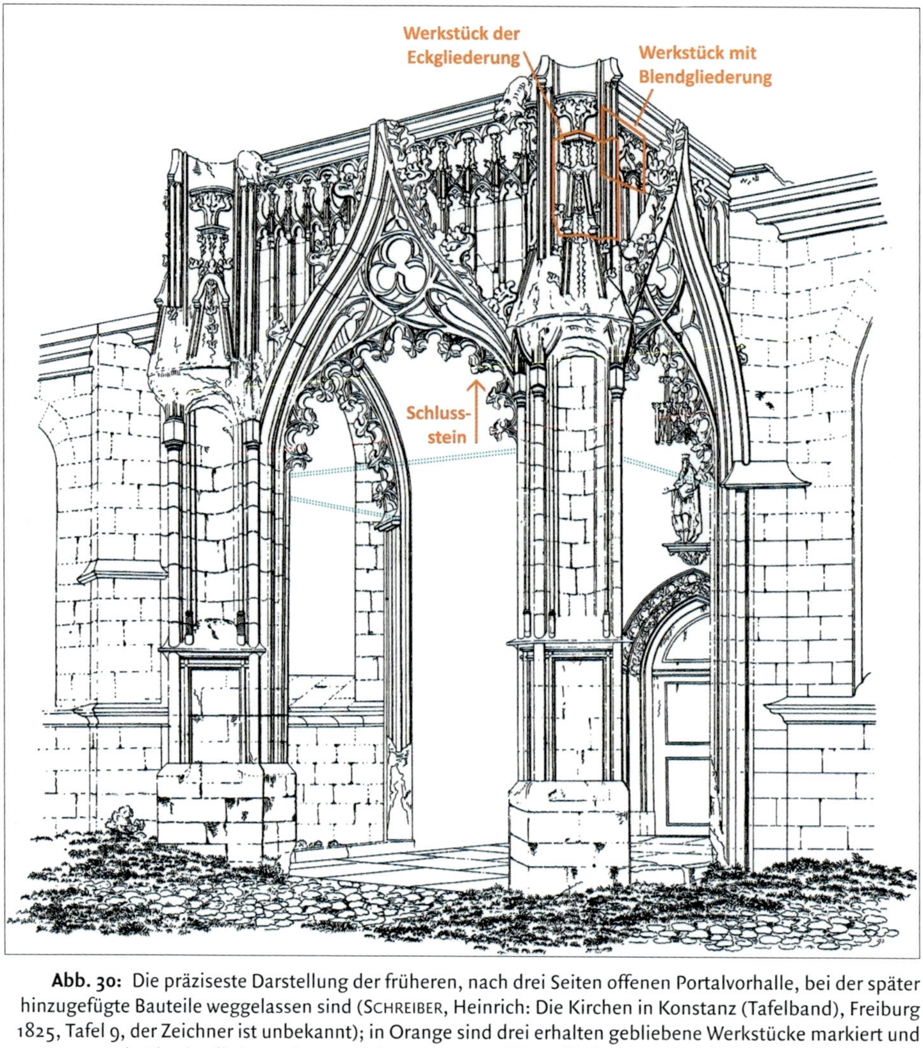

Abb. 30: Die präziseste Darstellung der früheren, nach drei Seiten offenen Portalvorhalle, bei der später hinzugefügte Bauteile weggelassen sind (SCHREIBER, Heinrich: Die Kirchen in Konstanz (Tafelband), Freiburg 1825, Tafel 9, der Zeichner ist unbekannt); in Orange sind drei erhalten gebliebene Werkstücke markiert und in Blau ist die Lage eiserner Ankerstangen markiert, die der Zeichner nicht berücksichtigt hatte.

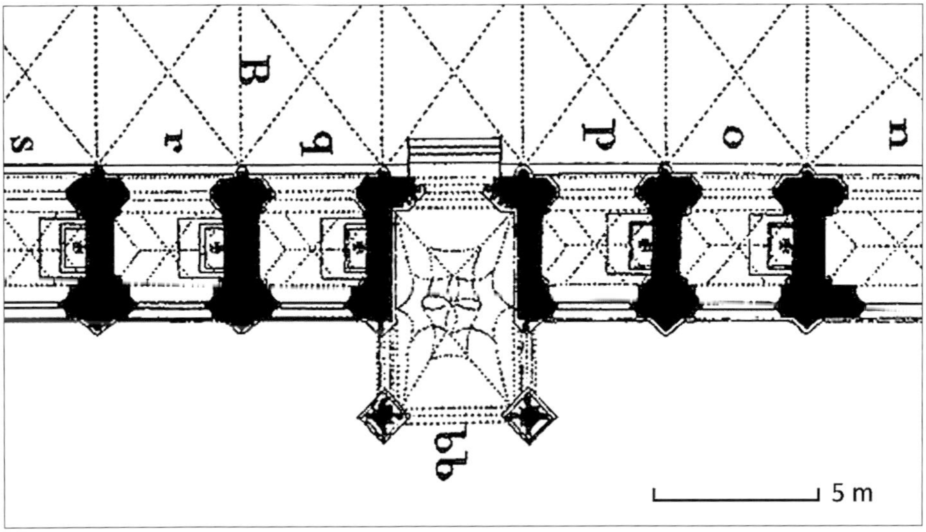

Abb. 31: Die frühere Vorhalle des südlichen Seitenportals im Grundriss mit Darstellung des Gewölbes aus geraden Rippen und Schlingrippen um 1825; Ausschnitt aus einem Grundriss des gesamten Münsters (SCHREIBER, Heinrich: Die Kirchen in Konstanz (Tafelband), Freiburg 1825, Tafel 1).

Schreiber herausgegebenen Tafelband gibt die Einzelheiten präzise wieder, doch zugleich sind spätere Zutaten weggelassen (Abb. 30)[59].

In die Außengliederung der Kapellen war die Vorhalle genau zwischen die Spitzen zweier Spornpfeiler eingepasst, sodass die der eigentlichen Flucht vorgelegte Profilierung der seitlichen Bogenöffnungen in die abgewandten Spornpfeilerflanken übergriff. In formaler Anlehnung waren die beiden freistehenden Pfeiler über Eck gestellt, durch eine reiche Architekturgliederung aber deutlich hervorgehoben. Über einem vortretenden Sockel trugen sie Blendfelder und darüber tiefe Kehlen. Die Übergänge von den Pfeilerschäften zum Aufsatz waren zur Entstehungszeit der Zeichnung bereits stark verwittert. Aus ihnen wuchsen Pyramidenhelme, deren Kreuzblumen in Plattformen zur Aufstellung von Figuren endeten.

Alle drei Seiten wurden von steilen, krabbenbesetzten Kielbögen mit einbeschriebenem Maßwerk überspannt, an deren Unterseiten sich Maßwerkvorhänge entlangzogen. Oberhalb der Kielbögen reichte Blendmaßwerk aus gereihten Lanzetten und Scherbögen bis zum Hauptgesims. In dieses waren südseitig zwei zierliche Wasserspeier in Tiergestalt eingesetzt. Mit dem Hauptgesims endete der damals erhaltene Originalbestand. Oberhalb davon darf man sich hohe Aufbauten über den Freipfeilern, abschließende Kreuzblumen für die Kielbögen und sicherlich auch eine Maßwerkbrüstung vorstellen. Darüber erhob sich ein markanter Dachaufbau, zu dem in Zusammenhang mit seinem Abbruch 1629 kurze Angaben gemacht worden sind, als man *»das mit bley gedeckte Türnlin am Portal«* abgetragen und von diesem *»der vergulte Khnopf und helm zieraden«* sichergestellt hatte[60]. Demzufolge dürfte es sich um ein hochragendes, turmartiges Gebilde gehandelt haben. Man ist versucht, sich den stark konkaven Dachaufbau, wie ihn der

Abb. 32: Erhalten gebliebenes Werkstück der früheren Portalvorhalle als Teil der Blendgliederung, zusammengesetzt aus maßwerkgefüllten Lanzetten mit Scherbögen und Kreuzblumen, Blendbogenfries Rundstab am oberen Rand (Sammlung des Rosgartenmuseums, Inv.-Nr. S 68).

Wiesbadener Riss über der im Vordergrund befindlichen Kapelle zeigt, über der Südportalvorhalle vorzustellen (siehe oben: Der Wiesbadener Riss). Leider zeigen die meisten frühen Darstellungen das Münster von Südosten, sodass das Südportal hinter dem Pfalzgebäude verborgen liegt. Eine Ansicht von 1565 ist stark vereinfacht und zeigt nicht einmal das Querhaus[61].

Das Gewölbe ist auf der Ansichtszeichnung nicht zu sehen, doch enthält derselbe Tafelband Heinrich Schreibers einen Grundriss des gesamten Münsters, der auch das Rippenmuster der Portalvorhalle zeigt (Abb. 31)[62]. Zu erkennen ist ein Arrangement aus geraden Rippen und Schlingrippen. Wie der Vergleich weiterer figurierter Gewölbe in Zeichnung und Bestand erweist, hat der Zeichner auch komplexe Rippenmuster recht präzise wiedergegeben. Lediglich bei der Westvorhalle sind drei eng nebeneinander liegende Rippen in den Raumecken zu einem Strich verschmolzen. Zwar ist die Grundrisszeichnung auch maßlich bemerkenswert stimmig, doch ausgerechnet bei den Südkapellen hat sich ein Fehler eingeschlichen, indem die Scheidwand ein beträchtliches Stück nach innen gerückt ist, was Kapellenräume und Vorhalle zu breit werden ließ. Nach Korrektur dieser Verschiebung hätte die Tiefe von der Portalöffnung bis zur Außenkante der

Abb. 33: Erhalten gebliebenes Werkstück der früheren Portalvorhalle als Teil der Eckgliederung, bestehend aus einem Teilabschnitt einer mit Krabben besetzten, steilen Fialenspitze zwischen profilierten Flanken, umschlungen von sich spaltenden und wieder vermelzenden kleinen Fialen (Sammlung des Rosgartenmuseums, Inv.-Nr. S 60).

Spornpfeiler und von dort bis zu den Freipfeilern etwa das gleiche Maß gehabt.

Für die Standfestigkeit waren eiserne Ankerstangen notwendig, da die freistehenden Pfeiler den Schub der großen Öffnungen und des Gewölbes nicht hätten aufnehmen können. Sie lagen auf Höhe des Bogenansatzes der Spitzbogenöffnungen, wo sie allerdings nur einige historische Abbildungen zeigen[63]. Heinrich Schreiber hat sie in seinen Darstellungen weggelassen, da sie nach damaligem Verständnis nicht als Bestandteil gotischer Architektur akzeptiert waren. Sie sind in der Abbildung in Blau nachgetragen (vgl. Abb. 30).

Von der aufwändig gestalteten Architektur der Vorhalle befinden sich zwei Werkstücke in der Sammlung des Rosgartenmuseums[64]. Die Übereinstimmungen mit der Zeichnung lassen an ihrer Herkunft nicht zweifeln und verbürgen im Gegenzug die Zeichnung als recht getreue, wenn auch vereinfachte und nicht ganz fehlerfreie Wiedergabe. Die vermutete Lage der erhalten gebliebenen Werksteine ist in der Ansichtszeichnung gekennzeichnet (vgl. Abb. 30).

Das größere der beiden Werkstücke trägt eine Blendgliederung von der Breite dreier Bahnen (Abb. 32)[65]. Flach geführte Scherbögen sind mit Krabben aus gekringeltem Blattwerk besetzt und enden in Kreuzblumen, welche in einen am oberen Rand entlang geführten Blendbogenfries stoßen. Auf beiden Seiten wird die Blendgliederung von einer Rahmung begrenzt. Ein Rundstab am oberen Rand als Bestandteil eines ausladenden Gesimses läuft auf der rechten Seite über die Rahmung hinweg, endet auf der linken Seite aber an einer Aussparung. Zur Frage nach der Stelle, die das Werkstück einst eingenommen hatte, lässt die Zeichnung an der südlichen Frontseite zwar eine Blendgliederung erkennen, welcher aber kleine Fialen vorgelagert sind, die das Werkstück nicht besitzt. Daher dürfte es von der Seitenflanke herrühren, wo solche Fialen nicht dargestellt sind. Die kleine Aussparung im Rundstab könnte daher rühren, dass die linke

Abb. 34: Schlussstein, der einst im Zentrum des Vorhallengewölbes saß und zusammen mit längeren Abschnitten von Schlingrippen und Teilflächen der Rippenfelder aus einem einzigen großen Werkstück gehauen worden ist (aufbewahrt bei der Münsterbauleitung).

Rahmung hinter die Eckgliederung griff. Die von der Zeichnung festgehaltenen starken Verwitterungen legen es nahe, dass das zur Aufbewahrung ausgewählte Werkstück von der weniger exponierten Ostseite stammt.

Das kleinere der beiden Werkstücke war Teil der Eckgliederung (Abb. 33)[66]. Das komplexe Arrangement besteht aus einem Winkel zwischen schmalen profilierten Flanken, in dem ein Teilabschnitt einer mit Krabben besetzten, steilen Fialenspitze liegt. Diese wird von kleinen Fialen umschlungen, die der Neigung der Spitze folgend schräg verlaufen, sich nach oben hin in zwei Schäfte aufspalten und zur Seite biegen, in dieser Schräglage in krabbenbesetzte Spitzen übergehen und sich vor den Ecken mit den Fialenspitzen der Gegenseite verschmelzen, um dann vertikal auszulaufen. Genau im Bereich der Verschmelzung stößt eine der Krabben der großen Fialspitze nach außen durch, was ein kaum noch zu durchschauendes Formengewirr produziert. Die große Fialenspitze ist im Grundriss nicht quadratisch, sondern fünfeckig. Anhand der Zeichnung ist die frühere Lage des Werkstücks im höheren Eckbereich der Vorhalle leicht zu identifizieren. Auch in seinem Fall ist zu vermuten, dass es von der geschützteren Südostecke abgenommen wurde. Unterhalb davon lag der Übergangsbereich der Eckgliederung vom Schaft in den Aufsatz, der bei Entstehung der Zeichnung offenbar schon stark verwittert war, sodass nur noch die Grundform eines horizontalen Tellers festgehalten werden konnte.

Er findet sich auch in der Form eines eingeritzten großen Kreisbogens im Unterlager des Werkstücks.

Ein weiteres Werkstück umfasste den Scheitelbereich des Vorhallengewölbes und wird bei der Münsterbauleitung aufbewahrt (Abb. 34)[67]. Ein Schlussstein mit dem Haupt Christi und dahinter zusammentreffende Ansätze von Schlingrippen tragen eine vielfarbige Fassung. Die insgesamt acht Rippenansätze waren Teil einer kreuzförmigen Schlaufenfigur, wie sie sich im Zentrum des von Heinrich Schreiber 1825 veröffentlichten Grundrisses wiederfindet (vgl. Abb. 31). Das Rippenprofil weicht gänzlich von demjenigen der Kapellengewölbe ab.

Von den Rippenansätzen besitzen nur noch zwei ihre ursprüngliche Länge, wogegen die übrigen deutliche Spuren späterer Abarbeitung erkennen lassen. Ursprünglich maß das Werkstück etwa 110 cm im Quadrat. Zwischen den paarweisen Rippenansätzen auf jeder Seite ist die Gewölbeschale in einer Stärke von 6,5 cm aus demselben Steinblock am Stück ausgearbeitet worden. In den Außenecken besitzen die Rippen hingegen Fälze gleicher Tiefe zur Auflage von Steinplatten. An den Stirnenden weisen die beiden in ursprünglicher Länge erhaltenen Rippen jeweils eine Mittelritzung, ein viereckiges Loch für einen Metalldübel und dasselbe Versatzzeichen in Form eines ganz klein und dünn eingeritzten Kleinbuchstabens ›g‹ auf[68]. Die ungewöhnliche Größe des Werkstücks und die Herstellung der Rippenfelder aus demselben Steinblock bzw. als Auflageplatte lassen vermuten, dass das gesamte Gewölbe nicht etwa als Rippennetz mit aufgemauerten Kappen oder einer alles überspannenden Wölbschale, sondern als zusammenhängender Werksteinverband ausgeführt gewesen sein könnte. In diesem Sinne könnte auch das zweimal in gleicher Form auftretende Versatzzeichen interpretiert werden, indem hier ein größeres Werkstück, das seinerseits die beiden fortführenden Rippen umfasste, anschloss.

Innerhalb der heutigen Portalvorhalle reichen bauzeitliche Mauerpartien in den Seitenwänden noch bis zur Außenfluchtlinie der Kapellen. Das Rippenprofil des bestehenden Gewölbes ist dem des erhalten gebliebenen Schlussteins identisch. Nach Verwitterung und Steinfärbung zu urteilen, gehen Teile des Schildbogens über der Portalöffnung, in den die Baldachine der beiden seitlichen Standplätze mit seitlichen Fortsätzen einbinden, wie auch die Anfänger der seitlichen Schildbögen noch auf die frühere Vorhalle zurück. Dies lassen ihrer Formgebung wegen auch die beiden Eckkapitelle vermuten, doch sie passen mit dem Bogenansatz nicht zusammen. Die Rippen treten – ähnlich den Kapellengewölben – aus Ansatzkörpern hervor, allerdings nicht tangential und vor allem nicht direkt am Ansatzkörper beginnend, sondern um wenige Zentimeter vorgeschoben, als ob der unterste Rippenabschnitt weggefallen wäre. Dieses Maß würde der 60 cm tieferen Position des Kreismittelpunkts der Rippenkrümmung entsprechen. Dort fällt er jedoch mit keiner Lagerfuge zusammen und es sind keine Anzeichen zu erkennen, dass die Kapitelle nach oben oder die Schildbögen nach unten verlagert worden wären, sodass unklar bleibt, wie diese Situation interpretiert werden muss.

Bei eingehender Betrachtung des zeichnerisch überlieferten Rippenmusters in der Grundrisszeichnung Heinrich Schreibers stößt man auf eine Unklarheit (vgl. Abb. 31). Dort laufen Schlingrippen mit den vom Schlussstein ausgehenden Schlaufen spitz zusammen und enden frei vor den Seitenwänden, was innerhalb eines tragenden Gewölbes nicht praktikabel gewesen wäre. Es darf wohl davon ausgegangen werden, dass die aus den Ecken aufsteigenden geraden Rippen, die auf diese Stelle zielen, bis dorthin fortgeführt waren. Diese Korrektur vorausgesetzt, stiegen aus den Raumecken jeweils zwei gerade Rippen auf, von denen sich auf halbem Weg und am oberen Ende Schlingrippen nach beiden Seiten abspalteten, welche sich mit dem Ende einer anderen geraden Rippe verbanden, Teil der zentralen Schlaufenfigur waren, an den Schmalseiten zwischen zwei geraden Rippen spannen bzw. mittig gegen die Seitenwände liefen.

Beim Versuch der räumlichen Umsetzung stellen sich jedoch Unwägbarkeiten in den Weg. Für eine Bogenaustragung mit Hilfe eines Prinzipalbogens (siehe oben: Gewölbe der Südkapellen) erweist sich die Figuration als wenig gut geeignet. Die Wege von den Raumecken zum Schlussstein weisen unterschiedliche Längen auf, was zu Rippenansätzen in unterschiedlicher Höhe geführt hätte. Problemtisch wären jedoch die Höhenunterschiede sich kreuzender Rippen mit der Folge starker Hinterschneidungen gewesen.

Aus beiden Schildbögen lässt sich für den zugrunde gelegten Kreisbogen derselbe Radius ermitteln. Er entspricht dem Abstand der schmalen Eckdienste zu beiden Seiten der Portalöffnung, sodass der dortige Schildbogen die Form eines gleichseitigen Spitzbogens hat. Für eine Bogenaustragung mit Prinzipalbogen wäre dieser Radius allerdings viel zu kurz bemessen. Statt nach dem weitesten Weg durch das Rippengefüge bemessen zu sein, stimmt er mit dem kürzesten Weg über die kürzere gerade Rippe und einen Schlaufenbogen etwa überein.

Diese Beobachtung lassen für das Entwurfsverfahren zwei Folgerungen zu. Entweder gestaltete sich die Bogenaustragung recht komplex mit unterschiedlichen Kreisbögen für die Mehrzahl der Rippenabschnitte, oder man war gar nicht gemäß einer Bogenaustragung vorgegangen. Wie anhand des Aufbaus des erhaltenen Scheitelstücks bereits vermutet, könnte das Gewölbe insgesamt als Werksteingefüge ausgeführt worden sein. In diesem Fall hätte dem Gewölbe dann als Ganzes eine nachvollziehbare Geometrie gegeben werden müssen, anstatt allein das Rippenwerk nach geometrischen Vorgaben aufzubauen.

Für die beschriebene Figuration wäre es naheliegend gewesen, dem Gewölbe die Form einer Kuppel mit Stichkappen auf allen vier Seiten zu geben. Die geraden Rippen hätten den Rand der Stichkappen gebildet und die dazwischen liegenden Dreiecksflächen wären zusammen mit dem erhalten gebliebenen Scheitelstück Teil der als Werksteinverband hergestellten Kuppel gewesen. Wie die Rippen der zentralen Schlaufenfigur hätten auch die sich kreuzenden Schlingrippen als Teil der Kuppelschale aus dem vollen Stein herausgearbeitet werden können, womit die gemäß einer Bogenaustragung entstandenen Hinterschneidungen vermieden worden wären. Vor den Schmalseiten hätte jeweils eine zwischen den geraden Rippen frei gespannte Rippe gelegen. So reizvoll es wäre, das Gewölbe der Portalvorhalle in einer dreidimensionalen Rekonstruktion wiedererstehen zu lassen, so spekulativ würde sie bleiben, solange keine genauen Beobachtungen von einem Baugerüst aus möglich sind.

Als im Jahr 1616 die Anschaffung neuer Kirchenbänke vorgesehen war, wurde es als unzweckmäßig empfunden, dass die beiden Seitenportale nicht genau gegenüber, sondern um ein Joch zueinander versetzt liegen[69]. Man hätte sie gerne durch einen Quergang direkt miteinander verbunden, der das Kirchengestühl dann in vier große Blöcke geteilt hätte, doch dazu hätte eines der beiden Portale in seiner Lage verschoben werden müssen. Zunächst erging der Vorschlag, das Südportal um ein Joch nach Westen zu rücken[70]. Als sich um dieselbe Zeit Pläne zur Vollendung der nördlichen Seitenkapellenreihe zu konkretisieren begannen, sollte zuvor noch die Frage um die Lage der Portale gelöst werden[71]. Eine Entscheidung wurde jedoch nicht getroffen, sodass beide Portale an alter Stelle bestehen geblieben sind[72].

Nachdem das neue Gestühl fertiggestellt war, stand eine Verlagerung des Südportals nicht mehr zur Debatte, sodass man 1629 dessen Reparatur in Angriff nehmen konnte. Zunächst wurde der turmartige Aufbau mit goldenem Knauf abgeräumt[73], um einer neuen Bedachung Platz zu machen. Der in typischen Renaissance-Formen gestaltete Giebel ist in zahlreichen Bildquellen wiedergegeben (vgl. Abb. 19). Einige davon lassen eine im Giebel angebrachte Jahreszahl 1631 erkennen, mittig durch einen vortretenden Pilaster in zwei Zifferpaare getrennt[74]. Sie war auch von Heinrich Schreiber 1825 beschrieben worden[75]. Für die neue Bedachung war über das alte Hauptgesims ein weiteres, noch weiter ausladendes Gesims gelegt worden, über dem sich ein Volutengiebel mit einem mittig vortretenden Pilaster erhob. Bei den verwirbelten Ornamenten in den Giebelflächen zu beiden Seiten des Pilasters, wie sie die Zeichnungen zeigen, dürfte es sich um Beschlagwerk gehandelt haben. Auf dem Giebelpilaster und auf dem an beiden Ecken weit vortretenden Gesims haben sicherlich einst Aufsätze gestanden, die im frühen 19. Jahrhundert, als die Zeichnungen entstanden sind, schon nicht mehr vorhanden waren. Welche Form sie einst hatten, kann einer Schriftquelle von 1630 entnommen werden, die den Beschluss festhielt, dass man *»anstatt Bilder nur Piramiden aufsetzten«* solle[76], was wohl zu bedeuten hat, dass zunächst Standbilder vorgesehen waren, man sich dann aber für einfache bzw. kostengünstigere Pyramiden entschied. Möglicherweise waren davon nur die beiden seitlichen Standplätze betroffen, denn eine stark vereinfachte Ansicht lässt auf der Spitze eine Figur erkennen[77].

Im Rahmen der umfassenden Restaurierungen der 1850er Jahre unter der Oberleitung von Baudirektor Heinrich Hübsch wurde 1854 der gesamte freistehende Teil der Vorhalle durch einen Neubau über verkürzter Grundfläche und in gänzlich anderer Form ersetzt, wie es bereits im 1845 vorgelegten Maßnahmenkatalog vorgesehen war (Abb. 35)[78]. Zu beiden Seiten treten heute geschlossene Mauerzungen aus der Flucht der

Kapellenreihe, an deren Front Spornpfeiler sitzen, die nach oben in Fialen übergehen. Zwischen ihnen spannt sich über einer hohen Spitzbogenöffnung eine Giebelfläche mit Blendmaßwerk aus Lanzetten und auf die Ecke gestellten genasten Quadraten, die von einem Wimperg mit Krabben und hochragender Kreuzblume abgeschlossen wird. Im Inneren wurde – vermutlich unter Verwendung älterer Bestandteile – ein schlichtes Kreuzrippengewölbe ohne Schlussstein geschaffen.

Abb. 35: 1854 in gänzlich anderer und verkürzter Form neu errichtete Fassade der Portalvorhalle, bestehend aus Spornpfeilern, die in Fialen übergehen, und einem Wimperg mit Blendmaßwerk über der spitzbogigen Öffnung.

Die Formensprache der neuen Vorhalle folgt einem recht spröden Schematismus, kann kaum als architektonische Glanzleistung gelten und lässt eine gestalterische Anlehnung oder wenigstens Anklänge an den Vorgänger völlig vermissen. Der ornamentreiche und unübersichtliche Formenreichtum der ausgehenden Gotik war zur damaligen Zeit ungeliebt und stand dem Bestreben nach stilistischer und gestalterischer Einheitlichkeit im Weg. Nur wenige Jahre später kritisiert Johann Marmor das neue Portal, da es »*durch Massenhaftigkeit zu ersetzen sucht, was ihm an Zierlichkeit und Reichthum der Ausführung abgeht*«, räumt zugleich aber ein, es stimme »*allerdings besser mit seiner nächsten Umgebung überein als jenes aus früheren Jahrhunderten*« [79]. Auch das reich gegliederte Äußere der Welserkapelle an der Nordwestecke des Münsters ist damals versimplifiziert worden[80]. Anstatt die angetroffene Vorhalle neu herzustellen, hatte man nach einer schlichteren Form gesucht. Sicherlich hat man damals nach Bildquellen zum Zustand vor Errichtung der spätgotischen Architektur Ausschau gehalten. Vielleicht diente die oben erwähnte Darstellung in der Konzilschronik Ulrich Richentals als Inspirationsquelle, denn es fällt die Ähnlichkeit des Motivs der beiden hohen flankierenden Fialen auf.

Die Plätze unter den Baldachinen nehmen heute drei aus Marmor gearbeitete, weibliche Figuren zum Thema ›Glaube, Liebe, Hoffnung‹ aus der Hand der Bildhauerin Katharina Felder ein (vgl. Abb. 27)[81]. Sie wurden in der Zeit kurz nach 1839 geschaffen und dürften daher noch vor dem Neubau der Vorhalle hier Aufstellung gefunden haben.

STEINMATERIAL UND STEINAUSTAUSCH

Für den Bau der Südkapellen fanden ausschließlich Werksteine aus grünlichem Rorschacher Molassesandstein Verwendung, wie er über die Epochen hinweg das übliche Werksteinmaterial der Bodenseeregion war. Dies schließt auch die von der früheren Portalvorhalle erhalten geblieben Werkstücke ein. Das im Dachraum freiliegende Mauerwerk auf der Innenseite der Außenwand beinhaltet zahlreiche ältere Werksteine, die zuvor an anderer Stelle verbaut waren. Und auch beim neuerlichen Ausbau des Kaffgesimses erwies sich einer der Steinquader der westlichsten Kapelle als wiederverwendetes älteres Werkstück.

Während die Kapellen in späterer Zeit innenseitig keinen größeren Veränderungen unterworfen waren, abgesehen vom Aufbringen von Anstrichen, Wandmalereien und teilweise dünnem Putzauftrag, erfuhr die Außenseite mehrfachen Austausch von Steinmaterial (vgl. Abb. 4). Anders als zu Beginn der jüngsten Restaurierungen erwartet, konnte mit Hilfe einer Steinkartierung nachgewiesen werden, dass der größte Teil der Werksteine auf der Außenseite noch von der Bauzeit herrührt, darunter die profilierten Leibungs- und Bogensteine der Fensteröffnungen.

Von der in den 1850er Jahren vorgenommen Steinsanierung waren im Wesentlichen nur die besonders der Witterung ausgesetzten Bauteile betroffen, wo schadhafte Stellen ausgespitzt und Ersatz in Form von Vierungen und Aufplattungen eingesetzt worden war. Mit Ausnahme kurzer Abschnitte im geschützten Windschatten der Spornpfeiler war in den 1850er Jahren das Kaffgesims größtenteils erneuert worden. Wo einsehbar, banden die neuen Gesimsstücke mit gleichbleibender Tiefe von 24 cm ein. Schäden an den großen Sohlbankblöcken hatte man nicht durch deren vollständigen Austausch, sondern durch Einsetzen von Vierungen an der Vorderkante repariert. Während auf die vorhandenen Stoßfugen keine Rücksicht genommen und diese überbrückt wurden, sind hier viele zusätzliche Fugen entstanden, die es im ursprünglichen Verband nicht gab. An den Zwischengesimsen der Spornpfeiler hatten nur die exponierten Spitzen eine Erneuerung erfahren, während das vermutlich stark geschädigte Traufgesims in ganzer Länge neu versetzt worden war. Davon waren auch Steine nahe der Mauerkrone betroffen, wohin sich die Schadstellen bereits ausgedehnt hatten. Die Erneuerung weiter Bereiche an der westlichen Kapelle lässt auf ebenfalls umfangreichen Austausch an den Pfeilervorlagen der Südwestecke und sicherlich auch der nach Westen gerichteten Mauerfläche schließen. Dazu passen Angaben in dem 1845 von Hübsch vorgelegten Maßnahmenkatalog. Es waren nicht nur *»Gurte«* und *»Hauptgesims«* zu überarbeiten, sondern auch *»zunächst beim Thurm 2 Pfeiler zu erneuern«*[82]. Auch der vollständige Ersatz der Portalvorhalle erfolgte in diesem Zusammenhang. Für alle diese Maßnahmen fand wiederum Rorschacher Sandstein Verwendung. Vermutlich geht auch der Austausch der unteren zwei bis drei Steinlagen des Sockelbereichs, dem ansteigenden Gelände folgend, auf diese Zeit zurück. Die Wahl des Steinmaterials dafür fiel auf den etwas widerstandsfähigeren St.-Margarether-Stein.

Beobachtungen im Rahmen der jüngsten Arbeiten erwiesen, dass auch beim Austausch größerer Mauerpartien die horizontalen Lagerfugen getreu beibehalten worden sind, wogegen sich vertikale Stoßfugen hier und da verschoben haben. Hierzu zählen sicherlich auch die Stoßfugen im Sockelbereich der Spornpfeiler, die oberhalb davon im unberührten Mauerverbund ein regelmäßiges Fugenbild aufweisen. Wie die außermittige Lage von Zangenlöchern zweier bauzeitlicher Mauerquader in direktem Anschluss an die großflächig ersetzten Flächen am westlichen Ende belegen, fand auch dort die Lage ursprünglicher Stoßfugen keine Berücksichtigung.

Als Ersatz für die 1680 herausgebrochenen Fenstermaßwerke wurden im Rahmen von Wiederherstellungen im Inneren ab 1880 neue Maßwerke eingesetzt (siehe oben: Fenstermaßwerk). Auch sie bestehen aus Rorschacher Sandstein, der hier aber mit leicht gelblicher Färbung erscheint. Innerhalb der Sohlbänke kamen weitere Fugen vom Einsetzen neuer Fensterpfosten hinzu.

Nicht zufällig waren genau dieselben exponierten Bereiche Gegenstand der jüngsten Sanierungsarbeiten an den westlichen Kapellen. Vollständig erneuert wurden das Kaffgesims auf ganzer Länge zusammen mit weiterreichenden Abschnitten der Fenstersohlbänke, die Zwischengesimse aller Spornpfeiler, die vortretende Kante des oberen Sockels und der untere Sockel in Gänze. Darüber hinaus waren nur wenige weitere Einzelstücke betroffen. Zum Einsatz kamen erneut Rorschacher Sandstein und St.-Margarether-Stein für den Sockelbereich. Einige Jahre zuvor waren 2002 die Wandfläche und Pfeilervorlagen der westlichen Abschlusswand ganzflächig erneuert worden.

STEINMETZZEICHEN

Auf der Innenseite trägt beinahe jedes Werkstück ein Steinmetzzeichen. Sie sind jedoch häufig von Anstrichen, Putzen und Ausstattungsstücken verdeckt oder nur undeutlich erkennbar, und jene im höheren Bereich sind ohne Baugerüst nicht erreichbar. Auf der Außenseite finden sie die Zeichen aufgrund von Verwitterung nur sehr vereinzelt auf Quadern in der Mauerfläche, des besseren Erhaltungszustands wegen aber gehäuft innerhalb der Fensterleibungen (Abb. 36). Dort mussten sie oft auf schmalen Graten innerhalb der Profilierung Platz finden, wo sie deshalb sehr klein ausgeführt wurden. Auf später eingesetzten Werkstücken wurden keine Zeichen gefunden. Generell sind Steinmetzzeichen am Konstanzer Münster in aller Regel nicht tief eingehauen, sondern nur oberflächlich eingeritzt, und besitzen im allgemeinen Vergleich mit Bauten aus anderem Steinmaterial eine geringe Größe. Die drei erhaltenen Werkstücke der früheren Portalvorhalle ließen keine Steinmetzzeichen erkennen.

Aufgrund der fragmentierten Erhaltung auf der Außenseite, der fehlenden Möglichkeit einer Kartierung an den Kapellen östlich des Portals und der geschilderten Einschränkungen im Inneren ist die Sammlung von Steinmetzzeichen nur als Stichprobe zu werten. Je nach zugrundeliegendem Abstraktionsgrad konnten auf Außen- und Innenseite etwa 41 unterschiedliche Zeichen nachgewiesen werden, wobei auf dem Kopf stehende und symmetrisch gespiegelte Zeichen keine Berücksichtigung fanden. Bezieht man die von H. Reiners angelegte und publizierte Zeichensammlung in die Betrachtung mit ein, kommen noch etwa 30 weitere Zeichen hinzu, wobei aber unklar geblieben ist, worin die Ursachen für die auffälligen Abweichungen zwischen den damaligen und den aktuellen Beobachtungen liegen[83]. Nach gängiger Interpretation müsste jedes Zeichen für einen Steinmetzen stehen, sodass beim Bau der Südkapellen mindestens 41 bzw. 71 Kräfte tätig gewesen wären. Von den 41 aufgenommenen Zeichen sind zwölf Stück nur ein einziges Mal belegt, während acht Zeichen recht häufig auftreten, deren Träger man als Angehörige einer Stammbelegschaft zu interpretieren versucht ist. Zwischen den Kapellen östlich und westlich des Portals deutet sich eine signifikante Separierung an, denn lediglich drei der häufiger vertretenen und zwei weitere Zeichen ließen sich hier wie dort finden.

Für die Suche nach übereinstimmenden Zeichen bieten sich zeitlich nahestehende Bauteile des Münsters an. Unmittelbar vor der Errichtung der Südkapellen entstanden

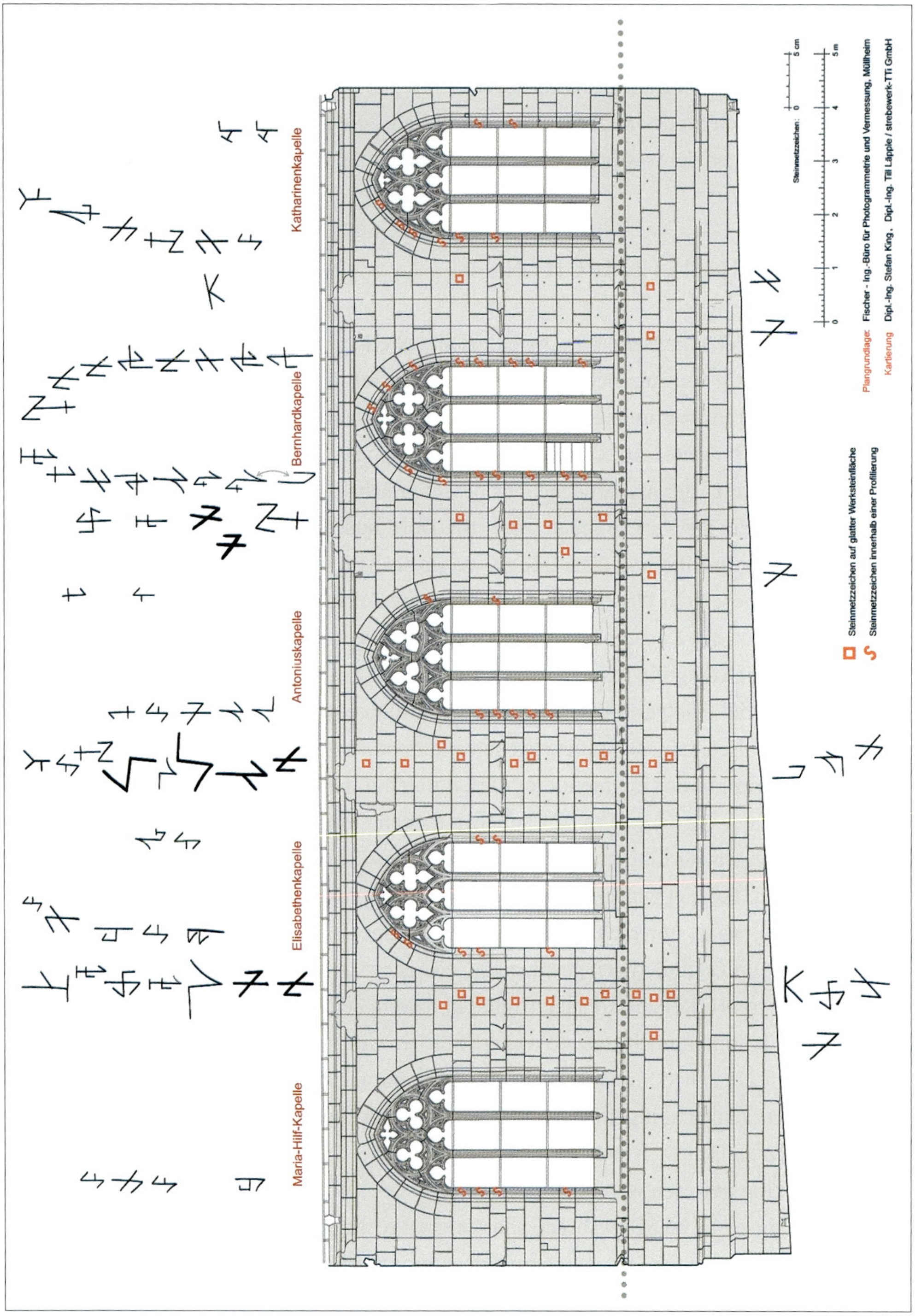

Abb. 36: Kartierung gepauster Steinmetzzeichen von der Außenfassade der westlichen fünf Kapellen vor den Wiederherstellungsarbeiten von 2008 bis 2011, aufgenommen von Till Läpple, Stuttgart, und dem Verfasser. Zeichnerische Grundlage: photogrammetrische Aufnahme des Ingenieurbüros für Bauvermessung Fischer, Müllheim, 2005.

Abb. 37: Graffito von 1562 im Sockelbereich des Spornpfeilers zwischen erster und zweiter Kapelle von Osten mit darin einbezogenem Steinmetzzeichen.

Sylvesterkapelle, Domschule und Bibliothekssaal am Ostflügel des Kreuzgangs, wo sich jeweils eines der häufigeren Zeichen von den östlichen und den westlichen Kapellen, sowie ein weniger häufiges von letzteren wiederfinden. Auf die Südkapellen folgten die westlichen Kapellen auf der Nordseite des Langhauses. Hier stimmen zwei der häufigeren Zeichen der westlichen Kapellen überein. Davon ist eines bereits in Sylvesterkapelle und Bibliothekssaal anzutreffen, das somit einen Zeitraum von etwa drei Jahrzehnten abdeckt[84].

Im Sockelbereich, der schon immer ohne Gerüst für jedermann zugänglich war, hat am 25. September 1562 ein Steinmetz oder Kunsthandwerker – wie das Zeichen zwischen den Initialen vermuten lässt – seinen Besuch mit einem eingeritzten Graffiti dokumentiert (Abb. 37). Es befindet sich am Spornpfeiler zwischen der ersten und der zweiten Kapelle von Osten etwa in Kopfhöhe:

»15 S [Zeichen] B 62 den 25. septbr/ GOTT MIT VNS«

In den Schriftzug hat er ein Steinmetzzeichen aus der Bauzeit, wie es auf Werksteinen im Inneren mehrfach zu finden ist, einbezogen, das die Unterlänge des p im Monatsnamen bildet.

OBERFLÄCHENBEARBEITUNG

Durch die Bewitterung verblieben auf den außenliegenden Werksteinflächen der Seitenkapellen nur an geschützten Stellen Reste der Oberflächenbearbeitung, mit der in einem abschließenden Arbeitsgang den sichtbaren Flächen eine Textur gegeben worden war. Hingegen sind im Inneren die Oberflächen zwar flächendeckend erhalten, doch liegen sie unter Anstrichen und werden von der Ausstattung in weiten Teilen verdeckt. Es wurde überwiegend das Erscheinungsbild einer flächendeckenden Schraffur in zumeist

Abb. 38: Oberflächenbearbeitung mit Stelzhieben in schräger Ausrichtung im Erscheinungsbild einer regelmäßigen Schraffur, in wechselnder Ausrichtung innerhalb der Fensterprofilierung (links) und flächenfüllend in paralleler Anordnung auf glatter Quaderfläche (rechts).

Abb. 39: Bauzeitliche Oberflächenbearbeitung im höheren Bercich der vierten Kapelle von Westen mit im Schachbrettmuster rechtwinklig zueinander gesetzten Stelzhieben.

schräger Ausrichtung geschaffen (Abb. 38). Die Steinmetze setzten dafür Stelzhiebe in geraden Linien parallel nebeneinander, wofür sie ein Flacheisen von etwa 4 cm Breite führten, heute als Vierteleisen bezeichnet. In der glatten Wandfläche sind die Hiebe von Stein zu Stein in unterschiedlichen Winkeln ausgerichtet. Der Randschlag wurde meist belassen, auch dort, wo er eine abweichende Ausrichtung aufwies. In den Fensterprofilen wurde die Bearbeitung besonders prägnant und sorgfältig durchgeführt. Aus Gründen der Werkzeugform und -führung sind die Hiebe in den engen Kehlen parallel zu deren Verlauf, in den weiten Kehlen teilweise auch schräg ausgerichtet. An den Bogensteinen wurden die Stelzhiebe in ihrer schrägen Ausrichtung tangential zum Bogenlauf geführt.

Auf der Außenseite lassen alle Kapellen eine flächendeckende Bearbeitung mit Stelzhieben erkennen. Dies schließt auch die erhalten gebliebenen Werkstück der früheren Portalvorhalle ein. Dasselbe lässt sich auch im Inneren der Kapellen westlich des Portals beobachten. Im Unterschied dazu tritt eine solche Oberflächenbearbeitung im

Inneren der östlichen Kapellen nur sporadisch auf, wo sorgfältig geflächte Werksteine überwiegen. Der Grund ist wohl in der zeitlichen Differenz von wenigen Jahren zu suchen (siehe oben: Dachwerk und Datierung). Beim neuerlichen Ausbau des Kaffgesimses lag bei den westlichen Kapellen das Oberlager der darunterliegenden Schichtlage vollständig frei. Hier zeigten sich Bearbeitungen mit teilweise sorgfältig, teilweise etwas nachlässiger ausgeführten Stelzhieben, vermischt mit Fugenflächen, die mit dem Spitzeisen nur grob zugerichtet, mit der Glattfläche bzw. mit einem gezahnten Hiebwerkzeug bearbeitet oder glatt geschliffen worden waren.

Mit ihrer flächendeckend ausgeführten Oberflächenbearbeitung aus Stelzhieben gehören die Südkapellen zu den frühen Beispielen dieser Technik, deren Entwicklung sich am Konstanzer Münster gut nachvollziehen und zeitlich einordnen lässt (siehe unten: Exkurs: Die Stelzhiebtechnik im 15. Jahrhundert).

Bei einem bauzeitlichen Werkstück der vierten Kapelle von Westen in der dritten Steinlage unterhalb des Traufgesimses, das Teil von Wandfläche und östlichem Spornpfeiler ist, wurden Stelzhiebe rechtwinklig in quadratischen Feldern so zueinander gesetzt, dass sich ein Schachbrettmuster ergab (Abb. 39). Es ist nicht über das ganze Werkstück gezogen, sondern auf den in der Wandfläche liegenden Teil beschränkt, während die Spornpfeilerfläche die übliche Schrägstruktur trägt. Vermutlich handelt es sich um ein Experiment oder einen Scherz, denn auch an anderen spätgotischen Bauteilen des Münsters sind eng begrenzte Flächen oder Profilabschnitte mit abweichender Musterung zu entdecken, etwa in der Welserkapelle eine Kreuzschraffur oder in der Franz-Xaver-Kapelle ein Zickzackmuster. Von oben und von der Seite her ist das Schachbrettmuster abgewittert, sodass die ursprüngliche Ausdehnung nicht mehr nachvollziehbar ist. Die Möglichkeit, dass sich hier die Steinmetzen für die Arbeitspause vielleicht ein Spielbrett geschaffen haben, so wie sich auch hin und wieder auf Balken gekritzelte Mühlespiele finden, mit denen sich die Zimmerleute während des Abbunds die Zeit vertrieben haben[85], muss daher unbeantwortet bleiben.

Die im 19. Jahrhundert an den außenliegenden Wandflächen und der Vorhalle neu eingesetzten Steine sind scharriert und die Hiebe sind stets vertikal ausgerichtet. Um störende Unregelmäßigkeiten durch leicht vortretende Steinkanten auszugleichen, wurden auch die Oberflächen angrenzender alter Steine an Ort und Stelle mit dem Scharriereisen überarbeitet und angepasst, in der Wandfläche ebenfalls vertikal, bei den Fensterbogen hingegen radial auf den Kreismittelpunkt ausgerichtet. Die unterschiedlichen Ausrichtungen führten in den Fensterbögen zu einem etwas verwirrenden Erscheinungsbild, denn die bauzeitlichen Bearbeitungen der Bogensteine sind in ihrer schrägen Ausrichtung ebenfalls auf den Bogenlauf bezogen, sodass sie bei einzelnen Steinen vertikal oder horizontal zu liegen kommen, während die radial verlaufenden jüngeren Scharrierungen in ihrer Ausrichtung teilweise der älteren Schrägschraffur gleichen.

EXKURS: DIE STELZHIEBTECHNIK IM 15. JAHRHUNDERT

Die Erzeugung einer Schrägschraffur auf der Werksteinoberfläche ist charakteristisch für den Werksteinbau in der Spätphase der Gotik vom mittleren 15. bis ins 16. Jahrhundert hinein. Sie kann an Sakral- und Profanbauten dieser Zeit überregional und flächendeckend angetroffen werden, überall dort, wo der verwendete Stein diese Bearbeitungsweise zuließ. Damit ist sie auch ein wichtiges Indiz für die Datierung von Werksteinarbeiten. Der Wechsel von der abschließenden Oberflächenbearbeitung vornehmlich mit der Glattfläche zur Stelzhiebtechnik lässt sich am Konstanzer Münster für den Zeitraum um 1440 bis in die 1470er Jahre anschaulich nachverfolgen.

Bis ins 14. Jahrhundert hinein wurden die Werksteinoberflächen am Konstanzer Münster meist mit der beilartigen Glattfläche, zum Teil auch mit der Zahnfläche oder einem gezahnten Dechsel bearbeitet. Die Einführung der Bearbeitungstechnik mit Stelzhieben kann am sogenannten Schnegg, einer ab 1438 entstandenen reich verzierten Wendeltreppe im nördlichen Querhausarm[86], beobachtet werden. Während hier der überwiegende Teil der Werksteine Bearbeitungsspuren der Glattfläche tragen und die feingliederigen Kehlen und Rundungen der Profile glattgeschliffen wurden, finden sich an wenigen Stellen im höher liegenden Teil sauber gesetzte Stelzhiebe der beschriebenen Art und Weise auf schmalen Stegen und Versätzen (auch als Plättchen bezeichnet) innerhalb der Profilierungen und in glatten Flächen.

Eine ähnliche Mischung unterschiedlicher Oberflächenbearbeitungen kann in dem um 1460 geschaffenen früheren Bibliothekssaal[87], der das Obergeschoss des östlichen Kreuzgangflügels bildet, sowie in der darunterliegenden und zu diesem Zweck stark veränderten Sylvesterkapelle beobachtet werden[88]. Zu einem großen Teil sind dort die Werksteine sehr sorgfältig geflächt, doch wurde in Teilbereichen, insbesondere den exponierten Stegen an Gewölberippen und Maßwerken, eine Bearbeitung mit Stelzhieben vorgenommen. Bemerkenswert sind die Gewölbeanfänger der Sylvesterkapelle, wo Gewölberippen und Schildbögen in Ansatzkörper einlaufen und viele schmale Flächen wie gefaltet nebeneinander entstehen lassen (Abb. 40). Sie haben nicht nur eine Bearbeitung mit ganz besonders sorgfältig ausgeführten Stelzhieben erfahren, sondern die komplexe Form wurde durch steten Wechsel in der Ausrichtung der Hiebe akzentuiert und damit diese Form der Steinbearbeitung in ornamentalem Sinne eingesetzt.

Beim Bau der östlichen Südkapellen um 1470 erfolgte erstmals eine flächige Anwendung der Stelzhiebtechnik auf der Außenseite, die bei den westlichen Kapellen um 1475 durchgehend auf allen Werksteinflächen auf Außen- und Innenseite zum Einsatz kam. In gleicher Konsequenz kam die Stelzhiebtechnik in der Folgezeit bis ins 16. Jahrhundert auch bei den westlichen Nordkapellen, den Baumaßnahmen an Westtürmen und Westvorhalle, sowie dem begonnenen Umbau des Langhausobergadens zum Einsatz.

Abb. 40: Gewölbeanfänger in der um 1460 in ihrer heutigen Form entstandenen Sylvesterkapelle, der durch besonders sorgfältig ausgeführte Stelzhiebe in wechselnder Ausrichtung eine besondere Akzentuierung erfahren hat.

Eine zeitliche Eingrenzung für die Einführung des schraffierten Oberflächenbildes gelingt auch für die Wallfahrtskirche Lautenbach im Renchtal. Dort wurden Langhaus und Chor nach einer Inschrift am Westportal 1471 begonnen. Ihre Wandflächen erfuhren eine Bearbeitung mit der Glattfläche, und die Chorstrebepfeiler erhielten außen eine gepickte Oberfläche. Hingegen weisen die nachträglich eingebaute, inschriftlich 1485 datierte Gnadenkapelle und der 1488 errichtete Lettner gestelzte Oberflächen auf. Diese Datierungen decken sich auch mit Beobachtungen am Freiburger Münster, wo der Übergang aufgrund stark reduzierter Bautätigkeit im fraglichen Zeitraum nicht präzise zu fassen ist.

Bei der Frage nach der Entstehung der Stelzhiebtechnik gewinnt man anhand der genannten Beispiele im Konstanzer Münster den Eindruck, man habe für die schmalen Stege und Versätze innerhalb der Profile eine prägnante Gestaltungsweise gesucht und dafür das Erscheinungsbild des Randschlags – dem ersten Arbeitsgang zur Herstellung einer Fläche aus dem rohen Block – simuliert, wenn auch in explizit sorgfältiger und regelmäßiger Ausführung. Indem man die Stelzhiebtechnik wenig später auch für eine flächendeckende Gestaltung aller sichtbaren Oberflächenbereiche anwandte, hat man die gezwungenermaßen schräge Ausrichtung des Randschlags und die ebenfalls meist schräg ausgerichtete Flächung einfach durch eine akkuratere und prägnantere Struktur ersetzt. Weit überwiegend verlaufen die Linien von links unten nach rechts oben, gearbeitet von Rechtshändern, die das Eisen in der Linken und das Klopfholz in der Rechten hielten. Dabei sind die Hiebe meist streng parallel angeordnet und laufen gelegentlich sogar akkurat in gleicher Ausrichtung über alle Werksteine.

Bei genauer Betrachtung sind unter den Schrägschraffuren jedoch verschiedene Hiebformen zu finden. Neben den Stelzhieben, die jeweils eine schmale Bruchkante hinterließen, finden sich unter den jüngeren Beispielen auch ausgerundete Hiebspuren mit einem etwa halbkreisförmigen Profil, die als Scharrierhiebe ausgeführt wurden, offenbar als Weiterentwicklung der Stelzhiebtechnik. In der Folgezeit wurden dafür nach

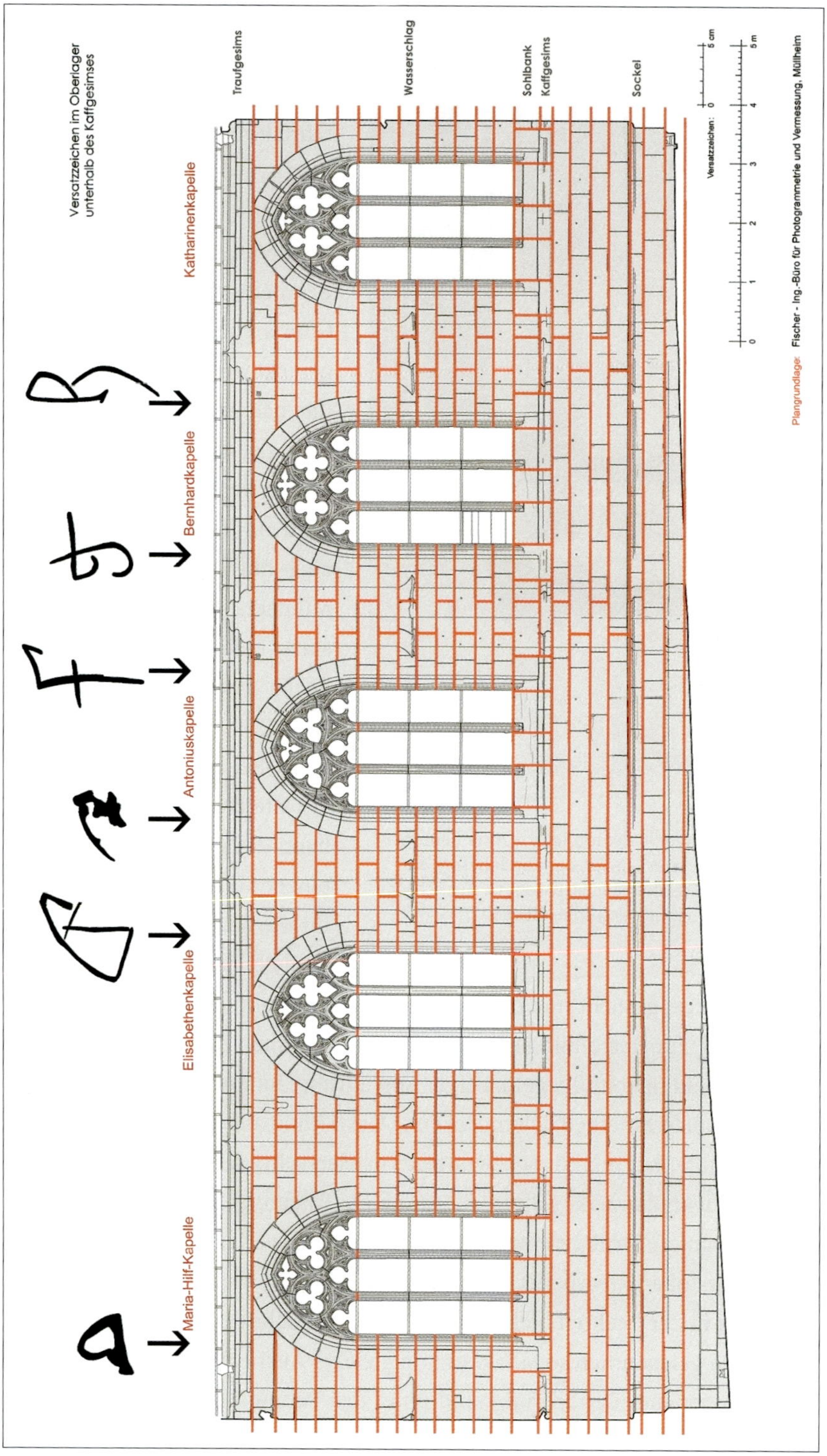

Abb. 41: Darstellung von Regelmäßigkeiten im Fugenbild und gepauste Versatzzeichen der Außenfassade der westlichen fünf Kapellen. Zeichnerische Grundlage: photogrammetrische Aufnahme des Ingenieurbüros für Bauvermessung Fischer, Müllheim, 2005.

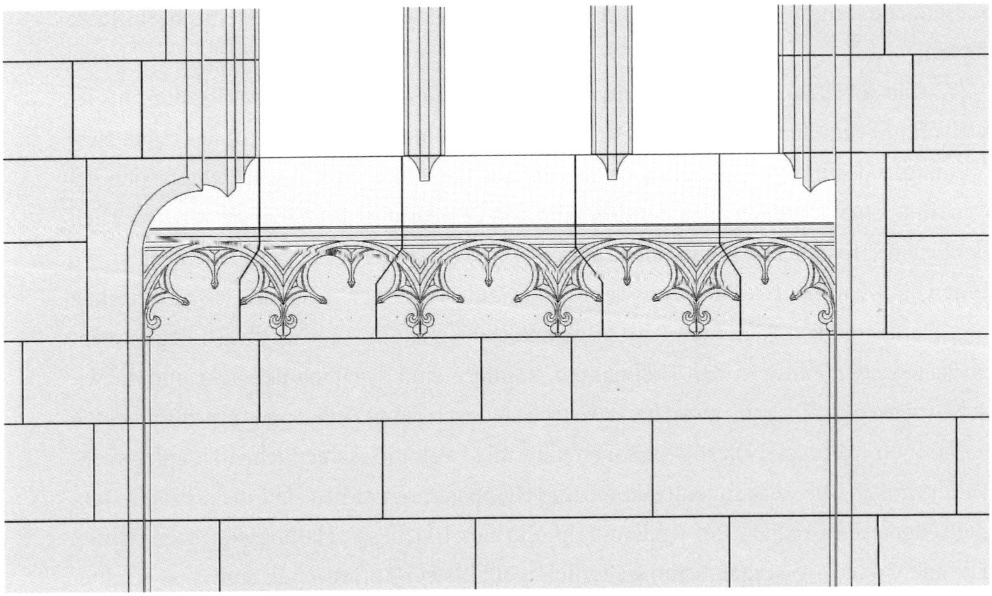

Abb. 42: Blendmaßwerkfries in der östlichen Kapelle mit zweifach geknickten und dazwischen in unterschiedlicher Neigung schräg geführten Stoßfugen.

und nach effektivere, breitere Flacheisen hergestellt und im Laufe des 16. Jahrhunderts die eigentliche Scharriertechnik mit einer zumeist orthogonalen Ausrichtung auf dem Werkstück entwickelt, wie sie heute noch praktiziert wird. Aufgrund der allmählichen Ablösung der Stelz- durch die Scharrierhiebe lässt sich diese ausgeprägte, für das mittleren 15. bis ins 16. Jahrhundert typische und beinahe flächendeckend angewandte Oberflächenbearbeitung zusammenfassend nur anhand des von ihr erzeugten Erscheinungsbildes, der schrägen Schraffur, charakterisieren[89].

STEINSCHNITT UND MAUERTECHNIK

Das Fugenbild zeigt bemerkenswerte Regelmäßigkeiten (Abb. 41). Die horizontalen Lagerfugen laufen über die gesamte Länge der Kapellenreihe von der Außenwand über die Trennwände bis zur Scheidwand einschließlich der Runddienste für das Seitenschiffgewölbe konsequent in stets gleichbleibender Höhe durch. Innerhalb der Spornpfeiler der westlichen fünf Kapellen liegen die vertikalen Stoßfugen exakt übereinander. In den übrigen glatten Mauerflächen sind hingegen keine übereinstimmenden Stoßfugen auszumachen. Im Inneren kann innerhalb der Scheidwand über die gesamte Kapellenreihe hinweg eine regelmäßige Lage der Stoßfugen beobachtet werden.

Angesichts dieser Regelmäßigkeiten ziehen die Abweichungen davon die Aufmerksamkeit auf sich, denn Architekturformen und Ornamente machten teilweise komplexe Lösungen erforderlich. Sie sind insbesondere dort schwierig zu erfassen, wo unterschiedliche Randbedingungen von Außen- und Innenseite sich gegenseitig beeinflusst haben.

Die Sohlbänke der Fensteröffnungen sind zusammen mit dem Kaffgesims aus jeweils fünf besonders großen Werksteinblöcken zusammengefügt, die in der Höhe zwei Steinlagen des übrigen Verbands umfassen. Die Lage ihrer Stoßfugen richtete sich bei den westlichen Kapellen nach der dreibahnigen Fensterteilung, indem sie genau seitlich der Fensterpfosten platziert wurden. Anders ist dies bei den östlichen Kapellen gelöst, wo innen ein Blendmaßwerkfries aus fünf gereihten Halbpässen genau die Höhe zwischen dem Sohlbankgesims und der Lagerfuge unterhalb ausfüllt. Die Stoßfugen liegen nicht zwischen oder mittig in den Halbpässen, sondern sind zweifach geknickt und dazwischen schräg geführt, um zwischen zwei Nasen durch deren Kreisbogenprofil schneiden zu können (Abb. 42). Diese Stoßfugen sind mit zwei unterschiedlichen Neigungswinkeln symmetrisch zum fugenlosen mittige Halbpass angeordnet und die schräglaufenden Fugen sind radial zum Kreismittelpunkt des jeweiligen Halbpasses ausgerichtet. Die geknickten Stoßfugen liefen sicherlich nicht bis zur Außenseite durch, was zu einer ungünstige Verschneiden mit der Sohlbankschräge geführt hätte, sondern es fand innerhalb der Mauerstärke der Wechsel zu einer vertikalen Fugenfläche statt. Aufgrund der vollständigen Erneuerung des dortigen Kaffgesimses in der Vergangenheit wäre ein Nachweis nur im Zuge eines abermaligen Steinaustauschs möglich.

Die drei Fensterbahnen und der fünfteilige Blendfries passten nicht zusammen. Weil letzterer zudem nicht auf die Fensterbreite Bezug nimmt, sondern sich bis in die seitliche Ausbuchtung der Flachnische erstreckt, ergab sich zusätzlich noch eine asymmetrische Verschiebung. An diesem Punkt muss der entwerfende Baumeister lange getüftelt haben, um die gegenseitigen geometrischen Abhängigkeiten aus der Höhe des Blendfrieses, dem Maß der seitlichen Ausbuchtung und der Gliederung in fünf Pässe bei vorgegebener Lagenhöhe richtig abzustimmen und den geknickten Stoßfugenverlauf zu entwickeln, der mit der dreibahnigen Teilung des Fensters trotz gegenseitiger Verschiebung und der Breite seiner Stäbe nicht kollidieren durfte. Deshalb sind die geknickten Stoßfugen in zwei unterschiedlichen Winkeln geführt.

Eine weitere Abweichung der Lagenhöhe lässt sich im Sockelbereich finden, wo zwei Steinlagen unterschiedlicher Stärke auf der Außenseite zwei Steinlagen gleicher Stärke auf der Innenseite entsprechen. Auch im Sockel der Portalöffnung war eine Abweichung notwendig geworden, um dort mit der komplexen Gliederung mit kurzen Trommelsockeln besser zurechtzukommen. Ebenso fällt der Bogenansatz des Portals nicht mit jener Lagerfuge zusammen, welche das Unterlager des Kaffgesimses bildet, sondern er wurde mittels dünner Werkstücke um ein kleines Stück hochgesetzt. Die Köpfchen, aus denen die Ranken wachsen, sind so platziert, dass ihre Gesichter Teil dieser zusätzlichen Werkstücke sind und die Lagerfuge des Bogenansatzes genau Stirn und Haaransatz trennt. Davon ausgehend, dass anders als heute eine niedrige Türschwelle auf Höhe der untersten Lagerfuge ein Stück über dem aktuellen Bodenniveau ausgebildet

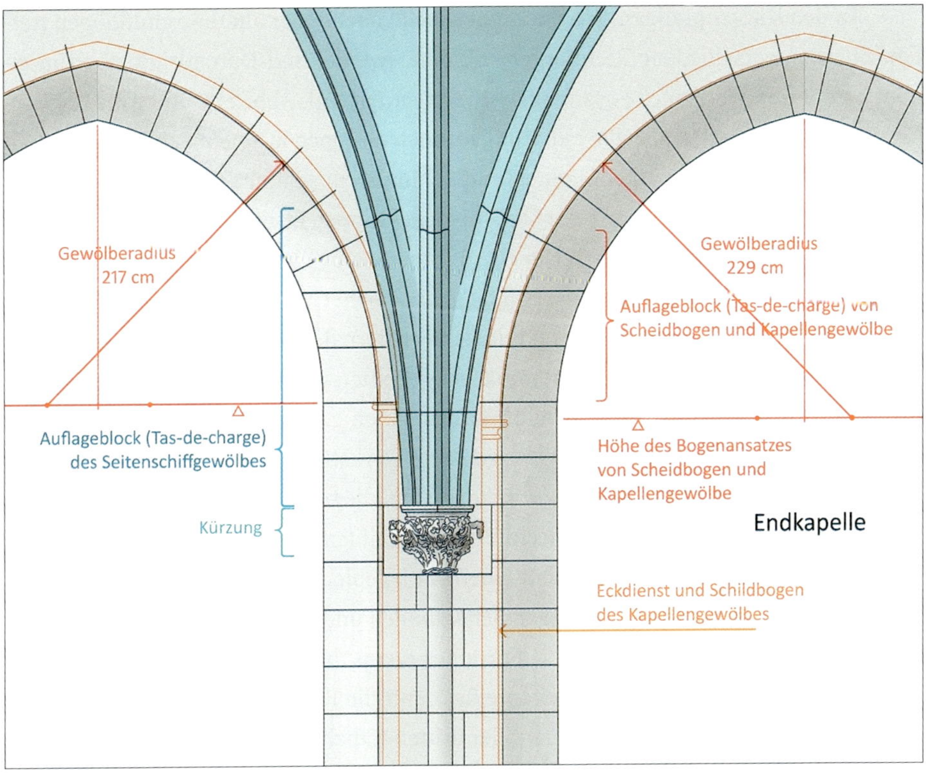

Abb. 43: Abweichungen im Steinschnitt der Scheidwandöffnung bei der westlichen Endkapelle mit projizierten Eckdiensten und Schildbögen der Kapellengewölbe. Hellblau hervorgehoben ist das ältere Gewölbe des Seitenschiffs.

war, besaßen die lichte Höhe und Weite der Portalöffnung das gleiche Maß und bildeten somit ein Quadrat.

Die Bogensteine des Portals besitzen alle dieselbe Breite und umfassen jeweils einen ganzen und zwei halbe Pässe des Maßwerkvorhangs. Im Unterschied dazu unterlag bei den Bogensteinen der Fensteröffnungen und der Scheidwandöffnungen die Bemessung ihrer Breite keiner geometrischen Abhängigkeit, die eine Regelmäßigkeit erzwungen hätte. Die Breite der einzelnen Steine konnte sich jeweils nach der optimalen Ausnutzung des rohen Steinblocks richten und sie schwanken in ihrer Zahl.

Die Gewölbe der Kapellenräume weisen bei gleicher Rippenfiguration auch ein identisches Fugenbild auf. Wo in den Raumecken Rippen und Schildbögen unten zusammenlaufen und sich teilweise durchdringen, sind sie gemeinsam am Stück aus großen Werkstücken in drei Lagen mit horizontalen Lagerfugen als Auflageblock (sog. Tas-de-charge) aufgebaut. Erst oberhalb der Durchdringungen sind die Rippen als separate Werkstücke frei gespannt und die Schildbögen dreier Seiten als Bogenstücke in Aussparungen im Mauerverband eingelassen[90]. Davon abweichend ist der Schildbogen entlang des Scheidwandbogens mit dessen Bogensteinen gemeinsam am Stück ausgehauen worden.

In den Knotenpunkten, wo die Rippen sich gabeln oder auf die Schildbögen treffen, mussten verschiedene Richtungen, Neigungswinkel und Durchdringungen in einem komplexen Werkstück zusammengeführt werden (vgl. Abb. 25), und ganz oben im Gewölbescheitel treffen sich die radial angeordneten Rippen in einem Schlussstein. Zwischen Auflageblöcken, Knotenpunkten und Schlussstein spannt sich jeweils ein einzelnes Rippenstück[91]. Ob innerhalb der Stoßfugen der Rippen Eisendorne eingelassen sind, konnte nicht nachgeprüft werden. Über dem Rippengefüge ist eine den Raum insgesamt überspannende Gewölbeschale ausgebildet (siehe oben: Gewölbe der Kapellen).

Während bei der Portalöffnung und den Fenstern der gesamte Bogenlauf aus keilförmig zugeschnittenen Steinen mit radial ausgerichteten Stoßfugen zusammengesetzt ist, zeigen die Bögen der Scheidwandöffnungen einen ganz anderen Aufbau (Abb. 43). Dort kragen im unteren Abschnitt der Bogenläufe Werkstücke dreier Steinlagen mit horizontalen Lagerfugen Stück für Stück vor, um erst mit der dritten Lage ein schräges Oberlager für keilförmige Bogensteine auszubilden. Sie bilden gemeinsam mit den Schildbögen und Gewölberippen der Kapellen einen Auflageblock (Tas-de-charge) aus, sodass die Werksteine am Stück den massigen Scheidbogen und die zierlichen Gewölbeprofile umfassen. Seltsamerweise fand diese Form des Steinschnitts aber keine durchgehende Anwendung über die gesamte Kapellenreihe, denn die Bogenläufe der zweiten Kapelle von Osten sowie der östliche Bogenlauf der dritten Kapelle von Westen sind bereits vom Bogenansatz beginnend aus Keilsteinen gefügt, ohne Bestandteil eines Auflageblocks zu sein.

Bei den beiden längeren Endkapellen fiel der Steinschnitt wegen der 14 cm zusätzlicher Bogenhöhe an dieser Stelle noch etwas komplexer aus (siehe oben: Längere End-

Abb. 44: Einblick in die Mauerstruktur bei ausgespitztem Kaffgesims im Bereich der zweiten Kapelle von Westen mit teilweise sehr geringer Einbindung, von links nach rechts 20, 15 und 19 cm.

kapellen). Die Verschiebung des Bogenansatzes ein Stück nach unten war insofern ein ungewöhnliches Mittel, als man zugleich an den konsequent durchlaufenden Lagerfugen festhielt. Er fiel bei den Endkapellen folglich nicht mehr mit einer Lagerfuge zusammen, sondern kam innerhalb der Steinlage darunter zu liegen, sodass sich der Übergang von der Vertikalen in den Bogen nicht am Oberlager, sondern innerhalb eines Werkstücks vollzieht. Entsprechend sitzen auch die Kapitelle des Kapellengewölbes nicht wie üblich bündig zum Oberlager, sondern um dasselbe Maß weiter unten, sodass das betroffene Werkstück auch kurze Abschnitte von Rippen und Schildbögen umfasst. Hier hat der Baumeister bezüglich des Steinschnitts die schwierigste Lösung gewählt, was nach den bereits dargestellten Detailpunkten nicht weiter verwundern mag.

Aus den zum Südseitenschiff gerichteten Wandflächen treten mittig zwischen den Scheidwandöffnungen Runddienste vor, um das Seitenschiffgewölbe zu tragen. Auch hier wiederholt sich der Steinschnitt in regelmäßiger Weise, indem in stetem Wechsel von Steinlage zu Steinlage eine Stoßfuge entweder mittig im zentralen Steg der Scheidbogenleibung oder auf der anderen Seite im Abstand von 7,5 cm zum Runddienst angeordnet ist (vgl. Abb. 43 und 12). Erst vom Gewölbeansatz aufwärts sind diese Stoßfugen nicht mehr zu finden, denn das Kapitell und der sich darüber befindliche Auflageblock (Tas-de-charge) des älteren Seitenschiffgewölbes binden tief ins Mauerwerk ein, sodass die Werkstücke von beiden Seiten anstoßen und keine weiteren Stoßfugen mehr notwendig waren. Die neuen Kapitellblöcke liegen mit ihrem Oberlager alle auf Höhe derselben Lagerfuge, die zwei Steinlagen unterhalb des Bogenansatzes von Scheidbögen und Kapellengewölben liegt. Da sie in der Höhe nicht in die betroffene Lage passten, hat sich ihr Unterlager in die darunterliegende Steinschicht geschoben.

Der durch den Austausch des Kaffgesimses ermöglichte begrenzte Einblick in die Tiefe des Mauerwerks erwies, dass die Mauerquader der Außenschale zwar bis zu 30 cm tief ins knapp 90 cm starke Mauerwerk einbinden, teilweise aber auch gerade mal 13 cm (Abb. 44). Der Werksteinverband kann somit auch als eine gut verzahnte Verkleidung für den tragenden Mauerkern aus Bruchstein und Mörtel betrachtet werden. Nur jene Werkstücke, welche die Fensteröffnungen und das Portal rahmen, binden zwangsläufig von der Außen- zur Innenseite durch. Mauerkern und Mauerschale wurden ohnehin als homogenes Gebilde betrachtet und ihnen wurde dieselbe Tragfähigkeit beigemessen, was Mauerwerke aus romanischer und gotischer Zeit vielfach erkennen lassen und mit ihrer Dauerhaftigkeit als zutreffend nachweisen.

Die beiden erhaltenen Werksteine der Portalvorhalle in der Sammlung des Rosgartenmuseums besitzen genau dieselbe Höhe von 75 cm. Sie tragen aber keine Versatzzeichen. Aus dem Oberlager des Eckstücks ragt ein vierkantiger Eisendorn und im Unterlager finden sich die Reste eines solchen. Sie dienten der Schaffung einer unverschieblichen Einbindung in den Werksteinverband. Die gleiche Schichthöhe beider Werksteine sollte vermuten lassen, dass sie Teil derselben Steinlage waren und dass die Architektur der Vorhalle aus gleichmäßigen Steinlagen aufgebaut war. Nach der um 1825

Abb. 45: Passgenaue geklebte Vierung von knapp zwei Zentimetern Höhe an der Portalöffnung in der Kehle rechts des Mädchenkopfes.

angefertigten Zeichnung (vgl. Abb. 30) hätte das Eckstück jedoch sehr viel tiefer gelegen als das Werkstück mit Blendmaßwerk. Zwar sind die Proportionen innerhalb der Darstellung stark verzerrt, doch ließ sich nicht entscheiden, ob hier ein Darstellungsfehler unterstellt werden kann.

Gehoben wurde die Mehrzahl der Werksteine mit der Greifzange. Dafür schlug man Zangenlöcher vorwiegend in die Mauerquader von Wandflächen und Spornpfeilern, nur selten in Bogen- und Leibungssteine der Fensteröffnungen, nie aber in profilierte Gesimsstücke. Die Zangenlöcher sind in der Regel recht klein und wenig tief, weshalb sie an stärker der Witterung ausgesetzten Bereichen oft vollständig abgewittert sind.

Die beiden Werkstücke der früheren Portalvorhalle weisen in Front- und Rückseite Zangenlöcher auf. Zusätzlich aber besitzen beide Stücke auch ein sorgfältig ins Oberlager gearbeitetes, schlitzförmiges Wolfsloch mit nur einer geneigten Schmalseite und ebener Grundfläche. In dieses konnten zusammenpassende Eisenteile einzeln eingeführt werden, die durch Ösen miteinander verbunden als Keil wirkten, um daran das Werkstück anzuheben. Die Wolfslöcher unterscheiden sich von jenen Löchern mit mittigem Höcker und zwei geneigten Schmalseiten, die am Konstanzer Münster an Quadern des 13. bis 16. Jahrhunderts in unterschiedlicher Häufigkeit anzutreffen sind und in die einst ein Spreizwolf griff. Wolfslöcher der oben beschriebenen Form traten jedoch 2009 beim Steinaustauch am Sockel der östlichen Nordkapellen an Werksteinen des 19. Jahrhunderts zutage. Folglich dürfen die Zangenlöcher der Bauzeit zugerechnet werden, während die Wolfslöcher offenbar erst beim Abbau der Vorhalle 1854 angelegt worden sind, sicherlich beschränkt auf die damals geborgenen Teile. Die Oberseite des ebenfalls erhalten gebliebenen Schlusssteins war nicht einsehbar.

Die bei der Untersuchung außenseitig sichtbaren Fugenmörtel gingen auf die Neuverfugung einer späteren Restaurierung zurück. Erst beim Ausbau des Kaffgesimses kam der hellweiße Kalkmörtel des bauzeitlichen Mauerkerns zum Vorschein. Er ließ sich deutlich vom hellbraunen Mörtel, der bei den Arbeiten des 19. Jahrhunderts Verwendung gefunden hatte, unterscheiden. Innerhalb des Mauerkerns fanden sich zahlreiche Buchenholzkeile im bauzeitlichen Mauermörtel eingebettet. Sie dienten vermutlich dem Verspannen neu versetzter Mauersteine gegen bestehendes Mauerwerk.

An der Portalöffnung ist auf der rechten Seite in die Steinlage unterhalb des Bogenansatzes in einer der tiefen Kehlen eine passgenaue flache Vierung von nur knapp zwei Zentimetern Höhe eingelassen (Abb. 45). Mit ihren besonders dünnen Fugen geht sie sicherlich auf die Bauzeit zurück. Weitere Vierungen dieser Art sind weniger gut sichtbar oder einsehbar. Die Klebung passgenauer Vierungen war eine verbreitete Technik, mit der Fehlstellen im Steinmaterial und Schadstellen, wie sie bei der Bearbeitung oder dem Transport entstehen konnten, repariert wurden. Mitunter wurden mit ihrer Hilfe auch nachträgliche Änderungen vorgenommen, so etwa am Schnegg im Thomaschor geschehen, wo kleine Kapitelle nachträglich in den Sockelschaft eingefügt worden sind[92]. Am Freiburger Münster, das vom frühen 13. bis ins 16. Jahrhundert kontinuierlich Baustelle war, kam diese Technik erstmals an den westlichen Langhausjochen in den 1260er Jahren zum Einsatz, bis sie am Chor im 15. und 16. Jahrhundert besonders reichliche Anwendung fand[93]. Sowohl dort als auch am Schnegg und weiteren Teilen des Konstanzer Münsters besitzt die Klebemasse eine dunkle Färbung und wurde vermutlich aus Baumharzen oder Baumpech hergestellt[94]. Die dünnen Fugen der Vierung an der Portalöffnung erscheinen jedoch in strahlendem Weiß, was Gips oder reinen Kalk als Klebemasse vermuten lässt.

VERSATZTECHNIK UND BAUABLAUF

Nach Ausspitzen des Kaffgesimses über die gesamte Länge der westlichen fünf Kapellen im Rahmen der neuerlichen Wiederherstellungsarbeiten konnten auf dem freiliegenden Oberlager Ritzlinien beobachtet werden, mit denen die äußeren Stoßfugen der zusammengehörigen Sohlbankblöcke markiert worden waren. Als Doppelstriche von 4 bis 5 mm Abstand gaben sie auch gleich die zugehörige Fugenstärke an. Bei den beiden westlichsten Kapellen bezeichnen weitere Ritzlinien zusätzlich die Lage benachbarter Stoßfugen. Aufgabe der Ritzungen war es offensichtlich, die exakte Platzierung der Sohlbankblöcke, die seitlich unterschiedlich weit in den Werksteinverband einbinden, zu gewährleisten.

Neben den Ritzungen fanden sich jeweils unterhalb der äußeren Sohlbankblöcke Versatzzeichen in Form eingehauener Kleinbuchstaben in alphabetischer Reihenfolge von West nach Ost (vgl. Abb. 41). Davon entfielen auf jede Kapelle zwei Buchstaben. Innerhalb der Buchstabenfolge war das ›**b**‹ an der üblichen Stelle nicht zu finden, die zu erwartende Position des ›**i**‹ war stark gestört und das zu vermutende ›**k**‹ war einem früheren Steinaustausch zum Opfer gefallen, sofern es die letztgenannten beiden Buchstaben überhaupt gegeben hat.

Eine Wiederholung der Buchstaben wäre auf den Sohlbankstücken zu erwarten gewesen, was jedoch nicht überprüft werden konnte. Die wenig sorgfältige Ausführung der Zeichen macht deutlich, dass sie aus spontaner Notwendigkeit heraus und mit Hilfsmitteln, die gerade zur Hand waren, eingehackt und eingekratzt worden sind. Mit den sauber ausgearbeiteten und fast liebevoll gestalteten Versatzzeichen der wenig später entstandenen westlichen Nordkapellen, der Turmstrebepfeiler, der Turmschultern und des ersten Obergadenjochs, die jeweils aus Buchstabe, Ziffer und teilweise zusätzlichem Symbol zusammengesetzt wurden, haben diese Zeichen wenig gemeinsam.

Weitere Versatzzeichen konnten an den Werkstücken der Südkapellen nicht nachgewiesen werden, sodass unklar bleibt, wie die zumindest teilweise nach genauem Fugenplan gefertigten Werksteine auf der Baustelle identifiziert und an vorbestimmter Position versetzt worden waren. Von den drei erhalten gebliebenen Steinen der früheren Portalvorhalle lassen lediglich die beiden in ursprünglicher Länge erhaltenen Rippenansätzen am Schlussstein jeweils ganz klein und schwach eingeritzt den Kleinbuchstaben ›**g**‹ erkennen (vgl. Abb. 34).

Im Verlauf der Scheidwand zwischen Kapellen und Seitenschiff sind im Dachbereich kurze Teilstücke der früheren Außenwand aus Bruchstein- und Wackenmauerwerk mit Fugenstrich erhalten geblieben. Sie befinden sich immer dort, wo die Trennwände anstoßen. Dazwischen wurde das Mauerwerk im Zuge des Einbaus der Scheidbögen ausgebrochen. Das stehengelassene alte Mauerwerk diente während des Umbaus nicht zuletzt als Auflast und Widerlager für die darin eingemauerten Auflageblöcke (Tas-de-charge) des Seitenschiffgewölbes. Die zusammen mit dem Einbau des Gewölbes außen vorgesetzten Strebepfeiler (siehe oben: Veränderungen am südlichen Seitenschiff) wurden im Zuge des Baus der Kapellen wieder abgetragen und ihre Funktion den Trennwänden übertragen. Diese Situation gibt einen Hinweis auf den Bauablauf, wonach man die Durchbrüche einzeln vorgenommen und sogleich die Scheidwandöffnungen hinein gemauert hat, bevor man den nächsten Durchbruch in Angriff nahm. Technisch wäre auch ein vollständiger Austausch des Mauerwerks der vormaligen Außenwand unter Erhaltung des Seitenschiffgewölbes möglich gewesen, wie beim Bau der westlichen Kapellen auf der Nordseite des Langhauses im frühen 16. Jahrhundert geschehen.

Im Unterschied dazu könnten die durchlaufenden Lagerfugen und andere Übereinstimmungen vermuten lassen, man habe die Kapellenreihe als Ganzes Steinlage für Steinlage geschichtet. Doch die Beobachtung unterschiedlicher Konstruktionsabschnitte und Baudaten im Dachwerk (siehe oben: Dachwerk und Datierung), die Beschränkung des Blendmaßwerkfrieses auf die östlichen Kapellen (siehe oben: Innere Architekturgliederung), die Verteilung von Steinmetzzeichen (siehe oben: Steinmetzzeichen), die unterschiedliche Beschaffenheit der Oberflächenbearbeitung (siehe oben: Oberflächenbearbeitung), sowie Unterschiede im Steinschnitt der Spornpfeiler (siehe oben: Steinschnitt und Mauertechnik) erlauben den Nachweis von zwei bzw. drei getrennten Bauabschnitten.

Für die westlichen fünf Kapellen lassen die beobachteten Versatzzeichen der Sohlbankblöcke in Form von Kleinbuchstaben erkennen, dass sie alle im Zusammenhang entstanden sind, wobei die Buchstabenfolge von West nach Ost nicht als Reihenfolge der Errichtung interpretiert werden kann, sondern einen gemeinsamen Versatz andeutet, innerhalb dessen die Zeichen Verwechslungen vermeiden sollten. Andererseits könnte der Einsatz von Buchenholzkeilen zur Verspannung gegen bereits vorhandenes Kernmauerwerk benachbarter Kapelle zurückgeführt werden (siehe oben: Steinschnitt und Mauertechnik). Schlussendlich kann auch nicht ausgeschlossen werden, dass Außenwand und Trennwände aller Kapellen eines Bauabschnitts in einem ersten Schritt gleichzeitig errichtet wurden, um erst danach mit den Durchbrüchen und dem Einziehen der Scheidwandöffnungen zu beginnen und am Ende ein Gewölbe nach dem anderen einzuziehen.

Tatsächlich aber sind die genannten Unterschiede so marginal, dass festgehalten werden kann, dass die Errichtung der gesamten Kapellenreihe kontinuierlich ohne längere Unterbrechungen, ohne gravierende Abweichungen vom zugrundeliegenden Schema und ohne wesentliche Neuerungen im Formenkanon erfolgte.

PROPORTIONSFINDUNG UND ENTWURF

In den einzelnen Steinlagen wiederholen sich die Höhenmaße von 30 und 35 cm mehrfach und sind vom Sockelprofil auf der Innenseite aufwärts in regelmäßigem Wechsel geschichtet (Abb. 46). Die Steinlage, zu der der Wasserschlag auf der Außenseite gehört, ist die letzte mit 30 cm Höhe. Es folgen auf der Außenseite insgesamt sechs Lagen mit einheitliche 35 cm und die oberste mit etwa 40 cm unter dem Traufgesims.

Die Fenstersohlbänke sind zusammen mit dem Kaffgesims aus Blöcken von 66 cm Höhe gehauen. In Spornpfeilern und Wandflächen seitlich davon teilen sich diese Höhe das Kaffgesims von 22 cm und eine Quaderlage von 44 cm Höhe, wobei zu berücksichtigen ist, dass eine Fugenbreite von einigen Millimetern zuzurechnen ist. Im Inneren entspricht dies wiederum zwei Steinlagen von zusammen 30 und 35 cm Höhe. Das Sockelprofil auf der Außenseite besitzt eine Höhe von knapp 25 cm und die Steinlage darunter von 35, wofür auf der Innenseite zwei Lagen von 30 cm Höhe versetzt worden sind.

Die beiden wiederholt auftretenden Maße 30 und 35 cm lassen an ein Modulsystem denken, denn auch in horizontaler Richtung finden sich Abmessungen, die als Addition

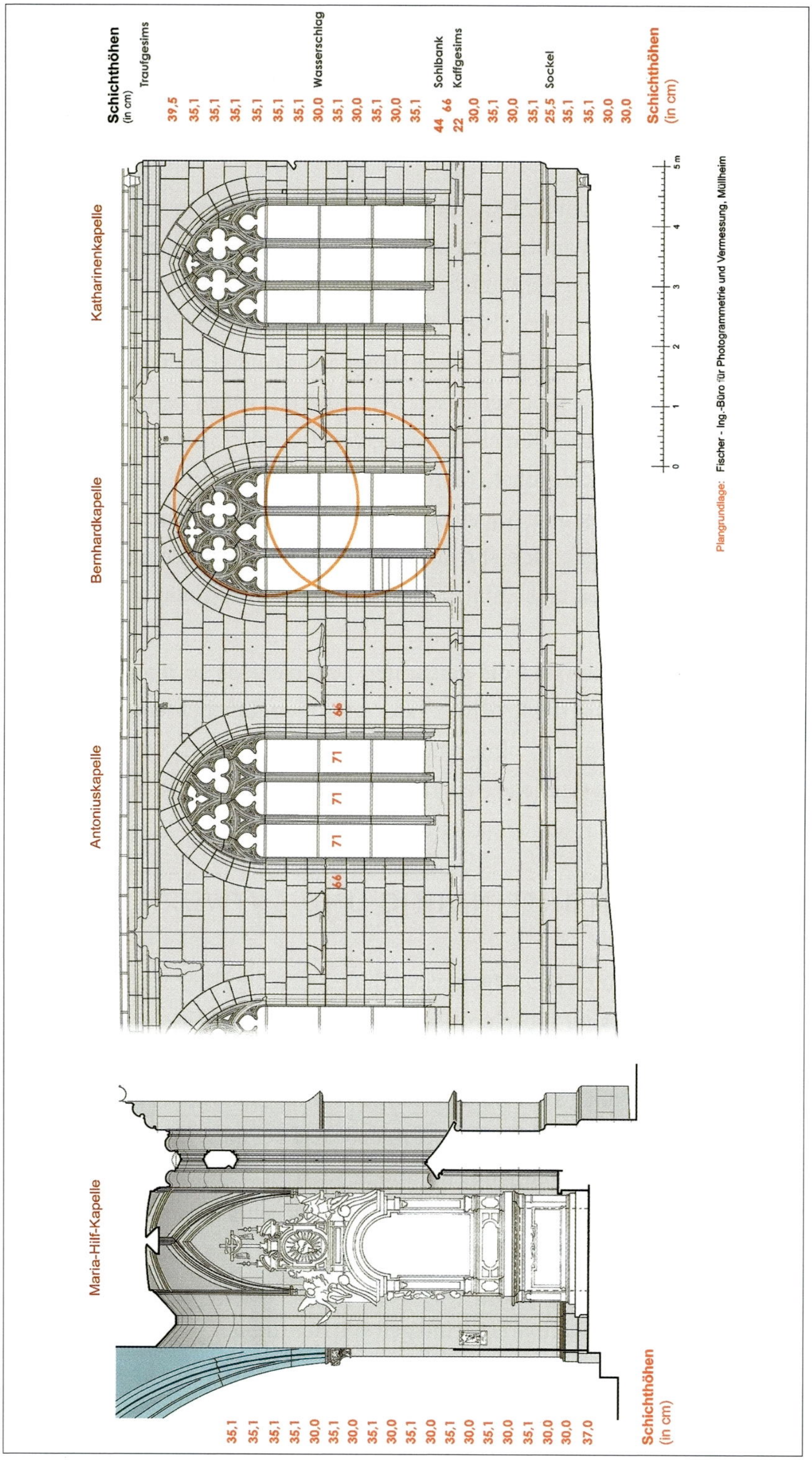

Abb. 46: Darstellung proportionaler Verhältnisse in der Außenfassade der westlichen Kapellen und im Querschnitt der westlichen Kapelle. Zeichnerische Grundlage: photogrammetrische Aufnahme des Ingenieurbüros für Bauvermessung Fischer, Müllheim, 2005.

derselben interpretiert werden können. Die Fensterbreite wurde, bezogen auf das Achsmaß des Maßwerkprofils, in drei Bahnen von jeweils 71 cm unterteilt, was wiederum durch die Addition von zweimal 35 cm plus Fugenbreite gewonnen werden kann. Der Abstand zwischen dem Achsmaß des Fensters und dem Ansatz des Spornpfeilers beträgt 66 cm als Addition von 30 und 35 cm, plus Fugenbreite. Die schrägen Seitenflächen der Spornpfeiler hätten wiederum eine Breite von exakt 71 cm aufgewiesen, hätte man sie mit 45°-Winkel aus der Wandflucht treten lassen und damit einen rechten Winkel gebildet, doch tatsächlich sind sie leicht stumpfwinklig und ihre Flanken somit etwas schmaler bemessen. Die lichte Breite der Kapellenräume von 175 cm könnte als Fünffaches von 35 cm und die Stärke der Scheidwand von 91 cm als Dreifaches von 30 cm plus Fugenbreite gedeutet werden.

Der Vergleich mit den Steinlagenhöhen der westlichen Nordkapellen führt auf eine Spur, wie die Modulmaße gewonnen worden sein könnten. Die gesamte Welserkapelle und die Außenwand der daran anschließenden beiden Kapellenräume besitzen Steinlagen in einheitlicher Höhe von 40,3 cm und das Doppelte davon bei großen Werkstücken, wogegen sich innerhalb der Scheidwand zum Seitenschiff unter anderen die bereits bekannten Maße von 30 und 35 cm wiederfinden lassen. Die Differenz zwischen 30, 35 und 40,3 cm und deren gemeinsamer Teiler betragen etwa 5 cm, was wiederum an eine Addition von zwei Zoll denken lässt. Als Vielfache eines 5-cm-Maßes ließen sich dann Mauerstärken, Dienstdurchmesser und weiteres interpretieren.

Stimmt diese Annahme, dann würden die Modulmaße auf einem damals gängigen Längenmaß basieren. Anstatt komplexer Proportionsfiguren hätte dem Entwurf der Südkapellen die einfache Addition der beiden Modulmaße bzw. weitere Vielfache des vermuteten Grundmaßes von 5 cm zugrunde gelegen. Vielleicht wurden deshalb zwei verschiedene gewählt, um innerhalb des Entwurfs etwas variieren zu können.

Die Zirkelradien der Spitzbogenöffnungen lassen sich hingegen nicht auf die Module zurückführen. Bei den gedrückten Spitzbögen der Fenster liegen die Kreismittelpunkte um über ein Viertel der Fensterbreite innerhalb der Öffnung (vgl. Abb. 46). Die zeichnerisch ermittelten Radien liegen zwischen 151 und 162 cm und sind durch geringe Deformationen leicht gestreckt oder gestaucht worden. Das durchschnittliche Maß von etwa 157 cm tritt zugleich am häufigsten auf. Mit diesem ließe sich eine proportionale Abhängigkeit zur Fensterhöhe finden, denn der Abstand zwischen Bogenansatz oben und Oberlager des Kaffgesimses unten entspricht dann zweimal diesem Radius bzw. einmal dem gesamten Kreisdurchmesser. Da aber – wie oben festgestellt – ausgerechnet das Oberlager des Kaffgesimses aus dem Modulsystem herausfällt, lässt sich auch der Fensterbogenradius nicht auf die Addition der beiden Maße zurückführen.

Auch bei der Portalöffnung lassen sich zwar bestimmte proportionale Abhängigkeiten feststellen, wie etwa dasselbe Maß von 207 cm für die lichte Öffnungsweite und die ursprüngliche Höhe, oder die präzise Drittelung der lichten Weite durch die Kreismittelpunkte des Spitzbogens, doch lassen sich darin besagte Modulmaße nicht finden.

Ganz offensichtlich basierte die Formfindung von Portal- und Fensterbögen nicht auf den Modulen, sondern sie wurden aus geometrischen Beziehungen gewonnen. Dasselbe gilt auch für die Gewölbe, deren Figuration – wenn auch in Abhängigkeit von den Grundmaßen des Kapellenraums – auf einer geometrischen Konstruktion beruht (siehe oben: Die Gewölbe der Kapellen).

DIE BAUMEISTER

Den im Dach gewonnenen Daten und der archivalischen Nennungen folgend, waren zunächst die östlichen Kapellen um 1473 und nur wenig später die westlichen Kapellen um 1477 im Rohbau fertiggestellt worden (siehe oben: Dachwerk und Datierung). Der Baubeginn wäre somit um oder kurze Zeit vor 1470 zu suchen. Dessen ungeachtet ist nicht auszuschließen, dass das Seitenportal zusammen mit einer oder zwei anschließenden Kapellen einen eigenen Bauabschnitt bildete, der zeitlich davor, dazwischen oder danach gelegen haben könnte. Insgesamt dürfte die Bauzeit rund ein Jahrzehnt in Anspruch genommen haben. Für die aufwändiger gearbeitete Vorhalle ist anzunehmen, dass sich ihre Errichtung erst an die Fertigstellung der Kapellen anschloss.

Jenes Jahrzehnt lag innerhalb der Wirkungszeit Vincenz Ensingers, der in den 1450er Jahren, nachweislich unbestimmte Zeit vor 1459, als der Baumeister der Kon-

Abb. 47: Der Errichtung der Südkapellen vorausgehende Werke Vincenz Ensingers im Kreuzgangostflügel um 1460: Dombibliothek, Domschule und Sylvesterkapelle.

stanzer Bauhütte beitrat und sie nach über 30 Jahren Dienstzeit 1489 wieder verließ[95]. Auf ihn geht auch der Bibliotheksaal im Nordosten des Münsters zurück, der den Südkapellen vorausging. Sein Baubeginn ist für das Jahr 1453 überliefert[96], und er erhielt nach Ausweis dendrochronologischer Datierung sein Dachwerk im Jahr 1462[97]. Mit ihm wurde der ältere Ostflügel des Münsterkreuzgangs aufgestockt, wobei die Ostwand in vorgeschobener Lage völlig neu errichtet wurde, sodass auch die Fenster und Gewölbe von Sylvesterkapelle und Domschule Vincenz Ensinger zuzuschreiben sind, sofern dieser das Bauprojekt von Beginn an leitete und nicht etwa ein namentlich nicht genannter Vorgänger mit den Arbeiten begonnen hatte (Abb. 47)[98]. Es lassen sich im Detail einige auffällige Gemeinsamkeiten mit den Südkapellen finden. Auch in Sylvesterkapelle und Domschule laufen Gewölberippen und Schildbögen über Gewölbekonsolen in polygonale Ansatzkörper, die ansonsten keine weitere Berücksichtigung in der Architekturgliederung finden. Das Fensterprofil der Sylvesterkapelle beginnt an der Innenwandfläche unvermittelt mit einer Kehle, die in einen markanten Wulst übergeht, gefolgt von einer schmalen Schräge, wenn man so will die Form eines halben Birnstabs. In gleicher Weise setzen die Fensterprofile der Südkapellen auf der Innenseite und mit zusätzlicher schmaler Schräge auch auf der Außenseite an. Das Gewölbe im östlichen Joch der Sylvesterkapelle ist im Scheitel durch ein mit Maßwerk gefülltes Rautenfeld ausgezeichnet, in dem Lilien die Enden der offenen Pässe besetzen, wie sie sich in nahezu identischer Form an den Blendmaßwerkfriesen im Inneren der östlichen drei Südkapellen wiederfinden.

Den genannten Bauten Vincenz Ensingers ist der äußerst zurückhaltende Einsatz von Bauornamenten gemeinsam. Teilweise wurde gleich ganz darauf verzichtet, wie etwa an den lediglich mit Schrägen versehenen Scheidwandöffnungen. Zugleich zeichnen sie sich durch eine klare Linie im Entwurf aus. Jedes Architekturelement ist eindeutig definiert und kann seine ihm zugedachte Wirkung entfalten. Verwunderlich und sonderbar erscheint daher der Kontrast zur früheren, an feingliedriger Architekturdekoration reichen Portalvorhalle. Sie ist aus ineinander verschränkten, verwobenen und kleinteilig differenzierten Elementen aufgebaut. Hier sollten Überfülle und Unübersichtlichkeit in ihrer Gesamtwirkung beeindrucken.

Es drängt sich unweigerlich die These auf, Kapellen und Vorhalle könnten auf unterschiedliche Baumeister zurückgehen. Eine Spur geben die Domkapitelsprotokolle des Jahres 1487, in denen ein Streitfall Niederschlag gefunden hat[99]. Steffan von Bassow bzw. Bassnow (von Passau?) hatte damals eine Anstellung als Parlier neben Vincenz Ensinger inne und war speziell mit der Aufgabe betraut, ein *»Portal«* anzufertigen. Es kam zu einem heftigen Streit mit Vincenz Ensinger, der die beiden Kontrahenten zur Schlichtung an die Ulmer Hütte zwang. Möglicherweise war sogar die Entlassung Ensingers 1489 eine Folge des Streits[100]. Bereits 1488 ist die Einstellung von Lucas Böblinger als Parlier überliefert[101], wobei den Quellen nicht entnommen werden kann, ob dies zwingend mit einer Entlassung Steffan von Bassows einher ging[102]. Um 1490 war die Arbeit am *»Portal«* so weit gediehen, dass man den Beschluss fassen konnte, ihm einen goldenen Knauf aufzusetzen[103]. Der Standort des Portals ist in den Quellen nicht näher bestimmt, doch drängt sich der Verdacht förmlich auf, es müsse sich um die südliche Portalvorhalle gehandelt haben, da am Hauptportal im Westen nur wenige Jahre später ein Neubau begonnen wurde. Dies würde nicht nur zeitlich passen, sondern auch die Bedeutung, die man besagtem Portal durch Anstellung eines Parliers zumaß, würde der aufwändigen Architektur der Portalvorhalle gerecht. Jener goldene Knauf, den man 1490 aufzusetzen beabsichtigte, wäre dann derselbe, der 1629 wieder abgenommen wurde (siehe oben: Südportal und Vorhalle). Ein solcher Zusammenhang legt eine Zuschreibung des Entwurfs und zumindest des Beginns der Ausführung der früheren Südportalvorhalle an Steffan von Bassow nahe[104].

Unter der Voraussetzung, dass mit Vincenz Ensinger und Steffan von Bassow zwei Baumeister zur gleichen Zeit an Entwurf und Ausführung tätig waren, stellt sich die Frage, welche Teile der Portalanlage wem zugeschrieben werden können. Ob sich eine Trennung zwischen Kapellen und Vorhalle durch Unstimmigkeiten im Mauergefüge manifestierte, kann wegen des vollständigen Verlusts der Vorhalle nicht mehr überprüft werden. Die detaillierte Zeichnung der Vorhalle zeigt zwar einen perfekten Fugenverband zwischen Spornpfeiler und seitlicher Bogenöffnung, doch ist sie bei der Anzahl der Lagerfugen und der Position der Stoßfugen nicht stimmig und daher nicht verlässlich (vgl. Abb. 30).

Die Portalöffnung mit Maßwerkvorhang und Laubranke wird man sowohl aufgrund ihres klar sortierten Aufbaus und der scharfen Abgrenzung zur glatten Wandfläche, als auch in bautechnischer Hinsicht bezüglich Steinschnitt, Versatz und Proportionierung Vincenz Ensinger zuschreiben dürfen (vgl. Abb. 26 und 27). Es wäre dann der Bereich mit der reichsten Bauornamentik unter den erwähnten, ihm zuzuschreibenden Bauprojekte, in der zwar auch die wilde Natur Platz findet, innerhalb der klaren Ordnung allerdings in einen Laubstrang in einer Profilkehle gebannt.

Der früheren Vorhalle vergleichbar, zeichnen sich auch die Baldachine der drei Figurenstandplätze über der Portalöffnung durch verschliffene und sich überlagernde Elemente aus (vgl. Abb. 29). Sie sind besonders kleinteilig differenziert und erscheinen wie unübersichtliche, knotiges Gebilde. Die einzelnen Elemente behindern sich gegenseitig und Lücken wurden mit Füllformen geschlossen, sodass sich die Einzelformen vom Betrachter nicht mehr trennen und nachvollziehen lassen. Über die mittige Konsole breitet sich knorpeliges Laubwerk aus. Vermutlich können die Figurenstandplätze Steffan von Bassow zugeschrieben werden. Dazu passt auch die Beobachtung, dass sie nachträglich in den Mauerverband eingefügt worden sind. Es ist jedoch nicht auszuschließen, dass ein Teil der Arbeiten an Standplätzen und Vorhalle auf den nachfolgenden Werkmeister Lux Böblinger zurückgeht bzw. unter ihm fertiggestellt wurde.

WÜRDIGUNG

Die spätgotische Erneuerung des Münsters erstreckte sich über den Zeitraum eines Jahrhunderts, beginnend mit dem Umbau der Unteren Margaretenkapelle in den 1420er Jahren bis zum erzwungenen Ende durch die Reformation 1525. Im Rückblick erscheinen diese Bauvorhaben als ein kontinuierlich betriebener und einem Gesamtkonzept folgender Vorgang, doch lassen die einzelnen Maßnahmen, zu denen die Errichtung der Südkapellen gehört, eine planerische Koordination vermissen. Beim zuvor in den 1430er Jahren erneuerten Südquerhausarm überschneiden die Südkapellen unvermittelt den mit Blendmaßwerk verzierten Brüstungsbereich und blockieren den unteren Teil der hohen Fensteröffnung. Für die um 1522 begonnene Einwölbung des Mittelschiffs war beim Bau der Südkapellen noch keine Gründung für das Strebewerk vorbereitet worden, sodass dieses auf die Gewölbe gemauert werden musste, und die damals neu geschaffene Dachkonstruktion wurde wieder entfernt[105]. Folglich handelte es sich bei den einzelnen Schritten des spätgotischen Umbaus um voneinander unabhängige Einzelprojekte, unter denen auch die Errichtung der Südkapellenreihe einen planerisch in sich abgeschlossenen Bauabschnitt bildete.

Ein hohes Niveau der Herstellungstechnik und besondere Sorgfalt der Durchführung zeichnen den Werksteinbau der Spätgotik aus. Sie waren erforderlich, um die zunehmend filigraner werdende, flächenfüllende und sich vielfach durchdringende Architekturornamentik verwirklichen zu können. Zeichnerische Vorplanung und weitgehende Vorfertigung aller Teile nahmen mehr und mehr Raum ein. Mit Welserkapelle und Schnegg bietet auch das Konstanzer Münsters prominente Beispiele reich differenzierter, ornamentreicher Bauten, denen die Südportalvorhalle unschwer hinzugezählt werden könnte, gäbe es sie noch. Steffan von Bassow – sofern die Zuschreibung zutrifft – war Gelegenheit gegeben, das Werk Ensingers durch Errichtung einer Portalvorhalle zu ergänzen. Dafür hatte er viele Register des spätgotischen Formenkanons gezogen und ein reich dekoriertes Gebilde geschaffen.

Dagegen erschöpft sich die Baugestalt der Südkapellen in wenigen Grundelementen gotischer Sakralarchitektur: Maßwerkfenster, Spornpfeiler, Sockel, Gesimse, Profilierungen und Rippengewölbe, neben denen Bildhauerarbeiten in Form von Laubwerk und Figürlichem sehr sparsam eingesetzt sind. Daher mag die hochwertige Herstellungsweise verwundern, denn alles Aufgehende ist flächendeckend aus Werkstein beschaffen und die Analyse des Steinschnitts offenbart eine ausgereifte Bautechnik mit komplexen Zusammenhängen. Die Bauten Vincenz Ensingers – der Bibliothekssaal zusammen mit Teilen von Domschule und Sylvesterkapelle, danach die Südkapellen – haben ihre Qualität in einer schlichten aber wohlproportionierten und unaufdringlichen Architektur, deren Raffinesse sich im durchdachten Entwurf und in einer meisterhaften Ausführung verbirgt. An keiner Stelle wurde improvisiert, sondern alle diffizilen Details waren im Vorhinein bedacht und im Entwurf berücksichtigt worden. Dabei wurde häufig nicht der einfachste Weg beschritten, sondern ausgetüftelten Lösungen der Vorzug gegeben.

Die geschilderten Qualitäten der Südkapellen werden erst im Vergleich mit einer späteren Nachbildung richtig deutlich. Zwischen 1623 und 1630 wurde die nördliche Kapellenreihe des Langhauses um noch fehlende vier Seitenkapellen vervollständigt[106]. Obwohl rund 150 Jahre später und innerhalb einer anderen Stilepoche, wurden sie kurioserweise nach Vorbild der Südkapellen aus Werkstein errichtet. Veränderungen der Außenfassaden im 19. Jahrhundert lassen dies heute allerdings kaum noch erkennen. Die schmalen Kehlen um die Fensteröffnungen und das Fehlen von Flachnischen auf der Innenseite haben ihre Ursache in der geringen Wandstärke von nur 33 cm – gegenüber etwa 90 cm bei den Südkapellen –, sodass ein und dieselben Mauerquader Teil der Wandfläche auf Außen- und Innenseite sind. Einheitlich durchgehende Lagerfugen sucht man vergeblich, und sie liegen teilweise nicht einmal bündig zum Fensterbogenansatz. Anstatt die Schildbögen der Gewölbe in eine breite Nut im Werksteinverband einzulassen, liegen sie der Wandfläche nur auf und sind mit Hilfe von Eisenhaken gesichert. Drei der vier Kapellenräume besitzen eine vergleichbare Rippenkonstellation, deren räumliche Umsetzung aber auf dreimal unterschiedliche Weise und auf Basis von bis zu drei unterschiedlichen Kreisbögen erfolgte[107]. Statt einer fortlaufenden Steigung knickt die Rippenfolge am Gabelpunkt nach oben. Während andernorts noch bis ins 18. Jahrhundert hinein das Gewölbeentwurfsverfahren der Spätgotik tradiert wurde[108], waren diese Kenntnisse in Konstanz offenbar gänzlich verloren gegangen.

Es liegt nahe, den Keim des überlieferten Streits zwischen Vincenz Ensinger und Steffan von Bassow, der die beiden unversöhnlich entzweit hatte, in gegensätzlichen Architekturauffassungen zu suchen. Zurückhaltend und streng der eine, kunstfertig und verspielt der andere – oder aus der Sicht der Kontrahenten ausgedrückt: langweilig und die Möglichkeiten nicht nutzend der eine, gekünstelt und effektheischend der andere. Es darf wohl angenommen werden, dass dem Domkapitel bzw. dem Bischof die Architektur Ensingers für den repräsentativen Seiteneingang als zu schlicht erschienen war und diesem ausgerechnet für den attraktivsten Teil des Bauprojekts ein anderer Baumeister vor die Nase gesetzt wurde. Konflikte zwischen zurückhaltender und vordergründiger Architektursprache haben seither an Aktualität nicht verloren und prägen bis heute die Architekturkritik.

Mit der vorliegenden Analyse konnten sicherlich noch nicht alle Besonderheiten und Kunstgriffe, die sich in Entwurf und Ausführung der Südkapellen verbergen, erkannt und nachvollzogen werden. Bedenkt man, dass damals zwar zeichnerisch aufgerissen wurde, das Instrumentarium der Planungsarbeit aber noch nicht sehr weit entwickelt und mit den heute zur Verfügung stehenden Mitteln in keiner Weise vergleichbar war, wird die Leistung der damaligen Baumeister erst wirklich verständlich. Sie mussten ein Projekt mit allen seinen Details, den Randbedingungen und den sich daraus ergebenden vielfachen Wechselwirkungen weitestgehend gedanklich entwickeln und vorbereiten.

Dies ist dem Baumeister der Südkapellen des Konstanzer Münsters in einer bemerkenswerten Tiefe gelungen.

Anschrift des Verfassers:
Stefan King, Kandelstraße 8, D–79106 Freiburg im Breisgau
king.s@web.de

ANMERKUNGEN

1 Baualterskartierung und Befundaufnahme der Außenseite im Dezember 2006 und während der nachfolgenden Steinsanierung im Auftrag von Vermögen und Bau Baden-Württemberg Konstanz/ Münsterbauleitung, in Zusammenarbeit mit Till Läpple (Stuttgart); erste Ergebnisse wurden im Rahmen der Wanderausstellung »Von mittelalterlichem Stuck und moderner Geophysik – Projekte der Bauforschung in Baden-Württemberg« vom 10. Juni bis 4. September 2008 in Konstanz vorgestellt.

2 Dendrochronologische Altersbestimmungen durch Burghard Lohrum (Kenzingen) und den Verfasser im Auftrag von Vermögen und Bau Baden-Württemberg, Münsterbauleitung im Herbst 2012; Auswertung der Proben durch Hans-Jürgen Bleyer (Metzingen); Ergebnisse bei LOHRUM, Burghard: Baudaten für das Konstanzer Münster – Zusammenstellung der Dendrochronologischen Untersuchungen 1986–2013, in: LAULE, Ulrike (Hg.): Das Konstanzer Münster Unserer Lieben Frau, Regensburg 2013, S. 445 f.

3 In kürzerer Form mit dem Schwerpunkt auf Entwurf und Bautechnik zuvor veröffentlicht in: Koldewey-Gesellschaft, Vereinigung für Baugeschichtliche Forschung e.V., Bericht über die 46. Tagung für Ausgrabungswissenschaft und Bauforschung vom 12. bis 16. Mai 2010 in Konstanz. Dresden 2012, S. 171–183; stark verkürzt in King, Stefan: Südkapellen und Südportal, in: LAULE (wie Anm. 2) S. 200–203.

4 REINERS, Heribert: Das Münster Unserer Lieben Frau zu Konstanz. Die Kunstdenkmäler Badens Bd. 1. Konstanz 1955, S. 334–339; KNAPP, Ulrich: Die Altäre der Schenck-Werkstatt in den Seitenkapellen, in: LAULE (wie Anm. 2) S. 211–213; ders.: Die Restaurierung der Seitenkapellen im 19. Jahrhundert, in: LAULE (wie Anm. 2) S. 220–224; WITT-SCHNÄCKER, Carmen: Die Dekorationsmalereien in den Seitenkapellen, in: LAULE (wie Anm. 2) S. 225–227; KONRAD, Bernd: Neoklassizistischer und neogotischer Figurenschmuck, in: LAULE (wie Anm. 2) S. 234 f.

5 KONRAD, Bernd: Die Glasmalereien des 19. und 20. Jahrhunderts im Konstanzer Münster, Lindenberg 2012; ders: Glasmalerei nach 1850 im Konstanzer Münster, in: LAULE (wie Anm. 2) S. 228–233.

6 KING, Stefan: Der begonnene Umbau des Mittelschiffs, in: LAULE (wie Anm. 2) S. 175–178.

7 Wie Anm. 2.

8 LOHRUM, Burghard: Die hochmittelalterlichen Dachwerke auf dem Konstanzer Münster, in: LAULE (wie Anm. 2) S. 238–242.

9 Zu Arbeiten 1570 siehe: REINERS-ERNST, Elisabeth: Regesten zur Bau- und Kunstgeschichte des Münsters zu Konstanz (Schrr VG Bodensee, Sonderheft), Konstanz 1956, Nr. 540; zu Arbeiten 1679 siehe: SCHOBER, F.: Unserer lieben Frauen Münster in Constanz (Mariae nascenti.). 4. Das Münster in der Zeit der Renaissance, in: Das Alte Constanz. Stadt und Diöcese in Schrift & Stift dargestellt. Blätter für Geschichte, Sage, Kunst & Kunsthandwerk, Naturschönheiten der Stadt & Diöcese. Organ des Münsterbauvereins 1. Jg. Heft 4, 1881, S. 49–60, p 5.

10 REINERS-ERNST (wie Anm. 9) Nr. 195; Reiners (wie Anm. 4) S. 50 f.

11 REINERS-ERNST (wie Anm. 9) Nr. 197.

12 RICHENTAL, Ulrich: Das Konzil zu Konstanz MCDXIV-MCDXVIII. Faksimileausgabe Starnberg/ Konstanz 1964, fol. 15b und 16a.

13 Wie Anm. 10.

14 SCHOBER, F.: Muntprat'sches Grabmal (in der St. Christophoruskapelle), in: Das Alte Constanz, Stadt und Diöcese in Schrift und Stift dargestellt, 1. Jg., 1881, S. 58–60; REINERS (wie Anm. 4) S. 480 f.

15 SCHREIBER, Heinrich: Die Kirchen in Constanz (Textband), Freiburg 1826, S. 3.

16 REINERS-ERNST (wie Anm. 9) Nr. 968; REINERS (wie Anm. 4) S. 242 und Abb. 263.

17 GRÖBER, Konrad: Das Konstanzer Münster – Seine Geschichte und Beschreibung. 3. Aufl. Konstanz 1948, S. 148.
18 SCHOBER, F.: Unserer lieben Frauen Münster in Constanz (Mariae nascenti.). 3. Die gothische Bauperiode des Münsters, in: Das Alte Constanz. Stadt und Diözese in Schrift & Stift dargestellt. Blätter für Geschichte, Sage, Kunst & Kunsthandwerk, Naturschönheiten der Stadt & Diöcese. Organ des Münsterbauvereins 1. Jg., Heft 3, 1881, S. 34; KRAUS, Franz Xaver: Die Kunstdenkmäler des Kreises Konstanz (Die Kunstdenkmäler des Großherzogthums Baden I), Freiburg 1887, S. 179; daneben stand auch die Jahreszahl 1645 zu lesen (REINERS (wie Anm. 4) S. 176); der Engel im Schlussstein präsentiert heute die Inschrift »S. Gebhardus 18 o.p.n. 86« auf seinem Schriftband, doch ist davon auszugehen, dass er anfänglich eine himmlische Botschaft verkündete.
19 REINERS-ERNST (wie Anm. 9) Nr. 253.
20 FISCHER, Friedhelm Wilhelm: Ein neu entdeckter spätgotischer Turmriß und die letzte mittelalterliche Bauphase am Münster zu Konstanz, in: Jahrbuch der staatlichen Kunstsammlungen in Baden-Württemberg, 3. Bd., 1966, S. 7–50.
21 LAULE, Ulrike: Der sogenannte Wiesbadener Riss – Ein Vorschlag zum Wiederaufbau der Westturmanlage nach dem Brand, in: LAULE (wie Anm. 2) S. 266–269; dies.: Der sogenannte Wiesbadener Riss – Ein Vorschlag zum Wiederaufbau der Westturmanlage nach dem Brand von 1511, in: Schrr VG Bodensee 131 (2013) S. 115–133.
22 BUCK, Thomas Martin: Das concilium sass allweg in dem münster – Zur Topografie des Konstanzer Konzils nach der Chronik des Ulrich Richental, in: LAULE (wie Anm. 2) S. 41- 45.
23 KING, Stefan: Das Gewölbe des Mittelschiffs, in: LAULE (wie Anm. 2) S. 179–182.
24 LAULE, Ulrike: Das Konstanzer Münster – Überlegungen zur Entstehungsgeschichte, in: Schrr VG Bodensee 124 (2006) S. 22; dies.: Die Ostteile des 11. bis 13. Jahrhunderts, in: LAULE (wie Anm. 2) S. 70–72.
25 KING, Stefan: Der Umbau von Chor und Querhaus im 15. Jahrhundert, in: LAULE (wie Anm. 2) S. 78–83.
26 Zeichnung der früheren Situation bei REINERS (wie Anm. 2) Abb. 60 und bei GLEICHENSTEIN, Elisabeth v., GONSCHOR, Brunhild, KOMMER, Björn. R. (Hg.): Konstanz in alten Ansichten (Konstanzer Museumskataloge I,1). Konstanz 1987, Kat. 6.1.2.33 und 6.1.2.38.
27 Planung zur Veränderung im Staatsarchiv Freiburg, Bestand K 465/1, Nr. 34 Rückseite.
28 Sie verleiteten Konrad Gröber zu der Annahme, hier habe schon vor dem Bau der Südkapellenreihe eine breitere Einzelkapelle bestanden, von der das abgeschnittene Blendmaßwerk herrühre (GRÖBER, Konrad: Das Konstanzer Münster – Seine Geschichte und Beschreibung. Konstanz 1909, S. 148).
29 Ein der Hl. Katharina geweihter Altar ist innerhalb des Münsters erstmals 1266 nachgewiesen (REINERS (wie Anm. 4) S. 293).
30 KING, Stefan: Die Margaretenkapellen, in: LAULE (wie Anm. 2) S. 142–145.
31 Die Backsteine in der Gewölbeschale der westlichen Joche messen 27 cm in der Länge und 7 cm in der Stärke, diejenigen der östlichen beiden Joche 28 cm in der Länge und 6,5 cm in der Stärke.
32 Vgl. REINERS (wie Anm. 4) S. 281–284.
33 KNAPP, Ulrich: Die Bauten des Konstanzer Münsterbezirks um 1300, in: GLEICHENSTEIN, Elisabeth v., KOMMER, Björn. R. (Hg.): Glanz der Kathedrale – 900 Jahre Konstanzer Münster. Konstanz 1989, S. 75–83; ders.: Frühe Wölbungen im Münster, in: LAULE (wie Anm. 2) S. 169–174.
34 KING (wie Anm. 30).
35 REINERS-ERNST (wie Anm. 9) Nr. 136.
36 KONRAD, Bernd: Doppelt hält besser – Die monumentalen Christophorusdarstellungen an der Westwand des Langhauses, in: LAULE (wie Anm. 2) S. 190 f.
37 Von Bernd Konrad in ähnlichem Zusammenhang, aber als eine den Reisenden auflauernde »dunkle Gestalt« interpretiert (wie Anm. 36).
38 In ähnlicher Weise wurden beim nördlichen Chorportal des Freiburger Münsters zur Unterbringung vorhandener Archivoltenfiguren die Proportionen von Spitzbogen, Typanon und Maßwerk in mehrfacher Hinsicht manipuliert, doch jeweils nur in einem Maße, wie es dem Betrachter nicht ins Auge fallen sollte (KING, Stefan: Zum Schöpfungsportal des Freiburger Münsters – Ein Bildprogramm mit »Stilbruch«, in: Denkmalpflege in Baden-Württemberg, 37. Jg., Nr. 2, 2008, S. 69–76; Das Schöpfungsportal des Freiburger Münsters – Die Verwendung älterer Skulpturen und deren Folgen. In: KLEIN, Ulrich und UNTERMANN, Matthias (Hg.): Vom Schicksal der Dinge: Spolien – Wiederverwendung – Recycling (Mitteilungen der Deutschen Gesellschaft für Archäologie des Mittelalters und der Neuzeit 26.2014). Paderborn 2014, S. 73–82.

39 REINERS-ERNST (wie Anm. 9) Nr. 762f; SCHOBER (wie Anm. 9) S. 53, p. 6 und 7.

40 Die früheste Ansicht bei SCHREIBER, Heinrich: Die Kirchen in Konstanz (Tafelband), Freiburg 1825, T. 2; umfangreiche Zusammenstellung von Ansichten bei GLEICHENSTEIN/ GONSCHOR/ KOMMER (wie Anm. 26) Kat. 5.4.3, 6.1.1.1, 6.1.2.29, 6.1.2.33 bis 6.1.2.38 (einschließlich des Einbandbilds vorne).

41 Bei der nicht ganz einfachen Entzifferung war Herr Werner Wittmann (Rottweil) behilflich.

42 REINERS-ERNST (wie Anm. 9) Nr. 851.

43 ZINSMAIER, Paul: Beiträge zur Baugeschichte des Konstanzer Münsters, in: Freiburger Diözesan-Archiv 77 (1957), S. 5–88, hier S. 16, 1523 IX. 4.

44 REINERS-ERNST (wie Anm. 9) Nr. 918.

45 KING, Stefan: Die Neugestaltung der Chorostwand, in: LAULE (wie Anm. 2) S. 102–106; KNAPP (wie Anm. 4).

46 REINERS-ERNST (wie Anm. 9) Nr. 972–974, 976–980, 985–994, 1007–1010, 1017; SCHOBER, F: Mittheilungen über die begonnene Restauration des Münsters in Konstanz, in: Schrr VG Bodensee, 11 (1882), S. 107–110, hier S. 108; ders.: Über die Restauration des Münsters in Konstanz, in: Schrr VG Bodensee, 16 (1887), S. 51–53; REINERS (wie Anm. 4) S. 80 f.; KNAPP (wie Anm. 4) S. 220–224.

47 REINERS-ERNST (wie Anm. 9) Nr. 969.

48 REINERS-ERNST (wie Anm. 9) Nr. 971; Ansichtszeichnung mit Maßwerken für die Südkapellen in der Plansammlung des Erzbischöflichen Bauamts Konstanz, dat. 27. August 1880, sig. »Baer«; Profilschnitt im Maßstab 1:1 in der Plansammlung der Vermögen und Bau Baden-Württemberg, Amt Konstanz, Fund- und Werkstückdatenbank Nr. P–7–5, ohne Datum und Signatur.

49 REINERS-ERNST (wie Anm. 9) Nr. 987.

50 Für drei der westlichen Nordkapellen (Franz-Xaver-Kapelle, Bartholomäuskapelle, Nikolauskapelle) wurden zwei Jahrzehnte später – zu datieren anhand der zwischen 1901 bis 1903 eingesetzten Glasfenster – stimmige Maßwerkformen bemüht.

51 Gemäß der von S. Bürger aufgestellten Systematik entspricht die Figuration einem Springrautengewölbe (Bürger, Stefan: Figurierte Gewölbe zwischen Saale und Neisse (Bd. 1), Weimar 2007, S. 91 f.).

52 Messungen an der Gebhardkapelle östlich des Portals und an der Christophoruskapelle am östlichen Ende; dafür sei Götz Echtenacher (Horb a. N.) gedankt.

53 MECKEL, Carl Anton: Die Konstruktion der figurierten Gewölbe in der Deutschen Spätgotik, in: architectura, Zeitschrift für Geschichte und Baukunst, 1. Jg., 1933, S. 107–114; MÜLLER, Werner: Technische Bauzeichnungen der deutschen Spätgotik, in: Technikgeschichte Bd. 40 (1973), Nr. 4, S. 281–300; TOMLOW, Jos: Versuch einer (zeichnerischen) Rekonstruktion des Gewölbes im spätgotischen Kreuzgang des Klosters Hirsau, in: Hirsau St. Peter und Paul 1091–1991, Teil I, Zur Archäologie und Kunstgeschichte (Forschungen und Berichte der Archäologie des Mittelalters in Baden-Württemberg 10/1), Stuttgart 1991, S. 365–387; BRÄNDLE, Rudolf: Die Bogenaustragung der spätgotischen figurierten Rippengewölbe des Kreuzganges Kloster Alpirsbach. Das Prinzipalbogenmodell, in: architectura, Zeitschrift für Geschichte und Baukunst, 35. Jg., 2005, S. 138–147; MÜLLER, Werner: Virtuelle Steinmetzkunst der österreichischen und böhmisch-sächsischen Spätgotik – Die Gewölbeentwürfe des Codex Miniatus 3 der Österreichischen Nationalbibliothek in Wien, Petersberg 2005.

54 WENDLAND, David/ VENTAS SIERRA, María José: Zum Bau figurierter Gewölbe – Eine Anleitung im Werkmeisterbuch des Rodrigo Gil de Hontañón, in: BÜRGER, Stefan/ KLEIN, Bruno (Hg.): Werkmeister der Spätgotik. Personen, Amt und Image, Darmstadt 2010, S. 244–272; WENDLAND, David: Reverse Engineering und Experimentelle Archäologie – Forschungen zu Bau, Planungsprinzipien und Entwurfskriterien spätgotischer Zellengewölbe, in: SCHRÖCK, Katja, WENDLAND, David (Hg.): Traces of Making: Entwurfsprinzipien von spätgotischen Gewölben. Petersberg 2014, 11–37.

55 REINERS-ERNST (wie Anm. 9) Nr. 171.

56 RICHENTAL (wie Anm. 12) fol. 37b.

57 BUCK, Thomas Martin: Chronik des Konstanzer Konzils 1414–1418 von Ulrich Richental, Ostfildern 2010; KLÖCKLER, Jürgen: Die Konstanzer Handschrift der Konzilschronik des Ulrich Richental, in: KÜBLE, Monika, GERLACH, Henry: Augenzeuge des Konstanzer Konzils, Darmstadt 2014, S. 208–245.

58 Wie Anm. 40.

59 SCHREIBER, Heinrich: Die Kirchen in Konstanz (Tafelband), Freiburg 1825, T. 9, Zeichner unbekannt; zugehöriger Text SCHREIBER (wie Anm. 15) S. 24f; Wiedergaben bei: REINERS (wie Anm. 4) Abb. 93; GLEICHENSTEIN/ GONSCHOR/ KOMMER (wie Anm. 26) Kat. 6.1.2.31 bis 31b; GLEICHENSTEIN/ KOMMER (wie Anm. 33) Kat. 1.1.6.

60 REINERS-ERNST (wie Anm. 9) Nr. 691.
61 Vgl. REINERS (wie Anm. 4) S. 15.
62 SCHREIBER (wie Anm. 58) T. 1.
63 GLEICHENSTEIN/ GONSCHOR/ KOMMER (wie Anm. 26) Kat. 6.1.2.33, 6.1.2.34, 6.1.2.38.
64 GLEICHENSTEIN/ KOMMER 1989 (wie Anm. 33) S. 31.
65 Inventarnummer S 68, 75 cm hoch, 96,5 cm breit, 31 cm stark.
66 Inventarnummer S 60, 75 cm hoch, Grundfläche etwa 50 auf 47 cm.
67 GLEICHENSTEIN/ KOMMER (wie Anm. 33) Kat. 1.2.17.
68 Lesung anhand der zahlreich dokumentierten Versatzzeichen der Welserkapelle, die das vollständige Alphabet in Kleinbuchstaben umfassen.
69 REINERS-ERNST (wie Anm. 9) Nr. 601.
70 REINERS-ERNST (wie Anm. 9) Nr. 599.
71 REINERS-ERNST (wie Anm. 9) Nr. 610.
72 REINERS-ERNST (wie Anm. 9) Nr. 628 f.
73 REINERS-ERNST (wie Anm. 9) Nr. 691.
74 BERGMANN, Joseph von: Sammlung der vorzüglichsten Merkwürdigkeiten des Grossherzogthums Baden, 1. Bd., 1. Heft (Freiburg und der Oberrhein 1770–1870), Constanz 1825, Pl. III (wiedergegeben bei GLEICHENSTEIN/ GONSCHOR/ KOMMER (wie Anm. 26) Kat. 6.1.2.33).
75 SCHREIBER (wie Anm. 15) S. 24.
76 REINERS-ERNST (wie Anm. 9) Nr. 701; REINERS (wie Anm. 4) S. 70.
77 Kupferstich (vermutlich Kalenderblatt) im Stadtarchiv Stein am Rhein mit einer Südwestansicht des Münsters, aufgrund der wiedergegebenen Mariensäule nach 1683 und aufgrund von Fundumständen vor 1736/37 entstanden.
78 REINERS-ERNST (wie Anm. 9) Nr. 918, hier S. 158; REINERS (wie Anm. 4) S. 80; Ansicht und Grundriss in der Plansammlung des Erzbischöflichen Bauamts Konstanz, sig. »Jos. Merk 1854«.
79 MARMOR, Johann: Geschichtliche Topographie der Stadt Konstanz und ihrer nächsten Umgebung. Konstanz 1860, S. 304.
80 KING, Stefan: Die Wiederherstellung der Welserkapelle, in: LAULE (wie Anm. 2) S. 402–405.
81 KONRAD (wie Anm. 4).
82 REINERS-ERNST (wie Anm. 9) Nr. 918, hier S. 158.
83 REINERS (wie Anm. 4) S. 577 f., Zeichen Nr. 363–425.
84 In der Zeichensammlung von H. Reiners sind noch weitere Querbezüge innerhalb des Münsters und zu anderen Kirchenbauten angeführt (wie Anm. 83).
85 vgl. LOHRUM, Burghard: Die Reparatur historischer Holzkonstruktionen, in: KÖNNER, Klaus/ WAGENBLAST, Joachim (Hg.): »Steh fest mein Haus im Weltgebraus« Denkmalpflege – Konzeption und Umsetzung, Aalen 1998, S. 123–139, hier Abb. 191.
86 KING, Stefan: Der Schnegg, in: LAULE (wie Anm. 2) S. 122–125.
87 KNAPP, Ulrich: Domschule und Dombibliothek, in: LAULE (wie Anm. 2) S. 350–353.
88 KING, Stefan: Die Sylvesterkapelle, in: LAULE (wie Anm. 2) S. 334 f.
89 Anders als in einer ersten Fassung des vorliegenden Aufsatzes vorgeschlagen: KING (wie Anm. 2); für die Diskussion sei Till Läpple (Stuttgart), Peter Völkle (Bern) und Götz Echtenacher (Horb a.N.) gedankt.
90 Wegen der Bemalung derzeit nur an der Gebhardkapelle östlich des Portals gut zu beobachten.
91 Bei einigen Kapellengewölben sind Fugen aufgemalt, die dem tatsächlichen Fugenverlauf nicht entsprechen.
92 KING (wie Anm. 86).
93 Beobachtungen aus der laufenden Arbeit des Verfassers; materialtechnische Untersuchungen an Proben des Klebers waren bisher nicht möglich.
94 JÄGERS, Elisabeth: Naturwissenschaftliche Untersuchung der Malschichten und Klebstoffmassen, in: Das Südportal des Wormser Doms (Denkmalpflege in Rheinland-Pfalz, Forschungsberichte Bd. 5), Worms 1999, S. 104 f.; HUNDBISS, Stefan: Restauratorische Untersuchungen zur Farbfassung des Westportals der Heiliggeistkirche in Landshut und ihre Konservierung, in: EMMERLING, Erwin/ KNIPPING, Detlef/ NIEHOFF, Franz: Das Westportal der Heiliggeistkirche in Landshut (Arbeitshefte des Bayerischen Landesamtes für Denkmalpflege, Bd. 106), München 2001, S. 73–102, hier S. 76; HERTLEIN, Beata: Das Sakramentshaus von Adam Kraft in der Nürnberger Lorenzkirche – Zu Konstruktion und Werkprozeß, in: KAMMEL, Frank Matthias (Hg.): Adam Kraft, Die Beiträge des Kolloquiums im Germanischen Nationalmuseum, Nürnberg 2002, S. 195–212, hier S. 201 und Anm. 13.
95 REINERS (wie Anm. 4) S. 49 f.
96 REINERS-ERNST (wie Anm. 9) Nr. 176 f.; KNAPP (wie Anm. 87).
97 Dendrochronologische Altersbestimmungen durch Burghard Lohrum, Kenzingen, und den Ver-

fasser im Auftrag des erzbischöflichen Bauamts Konstanz im Herbst 2012; Auswertung der Proben durch Hans-Jürgen Bleyer, Metzingen; Ergebnis bei LOHRUM (wie Anm. 2) Nr. XVIII.

98 KING (wie Anm. 88).

99 REINERS-ERNST (wie Anm. 9) Nr. 200, 202 und 204.

100 REINERS-ERNST (wie Anm. 9) Nr. 217 und 219.

101 REINERS-ERNST (wie Anm. 9) Nr. 207.

102 Mit einer Erwähnung des Jahres 1501 muss nicht notwendigerweise auf Steffan von Bassow Bezug genommen worden sein (REINERS-ERNST (wie Anm. 9) Nr. 291).

103 REINERS-ERNST (wie Anm. 9) Nr. 222 (vgl. Nr. 691).

104 Bisher wurden ihm Teile einer westlichen Portalvorhalle zugeschrieben, die dann dem Bau des Mittelturms zum Opfer gefallen wäre (REINERS (wie Anm. 4) S. 51 f.; KNOEPFLI, Albert: Kunstgeschichte des Bodenseeraumes, Bd. 2, Sigmaringen 1969, S. 86, 99; FISCHER (wie Anm. 20) S. 37; LAULE, Ulrike: Die Westtürme des Konstanzer Münsters. Überlegungen zu Gestalt und Datierung, in: Freiburger Diözesanarchiv 127 (2007) S. 13–48, hier S. 27, Anm. 39.

105 KING (wie Anm. 6).

106 KING, Stefan: Die Vollendung der nördlichen Kapellenreihe, in: LAULE (wie Anm. 2) S. 204–207.

107 Die Gewölbeformen konnten anhand photogrammetrischer Aufmaßzeichnungen, 2007/2008 durch die gbvd, Müllheim, angefertigt und von der Münsterbauleitung zur Verfügung gestellt, nachvollzogen werden.

108 MÜLLER, Werner: Die Lehrbogenkonstruktion in den Proberissen der Augsburger Maurermeister aus den Jahren 1533–1723 und die gleichzeitige französische Theorie, in: architectura Bd. 2 (1972) S. 17–33; ders.: Das Weiterleben gotischer Überlieferungen in der oberdeutschen Steinmetzlehre vom endenden 16. bis ins 18. Jahrhundert, in: Technikgeschichte Bd. 43 (1976) S. 268–281.

Daniela Leykam

DAS HUS-MUSEUM IN KONSTANZ

Zwischen historischem Museum und Erinnerungsort

»Europa zu Gast« lautet das Motto des Konziljubiläums in Konstanz, das von 2014 bis 2018 das Kulturprogramm der Stadt bestimmt. Zum 600. Mal jährt sich das Konstanzer Konzil, das einen Höhepunkt der regionalen Geschichte darstellt. Die Feierlichkeiten und Veranstaltungen ranken sich um die an die Geschichte angepassten Themenjahre. 2015 ist das »Jahr der Gerechtigkeit« und dem böhmischen Theologen und Reformator Jan Hus[1] gewidmet, der am 6. Juli 1415 in Konstanz zum Tod auf dem Scheiterhaufen verurteilt und hingerichtet wurde.[2] Aus diesem Anlass wurde 2014 am Todestag des Reformators das in den 1980er Jahren entstandene und jetzt umgestaltete Hus-Museum in Konstanz neu eröffnet. Nur ausgesprochen wenige Exponate wurden dafür übernommen. Das Konzept hat sich grundlegend geändert und so spiegelt die Geschichte des Hus-Museums sowohl die ambivalente Rezeption der Figur Hus wieder als auch aktuelle Diskurse um die Ausstellbarkeit von Geschichte. Diese Museumsanalyse befasst sich mit der Ausstellungsinszenierung des Hus-Museums vor seiner Umstrukturierung, bevor sie diese mit der aktuellen Darstellung in Bezug setzt. Die Problematiken und Schwierigkeiten, denen das Museum sich für die Thematisierung der Causa Hus stellen musste, sind einerseits spezifisch für diesen Ort, andererseits transportieren sie Fragen und Aufgaben für die Vermittlung von Geschichte allgemein.

DAS HUS-MUSEUM IN KONSTANZ

Das Hus-Museum vor der Neueröffnung 2014 basierte vordergründig auf der begleitenden Lektüre eines Textes auf Tafeln oder in Form einer Broschüre. Hier wurde auch die Baugeschichte des historischen Hauses beschrieben, das mehr und mehr verfiel und dem zu Beginn des 20. Jahrhunderts der Abriss drohte.[3] Es wurde angenommen, dass der Reformator Hus nach seiner Ankunft in Konstanz drei Wochen in diesem Haus gewohnt habe, bevor er verhaftet wurde. Insofern war das Gebäude vor allem für Tschechien von großer Bedeutung, wo Hus bis heute als Nationalheld verehrt wird. Der Verfall konnte verhindert werden, weil das Haus im Jahr 1922 in tschechischen Besitz überging

Abb. 1: Die Plakette an der Außenfassade des Hus-Museums in Konstanz mit der Inschrift: »Herberge des böhmischen Reformators Mag. Johannes Hus im Jahre 1414«.

und so die Instandhaltung gesichert war.[4] Ganz allmählich entwickelte sich das Museum und 1936 wurden Fassade und Innenräume renoviert, u. a. auch die Stube, in der Hus geschlafen haben soll. 1965 wurde dann anlässlich des 550. Todestages von Hus die erste Museumsausstellung in drei Räumen veranstaltet und erst 1980 baute man das Haus im größeren Stil um. Die damals entstandene Ausstellung blieb seitdem weitestgehend unangetastet. Der politische Umbruch in Tschechien bewirkte schließlich, dass 1989 einige inhaltliche Änderungen vorgenommen wurden, da das Museum nicht mehr einem kommunistischen Regime und dessen Zensur unterlag.[5] 15 Jahre später erfuhr das Museum, das bis heute durch die tschechische *Hus-Museum-Gesellschaft* geführt wird, die grundlegende Umstrukturierung, deren Ergebnis seit dem Sommer 2014 zu besichtigen ist. Auch wenn sich das Hus-Museum in die Reihe der Städtischen Museen in Konstanz eingliedert, ist ein großer Prozentsatz der Besucher tschechischer bzw. slawischer Abstammung. Die Geschichte um Jan Hus spielt auch in Konstanzer Schulen eine große Rolle, sodass die Zielgruppe des Museums neben Touristen und interessierten Konstanzern jeder Generation auch viele Schulklassen umfasst.[6] Seit die Feierlichkeiten um das Konzil-Jubiläum in Konstanz den städtischen Veranstaltungskalender dominieren, rückt das Hus-Museum stärker in das Bewusstsein von Touristen und Konstanzern gleichermaßen. Selbsterklärtes Ziel des Museums war es *vor* der Neueröffnung, in den fünf Räumen »Hussens Leben und die Geschichte seines Heimatlandes thematisch zu behandeln«[7] und auf der Website war bis 2013 zu lesen: »Seit 1980 beherbergt das Hus-Haus eine künstlerisch gestaltete Ausstellung. Ihre Exponate dokumentieren in fünf Räumen das Leben und Wirken von Jan Hus und die nachfolgende hussitische Epoche.«[8]

Um diesem Ansinnen nachzukommen, hatte man sich für eine »Komposition aus Wort, Bild und Artefakt«[9] entschieden, die »modernes tschechisches Kunsthandwerk mit historischen Exponaten«[10] verbindet. Dafür wurden fünf Räume gestaltet, die chronologisch von Hus' Bildung und Hintergrund (1. Raum), seiner Reise zum Konstanzer Konzil (2. Raum) und seiner Hinrichtung auf dem Scheiterhaufen (3. Raum) erzählten. Anschließend wurden die Hussitenkriege thematisiert (4. Raum) und zuletzt das Nachwirken des Reformators (5. Raum). Damit verortete sich das Museum selbst als ein historisches.

1983, also drei Jahre nach der Eröffnung der Dauerausstellung, entdeckte der Lokalhistoriker Gernot Blechner, dass es sich bei dem Haus in der Hussenstraße 64 nicht um das ›echte‹ Hus-Haus handelt. Noch heute schmückt die Außenfassade ein großes Bronzeschild mit der Inschrift: »Herberge des Böhmischen Reformators Mag. Johannes Hus im Jahre 1414«. Dieses 1878 angebrachte Schild, so stellt der Historiker Gernot Blechner fest, war das letzte Glied in einer verworrenen Kette von Zufällen und Ungenauigkeiten, die jenes Haus in der Hussenstraße endgültig als Herberge des Reformators nach seiner Ankunft in Konstanz und vor seiner Verhaftung (vermeintlich) nachwies. Die *Hus-Museum-Gesellschaft* hatte eben deshalb das Haus gekauft, um ein Museum dort einzurichten, wo der tschechische Nationalheld für drei Wochen bei der Witwe Fida Pfister gewohnt haben soll.[11] In dem Aufsatz *Warum das ›Hus-Haus‹ beim Schnetztor? Ein Erklärungsversuch* ermittelte Blechner 1995, wie sich dieses Gerücht durchsetzen konnte. Bereits zwölf Jahre zuvor hatte er beweisen können, dass der Reformator zwar in der Hussenstraße eingekehrt war, jedoch in der Nummer 22, dem sogenannten Haus *Zur Roten Kanne*. Anschaulich beschreibt er, wie aus nicht belegten Behauptungen eine historische Wahrheit wurde, die so weit reichte, dass man sogar die vermeintliche Stube ausstellen wollte, in der Hus geschlafen haben soll (Abb. 1).[12]

In seinem Aufsatz über die Witwe Fida Pfister[13] ist Blechner auf den Spuren der Wirtin von Hus und seinen Begleitern. Obwohl es hier mehr um ihre Person und ihr gesellschaftliches Umfeld geht, arbeitet der Historiker deutlich heraus, inwiefern die verschiedenen Quellen beliebig miteinander kombiniert und ausgelegt wurden, sodass sie als Hausdame des Handwerkerhauses Nr. 64 gelten und so dieses das Hus-Haus bleiben konnte. Die ›verarmte‹ Witwe Fida Pfister erwies sich jedoch als eine wohlhabende Bürgermeistertochter aus Meersburg. Blechners Ausführungen lesen sich wie eine Abenteuergeschichte und hängen unmittelbar mit der ambivalenten Rezeptionsgeschichte der Figur Hus zusammen. In seiner Schlussbetrachtung schreibt der Historiker dann:

> Wie wir sehen, hatte Hus seine Herberge also keinesfalls bei einer armen Witwe in einem kleinen, schmalen Handwerkerhaus am Schnetztor, wie bis in die 80er Jahre unseren Jahrhunderts [20. Jahrhundert] angenommen worden war. Als ehemaliger Rektor der Prager Universität und Beichtvater der böhmischen Königin war er standesgemäß im Haus einer Witwe, die zu den Wohlhabenden der Stadt gehörte, abgestiegen.[14]

Problematisch an der Ausstellungsinszenierung des Hus-Museum vor 2014 war vor allem der Umstand, dass damit nicht offen umgegangen wurde, sondern vielmehr das Haus als Hus-Haus weiter hervorgehoben wurde.

AUSSTELLEN OHNE OBJEKTE UND DIE FRAGE NACH DEM ORIGINAL

Neben der Frage nach der Authentizität des Hauses als ›Hus-Haus‹ sah sich das Museum mit dem Problem konfrontiert, dass ihm keine Objekte oder Originale zur Verfügung standen, mittels derer man die Geschichte des Reformators hätte veranschaulichen können. Die wenigen Dokumente, die in Bezug auf Hus überhaupt erhalten sind, sind zu fragil und wertvoll, um in einem Museum wie diesem ausgestellt zu werden. Stattdessen sind Fotografien, Repliken und Kopien der Originale zu sehen. Das museale Konzept, das sich hinter solchen Überlegungen verbirgt, ist die weitgehend akzeptierte Annahme, Geschichte sei mittels der aus ihr hervorgegangenen Relikten zu erzählen.

Anke te Heesen fasst die Definition der Museumsaufgabe aus der ersten Museumstheorie Samuel Quicchebergs im 16. Jahrhundert wie folgt zusammen:

> Es geht darum, Dinge in sicheren Museen zu sammeln, sie zu ordnen und zu gliedern, sie mit Sorgfalt zu bewahren und zu vermehren, zur Erforschung und für die Zukunft zusammenzutragen und sie zum ewigen Gedächtnis in vollständigen Verzeichnissen niederzulegen und in ausgeschmückten Räumen unterzubringen.[15]

Obwohl sich der Museumsbegriff im Laufe der Jahrhunderte weiterentwickelt hat und damit der allmählich entstehenden Institution Museum mit ihren verschiedenen Abspaltungen immer wieder neue Aufgaben wie z.B. die Vermittlung zugesprochen wurden[16], hat sich das Sammeln, Bewahren und Archivieren als eine Ur-Aufgabe der Museen durchgesetzt. Dies impliziert natürlich vor allem eines: Objekte, die man sammeln, bewahren und archivieren kann. Das Hus-Museum in Konstanz konnte dieser Aufgabe nicht nachkommen und kann es bis heute nicht. Vor 2014 sollte dieses Defizit durch die künstlerische Inszenierung kompensiert werden, die besagten Fotografien, Repliken und Kopien die fehlende Aura verleihen sollte.

DER DISKURS UM DIE DINGE

Der Diskurs um die Objekte im historischen Museum, die in diesem Zusammenhang auch *Dinge* genannt werden, setzt in den 80er Jahren bei dem Historiker Krzysztof Pomian an, der die semiotische Auslegung des Objektwesens stark machte und den Begriff der *Semiophoren*[17] prägte.[18]

Pomians Objektbegriff liegt das Gegensatzpaar von Unsichtbarem und Sichtbarem zu Grunde. Dem Unsichtbaren schreibt Pomian eine Überlegenheit gegenüber dem Sichtbaren zu, die dazu führt, dass der Sammler und gleichzeitig der Rezipient Interesse für die Gegenstände entwickelt, die das Unsichtbare repräsentieren. Diesen Gegenständen wird ein Wert zugeschrieben, der sich entweder aus ihrer Nützlichkeit oder aus ihrer Bedeutung ergibt. Tritt der zweite Fall ein, handelt es sich um *Semiophoren*. Ihr Wert liegt darin, eine Verbindung mit dem Unsichtbaren herzustellen, was möglich ist, weil *Semiophoren* eine Verweisfunktion erfüllen. Sie werden zum Vermittler zwischen Vergangenheit und Gegenwart und zu sichtbaren Trägern aller Bedeutungen, die sie in sich vereinen. Wichtig ist, dass diese Eigenschaft nur dann zu Tage tritt, wenn die Gegenstände Teil einer Sammlung sind. Ohne diesen spezifischen Ort verliert ein Gegenstand sein gerade beschriebenes Bedeutungsspektrum. Geht gleichzeitig noch die Nützlichkeit verloren, »[...] wird er zu Abfall.«[19]

Te Heesen führt aus, dass Objekte abgesehen von dieser Funktion auch zu Erfahrungsträgern werden. Dabei nennt sie zwei Richtungen: Objekte als konstruierte Symbole und Objekte als Relikte und Zeugnisse. Die erste Variante beschreibt die Sammlung im Museum als eine Anhäufung funktionsloser Gegenstände, »[...] ein Set an Bedeutungen im ursprünglichen Kontext, die zu einem neuen Zeichensystem in der Sammlung oder im Museum zusammengeführt werden und dort verharren«.[20] Dabei verlieren die *Dinge* ihren Lebensbezug und werden zu konstruierten Symbolen, deren Ursprung verloren geht. Stattdessen spiegelt die (An)Sammlung ihren Sammler und dessen Wünsche und Ängste wieder. Die andere Auslegung funktioniert genau gegenteilig und macht den Ursprung der Objekte stark. Te Heesen beschreibt sie als Relikte und Zeugnisse einer uns nicht mehr präsenten und vergangenen Zeit. Sie sind entweder einer fremden Kultur zugehörig und durch den Kolonialismus und die westliche Expansion in unsere Museen gekommen oder sie sind Teil unserer eigenen, jedoch durch die Industrialisierung untergegangenen Kultur, die nun musealisiert wird.[21]

Museumsobjekte als Relikte und Zeitzeugen zu verstehen, ist ein Ansatz, der vor allem auf den Kultur- und Museumswissenschaftler Gottfried Korff zurückzuführen ist. Er sieht in ihnen eine »materielle Hinterlassenschaft«, die einen starken »Authentizitätseffekt« zur Folge hat und er führt weiter aus, dass das Museum überhaupt erst durch diese Rolle des Objekts definiert wird.[22] Anders gesagt bedeutet dies mit Verweis auf Pomian, dass Objekte Museen brauchen.

Der bereits erwähnte Begriff der ›Authentizität‹ ist in Bezug auf die Funktion als Zeitzeugen elementar. Korff schreibt den *Dingen* im Museum eine Kommunikationsfähigkeit zu, die im Aufeinandertreffen von Betrachter und Objekt entsteht. Es handelt sich dabei um die Begegnung von Vergangenheit und Gegenwart, in der das Objekt seine Funktion als Zeitzeuge entfalten kann und beim Betrachter durch seine »Reliktauthentizität«[23] Faszination hervorruft. Kurz: Die Faszination beruht auf der Authentizität. Martina Padberg und Martin Schmidt beschreiben diese Anziehungskraft der

Objekte als Magie der Geschichte, die in ihnen greifbar wird[24] und differenzieren weiter:

> Die Objekte sind entweder ›Ikonen‹ – und damit besondere Kulturgüter – oder sie sind ›Leitfossilien‹, ›Anlaufstellen‹, oder ›Merkplätze‹. Es ist diese Magie der Dinge, die ein Museum zum besonderen Ort macht! [...] In der konkreten Umsetzung reagiert das Museum auf diese Herausforderung [*Dinge* nahe zu bringen und gleichzeitig eine Geschichte erzählen – DL] [...] sehr unterschiedlich. Neben einem allgemeinen Trend zum Narrativen stehen unterschiedliche Konzepte zwischen sakrosankter Vitrinenpräsentation von Relikten und dem vehementen Einsatz flimmernder Medienschirme. Doch: Wie in den letzten Jahren bleibt das authentische Exponat Mittelpunkt und konstitutives Element des Museums.[25]

Ein *Ding* im Museum kann folglich nur dann ein Zeitzeuge sein, wenn es ein Original ist, was bedeutet, dass es aus der Zeit stammt, die es repräsentieren soll und nicht zu einem späteren Zeitpunkt kopiert oder nachgebildet wurde.[26]

WALTER BENJAMIN UND DER BEGRIFF DER *AURA*

In seinem bekannten Aufsatz *Das Kunstwerk im Zeitalter seiner technischen Reproduzierbarkeit*[27] setzt sich Benjamin mit der Frage nach Echtheit auseinander und bezieht diese zunächst auf die Kunst. Er untersucht den Stellenwert der Kunst im Zusammenhang mit den technischen Möglichkeiten ihrer Reproduktion. Dafür definiert er zunächst das Wesen des Originals, das er wie folgt beschreibt: »Das Hier und Jetzt des Kunstwerks – sein einmaliges Dasein an dem Orte, an dem es sich befindet. [...] Das Hier und Jetzt macht den Begriff seiner Echtheit aus.«[28] Benjamin führt weiter aus, dass die geschichtliche Zeugenschaft einer Sache von dieser Echtheit abhängt. In der Reproduktion geht die Echtheit – das einmalige Dasein – jedoch verloren und somit auch die Aussagekraft der Sache selbst. An dieser Stelle führt Benjamin den Begriff der Aura ein: »Was im Zeitalter der technischen Reproduzierbarkeit verkümmert, das ist seine Aura.«[29]

Durch die Reproduktionstechniken wird ein Objekt[30] von seiner Tradition abgelöst. Es wird vervielfältigt und die Einmaligkeit eines Originals wird ersetzt durch massenweises Vorkommen. Alle reproduzierten Objekte sind dann situationsgebunden einsetzbar und ständig aktualisierbar. Sie verlieren damit ihre Authentizität. Bei Benjamin steht das in seine Tradition eingebundene Original der funktionalisierten Reproduktion gegenüber.[31]

Zusammenfassend lässt sich beobachten, dass den Dingen im historischen Museum eine gewisse Kommunikationsfähigkeit zugesprochen wird. Besonders deutlich wird auch die erinnernde Funktion von Objekten, unabhängig davon, ob diese ersetzt werden oder wie damit umgegangen wird. Aleida Assmann fasst für Museen noch einmal zusammen:

> Sie bringen eine Lebenswirklichkeit, die seit längerem oder erst kürzlich vergangen ist, für die Dauer einer Ausstellung noch einmal zur Anschauung und sinnlichen Präsenz. In den Museen werden möglichst keine Rekonstruktionen oder Kopien, sondern Originale gezeigt, die als Erinnerungsträger und Verkörperung historischer Substanz eine besondere Aura entfalten.[32]

KÜNSTLERISCHE REKONSTRUKTION ANSTELLE VON OBJEKTEN – DAS HUS-MUSEUM VOR DER UMSTRUKTURIERUNG

Diesen Ausführungen folgend, musste die Ausstellung im Hus-Museum vor 2014 in Bezug auf die Faszination für den Betrachter scheitern. Das Museum bemühte sich darum, den Mangel an für die Causa Hus relevanten Originalen auszugleichen und auf eigene Weise und mit anderen *Dingen* den gewünschten Authentizitätseffekt zu erreichen. Dafür bediente man sich unterschiedlicher Exponate, die auf verschiedene Weise wirken sollten, um die Zeit um 1400 und Jan Hus wieder lebendig zu machen und zu rekontextualisieren. Einige wenige Objekte sollten dies durch ihren Zeitzeugen-Charakter leisten: eine Gefängnistür, ein Gefängnisfenster und der Stein, an den Hus gefesselt gewesen sein soll. Interessanterweise sind es diese Exponate, die auch nach der Umstrukturierung übernommen wurden. Hinzukamen ein Stuhl im zweiten oder auch ein Glaskrug im ersten Raum. Diese Objekte funktionierten als Relikte einer Zeit, die sie wieder lebendig machen sollten. Problematisch war im Falle der beiden letztgenannten, dass sie nicht kontextualisiert wurden: Die Objekte wurden zu einer funktionslosen Ansammlung, eingesetzt für die Zwecke des Museums. Der Stuhl beispielsweise, der eine Leihgabe des Rosgartenmuseums war, hatte mit Hus nichts weiter zu tun (Abb. 3 und 7).[33]

Etwas komplizierter gestaltet sich die Frage nach Relikten und Zeitzeugen vor dem Hintergrund der Exponate, die vom Museum als Beispiele der bildenden Kunst beschrieben wurden wie beispielsweise eine überlebensgroße Marienstatue. Sie wurden eingesetzt, um mittelalterliche Atmosphäre zu schaffen und so eine historische Landschaft lebendig zu machen, zu veranschaulichen. Die Ausstellung zeitgenössischer Kunst als Relikt einer Zeit oder als Zeitzeugen eröffnet aber eine weitere Dimension, die hier nicht vollkommen erfasst werden kann. Es sei jedoch gesagt, dass sie einerseits Bestandteil (Relikt) einer Zeit ist, weil sie in ihr durch einen Künstler und in einem Kontext entstanden ist. Insofern wäre sie authentisch oder nach Benjamin, ›auratisch‹. Andererseits ist sie auch eine Erscheinung ihrer Zeit und wird so für den Rezipienten zum Medium der Beobachtung, weil sie indirekt auch eine deskriptive oder kommentierende Funktion einnehmen kann. Auf diese Weise könnten Beispiele aus der Kunst der Darstellung und

Veranschaulichung einer vergangenen Zeit dienen (Abb. 2).[34] Wirkung durch Authentizität kann Kunst nur dann erreichen, wenn es sich erstens um Originale handelt und zweitens diese für die Zeit, die sie (re)präsentieren, exemplarisch sind. Die Beispiele im Hus-Museum leisteten dies bedingt bis gar nicht. Die Marienstatue beispielsweise, die sich im ersten Raum befand, erweist sich als völlig unbrauchbar, weil sie keine der genannten Kriterien erfüllt.[35]

Interessant ist in Bezug auf die Frage nach objekthaften Zeitzeugen, dass das Hus-Museum auch Reproduktionen von Originalen als Relikte verstand bzw. ihnen die gleiche Wirkung zuschrieb. Die Ausstellungsmacher mussten mit dem Umstand arbeiten, dass von den elementaren Originalen keines ausgestellt werden konnte (z. B. das Original der *Postille*). Als Reaktion darauf baute man das Konzept auf Kopien, Repliken und Nachbildungen auf. Hierbei handelte es sich vor allem um Textfragmente und Abbildungen, also zweidimensionale Objekte an der Wand wie beispielsweise vergrößerte Ausschnitte der *Postille*. Diese Exponate sollten mit ihren Betrachtern in Dialog treten, doch nicht indem sie Inhalte zeigten, sondern indem sie szenisch dargestellt wurden, um eine bestimmte ›Atmosphäre‹ zu schaffen. Dies gilt auch für jene Exponate, die weder ein originales Objekt (*Ding*) noch die Kopie eines solchen darstellten. Ein Beispiel hierfür war ein Baumstumpf mit den Landkarten im vierten Raum, der die erfolgreichen Heereszüge der Hussiten zeigt, ohne dabei kartographische Details freizugeben (Abb. 15).[36]

Zusammenfassend kann man für das Hus-Museum vor 2014 festhalten, dass alle Objekte eine darstellende Aufgabe erfüllten. Die Reproduktionen und die wenigen Originale dienten allein der Illustrierung des begleitenden Informationstextes, was vor allem auch daran lag, dass es sich fast nur um zweidimensionale und collagierte Anordnungen und Mosaiken an den Wänden handelte. Die Wandbekleidungen übernahmen zwei Funktionen: Zum einen stellten sie die Exponate aus und wurden zu einer Art begehbarer Vitrinen, zum anderen waren sie selbst Exponat, indem sie bestimmte Dinge repräsentierten und eine Zeit transportieren sollten, wie z.B. ein purpurnes Banner mit Emblem für eine weltherrschaftliche und reiche Kirche oder Kunstleder stellvertretend für die Hussitenrevolution.[37] Die Inszenierungen funktionierten wie eine Art ›künstlerische Rekonstruktion‹ einer Zeit, in die sie den Besucher zurückversetzen sollen. Die Wandbekleidungen zeigten Dokumente und Inhalte ausschnitthaft und mit (oder nur durch) Abbildungen. Die Inhalte der Räume waren nicht dazu angelegt, im Detail lesbar zu sein, sondern sollten über die sinnliche Vermittlung durch das Schaffen von Atmosphäre und Kontext funktionieren (Abb. 5, 6, 11, 12, 14 und 16).

Katharina Flügel stellt fest, vermutlich basierend auf Korff, dass Objekte durch Authentizität ihren eigenen Reiz haben und »deshalb verbietet es sich auch, die Verwendung der Dinge ausschließlich unter illustrierendem Aspekt und die museale Ausstellung lediglich als ein Mittel zu sehen, mit dessen Hilfe vergangene Erfahrungen ausgebeutet werden, um unsere eigene Unfähigkeit in der Aneignung von Erfahrungen zu kompensieren. Didaktik ersetzt nicht historischen Sinn.«[38] Doch auch Flügel spricht von Originalen und macht keinen Vorschlag, wie verhindert werden kann, dass Objekte durch den Mangel an Authentizität ihren Reiz verlieren. Die allgemeine Frage, die sich dahinter verbirgt, ist die, ob das Fehlen von Authentizität überhaupt ein Mangel ist und ob dieser ausgeglichen werden muss durch etwas anderes.

Wenn Benjamin in Bezug auf Reproduktionen von Aktualisierbarkeit spricht, dann muss das nicht zwangsläufig etwas Schlechtes sein. Reproduktionen stellen für das Hus-Museum eine große Chance dar, vielleicht sogar seine einzige. Sie müssen gewissermaßen einen neuen Reiz schaffen, der nicht auf ihrer Echtheit beruht, um in den Dialog mit den Besuchern zu treten. Dabei können gerade Aspekte wie die Unterdrückung haptischer Reize nach dem Motto ›anfassen erlaubt‹ sinnvoll umgangen werden. Im Hus-Museum vor der Umstrukturierung entstand durch die abstrahierende Inszenierung und ihre Dominanz über die Inhalte gewissermaßen ein Über-Reiz der Sinneseindrücke. Die Ausstellungsarchitektur sollte ›für sich sprechen‹, tat dies aber kaum und wurde letztlich nur durch den Begleittext auf Informationstafeln oder in der Broschüre ›lesbar‹. Die geschaffene Atmosphäre erinnerte dabei weniger an das auslaufende Mittelalter, sondern konnte vielmehr einen gewissen ›Charme‹ der 1980er Jahre nicht abschütteln.

Vor dem Hintergrund der Ausführungen zum Hus-Haus und Hus-Museum drängt sich die Frage auf, ob das eigentliche Objekt des Museums nicht das Haus selbst ist. In seiner Funktion als Hus-Herberge kann es genau den Effekt bei Besuchern erreichen, den Korff beschreibt: Faszination durch Authentizität. Man kann so die Dauerausstellung vor 2014 mit ihren Exponaten als eine Inszenierung des Hauses selbst betrachten. Natürlich wird dieser Gedanke sofort dekonstruiert, sobald sich herausstellt, dass es sich bei der Nummer 64 um ein Handwerkshaus handelt, das mit Hus in keinerlei Zusammenhang steht.

DAS IDEALE HISTORISCHE MUSEUM

Wie komplex die Darstellung von Geschichte in Museen ist, arbeitet Karl Heinrich Pohl in seinem Aufsatz *Wann ist ein Museum ›historisch korrekt‹?*[39] heraus. Was genau man unter ›Geschichte‹ versteht und wie sie präsentiert werden kann und muss, führt Pohl überblickend und allgemeingültig aus. Sein Ausgangspunkt ist die Tendenz, dass in historischen Museen die geschichtswissenschaftliche Seite oft von der Didaktisierung überlagert wird. Trotzdem sieht er die Vermittlung als wesentliche Funktion der Museen, die vor allem eine gesellschaftliche sei, wobei Museen der allgemeinen Unterhaltung dienen. Der Kontakt mit einer möglichst breiten Öffentlichkeit sei erforderlich. Aus diesem Hintergrund und aus der Perspektive der Geschichtswissenschaft ergeben sich für Pohl mehrere Konsequenzen.[40]

In der Präsentation von Geschichte müssen – so Pohl – die Arbeitsweisen und Methoden der Geschichtswissenschaft eingehalten werden. Eine breite Öffentlichkeit als

Adressat dürfe nicht bedeuten, dass die Wissenschaftlichkeit darunter leide. Trotzdem bleibe Geschichte eine Gesellschaftswissenschaft, d. h. die Zielsetzungen und Themen würden von einer gegenwärtigen Beurteilung und den individuellen Hoffnungen mitbestimmt, die die Gesellschaft an sie richte. Daraus folge, dass die Darstellung von Geschichte immer subjektiven Faktoren unterliege und somit immer auch ein Konstrukt sei. Die überlieferten Quellen dienen nach Pohl bei der Präsentation dieses Konstrukts als eine Art Kontrollelement: »Gegen sie oder gar durch Manipulation können und dürfen keine Aussagen über die Vergangenheit gemacht werden.«[41] Pohl hebt diesen Aspekt hervor, weil seiner Meinung nach die Präsentation von Quellen in Museen und in Ausstellungen eine besonders suggestive Wirkung entwickeln kann. Berücksichtige man diese Aspekte, ergebe sich eine Art ideale Auseinandersetzung mit Geschichte. Sie könne »im Idealfall der Gesellschaft eine kritische Auseinandersetzung mit ihrer Vergangenheit ermöglichen, ihr zu Schärfung kritischer Rationalität verhelfen [und] (möglicherweise) eine unreflektierte Identifikation mit bestehenden Zuständen verhindern.«[42] Daraus ergebe sich die Notwendigkeit einer Multiperspektivität, d. h., dass es nicht zur Verherrlichung einer Perspektive kommen dürfe, keine Heroisierung der ›Sieger‹ und Vernachlässigung der ›Verlierer‹ präsentiert werde, die sich aus der Subjektivität ergeben könnte. Trotzdem dürfe ein historisches Museum seinen Beitrag zu einer Diskussion leisten und dabei auch einen Standpunkt einnehmen. Dies müsse aber kritisch reflektierbar sein. Man dürfe, so führt Pohl aus, sich der Geschichte nicht bedienen und sie so biegen, dass der eigene Standpunkt gestärkt werde.[43]

Zusammenfassend lässt sich für die Darstellung von Geschichte im Museum bei Pohl sagen, dass nichts jemals zweckfrei ist oder auch zufällig, weswegen das subjektiv gefärbte Konstrukt, das präsentiert wird, als solches erkennbar und offen gelegt sein muss. Es gibt bekanntlich nicht die ›eine historische Wahrheit‹, sondern immer mehrere, manchmal konkurrierende historische Darstellungen, die ebenso präsentiert werden müssen und keine Beliebigkeit im Zugriff erlauben.[44] Zum Schluss räumt Pohl ein:

> Richtig ist allerdings, dass es sich bei den hier gemachten Vorschlägen um eher idealtypische Vorstellungen handelt, deren Umsetzung in die Realität immer nur sehr partiell erfolgen kann und soll, abhängig von den jeweiligen Möglichkeiten und dem Publikum. Wichtig scheint jedoch, dass die grundsätzlichen Intentionen der Geschichtswissenschaft den Museums- und Ausstellungsmachern bekannt und bewusst sind, so dass sie bereits bei der Planung (mit) berücksichtigt werden können. Es soll also nicht darum gehen, ein ›geschichtsdidaktisches‹ Museum zu erstellen, das die Besucher meiden, sondern darum, Elementen der fachwissenschaftlichen und fachdidaktischen Diskussion einen gebührenden Platz in der Museumslandschaft einzuräumen.[45]

Es ist also vor allem die Multiperspektivität, die im Diskurs zur Darstellung von Geschichte immer wieder hervorgehoben wird. Te Heesen beschreibt das Museum als Deutungsort, mit individuellen Zugängen zur Geschichte, die deshalb auch plurale Zugänge und verschiedene Perspektiven fordern.[46] Auch Michael Fehr definiert das Museum eben nicht als Speicher, sondern als eine Form des Gedächtnisses, die als solche zu reflektieren sei. Es lenke Aufmerksamkeit auf bestimmte Aspekte, sammele dafür Gegenstände, die dem Museum eine individuelle Struktur gäben.[47]

Im Hinblick auf die Figur Hus bleibt festzuhalten, dass dieser in seiner Rolle als Reformator, Theologe, tschechischer Nationalheld und Märtyrer thematisiert wurde und insofern durchaus eine Form der Multiperspektivität gegeben war. Trotzdem bleibt die Sicht eine positivierende und heroisierende.

DER UMGANG MIT ÜBERLIEFERTEN QUELLEN

Das Hus-Museum bediente sich vor 2014 verschiedener Quellen, die es in Form von Kopien und Fotografien ausschnitthaft ausstellte. Dabei handelte es sich um Urkunden, Traktate, Chroniken und Bilderschriften. Vor allem die letzten beiden nahmen eine wichtige Funktion ein. Für die Darstellung von Geschichte und für die Verwendung von Chroniken in historischen Museen allgemein, sollte die Gattungsspezifik einbezogen werden. Chroniken sind niemals objektiv und entstanden natürlich aus einer ganz anderen Motivation heraus, als es die Geschichtsschreibung heute tut.[48] Die Quellenlage im Mittelalter ist zudem bekanntlich eine besondere und wird wegen komplexer Konservierungsbedingungen, seltenem Vorkommen, sprachlicher Hürden etc. gerne als ›schwierig‹ kommentiert. In Bezug auf die Rezeption von Hus nimmt sie eine wichtige Rolle ein und verdient hervorgehoben zu werden.

Veranschaulichen lässt sich dies anhand des ›Höhepunktes‹ der Reform-Geschichte des Magister Hus, seinem Märtyrertod auf dem Scheiterhaufen in Konstanz. Die Darstellung im Museum vor seiner Umstrukturierung bestand aus einer Abbildung, die fälschlicherweise als Teil der Richental-Chronik ausgegeben wurde, tatsächlich aber dem Jenaer Kodex entstammt. Der Jenaer Kodex heißt ursprünglich *Antithesis Christi et Antichristi* und erhielt seinen heutigen Namen erst 1951, als DDR-Präsident Wilhelm Pieck den Kodex als Versöhnungsgeste in sein Herkunftsland, die damalige Tschechoslowakei, zurückbrachte. Der Kodex entstand in den Jahren 1490 bis 1510, also lange nach der Hinrichtung Hus' im Juli 1415. Man nennt den Jenaer Kodex heute auch etwas polemisch eine ›Hussitenbibel‹, denn er vereint die verschiedenen Auslegungen des hussitischen Glaubens und dessen Manifeste. In seiner Eigenschaft als ›Hussitenbibel‹ verwundert es nicht weiter, dass sich in Bildern und Texten des Werks die Verehrung des Märtyrers Hus widerspiegelt, schließlich beruft sich die Hussitenrevolution auf ihn. Der Jenaer Kodex wurde vermutlich von Bohuslav von Čechtice in Auftrag gegeben, der ein überzeugter Anhänger der hussitischen Kirche war.[49] Der Text im Museum erklärte zum Ausstellungsmoment des Flammentodes:

> An die vermutete Exekutionsstelle in der heutigen Straße Alten Graben erinnert ein Gedenkstein an das von Ulrich von Richental festgehaltene Ereignis. Die Komposition in diesem Raum benutzt dessen Text sowie Abbildung des brennenden Scheiterhaufens.[50]

Die attributive Verwendung des Genitivs ›dessen‹ wies darauf hin, die Abbildung stamme aus der Richental-Chronik. Ein Blick in dieselbe und ein Vergleich mit dem Jenaer Kodex belegt genauso eindeutig, dass es sich um die Darstellung aus Letzterem handelte. Die Abbildung von Hus auf dem Scheiterhaufen zeigt in den jeweiligen Quellen eklatante Unterschiede: Richental stellt den Märtyrer auf mehreren Bildern dar und bezieht dessen Entkleidung als Ritual der Degradation ein, bevor er ihn im simplen schwarzen Gewand von Flammen umzüngelt abbildet. Zwei Männer mit Heugabeln scheinen das Feuer anzufachen, vielleicht Hus zu drangsalieren. Ihre Gesichtsausdrücke sind einmal grimmig und einmal freudig-aufgeregt. Ein Zuschauer freut sich, ein zusätzlicher, gesichtsloser Wächter mit Beil bewacht die Szene. In der Zuschauergruppe in der linken Bildhälfte befindet sich ein einfach gekleideter Mann, wohl ein Freund Hus', mit traurigem Blick und erhobenem Finger. Hus hat den Mund weit offen (vielleicht schreit er), die Augenbrauen hochgezogen und blickt ängstlich nach links – zu seinem Freund oder vielleicht auch zum Wächter. Alles in allem handelt es sich um die bewegte Darstellung einer dramatischen Szene mit einem verängstigten Hus.

Im Jenaer Kodex wird Hus in einem weitaus prächtigeren Gewand gezeigt, weiß und mit Ornamenten an Gürtel und Kragen verziert. Zuschauer umrunden die Szene, der Kleidung nach zu urteilen die Wohlhabenden rechts, die einfachen Leute links. Sie alle schauen argwöhnisch, zum Teil andächtig und trauernd auf Hus in den Flammen. Es gibt weder Wächter noch andere Figuren. Hus selbst wirkt selbstbewusst und schaut direkt geradeaus mit ruhigen, gelassenen Gesichtszügen. Im Jenaer Kodex ist die Darstellung in knalligen Farben koloriert, der Hintergrund ist mit rankenden Ornamenten verziert. Die ganze Darstellung ist feierlich und ruhig.

Es ist offensichtlich, dass Hus in der zweiten Variante als ehrenvoller Märtyrer stirbt. Die Wahl dieser Abbildung gibt Aufschluss darüber, wie er rezipiert werden soll. Dass die falsche Quelle angegeben wurde, lässt zwei Schlüsse zu: Entweder das Museum wollte verschleiern, dass es sich um die Hus-affine Darstellung aus der ›Hussitenbibel‹ handelt oder es wurde einfach ungenau gearbeitet und recherchiert (Abb. 10 und 13).

Interessant ist, dass im Hus-Museum vor 2014 auch zu keinem Zeitpunkt reflektiert wurde, welchen Standpunkt der Chronist Richental eigentlich einnahm, womit man wieder bei der Subjektivität und der Gattungsfrage angelangt wäre. Die Richental-Chronik ist vor dem Hintergrund der Heroisierung von Hus deshalb eine etwas paradoxe Bezugnahme des Museums, weil Richental allgemeinhin als eher Konzil-affin beschrieben wird. Mit seiner Chronik soll er sogar bewusst die Konzilväter unterstützt haben, indem er zur Diskreditierung des Reformators durch die Verbreitung von Gerüchten beitrug.[51] Wie komplex die Quellenlage in der Causa Hus ist, wird deutlich, wenn der Historiker Thomas Krzenck die beiden Schilderungen des Flammentodes einmal von Landsmann und Freund Peter von Mladoniowitz und dann von Richental zitiert. Krzenck kommentiert:

> Bei Hussens Landsmann Peter geht der Prager Magister heiter, gelassen und voller Gottvertrauen in den Tod! [...] Für Peter von Mladoniowitz war Hus schon ein Heiliger, der Chronist sieht – gerade mit Blick auf die Wortwahl – Parallelen zur Passion Christi. Für Ulrich Richental hingegen starb der gepeinigte Hus schreiend.[52]

Richental schildert zudem nach einer nüchternen Beschreibung der Hinrichtung (»Da begann er gewaltig zu schreien und war bald verbrannt«[53]) noch den Kadavergestank eines längst begrabenen Esels und eine sich öffnende Erde, was auf die Hölle zu beziehen ist.[54] Esel und Pferd seien zudem Symbole der Ketzerei, führt Krzenck aus.[55] Richental bezieht damit deutlich einen contra-hussitischen Standpunkt. Das Hus-Museum bezog sich trotzdem (und fälschlicherweise) auf die Richental-Chronik, um die heroische Seite des Märtyrers zu betonen.

DIE DARSTELLUNG VON GESCHICHTE IM TEXT

Die Begleitbroschüre und die ausgestellten Informationstafeln waren im Hus-Museum die wesentlichen Wissens- und Inhaltsvermittler, weshalb sie besondere Aufmerksamkeit verdienen. Die Texte waren fast identisch, wobei die in den Räumen ausgestellte Version im Vergleich zur Broschüre in Teilen gekürzt wurde. Die Einseitigkeit der Texte ist jedoch auch ohne eine geschichtswissenschaftliche Analyse der Historie belegbar. Als Beispiel soll noch einmal die Schilderung der Hinrichtung von Hus dienen. Hier wird ein überzeugter und niemals zögernder Hus beschrieben, der sich weigerte, dem Konzil stattzugeben und freiwillig für seinen Glauben in den Tod ging.[56] Unter Berufung auf die überlieferten Briefe Hus' beschreibt Krzenck dessen Angst und Mutlosigkeit, die dort immer wieder offenkundig werden. Auch die Furcht vor dem Tod wird deutlich.[57] Hus' Gefühle zu seinem bevorstehenden Märtyrertod herzuleiten, wäre spekulativ, auch wenn die Quellenlage dazu spannend ist. Es gibt in jedem Fall Grund, eine ›eiserne‹ Einstellung zu relativieren[58] und die Komplexität mittelalterlicher Quellen zumindest zu reflektieren.

Die Texte funktionierten wie eine Art Dekodierungshilfe der abstrakten Ausstellung, aber leisteten dies nur sehr vage. So wurden beispielsweise einzelne Vitrinen im ersten Raum der alten Ausstellung erklärt, die Nummerierung war dabei aber nicht eindeutig. Die Benennung der historischen Quellen, deren Fotokopien in die Vitrinen gelegt wurden, half nicht bei der Zuordnung, die ein Ratespiel bleiben musste (zumal es sich hier u. a. um Kopien von lateinischen Handschriften handelte). Die grundsätzlich fehlenden Beschriftungen der Exponate und Bilder führten zu einer gewissen »rezeptionellen Beliebigkeit«[59]. Historische Zusammenhänge waren stark verkürzt, was im Ausstellungskontext zunächst nicht ungewöhnlich ist. Es wird aber deutlich, dass der Anspruch des Museums beispielsweise die Hussitenkriege mit abzudecken, schlicht zu hoch war; der kurze Text wurde der Komplexität der Sache nicht gerecht (Abb. 4).

Ein Vergleich der Broschüre mit dem Ausstellungstext zeigt[60], dass immer wieder kleinere Halbsätze weggelassen wurden, die aber großen Einfluss auf die Textaussagen nahmen (zu Gunsten der Einhaltung von zwei Seiten). So wurde der kleine, aber für das Schicksal von Hus extrem wichtige Halbsatz ausgelassen, dass ihm König Sigismund in seinem Geleitbrief auch sichere Rückkehr aus Konstanz versprach.[61] Krzenck führt den Diskurs zur Rolle Sigismunds und des entsprechenden Geleitbriefes aus und macht deutlich, wie wichtig dieser für Hus' Überleben war bzw. inwiefern er zu dessen Flammentod beitrug.[62]

Allgemein lässt sich feststellen, dass wichtige Aspekte der Causa Hus zwar teilweise genannt, aber nicht weiter erklärt wurden. Wer ist beispielsweise John Wyclif und was genau hat er mit Hus zu tun?[63] Was steht in dem Traktat *De Ecclesia*?[64] Immer wieder wurden Namen genannt und Begriffe aufgeworfen, die nicht weiter ausgeführt oder definiert wurden. Der Text vermittelte seine Inhalte also sehr verkürzt.

Abb. 2: Blick in den ersten Raum der Dauerausstellung vor der Umstrukturierung mit einer Marienstatue als Beispiel für mittelalterliche Kunst.

Abb. 3: Blick in den ersten Raum der Dauerausstellung vor der Umstrukturierung mit einer Wandbekleidung aus Glas und Abbildungen von Karl IV. sowie Prager Universitätsdokumenten an der Rückseite. Mittig ist hier auch ein Trinkglas als originales Objekt vor einer Abbildung aus Schedels Weltchronik zu sehen.

Abb. 4: Blick in den ersten Raum der Dauerausstellung vor der Umstrukturierung mit Blick auf die vierseitige Holzvitrine in der Mitte des Raumes, hier rückseitig nicht zu sehen eine Kopie der Postille in der Mitte.

Ein bestimmter Sprachduktus führte außerdem noch zu einer starken Perspektivierung zu Gunsten von Hus und den Hussiten. Da war die Rede von »außergewöhnlicher Berühmtheit«[65] oder dem »beliebten Prediger«[66] (zu diesem frühen Zeitpunkt der Geschichte Hus' reine Spekulation). Im Gegensatz dazu stand ein Konzil, das »die Ausrottung der Irrlehren mit Feuer und Schwert«[67] forderte. Weiterhin gab es »vorzügliche [hussitische] Heerführer«[68] und »hervorragende tschechische Historiker«[69]. Formulierungen dieser Art zogen sich durch den Text und markierten einen blumigen Sprachduktus, immer wieder von tschechisch perspektiviertem Pathos überlagert.[70]

Zuletzt ist eine gewisse Ungenauigkeit festzustellen, die auch damit zusammenhängt, dass sehr große Zeitspannen mit komplexen Sachverhalten in zwei oder drei Sätzen dargestellt wurden. In Bezug auf das Hus-Haus hieß es:

> Das Hus-Museum des tschechischen Reformdenkers [...] befindet sich in einem Haus, das schon jahrhundertelang mit der Überlieferung verbunden ist, dass Magister Johannes Hus hier seine letzten Lebenstage in Freiheit (3.–28.11.1414) erlebte. Er soll hier gemeinsam mit seiner Begleitung bei einer Witwe namens Fida Pfisterin untergebracht gewesen sein. Obwohl der Lokalhistoriker Gernot Blechner die Identifizierung dieses Hauses, das vom Konzilchronikschreiber Ulrich von Richental erwähnt wird, 1983 auf Grund seiner Forschungen in der Konstanzer Topographie in Frage stellte und es mit dem heutigen Haus Nr. 22 in derselben

Abb. 5: An ein Mosaik erinnernde Wandcollage aus Abbildungen und Texttraktaten im zweiten Raum der Dauerausstellung vor der Umstrukturierung. Darunter die Stadtdarstellung von Konstanz aus Schedels Weltchronik und ein vergrößerter Ausschnitt aus dem Geleitbrief von König Sigismund für Jan Hus.

Abb. 6: Beispiel für die Umsetzung von künstlerischer Rekonstruktion im zweiten Raum der Dauerausstellung vor der Umstrukturierung. Hier wurde die zwei Jahre andauernde Zeit (1412–1414) von Hus auf dem Land behandelt, wo er unter Androhung des Interdikts Zuflucht suchte. Holz soll den ländlichen Charakter unterstreichen. Die Abbildungen stammen soweit zuordbar u. a. aus dem Jenaer Kodex und dem Gesangbuch Sedlčany.

Abb. 7: Der mittelalterliche Holzstuhl im zweiten Raum der Dauerausstellung vor der Umstrukturierung als einziges dreidimensionales Objekt im Raum.

Straße gleichsetzte, bleibt das Haus in der Hussenstraße 64 ein von vielen Tschechen sowie interessierten Touristen aus anderen europäischen Ländern und aus Übersee viel besuchter Ort.[71]

An keiner Stelle wurde erwähnt, dass Blechner tatsächlich Recht hatte und wieder diente Richental der Legitimation. Im Anschluss an dieses Zitat wurde die Funktion des Museumsgebäudes beschrieben und mit keinem Wort mehr erwähnt, dass es sich nicht um das ›echte‹ Hus-Haus handelt. Das Museum verliert seinen wichtigsten Aspekt, wenn die Eigenschaft des Hauses als Zeitzeuge nicht zutrifft, vor allem vor dem Hintergrund der hier aufgestellten Hypothese, dass das eigentliche Objekt des Museums das Haus selbst ist.

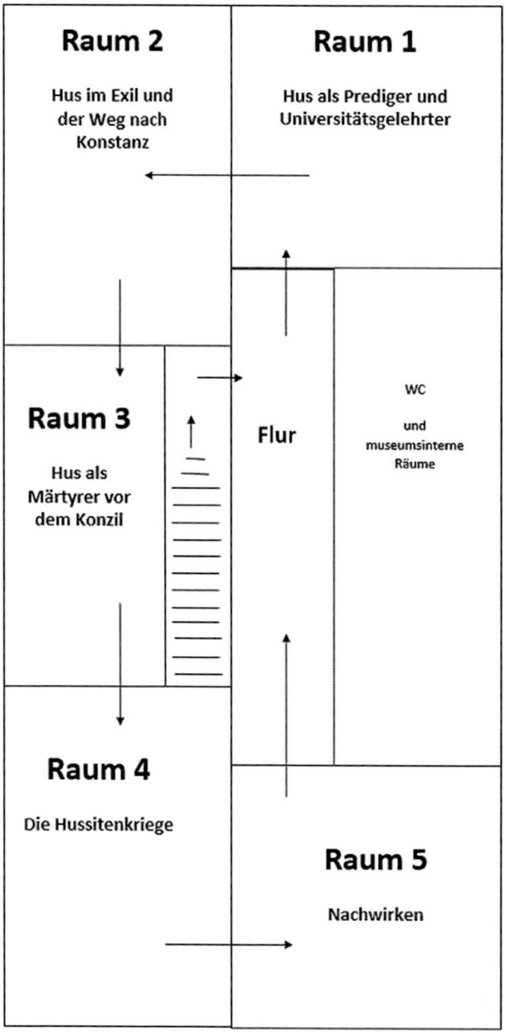

Abb. 8: Übersichtsskizze zur ersten Etage des Hus-Museums vor der Umstrukturierung in 2014.

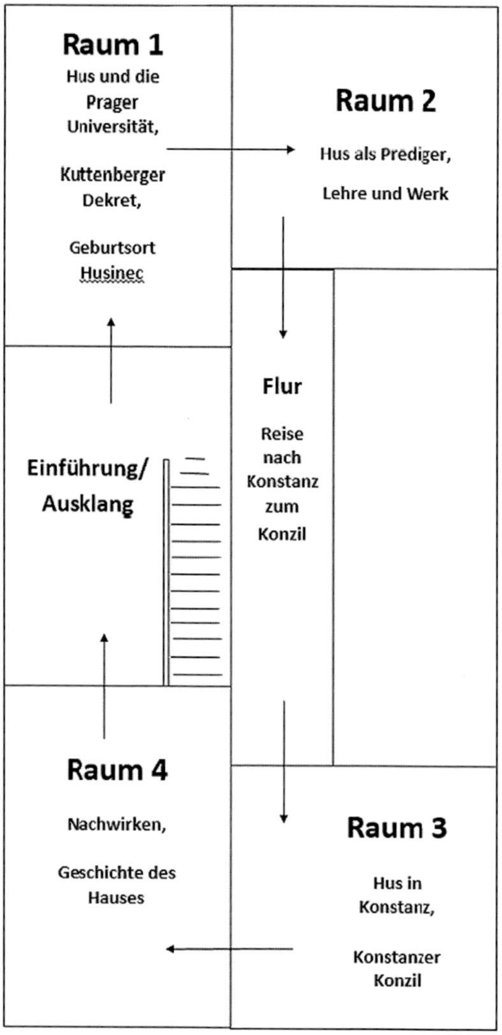

Abb. 9: Übersichtsskizze zur ersten Etage des Hus-Museums nach der Umstrukturierung in 2014.

REPRODUKTIONEN ALS KONZEPT: ›ANFASSEN ERLAUBT‹ – DAS HUS-MUSEUM NACH DER UMSTRUKTURIERUNG

Die starke ideologische Überhöhung des tschechischen Nationalhelden wurde 2014 relativiert und dem Anspruch an ein historisches Museum angepasst. Das Hus-Museum, das sich zudem der Problematik um die Authentizität des Hauses und den Mangel an originären Objekten durchaus bewusst war, erkannte die Chance von Reproduktionen, nutzte sie dieses Mal jedoch nicht als Mittel zur Mystifizierung und Heroisierung der Figur Hus, sondern als interaktiv agierende Geschichtenerzähler.

Abb. 10: Die Visualisierung des Märtyrertodes von Jan Hus im dritten Raum der Dauerausstellung vor der Umstrukturierung unter Verwendung von Jan Hus auf dem Scheiterhaufen im Jenaer Kodex, dazu der Stein, an den Jan Hus gefesselt gewesen sein soll.

Das ›neue‹ Hus-Museum hat die Wandbekleidungen durch thematische Zahlenstrahle ersetzt. Sämtliche Beispiele der bildenden Kunst wurden entfernt. Anstatt dunkler, vollgestellter Räume bewegt man sich nun durch einen geräumigen Parcours, der, nach einem Einstieg zur Person Hus, den Universitätsgelehrten vorstellt und Böhmen in der Thematik des abendländischen Schismas verortet (1. Raum). Im zweiten Raum wird das Werk von Hus als Prediger ausgestellt sowie seine Lehre, bevor der Besucher durch den Flur den Weg mit Hus von Böhmen nach Konstanz geht. Dort angekommen (4. Raum) ist schließlich Hus vor dem Konstanzer Konzil das Thema und der letzte Raum widmet sich der Rezeption des Reformators und Märtyrers sowie erfreulicherweise auch der Geschichte des ›Hus-Hauses‹. Dass nun ein Schwerpunkt auch auf der Verknüpfung von

Hus und dem Konstanzer Konzil liegt, ist in Anbetracht der Lage des Hauses in Konstanz sinnvoll und eigentlich auch unumgänglich (Abb. 8 und 9).

Da sich die Objektlage nicht verändert hat, beruht das neue Ausstellungskonzept wieder auf Kopien und Reproduktionen, diesmal wird das aber weder verschleiert noch durch ›künstlerische‹ Abstrahierung vermeintlich kompensiert. So ersetzt zum Beispiel ein Modell der Bethlehemskirche die verblasste Abbildung des Gebäudes in der alten Ausstellung. Die Räume präsentieren sich nun als Ausstellungsräume und rufen das Dispositiv eines interaktiven Lernortes auf. Entdecken, Aufklappen und Erforschen sind nun Grundprinzipien und erinnern an Leitstrategien in Technoramen und Science Centern.[72] Umgesetzt wird dies mittels grauer Vitrinen, die an Bausteine erinnern. Sie sind beschriftet mit Informationen zur jeweiligen Thematik und zeigen mal belichtete Abbildungen oder Exponate, mal enthalten sie herausziehbare Platten, Gucklöcher oder andere Formen interaktiver Quellen- und Inhaltspräsentation. Diese thematischen ›Bausteine‹ stehen als solche deutlich erkennbar im Raum verteilt und unterstreichen den Umstand, dass für die Darstellung der Causa Hus im Museum eine Auswahl getroffen wurde. Kein Museum kann und will den Anspruch der lückenlosen Vollständigkeit erfüllen, was mit Pohl argumentiert kenntlich zu machen ist. Ebenfalls zu erwähnen ist der Touchscreen im vierten Raum, der die haptischen Wahrnehmungsprozesse weiter unterstützen und

Abb. 11: Die linke Seite (in Gehrichtung) des dritten Raums vor der Umstrukturierung mit einer an ein großes gewelltes Banner erinnernden Ausschmückung, in der Mitte ein mit Schmucksteinen besetztes Metallemblem und einem Zitat von Jean Gerson: »Gegen diesen Irrglauben sollte sich die gesamte geistliche sowie weltliche Macht erheben und ihn mit Feuer und Schwert denn mit Überzeugung ausrotten«. Davor Abbildungen aus der Richental-Chronik. Im Hintergrund rechts: Die Darstellung des Märtyrertodes von Hieronymus von Prag.

Abb. 15: Baumstumpf im vierten Raum mit darauf drapierter Karte zu den Erfolgen der Hussitenkrieger (frontaler Blick in den Raum).

Abb. 16: Die rechte Seite des vierten Raums mit Lederimitaten und einer Visualisierung der vier Prager Artikel.

Radiobeitrag von Jakub Siska[82] beschreibt der Historiker Martin Chadima, wie die Idee, dieses Geburtshaus von Hus in ein Denkmal zu verwandeln, mit den politischen Gegebenheiten im 19. Jahrhundert in Tschechien zusammenhing.[83] Die allmähliche Entwicklung eines nationalen Patriotismus lockte Patrioten wie Theologen nach Husinec und anlässlich des 500. Geburtstags von Hus zählte man fast 60 000 Besucher oder besser Pilger.[84] Die Feierlichkeiten zu diesem Jahrestag waren die ersten offiziellen dieser Art und markieren die Geburtsstunde von Hus als tschechischem Nationalhelden. Krzenck beschreibt ausführlich wie der Reformator seit diesem Moment als Identifikations- und Symbolfigur in immer wieder variierenden (politischen) Kontexten dienen musste. Diese sind eng im Zusammenhang mit der allmählichen nationalen Emanzipation zu sehen und Hus' Märtyrertod hatte längst religiöse Dimensionen verlassen, als 1948 die marxistisch-leninistische Ideologie Hus für ihre Sache auslegte und benutzte. »Der historische Hus diente ahistorisch als Argumentationsfigur für die aktuellen ideologischen Bedürfnisse der neuen Machthaber, die sich nicht scheuten, Hus als Schöpfer eines ideologisch-sozialen Programms der hussitischen Kämpfer zu interpretieren, auch um die eigene Macht zu legitimieren.«[85] Erst mit dem Abdanken der sozialistischen Regierung 1989 entstand ein zunehmend offeneres und weniger einseitiges Bild von Hus und der Hussitenrevolution, und der Weg wurde frei für eine objektive Geschichtsschreibung.

Unter der Überschrift *Das zweite Leben des Johannes Hus* werden im letzten Raum der aktuellen Ausstellung im Hus-Museum verschiedene Sichten auf den Märtyrer zusammengefasst. Hus wird als »Glaubensmärtyrer«, »verhasster Ketzer« und Reformator benannt; zudem liest man über den Einfluss seines Vermächtnisses im Kontext des »deutschen Protestantismus« und des »aufgeklärten sozialrevolutionären Protestantismus« im 18. Jahrhundert; Hus wird auch als »Symbol der nationalen Emanzipation« im 19. Jahrhundert in Tschechien beschrieben, als »tschechischer Chauvinist« aus der Sicht der Nationalsozialisten oder als »Sozialrevolutionär« im Zusammenhang mit kommunistischer Ideologie. Diese Auflistung macht letztlich deutlich, was immer wieder Ausgangspunkt dieser Ausführungen war: die polarisierte und widersprüchliche Wahrnehmung der Figur Hus, verdient große Aufmerksamkeit im Ausstellungskontext – das schließt auch seine Verehrung durch Pilgerfahrten ein. Im Hus-Museum nach 2014 wird dies zumindest angesprochen.

Die an dieser Stelle zugegeben sehr verkürztte Darstellung der Position von Jan Hus im kollektiven Gedächtnis der Tschechen ist für diese Untersuchung des Hus-Museums ausgesprochen wichtig, weil sie den Entstehungskontext des Museums näher definiert und gleichzeitig nachvollzieht, welche Rolle Hus vor allem in der Erinnerung der älteren Generation Tschechiens einnimmt. Das Hus-Haus in Husinec war vor der politischen Wende sogar für Schulklassen und Betriebe verpflichtend zu besuchen.[86] Das ›Pilgern‹ wurde so förmlich erzwungen und instrumentalisiert.

Für das Hus-Museum bleibt die äußerst unliebsame Tatsache festzuhalten, dass es sich um einen unauthentischen Gedenkort handelt, weil es eben nicht das ›echte‹ Hus-

Haus ist. Interessant ist, dass die normative Kraft die gleiche bleiben kann, wenn ein Ort entsprechend funktionalisiert wurde oder die Wahrheit nicht eindeutig offengelegt wird. Der Ort ist bereits übergegangen in das kollektive Gedächtnis und funktioniert so identitätsstiftend – aus religiöser wie nationaler Perspektive gleichermaßen.[87]

Einen Gedenkort zur Verehrung des tschechischen Nationalhelden zu schaffen, ist durchaus zulässig, doch darf diese subjektive Wahrnehmung nicht als Tatsache oder objektive Geschichtsschreibung präsentiert werden. Das Hus-Museum nimmt in der Region eine wichtige Rolle für die Vermittlung von Geschichte ein, denn schließlich hat die Causa Hus auch einen großen Stellenwert im kollektiven Gedächtnis der Konstanzer. Insofern muss das Hus-Museum seinem Auftrag als Vermittler von Geschichte nachkommen. Es kann eben nicht nur ›Pilgerort‹ sein und wenn doch, dann zumindest auch ›nur‹ diesen Anspruch erheben und sich so kennzeichnen. Interessant ist, dass sich die aktuelle Ausstellung im Hus-Museum um die Annäherung an geschichtswissenschaftliche Ansprüche bemüht, aber seine Eigendefinition auf der Website relativiert hat. Hier ist nun nicht mehr die Rede von einer Dokumentation über »das Leben und Wirken von Jan Hus und die nachfolgende hussitische Epoche«[88]. Heute steht dort: »Das Hus-Haus ist seit über 200 Jahren in Konstanz Zentrum der Verehrung des tschechischen Gelehrten und Reformators Johannes Hus.«[89].

(K)EIN METAMUSEUM

An einer Wand im letzten Raum des heutigen Hus-Museums befindet sich eine Art Text- und Bildergalerie. Hier wird schließlich auch beschrieben, dass das Hus-Haus nicht als Hus-Herberge gedient hat und auch die Pilgergeschichte wird erwähnt. Doch könnte man hier noch viel weiter gehen.

Mieke Bal prägte mit ihren Ausführungen in *Sagen, Zeigen, Prahlen*[90] den Begriff des Metamuseums. Gemeint ist damit ein Museum mit doppelter Funktion. Bal schreibt:

> Nach meiner These verlangt die doppelte Funktion des Museums als Ausstellung seines eigenen Status und der eigenen Geschichte (Metafunktion) sowie als Ausstellung seiner bleibenden kognitiven, pädagogischen Berufung (Objektfunktion), daß dieses kritische und historische Bewußtsein absorbiert wird und *in die Ausstellung* eindringt.[91]

Den eigenen Status und die eigene Geschichte zu reflektieren, bedeutet bei Bal auch die eigene ideologische Funktion als Museum mitzudenken und vor allem auch auszustellen. Im Falle der Causa Hus wäre die Metafunktion des Hus-Museums kenntlich zu machen, welche Rolle das Museum in der Rezeptionsgeschichte selbst spielt und inwiefern es Einfluss auf die Hus-Ideologie genommen hat.

Das Hus-Museum beruhte einst auf der Annahme, Hus selbst habe in genau diesem Haus seine Herberge gefunden, als er im November 1414 nach Konstanz kam. Damit wurde das Haus zum authentischen Ort mit einer Aura, die man dann nach 1983 versuchte aufrechtzuerhalten, indem man Blechners Erkenntnisse mehr oder weniger ignorierte. Die Annahme, das eigentliche Ausstellungsstück des Museums sei das Haus selbst gewesen, wurde oben bereits dekonstruiert mit dem Argument, dass das Haus nun einmal nicht authentisch sei. Dann hätte man nun nach der Umstrukturierung lediglich den Ort bewahrt, die Geschichte des Hauses kenntlich gemacht und darin eine interaktive und für junge Besucher ansprechende Lernstätte geschaffen. Spannend ist nun aber, dass das Hus-Museum selbst Teil hussitischer Ideologie geworden ist und durch seine eigene Funktion nun doch so etwas wie einen Objekt-Status gewinnt. Es wäre eine Möglichkeit gewesen, Teile der alten Ausstellung zu erhalten, mit Abbildungen zu dokumentieren und in diesem letzten Raum zu thematisieren, um der Metafunktion nach Bal nachzukommen. Das Hus-Museum nach 2014 wirkt ›aufgeräumt‹ und sein eigener Anteil in der Rezeptionsgeschichte geht verloren. Die Umstrukturierung des Museums war dennoch ein nötiger Schritt und der eingeschlagene Weg spiegelt – im Rahmen seiner Möglichkeiten – aktuelle Forderungen an geschichtswissenschaftliche Didaktik wieder. Es bleibt abzuwarten, inwiefern der Ausstellungsort zu einer dynamischen Begegnungs- und Diskussionsplattform werden wird, die über eine Dauerausstellung als reines Andenken an den tschechischen Märtyrer hinausgeht.

Anschrift der Verfasserin:
Daniela Leykam B.A., Deutschherrnufer 28, D–60594 Frankfurt am Main
Daniela.Leykam@uni-konstanz.de

BILDNACHWEIS

Alle Fotos sind von der Ausstellungsinszenierung vor 2014 und wurden mit freundlicher Genehmigung der Hus-Museum-Gesellschaft von Daniela Leykam im Rahmen der Bachelorarbeit »Das Hus-Museum Konstanz. Analyse und Kritik« aufgenommen. Die beiden Übersichtsskizzen wurden zur Orientierung erstellt und sind keine maßstabsgetreuen Darstellungen.

ANMERKUNGEN

1 Jan Hus ist auch unter dem Namen Johannes Hus bekannt, wobei Letzterer der deutschen Version des tschechischen Namens ›Jan‹ entspricht. Beide Varianten sind gängig.

2 Vgl. Das Konziljubiläum im Internet, Url: http://www.konstanzer-konzil.de/de/ausblick/themenjahre; zuletzt aufgerufen am 17.12.2014.

3 Boubín, J./Zilynská, B: Hus-Museum in Konstanz, ohne Jahr, o.p., S. 1–3. Diese Broschüre ist im aktuellen Museum nicht mehr erhältlich. Sie ist aber im Anhang der Bachelorarbeit »Das Hus-Museum Konstanz. Analyse und Kritik« einsehbar, die als Ausgangspunkt für diesen Aufatz dient.

4 Bei Gernot Blechner ist allerdings die Rede von 1923; Vgl. BLECHNER, Gernot: Warum das »Hus-Haus« beim Schnetztor? Ein Erklärungsversuch, in: Delphin-Kreis [Hrsg.]: Geschichte und Geschichten... aus Konstanz und von den Schweizer Nachbarn, (Konstanzer Beiträge zu Geschichte und Gegenwart, Bd. 4) Konstanz 1995, S. 138–143. Aus der Broschüre des Hus-Museums wird aber nicht klar erkenntlich, wann genau der Verkauf stattgefunden hat. Hier steht lediglich: »Die Idee konnte 1922 verwirklicht werden, nachdem das Haus von einem Konsortium tschechischer Banken käuflich erworben und mit der Zustimmung des Tschechischen Nationalrates in den Besitz der Hus-Museum-Gesellschaft mit Sitz in Prag übergeben worden war.«, in: BOUBÍN/ZILYNSKÁ, S. 2.

5 Vgl. BOUBÍN/ZILYNSKÁ, S. 2 f.

6 Leider gibt es keine genauen Zahlen oder Statistiken zu den einzelnen Besuchergruppen im Hus-Museum. Auf Nachfrage wurde 2013 aber bestätigt, dass es sich im Wesentlichen um die genannten Gruppen handele. Es wäre natürlich interessant, eine genaue Prozentzahl zu ermitteln, die Aufschluss darüber gibt, welche Funktion des Museums überwiegt: Pilgerort oder historisches Museum.

7 BOUBÍN/ZILYNSKÁ, S. 3.

8 Das Hus-Museum im Internet; Url: http://www.konstanz.de/tourismus/01434/01435/01648/index.html; zuletzt aufgerufen am 18.02.2013.

9 BOUBÍN/ZILYNSKÁ, S. 3.

10 Ebd.

11 Vgl. BLECHNER (wie Anm. 4) S. 143.

12 Vgl. BLECHNER, Gernot: Wo in Konstanz war die Herberge des Jan Hus? Eine Hauslokalisierung anhand zeitgenössischen Quellenmaterials, in: Schrr VG Bodensee 101 (1983) S. 49–71.

13 BLECHNER, Gernot: Auf den Spuren der Fida Pfister. Die ›verschollene‹ Wirtin des Jan Hus bekommt ein Gesicht, in: Delphin-Kreis [Hrsg.]: Geschichte und Geschichten... aus Konstanz und von den Schweizer Nachbarn, (Konstanzer Beiträge zu Geschichte und Gegenwart, Bd. 4) Konstanz 1995, S. 105–121.

14 BLECHNER (wie Anm. 13) S. 105–121, hier: S. 118.

15 TE HEESEN, Anke: Theorien des Museums. Zur Einführung, Hamburg 2012, S. 32 f.

16 TE HEESEN schildert diesen komplexen Entwicklungsprozess sehr anschaulich in: TE HEESEN, 2012.

17 POMIAN, Krzysztof: Der Ursprung des Museums. Vom Sammeln, Berlin 1988.

18 Vgl. TE HEESEN, 2012, S. 157.

19 Ebd., S. 8.

20 TE HEESEN, 2012, S. 175.

21 Vgl. TE HEESEN, 2012, S. 177.

22 Vgl. KORFF, Gottfried/ROTH, Martin: Einleitung, in: KORFF, Gottfried/ROTH, Martin [Hrsg.]: Das historische Museum. Labor, Schaubühne, Identitätsfabrik, Frankfurt/Main 1990, S. 9–16, hier: S. 16.

23 KORFF, Gottfried: Objekt und Information im Widerstreit. Die neue Debatte über das Geschichtsmuseum (1984), in: KORFF, Gottfried: Museumsdinge. Deponieren – Exponieren, Köln/Weimar/Wien 2002, S. 113–125, hier: S. 120–122.

24 Vgl. PADBERG, Martina/SCHMIDT, Martin: Die Magie der Geschichte. Zur Einführung, in: PADBERG, Martina [Hrsg.]: Die Magie der Geschichte. Geschichtskultur und Museum, Bielefeld 2010, S. 14. Das Prinzip Korffs »Dinghafter Zeitzeugen« wird ebenfalls anschaulich erklärt bei te Heesen. Vgl. dazu: TE HEESEN, 2012, S. 179.

25 PADBERG/SCHMIDT, in: PADBERG, 2010, S. 16–18.

26 Es stellt sich die Frage ob Repliken und Nachbildungen der sogenannten Zeitzeugen den gleichen Effekt haben können, vor allem dann, wenn im Museum nicht eindeutig darauf hingewiesen wird, dass es sich um eine Kopie handelt.

27 BENJAMIN, Walter: Das Kunstwerk im Zeitalter seiner technischen Reproduzierbarkeit. Drei Studien zur Kunstsoziologie, Frankfurt am Main 1977.

28 Ebd. S. 11/12.

29 Ebd. S. 13.

30 An dieser Stelle weitet Benjamin den Bezugsrahmen des Prozesses des Aura-Verlusts aus: »Seine Bedeutung weist über den Bereich der Kunst hinaus.«, Ebd.

31 Vgl. BENJAMIN, 1977, S. 13.

32 ASSMANN, Aleida: Geschichte im Gedächtnis. Von der individuellen Erfahrung zur öffentlichen Inszenierung, (Krupp-Vorlesungen zu Politik und Geschichte am Kulturwissenschaftlichen Institut im Wissenschaftszentrum Nordrhein-Westfalen, Bd. 6) München 2007, S. 136.

33 Zur Kritik an Dekontextualisierung von Dingen im Museum, siehe auch: ZACHARIAS, Wolfgang: Zur Einführung. Zeitphänomen Musealisierung, in: ZACHARIAS, Wolfgang [Hrsg.]: Zeitphänomen Musealisierung. Das Verschwinden der Gegenwart und die Konstruktion der Erinnerung, (Edition Hermes. Ästhetik, Kultur & Politik, Bd. 1) Essen 1990, S. 9–30.

34 Erwin Panowsky spricht in diesem Zusammenhang von Kunst als »Symptom« seiner Zeit. Vgl. PANOWSKY, Erwin: Ikonographie und Ikonologie, in: KAEMMERLING, Ekkehard [Hrsg.]: Bildende Kunst als Zeichensystem, Bd. 1, Ikonographie und Ikonologie: Theorien, Entwicklung, Probleme, Köln 1979, S. 205–225, hier: S. 211–222.

35 Ausgesprochen interessant ist in diesem Zusammenhang, dass das Badische Landesmuseum in der großen Landesausstellung *Das Konstanzer Konzil. Weltereignis des Mittelalters* 1414–1418 (27.04.–21.09.2014) seine Ausstellungsnarration mit Meisterwerken und Kunstbeispielen der Zeit um 1400 sogar begann und auch im Verlauf immer wieder darauf zurückgriff. Der Einsatz von Kunst (im Gegensatz zu Objekten) in historischen Ausstellungen ist ohne Zweifel auch abhängig von der auszustellenden Epoche: Im Mittelalter waren Kirche und Kunst streng verzahnt und Religion alltagskonstituierend. Diese Thematik wäre sicherlich eine nähere Untersuchung wert.

36 Auf die Subjektivität der Auswahl des Dargestellten (Hussiten-Erfolge) soll an dieser Stelle nur hingewiesen werden.

37 Die Informationstexte des Museums erklären, dass Leder ein gängiges Material für die Ausstattung der Hussitenkrieger war. Da aber diese Erklärung nötig ist, um die Inszenierung nachzuvollziehen, erweist sich diese Strategie als unbrauchbar für das assoziative Lebendigmachen einer vergangenen Zeit.

38 FLÜGEL, Katharina: Einführung in die Museologie, Darmstadt 2005, S. 141.

39 POHL, Karl Heinrich: Wann ist ein Museum »historisch korrekt«? »Offenes Geschichtsbild«, Kontroversität, Multiperspektivität und »Überwältigungsverbot« als Grundprinzipen musealer Geschichtspräsentation, in: HARTUNG, Olaf [Hrsg.]: Museum und Geschichtskultur. Ästhetik – Politik – Wissenschaft, Bielefeld 2006, S. 273–286.

40 Vgl. ebd., S. 273–275.

41 POHL, in: HARTUNG, 2006, S. 176.

42 Ebd., S. 276/277.

43 Pohl führt diese Äußerungen sehr nachvollziehbar und detailliert, teilweise wiederholend auf allen Seiten des Aufsatzes aus und gibt auch acht konkrete Handlungsanweisungen. Die Punkte sind nachzulesen in: Ebd., 279–284.

44 Vgl. ebd. S. 273–278.

45 Ebd. S. 286.

46 Vgl. TE HEESEN, 2012, S. 173.

47 Vgl. FEHR, Michael: Zur Konstruktion von Geschichte mit dem Museum – fünf Thesen, in: PADBERG, 2010, S. 49.

48 Nachzulesen z. B. in: WIRTH, G./SMITH, K. u. a.: Art. Chronik, in: Lexikon Literatur des Mittelalters. Themen und Gattungen, Bd. 1, Stuttgart/Weimar 2002, S. 106–152.

49 Vgl. MLÁDKOVÁ, Jitka: Kapitel aus der Tschechischen Geschichte – Jenaer Kodex – Exkurs in die Geschichte des mittelalterlichen Kulturjuwels, Czech Radio 7, Radio Prague, 2013; Url: http://www.radio.cz/de/rubrik/geschichte/jenaer-kodex-exkurs-in-die-geschichte-des-mittelalterlichen-kulturjuwels; zuletzt aufgerufen: 05.01.2014.

50 BOUBÍN/ZILYNSKÁ, S. 8.

51 Hier decken sich die Meinungen der Historiker Krzenck und Blechner. Vgl. KRZENCK, Thomas: Johannes Hus. Theologe, Kirchenreformer, Märtyrer, (Persönlichkeit und Geschichte, Bd. 170) Zürich 2011, S. 169 .

52 KRZENCK, 2011, S. 182.

53 Zitiert aus: KRZENCK, 2011, S. 182.

54 Die Beschreibung Hus' in der Richental-Chronik als »gewaltig schreiend« deckt sich natürlich auch mit der dazu passenden Abbildung, in der Hus, wie beschrieben, mit offenem Mund dargestellt ist.

55 Ebd., S. 182.

56 Vgl. BOUBÍN/ZILYNSKÁ, S. 10.

57 Vgl. KRZENCK, 2011, S. 156.

58 In den um den 10. Dezember 1414 verfassten Responsiones kam Hus dem Angebot nach, seinen Standpunkt in Bezug auf Wyclif für die Verhandlungen vor dem Konzil schriftlich darzulegen. »Die Antworten fielen zum Erstaunen der Kommission durchweg orthodox aus«, was die Frage aufwirft, »[...] ob Hus hier ehrlich und aufrichtig seine Antwort formulierte.«, Ebd.

59 Sigrid Godau schildert die Konsequenzen einer solchen rezeptionellen Beliebigkeit in: GODAU, Sigrid: Inszenierung oder Rekonstruktion? Zur Darstellung von Geschichte im Museum, in: FEHR, Michael/GROHÉ, Stefan [Hrsg.]: Geschichte – Bild – Museum. Zur Darstellung von Geschichte im Museum, (Museum der Museen, Schriftenreihe des Karl Ernst Osthaus Museums, Bd. 1) Köln 1989, S. 199–211, hier: S. 200.

60 Im Verlauf der Analyse wurde ein direkter Vergleich von Ausstellungstext und Broschüre gemacht.

61 Vgl. Boubín/Zilynská. S. 7.

62 Vgl. Krzenck, 2011, S. 148/149.

63 Vgl. Boubín/Zilynská, S. 5.

64 Vgl. ebd., S. 6.

65 Ebd., S. 4.

66 Ebd., S. 5.

67 Ebd., S. 8.

68 Ebd., S. 10.

69 Ebd., S. 11.

70 Die Frage nach dem richtigen Schreibmodus in der Geschichtsschreibung füllt wiederum eigene Bücher. Siehe dazu: Rüsen, Jörn: Die Rhetorik des Historischen, in: Fehr, Michael/Grohé, Stefan [Hrsg.]: Geschichte – Bild – Museum. Zur Darstellung von Geschichte im Museum, Museum der Museen, (Schriftenreihe des Karl Ernst Osthaus Museums, Bd. 1) Köln 1989, S. 113–125.

71 Vgl. Boubín/Zilynská, S. 1.

72 Natürlich dies nur im angepassten Rahmen, da es nicht darum geht, wissenschaftliche Prozesse durch Ausprobieren zu vermitteln und in Bezug auf geschichtliche Inhalte nur wenig ›ausprobiert‹ werden kann. Es muss auch immer berücksichtigt werden, dass es sich beim Hus-Museum um ein kleines Ausstellungshaus handelt und nicht mit einem Ort wie z. B. dem Technorama in Winterthur verglichen werden kann.

73 Im Museum ist an der Wand zu lesen: »Als er zum dritten Mal zu singen begann, schlug ihm der Wind die Flammen ins Gesicht. So betete er nur noch still für sich, bewegte die Lippen und den Kopf und legte seine Seele in den Herrn. ... Alle Asche und seine Überreste wurden auf einen Wagen geladen und in den Rhein geworfen. (Peter von Mladoniowitz, Bericht über den Magister Johannes Hus in Konstanz)«.

74 Im Museum ist an der Wand zu lesen: »Auch wenn der Grund für sein Verderben Irrglauben oder-Verstocktheit waren, so kann doch mit Sicherheit behauptet werden, dass er wie ein Mann aus der philosophischen Schule starb. ... Auch Sokrates trank das Gift nicht so freiwillig, wie dieser das Feuer annahm. (Aus einem Brief des Poggio Florentino an Leonardo Aretino über Hieronymus von Prag)«.

75 An dieser Stelle sei auch nochmal auf die große Landesausstellung des Badischen Landesmuseums verwiesen, wo eine Art Hus-Reliquie, angeblich ein Fetzen seines Mantels und natürlich Zeichen seiner Verehrung auch in den folgenden Jahrhunderten, vor der negativ behafteten Darstellung von Hus in der Richental-Chronik ausgestellt wurde. Auf diese Weise wurden entgegengesetzte Perspektiven auf Hus sichtbar gemacht.

76 Assmann, Aleida: Der lange Schatten der Vergangenheit. Erinnerungskultur und Geschichtspolitik, München 2006, S. 217/218.

77 Ebd.

78 Boubín/Zilynská, S. 2.

79 Assmann, 2006, S. 219.

80 Ebd.

81 Ebd., S. 220.

82 Siska, Jakub: Spezial – einst kommunistische Pilgerstätte und heute? Streit ums Geburtshaus von Jan Hus, Czech Radio 7, Radio Prague, 2009; Url: http://www.radio.cz/de/rubrik/spezial/einst-kommunistische-pilgerstaette-und-heute-streit-ums-geburtshaus-von-jan-hus; zuletzt aufgerufen: 05.01.2014.

83 Auch bei Blechner finden wir den »immer stärker werdenden Zustrom böhmischer ›Wallfahrer‹ im 19. Jahrhundert«. Blechner bedient sich zusätzlich der überlieferten Berichte anderer interessierter Reisender und führt damit indirekt vor, dass im 19. Jahrhundert immer mehr nicht-tschechische und nicht religiös motivierte Schaulustige einen Blick auf das Hus-Haus in Konstanz werfen wollten. Vgl. Blechner (wie Anm. 4) S. 143.

84 Vgl. Siska, Jakub: Spezial – einst kommunistische Pilgerstätte und heute? Streit ums Geburtshaus von Jan Hus, Czech Radio 7, Radio Prague, 2009, S. 1; Url: http://www.radio.cz/de/rubrik/spezial/einst-kommunistische-pilgerstaette-und-heute-streit-ums-geburtshaus-von-jan-hus; zuletzt aufgerufen: 05.01.2014.

85 Vgl. Krzenck, 2011, S. 191.

86 Vgl. Siska, Jakub: Spezial – einst kommunistische Pilgerstätte und heute? Streit ums Geburtshaus von Jan Hus, Czech Radio 7, Radio Prague, 2009, S. 2; Url: http://www.radio.cz/de/rubrik/spezial/einst-kommunistische-pilgerstaette-und-heute-streit-ums-geburtshaus-von-jan-hus; zuletzt aufgerufen: 05.01.2014.

87 Es ist in diesem Zusammenhang auch der Hussenstein im Konstanzer Viertel Paradies zu erwähnen. Er nimmt eine eigene Funktion als Erinnerungsort ein, stärker noch als das Haus, weil hier Hus ja »exemplarisch gelitten« hat. Die Geschichte dieses Denkmals ist jedoch ebenso verworren wie die des vermeintlichen Hus-Hauses. Der Findling markiert heute die Stelle an der Hus hingerichtet worden sein

soll, was Spekulation bleiben muss. Die Hintergründe des Denkmals werden geschildert in: RÜGERT, Walter: Die Sonne des 19. Jahrhunderts lächelt. 150 Jahre Hussenstein, in: Konstanzer Almanach 58 (2012) S. 78–80.

88 Das Hus-Museum im Internet; Url: http://www.konstanz.de/tourismus/01434/01435/01648/index.html; zuletzt aufgerufen am 18.02.2013.

89 Das Hus-Museum in Internet; Url: http://stadt.konstanz.de/tourismus/01434/01435/01648/index.html; zuletzt aufgerufen am 29.12.2014.

90 BAL, Mieke: Sagen, Zeigen, Prahlen, in: diess.: Kulturanalyse, Frankfurt am Main 2002, S. 72–116.

91 Ebd., S. 80 f.

Hermann Strohmaier / Jochen Goldt

KORBINIAN BRODMANN (1868–1918) AUS LIGGERSDORF IM HEGAU

Ein Pionier der Hirnforschung

Korbinian Brodmann wurde am 17. November 1868 in Liggersdorf, einer heutigen Teilgemeinde von Hohenfels bei Stockach, geboren. Er starb allzu früh am 22. August 1918 in München als angesehener Arzt und Wissenschaftler. In die Geschichte der Medizin ist er eingegangen als Pionier der Hirnforschung und Begründer der vergleichenden Zytoarchitektonik der Großhirnrinde. Für ihn hat seine Heimatgemeinde Hohenfels-Liggersdorf, zusammen mit dem Bürgerverein »Hohenfels hat Zukunft«, im Dachgeschoss des Rathauses ein kleines Museum geschaffen, das im Jahre 2009 zum 100-jährigen Jubiläum des Erscheinens seines Hauptwerkes »Vergleichende Lokalisationslehre der Großhirnrinde« eröffnet werden konnte und auf anschauliche Weise Brodmanns Leben und Forschungsleistungen darstellt.

DIE BEDEUTUNG VON BRODMANNS WISSENSCHAFTLICHER FORSCHUNG

Korbinian Brodmann hat als erster Hirnforscher die gesamte Großhirnrinde zytoarchitektonisch bearbeitet. Seine Feldereinteilung (Areale) und ihre Kennzeichnung mit Zahlen besitzt bis heute volle Gültigkeit und wurde zur topographischen Grundlage der Hirnforschung. Eine seiner wichtigsten Errungenschaften ist die Entdeckung, dass der Großhirnrindenbau des Menschen wie der Säugetiere auf einen sechsschichtigen Grundtypus zurückgeführt werden kann. »Brodmanns Werk hat durch die Einführung der modernen bildgebenden Verfahren eine Bedeutung erlangt, die weit über das hinaus-

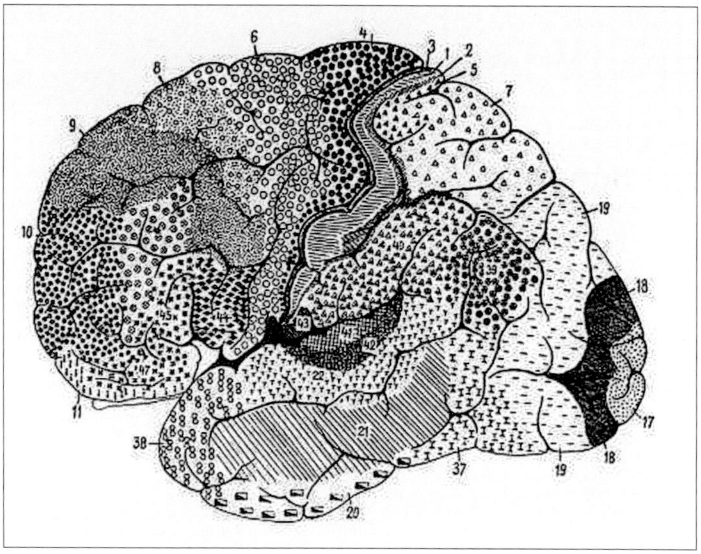

Abb. 2: Areale linke Großhirnhemisphäre

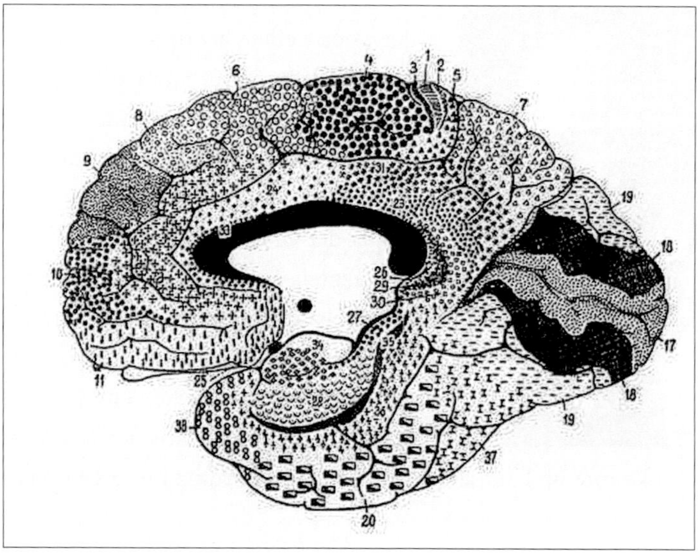

Abb. 3: Areale rechte Großhirnhemisphäre

geht, was wahrscheinlich Brodmann selbst erwartet hatte. Es gibt nur wenige wissenschaftliche Werke, die in unserer schnelllebigen Zeit und in der naturwissenschaftlichen Medizin so lange ihre Bedeutung behalten wie das Werk von Korbinian Brodmann«, äußerte etwa Prof. Zilles in Jülich im Jahr 2004.

BRODMANNS BIOGRAPHIE

Seine uneheliche Geburt im Herbst 1868 und sein nicht ortsüblicher Vorname, der ihm als unehelichem Kind vom Pfarrer gegeben wurde, stigmatisierten den kleinen Korbinian in der streng katholischen Landgemeinde Liggersdorf und belasteten ihn wohl auch seine gesamte Schulzeit. Sein Vater Josef Brodmann, aus dem südlich von Liggersdorf gelegenen Gast- und Gutshof Schernegg stammend, sorgte dafür, dass sein Sohn Korbinian weiterführende Schulen besuchen konnte. Josef Brodmann heiratet 1886 Korbinians Mutter Sophie Benkler; Korbinian erhielt damit den Familiennamen Brodmann. Nach dem am Konstanzer Gymnasium bestandenen Abitur studierte er Medizin an den Universitäten in München, Würzburg, Berlin und Freiburg, wo er im Jahre 1895 seine Approbation als Arzt erhielt. Er setzte sein Studium in Lausanne und München fort. In Alexandersbad traf er im Mai 1896 auf Oskar Vogt, der ihn für Neurologie und Psychiatrie begeistert. Sie planten als gemeinsame Lebensaufgabe die Erforschung des menschlichen Gehirns.

Brodmann beschäftigt sich fortan in Berlin, Leipzig, Jena und Frankfurt a. M., wo er Alois Alzheimer begegnete, intensiv mit Psychiatrie, Psychotherapie, Neurologie und Hirnanatomie. In dem von Oskar Vogt in Berlin gegründeten Neurobiologischen Institut erforschte er ab 1901 den Hirnrindenbau von Säugetieren und den des Menschen. Die Ergebnisse fasste er im Jahre 1909 in seinem Hauptwerk »Vergleichende Lokalisationslehre der Großhirnrinde« zusammen.

Im Jahre 1910 wechselt Brodmann an die Universität Tübingen, wo ihm 1913 der Titel eines außerordentlichen Professors verliehen wurde. Der Erste Weltkrieg unterbrach seine Lehr- und Forschungstätigkeit. Nach zwei Jahren an der sächsischen Landesheilanstalt Nietleben bei Halle berief ihn Professor Kraepelin zum 1. April 1918 an die von ihm neu gegründete Deutsche Forschungsanstalt für Psychiatrie in München. Hier, wo er die besten Bedingungen für seine Forschungen gehabt hätte, starb er im August 1918 an einer Blutvergiftung.

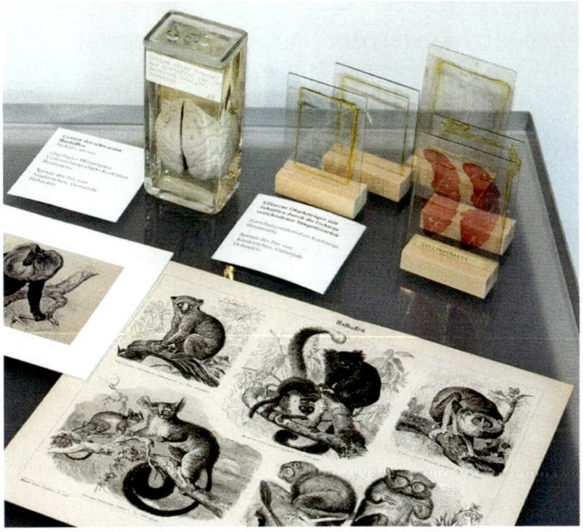

Abb. 4: Hirn und Hirnschnitte eines Bartaffen

DAS KORBINIAN BRODMANN MUSEUM

Abb. 5: Persönlicher Nachlass Brodmanns

In seiner Heimatgemeinde Liggersdorf (heute Hohenfels-Liggersdorf) geriet Brodmann immer mehr in Vergessenheit. Im Jahre 1939 starb in Pfullendorf seine einzige Schwester, Verena Bosch, die noch Verbindung mit ihrer Nichte, nämlich Brodmanns Tochter Ilse in Forst/Lausitz pflegte. An seinem Geburtsort Liggersdorf zeigte man sich über Jahrzehnte stolz auf den hervorragenden Arzt und Hirnforscher. Doch erst als im Jahr 1981 Prof. Helmut Heintel aus Stuttgart die Gemeinde Hohenfels besuchte, um für sein Buch »Stätten der Neurologie in Baden-Württemberg« das Geburtshaus Brodmanns zu fotografieren, beginnt in Hohenfels-Liggersdorf das Forschen nach Korbinian Brodmann durch Befragen der noch lebenden Verwandtschaft, durch Recherchen in den Archiven der Region und in den Universitätsbibliotheken sowie durch das gezielte Sammeln seiner Publikationen. Es sollte an seinem Geburtsort etwas geschaffen werden, was die Erinnerung an den erfolgreichen Arzt und Hirnforscher wach halten konnte. Von diesem Wunsch war auch Ilse von Sandersleben, die Tochter Brodmanns, lebenslang erfüllt. Es gelang ihr, wertvolle originale Felderentwürfe, Lichtdrucke und Präparate aus den noch verbliebenen Resten der Sammlung ihres Vaters zu

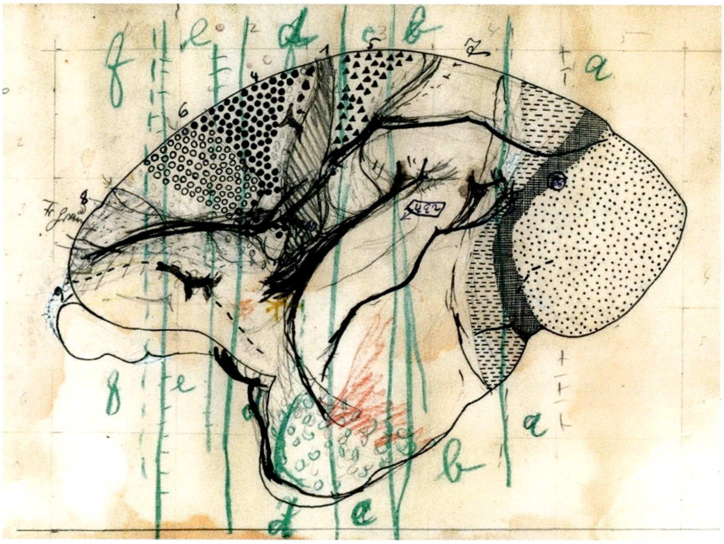

Abb. 6: Original Felderentwurf

Abb. 7: Bereich Biographie

Abb. 8: Bereich Forschung

Abb. 9: Bereich Nachleben

besorgen. Sie vermachte dem Museum alles, was sie selbst noch an Erinnerungsstücken besaß.

Im Jahre 1986 konnte schließlich in der Grundschule in Hohenfels-Liggersdorf ein Korbinian Brodmann Gedenkzimmer eingerichtet werden. Zudem wurde die Schule nach ihm benannt. Der junge, promovierte Arzt Markus Fix aus Engen vollendete im

April 1994 seine auf unsere Anregung hin verfasste Inaugural-Dissertation »Leben und Werk des Gehirnanatomen Korbinian Brodmann (1868–1918)«. Alles, was er für diese wertvolle Arbeit recherchiert hatte, überließ er dem Gedenkzimmer. So wuchs die Sammlung Jahr für Jahr und drohte bald, aus allen Nähten zu platzen. Aus den Diskussionen um ein neues Museum, angestoßen durch den Bürgerverein »Hohenfels hat Zukunft«, wurden im Jahr 2008 konkrete Planungen. Yvonne El Saman, eine promovierte Kunsthistorikerin aus Freiburg, entwarf ein übersichtliches Museumskonzept mit den Bereichen Biographie, Forschung und das Nachleben von Brodmanns Forschungen bis in die Gegenwart. Sie verfasste Texte in prägnanter Sprache, die auf Text- und Bildtafeln, gestaltet von Sascha Meurer, einem Grafiker aus Stockach, eindrucksvoll durch die Ausstellung führen. In 14 Vitrinen werden Dokumente, Photographien, medizinische Geräte zur Hirnforschung, Präparate und Sonderdrucke namhafter Hirnforscher gezeigt sowie eine umfangreiche Literatur zu Korbinian Brodmann, die bis in unsere Zeit reicht.

Die Dauerausstellung, die immer wieder Neues aufnimmt, wendet sich sowohl an ein interessiertes Laienpublikum wie ganz speziell an Mediziner, die Brodmanns Forscherpersönlichkeit näher kennenlernen wollen.

Kontakt:
Korbinian Brodmann Museum
Hauptstraße 30 (Rathaus, Nebeneingang)
78355 Hohenfels-Liggersdorf
www.korbinian-brodmann.de
www.hohenfels-hat-zukunft.de

Öffnungszeiten: Jederzeit auf Anmeldung von Einzelpersonen und Gruppen unter Tel.: 07557 929120 oder 07557 9206-0; E-Mail: jochen.goldt@t-online.de

Anschriften der Verfasser:
Jochen Goldt, Haselweg 8, D–78355 Hohenfels-Liggersdorf
jochen.goldt@t-online.de

Hermann Strohmaier, Alemannenstraße 2, D-78253 Eigeltingen-Reute

David Bruder

PREUSSEN FING IN KONSTANZ AN …

»Verborgene« Geschichte

Jubiläen bieten willkommene Anlässe, sich auf die Historie zu besinnen. Während 2014 vielerorts der Erste Weltkrieg das beherrschende Thema war, stand das Jahr in Konstanz überwiegend im Zeichen des Konziljubiläums. Noch bis 2018 wird man sich verstärkt mit der größten Kirchenversammlung des Mittelalters auseinandersetzen – ein Gedenk-Unterfangen, dem mehrjährige Planungen vorausgingen. Eine von vielen Ideen war es, im Jahr 2017 ein »Belehnungsfest« zu feiern, 600 Jahre nachdem König Sigismund auf dem Obermarkt dem Hohenzollern Friedrich VI., Burggraf von Nürnberg, förmlich die Herrschaft über Brandenburg übertragen hatte. Das am Platz gelegene Haus Zum hohen Hafen erinnert noch heute mit seiner historistischen Fassadenmalerei an das Ereignis. Streng genommen hatte Sigismund bereits im April 1415 Friedrich unter gewissen Einschränkungen zum Markgrafen und Kurfürsten erhoben, was also als Vorwand für diesen Beitrag zum jetzigen Zeitpunkt dienen könnte. Es lohnt sich aber unabhängig davon, das Thema Preußen und Konstanz einmal näher zu betrachten.

Das Projekt eines Belehnungsfestes war umstritten. Ausgehend von den Querelen, die sich daraus ergaben, soll hier allgemeiner nachgedacht werden über das Verhältnis der Stadt zu ihrem preußischen ›Erbe‹, über eine Beziehung, die keineswegs nur von Distanz geprägt war, wie unter Hinweis auf die Niederschlagung der badischen Revolution von 1848/49 durch preußisches Militär und vermeintliche oder tatsächliche Mentalitätsunterschiede von Badenern und Preußen heute manchmal behauptet wird.[1] Spuren dieser Beziehung finden sich noch immer, jene, die verwischt oder ausgelöscht wurden, sind ebenso aufschlussreich.

Die Organisation des Belehnungsfestes sollten Konstanzer Vereine übernehmen, es sollte aus der Bevölkerung heraus entstehen, bürgerliches Engagement ermöglichen und nicht »von oben« verordnet sein – ein »nicht-kirchlicher« Anlass, bei dem auch vor 600 Jahren das Volk zugegen war.[2] Der erste Vorsitzende der Fahnenschwinger der Narrengesellschaft Niederburg äußerte sich im Dezember 2010 folgendermaßen dazu: *Das Belehnungsfest zählt zu den Juwelen der Stadtgeschichte, die bisher noch nicht richtig genutzt werden. Das ist ein Teil unserer Geschichte und das wollen wir den Menschen näherbringen.* Er verwies auf die *große weltpolitische Bedeutung* und resümierte: *Etwas zugespitzt könnte man formulieren, dass damals Preußen geboren wurde.* Man erhoffte sich Zuschüsse von Land, Bund und EU. Sogar über eine Wiederholung des Festes alle paar Jahre ähnlich der Landshuter Hochzeit wurde nachgedacht.[3] Im August 2011 ließ sich ein Verein »Konstanzer Belehnungsfest e. V.« im Vereinsregister eintragen, im September wurden Pläne vorgestellt.[4] Dann war längere Zeit nichts mehr zu hören. Im Januar 2013 schließlich berichtete der Südkurier, das *lang geplante[] Projekt* sei inzwischen *offenbar bereits gestorben.*[5]

Schon im Januar 2011 war scharfe Kritik an dem Vorhaben geübt worden. Besonders pointiert hatte sich ein Gemeinderat geäußert, der das Jubiläum in der beabsichtigten Form ohnehin ablehnte und jegliche Beteiligung der Stadt, organisatorisch wie finanziell, an den Vorbereitungen eines Belehnungsfestes ausschließen wollte: *Aus Burggrafen wurden über die Jahrhunderte Kurfürsten, Könige und schließlich Deutsche Kaiser: Am Ende der langen Linie steht Wilhelm II. und der Erste Weltkrieg. Wer also mit »weltpolitischer Bedeutung« operiert, der wird schnell auf Probleme stoßen: Denn das gescheiterte »persönliche Regiment« des letzten Hohenzollern-Herrschers, das in einem schrecklichen Krieg mündete, eignet sich so gar nicht dafür, mit einem banalen Kostümfest gefeiert zu werden.*[6]

Nicht am Beginn der *langen Linie*, sondern erst am Ende wurde sie zum Fallstrick: Jene, die Friedrichs Belehnung aufgrund ihrer *weltpolitische[n] Bedeutung* festlich begehen wollten, liefen Gefahr, von Kritikern der Veranstaltung für den Ersten Weltkrieg in die Verantwortung genommen zu werden – ein Argument, das freilich, konsequent weitergedacht, auch andere Feiern (man denke etwa an jene zur Entdeckung Amerikas) in Frage gestellt hätte. Gleichwohl schien die Forderung nach mehr historischer Reflexion angebracht. In ihr drückt sich das Unbehagen aus, das Generationen nach 1945 rückblickend auf die Geschichte Preußens befiel und das bis heute nicht gewichen ist. Auch dieses Unbehagen hat Spuren im öffentlichen Raum der Stadt hinterlassen.

Ein kurzer Rückblick auf die Feierlichkeiten anlässlich des 500. Jahrestages der Belehnung 1917 steht vor der eigentlichen Spurensuche, bei der zwei Fragen leitend sein sollen: Welchen historiographischen Niederschlag hat das Ereignis in Konzils- und Stadtgeschichte gefunden?[7] Und: Wie hat sich ›Preußisches‹ im Stadtraum manifestiert, in Form von Historienmalerei, Straßennamen, Denkmälern? Eine Suche, bei der man auch auf absichtliches ›Vergessen‹ (im Sinne des strafenden Vergessens, der damnatio memoriae) und ›Verbergen‹ von Geschichte stößt.

1. DIE BELEHNUNGSFEIERLICHKEITEN VON 1917

Unter der Überschrift *Hohenzollern allewege* berichtete die Konstanzer Zeitung im April 1917 über die 500-Jahr-Feier der Belehnung. Am 17. April fand bereits eine Vorfeier im Konzil statt, am 18. versammelte man sich auf dem Obermarkt, und im Stadttheater gab es eine Festvorstellung des Stücks »Könige« von Hans Müller[8]. Kaiser, Großherzog und Fürstenhaus Hohenzollern waren durch Abgesandte vertreten, es wurde eine Grußbotschaft der Alt-Großherzogin Luise verlesen, und auch der Kaiser bedankte sich im Laufe der Feierlichkeiten per Telegramm für die Anteilnahme. Stadtbaumeister Jordan hatte die Ausschmückung des Platzes geleitet: Vor dem Haus Zum hohen Hafen war ein Podium aufgebaut, zu den in den Platz mündenden Straßen hatte man Ehrenpforten errichtet und aus den Fenstern Orientteppiche gehängt. Es war kalt, es schneite leicht.

In Reden wurde die Rolle Preußens bei der Nationswerdung der Deutschen beschworen. Dass der Aufstieg Preußens mit einer Schwächung des Alten Reichs einhergegangen war, wurde argumentativ ins Gegenteil gewendet: Indem Preußen konsequent eigene Interessen verfolgt habe, habe es sich letztlich eine so starke Machtstellung geschaffen, dass es am Ende die deutsche Einheit unter seiner Führung verwirklichen konnte: *Durch Schaffung eines deutschen Kernstaates haben die Hohenzollern unbewußt die Grundlage gebildet, auf der sich später d[a]s neue Reich aufbauen konnte.* Oberbürgermeister Dietrich erklärte, das Ereignis bedeute *den Beginn eines halben Jahrtausends brandenburgisch-preußischer-deutscher Geschichte, den Beginn einer Epoche, welche das deutsche Volk zu der Größe, Macht und Stärke führte, die es heute in den Stand setzt, einer Welt von Feinden zu trotzen.*[9]

Zur *Welt von Feinden* gehörten seit ihrem Kriegseintritt am 6. April, keine zwei Wochen zuvor, ganz offiziell auch die USA. Damit hatte sich das Gewicht der Kräfte erheblich zugunsten der Gegner verschoben. Das erklärt die breite antiamerikanische Pole-

Abb. 1: Belehnungsfeier 1917 auf dem Obermarkt, Stadtarchiv Konstanz, Z I Sammlung Wolf H47-4427

mik, mit der Oberbürgermeister Dietrich die Bedeutung des Kaisertums für Deutschland unterstrich: *weil wir nicht ein Staat werden wollen wie Amerika, in dem das Geld regiert, in dem die Leute nach ihrem Vermögen und Besitz gemessen werden, in dem nicht die Kultur, sondern die Wirtschaft entscheidet, weil wir nicht ein Staat werden wollen, in dem das Volk geführt wird von gewissenlosen Advokaten und einer noch gewissenloseren Presse, sondern weil wir sein und bleiben müssen ein Staatswesen, das langsam, sicher und auf nicht zu steiler Bahn sich vorwärts entwickeln will. Die Entwicklung aber, die wir durchmachen wollen, ist der Gang zum Weltstaat.*

Zwei Jahre später hatte sich die Entwicklung sehr beschleunigt, die deutschen Monarchen hatten abgedankt, die Kolonien waren verloren, und man war dabei, eine neue Verfassung auszuarbeiten. In der Republik aber ging es mit Hermann Dietrichs politischer Karriere steil nach oben: Zuvor schon Mitglied im Badischen Landtag, saß er nun als Abgeordneter der Deutschen Demokratischen Partei in der Badischen und in der Weimarer Nationalversammlung, später auch im Reichstag, wurde Landesminister und Mitglied des Reichskabinetts. In Konstanz, wo er als »fähiger und energischer Kommunalpolitiker«[10] während des Krieges »durch kluge und ideenreiche Maßnahmen«[11] die Versorgungslage der Stadt erheblich verbessert hatte, benannte man bereits 1919 eine Straße nach ihm, am Rand der entstehenden Sierenmoossiedlung, deren Bau ebenfalls als sein Verdienst galt – doch noch zu seinen Lebzeiten wurde der Name wieder getilgt: Die Nationalsozialisten wünschten keine Ehrungen von Persönlichkeiten der von ihnen als »Systemzeit« geschmähten Weimarer Jahre.[12]

Die Idee einer nationalgeschichtlichen Mission Preußens in Deutschland, wie sie Dietrichs Festrede zugrunde liegt, hatte sich im Verlauf des 19. Jahrhunderts, besonders nach der Reichsgründung ausgeprägt und war durch den Ausgang des Weltkriegs erheblich erschüttert worden. Das teleologische Motiv jedoch ist älter und findet sich bereits in der Historiographie des Konstanzer Konzils.

2. DAS EREIGNIS IN DER KONZILS- UND STADTGESCHICHTSSCHREIBUNG

Im Juni 1713 widmet Jacques Lenfant dem preußischen König Friedrich I. eine für ihre Ausgewogenheit vielfach gelobte Geschichte des Konstanzer Konzils. Lenfant stammte aus Frankreich. Der Sohn eines protestantischen Pfarrers hatte selbst Theologie studiert und war nach der Aufhebung des Toleranzedikts und dem Einfall der Franzosen in die Pfalz nach Berlin gelangt, wo man ihm Asyl gewährte. Er dankt dem König in seiner Widmung, und zugleich kommt dabei schon die Vorstellung einer historischen Sendung der Hohenzollern zum Ausdruck, die mit der Belehnung in Konstanz ihren Anfang genommen haben soll. So stellt er einen Zusammenhang her zwischen dem Ziel einer Reform der Kirche, das sich das Konzil gesetzt hatte, und der Rolle des Königs als Stütze der Reformation. Der in Konstanz belehnte Friedrich wird verklärt als Begründer

der brandenburg-preußischen Linie der Hohenzollern. In ihm seien *die glücklichen Samen aller Tugenden [zu] finden, die unter der Herrschaft seiner Nachfolger aufgegangen sind; und alle Fürsten können in seiner Herrschaft das Muster einer guten Regierung finden.*[13] Der erste Kurfürst und der erste König – zwölf Jahre zuvor hatte sich Friedrich I. selbst zum »König in Preußen« erhoben – gelten Lenfant als wesensgleich. Der Aufstieg Brandenburg-Preußens ist für ihn bereits in den Anfängen in Konstanz angelegt. Was bei Lenfant zu Beginn des 18. Jahrhunderts als Verbindung von konfessionell begründetem persönlichem Dank und Herrscherlob erscheint, findet motivisch seine Fortsetzung in der Geschichtsschreibung des Kaiserreichs, die sich der historischen Mission Preußens als Einiger Deutschlands gewiss war.[14]

Schon ein Jahrzehnt vor der Reichsgründung entscheidet sich Johann Marmor in seiner Stadtgeschichte für eine ausführlichere Darstellung der Belehnung und präsentiert unter Verweis auf *die Gründung der jetzigen königlichen Dynastie in Preußen, mit welcher unser Baden'sches Fürstenhaus vor wenigen Jahren durch Blutsverwandtschaft in innigste Berührung kam*, den Bericht aus der Richentalchronik im Wortlaut, wobei für ihn der *Hergang [...] auch noch als Sittenschilderung des Mittelalters Interesse hat.*[15] Auch die Stadtgeschichtsschreibung der Zeit vor dem Ersten Weltkrieg betont den Zusammenhang mit der eigenen Gegenwart. 1911 konstatiert der Historiker und Gymnasialprofessor Wilhelm Martens in seiner »Geschichte der Stadt Konstanz«: *Von den politischen Vorgängen, die sich auf dem Konstanzer Konzil abspielten, ist der bedeutungsvollste, dessen Wirkungen noch mächtig in die Gegenwart hineinragen, die Belehnung des Burggrafen Friedrich VI. von Nürnberg.*[16] Martens enthält sich weiterer Wertungen, und gibt stattdessen wie schon Marmor die Schilderung des Vorgangs in der Richentalchronik, neuhochdeutsch, wieder.

Auf besonders markante Weise spiegelt dagegen die erstmals 1896 erschienene und 1921 nachgedruckte »Geschichte der Stadt Konstanz« des bereits 1900 verstorbenen Realschul-Oberlehrers Joseph Laible den Geist der wilhelminischen Epoche. Laible präzisiert die Aufgabe, die Friedrich mit seiner Belehnung erwartete: Brandenburg war *von heranwogender slavischer Flut schwer bedroht [...] und [konnte] nur durch einen Mann wie Friedrich gerettet werden [...]. So wurde das Haus Hohenzollern nach Norddeutschland verpflanzt, wo in jahrhundertelangen Kämpfen gegen Dänen, Schweden und Russen, Polen und Wenden dasselbe deutschen Geist aufrecht erhielt.*[17] Selbst nach dem Ersten Weltkrieg noch entsprach diese Darstellung ganz der Sicht des Verlegers Ernst Ackermann, der Laibles Werk 1921 um eine deutschnational gefärbte Darstellung der jüngsten Vergangenheit ergänzte.

Nüchterner klingt Albert von Hofmann in seiner Stadtgeschichte von 1922: *Das hohe Haus ist bekannt geworden als das Quartier des Burggrafen Friedrich von Nürnberg während des Konzils. [...] von diesem Hause aus ritt er mit stattlichem Gefolge nach dem Obermarkt zu seiner feierlichen Belehnung mit der Mark. Er war der Feldhauptmann des Königs in Konstanz und eingeritten in die Stadt mit 400 Pferden. Das Konzil kostete ihn viel. Seine Stammburg Nürnberg hat er darob verkaufen müssen.*[18] Der Aufenthalt Friedrichs in Konstanz wird von Hofmann als wirtschaftlicher Fehlschlag bilanziert – eine vielleicht auch vor dem Hintergrund zunehmender Inflation und Krisenstimmung mit sarkastischem Unterton getroffene Einschätzung. Die Hohenzollern hatten abgedankt, ihr Aufstieg zu Deutschen Kaisern als teleologischer Endpunkt der Nationalgeschichte gehörte der Vergangenheit an.

Nach dem Zweiten Weltkrieg glaubte der Leiter des Konstanzer Stadtarchivs Otto Feger in Preußen die Ursache allen Übels der jüngeren deutschen Geschichte zu erkennen und sorgte mit seinem Plädoyer für eine »Schwäbisch-alemannische Demokratie« für heftige Kontroversen.[19] In seiner erstmals 1947 erschienenen Stadtgeschichte erwähnt er die Belehnung mit keinem Wort.[20] Fünfzehn Jahre später jedoch würdigte er sie in einem eigenen kurzen Beitrag, in dem seine Preußenkritik der unmittelbaren Nachkriegszeit noch widerhallt, als *nicht das auffälligste, aber das folgenschwerste* Ereignis des Konzils: *Durch diese feierliche Handlung wurden die Hohenzollern in den Besitz der Mark Brandenburg gesetzt, die sie fünfhundert und ein Jahr inne haben sollten. Sie haben von dort aus gewaltig und schicksalhaft eingegriffen in die europäische Geschichte, ständig nach oben steigend [...]; schließlich haben sie selbst die kaiserliche Würde erlangt [...], um endlich von der höchsten Spitze in den tiefsten Abgrund zu stürzen und später als Flüchtlinge heimzukehren auf den steilen Burgfelsen der schwäbischen Alb, der einst dem Geschlecht den Namen gegeben hat. Von allen den zahlreichen Staatsakten, die während des Konstanzer Konzils über die bunte Szene gingen, war keiner, wenn auch den Beteiligten unbewußt, von solch weittragenden Folgen; es war der erste Aufzug eines gewaltigen Schauspiels, dessen Ende in unserer Zeit den ganzen Verlauf der Tragödie im Sinne der Antike erweisen sollte, mit Aufstieg, Hybris und Katastrophe.*[21]

Mit größerem zeitlichem Abstand gelang wieder eine undramatische Betrachtung: Helmut Maurer ordnet in seinem Band der in den 1980er und 1990er Jahren entstandenen großen Konstanzer Stadtgeschichte die Belehnung Friedrichs ein unter *die zahlreichen feierlichen Akte von Belehnungen*, die während des Konzils vorgenommen wurden, als *aufsehenerregendste und folgenreichste für die deutsche Geschichte*, ohne ihre Folgen zu werten. Welcher Art diese waren, bleibt der Vorkenntnis des Lesers überlassen, Maurer beschränkt sich auf eine genauere Schilderung des Ablaufs.[22] Eine neuere, von Ralf Seuffert verfasste Stadtgeschichte lenkt das Augenmerk auf die *publikumswirksam[e]* Inszenierung der Belehnung und die Erblichkeit der Friedrich übertragenen Kurwürde: *seine Dynastie erhielt als Dank für die treue Gefolgschaft Friedrichs zum König ein Gebiet zu Lehen, das später als Brandenburg-Preußen eine immens wichtige Rolle in Deutschland spielen sollte.*[23]

Bis heute hat die Stadtgeschichtsschreibung das Ereignis meist berücksichtigt, je nach Zeit mit unterschiedlicher Akzentsetzung: Johann Marmor stellt bereits vor der Reichsgründung die Verbindung zur politischen Gegenwart her. Joseph Laible, der den Aufstieg des Kaiserreichs erlebt, hebt die Mission des Hauses Hohenzollern hervor und schlägt nationalistische Töne an. Albert von Hofmann interessiert sich nach der Kriegsniederlage ohne jedes Pathos, vielleicht auch unter dem Eindruck von wirtschaftlicher Not und Geldentwertung für die finanziellen Schwierigkeiten, in die Friedrich geriet. Für Otto Feger ist die Belehnung Teil eines nationalen Dramas, bei dem er selbst Zeuge des letzten Aktes wurde. Helmut Maurer schildert den Ablauf der Zeremonie als exemplarischen Fall, ohne zu werten. Ralf Seuffert schließlich nennt wieder unbefangen das Wort *Preußen*. Über ein halbes Jahrhundert nach der offziellen Auflösung Preußens per alliiertem Kontrollratsgesetz (25. Februar 1947) lässt sich ein existenzieller Zusammenhang mit der eigenen Gegenwart nicht mehr empfinden. Dass aber auch der Hinweis auf die *Dynastie* der Hohenzollern in Konstanz durchaus seine Berechtigung hat, zeigt sich bei einem Gang durch die Altstadt.

3. FASSADENMALEREIEN UND DER NAME »(HOHEN-)ZOLLERN« IN DER ALTSTADT

Während die Stadtgeschichtsschreibung das Ereignis immer noch für bedeutend hält, ohne freilich einen preußischen Sendungsgedanken damit zu verknüpfen, scheint es mit der Erinnerung an dieses Ereignis im öffentlichen Raum heute Schwierigkeiten zu geben. Das war im 19. und zu Beginn des 20. Jahrhunderts ganz anders. 1864, schon einige Jahre vor der Reichsgründung, wurde die Fassade des Konstanzer Rathauses mit Szenen aus der Vergangenheit der Stadt geschmückt. In den vier Bildfeldern über dem Erdgeschoss findet sich neben den Besuchen der Stauferkaiser und dem Kampf mit den Spaniern auf der Rheinbrücke 1548 auch eine Darstellung der Belehnung des Burggrafen von Nürnberg.[24] Stadtrat Ludwig Leiner vermerkte in der Konstanzer Zeitung lediglich, dass es sich beim Burggrafen um den *Stammvater des kgl. preußischen Hauses*[25] handle – was für den Laien zu diesem Zeitpunkt vielleicht noch nicht selbstverständlich gewesen sein dürfte. Preußen hatte seine Vormachtstellung gegenüber Österreich noch nicht durchgesetzt, 1866 zogen die süddeutschen Staaten sogar an der Seite Österreichs gegen Preußen in den Krieg.

Gut vier Jahrzehnte später ließ der Besitzer des Hauses Zum hohen Hafen am Obermarkt, Max Rahn, dasselbe Ereignis noch einmal und deutlich größer vom im Bodenseeraum mehrfach tätigen Stuttgarter Historienmaler Carl von Häberlin an die Fassade bringen. Auftraggeber am Obermarkt war also ein Privatmann, offenkundig ein nationalbegeisterter und auch lokalpatriotischer, wie die Versammlung der Wappen der deutschen Königreiche neben dem badischen und die flankierenden Gestalten einer allegorischen Constantia und des Chronisten des Konzils, Ulrich Richental, nahelegen. Während bei anderen zeitgenössischen Vertretern des Genres der didaktische Aspekt zugunsten des Dekorativen zurücktrat, stehen bei Häberlin »pädagogische Ziele« und »staatspolitische Aufgaben« noch im Vordergrund.[26] Seine Bilder wurden wegen »ihrer Lesbarkeit und ihrer realistisch-pathetischen Theatralik« sehr geschätzt.[27] Zugleich war mit der Bemalung der Fassade eine neue touristische Sehenswürdigkeit geschaffen worden, die überregional Beachtung fand.[28] Aber bereits zuvor hatte der Obermarkt als historischer Schauplatz prominente Besucher angezogen: Wie schon sein Großvater besichtigte auch Kaiser Wilhelm II. 1888 das Haus Zum hohen Hafen. Über dem Fenster links

Abb. 2: Werbepostkarte mit Friedrich VI. StA Konstanz, Postkartensammlung

im ersten Stock ist er neben Großherzog Friedrich I. in einer offenen Kutsche zu sehen. Der Kaiser kehrte zum Ursprung des dynastischen Aufstiegs zurück, gemalte Vergangenheit und politische Gegenwart waren noch Anfangs- und Endpunkt einer Linie.[29]

In der Altstadt wird nicht nur in der Kanzleistraße und am Obermarkt an die Hohenzollern erinnert, sondern auch ein Straßenname bezieht sich auf das Herrscherhaus. Während des Konzils logierte Burggraf Friedrich im Hohen Haus in der Zollernstraße, die ihren Namen im Zuge der 1876 beschlossenen Neu- und Umbenennungen erhielt und zuvor Fischmarktstraße geheißen hatte. Um 1900 war das Hohe Haus Gasthof und Hotel. Der Wirt war sich der historischen Bedeutung seiner Immobilie durchaus bewusst und setzte sie zu Werbezwecken ein. Auf dem First war statt einem Wet-

Abb. 3: Hohes Haus mit Reitern im Giebel, StA Konstanz, Postkartensammlung

Abb. 4: Postkarte Gasthof Hohenzoller, StA Konstanz, Postkartensammlung

terhahn ein Preußenadler installiert (heute eine Wetterfahne mit Hohenzollernwappen). Im Hohen Haus wurde 1418 auch die Hochzeit der Tochter Friedrichs mit dem Herzog von Brieg gefeiert – das Fassadenbild des Hochzeitszuges entstand allerdings erst 1935, nun wieder in öffentlichem Auftrag und unter ganz anderen Vorzeichen: Oberbürgermeister Herrmann war der Auffassung, dass Konstanz *an der Grenze […] allzeit eine Sendung von großer Bedeutung zu erfüllen habe*. Anlässlich der Feierlichkeiten zur Enthüllung war die Rede davon, dass *Malerei, Plastik und Baukunst […] nach Jahrhunderten des Auseinanderlebens heute wieder Ansätze des Zusammenwachsens erkennen lassen. Die Grundlagen hierfür hat in Deutschland die Weltanschauung des Nationalsozialismus geschaffen, auf deren Boden auch der neue Formwille wachsen wird.*[30] Während das Bild des Hochzeitszuges noch immer zu sehen ist, wurden die beiden Reiter im Giebelfeld, die einen der Erbauer des Hauses, Bischof Heinrich von Klingenberg, und den Hohenzollern Friedrich mit brandenburgischer Adlerfahne zeigten, nach einem Brand in den 1960er Jahren nicht wiederhergestellt.

Noch bis in die 1970er Jahre hieß die am unteren Ende der Zollernstraße gelegene Gaststätte, die inzwischen Generationen von Studenten als »Seekuh« kennen, »Zum Hohenzoller«. Am Ende existierte dort unter diesem Namen ein China-Restaurant, was nicht einer gewissen Ironie entbehrt, denkt man an die berüchtigten Worte, mit denen der letzte Hohenzoller auf dem Thron deutsche Soldaten zur Niederschlagung des Boxeraufstands in den Fernen Osten entsandte.

4. DYNASTISCHE BANDE ZWISCHEN BADEN UND PREUSSEN, KONSTANZ ALS GARNISONSSTADT

Besuche der Hohenzollern am Bodensee waren keine Seltenheit. Wenn die großherzogliche Familie die Sommerfrische auf der Insel Mainau verbrachte, durfte Konstanz sich einmal im Jahr als Residenzstadt fühlen. Zum Kaiserhaus bzw. der preußischen Königsfamilie gab es enge verwandtschaftliche Bindungen. 1856 hatte Großherzog Friedrich I. die damals erst 17-jährige preußische Prinzessin Luise geheiratet. Luise war die einzige Tochter Wilhelms I., des preußischen Königs und späteren deutschen Kaisers, der Großherzog also nun dessen Schwiegersohn. Das erklärt, warum sich Baden, nachdem Preußen die Vormachtstellung unter den deutschen Staaten errungen hatte, stärker an Preußen angelehnt hat als Württemberg oder Bayern. 1867 wurde das badische Militär bereits unter preußischen Oberbefehl gestellt und nach dem Deutsch-Französischen Krieg ganz ins preußische Militär integriert. 1877 schließlich ernannte man den Schwager des Großherzogs, den preußisch-deutschen Kronprinzen Friedrich, der 1888 für nur 100 Tage den Thron besteigen sollte, zum Chef des Konstanzer 114er-Regiments – ein symbolischer Akt, der die Nähe zu den Hohenzollern in Berlin ausdrückte. Dort war auch die Planung des im selben Jahr fertiggestellten Kasernengebäudes erfolgt.[31] Noch heute erinnert eine Büste am Sternenplatz an den prominenten Regimentschef. Kaiser Wilhelm I. übertrug dem Konstanzer Regiment die ehrenvolle Aufgabe, die Wache auf der von seinem Bruder Friedrich Wilhelm IV. im romantischen Geist wiederaufgebauten Stammburg der Dynastie bei Hechingen zu stellen.

Großherzog Friedrich I. von Baden spielte 1871 eine tragende Rolle bei der Proklamation des zweiten deutschen Kaiserreichs im Spiegelsaal von Versailles. Ein berühmtes Gemälde Anton von Werners[32] zeigt ihn, wie er ein Hoch auf »Kaiser Wilhelm« ausbringt und so nebenbei elegant den Konflikt in der Titelfrage umging, der zwischen Bismarck und Wilhelm entstanden war und in dem Bismarck sich schließlich durchsetzen konnte: Wilhelm hieß aus Rücksicht auf die deutschen Fürsten offiziell »Deutscher Kaiser«, nicht »Kaiser von Deutschland«. Hans Thoma malte den Großherzog in seinen letzten Jahren in preußischer Uniform auf der Mainau.[33] Dort ist er 1907 auch gestorben.

In den Schilderungen der fürstlichen Besuche, die man bei Zeitgenossen wie Eberhard Graf Zeppelin[34] oder Lilly Braumann-Honsell[35] findet, haben sich Standesdünkel und romantische Verklärung niedergeschlagen, dennoch geben sie einen Eindruck davon, welche Bedeutung die Anwesenheit von Kaiser und großherzoglicher Familie für die Stadt hatte und welche patriotische Begeisterung sie auslöste. Mehrfach wurden große Kostüm-Spektakel in Szene gesetzt, etwa »Wallensteins Lager« (1880) mit hunderten Soldaten und Offizieren der Garnison oder das »Glückhafft Schiff« (1881), ein von Josef Viktor von Scheffel verfasstes Stück unter zahlreicher Beteiligung der Bürgerschaft. Auch ein *frohes Ereignis aus der brandenburgisch-hohenzollern'schen Geschichte* wurde aufgegriffen: die 1418 in Konstanz gefeierte und bereits erwähnte Hochzeit der Tochter des Burggrafen von

Nürnberg mit dem Herzog von Brieg. Bei einer seiner Ausfahrten im Mainauwald überraschte das Regiment den Kaiser 1884 mit einer Jagd im Stil des 15. Jahrhunderts – von der man annahm, dass sie aus Anlass der Hochzeit wohl stattgefunden haben könnte, obgleich Richental nicht davon berichtet hatte.[36] Schon beim ersten Besuch nach der Reichsgründung, im Sommer 1871, hatte Wilhelm am Obermarkt haltgemacht, wo ein Maler Häberlins gut drei Jahrzehnte später entstandenes Fassadenbild der Belehnung mit einer Kopie der Darstellung aus der Konzilschronik vorweggenommen hatte, um an *die denkwürdige und so folgenschwere Begebenheit* zu erinnern.[37] Ein von Großherzogin Luise gestiftetes Wandbild von Friedrich Pecht im oberen Saal des Konzilgebäudes zeigt den Empfang des Kaisers in Konstanz.

Die Besuche von Kaiser und Großherzog haben, sieht man ab von Häberlins Bildern am Obermarkt und im Inselhotel, keine Spuren im öffentlichen Raum hinterlassen – und sind wohl auch nicht mehr im Bewusstsein der meisten Einwohner. Geehrt wurden die hohen Gästen aber u. a. auch dadurch, dass die Stadt schon zu deren Lebzeiten Straßen nach ihnen benannte. Doch auch Straßennamen sind nur von begrenzter Dauer, wie ein Blick auf die Stadtpläne seit dem Ende des 19. Jahrhunderts zeigt.

5. STRASSENNAMEN FÜR DAS NEUE KONSTANZ

1876 ging man in Konstanz daran, die Häuser straßenweise zu nummerieren – zuvor hatte es nur eine Gesamtzählung gegeben –, sodass sich die Gelegenheit einer umfassenden Revision der Straßennamen ergab. Ludwig Leiner, Stadtrat und Gründer des Rosgartenmuseums, war der Initiator zahlreicher Neu- und Umbenennungen. Als Mitglied der Straßenbenennungskommission entwickelte er ein geschlossenes Konzept für das in den 1870er Jahren noch kaum bebaute rechtsrheinische Konstanz. Seine Vorschläge enthalten für jeden einzelnen Straßennamen zugleich auch eine Begründung. Die Konstanzer Zeitung gab seinen Leitgedanken und Erläuterungen breiten Raum. Anders als im Bereich der Altstadt, wo lokalgeschichtlich inspirierte Namen ältere mit häufig kirchlichem Bezug ersetzten – was nicht zuletzt Leiners konfliktreichem Verhältnis zur römisch-katholischen Kirche geschuldet war[38] –, bot sich auf der anderen Rheinseite die Möglichkeit eines vollständigen Neuanfangs. Aufgrund der Grenzlage war abzusehen, dass sich Konstanz in den kommenden Jahrzehnten mehr und mehr rechtsrheinisch ausdehnen würde. Dort lag die Zukunft der Stadt, was eine andere Herangehensweise *bei Planung und Benennung erforderlich erscheinen ließ: Für Seehausen, das unter unseren Augen entsteht, muß aber neben der Geschichte der Vaterstadt die der Fortentwicklung der allgemeinen Kultur, der Wissenschaften und Künste, der Kampf des deutschen Volkes auf staatlichem Gebiet, das Wirken edler Männer und Frauen angedeutet werden. Es soll in den Namen seiner Verkehrswege ein Zeitbild seiner Entstehung versinnbildlicht werden. Die Eigengeschichte ist untergeordneter geworden neben der Geschichte des neuemporgeblühten geeinigten Deutschen Reiches und seiner Träger.*[39] Im Zentrum des neuen Stadtteils, ungefähr dort, wo sich heute der Zähringerplatz befindet, sollte ein Kaiser-Platz entstehen, eine große, von Bäumen gesäumte kreisrunde Anlage, von der sternförmig mehrere, teilweise als Alleen angelegte Straßen abgingen: Wie der Platz selbst sollte auch eine Wilhelms-Straße auf den *Heldenkaiser* verweisen, den Einiger des Reiches, das sich gerade, so Leiner, in einer *Zeit der inneren Befestigung* befand. Zwei Strategen des 1870/71er Krieges, Bismarck – *der Meister der Staatskunst* – und Moltke waren ebenfalls vertreten, wobei auch Zufälliges sich in die Sinnstiftung einbeziehen ließ: So sollte die geplante Moltkestraße zum bereits bestehenden Gasthaus »Frieden« führen, denn *der große Kriegsherr führte uns auch durch Krieg zum Frieden.* Friedrichs- und Luisen-Straße waren dem populären Großherzogspaar gewidmet, Luise hatte man, wie Leiner hinzufügte, überdies zu verdanken, dass der Kaiser die Stadt besuchte. Auch ihr Bruder Friedrich, zu diesem Zeitpunkt noch preußisch-deutscher Kronprinz, sollte eine Straße erhalten: die Kronprinzen-Straße, als geschwisterliche Fortsetzung der Luisen-Straße.

Die Namen für die Straßen im Dreieck zwischen Kaiser-Platz, Bahnlinie und Mainaustraße lieferte der Deutsch-Französische Krieg: Sedan-, Weißenburg- und Belfortstraße erinnerten an wichtige Stationen. General August von Werder wurde zugute gehalten, *den Einfall einer überlegenen französischen Armee mit seinen heldenmüthigen ausdauernden deutschen Kriegern abgehalten und gerade unser Land vor vielem Unglück bewahrt zu haben.* Mit der großzügigen Planung verband sich die Hoffnung, das um den Kaiser-Platz gelegene

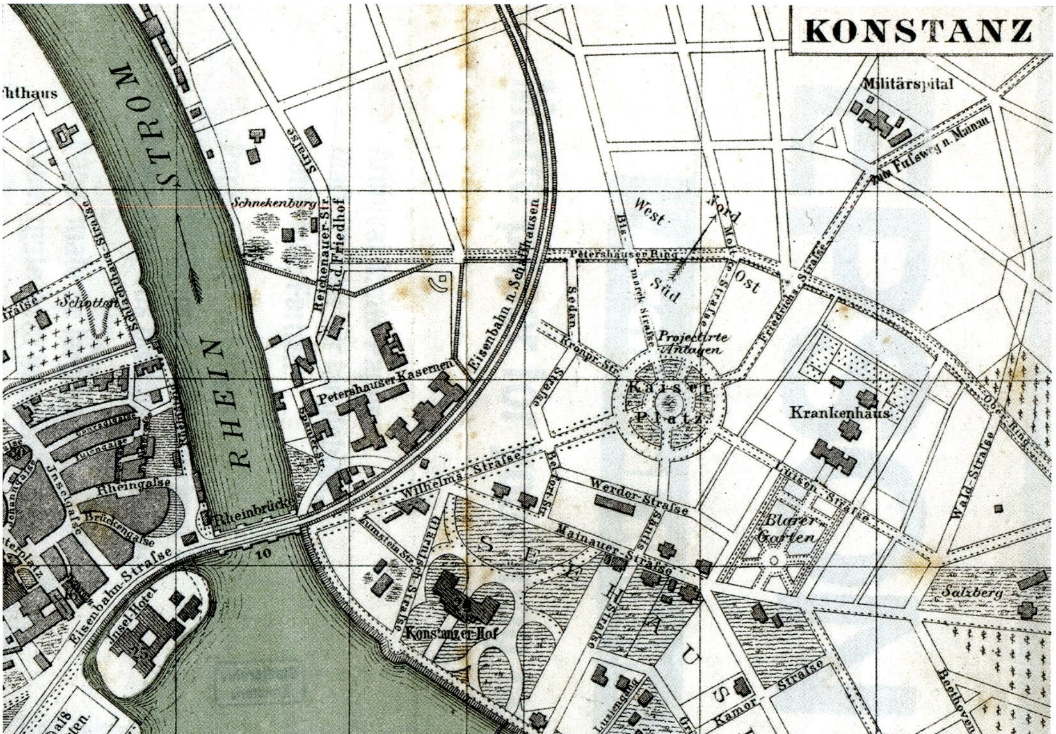

Abb. 5: Stadtplan (Ausschnitt) mit projektierten Straßen, Beilage zum Adressbuch 1884, StA Konstanz, Z IIa 166

rechtsrheinische Konstanz würde sich rasch zu einem gehobenen bürgerlichen Wohnviertel entwickeln, außer umfangreichen Baumpflanzungen waren *Lustgebüsche* für die Aufstellung von Denkmälern vorgesehen.

Ludwig Leiner war bestrebt, nicht nur die *wichtigen Begebenheiten der Vergangenheit* ins Straßennetz einzuschreiben, sondern auch die *Geschichte, die sich vor unsern Blicken in der Gegenwart abrollt.* Der Zeitungsbericht schloss mit einem Resümee und einem optimistischen Ausblick in die Zukunft: *Möge diese Arbeit mitbeitragen uns in unserm lieben Heim wie in einem wohlgeordneten Hause heimisch zu finden. Was weiter dazu kommt, soll in ähnlicher Art behandelt werden.* – Es kam anders. Während die von Leiner im Bereich der Altstadt eingeführten Namen noch heute gelten, findet man im rechtsrheinischen Konstanz nur wenige, auch die Straßenführung entspricht nicht dem damaligen Entwurf. Zwei Gründe sind hierfür maßgeblich: Zum einen entwickelte sich die Stadt keineswegs so glänzend wie erwartet, einige der projektierten Straßen wurden nie angelegt. Zum anderen wurden Benennungen verwirklichter Straßen später aufgehoben.

Die Bebauung der Seestraße, wo das Ufer schon in den 1860er Jahren befestigt worden war, erfolgte aufgrund der zögerlichen wirtschaftlichen Entwicklung erst ab 1896, und auch dort, wo der Kaiser-Platz vorgesehen war, tat sich erst einmal lange nichts. 1893 gestand Leiner ein: *Wenn ich heute wieder Vorschläge zu machen hätte, würden für neue Namen andere auf dem Plane stehen.* Gebäude wie Bewohner des neuen Quartiers entsprachen nicht der ursprünglich gehegten Vision: *Statt reichen Zuzüglern kam viel Proletariat, statt Fabrikpalästen kamen Arbeiterwohnungen.*[40] Einige Straßennamen hatten folglich *da, wo sie gemeint waren, keinen Sinn mehr.* Ernüchtert zweifelte Leiner generell an der Möglichkeit, in neuen Stadtvierteln *bestimmt für längere Zeit voraus Solches im Ganzen zu planen.* Trotz der Einsicht, dass sich die Rahmenbedingungen ändern konnten, war doch auch Enttäuschung spürbar, wenn er feststellte: *Auch mag man's machen, wie man's will, es wird doch immer daran getadelt, gemäckelt und geändert.*[41] Von *palastartigen Gebäuden* konnte jedenfalls keine Rede sein. Straßenführung und Grundstückseinteilung waren teilweise zugunsten einer leichteren Vermarktung verändert worden. Am Ende seines Lebens sah Leiner *für einen allgemeinen umfassenderen Nominirungsplan wohl kaum Veranlassung.*[42]

6. BADISCHE UND KATHOLISCHE MODIFIKATIONEN, ERSTE UMBENENNUNGEN

Ludwig Leiner starb 1901. Sein Sohn, Otto Leiner, beerbte ihn nicht nur als Hüter des historischen Erbes der Stadt im Rosgarten, sondern wirkte ebenfalls als Stadtrat bei der Straßenbenennung und distanzierte sich zum Teil von dessen Entscheidungen.[43] Anders als sein Vater, der den Glauben an die Beständigkeit großer konzeptioneller Würfe verloren hatte, versuchte er jedoch zunächst, den einmal gefassten Plan doch noch in Teilen zu retten, und entwarf, als dies nicht gelang, 1912 schließlich einen neuen, in der Hoffnung, es könnten um die erst drei Jahre zuvor fertiggestellte Volkschule in Petershausen herum Straßenbenennungen nach einem *bestimmten System* erfolgen.[44] Nach Großherzog Friedrich I. war dort bereits eine Straße benannt. Die schon von seinem Vater vorgesehene Luisenstraße sollte nun ebenfalls angelegt, jedoch anders geführt werden. Als Mittelpunkt und gleichsam semantisches Gravitationszentrum war der anstelle des Kaiser-Runds entstandene langgestreckte Platz zwischen Wilhelm- und Friedrichstraße vorgesehen: der Zähringerplatz, nach dem Adelsgeschlecht der Zähringer, auf das das badische Fürstenhaus seine Abstammung zurückführte. Die dynastische Geschichte und Mitglieder der großherzoglichen Familie lieferten die übrigen Namen: Bertold-, Hochberg- und Karl-Friedrich-Straße sollten das westlich des Platzes gelegene Schulgelände nach Süden, Westen und Norden einrahmen, östlich des Platzes Hilda- und Ludwigstraße als Verbindungen zur Luisenstraße abzweigen, zwischen denen wiederum die Viktoriastraße verlaufen sollte.[45]

Der Plan wurde beschlossen, dabei auch die Moltkestraße verlegt[46] – doch keine zwei Jahrzehnte später wechselten abermals die Bezeichnungen: Als im Sommer 1929 endlich der schon vor dem Ersten Weltkrieg beabsichtigte Kirchenneubau für Petershausen realisiert werden konnte, beantragte der Stiftungsrat der katholischen Gesamtkirchengemeinde für die angrenzenden Straßen gleich mehrere Umbenennungen, die von der Stadt alle bewilligt wurden.[47] Bereits zuvor hatte der Zentrumspolitiker Hugo Baur, ein engagierter Katholik, der sich auch in der Friedensbewegung und als Verfechter der Republik betätigte, bei Oberbürgermeister Moericke für neue Namen geworben: Konstanz habe *kein Interesse daran, das Preussentum durch Strassennamen zu verherrlichen, vielmehr sei es angebracht, die Verdienste von Konstanzer[n] der Nachwelt festzuhalten.*[48] Der die Gebhardskirche umgebende Platz sollte fortan Gebhardsplatz heißen, womit eine Verkürzung der Sedanstraße einherging. Die Hildastraße wurde auf Kosten der Ludwigstraße verschoben und ihr zur Luisenstraße hin gelegener Abschnitt nach Friedrich Hug benannt, einem früheren Reichstagsabgeordneten des Zentrums und Vorstand der katholischen Stiftungsverwaltung, der zur Ausstattung der Kirche beigetragen hatte. An die Stelle von Viktoria trat Gustav Brugier, langjähriger Münsterpfarrer und Verfasser einer Literaturgeschichte. Eine letzte Referenz erwies man städtischerseits jedoch dem Haus Baden, indem die nördlich der alten Ludwig- bzw. neuen Hildastraße verlaufende Straße nach Prinz Max benannt wurde, der im selben Jahr verstorben war: *zur Erinnerung an [...] dessen unvergessliches Wirken für die badische Heimat und das deutsche Vaterland.*[49] Damit hatte man schließlich doch noch einen zum *Taufgebiete* passenden Namen gefunden, obgleich der Bruch von 1918 eigentlich eine Benennung nach einem Mitglied der großherzoglichen Familie auszuschließen schien.[50] Max von Baden war der letzte Kanzler des Kaiserreichs, sein Name verknüpft mit dem Übergang zum Parlamentarismus und zur Republik.

8. NS-ZEIT

Kaum vier Jahre später wurden Benennungen unter gänzlich anderen politischen Verhältnissen wieder in Frage gestellt. Nicht nur der frühere Oberbürgermeister und Minister der Weimarer Republik Hermann Dietrich war den Nationalsozialisten ein Ärgernis, sondern auch Prinz Max. Nachdem schon 1934 eine Umbenennung gefordert worden war, reagierte Oberbürgermeister Albert Herrmann zwei Jahre später umgehend auf eine diesbezügliche Anfrage eines Ratsmitglieds: Er ließ das Straßenschild entfernen, obgleich noch kein neuer Name festgelegt war.[51] Zur Alternative standen immerhin auch vom Stadtarchiv vorgeschlagene *Namen von Personen der Konstanzer Kulturgeschichte*, auf die man sich nach dem Zweiten Weltkrieg wieder besinnen sollte, und ein Gewannname. Man entschied sich jedoch für *eine dritte Gattung [von] Namen, welche an Orte und Personen des heldenhaften Kampfes im Kriege 1914–18 erinnern und wert sind, den heranwachsenden und kommenden Geschlechtern immer wieder in das Gedächtnis zurückgerufen zu werden.*[52] Die Nähe zu den Straßen, deren Namen sich auf den Krieg von 1870/71 bezogen, bot ein weiteres Argument für die neue Langemarckstraße. Die ungeheuer verlustreichen Kämpfe beim belgischen Dorf Langemarck waren schon während des Ersten Weltkrieges verklärt worden: Angeblich hatten sich dort tausende junger Männer, das Deutschlandlied auf den Lippen, geopfert. Tatsächlich waren unerfahrene Soldaten gegen feindliche Maschinengewehre losgeschickt und reihenweise niedergemäht worden, ein militärischer Fehlschlag, der umgedeutet wurde zum Beweis treuer Vaterlandsliebe. So lautete denn auch die Begründung für den neuen Straßennamen: *Die vielen jungen Deutschen, welche bei Langemark [sic] mit einem Heldenmut für ihr Vaterland kämpften und starben, der in der Weltgeschichte einzig dasteht, verdienten es, daß zu ihrem Lobe und zur Mahnung an alle kommenden Geschlechter in jeder Stadt eine Straße, ein Platz oder ein Gebäude nach ihnen benannt wird.*[53] Dass der Konstanzer Stadler-Verlag im Einwohnerbuch 1937 ehemalige Straßennamen abdruckte, brachte ihm ein mahnendes Schreiben des Oberbürgermeisters ein, die Nennung hätte aus *nicht näher zu erörternden Gründen* unterbleiben sollen.[54] 1938 wurde schließlich noch der zwischen der neuen Bahnunterführung und dem Gebhardsplatz gelegene Teil der Wilhelmstraße umbenannt in »Straße der SA«: Wilhelm hatte für die Nationalsozialisten *keinerlei Bedeutung mehr.*[55]

9. SEMANTISCHE ENTMILITARISIERUNG

Dass Namen wie »Adolf-Hitler-Ufer«, »Straße der SA«, »Robert-Wagner-Straße« (nach dem Gauleiter von Baden) oder »Horst-Wessel-Brücke« das Kriegsende nicht lange überdauern konnten, muss nicht weiter erläutert werden. Anfang August 1945 erklärte jedoch Stadtrat Bruno Leiner, Sohn von Otto und Enkel von Ludwig Leiner, in einer Sitzung des Beschließenden Ausschusses, ihm gegenüber sei aus *verschiedenen Kreisen* der Wunsch geäußert worden, *auch die militärischen Namen in der Straßenbezeichnung auszumerzen*, worauf man übereinkam, er solle *demnächst einen geeigneten Vorschlag unterbreiten.*[56] Am 19. Oktober lag eine erste Liste mit Umbenennungsvorschlägen vor.[57] Darin fanden sich Straßen, deren Namen sich auf nach dem Ersten Weltkrieg verlorene und unter der NS-Herrschaft zurückerlangte Gebiete im Osten (Memelerstraße, Marienburger Straße, Danziger Straße)[58], mythisch überhöhte Schlachten (Tannenbergstraße, Langemarckstraße)[59] oder Jagdflieger des Ersten Weltkriegs (Boelcke, Immelmann, Richthofen)[60] bezogen ebenso wie eine, die noch immer nach einer NS-Größe benannt war: Während aus dem Adolf-Hitler-Ufer längst wieder die Seestraße geworden war, bestand knapp ein halbes Jahr nach Kriegsende noch immer eine Hermann-Göring-Straße. Dann jedoch wurde die Frage aufgeworfen, ob nicht *aus antimilitaristischen Gründen entsprechend dem seinerzeitigen Vorschlag* auch Bezüge auf den Krieg von 1870/71 *ausgemerzt* werden sollten. Mögliche neue Namen führte die Liste hier zunächst nur für Werder-, Belfort- und Weißenburgstraße auf, aber auch eine Umbenennung der Scharnhorst- und der Gneisenaustraße wurde schon angedacht und im November vollzogen. Gneisenau-, Scharnhorst- und Steinstraße rahmten das Areal der Jägerkaserne (eine am westlichen Ende projektierte Hardenbergstraße existierte noch nicht) und hatten ihren gemeinsamen Bezugspunkt in den preußischen Reformen, die auch heute noch als wichtig für die Erholung Preußens von der desaströsen Niederlage in den napoleonischen Kriegen angesehen werden. So betrachtet hatten die Protagonisten des Reformprozesses die Voraussetzungen geschaffen für die später errungenen Siege über Frankreich, hier lag gewissermaßen der Schlüssel zum Verständnis von 1813/15 wie 1870/71.

Erhalten blieb jedoch die Steinstraße, *da der Reichsfreiherr von Stein [...] den deutschen Gemeinden seinerzeit durch die Gemeindeordnung das Selbstverwaltungsrecht gab.*[61] Stein hatte seine Berechtigung nun nicht mehr als preußischer Reformer, sondern als Schöpfer kommunaler Autonomie. Mit der Umbenennung war der ursprüngliche Zusammenhang entfallen, nichts verbindet Stein mit dem Musiker Konradin Kreutzer und dem Dichter Gustav Schwab, die an die Stelle von Scharnhorst und Gneisenau traten. Ein weiterer Name stand trotz enger semantischer Verknüpfung allerdings nicht zur Debatte: 1924 hatte der Turnverein Konstanz angeregt, eine Straße nach dem »Turnvater« Friedrich Ludwig Jahn zu benennen: *Zu Ehren des Vorkämpfers für deutsches Wesen und für eine körperlich und geistig tüchtige Jugend zu einer Zeit, als auch Not und fremder Druck auf dem deutschen Volke lag, sowie zur steten Erinnerung an das Kreisturnfest in Konstanz.*[62] Altstadtrat Strauß hatte geraten, eine Jahnstraße im *Taufgebiet der die Befreiungskriege von 1813 vorbereitenden Männer* unterzubringen, wo sie seit 1927 die Steinstraße kreuzt.[63]

Aus der Chérisystraße, die ihren Namen einem kleinen Ort im Departement Pas-de-Calais verdankte, bei dem das Konstanzer 114er-Regiment im Mai 1917 erfolgreich gegen einen dreimal zahlreicheren englischen Gegner gekämpft hatte, wurde dagegen eine unverfängliche Eisenbahnstraße – sie führte jenseits der Bahntrasse in einem Bogen östlich am Klosterkasernengelände entlang. Heute existiert wieder eine Chérisy-Straße:

auf dem Gelände der erst 1936 gebauten ehemaligen Chérisy-Kaserne – umgeben von nach Opfern des Nationalsozialismus benannten Straßen.

Die in »antimilitaristischer« Absicht vorgenommenen Umbenennungen betrafen zunächst vor allem Straßen, die nach Personen benannt waren. So wurde auch die an August von Werder erinnernde Straße umgetauft in Buchnerstraße, nach dem Komponisten Hans Buchner (1483–1538), nicht aber weitere sich auf den Krieg von 1870/71 beziehende Straßen. Die Belfort- und Weißenburgstraße sollten *erhalten* bzw. eine Umbenennung *vorbehalten* bleiben.[64] Eine Anfang Mai 1946 an den Delegierten der Militärregierung übermittelte Liste *der derzeitigen Straßennamen in Konstanz [...], die für eine etwaige Umbenennung in Frage kommen*, führte dann erneut diese Namen auf.[65] Erst im Februar 1947 reagierte die französische Militäradministration mit der ›Bitte‹, vier Straßen umzubenennen: Außer der Sedan-, Belfort- und Weißenburgstraße wurde auch die Elsässerstraße beanstandet, die in der Liste vom Mai des Vorjahres gar nicht enthalten gewesen war.[66] Wie es scheint, wollte die französische Seite die Schmach der Niederlage von 1871 noch gründlicher vergessen machen und setzte der Stadt schließlich am 14. April ein Ultimatum: Binnen 24 Stunden sollten die bisherigen Straßenschilder entfernt und durch neue ersetzt werden.[67] Wie aus einer Bleistiftnotiz in den Unterlagen hervorgeht, hatte es Bedenken gegeben, den Namen »Elsässerstraße« zu ändern, da dort 1920 Elsässer angesiedelt worden seien.[68] Gleichwohl war eine Umbenennung jetzt unvermeidbar, bei der jedoch eine gewisse Ironie gewaltet haben mag: Aus den Elsässern wurden Alemannen, was sie dialektal und stammesgeschichtlich betrachtet ohnehin waren.[69] Die Weißenburgstraße wurde zur Hegaustraße, die Belfortstraße zum Alten Wall, die Sedanstraße als Verlängerung der Säntisstraße zugeschlagen.

Damit waren bis auf zwei alle Namen verschwunden, die an Krieg und Preußens Gloria erinnerten. Die vom alliierten Kontrollrat im Mai 1946 herausgegebene Direktive Nr. 30 enthielt keine entsprechenden Vorgaben.[70] Darin wurde zwar die Beibehaltung von Straßennamen untersagt, *die darauf abzielen, die deutsche militärische Tradition zu bewahren und lebendig zu erhalten, den Militarismus wachzurufen oder die Erinnerung an die nationalsozialistische Partei aufrechtzuerhalten, oder ihrem Wesen nach in der Verherrlichung von kriegerischen Ereignissen bestehen*. Jedoch fand sich dort auch die folgende Präzisierung: *Die Ausdrücke »militärisch« und »Militarismus« sowie der Ausdruck »kriegerische Ereignisse« im Sinne dieser Direktive beziehen sich auf Kriegshandlungen nach dem 1. August 1914 zu Lande, zu Wasser oder in der Luft und auf Personen, Organisationen und Einrichtungen, die mit diesen Handlungen in unmittelbarem Zusammenhange stehen*. Die Gründlichkeit, mit der in Konstanz vorgegangen wurde, ist wohl aus dem Zusammentreffen von lokaler Initiative und dadurch erhöhter Aufmerksamkeit der französischen Besatzer zu erklären. Freiburg im Breisgau[71] und Friedrichshafen besitzen bis heute eine Sedanstraße, im damals zur amerikanischen Besatzungszone gehörenden Teil Baden-Württembergs finden sich weitere, u. a. in Karlsruhe, Mannheim, Stuttgart und Ulm.[72]

1965 erhielt die nach dem Krieg rückbenannte Wilhelmstraße[73] den Namen des ersten Bundespräsidenten, Theodor Heuss, sodass allein die Moltkestraße übrigblieb von der ursprünglichen Idee, im rechtsrheinischen Konstanz die Gründung des Kaiserreichs erinnerungspolitisch im Stadtplan zu verankern. Einen kaum zu erschließenden konzeptionellen Zusammenhang in der Nomenklatur weisen nur noch Zähringerplatz, Friedrich- und Luisenstraße auf.

Als »Instrument von Geschichtspolitik und Erinnerungskultur« haben Straßennamen eine ähnliche Funktion wie Denkmäler.[74] Während viele Bezeichnungen mit wechselnder Deutungsmacht geändert wurden, sind außer Gemälden noch Büsten von Wilhelm I. im Stadtgarten und Friedrich III. (1892) am Sternenplatz oder der Bismarckturm (1912) auf dem Raiteberg erhalten. Aber auch der in den 1990er Jahren erneuerte Kaiserbrunnen auf der Marktstätte kann als Denkmal interpretiert werden, war er doch in seiner ursprünglichen Gestaltung, eine »Zwitterform zwischen Denkmal und Zierbrunnen«, der, was seltener vorkommt, »›patriotische Kulisse mit heimatlichen Bezügen‹ [...] verbindet.«[75]

10. DER KAISERBRUNNEN

1897 wurde auf der Marktstätte der Kaiserbrunnen eingeweiht. Finanziert wurde er überwiegend aus Mitteln eines Vermächtnisses des Konstanzer Bürgers Josef Wittmann. Ganz in der Nähe und in Sichtweite, am Eingang der Kanzleistraße, betrieb die Familie ein Geschäft – und hätte sich lieber einen *Wittmannsbrunnen* zum Andenken an den Stifter gewünscht.[76] Das Thema Kaiser war keineswegs durch die Stadt vorgegeben. Aus dem unter den ortsansässigen Bildhauern und Architekten ausgeschriebenen Wettbewerb ging der Entwurf von Hans Baur als Sieger hervor. Weitere Entwürfe Baurs sahen allegorische Figuren vor (zunächst Repräsentanten von »Nähr-, Lehr-, Wehr- und Handwerksstand«[77], dann von Bodan und Rhein und, wie auch ein vom Architekten Fritz Haible eingereichter Entwurf, die Figur einer Constantia[78]). Was die Kaiser betraf, beauftragte die Stadt einen Gutachter. Ludwig Leiner galt wie bei der Straßenbenennung als zuständige Autorität. Er empfahl Heinrich III., Barbarossa, Sigismund und Maximilian I., auch weil sie sich weniger neuzeitlich gewandet darstellen ließen; passend zum bereits nach dem Krieg von 1870/71 errichteten Siegesdenkmal am anderen Ende des Platzes sollte der Brunnen im Stil der Renaissance ausgeführt werden. Über Auswahl und Bedeutung der einzelnen Kaiser wurde diskutiert, wobei sich Leiner unideologisch gab und erklärte, *dass mir in erster Linie die Errichtung eines schönen Brunnens auf der Marktstätte überhaupt am Herzen liegt.*[79] Statt Sigismund wurde schließlich doch Wilhelm I. unter die vier Kaiser aufgenommen – Leiner hatte zunächst auf die bereits vorhandene Büste im Stadtgarten verwiesen –, um *damit gegenüber der Auswahl der für die Geschichte der Stadt Konstanz besonders wichtigen Kaiser mehr den Gesichtspunkt größerer Geschichtsepochen* zur Geltung zu bringen.[80]

Ludwig Leiner war zwar der Auffassung, *dass dessen Hosen nicht recht zu den Harnischen seiner alten Collegen passen wollen*, doch dank der Brunnenarchitektur schien dieser ästhetische Mangel *nicht störend.*[81] Ein Leser der Konstanzer Zeitung befand: *Der schlichte preußische Soldatenhelm Kaiser Wilhelms I. sieht neben den malerischen Kopfbedeckungen der 3 übrigen Kaiser fast ein wenig nüchtern aus. [...] Der Feldstecher und das dazugehörige Futteral sind zu modern-alltägliche Requisiten und charakterisieren die Thätigkeit des alten Kaisers zu einseitig.*[82] Insgesamt aber freute man sich darüber, dass die Stadt um eine Zierde reicher geworden war. – 1942 wurden die galvanoplastischen Figuren wie auch die Nike des Siegesdenkmals zu Kriegszwecken eingeschmolzen. Jahrzehntelang blieb der Obelisk in der Brunnenschale ohne Schmuck.

Im Mai 1990 entschied der Gemeinderat, den Bildhauer Gernot Rumpf, der bereits an verschiedenen Orten lokalgeschichtlich anspielungsreiche Brunnen gebaut hatte, mit einer Neugestaltung des Kaiserbrunnens zu beauftragen. Über die den Künstler leitenden Gedanken klärte nach der Vollendung eine vom Kulturamt der Stadt herausgegebene Broschüre auf: *Das Atelier Rumpf lehnt ein historisierendes Wiedererstehen der ehemals vorhandenen Kaiserfiguren ab. Ein rein verherrlichendes Gestalten jener Persönlichkeiten sei nicht mehr zeitgemäß.* Auch die *menschlichen Schwächen der Kaiser* sollten erkennbar werden, Rumpf wollte *die Phantasie anregen.* Indem er nicht nur die Nischen mit neue Skulpturen versah, sondern auch die unmittelbare Umgebung einbezog, sollte der Brunnen zum begehbaren Kunstwerk werden: *»Die Kaiser«, sagt Rumpf, »sind nicht mehr isoliert zu betrachten, sondern nur im Ensemble, gemeinsam mit den Menschen, die in die Komposition buchstäblich hineinlaufen können. Der Mensch wird in die Konzeption integriert, er wird zum Bestandteil selbst u. zum Akteur. Die Bronzeplastiken treten aus dem musealen Sinn des Wortes und sie können von der Bevölkerung, von den Kindern, in Besitz genommen werden.«*[83] Nicht *in Besitz genommen werden* konnten zwei Kaiser, die die Broschüre nicht namentlich nennt, denn Rumpf hatte eine andere Auswahl getroffen. Von den vier ursprünglich vorhandenen Figuren kehrten nur zwei in neuer Gestalt zurück: Barbarossa und Maximilian I. Statt Heinrich III. nahm eine Nische nun Otto I. auf, ein achtbeiniges Ross neben der Brunnenanlage erinnerte zusätzlich an Friedrich II.[84] Die vierte Nische war verschlossen mit einer Tür, deren linker Flügel

Abb. 6: Kaiserbrunnen mit Wilhelm I. in der dem Bodensee zugewandten Nische, StA Konstanz, Z I Sammlung Wolf H11-745

sich unten leicht aufwölbte, neugierig machte, ohne jedoch den Blick freizugeben: Ein *Hinweis darauf* – so die Broschüre –, *daß Geschichte auch immer Geheimnis bedeutet, daß vieles im Verborgenen bleibt und bleiben muß. An Sichtbarem, Faktischen, an bestimmten Personen und Ereignissen macht sich unser Bewußtsein von geschichtlichen Abläufen fest, wogegen das eigentliche Geschehen auf einer Ebene liegt, die sich nicht verfügbar machen läßt, die sich entzieht. In diesem Zusammenhang steht die Tür symbolisch sowohl für das Verborgene der Vergangenheit wie auch das Ungewisse der Zukunft.*[85] Verzichtet hatte Rumpf auch auf Wilhelm I.; sein Standbild war in der zum See hin gelegenen Nische des Obelisken platziert, mit Blick auf das Siegesdenkmal. Letzteres hatte man schon im Krieg vollständig abgetragen, sodass der räumliche Bezug nicht mehr bestand.

SCHLUSS

Preußen gibt es längst nicht mehr, Berlin scheint am Bodensee fern. Doch in Konstanz finden sich noch immer Spuren einer einst engeren Beziehung. Die schleppende wirtschaftliche Entwicklung ließ den optimistischen Plan eines die Reichsgründung verherrlichenden neuen Stadtteils zwar schon zu Lebzeiten Ludwig Leiners obsolet werden. Kriege, Diktatur und Besatzung führten dazu, dass Straßennamen und Denkmäler verschwanden. Dennoch stößt man noch immer auf ›Preußisches‹. Das Stadtbild ist weitgehend intakt, einige Denkmäler, Fassadenmalereien und ehemalige Kasernen sind erhalten. Deutlich wird aber auch, dass versucht wurde, die einst enge Beziehung vergessen zu machen oder zu ›verbergen‹ und nach neuen Identifikationspunkten in der Stadtgeschichte zu suchen: So wird in Konstanz gelegentlich noch behauptet, der badische Revolutionär Friedrich Hecker habe vom Balkon der zum Stadthaus umgebauten Franziskanerkirche im April 1848 die Republik ausgerufen. 1998 wurde dort zum 150-jährigen Jubiläum der Revolution ein Majolika-Relief des Künstlers Johannes Grützke angebracht, das Hecker als charismatischen Redner zeigt, die populäre Legende damit scheinbar bestätigend. Obgleich es nicht nur keinerlei Belege für eine Ausrufung der Republik gibt, weder vom Balkon noch im dahinterliegenden Bürgersaal, sondern einiges dagegen spricht, verweist noch immer eine Inschrift darunter auf das bedeutende Ereignis, das hier stattgefunden haben soll.[86]

Das absichtsvolle Vergessen ist zum Teil erfolgreich gelungen: Wer kennt noch die ›preußischen‹ Straßennamen? Vielleicht erklärt dieses erfolgreiche Vergessen auch den Verzicht auf Wilhelm I. bei der Neugestaltung des Kaiserbrunnens besser als ein intendiertes Verschweigen: Denkbar als *Geschichte zum »Anfassen«* wäre sonst entsprechend der dem Künstler im Gemeinderat attestierten *spielerische[n] Phantasie mit [...] historischen Bezügen*[87] auch die Aufstellung eines Wilhelm als »Kartätschenprinz« gewesen, der 1848 empfohlen hatte, auf Revolutionäre mit Kanonen zu schießen – was keineswegs ein *Geheimnis* ist und nicht im *Verborgenen* hätte bleiben müssen. Eine solche Anspielung könnte man heute wiederum zum kurz darauf entstandenen Hecker-Relief in Beziehung setzen. Aber Wilhelm I. schien entweder keine Bedeutung mehr zu haben oder aber doch die Harmonie des Brunnens zu stören. Möglicherweise sind auch Vergessen und ›Verbergen‹ des ›Preußischen‹ in der Stadtgeschichte und die »Begeisterung für die Demokraten von [1848] als Vorkämpfer einer (nicht genauer definierten) ›Freiheit‹ gegen die Dunkelmänner der ›Reaktion'«[88] zwei Seiten derselben Medaille: einer Zurichtung des Historischen für den alltäglichen Gebrauch, der das Unbequeme und Ungereimte meidet.

Dass das Stichwort »Preußen« noch immer Reflexe auslösen und für Aufregung sorgen kann, zeigen jedenfalls die Reaktionen auf das geplante Belehnungsfest. Ob das historische Ereignis und seine Folgen zu komplex sind, um in irgendeiner Form unter Beteiligung der Bürger in Erinnerung gebracht zu werden, wird sich im Jahr 2017 zeigen.

Eine preußische Spur gibt es schließlich, die auf besondere Weise ›verborgen‹, den Blicken entzogen ist, doch kann man sie gewissermaßen hören: Für die 1873 eingeweihte evangelische Lutherkirche stiftete der Großherzog drei Glocken.[89] Die größte, die Freiheitsglocke, trägt das badische Wappen und musste bereits 1976 aus statischen Gründen vom Turm geholt werden. Seither ist sie vor der Kirche aufgestellt. Die beiden anderen läuten noch: die Friedensglocke mit dem Konstanzer Wappen und die Freundschaftsglocke – mit dem preußischen.

Anschrift des Verfassers:
David Bruder M.A., Zollernstraße 15, D–78462 Konstanz
David.Bruder@uni-konstanz.de

ANMERKUNGEN

1 Dass auch in Konstanz die republikanische Gesinnung keineswegs besonders gefestigt war, zeigen die Reaktionen auf den Auftritt Heckers im April 1848. Vgl. Zang, Gert: Der Bodenseeraum als Hort des Republikanismus?, in: Zeitschrift des Breisgau-Geschichtsvereins »Schau-ins-Land« 118 (1999), S. 93–111.

2 So Ruth Bader, Geschäftsführerin des mit der Organisation beauftragen Eigenbetriebs der Stadt Konstanz »Konzilstadt Konstanz«, mündlich am 19.12.2014.

3 *»Es [die Belehnung] war damals neben den kirchlichen Feiern das größte Ereignis der Konzilzeit. Daran wollen wir uns freudvoll und mit viel Kreativität erinnern«, sagt Gerhard Schlaich, einer der Initiatoren der Gruppe »Bürgerschaftliches Engagement Konziljubiläum«. Im Zentrum der Feierlichkeiten soll ein großer mittelalterlich gewandeter Umzug durch Konstanz stehen und ein Fest auf verschiedenen Plätzen in der Stadt. 47 Vereine haben bereits signalisiert, dass sie sich in irgendeiner Form an dem Wochenende beteiligen wollen.* Südkurier, 2.12.2010.

4 VR 929; Südkurier, 20.9.2011.

5 Südkurier, 19.1.2013.

6 Till Seilers (FGL) Beitrag erschien zunächst in der Januar-Ausgabe des »Subkurier« der Freien Grünen Liste (http://www.fgl-konstanz.de/media/subkurier/subkurier%20januar%202011.pdf, zuletzt aufgerufen am 17.12.2014) und am 13.1.2011 schließlich auch auf seemoz (http://www.seemoz.de/moment-mal/disneyland-in-konstanz/, zuletzt aufgerufen am 17.12.2014).

7 Der Anspruch, dabei einen vollständigen Literaturbericht zu liefern, wird nicht erhoben.

8 »1916 erlebte das Historiendrama ›Könige‹ (nach Uhlands Drama ›Ludwig der Baier‹, 1819) am Burgtheater [...] im Zuge der patriotischen Begeisterung einen derart triumphalen Erfolg, daß es bald darauf in Berlin und dann an allen deutschsprachigen Theatern gespielt wurde. Nach einer Aufführung in München zeigte sich M. in Uniform auf der Bühne.« STEINER, Uwe C.: »Müller-Einigen, Hans« in: Neue Deutsche Biographie 18 (1997), S. 492–494, hier S. 493. Müllers Stücke und Kriegsdichtungen waren ungeheuer populär, auch als Drehbuchautor und Librettist trat er hervor, u. a. für »Im weißen Rössl« (1930). Als die UFA im März 1933 ihren jüdischen Mitarbeitern kündigte, war auch Müller betroffen.

9 Konstanzer Zeitung, 18.4.1917, hier auch das folgende Zitat.

10 BURCHARDT, Lothar: Konstanz im Ersten Weltkrieg, in: DERS./SCHOTT, Dieter/TRAPP, Werner: Konstanz im 20. Jahrhundert. Die Jahre 1914 bis 1945, Konstanz 1990, S. 12.

11 SALDERN, Adelheid von: Hermann Dietrich. Ein Staatsmann der Weimarer Republik, Boppard 1966, S. 6.

12 Die Straße wurde 1936 umbenannt in Beyerlestraße und heißt bis heute so. Hermann Dietrich (1879–1954) wirkte nach dem Zweiten Weltkrieg noch mit am Aufbau der Demokratischen Volkspartei, einer der Vorläuferparteien der FDP im Südwesten. Obgleich Konstanz nur eine Station seiner Karriere war, wurde er dort beigesetzt. Sein politisches Wirken wird als erfolgreich eingestuft. Vgl. FRÖHLICH, Jürgen: »He served the German people well.« Der politische Weg Hermann Dietrichs vom badischen Nationalliberalen zum baden-württembergischen Freien Demokraten, in: ZGO 153 (2005), S. 619–640.

13 LENFANT, Jacques: Histoire du Concile de Constance, Amsterdam 1727, Bd. 1, Epître dédicatoire. Lenfant führt weiter aus: *Eine unermüdliche Hingabe an die Arbeit, eine Wachsamkeit und eine unablässige Tätigkeit, eine geistige Auffassungsgabe, der nichts entging, was dem Staat zum Nutzen oder zum Ruhm gereichen konnte, eine Aufmerksamkeit besonders für die Erleichterung und die Sicherheit seiner Völker, indem er die Finanzen gut verwalten und seine Truppen strikte Disziplin wahren ließ, eine gänzliche Abkehr von Gepränge und Luxus, ein einzigartiges Halten am Wirklichen und Dauernden, worin die wahre Größe besteht. Dies war das Wesen Friedrichs, und wie all die, die die Ehre haben, Eurer Majestät gegenüberzutreten, einhellig sagen, das Eure, welch große Wirkungen ist man nicht berechtigt zu erwarten von der glücklichen Verbindung solch ausgezeichneter Anlagen! Möget Ihr, Sire, während einer langen Folge von Jahren all diese Wesenszüge erfüllen und zugleich die Erwartungen Eurer Völker durch die Weisheit, die Gerechtigkeit, die Sanftmut und die Standhaftigkeit Eurer Regierung!* (Übersetzung durch den Verf.)

14 Ein extremes Beispiel: Heinrich von Treitschke.

15 MARMOR, Johann: Geschichtliche Topographie der Stadt Konstanz und ihrer nächsten Umgebung mit besonderer Berücksichtigung der Sitten- und Kulturgeschichte derselben, Konstanz 1860, S. 151.

16 MARTENS, Wilhelm: Geschichte der Stadt Konstanz, Konstanz 1911, S. 171.

17 LAIBLE, Joseph: Geschichte der Stadt Konstanz, Konstanz 1921 [1896], S. 47f.

18 HOFMANN, Albert von: Die Stadt Konstanz, Stuttgart/Berlin 1922, S. 136f.

19 FEGER, Otto: Schwäbisch-Alemannische Demokratie. Aufruf und Programm, Konstanz 1946. Siehe dazu KLÖCKLER, Jürgen: Abendland – Alpenland – Alemannien. Frankreich und die Neugliederungsdiskussion in Südwestdeutschland 1945–1947, München 1998.

20 FEGER, Otto: Konstanz. Aus der Vergangenheit einer alten Stadt, Konstanz 1947; ders.: Kleine Geschichte der Stadt Konstanz, Konstanz 1957.

21 FEGER, Otto: Schicksalsstunde vor 545 Jahren. Die Verleihung der Mark Brandenburg an den Burggrafen Friedrich von Hohenzollern, in: Bodensee-Hefte 3 (1962), S. 88.

22 MAURER, Helmut: Konstanz im Mittelalter. II. Vom Konzil bis zum Beginn des 16. Jahrhunderts (Geschichte der Stadt Konstanz, Bd. 2), Konstanz 1989, S. 39.

23 SEUFFERT, Ralf: Konstanz. 2000 Jahre Geschichte, Konstanz ^{2}2013, S. 54. – Keine Erwähnung bei Zang, Gert: Kleine Geschichte der Stadt Konstanz, Leinfelden-Echterdingen 2010.

24 Die Bilder wurden im Auftrag der Stadt vom Augsburger Maler Ferdinand Wagner ausgeführt.

25 Konstanzer Zeitung, 24.5.1864.

26 Vgl. FEKETE, Julius: Carl von Häberlin, in: TADDEY, Gerhard (Hg.): Lebensbilder aus Baden-Württemberg, Bd. 21, Stuttgart 2005, S. 290f.

27 PECH, Peter Wilhelm: Carl von Haeberlin (1832–1911). Studien zu Leben und Werk eines Akademieprofessors in Stuttgart in der zweiten Hälfte des 19. Jahrhunderts, Diss. Univ. Tübingen 1982, S. 141. – Häberlin hatte in Konstanz zuvor bereits den

Kreuzgang des zum Inselhotel umgebauten ehemaligen Dominikanerklosters ausgemalt (1887–1896).

28 FEKETE (wie Anm. 26), S. 286, nennt einen Bericht in der Leipziger illustrierten Zeitung vom 9. August 1906.

29 Häberlin malte den Besuch Wilhelms II. insgesamt dreimal, außer den Wandbildern am Obermarkt und im Inselhotel existiert auch noch ein Gemälde im Rathaus.

30 Bodensee-Rundschau, 3.2.1936.

31 Das Gebäude entspricht in seiner Anlage und Fassadengestaltung weitgehend den ursprünglich vier für die Preußische Hauptkadettenanstalt in Lichterfelde errichteten Bauten, von denen nur einer den Zweiten Weltkrieg überdauert hat und heute durch das Bundesarchiv genutzt wird. Vgl. BOYKEN, Immo: Baugeschichtliche Überlegungen zur ›Klosterkaserne‹ in Konstanz, in: Erhalten historisch bedeutsamer Bauwerke, Berlin 1986, S. 111–141.

32 Ursprünglich existierten drei Fassungen: Die beiden ersten (1877 für das Berliner Stadtschloss und 1882 für die Ruhmeshalle im Berliner Zeughaus) wurden im Zweiten Weltkrieg zerstört, jedoch existieren Fotografien. Die dritte, die Bismarck 1885 als Geschenk erhielt, befindet sich heute im Bismarck-Museum Friedrichsruh. Zur Entstehung und zu den Unterschieden siehe GAEHTGENS, Thomas W.: Anton von Werner. Die Proklamierung des Deutschen Kaiserreiches. Ein Historienbild im Wandel preußischer Politik, Frankfurt a.M. 1990.

33 Staatliche Kunsthalle Karlsruhe, 1901/1909.

34 ZEPPELIN, Eberhard Graf: Kaiser Wilhelm I. am Bodensee, in: Schrr VG Bodensee 17 (1888), S. 35–53.

35 BRAUMANN-HONSELL, Lilly: Kleine Welt – große Welt. Frauen erleben ein Jahrhundert am Bodensee, Konstanz 1981 [[2]1951]. Der Vater der Autorin war in den Sommermonaten Arzt auf der Mainau.

36 Siehe ZEPPELIN (wie Anm. 34) S. 48–51.

37 Ebd., S. 43.

38 »Immer mehr [...] lerne ich den Fluch verachten, den dieses dunkle Pfaffenthum über Constanz brachte, und möchte die Namen, welche an sein Treiben erinnern, jetzt sehr eingeschränkt wissen.« Ludwig Leiner, Ein Vorschlag zur neuen Benennung und Nummerirung der Strassen und Plätze von Constanz. 1876, StA Konstanz S II 12451.

39 Konstanzer Zeitung, 22.11.1876, Hervorhebungen im Original. Dort auch die folgenden Zitate zur Bedeutung der Straßennamen.

40 Ludwig Leiner, 29.9.1893, StA Konstanz S II 12451. Hervorhebung im Orig.

41 Ludwig Leiner, 9.12.1898, StA Konstanz S II 12451.

42 Ludwig Leiner in einem seiner letzten Gutachten vom 28.11.1899, StA Konstanz S II 12451. Die Idee des großen Kaiser-Platzes ging demnach auf Karl Delisle zurück.

43 So bedauerte er u. a., *dass die St. Paulstrasse der Hussenstrasse weichen musste.* Otto Leiner, 18.6.1905, StA Konstanz S II 12451.

44 Im Sommer 1906 hatte Otto Leiner noch an der Bezeichnung »Kaiserplatz« festgehalten, die vorhandene Bismarckstraße sollte umbenannt werden und eine neue Bismarckstraße südlich der neuen Volksschule in den nun rechteckigen Platz von Westen einmünden. Otto Leiner, 10.6.1906, StA Konstanz S II 12451; Otto Leiner an Stadtrat, 12.2.1912, StA Konstanz S II 4162.

45 Berthold I. galt als Stammvater des großherzoglichen Hauses; die Hochbergstraße bezog sich laut Otto Leiner auf die Markgrafschaft Hochberg, könnte jedoch auch als Anspielung auf die zweite Ehefrau Karl-Friedrichs verstanden werden, die Großmutter Friedrichs I., die zur Gräfin von Hochberg erhoben worden war; Karl-Friedrich war unter Napoleon vom Markgrafen zum Großherzog aufgestiegen; Viktoria (seit 1907 Königin von Schweden) und der bereits 1888 verstorbene Ludwig waren Friedrichs I. und Luises nach dem Erbgroßherzog Friedrich geborenen Kinder, Hilda die Frau Großherzog Friedrichs II.

46 An der Stelle, an der heute die Moltkestraße verläuft, hatte Otto Leiner zunächst noch eine Wörthstraße vorgesehen, ergänzend zu den auf 1870/71 bezogenen Straßen. Da jedoch die Moltkestraße in Wollmatingerstraße umbenannt werden sollte, kam es zur Verlegung. Otto Leiner an Stadtrat, 12.2.1912, StA Konstanz S II 4162.

47 Kuenzer an OB Moericke, 10.7.1929 und Stadtratssitzung vom 14.11.1929, StA Konstanz S II 4162.

48 OB Moericke, 29.3.1929, StA Konstanz S II 4162. Außer einem St. Gebhardsplatz habe Baur die Namen Hug, Beyerle und Brugier genannt. Zu Baur siehe KITZING, Michael: Hugo Baur – ein fast vergessener Konstanzer Zentrumspolitiker zwischen Monarchie und Republik, in: Hegau 67 (2010), S. 229–242.

49 OB Moericke an Prinzessin Max, 15.11.1929, StA Konstanz S II 4162.

50 Stadtrat Strauß hatte zuvor dahingehende Bedenken geäußert. Strauß, 1.7.1929, StA Konstanz S II 4162.

51 OB Herrmann an Kunzmann, 26.9.1936, StA Konstanz S II 4162.

52 Vermessungsamt an OB Herrmann, 28.10.1936, StA Konstanz S II 4162.

53 Ebd.

54 OB Herrmann an Firma Stadler, 15.2.1937, StA Konstanz S II 4162. Betroffen waren auch der Dietrichweg und die Hildastraße.

55 Hildenbrand an OB Herrmann, 18.2.1938.

56 Auszug aus der Niederschrift über die Sitzung des Beschließenden Ausschusses vom 3.8.1945, StA Konstanz S II 17010.

57 Bruno Leiner an OB, 19.10.1945, StA Konstanz S II 17010.

58 Die Interessengemeinschaft der Heimatvertriebenen in Baden bemühte sich 1950 um eine Rückbenennung von 1945 umbenannten Straßen mit Bezug auf den ehemals deutschen Osten. Wie aus einer Stellungnahme des Vermessungsamtes hervorgeht, hätte nach Ansicht des Behördenvertreters auch 1945 keine Notwendigkeit einer Änderung bestanden. Prinzipiell war man bereit, den Heimatvertriebenen entgegenzukommen, jedoch wurde auf den mit einer Umbenennung verbundenen Verwaltungsaufwand und die dadurch verursachten Unannehmlichkeiten für die Anwohner verwiesen. Stattdessen wurde eine Wiedereinführung der Namen an anderer Stelle nahegelegt. Interessengemeinschaft der Heimatvertriebenen in Baden an OB, 25.7.1950 und Vermessungsamt an OB, 14.8.1950, StA Konstanz S II 17010. Eine Danziger Straße gibt es heute an anderer Stelle in Konstanz, außerdem weitere nach Städten in den früheren Ostgebieten benannte Straßen wie die Königsberger, Stettiner, Breslauer und Allensteiner Straße.

59 Umbenannt in Winkelstraße und Konrad-Witz-Straße (Maler der ersten Hälfte des 15. Jahrhunderts).

60 Umbenannt in Reute-, Bückle- und Hardtstraße. Eine Boelcke- und eine Immelmannstraße gibt es bspw. heute noch in Radolfzell.

61 Sitzung des Beschließenden Ausschusses vom 23.11.1945, StA Konstanz S II 17010.

62 Auszug aus dem Schreiben des Turnvereins Konstanz 1862 e.V. vom 28.10.1924, StA Konstanz S II 4162.

63 Strauß an OB Moericke, 11.11.1924, StA Konstanz S II 4162; Stadtratssitzung vom 17. November 1927, StA Konstanz S II 4162.

64 Notiz zur Besprechung vom 19.11.1945 bzw. Sitzung des Beschließenden Ausschusses vom 23.11.1945, StA Konstanz S II 17010. U. a. war auch eine Umbenennung des Wilhelm-von Scholz-Weges im Gespräch, die schließlich erst Jahrzehnte später erfolgen sollte. Grund war die Haltung des Autors zum NS, weshalb in diesem Zusammenhang nicht weiter auf den Fall eingegangen werden muss.

65 An den Herrn Delegierten der Militärregierung des Kreises Konstanz, 2.5.1946, StA Konstanz S II 17010.

66 Degliame an OB, 15.2.1947, StA Konstanz S II 17010. In diesem ersten Schreiben war noch in diplomatischer Zurückhaltung formuliert worden »Je vous prie de bien vouloir [...]« bzw. »Ich bitte Sie [...]«.

67 Degliame an OB, 14.4.1947, StA Konstanz S II 17010.

68 Vermessungsamt an OB, 10.3.1947, StA Konstanz S II 17010.

69 Auszug aus der Niederschrift über die 2. Stadtratssitzung am 2.4.1947, StA Konstanz S II 17010.

70 http://www.verfassungen.de/de/de45–49/kr-direktive30.htm, zuletzt aufgerufen am 28.12.2014.

71 Erst 2007 verschwand der Werderring im Zusammenhang mit der 500-Jahr-Feier der Freiburger Universität. Er wurde umbenannt in Werthmannstraße, nach Lorenz Werthmann, dem Gründer des Deutschen Caritasverbandes. Der frühere Werthmannplatz heißt nun Platz der Universität. An Werder erinnert noch das Siegesdenkmal.

72 Es sind Zweifel an der Einschätzung von Rainer Pöppinghege angebracht, der vermutet, »in nichtpreußischen und katholischen Gegenden« habe man sich »leichter vom nationalistischen Erbe distanziert«. So gibt es z.B. in Freiburg nach wie vor u. a. eine Boelcke-, Richthofen- und Langemarckstraße. In Langenau, wo nach Pöppinghege Immelmann, Boelcke, Roon und Mackensen verschwanden, gibt es immer noch eine Wörth- und eine Bismarckstraße. Inwiefern hier vielleicht doch mancherorts eine »südwestdeutsche liberale Tradition« gewirkt haben könnte, bleibt spekulativ. Siehe Pöppinghege, Rainer: Wege des Erinnerns. Was Straßennamen über das deutsche Geschichtsbewusstsein aussagen, Münster 2007, S. 83.

73 Die heutige Conrad-Gröber-Straße war ursprünglich die Fortsetzung der Wilhelmstraße, die durch den Bau der Bahnunterführung ihren Charakter als zusammenhängende Straße verloren hatte. Als der Richtung Zähringerplatz gelegene längere Abschnitt

1938 umbenannt wurde, behielt der kürzere, zur Seestraße führende den alten Namen. Nach dem Krieg wurde er umbenannt in »Gouvernement-Straße« (an der Seestraße befand sich der Sitz der französischen Militärregierung).

74 Vgl. u. a. FRESE, Mathias: Fragwürdige Ehrungen!? Straßennamen als Instrument von Geschichtspolitik und Erinnerungskultur, Münster 2012; STACHEL, Peter: Stadtpläne als politische Zeichensysteme. Symbolische Einschreibungen in den öffentlichen Raum, in: JAWORSKI, Rudolf/STACHEL, Peter (Hg.): Die Besetzung des öffentlichen Raumes. Politische Plätze, Denkmäler und Straßennamen im europäischen Vergleich, Berlin 2007, S. 13–60, bes. S. 31.

75 STATHER, Martin: Der Kaiserbrunnen auf der Marktstätte. Zur Geschichte eines Konstanzer Monuments, in: Konstanzer Almanach 31 (1985), S. 57–61, hier S. 57. Das Zitat im Zitat stammt laut Stather von Peter Bloch, ohne weitere Quellenangabe.

76 Konstanzer Zeitung, 27.5.1893.

77 Ludwig Leiner, 2.5.1893, StA Konstanz S II 15992.

78 Vgl. STATHER (wie Anm. 75) S. 57f. und Konstanzer Zeitung, 31.10.1897.

79 Ludwig Leiner an OB Weber, 3.8.1896, StA Konstanz S II 15992. Hervorhebungen im Original. Auch Konrad Beyerle hatte sich an der Diskussion beteiligt und geraten, Heinrich III. und Barbarossa gegen Heinrich VI. und Friedrich II. zu tauschen. Konstanzer Nachrichten, 4.8.1896.

80 Stadtrat an Ludwig Leiner, 16.4.1896, StA Konstanz S II 15992. Am Ende stand also ein Kompromiss: Nicht nur die Beziehung der Kaiser zu Konstanz war ausschlaggebend, ihre Anwesenheit genügte, wenn sie zugleich als Repräsentanten einer Epoche gelten konnten.

81 Ludwig Leiner an OB Weber, 3.8.1896, StA Konstanz S II 15992. Da Leiner sein Schreiben auf den 3. August datiert, lag ihm der am 4. August in den Konstanzer Nachrichten erschienene Beitrag Beyerles, auf den er sich bezieht, offenbar schon vor.

82 Konstanzer Zeitung, 31.10.1897.

83 Kulturamt der Stadt Konstanz (Hg.): Der Kaiserbrunnen auf der Marktstätte, Konstanz 1994, S. 10. Der Gedanke einer Inbesitznahme des Brunnens durch die Bürger, insbesondere durch die Kinder, war auch bei dem ebenfalls Kaiserbrunnen genannten, 1987 vollständig neu entstandenen Brunnen in Kaiserslautern, maßgeblich. Vgl. HAUSEN, Hans-Günter: Der Kaiserbrunnen von Gernot Rumpf, Konstanz 1990.

84 Zur Bedeutung der einzelnen Figuren vgl. Kulturamt der Stadt Konstanz (wie Anm. 83). Otto I. war schon von Beyerle vorgeschlagen worden. Siehe Anm. 79.

85 Ebd., S. 20.

86 Vgl. Revolution im Südwesten. Stätten der Demokratiebewegung 1848/49 in Baden-Württemberg, hg. v. der Arbeitsgem. hauptamtl. Archivare im Städtetag Baden-Württemberg, Karlsruhe [2]1998, S. 331. Quellen der Protagonisten vom April 1848, die allesamt keinen Hinweis auf eine Ausrufung der Republik in Konstanz bieten, hat vor inzwischen schon rund 40 Jahren Alfred Diesbach in einem Beitrag versammelt: DERS.: Friedrich Hecker verkündet am 12. April 1848 vom Balkon des Stadthauses Konstanz aus die deutsche Republik – Wahrheit oder Legende?, in: Konstanzer Almanach 20 (1974), S. 39–46. Bernd Wunder vertritt sogar die Auffassung, dass gerade Heckers Verzicht auf eine dezentrale Ausrufung der Republik in Konstanz (und anderen Orten) ein strategischer Fehler gewesen sei, der sein Scheitern erklärt: DERS.: Das Scheitern des Heckerzuges 1848, in: Schrr VG Bodensee 117 (1999), S. 228–243. – Grützke gelang immerhin auch eine wenig schmeichelhafte Darstellung der zaudernden Konstanzer.

87 Konstanzer Almanach 40 (1994), S. 48. So auch Berthold Schlegel in einem Beitrag für den Konstanzer Almanach 41 (1995), S. 43 f., in dem er noch einmal ausführlicher auf den neuen Brunnen eingeht, wobei sich leider Fehler eingeschlichen haben, die Entstehung und Figuren des ursprünglichen Brunnens betreffen.

88 HIPPEL, Wolfgang von: Revolution im deutschen Südwesten. Das Großherzogtum Baden 1848/49, Stuttgart 1998, S. 396.

89 Zu den Glocken vgl. Südkurier, 28.5.1998.

Oskar Keller

DIE RHEINDELTAS IM BODENSEE SEIT DER RÖMERZEIT

KURZFASSUNG

Der Alpenrhein war bis weit ins Mittelalter hinein ein ungebändigter, alpiner Wildfluss, der sich auf seiner Aufschüttungsebene im Rheintal frei bewegen konnte. Einleitend werden im Text die Mechanismen erläutert, die zu Flussbett-Verfüllungen und zu Laufänderungen führen.

Die noch heute erkennbaren einstigen Flussläufe und Deltastrukturen reichen bis in die Römerzeit zurück. Der damalige Küstenverlauf lässt sich anhand von Strassenrelikten und Siedlungsnamen in etwa rekonstruieren. Ab der Römerzeit erfolgte zuerst der Vorbau des Rohrspitz-Deltas, ausgehend von »Ad Rhenum«, das im Raum Höchst anzunehmen ist. Die heutige schmale Landzunge des eigentlichen Rohrspitzes stellt das ehemalige, rechtsseitige Ufer der Flussmündung dar, während die linke Seite im Laufe der Zeit vom See her zerstört worden ist.

Etwa im 10. Jahrhundert, allerdings nicht genauer bestimmbar, muss der Rhein bei Höchst/St. Margrethen nach links, das heisst nach Westen, ausgebrochen sein. Das Rohrspitz-Delta fiel trocken, während nun die Aufschüttung des Altenrhein-Deltas einsetzte. Belegt durch schriftliche Aufzeichnungen lag Rheineck, damals »Rinisgemünde«, bis etwa 1200 n. Chr. an der Rheinmündung in den Bodensee. Hernach kam es, verbunden mit zahlreichen Laufwechseln des Rheins, zum Vorbau des eigentlichen Deltas bis zum Rheinspitz.

Auffallend sind die bis mehrere Kilometer breiten, untiefen Strandplatten vor dem Rohrspitz- und dem Altenrhein-Delta. Sie sind als knapp wasserbedeckte, äussere Delta-Schüttungen zu betrachten. Von hier aus führen tief eingeschnittene Unterwasser-Cañons in das Hauptbecken des Sees hinunter. Aus ihnen können Hinweise auf die einstigen, wechselnden Flussmündungen des Alpenrheins abgeleitet werden.

Seit 1900, dem Jahr der Eröffnung des Fussacher Durchstichs, mündet der Rhein in der Fussacher Bucht, wo umgehend eine neue Delta-Vorschüttung einsetzte. Um eine völlige Verlandung zu verhindern, wird der Rhein seit den 1980er Jahren durch Damm-

Abb. 1: Überblick über den oberen Bodensee mit den von Süden her aufgeschütteten Rhein-Deltas: Mitte vorn der Rohrspitz als äusserster Sporn des hochmittelalterlichen Deltas. Mitte oben und rechts mit dunklem Waldstreifen der Lauf des Alten Rheins und zu äusserst die bis 1900 vorgebaute Mündung. Von links bis zur Mitte der ab 2000 weit in den See hinaus vorgezogene heutige Rhein. Foto: Wikimedia Commons, Hansueli Krapf.

Vorbauten über die Rohrspitz-Strandplatte hinaus bis an den Rand des tiefen Seebeckens vorgezogen (Abb. 1).

1 EINFÜHRUNG

Eine Schifffahrt über den Bodensee von Rorschach nach Lindau führt nahe an der heutigen Mündung des Alpenrheins in den See vorbei. Hier drängen die trüben, beigefarbenen Wassermassen des Flusses zwischen den vorgestreckten Dämmen weit in den See hinaus, bevor sie sich beruhigen und mit dem Seewasser mischen (Abb. 2). Die ununterbrochen einströmende Flusstrübe lässt erahnen, welch

Abb. 2: Der zwischen Deichen in den See hinaus strömende Alpenrhein. Die Flusstrübe zeigt eindrücklich die dauernde Zufuhr an Transportgut, das im See abgesetzt wird. Foto: Niklaus Wächter.

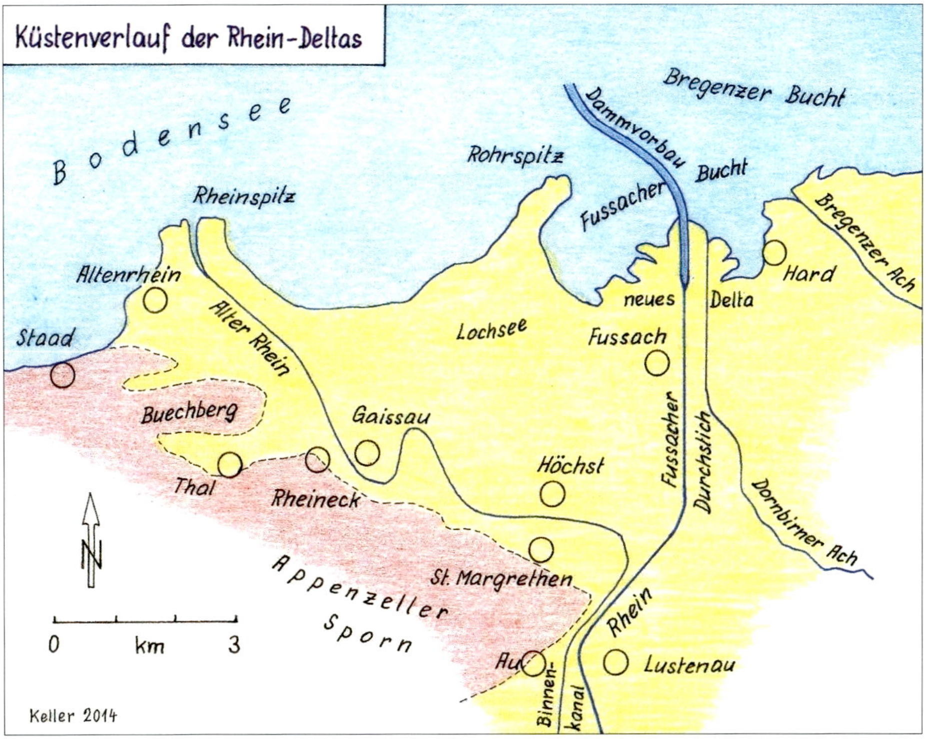

Abb. 3: Die Deltabildungen des Alpenrheins im Bodensee erstrecken sich über 11 km. Der ungeregelte Verlauf der Küstenlinie deutet an, dass sich die Flussmündungen im Laufe der Zeit oftmals verschoben haben. Karte: Oskar Keller.

gewaltige Massen an Transportgut der Fluss jahrein-jahraus im See absetzt, was schliesslich neues Land entstehen lässt.

Schuttbeladene Bäche und Flüsse, die in einen See einmünden, bauen sukzessive ein Delta auf. Es weist üblicherweise die Form eines Kreissektors auf, der langsam in den See hinauswächst und sich auch seitlich vergrössert. Vergebens wird in einer Karte des Mündungsgebiets des Alpenrheins nach dieser charakteristischen Form gesucht. Allenfalls kann sie noch in der einstigen Mündung im Rheinspitz bei Altenrhein erahnt werden, wobei schon im Namen die unübliche, spitzige Form anklingt. Völlig aus dem Rahmen fällt der lang sich hinziehende Rohrspitz, der offensichtlich im einstigen Aufschüttungsbereich des Rheins liegt (Abb. 3).

Wie erklären sich die Küstenformen im ehemaligen Gebiet des Einlaufs des Alpenrheins in den Bodensee? Welche Vorgänge und Ereignisse führten zu ihrer Entstehung? Lässt sich die Geschichte der Rheinmündungen und Deltabildungen mit Hilfe schriftlicher Zeugnisse und/oder geologischer Relikte rekonstruieren?

Auf die Zusammenhänge Rheintal – Bodensee gehen etwa die Autoren WAGNER (1962), SAXER (1965), HEIERLI (1986), OBERHAUSER (1991) ein. KAISER (1989) stellt die zahlreichen Rheinkarten vor, die im Laufe der Jahrhunderte gezeichnet worden sind. Die zeitliche Abfolge der Rheinmündungen haben HANTKE (1980) und KELLER (2013) in Kartenskizzen dargestellt. In einzelnen Artikeln im Werk »Internationale Rheinregulierung 1892–1992« (1992) wird mehrfach auch das Mündungsgebiet des Rheins in den Bodensee behandelt. Sie sind im Literaturverzeichnis aufgeführt.

2 DER ALPENRHEIN – EINST EIN WILDFLUSS

Blättern wir zurück in die Zeit als der Alpenrhein noch ohne menschliche Eingriffe sich im Rheintal »nach seinem Gutdünken« bewegen konnte. Damals vor der Römerzeit floss er im unteren Rheintal ungefähr im Bereich des Flussbettes vor der Korrektion am Ende des 19. Jahrhunderts. Dies geht aus der Lage des Schotterstranges hervor, den er sukzessive aufgeschüttet hat. Er war ein ungebändigter alpiner Wildfluss mit einem breiten Flussbett, in welchem er hin und her pendelte. Er kann sehr gut mit dem aus den östlichen Südalpen in die Adria fliessenden Tagliamento verglichen werden, der noch heute praktisch ungehindert durch menschliche Bauwerke aus dem Gebirge heraus in die Vorlandebene austritt (Abb. 4).

Ein frei fliessender, schuttbeladener Wildfluss, der über eine Ebene dahinströmt, weist ein charakteristisches Aufschüttungsverhalten auf. Bei mittlerer Wasserführung schlängelt er sich in seinem breiten, verästelten Bett hin und her, indem er beiderseits Geröll- und Sandbänke wechselweise ablagert und auch episodisch Inseln aufbaut. Bei Hochwasser, wenn er besonders viel Geschiebe mit sich führt, tritt er oft über die Ufer,

Abb. 4: Der Tagliamento im südöstlichen Alpenraum strömt weitgehend ungebändigt durch sein Tal der Adria zu. Er kann daher noch immer frei seinen Lauf ändern, was im breiten Flussbett mit weiten Kiesflächen und verästelten Wasserläufen deutlich zum Ausdruck kommt. Foto: Wikimedia Commons, Diego Cruciat.

bricht ins etwas niedrigere Umland aus und setzt seine Fracht dort ab. Lässt nach dem Hochstand die Wasserführung nach, so nimmt auch die Transportkraft ab und das mitgeführte Geröll bleibt im Flussbett liegen, was den Fluss zwingt, eine neue Wegstrecke anzulegen. Diese Vorgänge führen dazu, dass der Fluss ein breites Arealband für seine Wasserläufe beansprucht.

Den Strom begleitende, dichte Auenwälder vermögen oft eine grössere Laufänderung zu verhindern. Nur bei extremem Hochwasser treten bedeutendere Flussverlegungen auf, wenn die reissenden Wässer die den Flusslauf begleitenden Wälder zu zerstören vermögen. Im Bereich der Flussmündung in einen See, wie beim Alpenrhein, sind Laufwechsel häufiger. In diesem Gebiet sind dichte Uferwälder noch nicht aufgekommen. Dafür begleiten Sumpfflächen und Moore den Flusslauf. Auch hier häuft sich bei abklingendem Hochwasser die mitgeführte Schuttfracht im Flussbett an und erhöht es. Der Fluss bricht seitlich ins tiefer gelegene, ungeschützte Gelände aus und sucht sich einen völlig neuen Weg.

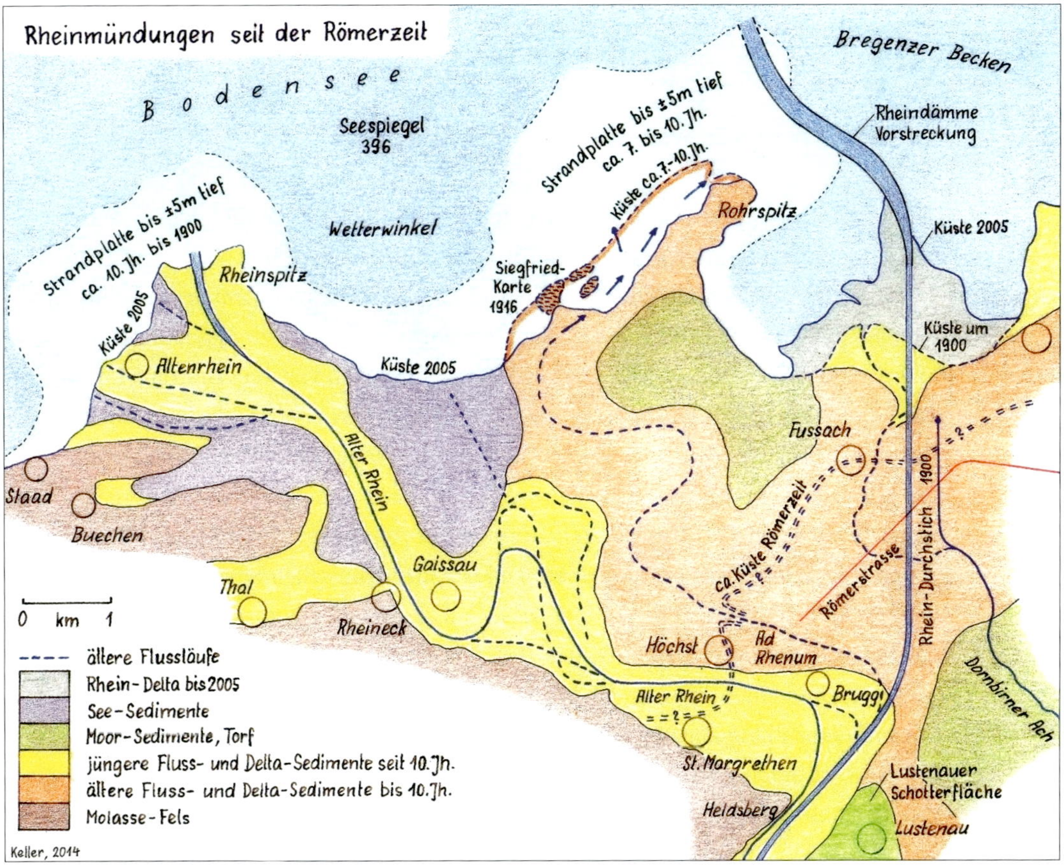

Abb. 5: Die Karte vermittelt einen Überblick über die zeitliche Abfolge der verschiedenen Rheinläufe und Mündungen in den Bodensee. Hervorstechend sind die Delta-Vorbauten des Rohrspitz und des Rheinspitz, die nach der Römerzeit aufgeschüttet wurden. See- und Moorsedimente weisen auf einstige Seeflächen hin. Karte: Oskar Keller.

3 DIE RHEINMÜNDUNG VOR DER RÖMERZEIT

In vorrömischer Zeit, vor etwa 4000 Jahren (2000 J. v. Chr.), dürfte der Bodensee noch bis in die Gegend von Au (SG) – Lustenau (A) gereicht haben, was aus Datierungen der Aufschüttungen im Rheintal (EBERLE 1987) abzuleiten ist. Auffallend ist, dass der Rhein ab Diepoldsau nicht in der Talmitte fliesst. Dies ist auf die von Osten her ins Rheintal eintretenden, beachtlichen Flüsse Dornbirner Ach und Bregenzer Ach zurückzuführen, die aus dem Gebirge heraus grosse Schuttmengen anliefern, während von der Westseite nur unbedeutende Bäche zufliessen.

Im Raum der ausgedehnten heutigen Siedlung Lustenau breitet sich eine gegenüber der umgebenden Rheinebene etwas erhöhte Schotterfläche aus (OBERHAUSER 1991, 1994, HANTKE 2004). Sie kann als Deltaschüttung in den damals noch höher spiegelnden Bodensee gedeutet werden (KELLER 1988, 2013). In der Folge tiefte sich der Rhein, ausgerichtet auf den langsam absinkenden Seespiegel, auf der Westseite von Lustenau ein. Damit war der Flusslauf festgelegt, indem der Rhein zwischen dieser älteren Aufschüttung und dem Molassesporn von Monstein-Heldsberg bis heute gefangen ist (Abb. 5).

4 RHEIN UND SEEUFER ZUR RÖMERZEIT

Wo der Rhein zur Zeit der römischen Herrschaft in den See einmündete und wie das Seeufer verlaufen ist, kann nicht aus schriftlichen Quellen abgeleitet werden, aber es gibt Hinweise. Um die Grenzen des römischen Reiches zu sichern und um den Einfällen der Räter bis in die Poebene ein Ende zu bereiten, stiessen, von Kaiser Augustus veranlasst, zwei römische Heere über die Alpenpässe nach Norden vor, im Osten über den Brenner Pass und mehr im Westen über die Bündner Pässe. Hier erreichte Tiberius um 15 v. Chr. den Bodensee, wo er in einer »Seeschlacht« die Vindeliker besiegte. Die Region von den Bündner Alpen bis an die Donau wurde zur neuen römischen Provinz RAETIA mit dem Verwaltungssitz Augusta Vindelicorum (heute Augsburg). Am Bodensee entwickelte sich Brigantium (Bregenz) zu einem bedeutenden römischen Stützpunkt, trafen sich doch hier die Achse über die Bündner Pässe und die West-Ost-Strasse aus Helvetien, Teil der römischen Provinz GERMANIA SUPERIOR, nach Augusta V. Diese führte von Vindonissa über Ad Fines (Pfyn) und Arbor Felix (Arbon) am Südufer des Bodensees (Lacus Brigantinus) entlang zur Rheinmündung und weiter nach Brigantium. Der Verlauf dieser Strasse ist durch Funde von Bregenz bis Höchst bekannt (Karte in KRAPF 1901); sie ist in der Abb. 5 eingezeichnet. Sie wurde seinerzeit auf gutem Baugrund über die Schotterflächen von Bregenzer Ach und Dornbirner Ach vermutlich nahe dem Seeufer angelegt und endete bei Ad Rhenum. Der Siedlungsname deutet die Lage am Alpenrhein in Seenähe als Landestelle für Seeschiffe sowie auf den Flussübergang hin. Ein weiteres

Indiz für die Lokalisierung von Ad Rhenum liefert die Richtung der Römerstrasse, womit der Raum des heutigen Höchst angenommen werden kann (Abb. 5). Die von Ad Rhenum zuerst rund 3 km nach Nordost verlaufende Strasse weist im Weiteren darauf hin, dass das Delta der Dornbirner Ach bereits damals bis gegen Fussach vorgerückt war. Diese Hinweise ermöglichen es, den ungefähren Verlauf des Seeufers zur Römerzeit in etwa zu rekonstruieren (Abb. 5). Möglicherweise lag die Rheinmündung noch etwas weiter westlich, da um 1720 gemäss schriftlichen Aufzeichnungen bei der Kapelle St. Margaretha Pfahlschuhe einer einstigen Römerbrücke aus dem Flussbett entfernt worden sind (schriftl. Mitt. von M. Kaiser).

5 DER DELTA-VORSCHUB IM ROHRSPITZ

Über die Vorgänge an der Rheinmündung im Frühmittelalter nach der Herrschaft der Römer sind keine schriftlichen Zeugnisse bekannt. Die Entwicklung kann aber mit Hilfe geologischer Hinterlassenschaften rekonstruiert werden. Der Rhein muss sein Delta aus der Gegend von Höchst/Ad Rhenum Richtung Rohrspitz vorgetrieben haben (Abb. 6). Dies wird belegt durch einen Geländestreifen mehr kiesigen Landes, der noch heute stellenweise etwas nach unten abgesetzt ist. In diesem Band ist das einstige Flussbett anzunehmen (KRAPF 1901, HANTKE Geol. Karte 2004), das sich durch Höchst hindurch nach Nordwesten hinzieht und in einem weiten Bogen die Senke des einstigen »Ober Lochsee« erreicht. Er ist in älteren Karten (»Siegfried-Karte« 1916) mit seiner langgezogenen Bogenform vermerkt. Von hier aus wendet sich das ehemalige Flussbett nach Westen, ist durch einem Geländeversatz recht deutlich zu erkennen und endet im »Unter Lochsee«, einem schmalen stehenden Gewässer auf der Aussenseite einer einstigen Flussschleife. Hier endet das damalige Flussbett abrupt am Schutzdeich entlang dem heutigen Seeufer (Abb. 7).

Abb. 6: Der Rohrspitz springt »kühn« in den See vor. Er ist der Rest eines ursprünglich breiteren Deltas. Foto: Hanno Thurnher.

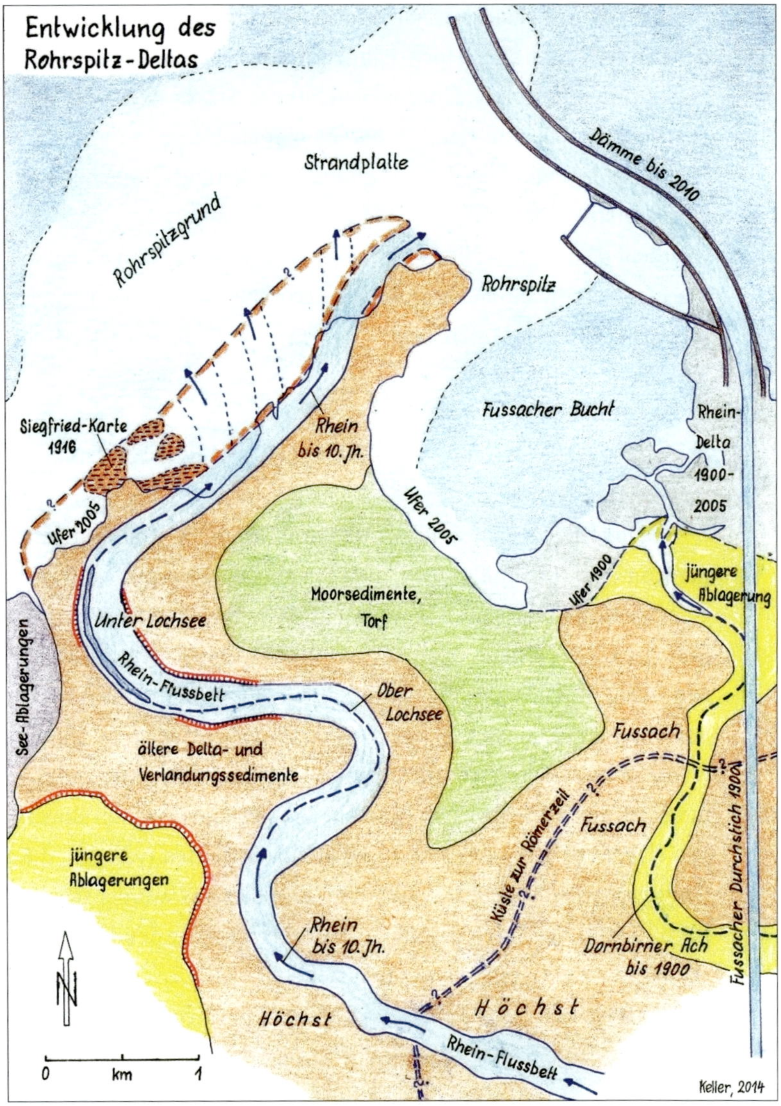

Abb. 7: In einer breiten Doppelschleife hat der Rhein ab der Römerzeit das Rohrspitz-Delta bis ins 10. Jahrhundert vorgetrieben. Seither wurde die linksseitige Aufschüttung durch die von Nordwesten anrollende Brandung des Sees zerstört. Karte: Oskar Keller.

Der durch den Seedeich abgeschnittene Flussbogen des Unter Lochsees weist den früheren Flusslauf Richtung Rohrspitz aus, dessen linksseitiges Ufergelände der Wellenbrandung vom Bodensee her zum Opfer gefallen ist. Als Bestätigung finden sich in der Siegfriedkarte von 1916 eine sumpfige Halbinsel und zwei kleine Eilande als Relikte des linken Ufergeländes des Rheins. Zudem sind Funde einer römischen Fibel und eines frühmittelalterlichen Schildbuckels an der heutigen Nordwestküste des Rohrspitzes (schriftl. Mitt. von R. Steinhauser) als vom Rhein verschleppt zu betrachten. Demgegenüber ist das rechtsseitige Uferband erhalten geblieben; es ist der schmale, langgezogene Rohrspitz. Aus diesen Erkenntnissen ergibt sich der ungefähre Küstenverlauf, als der Rhein am Rohrspitz in den See mündete (Abb. 7).

Gemäss einer groben Abschätzung ist anzunehmen, dass der Rhein bis etwa ins 7. Jahrhundert sein Delta bis zum heutigen Seeufer vorgebaut hat, worauf die Schüttung des eigentlichen Rohrspitzes einsetzte, dessen äusserste Spitze ungefähr im 10. Jahrhundert erreicht war (Kap. 6).

Die untiefe, bis 2 km breite Strandplatte des Rohrspitzgrundes (Abb. 7) ist als unter Wasser stehender Teil des Deltas zu sehen, das der Rhein linksseitig in den See hinaus geschüttet hat. Dabei muss er mehrfach seitlich ausgebrochen sein, was sich aus den am Strandplattenrand einsetzenden Unterwasser-Cañons (Kap. 9) ableiten lässt.

6 DIE WESTWENDUNG DES RHEINS

Der Aufbau des Rohrspitz-Deltas hatte zur Folge, dass die Rheinmündung immer weiter in den See hinaus vorrückte. Deshalb muss das Flussbett laufend höher gelegt worden sein, damit der Rhein fliessen konnte. Vermutlich wurde dieses während eines Hochwassers im Raum Brugg/Höchst durch angelieferte Geröllmassen und Schwemmholz verbarrikadiert, was den Fluss zum seitlichen Ausweichen veranlasst hat. Aufallenderweise geschah dies nach Westen, obwohl auf der anderen Flussseite viel Freiraum vorhanden war. Es stellt sich die Frage nach der Ursache.

Rechts des Rheins war schon zur Römerzeit das Delta der Dornbirner Ach weit vorgeschoben (Kap. 4), was auf eine bedeutende Aufschüttung mit entsprechender Hochlage hinweist. Demgegenüber war zur Zeit als der Rhein das Rohrspitz-Delta aufschüttete das Gebiet auf der Westseite, das heutige Gelände von Gaissau, und weiter östlich Rheineck, noch Bodensee und deshalb niedrig gelegen. So war es gegeben, dass der Rhein seinen neuen Lauf nach Westen anlegte und damit den Weg zum Rohrspitz endgültig verliess (Abb. 5).

Dieser Laufwechsel ist schriftlich nicht datiert. Jedoch ist in einer Urkunde aus dem Jahre 1156 »Rinisgemünde« aufgeführt, das vermutlich mit »Vischershausen« identisch ist. Diesen Namen soll ursprünglich Rheineck geführt haben (KRAPF 1901). Hier mündete demzufolge damals der Rhein in den See, der durch die Flussaufschüttungen von St. Margrethen bis hierher bereits um 3 km verdrängt worden war. Vorsichtig geschätzt können dafür zwei Jahrhunderte angenommen werden, was die Flussumlenkung bei Brugg/Höchst ins 10. Jahrhundert zurückverlegt.

7 DAS ALTENRHEIN-DELTA

Die Flussmündung »Rinisgemünde« lag bis gegen 1200 n. Chr. bei Rheineck (Urkunde von 1156, siehe oben). Von hier aus wurde ein neues Delta, dasjenige von Altenrhein, in den See hinaus vorgebaut (Abb. 8). Gemäss alten Karten und schriftlichen

Abb. 8: Der Rheinspitz, die vorderste Front des Altenrhein-Deltas. Die weit durchziehenden Strukturen am Flusslauf sind Uferschutzwerke. Sie engen den mündenden Alten Rhein ein, der seit 1900 nur noch das Wasser des Rheintaler Binnenkanals zum See führt. Die den Flusslauf beidseitig begleitenden Baumreihen und Wälder markieren die einstigen Flussufer, als der Alpenrhein noch hier mündete. Foto: Niklaus Wächter.

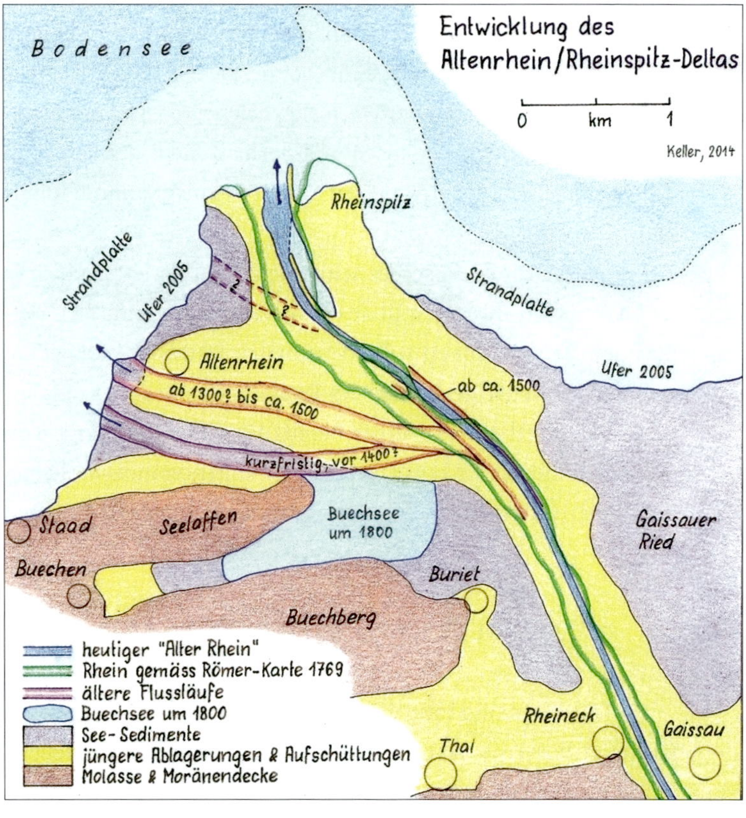

Abb. 9: Ab etwa 1200 n. Chr., als der Rhein noch bei Rheineck (»Rinisgemünde«) in den See mündete, baute der Fluss mit wechselnden Laufstrecken das Delta bis zum Rheinspitz vor. Dieser war bereits um ca. 1750 gemäss der »Römer-Karte« erreicht. Bis nach 1800 existierte zwischen Delta und Buechberg noch der mit dem Bodensee verbundene Buechsee. Karte: Oskar Keller.

Aufzeichnungen sind verschiedene Flussläufe im Wechsel an seinem Aufbau beteiligt gewesen. Sie alle wurden nach links abzweigend angelegt. Entlang der rechten Flussseite hingegen wurde ein schmaler, durchgehender Sedimentstreifen abgelagert (HANTKE 2004, geol. Karte). Seine Längserstreckung und Bandbreite lassen sich sehr gut mit dem viel älteren Rohrspitz-Geländesporn vergleichen (Kap. 5). Ausserhalb des Flusslaufs und der Uferaufschüttungen breiteten sich weiterhin untiefe Seeteile aus, im Osten das heutige Gaissauer Ried, im Westen der Buechsee als ein schmaler Seearm, der den Buechberg umgürtete (Abb. 9).

Während der älteren Periode der Deltabildung folgte der Flusslauf bis zwei km nördlich von Rheineck der noch heute benutzten Achse, um dann nach Westen abzubiegen. Dabei streifte er die Kernsiedlung des heutigen Altenrhein auf dessen Südseite, bevor er sich zum See öffnete. Das äusserste Ufer ist auch heute noch im Vorsprung des Bootshafens erkennbar (Abb. 9).

Ungefähr um 1400 n. Chr. brach der Rhein im Bereich der Westwendung nach links zum Buechsee aus und floss entlang der heutigen Staatsstrasse in den Bodensee, dabei den Buechsee entwässernd. Der nur durch wenige Spuren belegte Flusslauf deutet darauf hin, dass es sich um ein kurzfristiges Ereignis gehandelt haben dürfte (Abb. 9). Bis heute erhalten blieb der Abfluss des Buechsees in den Bodensee als sogenannter »Seegraben« oder »Neugraben«.

Abb. 10: Das Bild, etwa um 1880 entstanden, zeigt eindrücklich, welch grosse Breite damals das Flussbett des Alten Rheins, das bereits eingedämmt war, zwischen Rheineck (links) und Gaissau aufwies. Der Rhein führte die gesamten Wassermassen aus dem alpinen Raum in den Bodensee. Gemälde: Max Bach.

Im Jahre 1551 schrieb VADIAN (in Übersetzung bei KRAPF 1901): »Der Rhein fliesst in zwei Armen in den See, dessen einer [...] dergestalt einem Sumpf gleicht, dass man kaum erkennen kann, wo er fliesst.« Er spricht hier den am Dorf vorbei ziehenden, stark verlandeten Flusslauf an, was den Schluss zulässt, dass der Hauptarm bereits weiter im Osten dem See zustrebte.

Aufgrund der schriftlichen Aufzeichnung von Vadian dürfte ab ca. 1500 n. Chr. der Rhein im Gebiet der Westwendung seinen Lauf nach Norden ausgerichtet haben. Damit begann er das eigentliche Rheinspitz-Delta aufzuschütten. Dieses hatte gemäss der Römer-Karte von 1769 bereits um diese Zeit in etwa die heutigen Ausmasse erreicht mit dem dort eingezeichneten äussersten Ende im Rheinspitz. Dabei folgte der Flusslauf mit geringen Abweichungen, aber grösserer Breite dem bis in die Gegenwart benutzten Weg des Alten Rheins (Abb. 9). Es mag erstaunen, dass das Rheinspitz-Delta ab dieser Zeit bis 1900 nicht weiter vorgebaut worden ist. Der Hauptgrund dürfte darin zu suchen sein, dass das angelieferte Feinmaterial auf der Strandplatte flächig ausgebreitet und sedimentiert wurde, während das grobe, schwerere Transportgut im knapp ausserhalb des Rheinspitzes ansetzenden Unterwasser-Cañon (Kap. 9) direkt in die grosse Seetiefe befördert wurde.

Ein weiterer, wohl nur als Episode benutzter Flusslauf ergibt sich anhand der in der Karte von ERATH (1783) dargestellten Landnutzung nordöstlich von Altenrhein (Abb. 9). Da die gesamten Wassermassen aus dem Alpenraum bis zur künstlichen Umlenkung am Rheinspitz in den See mündeten, benötigte der Rhein auch ein entsprechend breites Flussbett (Abb. 10).

8 DIE FLUSSSCHLAUFE DES »ESELSCHWANZ«

Zwischen St. Margrethen und Rheineck weist der Alte Rhein eine weit ausholende, nach Norden gerichtete Flussschlaufe auf, den »Eselschwanz«. Diese die Geländeform gut nachempfundene Bezeichnung wurde von den Anwohnern schon früh benutzt, ist sie doch bereits in der Karte von RÖMER (1769) namentlich eingetragen.

Der Flusslauf des Rheins von Höchst/St. Margrethen nach Rheineck/«Rinisgemünde« verlief ursprünglich ziemlich geradlinig entlang der Molasse-Berghänge bis zur Einmündung in den Bodensee. Gemäss alten Akten (KRAPF 1901) ist die erste grosse Schlaufenbildung zwischen 1650 und 1700 anzusetzen, in denen der Geländeverlust von Höchst beklagt wird. Initialer Auslöser war vermutlich wiederum ein Hochwasser mit Verbarrikadierung des zuvor gestreckten Flusslaufes am Felssporn der alten Kirche von St. Margrethen beim Schloss Vorburg, der die Umlenkung noch unterstützt haben dürfte. Der Rhein wurde nach Norden abgewiesen, wo er westlich Höchst auf die Rohrspitz-Deltaschüttung traf und diese zu erodieren begann. Dabei legte er auf der östlichen Aussenseite der Schlaufe einen Prallhang an, der damals etwa 5 m in die älteren Rohr-

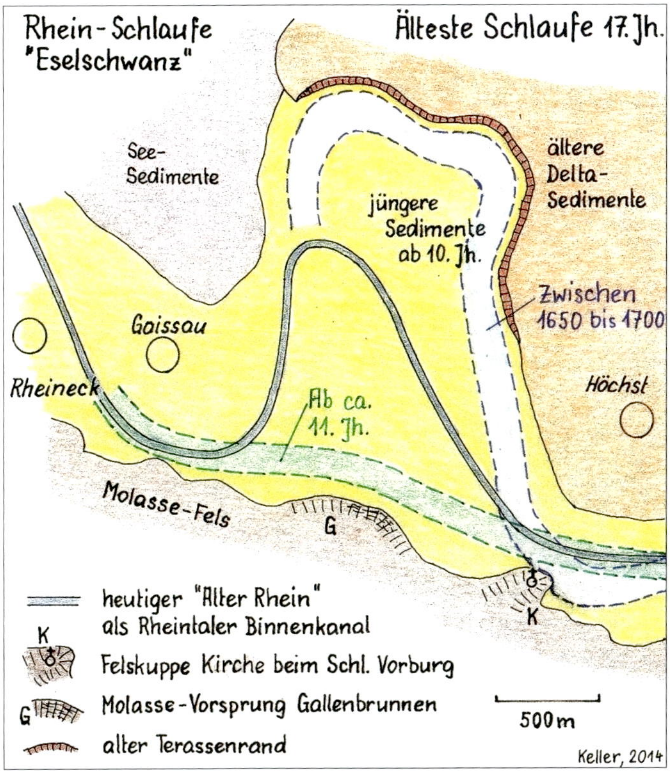

Abb. 11: Die Entstehung der mächtig ausholenden Flussschleife des »Eselschwanz« zwischen Höchst und Rheineck kann gemäss alten Akten wenig vor 1700 angenommen werden. Der ältere, geradlinige Lauf wurde dabei aufgegeben. Wahrscheinlich war die Felsnase mit der Kirche für die Nordweisung wichtig. Karte: Oskar Keller.

spitz-Sedimente eingelassen war. Noch heute ist die Oberkante in einem bis 1 m hohen Geländesprung erkennbar (Abb. 11).

Bemerkenswert ist, dass der Rhein nicht am nördlichen Rand der Schlaufe in die damals noch existierende, nahe Seebucht von Gaissau eingemündet ist, sondern sich scharf nach Süden wendete und offenbar in das alte Flussbett von »Rinisgemünde« einschwenkte. Jedenfalls blieb die Schlaufe des Eselschwanzes bis heute erhalten, allerdings mit lokalen Veränderungen des Flussbettes. Eine Momentaufnahme dieser Umgestaltungen zeigt die Karte von Eschmann um 1862 (Abb. 12). Hier ist zudem noch die kurzfristige Laufänderung von 1821 angedeutet. Damals gelang es dem Rhein an der äussersten Stelle des Eselschwanzes nach Norden in den nahen See auszubrechen, was den Weg stark abkürzte und Rheineck vom Fluss abschnitt. Hier wollte man nicht auf den Fluss als Schiffsweg und Transportmittel verzichten, weshalb der Rhein durch den Bau von Dämmen und Wuhren in die alte Laufstrecke zurück verwiesen wurde.

Wegen dem Bau des Durchstichs von Fussach um 1900 wurde der Alte Rhein von St. Margrethen/Höchst an grossenteils stillgelegt. Immerhin dient er heute als Fortsetzung des Rheintaler Binnenkanals und führt dessen Wasser dem See zu. Das Flussbett wurde stark eingeengt und kanalisiert (Abb. 13). Einige in jüngster Zeit angelegte Aufweitungen deuten die einstige Breite des Alten Rheins an.

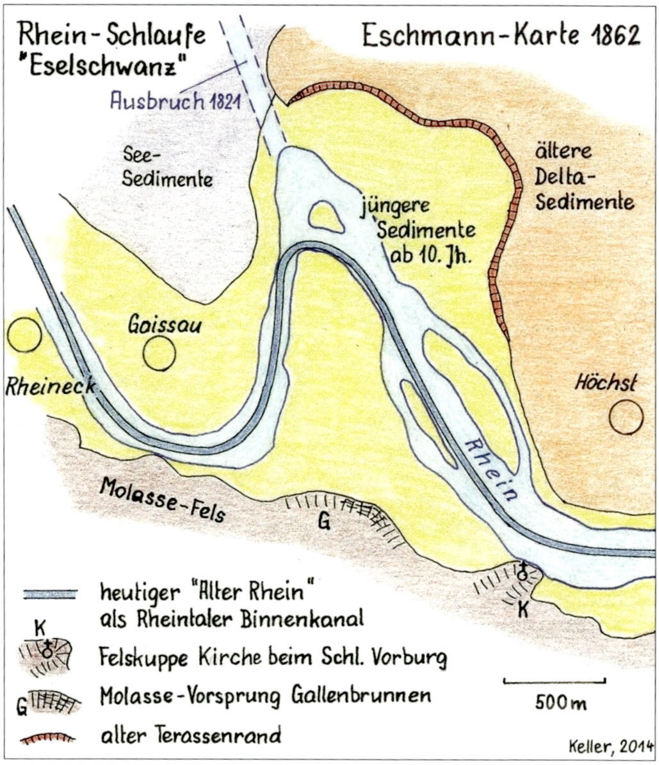

Abb. 12: Gemäss der »Eschmann-Karte«, um 1862 publiziert, hatte sich im Laufe der Zeit die Nordspitze der Eselschwanz-Schlaufe nach Westen verschoben, reichte aber immer noch etwa ½ km weiter nach Norden als die des Alten Rheins nach 1900 (Fussacher Durchstich). 1821 brach der Rhein im Norden der Schlaufe direkt zum Bodensee durch. Mit Dämmen wurde er aber wieder in sein angestammtes Bett im Eselschwanz zurückgezwungen. Karte: Oskar Keller.

Abb. 13: Zwischen Baumstreifen und Gehölzen gemächlich fliessender Alter Rhein heute (seit 1900). Er ist auf einen kleinen Fluss geschrumpft, begleitet von naturnahem Auenwald. Als Binnenkanal führt er nur das Wasser des nordwestlichen Rheintals ab. Foto: Wikimedia Commons, Magnus Manske.

9 STRANDPLATTEN UND CAÑONS

Bis mehrere Kilometer breit zieht sich entlang der Rhein-Deltas eine flache, meist weniger als 5 m tiefe Unterwasser-Plattform hin. Diese Strandplatte ist als vom Wasser überdeckte Aussenfront der Deltabildungen anzusehen, indem das vom Alpenrhein angelieferte Feinmaterial (Sand, Silt, Ton) und auch zum Teil die Flusstrübe vor den Flussmündungen durch Wellengang und Strömung flächig verbreitet wird.

Ausserhalb der Strandplatten fällt der Seeboden abrupt und steil in das Bodensee-Hauptbecken und ins Bregenzer Becken ab. An ihren Aussenrändern sinkt und fliesst das schwerere Material mit dem kühlen bis kalten und somit schwereren Flusswasser in das tiefe Seebecken ab. Dabei verhält es sich wie ein Unterwasserstrom, der fähig ist Täler und Schluchten zu erodieren. Diese sind steilwandig und erreichen Grabentiefen von über 50 m. Seit dem Jahr 2014 läuft ein Projekt zur neuen, detaillierten Kartierung des Bodensee-Bodens. Schon jetzt zeigt sich, dass dieser äusserst markante Strukturen aufweist, insbesondere fallen Unterwasser-Cañons und Flusstalformen auf, die sich vom

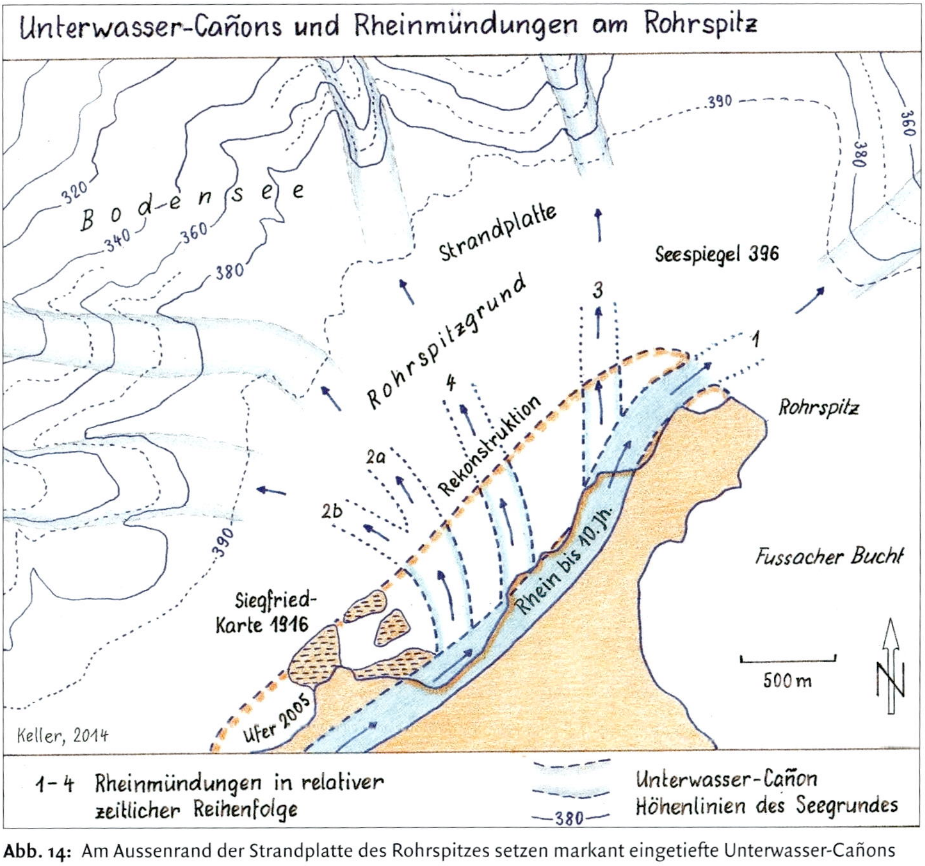

Abb. 14: Am Aussenrand der Strandplatte des Rohrspitzes setzen markant eingetiefte Unterwasser-Cañons an. Sie entstanden vor den einstigen Flussmündungen des Rheins in den steilen Abhängen zum tiefen Seebecken hinunter. Ihr relatives Alter kann aus den frischen, respektive verwischten Formen abgeleitet werden. Karte: Oskar Keller.

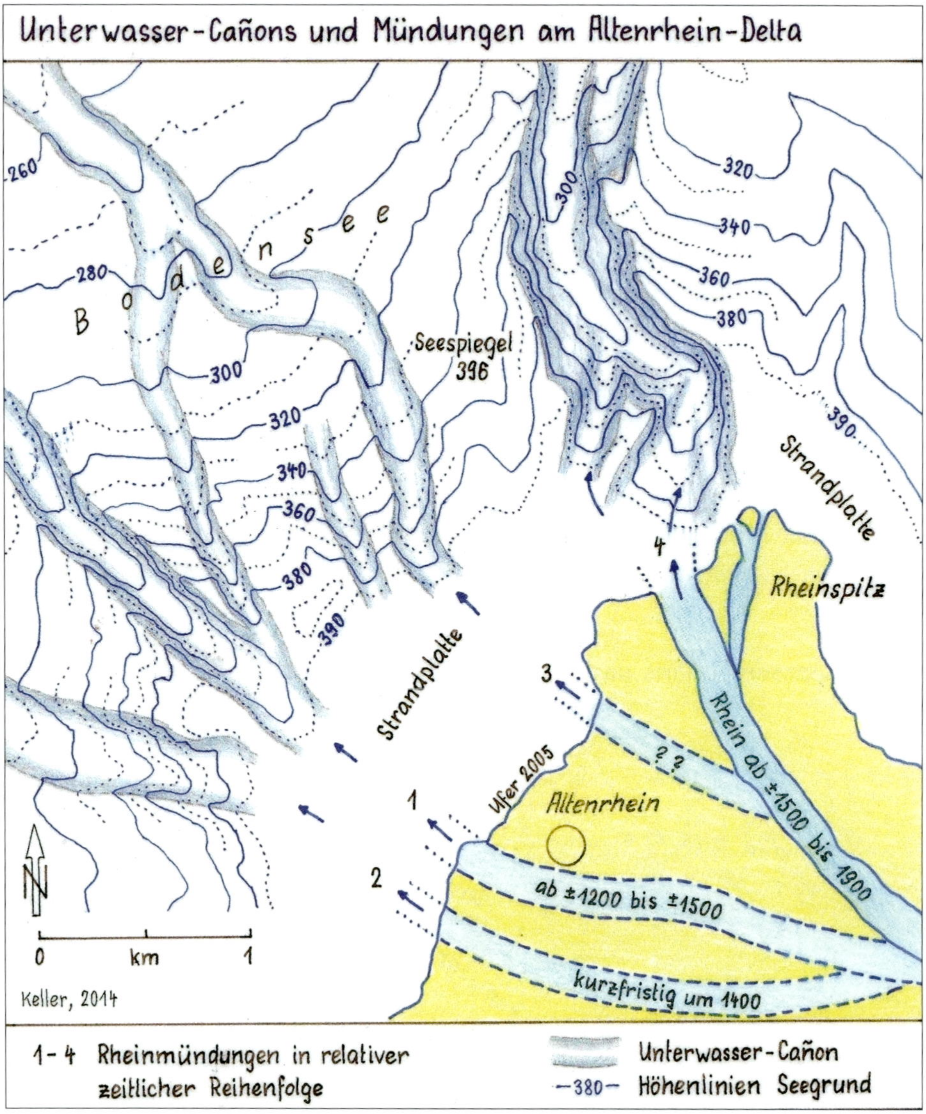

Abb. 15: Auch am Aussenrand des Altenrhein-Deltas treten Unterwasser-Cañons auf. Sie sind formlich deutlicher erhalten als am Rohrspitz, sie sind denn auch bedeutend jünger. Der Haupt-Cañon mit Tiefen bis 70 m und Sohlenbreiten von rund 100 m lässt sich bis zum tiefsten Seegrund verfolgen. Karte: Oskar Keller.

Rhein-Delta bis ins tiefste Seebecken hinziehen. Die Cañons sind als solche bereits seit 100 Jahren bekannt.

Wenn bei Verlagerung der Flussmündung der von ihr ausgehende Unterwasserstrom versiegt, so wird der zugehörige Cañon stillgelegt. In der Folge wird er durch Rutschungen in den übersteilten Schluchtflanken und durch Einschwemmungen langsam verfüllt. Inaktiv gewordene Cañons werden dementsprechend im Laufe der Zeit immer undeutlicher. Ihre heutige, im Tiefenkurven-Bild erkennbare Gestalt liefert somit Hinweise auf das relative Alter der einst aktiven Schluchten.

Die Cañons, die von der Strandplatte des Rohrspitzgrundes ausstrahlen, zeichnen sich durch wesentlich undeutlichere Formen und geringere Tiefe aus als diejenigen, die von der Aussenseite der Altenrhein-Strandplatte ins tiefe Seebecken hinunterführen. Sie müssen älter sein als diese, was sich mit dem bedeutend höheren Alter des Rohrspitz-Deltas deckt (Kap. 5 und Kap. 7). Werden die Rohrspitz-Cañons unter sich verglichen, so kann aufgrund der Formen eine relative zeitliche Gliederung vorgenommen werden. Sie ist in der Abb. 14 durch Nummerierung von 1 (= älter) bis 4 (= jünger) vorgenommen worden. Daraus ist zu schliessen, dass das Rohrspitz-Delta zuerst bis zur äussersten Spitze im Nordosten vorgeschüttet wurde. Erst anschliessend kam es zu den seitlichen Flussausbrüchen gegen Nordwesten und Norden. Wahrscheinlich erleichterten die dadurch stellenweise offenen Deltaflanken die Zerstörung des linken Flussufers durch die vom offenen See her anrollende Brandung.

Die Cañons am Altenrhein-Delta fallen durch allgemein markante Formen auf. Ausgesprochen mächtig und tief präsentiert sich derjenige Cañon, der vom Rheinspitz wegführt. Er lässt sich bis in den tiefsten Bereich des See-Hauptbeckens verfolgen. Er ist denn auch die jüngste Unterwasserschlucht, die bis zur Eröffnung des Fussacher Durchstichs um 1900 aktiv war. Die übrigen Cañons sind zwar weniger mächtig, aber generell prägnanter als diejenigen am Rohrspitz. Auch hier kann eine relative zeitliche Gliederung, in der Abb. 15 durch Nummern angedeutet, vorgenommen werden. Sie deckt sich mit den zeitlich bekannten Rhein-Flussläufen (Kap. 7).

Zusammenfassend findet die in den vorangehenden Kapiteln beschriebene und erklärte geologische Geschichte der Rhein-Deltas in der unterschiedlichen morphologischen Ausgestaltung der Unterwasser-Cañons aufs Schönste ihre Bestätigung.

10 RHEIN-REGULIERUNG UND NEUES DELTA

Die im Alpenrheintal vor allem im 19. Jahrhundert immer häufiger auftretenden Überschwemmungen liessen eine Rhein-Regulierung als unabdingbar erscheinen. Der Staatsvertrag von 1892 zwischen der Schweiz und Österreich-Ungarn ermöglichte die Flusskorrektion insbesondere mit Laufverkürzungen. Nach fünf Jahren Arbeit konnte 1900 der Fussacher Durchstich eröffnet werden, 1923 folgte der Diepoldsauer Durchstich.

Mit dem Fussacher Durchstich wurde der Rhein in kurzem, nahezu geradem Kanal in die Fussacher Seebucht eingeleitet. Hier setzte nun die Ablagerung ein, was in diesem untiefen Gewässer bis 1980 ein rund 1,5 km langes neues Delta entstehen liess. Um die absehbare Verlandung der Fussacher Bucht zu verhindern, wird seit den 1980er Jahren mit Abschluss ca. 2015 die Flussmündung durch Vorstreckung der Rheindämme weiter in den See hinaus bis an den Aussenrand der Rohrspitz-Strandplatte verlegt. Damit

Abb. 16: Übersicht über die Rhein-Deltas, Blick gegen Osten. Im Vordergrund fliesst der Alte Rhein als Binnenkanal nach links zum Rheinspitz. Ob der Mitte springt der Rohrspitz weit nach Nordosten vor. Darüber sind die Dämme des bis über den untiefen Rohrspitzgrund hinaus geführten heutigen Alpenrheins zu erkennen. Dahinter breitet sich die Bregenzer Bucht bis an den Fuss des Pfänders aus. Foto: Niklaus Wächter.

wird die Schuttfracht des Rheins direkt in das tiefe Seebecken eingetragen, sodass die Uferbereiche von Fussach-Rohrspitz noch über lange Zeit, wohl noch für Jahrhunderte, erhalten bleiben (Abb. 16).

Anschrift des Verfassers:
Priv.-Doz. Dr. Oskar Keller, Falzigenweg 1, CH–9450 Lüchingen
o.keller@paus.ch

LITERATURVERZEICHNIS

EBERLE, M. (1987): Zur Lockergesteinsfüllung des St. Galler und Liechtensteiner Rheintales. Eclogae geologicae Helveticae 80/1: 193–206; Basel.

HANTKE, R. (1980): Eiszeitalter Band 2: 703 S.; Ott-Verlag, Thun.

HANTKE, R. (2004): Erläuterungen zum Geologischen Atlas der Schweiz 1 : 25'000, Blätter 1076 St. Margrethen und 1096 Diepoldsau. Bundesamt für Wasser und Energie: 77 S.; Bern.

HEIERLI, H. (1986): Zur geologischen Geschichte von Bodensee und Rheintal: Schrr VG Bodensee 104: 163–175; Friedrichshafen.

KAISER, M. (1989): Rheinkarten und Rheinpläne aus 375 Jahren. Werdenberger Jahrbuch 1990: 30–43; Buchs.

KALT, L. (1992): Die Gestaltung des Alten Rheins vom Bruggerhorn bis zum Bodensee. In: Der Alpenrhein und seine Regulierung; Internationale Rheinregulierung 1892–1992: 266–272; BuchsDruck, Buchs.

KELLER, O. (1988): Ältere spätwürmzeitliche Gletschervorstösse und Zerfall des Eisstromnetzes in den nördlichen Rhein-Alpen. Physische Geographie, Universität Zürich 27: A 214 S., B 291 S.

KELLER, O. (2013): Die geologische Geschichte des Bodensees. Schrr VG Bodensee 131: 267–301; Friedrichshafen.

KOBEL, M. (1992): See- und Flussablagerungen im Rheintal. In: Der Alpenrhein und seine Regulierung; Internationale Rheinregulierung 1892–1992: 34–35; BuchsDruck, Buchs.

KRAPF, P. (1901): Die Geschichte des Rheins zwischen Bodensee und Ragaz. Schrr VG Bodensee 30: 119–222; Friedrichshafen.

LÄNGLE, G. (1992): Die Sanierung der Harder Bucht. In: Der Alpenrhein und seine Regulierung; Internationale Rheinregulierung 1892–1992: 276–278; BuchsDruck, Buchs.

MARKOWSKI, U. (1992): Seegrundvermessung zwischen 1911 und 1979. In: Der Alpenrhein und seine Regulierung; Internationale Rheinregulierung 1892–1992: 280–284; BuchsDruck, Buchs.

MEIXNER, H. (1992): Die Seegrundvermessung 1989. In: Der Alpenrhein und seine Regulierung; Internationale Rheinregulierung 1892–1992: 285; BuchsDruck, Buchs.

OBERHAUSER, R. (1991): Erläuterungen zur Geologischen Karte der Republik Österreich 1 : 25'000; Blatt 110 St. Gallen Süd und 111 Dornbirn Süd. Geologische Bundesanstalt; Wien.

SAXER, F. (1965): Erläuterungen zum Geologischen Atlas der Schweiz 1 : 25'000, Blatt 1075 Rorschach. Schweizerische Geologische Kommission: 27 S.; Bern.

STARCK, P. (1992): Restseen, Schwemmkegel und Torf im Vorarlberger Rheintal. In: Der Alpenrhein und seine Regulierung; Internationale Rheinregulierung 1892–1992: 36–37; BuchsDruck, Buchs.

WAGNER, G. (1962): Zur Geschichte des Bodensees. Jahrbuch des Vereins zum Schutze der Alpenpflanzen und -tiere 27: 1–17; München.

WAIBEL, F. (1992): Die Werke der Internationalen Rheinregulierung. In: Der Alpenrhein und seine Regulierung; Internationale Rheinregulierung 1892–1992: 206–235; BuchsDruck, Buchs.

WAIBEL, F. (1992): Der Bodensee als Vorfluter des Alpenrheins. In: Der Alpenrhein und seine Regulierung; Internationale Rheinregulierung 1892–1992: 334–335; BuchsDruck, Buchs.

KARTENWERKE

ERATH, J. (1763): Grundriss des Vormächtigen oder Alten Rheins, ca. 1 : 4200. Original im Stiftsarchiv St. Gallen.

ESCHMANN, J. & ZIEGLER, J.M. (1862): Topographischer Atlas der Cantone St. Gallen und Appenzell, Blatt 4 Rheineck. Wurster und Ziegler; Winterthur.

HANTKE, R. (2003): Geologischer Atlas der Schweiz 1 : 25'000, Blatt 1076 St. Margrethen und 1096 Diepoldsau. Bundesamt für Wasser und Geologie; Bern.

Landeskarte der Schweiz (1959 und 2010): Blatt 1076 St. Margrethen 1 : 25'000. Bundesamt für Landestopographie; Wabern.

Landeskarte der Schweiz (1999): Blatt 1075 Rorschach 1 : 25'000. Bundesamt für Landestopographie; Wabern.

OBERHAUSER, R. (1994): Geologische Karte der Republik Österreich 1 : 25'000, Blatt 110 St. Gallen Nord und Blatt 111 Dornbirn Nord. Geologische Bundesanstalt; Wien.

RÖMER, J.C. (1769): Der Rheinlauf durch das ganze Rheintal 1 : 14'811. Original im Staatsarchiv St. Gallen.

SAXER, F. (1964): Geologischer Atlas der Schweiz 1 : 25'000, Blatt 1075 Rorschach. Schweizerische Geologische Kommission; Bern.

»Siegfried-Karte« (1916): Topographische Karte der Schweiz 1 : 25'000, Blätter 78 Rorschach, 81 Bauriet, 82 Rheineck. Eidgenössische Landestopographie; Bern.

Wolfgang Ostendorp

ÖKOLOGISCHE AUSWIRKUNGEN VON UFERVORSCHÜTTUNGEN AM BODENSEE-UNTERSEE

An dem nachfolgenden Artikel haben Harald Brünner, Michael Dienst, Reiner Eckmann, Manuel Fiebrich, Wolfgang Fiedler, Friederike Gabel, Markus Grabher, Klaus Heck, Mike Herrmann, Harald Jacoby, Josef Kiechle, Gerhard Knötzsch, Ingo Kramer, Achim Lehmann, Wilfried Löderbusch, Oliver Miler, Mathis Müller, Joggi Rieder, Bettina Sättele, Karsten Schäfer, Bertrand Schmidt, Gregor Schmitz, Bernd Schürenberg, Stefan Stoll, Jürgen Trautner, Pia Wilhelm und Uwe Winkler mitgearbeitet.

1. EINLEITUNG

Die Ufer vieler mitteleuropäischer Seen sind – besonders in Ballungsräumen und in touristisch erschlossenen Erholungsgebieten – einem erheblichen Nutzungsdruck ausgesetzt. Im Zuge des landwirtschaftlichen Strukturwandels und einer zunehmenden Freizeitorientierung breiter Bevölkerungsschichten wurden die wenig ertragreichen Uferwälder und Feuchtgrünländer an Private und Investoren verkauft, die ihre nutzbare Grundstücksfläche durch Vorschüttungen zu erweitern suchten. Um die ohnehin schon hohe Attraktivität der Seeufer zu steigern, richteten die Ufergemeinden eine wasserseitige Freizeit- und Wassersport-Infrastruktur ein, die von einfachen Wanderwegen bis zu komplexen Hafenanlagen und Marinas reicht.

Diese Entwicklung, die auch am Bodensee-Untersee nicht vorüberging, hat hier zu einer lang gestreckten massiven Uferverbauung und zu umfangreichen Vorschüttungen geführt, die sich ununterbrochen über viele Kilometer am Ufer entlang ziehen (OSTENDORP & OSTENDORP 2014).

Die ökologischen Konsequenzen waren bereits in den 1920er Jahren deutlich zu erkennen: »*Wenn das natürliche Ufer durch ein künstliches, durch Mauern oder gemauerte Böschungen, ersetzt wird, so leidet darunter das für den Naturhaushalt des Sees unentbehrliche Tier- und Pflanzenleben*« schrieb der Baurat Emil Reisser (1878–1943), der von 1920 bis 1934 als Leiter des Bezirksbauamtes Konstanz tätig war (REISSER 1926: S. 226).

In den Jahrzehnten danach hatten sich Ökologen, Naturschützer und Gewässerschutzfachleute mit den Verbauungen und Aufschüttungen arrangiert. Erst Ende der 1970er Jahre geriet das Thema in den Fokus der Gewässerschutzpolitik des Landes Baden-Württemberg: Die Ufermauern wurden als eine wesentliche Ursache für die flächenhafte Reduzierung der Uferzone und die Verringerung der Selbstreinigungskraft[1] des Sees angesehen (SIESSEGGER 1980). Nach dem Rückgang der Nährstoffbelastungen im Freiwasser des Sees in den 1990er Jahren traten andere ökologische Folgewirkungen des Uferverbaus wie »*Biologische Durchgängigkeit der Uferverbauung*«, »*Rückzugsmöglichkeiten und Störfrequenz (Refugium)*« und »*Kinderstube*« (für Fische) in den Vordergrund (IGKB 2006, TEIBER-SIESSEGGER 2009). Stets standen aquatische Organismengruppen im Vordergrund, während amphibisch und terrestrisch lebende Pflanzen und Tiere weitgehend unberücksichtigt blieben.

Um den nachteiligen ökologischen Folgen von Uferverbauungen und Uferaufschüttungen entgegenzuwirken, wurden in den letzten drei Jahrzehnten am Bodensee umfangreiche Uferrenaturierungen durchgeführt, die im Mittel jedoch nur zu 7 % ihrer Fläche aus aquatischen Lebensräumen, dagegen zu rd. 30 % aus terrestrischen Biotopen oberhalb der mittleren Hochwasserlinie bestanden (OSTENDORP ET AL. 2010). Kontrollerhebungen zeigten, dass die proklamierten ökologischen Ziele keineswegs in allen Fällen erreicht worden waren. Einer der Gründe, warum viele Renaturierungsvorhaben in dieser Hinsicht scheiterten, wurde in der mangelhaften Kenntnis der ökologischen Ansprüche der im Uferbereich lebenden Pflanzen- und Tierpopulationen gesehen.

Um hier einen Schritt weiter zu kommen, trägt der vorliegende Beitrag das in der Region verfügbare Expertenwissen zusammen, das für eine vorläufige Einschätzung der spezifischen Folgen von Ufervorschüttungen auf ausgewählte Pflanzen- oder Tierpopulationen notwendig ist, und das auch für die wasser- und landschaftsbauliche Gestaltung von Uferrenaturierungen genutzt werden kann.

2. UNTERSUCHUNGSGEBIET UND METHODIK

Die nachfolgenden Darstellungen beziehen sich auf den Bodensee-Untersee (einschließlich des Seerheins) zwischen der Eisenbahn-Brücke in Konstanz und dem Ausfluss in den Hochrhein bei der Straßenbrücke in Stein.

Als Basis für die Darstellung der ökologischen Folgen des Uferverbaus diente eine flächendeckende GIS und Datenbank gestützte Kartierung der Litoralzone des Bodensee-Untersees im Frühjahr 2011 (OSTENDORP & OSTENDORP 2014). Uferbeschreibungen und Typ-Fotos wurden 27 Experten und Expertinnen vorgelegt, die durch ihre Geländekenntnisse am Bodenseeufer ausgewiesen sind und fachlich mindestens eine relevante Organismengruppe vertreten können. Anschließend wurden strukturierte Interviews geführt, in denen die Experten die ökologischen Auswirkungen auf die jeweilige Organismengruppe darlegten. Ihre Einschätzungen stützten sich vor allem auf freilandökologische Kenntnisse und Erfahrungen am Bodensee sowie auf die bekannten autökologischen Fähigkeiten der Taxa und ihre Lebensraumansprüche. Daneben wurde auch die einschlägige Fachliteratur vom Bodensee herangezogen. Die strukturierten Interviews wurden vom Autor in synoptischer Form zusammengestellt und von den Experten und Expertinnen geprüft und überarbeitet.

3. UNVERBAUTE UFER DES BODENSEE-UNTERSEES

Die anthropogenen Veränderungen durch Vorschüttungen, einschließlich der zugehörigen Ufermauern, und ihre Auswirkungen auf verschiedenen Pflanzen- und Tiergruppen werden auf ein durchschnittliches naturnahes Untersee-Ufer bezogen. Dieses »Referenz-ufer« beginnt seewärts mit einer knapp 100 m breiten Brandungsplattform (Lebensräu-me des Sublitorals) und geht dann in eine etwa 50 m breite Wasserwechselzone (Lebensräume des Eulitorals) über, die ihrerseits mit einer natürlichen Uferböschung von etwa 0,5 bis 1,5 m Höhe endet (Daten nach OSTENDORP & OSTENDORP 2014). Landseits folgen Hangfußflächen oder spätglaziale Deltaschüttungen, auf denen die normalerweise nicht mehr überschwemmten, extensiv bewirtschafteten landwirtschaftlichen Nutzflächen liegen (Lebensräume des Epilitorals, hier begrenzt auf einen Streifen von 50 m Breite). In diesem Streifen befinden sich an unverbauten Uferstrecken zumeist landwirtschaftliche Nutzflächen, d.h. feuchtes oder frisches Grünland sowie Streuobstwiesen, daneben auch Acker- und Gemüsebauflächen. Die Nutzflächen sind gelegentlich von Zuggräben oder kleinen Fliessgewässern durchzogen; hier und da finden sich grasige Brachflächen, unbefestigte Wege, Feldgehölze und vernachlässigte Geräteschuppen. Die Abbildung 1 zeigt in schematischer Form die Wasserstandshaupt-

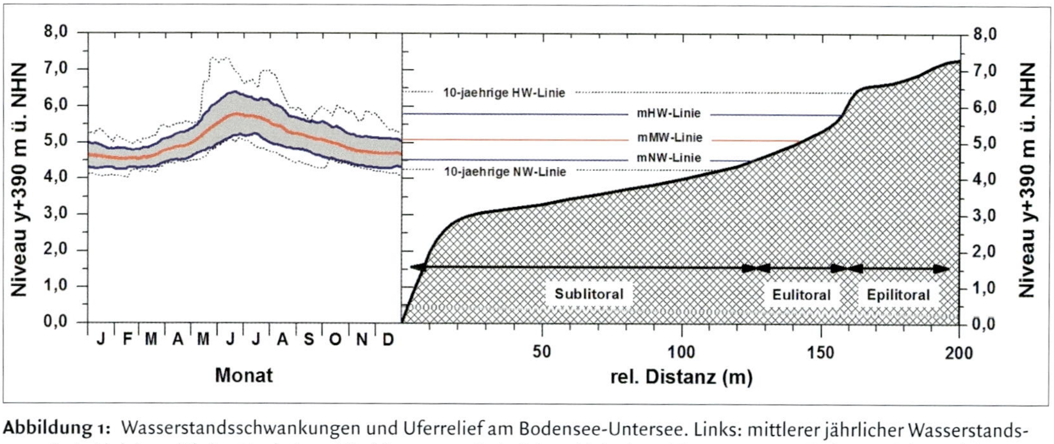

Abbildung 1: Wasserstandsschwankungen und Uferrelief am Bodensee-Untersee. Links: mittlerer jährlicher Wasserstandsgang (rote Linie), 10-jährige Hoch- bzw. Niedrigwasserstände (blaue Linien) und Extremwasserstände (punktierte Linien), Bezugszeitraum 1981–2010). Rechts: Relief und Lebensraumzonen eines durchschnittlichen unverbauten Uferabschnitts. Quelle der Wasserstandsdaten: Pegel Berlingen, BAFU, Bern.

Abb. 2: Unverbaute Ufer am Untersee.

Oben: Ufer am Langhorn östlich Mammern mit schmalem Röhricht- und Gehölzgürtel bei herbstlichem Niedrigwasser, um 1907 (± 2 Jahre) (BAUMANN 1911, Taf. IIa).

Unten: Ufer bei Eschenz mit extensiver landwirtschaftlicher Nutzung und schmalem Gehölzgürtel, rechts im Bild Schilfgürtel (Foto E. Hausammann, 1910; Quelle: Amt für Denkmalpflege des Kanton Thurgau, Archiv Nr. GD-TG-0862, mit frdl. Genehmigung).

daten sowie die relief- und hydrologisch bedingte Abfolge der Lebensraumzonen Sublitoral, Eulitoral und Epilitoral. Das typische Relief, die Vegetation und die Nutzungen der noch unverbauten Untersee-Ufer erschließen sich aus den Darstellungen und der Fotodokumentation in BAUMANN (1911) sowie aus einer Vielzahl von Luftbildern und Uferfotos aus den 1920er und 1930er Jahren (Abbildung 2).

Derartige Uferabschnitte werden heute noch am Schweizer Ufer zwischen Ermatingen und Eschenz und am baden-württembergischen Ufer zwischen Öhningen und Gaienhofen/Ortsteil Hornstaad, am Nordufer der Insel Reichenau sowie zwischen Markelfingen und Allensbach/Ortsteil Hegne angetroffen. Die ausgedehnten Niederungsgebiete der Radolfzeller Aach, der Mettnau, des Giehrenmoos und des Wollmatinger Rieds sowie die Riedgebiete zwischen Gottlieben und Ermatingen wurden nicht berücksichtigt, zumal in diesen Gebieten fast keine Ufervorschüttungen auftreten.

Der Artenbestand der Untersee-Uferflora und -fauna ist ausschnittweise gut bearbeitet (z. B. Armleuchteralgen, Blütenpflanzen, Laufkäfer, Libellen, Vögel, Fledermäuse), während es für andere wichtige Gruppen (z. B. Moose, Eintagsfliegen, Köcherfliegen u. a. Insektengruppen, Kleinsäuger) nur wenige gesicherte Nachweise, geschweige denn ökologische und populationsbiologische Studien gibt (Tabelle 1).

Tabelle 1: Übersicht der wichtigsten funktionellen Taxa-Gruppen und Arten des Referenzufers am Bodensee-Untersee; (*?) – noch nicht am unmittelbaren Untersee-Ufer nachgewiesen.

Biotoptyp-Gruppe	funktionelle Gruppe / Taxon (Auswahl)
Schlammbänke und Schlammfluren	**Blütenpflanzen:**
	Catabrosa aquatica, Quellgras
	Eleocharis acicularis, Nadelbinse
	Ranunculus sceleratus, Gift-Hahnenfuß
	Veronica anagallis-aquatica, Gauchheil-Ehrenpreis
	Veronica catenata, Wasser-Ehrenpreis
	Vögel:
	Actitis hypoleucos, Flussuferläufer
	Ardea alba, Silberreiher
	Gallinago gallinago, Bekassine
	Tringa ochropus, Waldwasserläufer
Strand	**Blütenpflanzen der Strandrasen:**
	Deschampsia littoralis, Strandschmiele
	Littorella uniflora, Strandling
	Myosotis rehsteineri, Bodensee-Vergissmeinnicht
	Ranunculus reptans, Ufer-Hahnenfuß
	Blütenpflanzen der Flutrasen:
	Agrostis stolonifera, Weißes Straußgras
	Allium schoenoprasum, Schnittlauch
	Carex panicea, Hirse-Segge
	Carex viridula, Späte Gelb-Segge
	Equisetum × meridionale, Südlicher Schachtelhalm
	Equisetum variegatum, Bunter Schachtelhalm
	Rorippa amphibia, Wasser-Sumpfkresse
	Laufkäfer (Auswahl der stetigsten Arten):
	Bembidion assimile, Flachmoor-Ahlenläufer
	Bembidion decorum, Kies-Ahlenläufer
	Bembidion tetracolum, Gewöhnlicher Ufer-Ahlenläufer
	Chlaenius vestitus, Gelbspitziger Sammetlaufkäfer
	Nebria brevicollis, Gewöhnlicher Dammläufer
	Nebria picicornis, Rotköpfiger Dammläufer
	Paranchus albipes, Ufer-Enghalsläufer
	Pterostichus anthracinus, Kohlschwarzer Grabläufer

Biotoptyp-Gruppe	funktionelle Gruppe / Taxon (Auswahl)
Röhrichte	**Blütenpflanzen:**
	Phalaris arundinacea, Rohrglanzgras
	Phragmites australis, Gemeines Schilf
	Schoenoplectus lacustris, Grüne Seebinse
	Typha angustifolia, Schmalblättriger Rohrkolben
	Typha latifolia, Breitblättriger Rohrkolben
	Käfer (Auswahl):
	Demetrias imperialis, Gefleckter Halmläufer
	Donacia clavipes, Schilfkäfer
	Odacantha melanura, Sumpf-Halsläufer
	Amphibien und Reptilien:
	Natrix natrix, Ringelnatter
	Rana esculenta, Teichfrosch
	Rana ridibunda, Seefrosch
	Vögel:
	Acrocephalus arundinaceus, Drosselrohrsänger
	Acrocephalus scirpaceus, Teichrohrsänger
	Cyanistes caeruleus, Blaumeise
	Emberiza schoeniclus, Rohrammer
	amphibische Säugetiere:
	Arvicola terrestris, Schermaus, Große Wühlmaus
	Castor fiber, Biber
	Neomys fodiens (*?), Wasserspitzmaus
	Ondatra zibethicus (*?), Bisam; neozoisch
	im terrestrischen Halmwald der Röhrichte: *Micromys minutus*, Zwergmaus
Luftraum	**Fledermäuse:**
	Myotis bechsteinii, Bechsteinfledermaus
	Myotis daubentonii, Wasserfledermaus
	Myotis mystacinus, Kleine Bartfledermaus
	Nyctalus noctula, Großer Abendsegler
	Pipistrellus kuhlii, Weissrandfledermaus
	Pipistrellus nathusii, Rauhautfledermaus
	Pipistrellus pipistrellus, Zwergfledermaus
	Pipistrellus pygmaeus, Mückenfledermaus
	Vespertilio murinus, Zweifarbfledermaus

Biotoptyp-Gruppe	funktionelle Gruppe / Taxon (Auswahl)
halboffene extensive Landwirtschaftsflächen, Ruderalflächen, Brachen und strukturreiche Gärten	**Großpilze** (S – Streuzersetzer):
	Coprinellus div. spp., Kleintintlinge (S)
	Coprinus comatus, Schopf-Tintling (S)
	Morchella esculenta, Speise-Morchel (S)
	Morchella semilibera, Käppchen-Morchel (S)
	Psathyrella div. spp., Faserlinge (S)
	Lurche und Kriechtiere:
	Anguis fragilis, Blindschleiche
	Bufo bufo, Erdkröte
	Lacerta agilis, Zauneidechse
	terrestrische Kleinsäuger:
	Crocidura russula, Hausspitzmaus (*?)
	Erinaceus europaeus, Braunbrust-Igel (= Westigel) (*?)
	Micromys minutus, Zwergmaus (*?)
	Microtus arvalis, Feldmaus (*?)
	Rattus norvegicus, Wanderratte (*?): neozoisch
	Talpa europaea, Maulwurf (*?)
	Raubsäuger:
	Mustela erminea, Hermelin (*?)
	Mustela nivalis, Mauswiesel (*?)
	Mustela putorius, Iltis (*?)
	Vulpes vulpes, Rotfuchs

4. VERBAUUNGEN, AUFSCHÜTTUNGEN UND NUTZUNGEN AM UNTERSEE-UFER

Das Ufer des Untersees ist zu 31,6 % seiner Länge (Bezug: Hochwasserlinie) von Uferbefestigungen gesäumt; Uferaufschüttungen nehmen insgesamt 0,706 km^2 ein. Das Eulitoral ist zu 6,9 % seiner Fläche mit Aufschüttungen aus Bauschutt, Hausmüll und Bodenmaterial überdeckt, die eine mittlere Breite von 16,7 m besitzen (OSTENDORP & OSTENDORP 2014). Etwa 37 % der Aufschüttungsfläche werden seeseits durch eine bis 1 m hohe Uferbefestigung, meist eine senkrechte Ufermauer, abgegrenzt, wobei der Mauerfuß oberhalb der Mittelwasserlinie ansetzt. Weitere 27 % der Aufschüttungsfläche sind jedoch durch höhere Mauern befestigt, die eine maximale Höhe von ca. 3,5 m erreichen. Diese Mauern gründen dann zumeist unterhalb der Mittelwasserlinie. Von den Verbauungen besonders betroffen sind die steilscharigen[2], leicht bebaubaren Abschnitte in der Nähe der Ortskerne. In vielen Gemarkungen liegt der Anteil verbauter Uferstrecken bei über 60 %.

Die Mauern bestehen aus Gussbeton oder Blocksteinen, die zwischenzeitlich mit Spritzbeton verkleidet wurden. Das Aufschüttungsareal und das unmittelbare Hinterland sind mit Zieranlagen und Grünflächen, kleineren Wohngebäuden und Nebengebäuden sowie mit versiegelten Verkehrsflächen überbaut. Der seewärts gelegene Abschnitt des Eulitorals wird durch Freizeit- und Wassersport-Infrastruktur (Plattenwege, Bootsslips, Anbindepfähle, Stege, kleine Sportboothäfen einschließlich der zugehörigen Austiefungen für Liegeplätze und Zufahrtsrinnen) strukturell verändert. Während der winterlichen Niedrigwasserphase dient das Vorland als Lagerplatz für Boote u. a. Wassersportgeräte. Während der Saison befinden sich die Boote, Badeflöße usw. im Wasser.

Die landseitigen Aktivitäten finden hauptsächlich an Wochenenden zwischen März und Oktober statt. Dann kommt es zusätzlich zu den strukturellen Veränderungen zu Störungen durch Gartenpflege-, Bau- und Ausbesserungsarbeiten sowie durch Frei-

Abb. 3: Ufermauern und Vorschüttungen.

Oben: etwa 2 m hohe Ufermauer mit Brüstung, Treppe und Slip (Steckborn, Nächsthorn, 15.3.2011).

Unten: Nutzung von Vorschüttungen als privates Freizeitgelände mit Bebauung (Eschenz, Seeäcker, 26.03.2011).

zeitaktivitäten bis in die Abendstunden. Seeseits der Mauer wird gebadet, Surfbretter u. a. werden zu Wasser gelassen, Bootsmotoren gestartet, Boote legen ab oder laufen ein. Im Winter, bei niedrigem Wasserstand, kommen Strandwanderer vorbei, Gemeinden und Private reinigen das Vorland (»Seeputzete«) und decken es mit Kies neu ein.

Ufervorschüttungen, Ufermauern und Ufernutzungen sind demnach zu einem Komplex von strukturellen und nicht strukturgebundenen Umweltveränderungen verwoben. Dabei werden charakteristische, großflächig ausgebildete Lebensräumen sowie spezifisch wirksame kleinräumige Biotopelemente durch Überschüttung und Überbauung beseitigt, und die Lebensbedingungen ufertypischer Pflanzen- und Tierarten werden durch landseitige sowie seeseitigen Nutzungen und menschliche Störungen beeinträchtigt.

Hinzu kommen eventuell stoffliche Belastungen aus den Sickerwässern der Auffüllungen sowie durch die Agrochemikalien, die auf Zier- und Grünanlagen aufgebracht werden.

5. ÖKOLOGISCHE AUSWIRKUNGEN DER UFERVORSCHÜTTUNGEN, UFERMAUERN UND NUTZUNGEN

5.1 BESEITIGUNG VON LEBENSRÄUMEN DURCH ÜBERSCHÜTTUNG UND ÜBERBAUUNG

Durch die Ufervorschüttungen werden die

- Strandvegetation (landseitige Teile der Schlammfluren, Strandrasen und Flutrasen),
- Uferröhrichte einschließlich der Schilfstreu- und Treibholz-Spülsäume,
- Ufergehölze, darunter auch alte Uferbäume (Silberweiden u. a.), sowie
- seeseitige Teile der landwirtschaftlich extensiv genutzten Flächen (z. B. Feuchtgrünland und Streuobstwiesen) flächenhaft beseitigt.

Damit verschwinden auch die zonale Vernetzung der sub-, eu- und epilitoralen Biotope sowie eine Reihe von Biotopelementen und Sonderstrukturen (vgl. Kapitel 5.2). Die eigendynamische Entwicklung der Biotope wird ersetzt durch einen Umtriebs- und Pflegerhythmus, der durch das Ordnungs- und Sauberkeitsbedürfnis der Nutzer geprägt ist.

Die sublitoralen Lebensräume unterhalb der Niedrigwasserlinie werden wahrscheinlich nicht berührt, die potenziellen Standorte der Schlammfluren dagegen schon. Klare Raumkonflikte ergeben sich mit den Strandrasen und den Flutrasen, die an unverbauten Ufern in etwa der gleichen Höhenlage vorkommen wie die Mauersockel mit den dahinter liegenden Auffüllungen. Möglicherweise sind zahlreiche Strandrasen-Bestände bereits in der ersten Hälfte des vergangenen Jahrhunderts infolge Aufschüttungen und

Uferbefestigungen verschwunden. Von den 20 heute noch existierenden Beständen befinden sich nur 7 vor Ufermauern, deren Fuß in diesen Fällen meist relativ hoch über dem Mittelwasserspiegel liegt (vgl. STRANG ET AL. 2012, S. 206).

An vielen Uferabschnitten werden die vor den privaten Parzellen verbliebenen Schilfröhrichte im Winter gemäht, um den Nutzern eine angenehmere Seesicht zu ermöglichen. Die im Frühjahr aufwachsenden Jungsprosse der Schilffront sind dann ohne mechanischen Schutz durch das vorjährige Altschilf. Kleinräumige Bestandsverluste, die sich im Laufe der Jahre akkumulieren, können die Folge sein. Diese Praxis wird offenbar schon seit Jahrzehnten geübt, so dass viele Bestände wahrscheinlich schon vor langer Zeit verschwunden sind. Die nachfolgend geschaffenen Bedingungen, gartenbauliche Umgestaltungen und die Pflege des Vorschüttungsareals erlauben keine Neuansiedlung von Schilf oder anderen Röhrichtpflanzen, so dass die Bestände dauerhaft verloren gehen und mit ihnen auch die Fauna, die auf sie angewiesen ist (vgl. OSTENDORP 1993).

Die an der Uferböschung wachsenden Ufergehölze wurden ebenfalls stark ausgelichtet, um eine bessere Seesicht zu bekommen. Markante Einzelbäume, v. a. die Pyramidenpappeln an der Böschungsoberkante, blieben mitunter erhalten. Inzwischen wirken manche Uferbäume deplaziert, da sie weit landeinwärts stehen und keinen Kontakt mehr zum See haben. Dem kundigen Betrachter liefern sie aber sichere Hinweise für den ehemaligen Verlauf der Uferlinie.

Vormals extensiv genutzte Feuchtgrünland-Streifen dürften im Zuge der Umnutzung und Bebauung der Parzellen ebenfalls mit Baugrubenaushub o. ä. aufgefüllt worden sein. Ufernahe Feuchtbiotope wurden damit flächenhaft beseitigt und in Rasenflächen und Zieranlagen umgewandelt (Abbildung 4). Dagegen wurden Streuobst-Wiesen mitunter in die Gestaltung der Freiflächen einbezogen. Insbesondere bei nicht bebauten Freizeitgrundstücken in Ortsrandlage ist der ursprüngliche Aspekt noch zu erkennen.

Auch wenn der Baumbestand noch erhalten bleibt, führen Bodenauftrag und die mit der intensiven Nutzung einhergehende Bodenverdichtung und Verminderung der Sauerstoffversorgung zu einer starken Beeinträchtigung der Mykorrhiza-Spezialisten unter den Großpilzarten (SENN-IRLET ET AL. 2012). Da viele Baumarten, z. B. Buche und Eiche, aber auch Obstbäume, von dem Mykorrhiza-Geflecht profitieren, ist mit einem schlechteren Wachstum bis hin zum Absterben zu rechnen.

Durch die weitgehende Überschüttung der Strandvegetation und der Röhrichte werden Lebensraumstrukturen beseitigt, die als Laichplätze für bestimmte Fischarten Bedeutung haben können, z. B. Totholz für den Flussbarsch (*Perca fluviatilis*), Kiesbänke für die Schmerle (*Barbatula barbatula*) und niederwüchsige Strand- und Spülsaumvegetation für den Hecht (*Esox lucius*). Überdies fällt eine wichtige Nahrungsressource für Fische weg, da zusammen mit den Röhrichten auch die Insektenlarven verschwinden, die vordem die Biomasse und die Strukturmerkmale der Röhrichte genutzt haben. Den Jungfischen fehlen während des sommerlichen Hochwassers die seichten, strömungsarmen und sonnendurchfluteten Wasserkörper, die sich gegenüber dem freien See stärker erwärmen, ihnen damit eine entsprechend hohe Wachstumsrate ermöglichen und sie vor Prädation z. B. durch Barsche schützen (STOLL ET AL. 2008).

Die Vorschüttungen und ihre Stützmauern betreffen vor allem diejenigen Tierarten, die normalerweise mit ihrem (Teil-)Lebensraum in dieser Zone angesiedelt sind. Dazu gehören beispielsweise die Grünfrösche[3] (*Rana ridibunda/esculenta*), die sich gern am landseitigen Rand der Röhrichtflächen des unverbauten Ufer aufhalten. Die wenig standorttreue Ringelnatter (*Natrix natrix*) ist nicht zwingend auf semiaquatische Habitate angewiesen und kann landwärts ausweichen, wenn die Lebensräume nicht zu intensiv genutzt werden und sie weiterhin genügend Strukturreichtum und Amphibien als Nahrung bieten. Nicht selten ist sie in Gärten und auf extensiv genutzten Parzellen zu finden, wo sie z. B. Komposthaufen für die Eiablage nutzt (WAITZMANN & SOWIG in LAUFER & BAUER 2007).

Stellvertretend für die Wirbellosenfauna der amphibischen Zone sind die Ufer- und Sumpf-Arten unter den Laufkäfern von den Vorschüttungen betroffen (vgl. Tabelle 1). Sie besiedeln selbst geringflächig ausgebildete Strukturen von wenigen Dutzend

Abb. 4: Freizeit-Parzellen hinter Ufermauern.

Oben: extensiv genutzte Parzelle mit teilweise erhaltenem Gehölzbestand (Mammern, Langhorn, 25.03.2011).

Unten: bebaute Parzelle mit völliger Beseitigung naturnaher Strukturelemente (Eschenz, Seeäcker, 26.03.2011).

Quadratmetern Größe, so dass kleine Reste von Röhrichten, Seerieden oder Ufergehölzen von Bedeutung sein können (BRÄUNICKE & TRAUTNER 2002). An einem aufgeschütteten und verbauten Uferabschnitt fehlen diese Biotopelemente, so dass den Käfern damit genau diejenigen Habitate verloren gehen, die bis in den Sommer hinein überschwemmungsfrei sind und nach Durchgang des jährlichen Hochwasserscheitels auch schnell wieder trocken fallen. Die Besiedlung durch epigäisch lebende Käfer ist damit – anders als an einem Ufer mit naturnahem Relief – auf die Monate März und April beschränkt. Nach den Erhebungen von BRÄUNICKE & TRAUTNER (2002) sind durch die Beseitigung von Ufergehölzen potenziell 82 Arten betroffen, bei der Beseitigung der Röhrichte sind es bis zu 73 Arten und bei den Seerieden 101 Arten. Diese Angaben beziehen sich jedoch schwerpunktmäßig auf den Bodensee-Obersee; am Untersee ist fallweise mit deutlich geringeren Artenzahlen zu rechnen.

Eine naturnah erhaltene amphibische Übergangszone stellt bestimmte thermische und strukturelle Bedingungen bereit und bietet damit vielen Libellen-Arten geeignete Rendezvouz-Habitate, in denen sich die heranfliegenden Weibchen mit den meist schon vor Ort patrouillierenden Männchen treffen und später verpaaren. Werden diese Strukturen durch Vorschüttungen und Mauern ersetzt, meiden einige Arten solche abrupten Übergangsbereiche zwischen Wasser und Land.

Die Vorschüttung bringt üblicherweise eine Beseitigung der Röhrichte als Brut- und Nahrungshabitate der für diese Zone typischen Vogelarten mit sich (vgl. Tabelle 1). Gleichzeitig fällt ihre Funktion als Flucht- und Rückzugsraum für Wasservögel weg. Dementsprechend dürften Rohrsänger (*Acrocephalus*-Arten), Wasserralle (*Rallus aquaticus*) und andere Arten diese Uferabschnitte vollständig meiden. Lediglich die Kulturfolger unter den Vögeln, die auch in anderen Siedlungsbereichen anzutreffen sind, werden durch die neu geschaffene Situation begünstigt.

Mit der Beseitigung der Ufergehölze und der krautigen Vegetation fällt für den Biber (*Castor fiber*) ein wichtiger (Winter-)Nahrungsraum weg. Er wird solche Gebiete meiden, auch wenn Ausstiege zur Umgehung der Mauer zur Verfügung stehen. Ebenso ist Bisamen, Schermäusen und Wasserspitzmäusen sowie anderen Kleinsäugern die Lebensgrundlage entzogen (vgl. Tabelle 1). Von den strukturellen Veränderungen können nur wenige Reptilien-Arten (Blindschleiche, vielleicht auch Zauneidechse) und Säugetier-Arten (Wanderratte, Hausmaus, Braunbrust-Igel) profitieren.

5.2 BESEITIGUNG VON SPEZIFISCHEN LEBENSRAUMSTRUKTUREN

Mit der Überschüttung und mit zunehmender Nutzungsintensität werden üblicherweise auch mikroskalige Biotopelemente beseitigt. Beispielsweise werden

- schadhafte Blocksteinmauern saniert und mit einer Spritzbeton-Abdeckung überzogen,
- Entwässerungsgräben und Grundwasseraustritte an der Uferböschung verdolt und als Rohrdrainage durch die Mauer geführt,

- feuchte Senken im Hinterland im Zuge der Grundstücksentwässerung trockengelegt,
- Ufergehölze aus Gründen der freien Seesicht auf den Stock gesetzt oder gerodet.

Von der mit Spritz- oder Gussbeton verkleideten Mauer haben alle diejenigen Tier- und Pflanzengruppen Nachteile, die in günstigen Fällen die vormalige, teils vernachlässigte Sandsteinmauer haben nutzen können, z. B. einige amphibische Moos- und terrestrischen Blütenpflanzen-Arten (Abbildung 5), möglicherweise auch verschiedene Gruppen terrestrischer Wirbelloser, die Zauneidechse (*Lacerta agilis*) und lokal auch die sich jüngst ausbreitende Mauereidechse (*Podarcis muralis*) sowie einige terrestrische Kleinsäuger und die Wasser- und die Rauhaut-Fledermaus (*Myotis daubentonii*, *Pipistrellus nathusii*).

Die Verdolung der Entwässerungsgräben unterbricht die Kontinuität des ufernahen Kleingewässersystems und die Verbindungen mit dem Hinterland. Damit werden Geländestrukturen in der Landschaft beseitigt, die als Laichplätze für Hechte, Grünfrö-

Abb. 5: Beseitigung mikroskaliger Lebensraumstrukturen.

Oben: ausgefugte Blocksteinmauer mit Moosen, Farnen und Zimbelkraut (*Cymbalaria muralis*) neben einer Gussbetonmauer ohne Vegetation (Wasserburg, Lkrs. Lindau, 06.03.2007).

Unten: Durchleitung eines Grabens durch eine Mauer mit Unterbrechung des Gewässerkontinuums (Berlingen, Engi, 13.03.2011).

sche u. a. sowie als Wanderkorridore und Leitstrukturen bei der Vernetzung von Biotopen (für Grünfrösche, Libellen, Fledermäuse u. a.) dienen können (Abbildung 5).

Wenn im Zuge der Überschüttung und Umnutzung von Ufergrundstücken ältere, eventuell windwurfgefährdete Uferbäume (z. B. Silberweiden, Pyramidenpappeln) beseitigt und Gehölze in Zierrasenflächen umgewandelt werden, können attraktive Quartierplätze für einige Fledermaus-Arten verloren gehen. Allerdings wechseln beispielsweise Wasserfledermaus und Grosser Abendsegler (*Nyctalus noctula*) ohnehin häufig ihre Quartiere, nehmen dabei auch Flugstrecken von mehr als einem Kilometer in Kauf und sind damit nicht auf ufernahe Ruheplätze angewiesen. Viele Fledermaus-Arten nutzen beim Jagdflug gern uferparallele lineare Vegetationskanten, wie sie vordem durch die randständigen Uferbäume gegeben waren, nun aber weggefallen sind.

5.3 LANDSEITIGE NUTZUNGEN UND STÖRUNGEN DURCH DEN MENSCHEN

Bei den landseitigen Nutzungen auf den Vorschüttungsflächen und im unmittelbaren Hinterland handelt es sich nach den Erhebungen am Untersee überwiegend um einfache und komplexe Freizeitnutzungen teils ohne, teils mit Infrastruktureinrichtungen sowie um Verkehrsflächen (OSTENDORP & OSTENDORP 2014). Auf den Vorschüttungsflächen wurden die vormaligen Biotope des Referenzufers durch Bebauung und Gartengestaltung weitgehend beseitigt und durch monotone Zierrasen und künstliche, intensiv gepflegte Staudenbeete ersetzt.

Die häufig 1½- und mehrgeschossigen Gebäude im Hinterland der Vorschüttungen sind als parallele, lang gestreckte Riegel mit breiter seeseitiger Sichtfront angeordnet. Landseits folgen häufig befestigte, ebenfalls uferparallele Verkehrswege, so dass dem Ensemble neben der Beseitigung naturnaher Biotope auch eine ökologische Barrierewirkung bei der Wanderung zwischen saisonalen Teillebensräumen und bei der Ausbreitungswanderung zukommen dürfte (Abbildung 6). Die fehlende Hinterland-Anbindung erschwert beispielsweise die Wiederbesiedlung etwaig verbliebener Laufkäfer-Habitate: W. LÖDERBUSCH (in OSTENDORP et al. 2010) fand auf suboptimalen Kies- und Geröll-Flächen des Ufers jeweils höhere Artenzahlen, wenn die Flächen mit Röhrichten, Weidengebüschen usw. in Verbindung standen. Dagegen waren die artenärmsten Flächen landseits durch asphaltierte Wege und Zierrasen begrenzt.

Gelegentlich waren zunächst Reste der ehemaligen Ufergehölze als Solitäre erhalten geblieben, bis auch sie schließlich gefällt wurden (Kapitel 5.2)[4]. Damit verschwinden zwangsläufig auch diejenigen Arten der Großpilzflora, die als Mykorrhiza-Pilze oder spezialisierte Holzzersetzer auf Pappeln, Weiden und andere Baumarten angewiesen sind. Die ursprüngliche Pilzflora wird ersetzt durch ubiquitäre Streuzersetzer, die sich gern auf verrottendem Rasenschnitt ansiedeln, wie Schopf-Tintling, Faserlinge und Kleintintlinge.

Die landseitigen Nutzungen durch den Menschen finden hauptsächlich an Wochenenden zwischen März und Oktober statt. Dann kommt es zusätzlich zu den strukturellen Veränderungen zu Störungen durch Kraftfahrzeugverkehr, Gartenpflege-, Ausbesserungs- und Aufräumarbeiten sowie durch Freizeitaktivitäten (z. B. Sonnenbaden, Barbecue- und Strandparties, öffentliche Publikumsveranstaltungen). Hinzu tritt ein gewisser Lichtsmog mit den bekannten negativen Folgen für die Insektenemergenzen der Uferzone (HELD ET AL. 2013).

Die menschlichen Aktivitäten und Störungen betreffen in erster Linie die ufertypischen terrestrischen Tierarten, soweit diese nicht bereits durch die strukturellen Eingriffe verdrängt wurden. Immerhin können einige Amphibien-, Reptilien- und Säuger-Arten die Freizeitparzellen als (Teil-) Lebensraum annehmen, sofern die Nutzungsintensität gering ist und geeignete Biotopelemente zur Verfügung stehen. Für Grünfrösche und andere Amphibienarten können die bebauten und genutzten Grundstücke interessant sein, wenn sich dort ein Gartenteich befindet – und ein Nutzer, der Froschkonzerte toleriert.

Abb. 6: Hinterlandanbindung des Untersee-Ufers.

Oben: uferparallele besiedlungsfeindliche Strukturen (Eisenbahntrasse, asphaltierter Fahrweg und geschotterter Fussweg) auf einer Aufschüttung des 19. Jahrhunderts verhindern eine Anbindung der Uferlebensräume an das Hinterland (Radolfzell, 02.05.2011).

Unten: hohe uferparallele Gebäudekomplexe üben eine Riegelwirkung aus und erschweren die Wanderung von Tieren (Gottlieben, 07.03.211).

Zumindest Ersteres ist nur selten der Fall. Die Ringelnatter ist auch in extensiv genutzten Gärten, in der Nähe von Schuppen und Ställen anzutreffen, sofern sich ein Gewässer in der Nähe befindet. Sie verbirgt sich in Erdhöhlen, Stein- und Reisighaufen, kann dort aber beim morgendlichen Sonnenbad von Hauskatzen aufgestöbert werden. Noch stärker gelten die Zauneidechse und die Blindschleiche (*Anguis fragilis*) als Kulturfolger, die von der kleinräumigen Strukturvielfalt extensiv genutzter Freizeitparzellen und vernachlässigten Nebengebäuden profitieren können. Auch hier geht eine große Gefahr von Hauskatzen aus, die regelmäßig erwachsene und Jungtiere verletzen oder töten.

Einer ufertypischen Vogelwelt ist bereits durch die tiefgreifenden strukturellen Veränderungen weitgehend die Lebensgrundlage entzogen, so dass es auf die menschlichen Aktivitäten auf den Freizeitgrundstücken nicht mehr ankommt. Es werden sich diejenigen Arten halten können, die auch sonst im ähnlich strukturierten Siedlungsbereich anzutreffen sind[5].

Der Biber kann grundsätzlich auch besiedelte Gebiete als Nahrungsrevier nutzen. Dem tagaktiven Menschen geht er durch seine eher nächtliche Lebensweise gut aus dem Wege. Allerdings sind die landseitigen Überbauungen, Versiegelungen und Nutzungen in einem Uferstreifen von etwa 20 m Breite als Nahrungsrevier unattraktiv und teils gefährlich (Straßenverkehr). Parzellen mit Garten- oder Streuobstnutzung, mit Holzstapeln, Lesesteinhaufen, Hecken, Komposthaufen und Geräteschuppen bieten Lebensräume für Kleinsäuger-Arten wie Hausspitzmaus, Rötelmaus, Feldmaus und Waldmaus sowie für Igel und Maulwurf, aber auch für die Wanderratte. Mit zunehmender Bebauung und Nutzungsintensivierung verschwinden nach und nach auch diese Arten, bis nur noch die robuste Wanderratte übrigbleibt, die von den Abfällen z. B. der abendlichen Grillparties angezogen wird.

Landseitige Nutzungen können auch für die Fledermäuse eine wichtige Rolle spielen:

- Alle Arten mit Ausnahme der Bechstein-Fledermaus nutzen ältere, etwas vernachlässigte Ufergebäude gern als Tagesquartiere; dort hängen sie überwiegend in Spaltenräumen (Verschalungen, Fensterläden, Fugen), seltener auch in Hohlräumen der Dachstühle oder Bootsgaragen. Derartige Möglichkeiten sind bei modernen, intensiv unterhaltenen Wohnbauten und Nebengebäuden meist nicht gegeben.
- Die Strukturen der Freiflächen sind für jagende Fledermäuse von geringerer Bedeutung als das Angebot an Beute-Insekten, das von diesen Flächen ausgeht. Hier kommt es auf Details der Freiflächengestaltung an: Rasenflächen sind weniger ergiebig als beispielsweise der gern gepflanzte Schmetterlingsflieder (*Buddleja davidii*) und etliche heimische und exotische Stauden.
- Katzen und andere Haustiere erreichen die Quartiere der Fledermäuse normalerweise nicht[6] und sind daher meist ohne Bedeutung. Auch von den uferparal-

lelen Zufahrtswegen und Strassen in den Wohngebieten geht keine Gefahr aus, da die Fahrzeuge gewöhnlich mit geringer Geschwindigkeit fahren.

– Die typischen Lichtemissionen, die von den Ufersiedlungen ausgehen, üben eine ambivalente Wirkung aus; einerseits meiden Fledermäuse die ausgeleuchteten Durchflugsgebiete, andererseits locken die Lichtquellen Beute-Insekten an und sind daher als Jagdgebiet attraktiv. Auf lange Sicht kann die herkömmliche Straßenbeleuchtung aber zu einer Verarmung der photophilen Insektenfauna führen, was dann auch die Nahrungsverfügbarkeit für Fledermäuse treffen würde. Dagegen wird tagsüber die Lärmbelastung durch die Hausbewohner ebenso hingenommen wie abendliche Grillfeuer.

Extensiv genutzte Uferparzellen weisen also ein gewisses Besiedlungspotenzial für verschiedene, allerdings nicht ausgesprochen seeufertypische, Tiergruppen auf. Die nutzbaren Biotopelemente sind freilich Ausdruck einer gewissen »Vernachlässigung« des Anwesens, eine für das Unterseeufer eher untypische Situation. Bei intensiver Nutzung, einförmiger Freiflächengestaltung und modernen, gut unterhaltenen Baulichkeiten dürften die genannten Arten ausbleiben.

5.4 SEESEITIGE NUTZUNGEN UND STÖRUNGEN

Das aufgeschüttete und mit einer Ufermauer befestigte Gelände wird in vielen Fällen auch seewärts genutzt. So sind

– Besucherverkehr auf dem trockenen Strand im Frühjahr und Herbst (Strandwanderer, Strandparties),
– Badeverkehr über Treppen und Leitern im Hochsommer,
– Lagerung von Wassersportgeräten, Bootsstationierung und Bootsverkehr vom Frühjahr bis Herbst

regelmäßig anzutreffen. Hinzu kommt das Bedürfnis privater Nutzer, das Vorland besser nutzbar zu machen und »sauber« zu halten: Es werden kleinere Vorschüttungen, beispielsweise für die Anlage eines Sonnenplatzes oder eines Strands vorgenommen, Plattenwege zum schwimmtiefen Wasser angelegt und etwaige Wasserpflanzen-Spülsäume abgeräumt.

In der überschwemmungsfreien Periode können Tritt, Strandparties und Sedimentbewegung durch Besucherverkehr einen Einfluss auf die noch verbliebenen Reste der Strandrasenvegetation haben (Strang et al. 2012, Abb. 14), obschon zumindest Strandling und der Ufer-Hahnenfuss verhältnismäßig trittfest sind. So wurden am östlichen Obersee (Mehrerauer Ufer bei Bregenz, Obersee) trotz mäßiger Trittbelastung keine Bestandsverluste des Bodensee-Vergissmeinnichts beobachtet (M. Grabher, mdl. Mitt.). Für die Flutrasen dürften die Belastungen ebenfalls von geringerer Bedeutung sein, denn auch hier gelten die meisten Arten als trittfest und robust gegenüber mechanischen Belastungen.

Die Artenvielfalt der Laufkäfer wird negativ beeinflusst, insbesondere auf kiesig-sandigen Flächen, die normalerweise einen hohen Anteil anspruchsvoller bzw. gefährdeter Arten beherbergen (W. LÖDERBUSCH in OSTENDORP ET AL. 2010). In diesem Zusammenhang fordern BRÄUNICKE & TRAUTNER (2002) einen Ausschluss oder aber zumindest eine räumliche Differenzierung von Freizeitnutzungen, so dass größere, nicht oder nur extensiv betretene Bereiche bestehen bleiben.

Störungen durch Strandparties, die zur Brutzeit zwischen März und Mai auf den noch nicht überschwemmten Uferstreifen stattfinden, sind – vielleicht mit Ausnahme des Flussregenpfeifers (*Charadrius dubius*) – von eher geringer Bedeutung, soweit es sich dabei um Uferabschnitte handelt, an denen die notwendigen Brutbiotopstrukturen ohnehin fehlen. Im Winter werden viele Freizeit- bzw. Wochenendhausparzellen wenig genutzt, so dass die Wasservogelansammlungen in der vorgelagerten Litoralzone verhältnismäßig ungestört sind. Auf öffentlich zugänglichen Uferaufschüttungen ist dagegen an allen Wochentagen mit einem stärkeren Publikumsverkehr zu rechnen, wodurch die Störungsfrequenz steigt. Noch größer ist dieser Effekt, wenn das Publikum die Ufermauern auf Treppen, Rampen o. ä. überwinden kann, so dass sich Besucher und ggf. Hunde ungehindert auf dem Vorland bewegen. Blässhuhn (*Fulica atra*) und Stockente (*Anas platyrhynchos*) verhalten sich vergleichsweise robust, andere Arten weichen oft schwimmend aus. Es kommt dabei aber auch immer wieder zu »Kettenreaktionen«: Besonders sensible Individuen fliegen auf und reißen dann Hunderte oder gar Tausende von Wasservögeln mit. Nicht selten können diese Ausweichflüge dazu führen, dass bevorzugte Nahrungs- und Ruheplätze über Stunden oder sogar Tage hinweg gemieden werden. An vielen Uferpromenaden und privaten Freizeitparzellen werden Wasservögel gefüttert, obwohl in vielen Ufergemeinden inzwischen ein Fütterungsverbot besteht. Stockenten, Blässhühner, Höckerschwäne (*Cygnus olor*) und Lachmöwen (*Chroicocephalus ridibundus*, syn. *Larus ridibundus*) gewöhnen sich an die Futterplätze und profitieren auf diesem Umweg von Uferbefestigungen, die dem Menschen den Zugang zum Ufer erleichtern. Es kommt also zu einer Verhaltensänderung von Wildtieren, die ohne Zutun des Menschen nicht auftreten würde. Allerdings ist nur ein Teil der Population betroffen. Vielleicht sind es besonders lernfähige Tiere, vielleicht auch solche, die durch innerartliche Konkurrenz aus optimalen Habitaten verdrängt worden sind.

Der Einfluss lokaler Seezugänge durch Treppen oder Leitern, die über die Mauern führen, dürfte gering sein. Dagegen ist an größeren Badeplätzen und vor Strandbädern mit einer Bestandsauflichtung der Unterwasservegetation zu rechnen, wenn die Badegäste bei hochsommerlich niedrigem Wasserstand durch die Armleuchteralgenrasen waten müssen, bevor sie eine schwimmfähige Wassertiefe von etwa einem Meter erreichen. Aufgrund der besonderen Störungscharakteristik kann es in Strandbädern zu einer Verarmung der Makrozoobenthos-Fauna kommen (BRAUNS ET AL. 2007, PORST ET AL. 2012). Die Schlammfluren dürften kaum von Trittstörungen betroffen sein, da der typische Badenutzer schlammige Flächen meidet. Überdies sind einige der dort vorkommenden Arten wie das Quellgras (*Catabrosa aquatica*) und die Ehrenpreis-Arten *Veronica anagallis-aquatica* und *V. catenata* verhältnismäßig trittfest. Erst wenn die Nutzer damit beginnen, schlammige Bereiche ihres Vorlandes mit Kies aufzufüllen, wird die Abundanz nutzbarer Habitate eingeschränkt.

Fische sind auf unterschiedliche Weise von den wasserseitigen Nutzungen betroffen. So dürfte der Badebetrieb für adulte Hechte, vielleicht auch für Karpfen (*Cyprinus carpio*) und Schleien (*Tinca tinca*) eine beträchtliche – und aus Sicht der Fische unvorhersehbare – Störung darstellen, auf die sie nicht mit Habituation (Lernen durch Gewöhnung) reagieren. Folglich werden die Tiere tendenziell in Richtung Freiwasser abwandern. Einige Vogelarten wie Blässhuhn, Stockente und Haubentaucher (*Podiceps cristatus*) tolerieren Bade- und Wassersportaktivitäten zur Brutzeit und teilweise auch in der Mauserzeit, während die Kolbenente (*Netta rufina*) und andere Entenarten großräumig ausweichen.

Die Wassersportinfrastruktur und der Betrieb von Motorbooten können auf unterschiedliche Weise die sub- und eulitorale Ufervegetation und Tierwelt beeinflussen. Häufige Schiffsbewegungen führen möglicherweise zu einem geringeren Deckungsgrad der Unterwasservegetation und zu Verschiebungen im Artenspektrum. Bei der Aufwirbelung von Oberflächensedimenten durch Badende sowie durch ab- und anlegende Motorboote werden die Makrozoobenthos-Organismen in die Wassersäule getragen und unterliegen einer höheren Prädation durch Fische und einer Verdriftung in möglicherweise ungeeignete Habitate. Der Bootsbetrieb erzeugt erhebliche Motorgeräusche, auf die die meisten adulten Fische negativ reagieren. Die Juvenilen dürften hingegen weniger stark beeinflusst werden.

Die vom Menschen eingebrachten künstlichen Strukturen wie Stege, Anbindepfähle und Seezeichen können zu einer gewissen Habitatdiversifizierung und damit zu einer höheren lokalen Artenvielfalt des Makrozoobenthos und der Fischfauna führen. Ähnlich wie die Fischreiser, die beispielsweise im Ermatinger Becken den Seerhein säumen, bilden die künstlichen Strukturen Attraktionspunkte für einige Fischarten wie z. B. Barsche (*Perca fluviatilis*). Insbesondere von Jungfischen werden sie gern als Unterstand bzw. als Schutz- und Ruheraum genutzt.

Auch einige Vogelarten wie Graureiher (*Ardea cinerea*), Lachmöwe und andere Möwenarten nehmen trotz der Anwesenheit des Menschen diese Strukturen gern als Sitzwarten an. Hier kommt es zu Gewöhnungseffekten, von denen allerdings nur Teile der Gesamtpopulationen betroffen sind. Für Fledermäuse dagegen spielen die seeseitigen Nutzungen keine Rolle, zumal sich ihre Aktivitätsphasen mit menschlichen Aktivitätsphasen wenig überschneiden. Es könnte jedoch sein, dass Hafenbecken wegen ihrer windgeschützten Lage und der glatteren Wasseroberfläche besonders attraktive Jagdgebiete darstellen.

Die Wasserspitzmaus (*Neomys fodiens*) und die Schermaus (*Arvicola terrestris*), beide sowohl tag- als auch nachtaktiv, sowie der dämmerungs- und nachtaktive Bisam (*Ondatra zibethicus*) bewegen sich nur ungern auf die offene Wasseroberfläche hinaus; üblicher-

Abb. 7: Vorlandnutzungen am Untersee-Ufer.

Oben: Beseitigung von Schilfbeständen; vor dem hinteren Teil des Mauerabschnitts hat sich noch ein Schilfbestand erhalten, vor dem vorderen Teil der Mauer wurde er bereits beseitigt (westlich Wangen, 29.03.2011).

Unten: Lagerung von Booten und Wassersportgeräten auf dem Strand (westlich Allensbach, 28.04.2011).

weise schwimmen die Tiere ufernah im Schutz der Vegetation, wo sie auch ihre Nahrung finden. Vor diesem Hintergrund ist eine Beeinträchtigung oder Gefährdung durch Badebetrieb oder Bootsverkehr unwahrscheinlich. Auch die Biber gehen erst dann auf Futtersuche, wenn gegen Abend die menschlichen Aktivitäten in der Uferzone nachgelassen haben. Insofern können sich Nahrung suchende Biber und Erholung suchende Menschen gut aus dem Wege gehen. Verletzungen oder Todesfälle durch Motorbootverkehr (Schiffsschraube) sind die Ausnahme.

Höher gelegene Uferabschnitte dienen als Lagerplatz für Wassersportgeräte (Abbildung 7). Hier kann es durch Beschattung und wiederholte Störungen der Sedimentoberfläche zu einer Beeinträchtigung der Strandvegetation kommen.

6. DISKUSSION

Die Ufermauern und Aufschüttungen am Untersee reichen bis in das 19. Jahrhundert zurück (OSTENDORP & OSTENDORP 2014). Der größte Teil von ihnen entstand jedoch ab den 1920er Jahren durch Umwandlung von ehemals extensiv landwirtschaftlich genutzten Flächen in Parzellen für private Freizeitzwecke und touristische Nutzungen. Durch Vorschüttungen mit Hausmüll, Bauschutt und Erdaushub wurde die überschwemmungsfreie Grundstücksfläche in den See hinaus erweitert und mit einer Uferbefestigung gegen den See gesichert.

Knapp hundert Jahre später stellen die massiven, weithin sichtbaren Bauwerke für manche Seebesucher ein ästhetisches Ärgernis und für viele seeufertypische Pflanzen- und Tierarten eine empfindliche Einschränkung ihrer Lebensmöglichkeiten dar. Darüber, welche Arten betroffen sind, durch welche Schadstrukturen, Nutzungs- und Störungsformen sie beeinträchtigt werden, und welche Konsequenzen daraus für künftige Uferrenaturierungsstrategien zu ziehen sind, herrschte bislang weitgehend Unklarheit. Mit diesem Beitrag wurde versucht, das regional vorhandene Wissen zusammenzustellen und auszuwerten, um daraus Anhaltpunkte für weitergehende Forschungen und praxisorientierte Maßnahmenprogramme zu gewinnen.

Als Ergebnis ist zunächst festzuhalten, dass keineswegs nur die üblicherweise betrachteten aquatischen Organismen – Unterwasserpflanzen, Röhrichte, Makrozoobenthos und Fische – betroffen sind, sondern darüber hinaus ein breites Spektrum an amphibischen und terrestrischen Pflanzen- und Tierarten bis hin zu Großpilzen und Fledermäusen.

Zu den negativen Effekten, die im unmittelbaren Zusammenhang mit der Mauer stehen (OSTENDORP 2014), treten die Auswirkungen durch der Ufervorschüttungen, die von der flächenhaften Überschüttung und Überbauung charakteristischer Uferlebensräume sowie aus der Beseitigung kleinräumig ausgeprägter Biotopelemente herrühren. Hinzu kommen die land- und seeseitigen Nutzungsstrukturen, die für Freizeitparzellen typisch sind, (immaterielle) Störungen durch den Menschen sowie die Isolierung der Uferstreifen gegenüber dem Hinterland. Bei einem unbedeutenden Gebäudebestand, einer geringer Versiegelung, guter Anbindung an Hinterland-Biotope sowie extensiver Nutzung und Pflege der Freizeitparzellen bleibt ein gewisses Besiedlungspotenzial für terrestrische ufertypische Tierarten erhalten. Je umfangreicher, gepflegter und »moderner« die Gebäude und je intensiver die Gartenpflege und die Nutzungen sind, desto mehr tritt ein ubiquitäre Fauna aus Kulturfolgern in den Vordergrund, bis auch diese Arten schließlich wegbleiben.

Weiterhin wird deutlich, wie stark die (semi-)aquatischen und terrestrischen Lebensräume vieler Arten miteinander vernetzt sind, so dass eine rein gewässerschutzfachliche Betrachtungsweise der ökologischen Komplexität der Uferzone nicht gerecht wird. Vielmehr sind bei menschlichen Eingriffen in die Uferzone auch zahlreiche terrestrische

Artengruppen betroffen, die traditionell in den Handlungsbereich des Naturschutzes fallen.

Schließlich hat diese Zusammenstellung auch gezeigt, wie lückenhaft und zerstreut unser Wissen über das Arteninventar in der Uferzone des Untersees ist, und wie wichtig eine Neuorientierung in Richtung lebensraum- und zielartenorientierter Ausgleichs- und Renaturierungsstrategien ist.

7. DANKSAGUNG

Weitere Informationen verdanken wir den Herren R. Bretthauer, Liggeringen (Säugetiere), C. Monnerat, Neuchâtel (Libellen), R. Nowack, Lindau (Unterwasserpflanzen) und U. Pfändler, Schaffhausen (Vögel).

LITERATUR

BAUMANN, E. (1911): Die Vegetation des Untersees (Bodensee). – Archiv für Hydrobiologie, Supplement 1: 1–554.

BRÄUNICKE, M. & J. TRAUTNER (2002): Die Laufkäfer der Bodenseeufer. Indikatoren für naturschutzfachliche Bedeutung und Entwicklungsziele. – 116 S., Haupt-Verlag, Bern.

BRAUNS, M., X.-F. GARCIA, N. WALZ & M. T. PUSCH (2007): Effects of human shoreline development on littoral macroinvertebrates in lowland lakes. – Journal of Applied Ecology 44: 1138–1144.

HELD, M., F. HÖLKER & B. JESSEL, Hrsg. (2013): Schutz der Nacht – Lichtverschmutzung, Biodiversität und Nachtlandschaft. – BfN-Skripten 336, 189 S., Bonn-Bad Godesberg.

IGKB, Internationale Gewässerschutzkommission für den Bodensee (2006): Bodensee-Uferbewertung. Faltblatt, Bregenz.

LAUFER, H. & S. BAUER (2007): Die Amphibien und Reptilien Baden-Württembergs. – 807 S., Ulmer-Verlag, Stuttgart.

OSTENDORP, W. (1993): Schilf als Lebensraum. – Beihefte der Veröffentlichungen für Naturschutz und Landschaftspflege in Baden-Württemberg 68: 173 – 280.

OSTENDORP, W. (2014): Auswirkungen der Ufermauern am Bodensee-Untersee auf die aquatische und amphibische Fauna und Flora. – Mitteilungen des Badischen Landesvereins für Naturkunde und Naturschutz N.F. 21: 371 – 404.

OSTENDORP, W. & J. OSTENDORP (2014): Uferverbauungen und Uferaufschüttungen am Bodensee-Untersee. – Mitteilungen der Thurgauischen Naturforschenden Gesellschaft 67: 47–83.

OSTENDORP, W., M. DIENST, W. LÖDERBUSCH, M. PEINTINGER & I. STRANG (2010): Seeuferrenaturierungen am Bodensee. Naturschutzfachliche Bestandsaufnahme und Empfehlungen. – Natur und Landschaft Band 85: 89–97.

PORST, G., S. BADER, E. MÜNCH & M. PUSCH (2012): Sampling approaches for the assessment of shoreline development based on littoral macroinvertebrates: the case of Lake Werbellin, Germany. – Fundamental and Applied Limnology 180: 123–131.

REISSER, E. (1926): Die Bodenseeufer, ihre Schönheit und ihre Erhaltung. – Mein Heimatland 13: 215–235.

SENN-IRLET, B., S. EGLI, C. BOUJON, H. KÜCHLER, N. KÜFFER, H.-P. NEUKOM, & J.-J. ROTH (2012): Pilze schützen und fördern. – Merkblatt für die Praxis, Heft 49, 12 S., hg. von der Eidgenössischen Forschungsanstalt WSL CH–8903 Birmensdorf.

SIESSEGGER, B. (1980): Bayerischer Bodensee-Uferplan. Grundsätze zum Schutz der Flachwasserzone des Bodensees. – Bericht des Instituts für Seenforschung der LfU Baden-Württemberg, 117 S., Langenargen.

STOLL, S., P. FISCHER, P. KLAHOLD, N. SCHEIFHACKEN, H. HOFMANN & K.-O. ROTHHAUPT (2008): Effects of water depth and hydrodynamics on the growth and distribution of juvenile cyprinids in the littoral zone of a large pre-alpine lake. – Journal of Fish Biology 72: 1001–1022.

STRANG, I., M. DIENST & M. PEINTINGER (2012): Die Entwicklung der Strandrasen am Unterseeufer in den letzten 100 Jahren. – Mitteilungen der Thurgauischen Naturforschenden Gesellschaft 66: 199–223.

TEIBER-SIESSEGGER, P. (2009): Limnologische Bewertung der Ufer- und Flachwasserzone des Bodensees. – Bericht der Internationalen Gewässerschutzkommission für den Bodensee (IGKB) 55: 122 S.

ANHANG: LISTE DER MITARBEITENDEN

BRÜNNER, Harald (Kleinsäuger): SMEC – Small Mammal Ecology and Conservation (Kleinsäuger in Naturschutz und Landschaftsökologie), Karlsruhe; harald.bruenner@t-online.de

DIENST, Michael (Schlammfluren; Unterwasser-, Strand-, Spülsaumvegetation, Flutrasen): Büro für angewandte Ökologie und Landschaftsplanung, Konstanz; michaeldienst@ds-konstanz.de

ECKMANN, Reiner (Fische): Limnologisches Institut der Universität Konstanz; reiner.eckmann@uni-konstanz.de

FIEBRICH, Manuel (Libellen): NABU-Naturschutzstation Niederrhein e.V. Kranenburg; m.fiebrich@freenet.de

FIEDLER, Wolfgang (Fledermäuse): Max-Planck-Institut für Ornithologie, Radolfzell; fiedler@orn.mpg.de

GABEL, Friederike (Makrozoobenthos): Institut für Landschaftsökologie der Universität Münster; gabelf@uni-muenster.de

GRABHER, Markus (Strandvegetation): UMG Umweltbüro Grabher, Bregenz; grabher@umg.at

HECK, Klaus (Fledermäuse): Universität Konstanz, Bereich AGU; klaus.heck@uni-konstanz.de

HERRMANN, Mike (Röhrichte, Arthropoden): Büro für angewandte Tierökologie & Botanik, Konstanz; mike-herrmann@t-online.de

JACOBY, Harald (Vögel): Ornithologische Arbeitsgemeinschaft Bodensee; haraldjacoby@t-online.de

KIECHLE, Josef (Laufkäfer): Büro für Landschaftsplanung, Gottmadingen; joskiechle@aol.com

KNÖTZSCH, Gerhard (Vögel): Ornithologe, Friedrichshafen; knoetzsch_gerhard@web.de

KRAMER, Ingo (Fische): Landesfischereiverband Baden, Freiburg; ognikramer@aol.com

LEHMANN, Achim (Libellen): Biologe, Ibbenbüren; achimlehmann@freenet.de

LÖDERBUSCH, Wilfried (Laufkäfer): Büro für Landschaftsökologie, Markdorf-Reute; wloederbusch@t-online.de

MILER, Oliver (Makrozoobenthos): Leibniz-Institut für Gewässerökologie und Binnenfischerei, Abt. Ökosystemforschung, Berlin; miler@igb-berlin.de

MÜLLER, Mathis (Biber): Wildbiologe, Pfyn; mathis.mueller@vogelwarte.ch

RIEDER, Joggi (Lurche, Kriechtiere): Kaden und Partner AG, Büro für Ökologie und IT, Frauenfeld; rieder@kadenpartner.ch

SÄTTELE, Bettina (Biber): Biberbeauftragte für den Regierungsbezirk Freiburg, Waldshut-Tiengen; saettele-biberfragen@t-online.de

SCHÄFER, Karsten (Lurche, Kriechtiere): Universität Konstanz, Fachbereich Biologie; karsten.schaefer@uni-konstanz.de

SCHMIDT, Bertrand (Libellen): Büro für Tierökologie und Planung Friedrichshafen und Schutzgemeinschaft Libellen Baden-Württemberg e.V.; bertrand.schmidt@gmx.de

SCHMITZ, Gregor (Kleinsäuger): Universität Konstanz, Botanischer Garten; gregor.schmitz@uni-konstanz.de

SCHÜRENBERG, Bernd (Vögel): Ornithologische Arbeitsgemeinschaft Bodensee (OAB); schuerenberg.bernd@t-online.de

STOLL, Stefan (Fische): Senckenberg Gesellschaft für Naturforschung, Abt. Fliessgewässerökologie und Naturschutzforschung, Gelnhausen; stefan.stoll@senckenberg.de

TRAUTNER, Jürgen (Laufkäfer): Arbeitsgruppe für Tierökologie und Planung, Filderstadt; info@tieroekologie.de

WILHELM, Pia (Kleinsäuger): Naturschutzzentrum Wilhelmsdorf, Wilhelmsdorf; wilhelm@naturschutzzentrum_wilhelmsdorf.de
WINKLER, Uwe (Großpilze): Pilzsachverständiger DGfM, Konstanz; uwe.winkler@t-online.de

Anschrift des Verfassers:
Priv.-Doz. Dr. Wolfgang Ostendorp, Limnologisches Institut der Universität Konstanz,
D–78457 Konstanz
wolfgang.ostendorp@uni-konstanz.de

ANMERKUNGEN

1 Das Konzept der *Selbstreinigung* stammt aus der frühwissenschaftlichen Phase der aquatischen Ökologie; es wurde im deutschsprachigen Raum Ende der 1870er-Jahre durch Reinhard Baumeister (1833–1917), Professor am Polytechnikum in Karlsruhe, in einer Artikelserie in der *Zeitschrift für öffentliche Gesundheitspflege* popularisiert.

2 steilscharig, flachscharig: bezeichnet die große bzw. geringe Geländeneigung der überschwemmten Uferbank (Brandungsplattform), am Bodensee Wysse genannt.

3 Mit dem Grünfroschkomplex werden die Arten Seefrosch (*Rana ridibunda*) und Kleiner Wasserfrosch (*R. lessonae*) sowie deren Hybridform, der Teichfrosch (*R. esculenta*) zusammengefasst. Letzterer hat die höchste ökologische Plastizität und bildet in den meisten Grünfroschvorkommen Mischpopulationen mit einer der beiden Elternarten. Eine sichere Unterscheidung anhand morphologischer Merkmale ist oft nicht möglich. Daher sind die Verbreitung und die Häufigkeit der einzelnen Formen am Bodensee bisher nur unzureichend bekannt.

4 Anders dagegen auf Uferparzellen auf der Höri und am Nordufer des Gnadensees, die in einem Naturschutzgebiet liegen, nicht bebaut werden dürfen und damit nur beschränkte Freizeitaktivitäten zulassen; sie zeigen eine deutliche Tendenz der »Verwilderung« und Verbuschung.

5 Z. B. Amsel, Blaumeise, Kohlmeise, Buchfink, Grünfink, Sperling, Mönchsgrasmücke, Rotkehlchen, Hausrotschwanz, Star, Zilpzalp u. a.

6 Es liegen aber auch gegenteilige Beobachtungen vor (W. Löderbusch, mdl. Mitt.).

BUCHBESPRECHUNGEN

Antike im Mittelalter. Fortleben – Nachwirken – Wahrnehmung. Hrsg. von Sebastian Brather, Hans Ulrich Nuber, Heiko Steuer und Thomas Zotz (Archäologie und Geschichte. Freiburger Forschungen zum ersten Jahrtausend in Südwestdeutschland, 21) 481 Seiten mit zahlreichen Karten und s/w Abbildungen, Jan Thorbecke Verlag Ostfildern 2014, € 69,–/sFr 89,–

Wie hat das Mittelalter die Kontinuitäten, Transformationen und Umbrüche seit der Antike im südwestdeutschen Raum wahrgenommen? Dieser Frage ging ein interdisziplinäres Kolloquium im Oktober 2009 in Freiburg/Breisgau nach. Anlass war das 25-jährige Bestehen des dortigen universitären Forschungsverbundes »Archäologie und Geschichte des ersten Jahrtausends in Südwestdeutschland«. Vor allem die jüngsten Grabungsergebnisse in Straßburg und in Konstanz hatten darauf hingedeutet, dass es Siedlungskontinuitäten von der Antike zum Frühen Mittelalter gab, wodurch es die bisherige These vom Verschwinden der Stadtkultur neu zu diskutieren galt. Auch die Verkehrsinfrastruktur der Römer wurde weitergenutzt, während die römischen Gutshöfe, die villae rusticae, von den Haufendörfern alemannischer Siedler abgelöst wurden. Die Reihengräberbestattungen vom späten 5. bis zum frühen 8. Jahrhundert werden heute nicht mehr als neuer »germanischer Brauch« interpretiert, sondern als »Ausdruck der Selbsteinschätzung« einer sich neu formierenden »Gesellschaft aus Römern und Germanen«, wie Heiko Steuer feststellt (S. 451).

Dieser Spur folgt Rainer Schreg in einem luziden Beitrag; er argumentiert gegen die in der älteren Forschung verbreitete Annahme einer »weitgehenden Konstanz der alamannischen Siedlungsstrukturen seit der alamannischen Landnahme« (S. 299). Eine Kontaktperiode zwischen romanischer Bevölkerung und Germanen von ein bis drei Generationen müsse angenommen werden. Schreg betont, dass die oftmals in oder bei römischen Gutshöfen gegründeten alemannischen Siedlungen vom frühen bis zum hohen Mittelalter verlagert wurden, die Höfe »wanderten« sozusagen. Die Genese der heutigen Ansiedlungen erfolgte somit erst spät: das sich um die Kirche gruppierende Dorf bildete sich erst ab dem 12./13. Jahrhundert, vor allem als Folge der Einführung der Dreizelgenwirtschaft und der Versteinerung der dörflichen Architektur. Die Einteilung der Fluren in drei Großfelder (Zelgen oder Ösche genannt) machte die Entstehung ortskonstanter, geschlossener dörflicher Siedlungen notwendig. Wichtigstes Ergebnis der Untersuchung ist die Feststellung der Abfolge vom export-orientierten Gutshof der Römer, über das offene System im Frühmittelalter zum geschlossenen Wirtschaften im Spätmittelalter. Nichts hat das Bild der Kulturlandschaft im Bodenseeraum mehr geprägt als dieser Prozess.

In einem weiteren Beitrag macht Jörg Heiligmann eine Weiternutzung der römischen Kastelle am Beispiel des Kastells Constantia deutlich. Aus dem in der zweiten Hälfte des 3. Jahrhunderts aus Stein errichteten Kastell entwickelte sich die Stadt Konstanz, dessen Castrum seinen Namen wohl am ehesten dem Augustus des westlichen Reichsgebiets, Constantius I. Chlorus, zu verdanken habe (S. 73). Teile des Kastells konnten in den Jahren 2003 bis 2005 archäologisch untersucht und somit endgültig nachgewiesen werden. Helmut Maurer nimmt diesen Ball auf und vermutet, dass die Mauern des Kastells um die Wende vom 6. zum 7. Jahrhundert noch standen; sie gaben dem neuen Bischofssitz Konstanz »den nötigen Schutz« (S. 208). Im östlichen

Teil des Kastells, unmittelbar an der Wehrmauer und am höchsten Punkt gelegen, wurde wohl die erste Bischofskirche errichtet. Der zumindest teilweise noch immer romanisch sprechenden Bevölkerung sei es schließlich zu verdanken gewesen, dass der Name Konstanz im Frühmittelalter tradiert wurde. Im Fall des Bischofsitzes könne – so Helmut Maurer – am ehesten von »bewusst gesuchter Kontinuität« ausgegangen werden (S. 213).

Weitere 21 Beiträge, auf hohem wissenschaftlichen Niveau geschrieben und den aktuellen Forschungsstand widerspiegelnd, diskutieren vier große Felder, nämlich die römischen Orte und ihre Weiternutzung, die Institutionen, die Landschaft und deren Besiedlung sowie die Wahrnehmung und Rezeption der Antike im Mittelalter. Der Band, gedruckt auf hochwertigem Papier, zudem reich bebildert und mit zahlreichen Karten versehen, wird durch ein Orts- wie Namensregister erschlossen. Niemand, der sich mit dem Bodenseeraum in Spätantike und Frühmittelalter intensiv beschäftigen möchte, wird zukünftig an diesem Buch vorbeikommen. Es setzt Maßstäbe.
Jürgen Klöckler

Der St. Galler Klosterplan. Faksimile – Begleittext – Beischriften und Übersetzung. Hrsg. von der Stiftsbibliothek St. Gallen. Mit einem Beitrag von Ernst Tremp. 51 Seiten plus Faksimile, Verlag am Klosterhof, St. Gallen 2014, sFr 37,–

Unter der Signatur *Cod. Sang.* 1092 wird in der Stiftsbibliothek St. Gallen die älteste überlieferte Architekturzeichnung des Abendlandes getreulich verwahrt – und zwar seit deren Entstehung im frühen 9. Jahrhundert. Nach seinem Entstehungsort müsste das berühmte Pergament eigentlich Reichenauer Klosterplan heißen, wie der Alt-Stiftsbibliothekar Ernst Tremp in einem instruktiven Begleittext schreibt, doch es verdiene – da »für St. Gallen bestimmt, hierher gebracht und in all den Jahrhunderten hier aufbewahrt« – den Namen St. Galler Klosterplan zu Recht (S. 4). Abt Gozbert von St. Gallen hatte den Plan eventuell im Jahr 819, wie der Architekturhistoriker Florian Huber anhand der kreisrunden Inschrift beim Gänsestall in Form eines möglichen Chronogramms zu datieren empfahl, wohl vom Reichenauer Abt Heito (oder Haito) übersandt bekommen – so legt es der auf dem Plan niedergeschriebene Widmungsbrief nahe. Aus fünf Blättern Schafspergament mit weißen Fäden zusammengenäht, hat der St. Galler Klosterplan die Maße von 112 x 77,5 cm – in der Tat scheinen die Häute dieser Schafe für die »Ewigkeit« bestimmt.

Der Plan enthält neben den skizzierten Gebäuden nach heutiger Zählung 333 erläuternde Beischriften. Es besteht kein Zweifel mehr daran, dass der Plan im Kloster Reichenau gezeichnet wie auch beschriftet worden ist. Das Faksimile selbst besticht durch eine außergewöhnliche Druckqualität, die dadurch erreicht wurde, dass der berührungsfrei hergestellte Scan in mehreren Durchgängen bearbeitet, auf Faksimilepapier probegedruckt und mehrfach mit dem Original abgeglichen wurde. Ziel sei es gewesen, »in Farbigkeit und Intensität der Wiedergabe dem Original näher zu kommen als die bisherigen Faksimileausgaben« (Impressum). Das ist zweifellos gelungen und verdient höchste Anerkennung. Zudem ist der St. Galler Plan mittlerweile auch im Internet unter http://www.e-codices.unifr.ch/de/list/one/csg/1092 zugänglich, doch kann jeder PC-Bildschirm in der Regel nur einen Ausschnitt wiedergeben, während man den Klosterplan in Form des aufgefalteten Faksimiles in Originalgröße bestaunen kann. Erwähnenswert ist zudem der Versuch, den Klosterplan in einem Waldstück nahe von Meßkirch in Form einer karolingischen Klosterstadt, dem »Campus Galli«, seit Juni 2013 umzusetzen. Gebaut wird nach den Grundsätzen der experimentellen Archäologie, wofür rund 40 Jahre veranschlagt sind (http://www.campus-galli.de). Ein langer Atem ist unabdingbar und dem Projekt zu wünschen.
Jürgen Klöckler

Jürgen Dendorfer/Roman Deutinger (Hg.): Das Lehnswesen im Hochmittelalter. Forschungskonstrukte – Quellenbefunde – Deutungsrelevanz (Mittelalter-Forschungen, Band 34) 488 Seiten, Jan Thorbecke Verlag, Ostfildern 2010, € 54,–/sFr 71,90

Karl-Heinz Spieß (Hg.): Ausbildung und Verbreitung des Lehnswesens im Reich und in Italien im 12. und 13. Jahrhundert (Vorträge und Forschungen, Band 76) 372 Seiten, Jan Thorbecke Verlag, Ostfildern 2013, € 49,– /sFr 65,90

Kurz hintereinander erschienen bei Thorbecke zwei thematisch verwandte Tagungsakten, die sich vornehmlich der Ausgestaltung des Lehenwesens im Hochmittelalter widmen. Der von Karl-Heinz Spieß herausgegebene Band fokussiert das Lehenwesen und Lehenrecht Italiens und Deutschlands; der von Jürgen Dendorfer und Roman Deutinger herausgegebene Band berücksichtigt zudem Randbereiche dieses geographischen Rahmens bzw. geht vereinzelt noch darüber hinaus und widmet ferner zwei Beiträge der Forschungsgeschichte. Eine Kritik der Aufsätze im Einzelnen erübrigt sich; sie sind durchweg von ausgewiesenen Experten des jeweiligen Gebietes aus der Fülle ihrer Kenntnisse geschöpft. Nach etwa zwei Jahrzehnten kontroverser Auseinandersetzung mit der älteren Standardliteratur, in denen viele relevante Aspekte des Lehenwesens teilweise radikalen Zweifeln unterworfen waren, tragen beide Bände dazu bei, ein klareres Bild zu stabilisieren. Die Relevanz (und Existenz) des Lehenwesens wird nicht mehr bestritten; seine Ausgestaltung zu einem dominierenden Ordnungsmodell erfolgte allerdings nicht, wie früher meist unterstellt, in der Karolingerzeit, sondern eben im Hochmittelalter. Die Nähe und die Heftigkeit der diesbezüglichen Debatten wirken in manchen Beiträgen nach, deren mitunter mühsam errungene Erkenntnisse es durchaus verdient hätten, etwas selbstbewusster vertreten zu werden. Gelegentlich ist nämlich eine defensive Tendenz bemerkbar, insbesondere wenn – in Abgrenzung zu François Louis Ganshof und Heinrich Mitteis – die Bedeutung lehenrechtlicher Vorstellungen für die öffentliche Ordnung des 12. Jahrhunderts heruntergespielt wird. Als Beispiel sei die Argumentation Roman Deutingers (Das Lehnswesen, S. 329 ff.) gegen die – von der älteren Forschung mehrheitlich behaupteten – lehenrechtlichen Implikationen des Konfliktes zwischen Kaiser Friedrich I. und Papst Hadrian IV. in den Jahren 1155 bis 1159 herausgegriffen: Friedrich habe demnach in Sutri den Steigbügeldienst für Hadrian lediglich nachlässig ausgeführt; von einer Verweigerung des Dienstes als Vasallenpflicht berichten die einschlägigen Quellen nichts. Die Wandbilder im Lateran, die Friedrich und die deutschen Fürsten verärgerten, lassen (zumindest in den erhaltenen Skizzen des 16. Jahrhunderts) nicht definitiv erkennen, dass die Kaiserkrönung Lothars von 1133 als Belehnung verstanden worden wäre. Und schließlich habe sich Rainald von Dassel auf dem Reichstag von Besançon auf eine einseitige Interpretation festgelegt, als er den von Hadrian gewählten Begriff »beneficium« für die Kaiserkrone als »Lehen« übersetzte; eine derartige Intention könne man Hadrian nicht zwingend unterstellen. Stefan Weinfurter (Ausbildung und Verbreitung, S. 17 ff.) ergänzt, Hadrian habe für seinen Überordnungsanspruch relevantere Rechtsfiguren besessen, wie etwa die *concessio legitima* oder die *patria potestas*. Jedes einzelne der angeführten Argumente wird umsichtig belegt und ist plausibel. Trotzdem überzeugt mich das mit ihnen gezeichnete Gesamtbild nicht, weil es den zeitgenössischen Verständnishorizont partiell ausblendet. Die Päpste nutzten das Lehenwesen seit wenigstens anderthalb Jahrhunderten als Mittel, militärische und politische Unterordnungsverhältnisse herzustellen, auch im Verhältnis zu Königen. In Deutschland setzte sich das Lehenrecht zu genau dieser Zeit als Ordnungsmodell für das Verhältnis zwischen dem König und den Fürsten durch. Was immer der Inhalt und die Bedeutung der Fresken im Lateran gewesen sein mögen: Die beigefügte Inschrift (*homo fit papae*) legte, zumal in Verbindung mit *iuramentum*, den (adeligen) Zeitgenossen eine lehenrechtliche Deutung nahe; so ereifert sich die – hier für die gegenteilige Interpretation in Anspruch genommene – Kölner Königschronik über die gefalteten Hände des Kaisers, wie sie für den Handgang gelegentlich der Belehnungszeremonie typisch wären. Klarer noch erscheint mir dieser Umstand im Zusammenhang mit dem Brief Hadrians an Friedrich: Nach Weinfurter bediente sich die Kurie des lehenrechtlichen Vokabulars »aus einer gewissen Verfügbarkeit heraus und ohne eine gezielte Absicht« (S. 39); Hadrian habe sich denn auch sofort distanziert, als ihm die Problematik seiner Wortwahl hinterbracht worden war. Diese Lesart ist möglich, verharmlost aber den Vorgang. Die päpstliche Kanzlei wusste um die lehenrechtliche Bedeutung von »beneficium« (spätestens seit der Verleihung der Grafschaft Terracina durch Silvester II.), insbesondere für den Sprachgebrauch in Deutschland (so Deutinger wie vor, S. 339). Wenn der Bericht Rahewins von Freising über den Hoftag von Besançon so zutrifft, dann machte der päpstliche Bote zudem keinerlei Anstalten, das vermeintliche Missverständnis aufzuklären, sondern bestätigte mit seiner hämischen Bemerkung den Argwohn der Anwesenden.

Der Ertrag beider Bücher für die Landesgeschichte des Bodenseeraumes liegt nicht nur darin, dass gelegentlich auf hiesige Quellen zurückgegriffen wird, z. B. auf die Chronik des Klosters Petershausen (Steffen Patzold in: Das Lehnswesen, S. 119 ff.) oder eine Thurgauer Lehenurkunde (Brigitte Kasten in: Ausbildung und Verbreitung, S. 170); einschlägig ist insbesondere der Beitrag von Thomas Zotz, Das Lehnswesen in der privaturkundlichen Überlieferung

des Herzogtums Schwaben (in: Das Lehnswesen, S. 163 ff.), zumal mit seiner Betrachtung der um 1160 auf der Reichenau entstandenen *Constitutio de expeditione Romana*. Die beiden Bände setzen einen Standard. Bei künftigen Untersuchungen zum hochmittelalterlichen Lehenwesen am Bodensee wird man sie darum dankbar zu Rate ziehen.
Harald Derschka

Das Konstanzer Konzil als europäisches Ereignis. Begegnungen, Medien und Rituale. Hg. von Gabriela Signori und Birgit Studt (Vorträge und Forschungen 79) 436 Seiten mit 22 meist farbigen Abbildungen, Jan Thorbecke Verlag, Stuttgart 2014, € 58,–/sFr 75,–

Der vorliegende Sammelband, der aus einer Tagung des Konstanzer Arbeitskreises für mittelalterliche Geschichte hervorging, fokussiert das Konstanzer Konzil als »europäisches Ereignis«, und zwar, so die beiden Herausgeberinnen, ausdrücklich in seinen weltlichen, machtpolitischen Bezügen. Die Relevanz dieser Seite des Konzilsgeschehens stand nie in Frage; allerdings erlauben jüngere Tendenzen der Mediävistik, wie etwa die Ritualforschung, einzelne Aspekte sehr viel genauer als bisher begrifflich zu fassen. Die Beiträge des Bandes füllen somit manche Forschungslücke bzw. weisen Wege auf, wie solche Lücken gefüllt werden können. Auf die programmatische Einleitung (G. Signori) folgend beleuchtet J. Helmrath die besonderen Umstände, die dazu führten, dass das Konstanzer Konzil als einziges Reformkonzil mit so vielen Erinnerungen verknüpft ist, dass es in das breitere Geschichtsbewusstsein eingehen konnte. R. Swanson untersucht das Konzil als Ort des diplomatischen Verkehrs, als Austragungsort politischer Rivalitäten und insbesondere seinen Beitrag zur Festigung der Nationen im staatlich-politischen Sinne, hier fokussiert auf die englische Konzilsnation. S. Vallery-Radot erläutert die diplomatischen Schwierigkeiten, welche die französische Gesandtschaft zu bewältigen hatte; zum Streit um die Obödienz kamen die innerfranzösischen Konflikte und der französisch-englische Gegensatz. Die Beendigung des Schismas auf dem Konzil war erst möglich, nachdem sich die Königreiche der Iberischen Halbinsel von Papst Benedikt XIII. losgesagt hatten. Zwei Beiträge widmen sich den damit verbundenen Problemen: A. Frenken zeigt die einander widersprechenden (kirchen-) politischen und dynastischen Interessen, Loyalitäten und Strategien, die den Obödienzwechsel Kastiliens verzögerten. N. Jaspert untersucht die Formen der Kommunikation, die den Obödienzwechsel in Aragon begleiteten, sei es seine Verkündung in Aragon, sei es das Auftreten der aragonesischen Gesandten in Konstanz. Den Verhandlungen Sigismunds mit den Vertretern der Obödienz Benedikts in Perpignan komme ein so hoher Stellenwert zu, dass man vielleicht berechtigt sei, vom »Konzil von Konstanz-Perpignan« zu sprechen (S. 122) – eine These, die Jaspert plausibel untermauert, u. a. im Hinblick auf die Langzeitwirkungen der dort geknüpften Beziehungen zwischen dem Reich und der Iberischen Halbinsel. Noch tiefer als in Spanien berührte das Konzil die inneren Belange des Königreichs Böhmen. P. Soukup analysiert die Konzilspredigten dreier antihussitischer böhmischer Theologen, besonders des ehemaligen Inquisitors Mauritius Rvaka, und erweist das Medium der Predigt trotz seiner engen Gestaltungskonventionen als einen Indikator für die feinen Wechselwirkungen zwischen dem Fortschreiten des Konzils und den – durch ihren biographischen Hintergrund geformten – Auffassungen der Prediger. M. Kintzinger unterwirft die Erforschung des Konstanzer Konzils seit dem Jubiläum von 1964 einer sehr eingehenden methodologischen Betrachtung. Am Beispiel der Diplomatie König Sigismunds – deren Wirksamkeit in der Standardliteratur widersprüchlich beurteilt wird – zeigt sich die Fruchtbarkeit derjenigen Forschungsansätze, die das Konzil als Kommunikationsraum auffassen und die Strategien zur Erzeugung des Konsenses untersuchen. G. J. Schenk rekonstruiert den Einzug Papst Johannes' XXIII. und stellt die Elemente dieses und weiterer Zeremonielle umsichtig in den Kontext der neueren Ritualforschung. Th. M. Buck trifft einige grundsätzliche Bemerkungen zu den Teilnehmerlisten, mithin zu einem alten Problem der Konzilsforschung, das noch viel Energie binden wird. Th. Bruggisser-Lanker betont die Rolle des Konzils für den Kontakt verschiedener europäischer Musikkulturen, mit den Folgen für die geistliche und ganz besonders auch die weltliche Musik. C. Bianca spricht das Konstanzer Konzil als ein »Zentrum der humanistischen Handschriftenproduktion« an. In der Zusammenfassung betont B. Studt die zentrale Rolle von Kommunikationsstrukturen für die in diesem Band versammelten aktuellen Forschungen zum Konzil. Eine hier ebenfalls konstatierte, nicht ganz nebensächliche Auffälligkeit ist die Prominenz der sogenannten Richentalchronik: Alle Beiträger, die näher darauf Bezug nehmen, reflektieren die Problematik dieser Quelle und teilen den Forschungskonsens, dass es sich um ein hoch artifizielles Produkt der Konzilsrezeption nach etwa 1460 handele und grundlegende Probleme ihrer Entstehung und Überlieferung noch nicht gelöst seien; trotzdem sind wesentliche Argumente auf diese Quelle abgestützt, eben weil sie für viele Befunde den einzigen Beleg liefert. Nebenbei bemerkt unterläuft die Bildauswahl des Bandes (20 Farbtafeln, davon 14 mit Bildern aus der Konstanzer Handschrift) die eigentlich intendierte kritische Distanz zu Richental. Kurzum, hier besteht, ungeachtet der inzwischen unüberschaubar gewordenen Literatur zur Richentalchronik, weiterhin ein spürbarer Forschungsbedarf.

Der vorliegende Band bietet eine sinnvolle und kohärente Auswahl aus aktuellen und methodisch reflektierten, nicht selten innovativen Forschungen zum Konstanzer Konzil. Das laufende Gedenken an das Konstanzer Konzil trägt also wissenschaftliche Früchte. – Eine kleine Beckmesserei aus lokaler Perspektive sei noch gestattet: Robert Hallum, Bischof von Salisbury und Kopf der englischen Delegation, starb nicht in »den zwanziger Jahren« (S. 34), sondern am 4. September 1417 in Gottlieben; seine Messinggrabplatte im Chor zählt zu den schönsten Kunstwerken des Konstanzer Münsters.
Harald Derschka

Thomas Martin Buck/Herbert Kraume: Das Konstanzer Konzil (1414–1418). Kirchenpolitik – Weltgeschehen – Alltagsleben. 390 Seiten mit zahlreichen s/w Abbildungen, Jan Thorbecke Verlag Ostfildern 2013, € 26,99/sFr 36,90

Daniel Gaschick/Christian Würtz: Das Konstanzer Konzil. Eine kleine Geschichte (Regionalgeschichte – fundiert und kompakt). 133 Seiten mit zahlreichen s/w Abbildungen, G. Braun Verlag, Karlsruhe 2014, € 16,95/sFr 22,95

Die Stadt Konstanz hat sich bereitgefunden, zwischen 2014 und 2018 insgesamt fünf Jahre lang dem historischen Ereignis namens Konstanzer Konzil zu gedenken und dessen 600-jährige Wiederkehr ausgiebig zu feiern. In der historischen Stätte der Papstwahl, dem als Konzil bezeichneten Kaufhaus, zeigte das Badische Landesmuseum von April bis September 2014 die große Landesausstellung »Das Konstanzer Konzil 1414–1418. Weltereignis des Mittelalters«. Zudem nahmen diverse Verlage den Beginn des Jubiläums zum Anlass, Publikationen zur Geschichte der größten Kirchenversammlung des Mittelalters auf den Weg zu bringen, um eine möglichst zahlreiche Leserschaft zu erreichen. Zwei weitere, überblicksartige Gesamtdarstellungen zur Konzilsgeschichte (vgl. auch die Rezension in Schrr VG Bodensee 132/2014 S. 268) seien hier vorgestellt.

Der erste Band stammt aus der Feder des Freiburger Konzils- und Richental-Experten Thomas Martin Buck, der sich zusammen mit dem Schulbuchautor und pensionierten Gymnasiallehrer Herbert Kraume die Aufgabe gestellt hat, eine konzise Geschichte des Konzils zu schreiben. In Arbeitsteilung haben die beiden Historiker den gewaltigen Gesamtstoff in den Griff bekommen. Es ist eine Publikation entstanden, die einerseits ein Mediävist mit Gewinn lesen wird, die andererseits aber ein breiteres Publikum ob des Detailreichtums und der tiefgreifenden Erläuterungen überfordern könnte. Sehr schön ist die Idee, ausführliche Quellenzitate aus dem Lateinischen oder dem Mittelhochdeutschen in den Text einzubinden, um sie unmittelbar anschließend zu übersetzen oder aber zumindest ausführlich zu erklären. Das verleiht dem Buch eine Authentizität, die ihresgleichen sucht. Die historischen Hintergründe werden souverän ausgeleuchtet, die theologischen Probleme in der notwendigen Breite dargelegt und der Alltag in der Stadt plastisch vorgestellt. Selbstverständlich erfährt auch die wichtigste Quelle zum Konzil ihre eingehende Würdigung: Die reich bebilderte Chronik von Ulrich Richental. Vor allem der Schluss (S. 335–357) aber führt weit über das hinaus, was bislang in der neueren Literatur zum Konzil geschrieben worden ist. Die Ausführungen der beiden Historiker machen deutlich, dass das Konstanzer Konzil als historisches Ereignis diskursiv, kommunikativ und performativ zu betrachten ist (S. 349). Das Dekret *Haec Sancta*, das am 6. April 1415 die Suprematie des Konzils über das Papsttum konzidierte, wird als theologischer Nucleus begriffen, als »Wasserscheide zwischen der mittelalterlichen und der modernen Welt« (S. 356).

»Eine kleine Geschichte« des Konstanzer Konzils – wie im Untertitel des Bandes formuliert – wurde von den beiden katholischen Theologen Daniel Gaschick und Christian Würtz verfasst. Leicht und flüssig zu lesen, wird auf insgesamt 133 Seiten vor allem die kirchengeschichtliche Seite des Konzils dargestellt. Das Dekret *Haec Sancta* sei zur »Magna

Charta des Konziliarismus« aufgestiegen (S. 51). Die Alltagsgeschichte und die Stadtgeschichte von Konstanz werden hingegen nur sehr kurz gestreift (S. 109–121). Schwerpunkt der »kleinen Geschichte« bilden demzufolge die drei großen theologischen Aufgaben des Konzils, nämlich die Einheit der Kirche (*causa unionis*), die Fragen des Glaubens (*causa fidei*) und die Reform der Kirche (*causa reformationis*) (S. 46–108). Probleme in der Publikation bereiten die zahlreichen Portraitdarstellungen, etwa des englischen Theologen John Wyclif, das in der Legende als »idealisierendes Phantasieporträt« (S. 77) bezeichnet wird. Wem nützt eine solche Abbildung, wer zieht daraus Gewinn? Nichtsdestotrotz eignet sich dieser Band bestens für eine historisch interessierte Leserschaft, die von den theologischen Problemen rund um das Konstanz Konzil vielleicht eine nur vage Vorstellung besitzt.
Jürgen Klöckler

Carl Pfaff: Nonnen streben nach Autonomie. Das Frauenkloster Engelberg im Spätmittelalter. 320 Seiten mit 30 Abbildungen, Chronos Verlag, Zürich 2011, € 43,–/sFr 64,90

Das Frauenkloster St. Andreas *in monte angelorum* besitzt eine bemerkenswerte Geschichte: 1120 am Fuße des Berges Titlis in wenig fruchtbarer alpiner Landschaft gegründet – eine Ausnahme für das Hochmittelalter – behielt es bis zur Transferierung des weiblichen Konvents nach Sarnen im Jahr 1615 seine Form als benediktinisches Doppelkloster, während bei anderen Doppelklöstern in der Region wie Petershausen, Muri oder Allerheiligen in Schaffhausen Abtrennung oder gar Auflösung des Frauenkonvents schon Jahrhunderte eher erfolgte. Dennoch widmete bislang niemand den Frauen von Engelberg eine eigene Monographie, auch wenn sich der Schweizer Historiker Carl Pfaff (Universität Freiburg/Schweiz) auf zahlreiche Editionen des 19. und 20. Jahrhunderts und einige Beiträge von Historikern, Kunsthistorikern und Philologen stützen kann.

Auf der Grundlage breiter und intensiver Quellenlektüre gelingen ihm erstmals eine ungemein »dichte Beschreibung« des Lebens im Frauenkonvent des 14. und 15. Jahrhunderts und die einbettende Darstellung der politischen und gesellschaftlichen Rahmenbedingungen, einschließlich der (in einem Teil B der Arbeit) im einzelnen dokumentierten Rekonstruktion des dicht gespannten Beziehungsnetzes der Frauen. Zugleich korrigiert er, in alle Richtungen sorgfältig argumentierend, die ältere Auffassung von der durchgängigen strikten Dominanz der männlichen Ordensangehörigen des »oberen« über die Benediktinerinnen des »unteren Klosters«, deren Eigenständigkeit gegenüber dem Abt seit den ersten Dekaden des 14. Jahrhunderts zunahm – ein Attribut, das sich nach dem Eindruck der Überlieferung freilich auf Elemente ökonomischer Unabhängigkeit bzw. Absicherung beschränkte. Denn zur grundsätzlichen Infragestellung der abbatialen Autoriät scheint es nicht gekommen zu sein; über Herrschaftsrechte verfügte die für interne Belange bestimmte (gewählte?) Meisterin der Frauen auch später nicht. Auf der anderen Seite dürfte die Bindung der Frauengemeinschaft an den Abt bzw. der Schutz des Frauenkonvents innerhalb der Doppelkloster-Struktur auch dessen Überleben trotz des im 14. und 15. Jahrhundert zunehmenden eidgenössischen Drucks auf das Habsburg nahestehende Kloster gesichert haben.

Als fundamentales Problem Engelbergs erscheinen schon im Jahrhundert der Gründung die mangelnde materielle Ausstattung des Doppelklosters bzw. die angesichts von Klima und Bodenbeschaffenheit mageren Ernten oder besser die personelle Überbesetzung des Frauenkonvents mit einer Spitzenzahl von rund 200 Nonnen gegen Mitte des 14. Jahrhunderts – ein existenzbedrohendes Problem, das die Äbte des zur selben Zeit etwa 20 Mönche starken, erheblich kleineren Männerklosters lange nicht konsequent in Angriff nahmen. Zu einer ökonomisch entlastenden Verlegung des Frauenkonventes beispielsweise kam es erst sehr viel später und aus anderen Gründen, und erst 1353 wurde ein Numerus clausus von freilich immer noch 100 Schwestern verfügt. Pfaff stellt dem Leser auch die drastischen Konsequenzen der Überbesetzung für den Alltag der Schwestern vor Augen; besonders eindrucksvoll etwa, wenn er für die Spitzenbesetzung den jeder einzelnen zur Verfügungen stehenden minimalen Platz an der Tafel errechnet oder auf die offene Frage hinweist, wie solche Massen aus der Küche angemessen oder auch nur annähernd gleichzeitig zu versorgen waren. Die hygienischen Folgen freilich dürfte die Zahl von angeblich 116 Nonnen hinreichend illustrieren, die im Pestjahr 1349 innerhalb weniger Monate dahingerafft wurden. Der Konvent erholte sich rasch wieder, langfristig aber sank nach Einführung des Numerus clausus die Konventsstärke stetig.

Die Möglichkeiten, die das Kloster nutzte, um seine wirtschaftliche Not zu lindern, werden detailliert dargestellt. Dabei verdient ein Aspekt besondere Aufmerksamkeit, weil die kirchenrechtlich sanktionierte Politik der Engelberger Benediktiner, Pfarrkirchen des Umlandes in das Kloster zu inkorporieren und so u. a. in den Genuss ihrer Pfründen zu kommen, mit den Bedürfnissen der Gemeinden nach guter priesterlicher Versorgung kollidierte. Die Zusammenhänge werden, ausgehend vom spätantik-frühmittelalterlichen Eigenkirchenwesen, konzise erklärt. – Überhaupt bieten die erläuternden Passagen der Arbeit, gerade auch die Darstellung von theologischen bzw. frömmigkeitsgeschichtlichen Hintergründen, z.B. für das Purgatorium und die Ablasspraxis, wertvolle Verständnishilfen. – Das Beispiel der Orte Kerns (1367), Küssnacht (Versuche seit 1377), Buochs (1454) und Stans (1462), welche die Inkorporation nach Engelberg abschütteln konnten und teilweise sogar freie Pfarrerwahl durchsetzten, belegt beeindruckend, wie hier feudale Ordnung und kommunalistisches Selbstverständnis und -bewußtsein aufeinanderprallten – vielerorts Vorspiel für die (Gemeinde-) Reformation.

Eine weitere wichtige Einnahmequelle für die Gemeinschaft waren Almosen und (Seelgerät-) Stiftungen, wobei die Zuwendungen für die Frauen jene für die Männer bei weitem übertrafen. Möglicherweise vor dem Hintergrund von Auseinandersetzungen im Männerkonvent kam es dabei seit Beginn des 14. Jahrhunderts zu bemerkenswerten Veränderungen, weil die namentlich nicht genannte (!) Meisterin des Frauenkonvents, offenbar vermittelt durch Königin Elisabeth, direkte Kontakte mit Papst Clemens V. aufnahm, der 1305 erstmals eine allein für die Frauen bestimmte Inkorporation gestattete, also gewissermaßen ein ihnen vorbehaltenes ›Sondervermögen‹ schuf. Zweierlei ist daran, folgt man diesen Hypothesen, von Bedeutung: zum einen die beispiellose Eigenständigkeit der Meisterin, die Pfaff gar mit einer »gewissen Rebellion« gleichsetzt (S. 39), zum anderen die seither zunehmende ökonomische Trennung zwischen den Engelberger Frauen und Männern, die hier erstmals ausgesprochen ist und ein eigenes Verfügungsrecht der Benediktinerinnen mit – freilich quellenmäßig nicht verifizierbaren – Konsequenzen für die Schaffung eines eigenen Archivs und einer eigenen Verwaltung begründete. Andererseits hält Pfaff es für ausgemacht, dass die auf gewisse Autonomie zielenden Regelungen, wohl auch die Initiative der Meisterin selbst, auf das Engagement der in Königsfelden ansässigen Königin Elisabeth, Gattin Albrechts I., zurückging. Sie stiftete 1306 Güter, für die sie als Pfleger nicht den Engelberger Abt vorsah, sondern dessen Wahl den Frauen freistellte. Elisabeths Tochter Agnes, Witwe des ungarischen Königs Andreas, setzte diesen Einsatz für die notleidenden Frauen fort und kam 1325 sogar persönlich nach Engelberg – ein repräsentativer Besuch, der fromme und karitative Fürsorge für das notleidende Kloster zum Ausdruck brachte und mit politischem Einsatz für das habsburgische Hausinteresse zu verbinden wusste, ging es doch auch darum, Engelberg gegen die Parteigänger Ludwigs des Bayern für den habsburgischen Einfluss zu sichern. Im Verhältnis zwischen den beiden Konventen sieht Pfaff einen »vorläufige[n] Endpunkt« mit der detaillierten schriftlichen Regelung von 1449 erreicht, in der die Verpflichtungen des Abtes aufs genaueste festgelegt wurden (S. 61).

In der ersten Hälfte des 14. Jahrhunderts hatte auch die Anfertigung von Prunkhandschriften und von einzigartig zahlreich überlieferten Web- und Stickarbeiten zugenommen – Nonnenviten, ja überhaupt eine eigenständige Literaturproduktion fehlten dagegen –, was Pfaff zumindest als bemerkenswerte zeitliche Koizidenz festhält und was in einer Reihe teils farbiger, schöner Abbildungen dokumentiert wird. Grundsätzlich wird die Frage nach der spezifischen Spiritualität der Frauen von Engelberg gestellt und in vielen Spuren und Belegen, etwa dem Buch- und Bibliotheksbestand des Konvents, als Rezeption dominikanischer Anregungen, etwa aus dem Zürcher Kloster Ötenbach, beantwortet. Die Mitte des 14. Jahrhunderts mit ihrem Pestereignis in Engelberg ist zudem eine Zeit, die eine Scheidelinie markiert zwischen einem vor allem, freilich nie ausschließlich (ritter-) adlig zusammengesetzten hin zu einem ganz mehrheitlich bürgerlich-bäuerlich bestimmten Frauenkonvent – eine Entwicklung, die parallel zur Verdrängung der Habsburger und ihrer Klientel durch die neuen eidgenössischen ›Eliten‹ verlief.

Mag der Titel auch angesichts des Ausfalls von Quellen, die eine Intentionalität der Vorgänge belegen könnten, eher auf verlagsseitige Hyperbolik zurückgehen: »Nonnen streben nach Autonomie« ist vor allem deswegen eine faszinierende Lektüre, weil es Carl Pfaff in allen gewählten Perspektiven gelingt, das allgemeine politische Geschehen im Kosmos eines abgeschiedenen Konvents und umgekehrt die Bedeutung des Bergklosters für die großen Konflikte der Zeit transparent zu machen. Die Rekonstruktion des Beziehungsnetzes der Frauengemeinschaft mit einer Vielzahl von Namen, die in einem abschließenden Personenregister erscheinen, bietet darüber hinaus reiches Material für vergleichende Überlegungen und weitere Forschungen.

Dietmar Schiersner

Joachim Kremer/Sönke Lorenz/Peter Rückert (Hg.): Hofkultur um 1600. Die Hofmusik Friedrichs I. von Württemberg und ihr kulturelles Umfeld. Beiträge zur wissenschaftlichen Tagung am 23. und 24. Oktober 2008 im Hauptstaatsarchiv Stuttgart. (Tübinger Bausteine zur Landgeschichte 15) 422 Seiten mit Notenbeispielen und farbigen Abbildungen, Jan Thorbecke Verlag, Ostfildern 2010, € 39,80/sFr 55,90

In seinem einführenden Aufsatz steckt Sönke Lorenz zunächst die biographischen und historischen Rahmenbedingungen der Regentschaft Herzog Friedrichs I. von Württemberg ab. Zwar sei der Forschungsstand aufgrund zahlreicher Veröffentlichungen recht günstig, doch bemängelt Lorenz, »dass das innovative Agieren des Herzogs [...] bisher keinesfalls befriedigend untersucht und analysiert worden ist«. Inwiefern sich die Stuttgarter Kulturpolitik, parallel zur von Lorenz ebenfalls beleuchteten Wirtschaftspolitik des Herzogs, insbesondere aber die Hofmusik im europäischen Vergleich auf Höhe der Zeit befand, ist Ausgangspunkt der Aufsätze des vorliegenden Bandes. Ein Großteil davon sind Beiträge eines 2008 in Stuttgart stattgefundenen Symposiums. Vor dem Hintergrund der »Hofforschung« (Oliver Auge) widmet sich der Band zunächst weiteren Beispielen herzoglicher Repräsentationsgebaren: Fritz Fischer beschäftigt sich allgemein mit der herzoglichen Kulturpolitik, Nicole Bickhoff thematisiert die Festkultur bei Hofe. Christine Krämer beschreibt mit der *Historia Plantarum Universalis* von Jehan Bauhin (1541-1612), Leibarzt Friedrichs I., eine »einzigartige Quelle für die württembergische Weingeschichte«. Sabine Hesse gibt Einblicke in die herzogliche Kunstkammer und schildert den Aufzug zu einem 1599 am Hof stattgefundenen Ringrennen, der inhaltlich das Thema »Amerika« aufgreift. Sönke Lorenz thematisiert die Heraldik als Aspekt der Repräsentation. Einen Fokus auf drei Mömpelgarder Dokumente wirft André Bouvard (Zum einen ein auf ca. 1596 datiertes Gemälde Friedrichs I., welches das Museum von Montbéliard 2003 aus Privatbesitz erstand, außerdem auf den Treueschwur der Mömpelgarder Bürger vor dem Hintergrund dortiger Konfessionsquerelen und schließlich ein staatstheoretisches Werk von Jean Bodin (1530–1596), das den Ideen von Souverän und Staat entsprach, die der Herzog mit seiner Politik verfolgte). Mit seinen Ausführungen zu den Reisen Friedrichs I. nach England, Dänemark und Rom leitet Peter Rückert zur Thematik der Hofmusik über, bespricht ein Großteil der Autoren doch vornehmlich das Netzwerk und die überregionalen Beziehungen der Hofmusik, die nicht zuletzt auf Friedrichs Reisen geknüpft wurden: Joachim Kremer schreibt zu den englischen Beziehungen des Württemberger Hofs und in seinem zweiten Aufsatz zu den Spuren einer Stuttgarter Italianità, Franz Körndle zieht den Vergleich zur Bayerischen Hofkapelle und Ole Kongsted zur dänischen Hofmusik. Insbesondere auf den Aufsatz Kongsteds sei an dieser Stelle hingewiesen, gibt er doch einen aktuellen Einblick zum Stand der (häufig auf Dänisch verfassten und daher schwerer zugänglichen) musikwissenschaftlichen Forschung zur dänischen Hofkapelle und rückt zudem einige Fakten in der Doppelmeisterfrage zu Josquin Baston zurecht (er plädiert für die Existenz eines einzigen Komponisten dieses Namens). Abgerundet wird der Themenschwerpunkt mit einem Abriss zur Stuttgarter Hofkapelle im späten 16. Jahrhundert und Dörte Schmidts Ausführungen zur »Bedeutung der Musik für das Herrscherbild der Zeit« am Beispiel des Landgrafen Moritz von Hessen-Kassel. Alle Aufsätze sind mit französischen (zumeist auch deutschen) Resumées versehen.

Den Aufsätzen nachgestellt ist der Katalog zur Ausstellung »Fürst ohne Grenzen: Herzog Friedrich I. von Württemberg († 1608) des Hauptstaatsarchivs Stuttgart (1.10.–7.11.2008) bzw. des Musée du Château des Ducs de Wurtemberg in Monbéliard (1.7.–20.9.2009)«. Auf einige der farbig abgebildeten Exponate wird in den Beiträgen Bezug genommen, etwa auf den prunkvollen Musiktisch aus der herzoglichen Kunstkammer mit einer eingravierten Widmungskomposition Gioseffo Biffis. Ergänzt wird die komplementäre Form der Darstellung noch durch die Beigabe einer Audio-CD mit ebenfalls in den Artikeln (vornehmlich in Joachim Kremers Begleittext »Madrigal und Kulturtransfer zur Zeit Friedrichs I.«) angesprochenen Madrigalen und Motetten von Bal-

duin Hoyoul, Leonhard Lechner, Johann Grabbe und anderen Komponisten. Dank der Zugabe dieser Medien, der umfassenden Darstellung und nicht zuletzt aufgrund seiner hochwertigen Verarbeitung lässt der Band keine Wünsche offen.
Stefanie Bilmayer-Frank

Csaba Nikolaus Nemes: Illustrierte Geschichte der Medizin am Bodensee mit Chronologie und Kurzbiographien berühmter Ärzte (Band 1: Alte Medizin einer geplanten Trilogie) 251 Seiten mit 138 Illustrationen, 7 Tabellen, DCS Verlagshaus, Überlingen 2013, Euro 98,– (Hardcover mit Leinenband und Schutzumschlag) oder Euro 49,90 (Softcover mit Heißleimbindung).

Mehr als 2100 Veröffentlichungen (!) hat der promovierte, mittlerweile pensionierte Anästhesist und jetzige passionierte Medizinhistoriker Csaba Nikolaus Nemes durchgearbeitet, um mit fundiertem Wissen über die Medizingeschichte des Bodenseeraums berichten zu können. Es ist beileibe keine einfache Aufgabe, eine derartige Unmenge an Erkenntnissen zu einem stimmigen Ganzen zu formen. Man fürchtet deshalb, die Fülle des Stoffs könne zu einem Zerfallen des Textes ins Anekdotische und Assoziative, zu einer Aneinanderreihung von Geschichten zur Medizingeschichte führen. Medizin, vor allem ihre grausigen und grausamen Aspekte, sind immer für eine spannende Erzählung gut, und die Versuchung ist groß, sich im Dickicht derartiger Geschichten zu verlieren. Doch man wird beim Lesen der illustrierten Geschichte der Medizin am Bodensee angenehm überrascht. Mit eiserner Selbstdisziplin führt der Autor den Leser durch die Medizingeschichte der Region, und auch die Kapitel über die Sozialgeschichte des Bodenseeraums und über Juden-und Hexenverfolgung, die auf den ersten Blick wenig mit Medizin zu tun haben, fügen sich harmonisch in das große Ganze ein. Wohltuend ist der unaufgeregte, unprätentiöse Gebrauch der Sprache. Der Autor verwendet imposante Fach- und Fremdwörter spärlich, und die lateinische Sprache hat nur dort ihren Platz, wo es unumgänglich und für das Textverständnis nützlich ist. Das kommt der Lesbarkeit des anspruchsvollen Stoffes zu Gute. Es ist nicht nur möglich, sondern auch ein Vergnügen, das Buch in zwei Tagen durchzulesen. Die Beschäftigung mit dem Anmerkungsapparat erfordert dann allerdings deutlich mehr Zeit, und gerade hier zeigt das Werk seinen besonderen Wert: Wer es genauer wissen will, bekommt für das eigene weiterführende Lesen das nötige Rüstzeug zur Hand. Hier zeigt sich auch, dass der Text nur in Teilen eine Präsentation und Zusammenfassung des bisher Veröffentlichten ist. Der Autor hat den Stoff mit eigenen Erkenntnissen und eigenen Funden bereichert. Ein Gutteil der Abbildungen stammt vom Verfasser selbst, und aus dem Bildarchiv des Autors hätte man gerne deutlich mehr gesehen. Der Verfasser dieser Zeilen blättert Bücher über Medizingeschichte in erster Linie auf der Suche nach Abbildungen durch, und groß ist die Freude, wenn dann unverhofft Neues, Schönes und Faszinierendes zu Tage kommt. Das wird anderen Lesern ähnlich ergehen, und so steht zu hoffen, dass die folgenden beiden Bände der illustrierten Geschichte der Medizin am Bodensee noch reicher bebildert sind. Es kommt viel Wissen zusammen in einem Leben, das 1939 begann, und das ganz offensichtlich stets von einem wachen Interesse für den Beruf des Arztes und seine historischen Wurzeln geprägt war. Dass dieses Wissen nicht in Ordnern, Dateien und Zettelkästen verwahrt, sondern einer interessierten Öffentlichkeit zum Gebrauch und zur Weiterentwicklung zugänglich gemacht wird, stellt eine nicht unwesentliche Bereicherung unseres kollektiven Wissens über die Geschichte der Heilkunde dar. Man darf auf die nächsten beiden Bände gespannt sein.
Martin Widmann

Marcel Zünd: Ländliche Bilderfreude. Appenzeller Möbelmalerei 1700-1860. Hg. Stiftung für appenzellische Volkskunde. 320 Seiten mit über 500 Abbildungen, Verlag hier+jetzt, Baden 2014, € 65,–/sFR 72,–

Nach mehrjähriger schweizweit erfolgter Inventarisierung liegt ein unter Mitarbeit mehrerer Fachpersonen entstandenes Standardwerk zur über die Region ausstrahlenden Appenzeller Möbelmalerei vor. Marcel Zünd, dem langjährigen wissenschaftlichen Kustos der Stiftung für appenzellische Volkskunde, kommt das Hauptverdienst am Gelingen zu, wirkte er doch zugleich als Projektleiter, Fachfotograf und Hauptautor.

Während zweier Jahrhunderte war die Möbelmalerei im Appenzellerland präsent. In ihrer Blütezeit von 1760 bis 1840 entstanden einzigartige Werke der Volkskunst, die sich im Quervergleich zu den bekannten Möbelmalereiregionen Toggenburg, Oberschwaben, Allgäu und Tirol durch aussergewöhnliche Reichhaltigkeit auszeichnen. Als Novum hat das von beiden Appenzell mitgetragene Forschungs- und Publikationsprojekt die soziokulturellen Hintergründe dieser Kulturleistung ausgelotet. Ausgehend von den an Schränken, Truhen und Betten vielfach überlieferten Besitzerinschriften haben die Historiker Thomas Fuchs und Achilles Weishaupt in aufwändiger Archivforschung das ökonomische Umfeld der Auftraggeber und Eigentümer erhellt. Aufgrund ihrer Ergebnisse erweisen sich die bislang als »Bauernmöbel« geltenden Sammlerstücke als Ausstattungsobjekte ländlicher Führungsgruppen in Wirtschaft und Politik. Von besonderem Interesse ist, dass diese Grunderkenntnis sowohl für das reformierte Appenzell Ausserrhoden als auch das katholische Appenzell Innerrhoden zutrifft. In beiden Kantonen liessen sich etliche Erstbesitzer der Gruppe begüterter Gewerbetreibender und Handwerker zuordnen. Vor diesem Hintergrund ist es denn auch nicht erstaunlich, dass etliche ab 1810 entstandene Schränke realitätsnahe Motive zu solchen Berufswelten zeigen. Mit Blick auf die ikonografische Entwicklung der Möbelmalerei zwischen 1760 und 1840 ergab sich, dass die an Fremdheit und Exotik orientierten höfischen Fantasiewelten allmählich durch Bilderwelten abgelöst wurden, die das Lokale und Eigene in Szene setzten. Typisch für die Frühzeit ist ein mit in Augsburg und Nürnberg produzierten Kupferstichen verzierter Ausserrhoder Doppelschrank von 1759. Beispielhaft für die Spätzeit ist der eine Alpfahrt und ein Sennenpaar zeigende Innerrhoder Kasten von 1823. Vor dem Hintergrund der von natürlichen Holztönen oder nüchternen Farben geprägten Hausfassaden überrascht die Farbenfreude und die Ornamentfülle des Mobiliars im Hausinnern. Macht man sich indessen bewusst, dass viele dieser Ausstattungsobjekte nachgewiesenermassen zu festlichen Anlässen wie Hochzeiten, Konfirmationen, Firmungen oder Ehejubiläen bemalt bzw. geschenkt wurden, so wird dieser augenscheinliche Gegensatz abgemildert. Als unantastbares Frauengut und stolzer Ausdruck von persönlichem Besitz hatten viele Möbel eben auch einen besonderen Stellenwert. Inschriften wie *»Dieser Kasten gehört mir«* oder *»Nach Ableben des Mannes soll das Kästlein der Frauen verbleiben«* weisen klar darauf hin.

Kontrastierend zu vielen neuen Erkenntnissen rund um Auftraggeber und Erstbesitzerinnen ergaben sich trotz vieler Recherchen keine neuen Künstlernamen. Immerhin konnten anhand typischer Merkmale klar umschriebene Künstlerhandschriften benannt werden und diese teilweise auch mit Lokalbezügen versehen werden. Ungeklärt bleibt aber, weshalb einzelne Gemeinden »objektleer« sind. Und nicht aufgearbeitet wurden Genderaspekte rund um die Möbelmalerei. Als Archivleiter freut sich der Rezensent über die dank dieses Forschungsprojekts generierte Fülle an hochwertigem Bildmaterial, das künftig weiteren landeskundlichen Publikationen dienlich und für manche Vorträge nutzbar sein wird.
Peter Witschi

Dorothee Guggenheimer: Kredite, Krisen und Konkurse – Wirtschaftliches Scheitern in der Stadt St. Gallen im 17. und 18. Jahrhundert, (Staatsarchiv St. Gallen und Historischer Verein des Kantons St. Gallen (Hg.): St. Galler Kultur und Geschichte, Bd. 39) Chronos Verlag, Zürich 2014, € 39,50/ sFr 52,90

In ihrer Dissertation beschäftigt sich Dorothee Guggenheimer mit Ursachen, Folgen und juristischen Maßnahmen wirtschaftlichen Scheiterns. Umfangreiche Studien der historischen Schriftquellen der Stadt St. Gallen und deren Bürgern aus dem 17. und 18. Jahrhundert bilden die Grundlage für die Untersuchung. Die Arbeit ist in sieben Kapitel unterteilt und richtet sich nach den allgemeinen wissenschaftlichen Standards.

Der Titel des Buches impliziert die Problemstellung: »Kredite, Krisen und Konkurse«. Sie legt im Gegensatz zur allgemein als Erfolgsgeschichte dargestellten Wirtschaftsgeschichte der Stadt St. Gallen ihr Augenmerk auf die Realität des wirtschaftlichen Scheiterns und erweitert damit die Wahrnehmung eines scheinbar zeitgenössischen Phänomens – Konkurse – um eine historische Komponente. Der Untersuchungszeitraum der Arbeit beschränkt sich auf die Zeit zwischen 1600 und 1798. Er wird einerseits durch die unzureichende Quellenlage vor dem Jahr 1600 und andererseits durch die staatsverändernden Ereignisse der Helvetischen Revolution begründet. Es zeigt sich, dass Verschuldung keine Erfahrung der Gegenwart ist.

Mündete die individuelle Verschuldungskrise in einem Konkurs, wurde im St.Gallen der Frühen Neuzeit zwischen zwei Varianten zur Lösung unterschieden. Ein Konkursverfahren in Verbindung mit einem Schuldprozess wurde als Falliment bezeichnet. Fanden hingegen Gläubiger und Schuldner eine außergerichtliche Einigung, endete das wirtschaftliche Scheitern in einem Akkord. Die Materie erscheint kompliziert und die für Aussagen erhobenen und ausgewerteten statistischen Daten bedürfen der Erklärung.

Bevor in Kapitel 5 die Kreditbeziehungen von St. Galler Falliten anhand von Fallbeispielen aus den vier am häufigsten betroffenen Berufsgruppen vorgestellt werden (Handel, Textilproduktion, Nahrungsmittelverarbeitung, produzierendes Gewerbe), wird in den Kapiteln 2, 3 und 4 der theoretische Bezugs- und Verständnisrahmen erarbeitet. Nach Einordnung und Zusammenfassung der städtischen Rahmenbedingungen in Bezug auf Demographie, Geographie und Regierungssystem geht Kapitel 2 kurz auf die in Zünften organisierte Bürgerschaft ein und lässt dabei auch die St. Galler Kaufleute nicht unerwähnt, die sich nicht in einer Zunft, sondern in der Gesellschaft zum Notenstein organisierten und das Kaufmännische Direktorium als berufspolitische Institution neben den Zünften installierten.

In Kapitel 3 wird die Prioritätsordnung allfälliger Gläubiger erklärt, eine Rangordnung für Gläubiger zur Verwertung der Fallimentsmasse. Eine solche Ordnung war nicht nur in St. Gallen von großer Bedeutung. Hinzu kam das in St. Gallen geltende Offizialprinzip, das die Regelung und Ahndung dem Stadtgericht überließ –, eine Vorgehensweise, die einen langwierigen Prozess auslöste und neben der Sicherung vorhandener Aktiven und Registrierung in einer Inventarliste sowie Mitteilungen an mögliche Gläubiger in der Stadt, zum Teil bis ins Ausland hinein, auch die Einteilung der Forderungen in eine der neun Ränge vorsah. Dagegen wurde die Verteilung der Konkursmasse im Kreis der Gläubiger selbst vorgenommen. Gericht und Rat selber nahmen keine Entschädigungen vor.

Mit Hilfe einer analytischen Betrachtung der Fallimentsgesetzgebung im 17. und 18. Jahrhundert geht die Autorin ausführlich auf die Entwicklung des St. Galler Konkursrechtes ein. Es werden nicht nur die Veränderungen der Rechtsnormen an sich aufgezeigt, sondern auch Gründe und Interessenlagen für die Regelanpassungen. Die Veränderungen der Fallimentsgesetze, die sich im Verlaufe der beiden untersuchten Jahrhunderte und im Rahmen des Gesetzgebungsprozesses ergaben, wurden stark von wirtschaftlichen Entwicklungen und den Zünften mitbestimmt. Das Kaufmännische Direktorium hingegen war mit seiner grundsätzlich liberalen Einstellung zum Konkursrecht weniger erfolgreich in der Einflussnahme auf die Veränderung der Rechtsnormen.

Das folgende Kapitel beschäftigt sich ausführlich mit der quantitativen Auswertung von Daten zu Konkursen und Konkursiten. Im Ergebnis wird festgestellt, dass ein Anstieg der Konkursraten unterschiedliche Ursachen haben kann. Anfang des 17. Jahrhunderts sind die steigenden Konkurse ein Ausdruck konjunktureller Krisen. Dem St. Galler Leinwandgewerbe ging es schlecht, die Steuerleistungen gingen zurück und die Stadt erlitt Einnahmeverluste. Sowohl Kaufkraft als auch Liquidität waren schwach. Im Gegensatz dazu steht die Entwicklung in der Mitte des 18. Jahrhunderts, als St. Gallen durch den Baumwollboom eine neue wirtschaftliche Blütezeit erlebte und die Konkurse trotz dem positiven Wirtschaftstrend zunahmen. Diese Situation wird mit erhöhter Risikobereitschaft, die sich nicht in jedem Falle auszahlte, begründet. Dass mehr Teilnehmer das unternehmerische Risiko auf sich nehmen konnten, geht mit der gleichzeitig und allmählich einsetzenden Auflösung des alten Zunftsystems einher.

Wirtschaftliches Scheitern, das durch einen Konkurs zum Ausdruck kam, wurde nach dem Offizialprinzip behandelt und geahndet. Bis zum Beginn des 18. Jahrhunderts wurde in besonders schweren Schadensfällen auch die Todesstrafe verhängt. Üblich war die zeitweilige Verbannung aus der Stadt. Im 18. Jahrhundert gab man für die Ahndung einer pragmatischen Vorgehensweise den Vorzug. Eine möglichst stabile wirtschaftliche Zukunft des Schuldners rückte ins Zentrum des Interesses und stärkte gleichzeitig den Gläubigerschutz. Die Strafe wurde durch eine Abbitte ersetzt. Für den Falliten blieb die persönliche Situation trotz milderer Strafen schwierig. Er blieb sein Leben lang Schuldner und zahlungspflichtig. Die Thematik des wirtschaftlichen Scheiterns in der St. Galler Wirtschaft- und Handelsgeschichte, die für das 17. und 18. Jahrhundert dargestellt wird, nimmt den Faden der Beschäftigung mit dem Konkursrecht in der Schweiz auf. Die Forschungen zu diesem Thema wurden hauptsächlich im 19. Jahrhundert durchgeführt. Im 20. Jahrhundert geriet das Thema wieder in Vergessenheit. Für St. Gallen ist vorliegende Arbeit ein kleiner Meilenstein, zeigt sie doch die Schattenseiten der St. Galler Leinwandgewerbes und der frühen Baumwoll- und Stickereiindustrie auf.

Wer nur die berühmten Bilder zum St. Galler Leinwandgewerbe vor Augen hat, z.B. den Leinwand-Zyklus und das Gemälde mit den zwölf Berufen im Leinwandgewerbe (beide im Historischen und Völkerkundemuseum St.Gallen), kann noch keine klaren Aussagen zur St.Galler Wirtschaftsgeschichte der Frühen Neuzeit machen. Das vorliegende Buch präzisiert und ergänzt das gängige Bild der St.Galler »Erfolgsgeschichte«. Die Arbeit mit statistisch erhobenen Daten und das Argumentieren mit Wahrscheinlichkeiten zeigt allerdings nur ein Spektrum an Bedingungen für wirtschaftliches Scheitern auf. Absolute Aussagen über die Vergangenheit werden bewusst vermieden. Die Autorin legt ein plausibles und wahrscheinliches Szenario zur Erklärung wirtschaftlichen Scheiterns im 17. und 18. Jahrhundert in St. Gallen vor. Dazu werden eine große Menge von Daten und Informationen in aufbereiteter Form geliefert und eine Interpretation mitangeführt. Wichtig ist Kapitel fünf, wird doch hier den statistischen Daten an Hand der Fallbeispiele ein menschliches Antlitz verliehen. Gleichzeitig unterstützen sie die Argumentationen der vorangegangenen Kapitel auf anschauliche Art und Weise.

Die Lektüre von Dorothee Guggenheimers Buch erfordert Konzentration, die Dichte der Informationen und der Argumentation ist hoch. Gleichzeitig wird erkennbar, wie schwierig sich Informationsrecherche zur Wirtschafts- und Sozialgeschichte, die letztendlich einen besseren Einblick in den Alltag unserer Vorfahren vermitteln soll, im Detail erweisen kann. Und doch bietet das Buch jedem interessierten Leser einen guten Überblick über den Stand der Forschung. Gleichzeitig wird insbesondere durch den praktischen Bezug in den Fallbeispielen der theoretische Teil verständlich umgesetzt. Menschen werden als Akteure greifbar und es wird offenkundig, dass die Schuldfrage bei einem Konkurs aus einem modernen Blickwinkel heraus zweitrangig ist und die Stadt St. Gallen diesen Umstand schon früh in ihre Gesetzgebung hat mit einfließen lassen.

Achim Schäfer

Tobias Engelsing/Jürgen Bleibler: Die Zeppelins. Lebensgeschichten einer Adelsfamilie (Konstanzer Museumsjournal 2013) 199 Seiten mit zahlreichen farbigen Abbildungen, Rosgartenmuseum, Konstanz 2013, € 15,50/sFr 19,–

Der Katalog einer im Rosgartenmuseum in Konstanz und im Zeppelin-Museum in Friedrichshafen anlässlich des 175. Geburtstages von Ferdinand von Zeppelin im Sommer 2013 gezeigten Ausstellung hat zweifellos bleibenden Wert. Die beiden Autoren, Tobias Engelsing als Chef des Rosgartenmuseums und Jürgen Bleibler als Leiter der Zeppelinabteilung des Zeppelin-Museums, haben spannende Familiengeschichten dieser württembergischen Adelsfamilie recherchiert. Sprachlich gewandt und leicht geschrieben, großzügig und reichhaltig in Farbe bebildert und zudem in bibliophiler Qualität gedruckt und in Leinen gebunden – so präsentiert sich der gediegene und dennoch preisgünstige Ausstellungskatalog.

Der Inhalt ist schnell zusammengefasst: Tobias Engelsing beleuchtet auf rund 140 Seiten die Familiengeschichte(n), indem er sich auch auf das in Burg Brandenstein in Hessen und in Schloss Mittelbiberach in Oberschwaben verwahrte Familienarchiv stützt. Er breitet das Familiengeflecht der Adelsfamilie bis in die letzten Verästelungen aus. Es fällt auf, dass kaum eine Seite nicht mit einer farbigen Abbildung, einer farbigen Reproduktion eines Briefes, einer Tagebuchseite oder eines Ausstellungs-Exponats gestaltet wurde. Inhaltlich wie graphisch ist das Buch sehr gelungen. Die Portraits, vor allem das von Ferdinand von Zeppelin – am 8. Juli 1838 in Konstanz geboren – sind einfühlsam und durchaus auch wertend geschrieben, wobei keine Hagiographie betrieben wird: Die wahnwitzigen Zeppelin'schen Pläne eines Luftkrieges gegen Großbritannien in der zweiten Hälfte des Ersten Weltkrieges werden genauso erwähnt wie auch die Reaktion der Reichsregierung, die Zeppelin bis zu seinem Tod am 8. März 1917 weitere öffentliche Auftritte verbot. Es folgt ab Seite 118 eine Art Doppelbiographie, nämlich diejenige des Bruders Eberhard von Zeppelin, dem Betreiber einer aus einem ehemaligen Dominikaner-Kloster hervorgegangenen und am 15. Januar 1875 eröffneten Konstanzer Luxusherberge, dem Insel-Hotel. Der Koautor Jürgen Bleibler umreißt schließlich auf rund 30 Seiten die konkrete Umsetzung der Idee des Baus eines »Riesenluftschiffes«, das am 2. Juli 1900 erstmals abheben sollte. Mit diesem Projekt hat sich der

Namen Zeppelin tief ins kollektive Gedächtnis der Deutschen eingegraben und auch in Österreich und in der Schweiz ist er bis heute kein Unbekannter.
Jürgen Klöckler

Jürgen Krüger, Hansmartin Schwarzmaier und Udo Wennemuth (Hg.): Das evangelische Pfarrhaus im deutschsprachigen Südwesten (Oberrheinische Studien Bd. 32) 355 Seiten, Jan Thorbecke Verlag, Ostfildern 2014, € 34,–/sFr 45,90

Das evangelische Pfarrhaus in Deutschland ist in der Entwicklung der christlichen Kirchen eine ganz besondere Institution. Dies wird auch in einer regionalgeschichtlichen Perspektive sichtbar. Ausgehend von einer Tagung und durch weitere Beiträge bereichert beleuchtet der Band die verschiedensten Aspekte. Mit der Eheschließung Martin Luthers wird das Pfarrhaus als Ganzes Haus von Familienverband und Wirtschaftsgemeinschaft gesehen, es entwickelt sich zu einer halb öffentlichen, halb privaten Institution und wird zum Vorbild der christlichen Familie. Die soziale Kontrolle ist stark, hier klopfen Gläubige wie Bittsteller an. Schon die Frühe Neuzeit kennt Netzwerke, berufliche Wanderungen und Selbstrekrutierung des Pfarrerstandes. Einbezogen wird dabei auch das protestantische Elsaß mit Straßburg oder der Herrschaft Hanau-Lichtenberg, wo es der Pfarrer und Sozialreformer Johann Friedrich Oberlin in der Revolutionszeit zu einiger Berühmtheit gebracht hat. Der Pfarrer hat einen besonderen sozialen Status am Ort, verstärkt durch die Akademisierung wie die Abhängigkeit vom jeweiligen Landesherrn, was im 19. Jahrhundert sowohl nationales wie soziales Denken einschließen kann. Das Pfarrhaus gehört in die bürgerliche Bildungswelt und ist zugleich Zentrum der Volkserziehung. Beschrieben werden die starke Rolle von Haus- und Kirchenmusik, die Herkunft von Musikern aus Pfarrhäusern, aber auch die besonderen Anforderungen an eine Pfarrersfrau, von der kostenlose Mitarbeit im Gemeindeleben erwartet wurde. Es gab zwar keinen spezifischen Gebäudetypus, doch gerade die Epoche vor dem Ersten Weltkrieg kennt vor allem in den Städten ansehnliche Pfarrhäuser, die Tendenz geht aber in unserer Zeit in Richtung Gemeindezentren. Eine Besonderheit Württembergs nach dem Zweiten Weltkrieg dürfte das Spannungsverhältnis zwischen Hochschultheologie und pietistischen wie evangelikalen Strömungen für einen Pfarrer sein. Und schließlich werden aktuelle Tendenzen seit den 1970er Jahren untersucht, etwa die Veränderungen von Fremdbild und Selbstbild einer Pfarrersfrau hin zu eigener Berufstätigkeit oder bezahlter Mitarbeit oder der Status des Partners einer Pfarrerin, aber auch Auseinandersetzungen über gleichgeschlechtliche Paare und die Aufhebung der Residenzpflicht im Pfarrhaus. Und die 1968er-Unruhen haben gerade in Heidelberg so manchen angehenden Pfarrer geprägt. Ein anregender Sammelband, wie man ihn nur selten findet.
Arnulf Moser

»Ich will als ein ganzer Mann und wahrhafter Deutscher zurückkehren, mit reinem Gewissen.« Die Kriegstagebücher des Nathan Wolf aus den Jahren 1914 bis 1917 ausgewählt und kommentiert von Anne Overlack, mit einem Vorwort von Aleida Assmann (Hegau-Bibliothek, Band 162 bzw. Reihe Forum Allmende, Band 10) 117 Seiten mit zahlreichen s/w Abbildungen und faksimilierten Tagebuchseiten, [MarkOrPlan, Agentur und Verlag, Singen/Hohentwiel] 2014, € 14,80

Nicht leicht zugänglich im Wald, oberhalb der Ortschaft Wangen am Untersee, liegt der dortige jüdische Friedhof. Hier wurde Natan Wolf (1882-1970) vor 45 Jahren beigesetzt, auf dessen Grabstein vermerkt steht: »Hier ruht der letzte Jude des Dorfes. Bald wird Gebüsch den Stein bedecken. Doch wird sein Grab nicht vergessen werden. Denn mehr als er liegt hier begraben.« Mit ihm waren das Landjudentum auf der Halbinsel Höri und seine 300-jährige Geschichte zu Ende gegangen. Nathan Wolf hat aber ein Selbstzeugnis hinterlassen, das es erlaubt, sich ihm als einer historischen Person zu nähern. Es handelt sich um zwei (von ursprünglich drei) Kriegstagebüchern aus dem Ersten Weltkrieg, die von Anne Overlack in Auszügen der Öffentlichkeit übergeben wurden. Ein kurzes Vorwort hat die Konstanzer Kulturwissenschaftlerin Aleida Assmann beigesteuert.

Der Arzt Nathan Wolf hat als deutscher (oder besser noch: als badischer) Jude vom August 1914 an als Soldat im Ersten Weltkrieg gedient. Und zwar mit Hingabe, aufopferungsvoll und glühend patriotisch. Mit besonderem Stolz trug er seine Kriegsauszeichnungen, das Eiserne Kreuz beider Klassen, das Ritterkreuz des Zähringer Löwenordens, das silberne Verwundetenabzeichen und andere. Er verwahrte sie nach dem Krieg in einer Ordenssammlung, welche die Zeit überdauert hat und auf S. 104 abgebildet ist.

Diese Kriegsauszeichnungen bewahrten ihn am 10. November 1938, der Reichspogromnacht, nicht davor, in Wangen schwer misshandelt, in den Ortsarrest gesperrt und schließlich über Konstanz in das KZ Dachau verbracht zu werden. »Meine Kriegsorden«, so schrieb er rückblickend in den 1960er Jahren, »hatten die Horde auf das Äußerste gereizt« (S. 108). Nach sechs Wochen wurde er aus dem Lager entlassen und konnte in die Schweiz nach Stein am Rhein emigrieren. Dort überlebte er den Zweiten Weltkrieg und kehrte schließlich nach Wangen zurück.

Die Kriegstagebücher beginnen am 2. August 1914, der erste Band endet am 30. Dezember 1915, der dritte Band beginnt am 2. März 1917 und endet am 26. September desselben Jahres. Die Abschriften der beiden Kladden entsprechen »170 eng bedruckten Textseiten« (S. 22); es wurden somit nur Auszüge publiziert. Wolf berichtet eindrücklich von den Kämpfen in den Vogesen, dann ab März 1915 als Bataillonsarzt von Lüttich in Belgien aus. Im September 1917 wird er schließlich in den Nahen Osten zum Levante-Corps als Arzt eines Garde-Pionier-Bataillons befohlen. Die Einträge sind ausführlich, wertend und sehr erhellend. Und manchmal auch zutiefst erschreckend. Das Tagebuch eignet sich zweifellos dazu, in einem Zug verschlungen zu werden – keine Frage. Der Einband entspricht den originalen Tagebüchern, was den optischen Reiz erhöht. Druck und Papierqualität sind vorzüglich.

Doch quellenkritisch sind einige Monita anzuführen: Sicher, den Anspruch einer wissenschaftlichen Edition erhebt der Band nicht. Doch stößt auf, dass in der überaus sparsamen Kommentierung vielfach Artikel aus dem Internet-Lexikon »wikipedia« zitiert werden, deren Überprüfbarkeit und Zitierfähigkeit – wie hinlänglich bekannt sein dürfte – auf Dauer nicht sichergestellt ist. Die am Ende aufgelistete Forschungsliteratur ist zudem sehr dünn und wirkt zufällig herangezogen. Die Tagebucheinträge sind thematisch, nicht chronologisch ausgewählt, was dem Verständnis der zeitlichen Abläufe nicht immer dienlich ist. Auch bleibt unklar, wann die Kriegstagebücher aus Feldpostbriefen und anderen Notizen feinsäuberlich in die tadellos erhaltenen Kladden geschrieben wurden. Sprich: Hat Nathan Wolf vielleicht im Nachhinein sein Tagebuch »frisiert«? Wer war die Verlobte und spätere erste Frau in München, die treuhänderisch Briefe und Material verwahrt hat? Das müsste sich über die Einwohnermeldeunterlagen im Stadtarchiv München recherchieren lassen. Hier würde der interessierte Leser gerne mehr erfahren, auch über die Biographie des Tagebuchschreibers.

Jürgen Klöckler

Konrad Krimm (Hg.): NS-Kulturpolitik und Gesellschaft am Oberrhein 1940–1945 (Oberrheinische Studien, 27) 385 Seiten mit zahlreichen, auch farbigen Abbildungen plus einer DVD mit Architekturentwürfen zum Ausbau von Karlsruhe und Straßburg (1936–1942), Jan Thorbecke Verlag, Ostfildern 2013, € 34,–/sFr 52,90

Der Sammelband vereinigt Beiträge einer Karlsruher Tagung des Jahres 2006, die von der Arbeitsgemeinschaft für geschichtliche Landeskunde am Oberrhein und der Forschungsstelle Widerstand gegen den Nationalsozialismus im deutschen Südwesten gemeinsam veranstaltete wurde. Für die lange Bearbeitungsdauer des Bandes – immerhin sieben Jahre – entschuldigt sich der Herausgeber in der Einführung (S.12). 1940 war der Gau Baden, an dessen südöstlichem Ecke der Bodensee lag, mit dem de facto annektierten Elsass-Lothringen zu einem Parteigau Baden-Elsass vereinigt worden, was ein künftiges Reichsland »Oberrhein« implizierte. Das weckt die Hoffnung, dass die nationalsozialistische Kultur- und Gesellschaftspolitik auch für den westlichen Bodenseeraum in den Beiträgen untersucht worden ist. Diese Hoffnung wird enttäuscht. Im Zentrum der Aufsätze stehen die Städte Karlsruhe und Straßburg, die dortige »Reichsuniversität«, die »verschleierte Annexion« und NS-Durchdringung des Elsasses, Formen des Widerstands, die Volksschullehrerausbildung und ähnliche Themen. Die Beiträge sind solide gearbeitet, doch nehmen sie eigentlich nur bei der Lehrerausbildung und dem Einsatz von Volksschullehrern Bezug auf den Bodenseeraum. Es ist bekannt, dass während des Zweiten Weltkrieges ein reger Austausch von Lehrern von Baden nach dem Elsass und in entgegengesetzter Richtung stattgefunden hat – ein Paradebeispiel für die gezielte Durchmischung der Beamtenschaft einer Berufsgruppe im Nationalsozialismus.

Jürgen Klöckler

Heimat-Erinnerungen. Gegenstände und Geschichten von Migranten im Landkreis Sigmaringen. Katalog zur Ausstellung vom 25. Juli bis 17. Oktober 2010 in der Kreisgalerie Schloss Meßkirch. Hg. vom Landkreis Sigmaringen. 87 Seiten mit zahlreichen Abbildungen, Selbstverlag, Sigmaringen 2010, € 7,50

Die Ausstellung »Heimat-Erinnerungen« auf Schloss Meßkirch bildete 2010 eine der tragenden Säulen des kulturellen Themenschwerpunktes »Migration und Integration im Landkreis Sigmaringen«. Christine Dölker, Doris Muth, Edwin Ernst Weber (Stabsbereich »Kultur und Archiv« des Sigmaringer Landratsamtes) und Birgit Meyenberg (Staatsarchiv Sigmaringen) halten in ihrem reich bebilderten Ausstellungskatalog die Lebensgeschichten von 39 Zuwanderern aus 21 vor allem eurasischen Herkunftsländern schriftlich fest. Dabei werden die Protagonisten der über einhundertjährigen Migrationsgeschichte des Landkreises jeweils en bloc in sechs Abteilungen vorgestellt: »Alpini«, ein Zwangsarbeiter und Soldaten bilden den Auftakt vor Heimatvertriebenen und Gastarbeitern aus Südeuropa, denen türkische Migranten folgen. Orientalischen Christen und Russlanddeutsche werden jeweils zusammen präsentiert, bevor Auswanderer aus etwa Tunesien, Kamerun, Vietnam oder Brasilien eine heterogene Gruppe bilden. Nach einer kurzen Einführung von Kreisarchivar Edwin Ernst Weber geht es, so der Untertitel der Ausstellung, um die »Gegenstände und Geschichten« der Migranten, deren Schicksale die »großen« Migrationsbewegungen auf lokaler Ebene nachzeichnen sollen; der zeitliche Bogen wird dabei von einem »alpino«, der 1899 zusammen mit anderen Italienern als Arbeiter nach Mengen kam, über die »displaced persons« des Zweiten Weltkrieges bis hin zu Emigranten der Jetztzeit (2005) geschlagen. Die Vorstellung der 39 Migranten folgt dabei jeweils dem gleichen Aufbau: eine Seite für die eigene (Lebens-)Geschichte, eine für die Gegenstände, die für die Beschriebenen eine persönliche Bedeutung besitzen und die ein interessantes Potpourri aus Mandolinen, Bibeln, Samowars, Matrjoschkas, Folklorekleidern, Gemälden, Fotografien, Hirtenstäben, Bonbonnieren, Madonnen und Haarverlängerungen darstellen.

Die Autoren des Bandes vermögen es, die Biographien kurz, aber dennoch anschaulich zu skizzieren und fördern dabei individuelle Schicksale zu Tage – eine Erfahrung zieht sich hierbei wie ein roter Faden durch die Lebensgeschichten der Migranten: dass der Start in der neuen Heimat in der Regel alles anderes als einfach ist und dass die nur selten früh eintretende soziale Akzeptanz essentiell für die Integration ist.

Sebastian Hausendorf

BUCHANZEIGEN

Daniela Frey/Claus-Dieter Hirt: Französische Spuren in Konstanz. Ein Streifzug durch die Jahrhunderte. Konstanz: UVK, 2011. – 186 S. (Kleine Schriftenreihe des Stadtarchivs Konstanz 11) – ISBN 978-3-86764-322-1 (€ 14,99/21.90 sFr)
Von den zahlreichen Verbindungen zwischen Konstanz und dort lebenden Franzosen werden exemplarisch Persönlichkeiten und Ereignisse vom Mittelalter bis zur Gegenwart ausgewählt. Unter anderem werden Schlaglichter auf den mittelalterlichen Kleriker Bernard von Clairvaux oder die französischen Teilnehmer (Gallica) des Konstanzer Konzils geworfen, und Einblicke in die »Genfer Kolonie« im 18. Jahrhundert gewährt. Es werden französische Emigranten verschiedener Couleur betrachtet, die vor der Französischen Revolution geflüchtet sind oder reisende Schriftsteller wie Montaigne oder Dumas. Der zweite Teil des Bandes befasst sich mit den Kriegen seit 1870, französischen Faschisten, der Besatzungszeit und den deutsch-französischen Beziehungen der Nachkriegszeit bis heute.

Jakobus Kaffanke/Thomas Krause/Edwin E. Weber (Hg.): Es lebe das »Geheime Deutschland«! Claus Schenk Graf von Stauffenberg, Person – Motivation – Rezeption. Beiträge des Sigmaringer Claus von Stauffenberg-Symposiums vom 11. Juli 2009. Berlin: LIT, 2011. – II, 217 S. (Anpassung – Selbstbehauptung – Widerstand 30) – ISBN 978-3-643-10144-0 (€ 24,90/sFr 34.50)
Anlässlich des fünfzigjährigen Jubiläums der 10. Panzerdivision in Sigmaringen wurde ein Sammelband über Graf von Stauffenberg – Namensgeber der Kaserne – herausgegeben Es werden biografische und familiäre Aspekte des NS-Widerstandskämpfers behandelt und seiner religiösen Haltung nachgespürt, politische und kriegsbedingte Einflüsse seiner Zeit werden dargestellt und der Wandel der postumen Wahrnehmung vom Verräter über den Helden bis zur historischen Person aufgezeigt.

Reinhold Schaal: Waldzustände als Spiegel gesellschaftlicher Ansprüche. Die Entwicklung von Wäldern auf der mittleren Schwäbischen Alb und im nördlichen Oberschwaben seit dem 16. Jahrhundert. Ostfildern: Thorbecke, 2011. – X, 462 S. (Schriften zur südwestdeutschen Landeskunde; Bd. 72) – ISBN 978-3-7995-5272-1 (€ 49,00/sFr 65.90)
Waldentwicklung ist die chronologische Abfolge von Waldzuständen, die durch die natürlichen Faktoren wie Boden, Klima, Pflanzen- und Tierwelt sowie durch menschliche Nutzungsarten bedingt sind. Für eine fundierte forstliche Betriebsplanung sind solche Kenntnisse von großer Wichtigkeit. Anhand von historischen Karten sowie Dokumenten des Benediktiner-Klosters Blaubeuren und des Zisterzienser-Klosters Heggbach erhellt die Dissertation auf Basis von rund 450 Untersuchungsflächen die Geschichte der Waldnutzungsformen, insbesondere Holzproduktion, Waldweide, Streu- und Grasnutzung sowie Waldfeldbau.

Dietmar Schiersner/Volker Trugenberger/Wolfgang Zimmermann (Hg.): Adelige Damenstifte Oberschwabens in der Frühen Neuzeit. Selbstverständnis, Spielräume, Alltag. Stuttgart: Kohlhammer, 2011. – VIII, 322 S. (Veröffentlichungen der Kommission für geschichtliche Landeskunde

in Baden-Württemberg; Reihe B Forschungen 187) – ISBN 978-3-17-022051-5 (€ 32,00)
Die Adeligen Damenstifte der Frühen Neuzeit bewegten sich in einem unscharfen Bereich zwischen einerseits religiös geregeltem Leben und andererseits weltlichen Freiheiten wie Eheschließung. Der vorliegende Tagungsband porträtiert Geschichte, Kultur und Sozialleben von Damenstiften in Oberschwaben und zieht Vergleiche mit westfälischen und bayerischen Einrichtungen. Anhand einschlägiger Quellen werden das Selbstverständnis, besondere Rituale wie auch das Alltagsleben der Stiftsdamen nachgezeichnet, so in Augsburg, Lindau und Buchau.

Andreas Schmauder/Michael Wettengel/Gudrun Litz (Hg.): Ulm und Oberschwaben. Ostfildern: Süddeutsche Verlagsgesellschaft Ulm im Jan Thorbecke Verlag, 2011. – 535 S. (Zeitschrift für Geschichte, Kunst und Kultur 57) – ISBN 978-3-7995-8048-9 (€ 29,80/sFr 40.90)
In dreizehn Aufsätzen vereint der Sammelband historische Forschungsergebnisse der oberschwäbischen Regionalgeschichte vom Späten Mittelalter bis in die 1960er Jahre. Die weitgefächerte Palette umfasst Spezialthemen wie ein mittelalterliches Preisgedicht, die Rechtssatzung des Dorfes Ingoldingen bei Biberach oder das Inventar des Schlosses Warthausen. Aber auch breiter gefasste Fragestellungen werden behandelt, etwa die Handelsbeziehungen auf der Donau von Ulm bis Wien im 16. und 17. Jahrhundert. Es kommen einzelne Personen mit Bezug zu Oberschwaben zur Geltung, beispielsweise König Sigismund oder Oswald von Wolkenstein, der Ulmer Patrizier Anton Schermar oder Ernst Jünger in Ravensburg. Hervorzuheben ist der umfangreiche Rezensionsteil, in dem zwanzig Publikationen zur südwestdeutschen Regionalgeschichte vorgestellt werden.

Franziska Schnoor/Karl Schmuki/Ernst Tremp: Der heilige Gallus 612 /2012 Leben - Legende - Kult. Katalog zur Jahresausstellung in der Stiftsbibliothek St. Gallen (27. November 2011 – 11. November 2012) St. Gallen: Verlag am Klosterhof, 2011. – 207 S. – ISBN 978-3-9065906-00-4 (sFr 25.00)
Aus Anlass des 1400-jährigen Bestehens von St. Gallen hat die Stiftsbibliothek eine Ausstellung über den Stadtgründer, den Heiligen Gallus, ausgerichtet. Gegliedert nach den elf Ausstellungsorten in der Stiftsbibliothek befasst sich der Ausstellungskatalog mit dem Leben von Gallus und seinen Zeitgenossen, dem Wirken der irischen Mönche auf dem Kontinent, sowie mit der Rezeption von Gallus in Dichtung und Kunst. Der Katalog ist reich bebildert mit den Exponaten der Ausstellung, insbesondere sind zahlreiche Handschriften abgebildet.

Landesarchiv Baden-Württemberg (Hg.)/Andreas Traub/Annekathrin Miegel (Bearb.): Musikalische Fragmente. Mittelalterliche Liturgie als Einbandmakulatur, Katalog zur Ausstellung, Stuttgart: Kohlhammer, 2011. – 80 S. – ISBN 978-3-17-022129-1 (€ 12,00)
Auf den Einbänden von Rechnungsbüchern und Urbaren des 17. Jahrhunderts prangen häufig handgeschriebene liturgische Texte und Noten, die inhaltlich keinen Bezug zu den umhüllten Amtsschriften aufweisen. Im Zuge des Buchdrucks und der musiktheoretischen Modernisierung haben die mittelalterlichen liturgischen Texte und Noten ihre ursprüngliche Funktion verloren. So wurde das stabile und wertvolle Pergament hunderte Jahre später gerne als Einbandmaterial wiederverwendet. Anhand solcher Notenfragmente wirft der Ausstellungskatalog ein Schlaglicht auf die musikhistorische und kirchengeschichtliche Forschung und macht am Beispiel der Klöster Salem und Hirsau die verschlungenen Wege dieser zweckentfremdeten Buchhüllen sichtbar.

Daniel Wilhelm: Energie aus dem Paradies. Gasversorgung in Konstanz seit 1861. Konstanz: UVK, 2011. – 128 S. (Kleine Schriftenreihe des Stadtarchivs Konstanz 12) – ISBN 978-3-86764-318-4 (€ 14,99/sFr 21.90)
In dieser kleinen Abhandlung lässt sich einiges über die kommunale Gasversorgung in Konstanz erfahren. Beginnend mit der Gründungsgeschichte der Konstanzer Gasfabrik, die seit 1861 die öffentliche Straßenbeleuchtung übernahm, wird die technische und organisatorische Entwicklung der Gasversorgung durch die Technischen Werke und späteren Stadtwerke Konstanz bis heute aufgezeigt. Aus sozialgeschichtlicher Sicht werden etwa die Werbung der Konstanzer Gasversorgung oder der Umgang mit Sicherheitsfragen zu dem explosiven Stoff thematisiert.

VEREIN FÜR GESCHICHTE DES BODENSEES UND SEINER UMGEBUNG

Priv.-Doz. Dr. Oskar Keller, Geologe, Falzigenweg 1, CH-9050 Lüchingen
Jürgen Oellers M.A., Stadtarchiv Friedrichshafen, Katharinenstr. 55, D-88045 Friedrichshafen
Ursula Reck, Studiendirektorin a. D., Allgäuer Straße 14, D-88045 Friedrichshafen
Mag. Dr. Wolfgang Scheffknecht, Prof. an der Pädagogischen Hochschule Vorarlberg, Jahnstr. 3, A-6890 Lustenau
Prof. Dr. Andreas Schwab, Pädagogische Hochschule Weingarten, Kirchplatz 2, D-88682 Weingarten
Heiner Stauder M.A., Stadtarchivar, Maximilianstr. 52, D-88131 Lindau
Dr. Daniel Studer, Direktor des Historischen Museums, Museumsstr. 50, CH-9000 St. Gallen
Dr. Hans-Ulrich Wepfer, Historiker, Seeweg 3, CH-8280 Kreuzlingen

GESCHÄFTSSTELLEN DES VEREINS UND MITGLIEDSBEITRAG

Für Deutschland:
Stadtarchiv, Katharinenstr. 55, D-88045 Friedrichshafen
Baden-Württembergische Bank, Konto Nr. 4 507 231 (BLZ 600 501 01)
Jahresbeitrag für Einzelmitglieder: € 15,–
für Kollektivmitglieder: € 20,–
für Schüler und Studenten: € 7,50

Für die Schweiz und das Fürstentum Liechtenstein:
Verein für Geschichte des Bodensees, Stadtarchiv (Vadiana), Notkerstr. 22, CH-9000 St. Gallen
Ersparnisanstalt St. Gallen, Konto Nr. 30-38219-3
Jahresbeitrag für Einzelmitglieder: SFr. 30,–
für Kollektivmitglieder: SFr. 40,–
für Schüler und Studenten: SFr. 15,–

Für Österreich:
Vorarlberger Landesarchiv, Kirchstr. 28, A-6900 Bregenz
Hypothekenbank Bregenz, Konto Nr. 11 887 112 (BLZ 580 00)
Jahresbeitrag für Einzelmitglieder: € 15,–
für Kollektivmitglieder: € 20,–
für Schüler und Studenten: € 7,50

MANUSKRIPTE

deren Veröffentlichung gewünscht wird, sind an den Schriftleiter, Herrn Prof. Dr. Jürgen Klöckler (Leiter des Stadtarchivs Konstanz, Benediktinerplatz 5, D-78467 Konstanz) zu richten. Die Übersendung des Manuskripts muss als Datei entweder auf Diskette oder aber als attachment an eine eMail (juergen.kloeckler@konstanz.de) erfolgen. Die Richtlinien für die Textgestaltung, die konsequent einzuhalten sind, können im Internet eingesehen (http://www.bodensee-geschichtsverein.eu/richtlinien textgestaltung.html) und dort auch heruntergeladen werden. Wird der Beitrag angenommen und im Jahresheft publiziert, hat der Autor Anspruch auf Belegexemplare. Durch den Autor verursachte Druckkorrekturen gehen zu dessen Lasten. Für den Inhalt der Beiträge sind die Verfasser verantwortlich. Dies gilt auch für die Buchbesprechungen.

SENDUNGEN

an die Vereinsbibliothek sind ausschließlich zu richten an die Bibliothek des Bodenseegeschichtsvereins (Bodensee-Bibliothek), Katharinenstraße 55, D-88045 Friedrichshafen. Diejenigen unserer Mitglieder, die Arbeiten über das Bodenseegebiet in anderen Zeitschriften veröffentlichen, bitten wir, der Vereinsbibliothek jeweils einen Sonderdruck zur Verfügung zu stellen.

SCHRIFTENLAGER

Das Schriftenlager des Vereins wird geführt von Frau Ursula Reck (Schriftenlager des Vereins für Geschichte des Bodensees und seiner Umgebung, Katharinenstr. 55, D-88045 Friedrichshafen). Hier können frühere Jahrgänge ab 68 (1941/42) zum Preis von € 7,50 pro Heft angefordert werden.

BODENSEE-BIBLIOTHEK

Katharinenstraße 55, D-88045 Friedrichshafen.
Tel. 07541-209-153 Fax 07541-209-190
E-Mail Adresse: bodenseebibliothek@friedrichshafen.de
Homepage Bodenseebibliothek:
http://www.bodenseebibliothek.de

Die Bodensee-Bibliothek der Stadt Friedrichshafen führt mit dem Grundbestand der Bibliothek des Vereins für Geschichte des Bodensees und seiner Umgebung deren ursprüngliche Bestimmung fort. Sie sammelt und ergänzt alle historisch bedeutsam erscheinenden Quellen und Veröffentlichungen zur Geschichte und Naturkunde des Bodenseeraumes. Hierzu gehören die in den Jahresschriften des Vereins besprochenen Bücher, sowie generell die jährlich in der Bodensee-Bibliographie verzeichneten Neuerscheinungen, Aufsätze und Beiträge. – Für die Mitglieder des Vereins ist mit Ausnahme weniger, sekretierter Bücher die Entleihung auf dem Postwege möglich. Erforderlich ist mit der genauen Titelangabe die einmalige Ablichtung des Mitgliedsausweises und die schonende Behandlung und Rücksendung nach vier-, maximal achtwöchiger Leihdauer. Persönlich verantwortlich für das Leihgut bleibt das genannte Vereinsmitglied. Die Bibliotheksverwaltung erwartet die Einhaltung der jeweils mit übersandten Leihordnung.

Die Bodensee-Bibliothek in Friedrichshafen will mit diesem Angebot den Auftrag des Bodenseegeschichtsvereins unterstreichen: Landesgeschichtliche Studien zu fördern und die Vereinsmitglieder über die Lektüre an den Ergebnissen teilhaben zu lassen.

Die Betreuung und Ergänzung der Bodensee-Bibliothek erfolgt durch das Stadtarchiv Friedrichshafen.